本书获国家社科基金重点课题“现阶段我国社会矛盾演变趋势、特征及对策研究”（12AZD041）资助。为国家社科基金重大课题“我国刚性社会矛盾趋势分析与化解对策研究”（14ZDA061）阶段性成果。

Social contradictions in contemporary China:
Trends, characteristics and countermeasures

现阶段我国社会矛盾演变趋势、特征及对策

朱力　等著

中国社会科学出版社

图书在版编目（CIP）数据

现阶段我国社会矛盾演变趋势、特征及对策／朱力等著．—北京：中国社会科学出版社，2018.5

ISBN 978－7－5203－2126－6

Ⅰ.①现…　Ⅱ.①朱…　Ⅲ.①社会主义社会—矛盾—研究—中国
Ⅳ.①D66

中国版本图书馆 CIP 数据核字（2018）第 037808 号

出 版 人　赵剑英
责任编辑　王　茵
特约编辑　李溪鹏
责任校对　王　龙
责任印制　王　超

出　　版　中国社会科学出版社
社　　址　北京鼓楼西大街甲 158 号
邮　　编　100720
网　　址　http://www.csspw.cn
发 行 部　010－84083685
门 市 部　010－84029450
经　　销　新华书店及其他书店

印　　刷　北京君升印刷有限公司
装　　订　廊坊市广阳区广增装订厂
版　　次　2018 年 5 月第 1 版
印　　次　2018 年 5 月第 1 次印刷

开　　本　710×1000　1/16
印　　张　44.75
插　　页　2
字　　数　734 千字
定　　价　169.00 元

凡购买中国社会科学出版社图书，如有质量问题请与本社营销中心联系调换
电话：010－84083683

前　言

《现阶段我国社会矛盾演变趋势、特征及对策》于2012年度获准立项为国家社会科学基金重点项目（批准号：12AZD041，负责人：南京大学社会学院朱力教授）。该课题最终研究成果为50万字的专著《现阶段我国社会矛盾演变趋势、特征及对策》。并发表34篇论文，其中有25篇发表在CSSCI刊物。

面对社会转型时期产生的大量纷繁复杂的社会矛盾，课题组于2013—2015年进行了四次问卷调查，并以半结构式的个案访谈和集体座谈会的形式，对全国28个省区市602名基层干部进行了调查。其中个案访谈的基层干部人数为315人，主要为在区（县）、街道（乡镇）、社区从事处理矛盾的干部；召开干部座谈会32次，参会干部287人。样本中乡镇（街道）的党政一把手有127名。在实地调查的基础上，发现进入21世纪以来，影响我国经济社会发展的各种重大的现实矛盾与传统的矛盾不同，具有刚性特质。刚性社会矛盾是指在21世纪以来由社会结构性因素造成的，涉及社会成员生存利益的，其冲突的强度与手段的烈度具有高对抗性的，解决方式越出常规的制度化渠道的，有可能会引发社会风险的，一种具有利益群体对抗性冲突的社会矛盾。这种矛盾已经具有利益难以协调的萌芽因素，冲突中掺杂了群体情绪，其目标的合理性与手段的非理性相混合。因而这类矛盾已经由普通的利益纠纷矛盾演变成了特殊的利益群体对抗矛盾，需要用特殊的方法予以解决。这类矛盾也是我国生产力与生产关系发展到特定阶段的产物。尽管这类矛盾性质依然属于人民内部矛盾，但这类矛盾与改革初期以个体之间的矛盾纠纷为主体的柔性矛盾有了较大的区别。依据当前社会矛盾的存在形态来划分，社会矛盾由显现的与潜伏的两种形态表现出来，可分为人们互动层面的现实、直接的、有明确主体的社会矛盾与人们心理层面的非现实、非直接的、无明确主体的社会矛盾。前者是发生在现实生活中人们互动层面，与经济利益相关的现实的、直接的社会矛盾冲突。后者是存在社会心态中的人们的认知差异，主要表现为社会成员心态方面的观念、情绪的一种对立、不满状态。突出地表现在“仇官、仇富、仇不公”上，并形成了具有群体负向心理的社会结构性怨恨心态。这种一个概念（刚性社会矛盾）、两种矛盾形态（现实矛盾与非现实矛盾）的分析框架，使纷繁复杂的社会矛盾清晰起来。

课题概括了当前刚性社会矛盾冲突的新特征：社会矛盾冲突中的利益受损群体更加倾向于进行集体抗争；社会矛盾冲突中的利益诉求和抗争行为的刚性属性愈加明显；社会矛盾冲突的外溢效应凸显，非制度化矛盾解决机制已成常态；社会矛盾冲突博弈日益策略化，选择性地使用利己的对抗手段；社会矛盾冲突的衍生性增强，“次生性矛盾冲突”大量涌现；社会矛盾冲突的归因简单化，地方政府和官员被习惯性质疑；社会矛盾冲突表现出较强的“地方性”，与地方社会生态环境密切相关。课题综合了学者对矛盾预测的文献资料，在基层干部的访谈调查的基础上，对未来刚性社会矛盾预测如下几点。（1）从矛盾属性来看，中国社会的矛盾是发展中的矛盾。（2）从矛盾类型来看，刚性社会矛盾得到抑制，柔性社会矛盾增长较快。（3）从矛盾发生场域来看，城乡矛盾发展趋势有所不同。（4）从矛盾冲突的形式来看，集体行动将成为解决矛盾的常态。（5）从社会矛盾的累积效应来看，标靶转移与情感转移效应已经产生。（6）从矛盾形态来看，现实矛盾已经转化为非现实矛盾。（7）从社会矛盾处置来看，社会矛盾调解机制基本形成，处置难点焦点矛盾的机制形成还需要时间。（8）从社会治理的成本看，我国将进入化解矛盾的高成本时代。

课题组通过四次问卷调查，依据干部群众对现实社会矛盾的认知，对我国21世纪以来最突出的刚性社会矛盾：征地、拆迁、环境、劳资、历史遗留、干群、医患、城管、物业等矛盾，分别从矛盾产生的源泉上进行了类型分析，对其特点进行了提炼概括，对矛盾发展的趋势进行了预测，并通过对矛盾的发生机制研究，提出了矛盾化解的建议与对策。对历史遗留、干群、医患、城管、物业等矛盾的系统研究，具有新意。如首次对历史遗留矛盾予以界定并进行系统的研究，从政策起因论和相对剥夺理论解释其形成的逻辑过程，并指出历史遗留群体有别于其他矛盾主体的最突出特征，即主要是利益失落群体，而非利益受损群体。课题组对非现实的社会矛盾进行了梳理。非现实矛盾产生于现实矛盾的无法表达和不断积累，但当非现实矛盾一经产生，就与现实矛盾并行，并相互交织，相互影响和激化，共同建构了我国现阶段社会矛盾的复杂性。非现实矛盾是心理层面的情感和观念的对立，当这种情感和观念的对立没有明确的事件场景为依托时也只仅仅停留在隐性的心理层面。但是如果把这种对立的情感和观念放置到具体的冲突场景中，那么情感和观念将成为矛盾激化的一个重要因素而发挥作用。非现实社会矛盾的特征为：直接根源是情感（观念）对立；主体是情感相似群体；目标的模糊性；没有具体的矛盾冲突场域。非现实社会矛盾的发展趋势为：制度调整将使民众的不公平感得到缓解；官民对立情绪将有所缓解，贫富对立维持现状；社会怨恨情绪会稍有减弱；高强度、高烈度的宣泄型集体行为会逐步减少；网络中的不满、牢骚在未来一段时间会成为常态；在未来一段时间由于造成非现实社会矛盾的结构性根源还在，非现实社会矛盾依然会持续。普通民众与官员、富人群体之间的区隔和疏离无法在短期内消除，但对官员群体的极端社会刻板印象会有所改观。社会结构性怨恨是非现实社会矛盾群体情感对立中强度最高的负面情绪，正在逐渐形成为一种基本的社会情绪基调和相对稳定的社会心理状态。课题在理论上建构了社会结构性怨恨产生的社会机制与心理机制。社会机制包括结构性怨恨生成过程中的初始形态、发酵机制和扩散机制。心理机制包括在结构性怨恨生成过程中起重要作用的社会认知和社会认同这两个心理过程。

课题分析了民众与政府各自对社会矛盾的非制度化解决方式，分析了当前信访制度的弊病，系统分析了反社会行为这种新的社会矛盾形式，提出了我国社会矛盾的预防与治理的新理论。社会预防是一种“未雨绸缪”的策略，注重矛盾源头预防和事前预防，改善矛盾产生的因素与社会条件，有助于从社会矛盾产生的源头抓起，真正“防患于未然”，从根本上化解社会矛盾，实现标本兼治。今后，应以社会预防为突破点构建新的治理思路。社会预防主要包含两个维度。其一，预防社会矛盾的产生即预防矛盾的“从无到有”。预防矛盾的产生要意味着对事物作趋势分析，分析研判社会矛盾的产生的诱因与条件，采取多元化手段和方式，消除矛盾形成的诱因，瓦解矛盾形成的条件，在社会矛盾产生之前根除产生社会矛盾的土壤，在矛盾形成之前树立一道坚实的屏障，把矛盾消灭在萌芽之中。其二，预防社会矛盾的生长即预防社会矛盾的“从小变大”。矛盾一旦产生，在外部要瓦解促进社会矛盾生长的条件；在内部要调节不同矛盾主体之间的观念，让不同利益主体达成共识，及时抑制或平息社会矛盾的生长。还要从矛盾的参与主体入手，及时疏导社会矛盾中累积的负能量，提高社会心理承受力，提高社会公众容忍社会矛盾的阈值，阻止社会矛盾的“从小变大”。课题总结了各地社会预防与社会治理的本土经验，并提出了完善社会预防与社会治理的路径：整合社会预防与社会治理机构；完善社会预防与治理机制；提升社会预防与治理能力。在我国社会矛盾的化解措施方面，提出社会矛盾多元协同化解机制的内涵是化解主体、化解机制、化解方式、化解依据的多元化。

本课题的创新在三个层面。一是研究对象的创新。本课题对我国最突出的社会矛盾如征地、拆迁、环境、劳资矛盾进行了深入分析的同时，对学术界研究较少的或没有研究的历史遗留矛盾、干群矛盾、医患矛盾、城管矛盾、反社会行为进行了系统研究，具有独到见解。二是研究框架创新。厘清社会矛盾概念，探索新的社会矛盾分析框架。本课题构建以“刚性社会矛盾”为中心概念，以“现实社会矛盾”和“非现实性社会矛盾”为两个形态的全新的社会矛盾分析框架，为社会矛盾研究提供了全新的视野和思路。三是理论创新。其一，提炼社会矛盾本土概念，建构社会矛盾中层理论。提出刚性社会矛盾论对现阶段的社会矛盾有较强的概括性与解释力。在经验资料上提炼了现实矛盾与非现实矛盾论、社会结构性怨恨论、信访制度风洞效应、历史遗留矛盾中的政策缺陷论、社会矛盾预防论等新的理论，在社会矛盾理论方面进行了新的探索，建构起社会矛盾的中层理论体系。其二，掌握社会矛盾特点，预测社会矛盾发展趋势。把握现阶段社会矛盾的基本特点和未来发展趋势是深刻理解并准确把握当前社会矛盾的一个必要过程，也是顺利化解社会矛盾的内在要求与基础条件。本研究在与基层干部的访谈中，梳理出当前每类刚性社会矛盾的类型及其独特性，概括出我国社会矛盾冲突的总体性特点。同时在分析各类刚性社会矛盾自身发展的规律性的基础上，对各类刚性社会矛盾与总体刚性社会矛盾的发展趋势做出了预测，这在认清和洞悉社会矛盾发展趋向的基础上为预防和解决实际矛盾问题提供前瞻的视角。其三，提出新的矛盾治理理论，完善多元矛盾化解机制。本课题提出了新的社会预防论：即预测趋势论、消除诱因论、瓦解条件论、抑制生长论、宣泄能量论、提高燃点论。在社会预防论的指导下，提出了完善社会预防与社会治理的路径。在总结地方社会治理经验的基础上，建议建立多元化解社会矛盾的化解机制，并对建构这一机制提出了在制度、政策、机构、队伍、措施等方面的具体做法。特别是对当前社会矛盾面临的焦点、难点问题，如上访老户、群体性事件的解决提出了可操作性措施。

本课题的研究成果为研究者和管理决策者准确把握现阶段我国社会矛盾的本质属性给出新视角；为诊断社会矛盾的发生机制和社会矛盾治理体制改革找到新的理论依据。在基层治理社会矛盾方面，为基层（县、乡）各级政府和信访、民政、综治、公安等工作责任部门在化解社会矛盾工作中提供新的工作思路、有益借鉴与参考。

目　录

第一编　社会矛盾总论

第二编　我国突出的现实矛盾

第三编 我国的非现实社会矛盾

第四编 社会矛盾化解

第一编

社会矛盾总论

第一章

我国社会矛盾的内涵

目前，对中国社会发展状况最简练的概括是下面这段话："我国已经进入改革发展的关键时期，经济体制深刻改革，社会结构深刻变动，利益格局深刻调整，思想观念深刻变化。这种空前的社会变革，给我国发展进步带来巨大活力，也必然带来这样那样的矛盾问题。"① 而对我国当前社会矛盾的状况与处置要求的最精练的概括是："在当前和今后相当长的一段时间内，我国经济社会发展面临的矛盾和问题可能更复杂、更突出。""社会主义和谐社会并不是没有矛盾的社会。矛盾运动是社会发展的基本动力，这是马克思主义的一个基本道理。构建社会主义和谐社会的过程，就是在妥善处理各种矛盾中不断前进的过程，就是不断消除不和谐因素、不断增加和谐因素的过程。随着我国改革发展进入关键时期，我国社会存在的一些人民内部矛盾出现了多发多样的状况。这是我国社会深刻变革中难以完全避免的现象。关键是我们要正视矛盾，找到化解矛盾的正确途径和有效方法，形成妥善处理矛盾的体制机制，而不能让矛盾积累和发展起来、以致影响国家改革发展稳定的大局。"②

因此，如何解释我国当前社会矛盾产生的原因，如何把握当前社会矛盾的特点并预测其发展趋势，如何将国家战略需求落实到社会治理的实践之中，这是摆在社会科学界面前的重大责任、重大任务，也是重大难题。

---

① 《中共中央关于构建社会主义和谐社会若干重大问题的决定》，新华网（http：//news. xinhuanet. com/politics/2006 －10/18/content_ 5218639. htm）。

② 胡锦涛：《在省部级主要领导干部提高构建社会主义和谐社会能力专题研讨班上的讲话》，新华网（http：//news. xinhuanet. com/newscenter/2005 －06/26/content_ 3138887. htm）。

研究社会矛盾实质上就是探讨社会矛盾发展的规律。尽管学术界已经开展了一些关于社会矛盾的研究，但从文献梳理的结果来看，现有对转型期社会矛盾的研究依然侧重于传统的思维方式，用计划社会时期的矛盾理论来认知矛盾和解释矛盾。面对当前新生的形形色色的社会矛盾的特点、趋势研究甚少，把握不准，思路较为陈旧，理论滞后，总体上对社会矛盾的认识不深刻，理论解释没有力，这导致了在化解社会矛盾问题上囿于传统的行政管制思维，新的矛盾处理机制跟不上矛盾的发展，总体上化解矛盾的能力不足。因此，我们必须以一种新思维、新思路来审视社会矛盾问题，透视其发展规律，建构其化解机制，创新其解决措施，以回应时代的要求。

第一节　社会矛盾概念的变化

一　社会矛盾的内涵与相关概念

社会矛盾是指社会发展中社会各个子系统内部、各个子系统之间，或者社会主体内部、社会主体之间产生的摩擦、对立、冲突的一种关系状态。简单地讲社会矛盾是指所有人和事物的一种相互对立的关系状态。哲学中唯物辩证法将矛盾界定为对立统一的状态，即不同事物之间以及事物内部各个对立面之间相互依赖又相互排斥的状况。从哲学层面看，任何事物都存在着矛盾，矛盾就是一种事物自身的差异，有差异就会有摩擦，有摩擦就会产生对立，对立的事物就会产生冲突。矛盾与统一的转化，就是事物的发展。社会就是在矛盾的运动中发展，在解决了社会矛盾后不断完善与提升。因此，社会矛盾是推动社会发展的动力。课题组认为，社会矛盾的内涵与社会相关。社会通常有三种内涵，一是相对于自然界而言，整个人类的社会生产与社会生活系统都可以称作社会，这是广义的社会的概念。第二种是相对于经济系统而言，经济系统以外的人类活动称作社会系统，这是中义的社会的概念。第三种是相对于其他子系统而言的狭义的社会概念，如中央提出的经济建设、政治建设、社会建设、文化建设、生态建设，这里的社会就是一种狭义的社会的概念。本文用的社会概念，包括了第一层次的概念与第二层次的概念。人类社会进入工业化、城市化以来，对自然环境的破坏日益严重，产生了环境矛盾。人类活动所产生的矛盾是全方位的，经济领域产生的矛盾，属于经济矛盾，但当这种经济矛盾越出了经济领域，外溢到其他领域的时候，就不仅仅是经济矛盾了，会演变成为社会矛盾。征地、拆迁、企业改制等，原来只是一种经济领域的活动产生的矛盾，但这一矛盾的后果影响到许多人的利益与生存，造成了严重的后果，这时候，它就不只是经济问题了，而是越出了经济领域，变成了一种社会矛盾与社会问题。腐败属于政治领域的矛盾，但若因为腐败影响了群众对执政党的合法性的信心，这就不只是政治矛盾了，而成为社会矛盾。因此，本文讲的社会矛盾，它包括十分严重的经济矛盾、政治矛盾、文化矛盾、环境矛盾而引发的导致整个社会危机的各个子系统的矛盾。这类在子系统内发生的矛盾冲突，尖锐化到相当的程度，卷入了许多人的利益，产生严重社会后果的时候，子系统的矛盾转化影响到了其他子系统及社会整体系统的运行，这种矛盾就成为社会的矛盾。

社会冲突是指社会中由于行动主体的行动方向、目标不一致而在互动中相互反对的行为状态。社会矛盾是指所有人与事物的一种相互依存与对立的关系状态。社会矛盾不仅是指人与人的冲突，还有人与制度、政策的冲突。而社会冲突仅仅是指行动主体，即人与人之间产生的摩擦与冲突状态。社会矛盾的含义比社会冲突更加广泛。现代社会中引起社会冲突的矛盾源有两个方面，一是对某些稀缺资源的争夺，如财富、金钱、地位、权力、土地等。二是由于不同价值观而产生的对立，如在意识形态、宗教信仰、党派观点等方面的不同而产生的斗争。冲突的矛盾源可能在物质方面也可能在精神方面。社会冲突在西方就是对社会矛盾的代称。我们认为社会冲突是在对抗强度方面对社会矛盾的反映。社会矛盾比较小、摩擦程度轻微的时候，还达不到社会冲突的程度。达到社会冲突程度的社会矛盾，就是双方资源与情绪投入的强度十分大，争斗手段已经十分剧烈，程度已经相当严重的社会矛盾。由于矛盾本身蕴含着对立双方的争斗，矛盾是由冲突的各种形式表现出来的，因此，我们在表述中将矛盾冲突、社会矛盾冲突联系在一起运用。通常我们研究的是个人与个人之间、个人与群体之间、群体与群体之间的矛盾冲突，但主要关注的是群体与群体之间的矛盾，并已经达到社会冲突程度的社会矛盾。

社会问题是指影响社会成员健康生活，妨碍社会协调发展，引起社会大众普遍关注的一种社会失调现象。我们之所以把某一社会失调现象称作社会问题，是因为其在空间上涉及的范围广大，在时间上已经延续了一段时期，在危害程度上已经影响到社会中相当部分或大部分社会成员的利益和社会秩序。社会矛盾通常是引起社会问题的源泉，社会问题是重大社会矛盾的一种表现形式与严重后果。因此，社会问题是一种由严重的社会矛盾引起的，通过强烈的社会冲突表现的，产生严重社会恶果的状态。普通的社会矛盾其摩擦、冲突的后果不严重，因而不会引起社会问题。通过社会问题这个后果，可以追寻到社会矛盾这个源头。当然，有的社会问题不是由社会矛盾引起的，如残疾人问题等。

社会风险是指由于当前的社会矛盾发展到极为严重的程度，并且正在失去社会控制，其有愈演愈烈的趋势，有可能使社会秩序陷入崩溃，产生重大社会危机的一种可能性。能够引发社会风险的矛盾也是指一种在当前尚未爆发，但在将来有可能引发冲突，造成社会失序的社会矛盾。社会矛盾面向未来的发展有多种可能性，但大致有三种主要趋势：第一种是通过有效的化解工作矛盾弱化了，这是我们争取的结果；第二种是有的社会矛盾较为复杂，即使做了工作，矛盾依然僵持不变；第三种是有的社会矛盾会持续地恶化，演化成重大社会问题。社会风险就是社会矛盾向负面发展的一种面向未来的可能性，这是我们要努力制止的。

对社会矛盾的研究对象，可以是个人与个人的冲突，也可以是个人与组织、群体的冲突，但具有决定意义的是一种群体与群体的，具有社会属性或者具有群体类属性的冲突。本研究所指的社会矛盾，是指在全国范围内普遍存在的、冲突程度十分强烈的、已经引起严重后果的重大社会矛盾。这类矛盾已经直接干扰了经济发展，影响到社会运行，危及国家政权合法性，并冲击社会核心价值观念。我们将这一类社会矛盾称为刚性社会矛盾。所谓最不稳定的因素，根源就是重大的社会矛盾，它的表现形式就是各种社会冲突，它的后果就是各种社会问题，它的发展趋势就是社会风险（见图 1—1）。这种社会矛盾可以分为物质层面的直接的、现实利益的社会矛盾冲突与精神层面的非直接的、非现实利益的社会矛盾冲突。

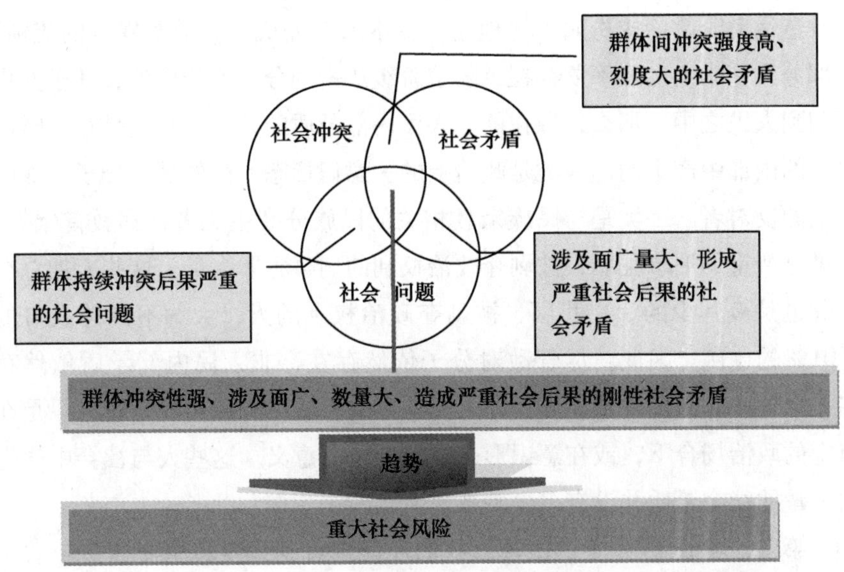

图1—1　社会矛盾、社会冲突、社会问题、刚性社会矛盾概念关系图

二　用人民内部矛盾的性质判断难以解释当前复杂的社会矛盾

当前诸多政治学的学者对社会矛盾的研究基本还是在“人民内部矛盾”的框架下进行。为了配合阶级斗争的需要，1957 年毛泽东首次在《关于正确处理人民内部矛盾的问题》一文中将人民内部矛盾作为敌我矛盾的相对概念提出，强调这是两类矛盾的不同性质。“人民内部矛盾”是利益未分化的计划经济时代的一个政治概念，意识形态色彩较浓。人民内部矛盾的概念在历史上的积极的意义在于：它是一种对社会矛盾的性质判断，而这种性质判断能够使管理者在革命中判断清楚敌我阵营，了解自己所要依托的力量是什么。“人民”是一个政治概念，是一个阶级性质归属的类群体概念。但是，在已经基本失去了对立的阶级的社会环境下继续使用“人民”概念，因其对立面的消失而失去了其原有的边界。

第一，随着历史发展，“人民”的内涵和外延也发生了较大变化。人民是个全称判断，“人民内部”是个非全称判断，从人民的主体数量上讲，中国社会成员中 99% 以上的人是人民，属于人民“内部”，而只有 1% 不到的人属于“人民外部”，但这极少的“人民外部”的人也是从人民中转化出去的，转变成为少数的敌对分子、犯罪分子。1952 年社会主义改造运动时政治成份属于“地主、资本家”的成员，随着岁月的流逝，这部分人基本上已经不复存在，随着阶级成份划分标准的取消，其子女也回归到人民之中。那么，现在的非人民内部矛盾的人员，只能是在现时段人民的内部中产生的。一类是政治上的、意识形态方面的敌对分子，如政治上的反对者。二类是与民族宗教相关的民族分裂主义者、邪教首领等。三类是严重的刑事犯罪，被剥夺政治权利的刑事犯罪人员。这些人加总在一起也是极其少的。在我国，被剥夺政治权利的人，大约不到总人口的0.01%的比例。因此，尽管敌对分子依然存在，非人民内部矛盾依然存在，但这些非人民内部矛盾，即人民外部的矛盾或者说敌我矛盾，只是在特定的政治场合下，或在意识形态领域内才有意义。这些人与社会中产生的大量的社会矛盾并没有多少关系。

第二，随着30多年的改革，我们还应该看到社会转型使社会矛盾主体“人民”本身产生了重大的变化。社会转型以来，原来“两个阶级、一个阶层”的社会阶层结构已经分化成了十个阶层。[①] 而在十个阶层中客观上已经分化成了上、中、下三个等级。人民（社会成员）利益产生了巨大的分化，尽管在同一个政体下，从社会主义的政治理论上讲人民的根本政治利益是一致的，但在社会实践中至少人民在经济利益、生活方式、社会地位等方面产生了重大差异与分化。在这种分化的基础上，社会上层阶层成员的价值观念、对事物的看法与社会中层阶层成员、下层阶层成员，无论如何都是不一致的。将不同的阶层作为同一个类群体，归属于同一个群体的划分，只有抽象的政治意义，而没有经济利益基础上的一致性。在均是人民内部矛盾的情况下，仅仅以性质判断作为解释错综复杂的社会矛盾，这一单一维度的解释框架已经无法胜任。其消极的意义在于，难以区分社会结构分化后出现的复杂的社会分层现象。难以概括在利益不一致情况下群体的差异与矛盾的状况。在日常生活的话语体系中，用人民内部矛盾来定性已经意义不大，用社会矛盾定性更具有现实意义。

第三，当前的社会矛盾冲突的主体，恰恰是人民内部不同群体与个体。在利益格局重新分配的背景下，当前社会转型中产生的大量的社会矛

① 陆学艺先生提出的十个阶层理论，尽管没有获得政府公开认同，但在学术界与新闻媒介中已获得广泛认同。

盾，矛盾的主体恰恰是人民中分化出来的不同的利益群体之间的由利益引发的矛盾纠纷。在社会微观层面的人际矛盾，如婚姻家庭矛盾、邻里纠纷矛盾，是人民中个体之间的利益、情感的矛盾，社会中观层面的社会矛盾，如征地、拆迁、企业改制等，也是人民中利益受损群体与利益获益群体之间的矛盾。当前各种类型的矛盾，均是人民中的一部分人与另一部分人的矛盾。而社会转型期大量的社会矛盾是经济型利益矛盾，是人民中不同阶层、不同利益群体、不同职业群体之间的矛盾冲突，甚至是某些群体与基层政府之间的矛盾冲突。因此，人民内部矛盾这一概念，从矛盾性质判断上仍然有道理，但从其他角度，已经不能完全解释转型期的现实矛盾。

在概念使用上，“人民内部矛盾”的概念沿袭了毛泽东思想中的阶级属性的意涵，而社会学意义上社会矛盾采取了相对无界定的、模糊笼统的含义。社会是全称判断概念，社会矛盾是对社会全部矛盾的总体称呼。从主体上看，社会成员与全体人民基本上是重合的。社会成员涵盖了全体人民内部与人民外部的人员，但由于人民外部成员比例极少，人民内部成员可能占比是99.9%。人民内部矛盾概念与社会矛盾概念基本上是重叠的，社会矛盾包含了人民内部矛盾与人民外部矛盾。它超越了性质判断，而是对社会生活中存在的各类矛盾的总体性称呼。我们使用的是广义的社会矛盾的概念。社会是一个最大的系统，涵盖了政治、经济、文化等各个系统，它包括了政治矛盾、经济矛盾、文化教育矛盾等。但是，并非各个领域的矛盾都是我们所要研究的社会矛盾，而是那些属于利益冲突的、面广量大的、引起严重社会后果的、冲击社会秩序的矛盾，即刚性社会矛盾，才是我们研究的社会矛盾。社会矛盾是一个中性的概念，指称社会中个人之间、个人与群体之间、群体与群体之间的一种对立的关系状态与冲突现象。人民内部矛盾只是一种矛盾性质维度的表述方式，而社会矛盾的复杂性，需要我们从多维度的视角进行解释。用包容性更大的社会矛盾概念及其话语体系，而不用人民内部矛盾概念更加适合。社会矛盾可以从多维度的视角观察，而不只是囿于性质判断。社会矛盾并不是对人民内部矛盾概念的否定，而是在其基础上的演化及在新的社会发展时代的一种新的表述用语。

三 新时代观察社会矛盾需要更加广阔的视角

社会矛盾的内涵十分丰富，其核心意思是对立的主体之间相互依赖与相互排斥的一种社会关系及其状态。我们除了探讨矛盾主体的身份属性以外，还可以从多视角探讨社会矛盾，如从社会矛盾的根源、向度、强度、烈度、速度、范围、后果等视角考虑。社会矛盾有更加广阔的观察视角与多重的观察维度，对于把握矛盾是一个有效的分析概念。

矛盾发生的视角：这是从矛盾产生源泉的角度观察社会矛盾。社会矛盾从何而来？这就要把握矛盾产生的原因以及条件，从矛盾自身产生的动力与外部适合它生长的条件来分析之所以产生的依据。从矛盾发生的视角，可以分析出矛盾产生的因果关系，从而找到解决矛盾的根本方法。我国当前的许多重大社会矛盾源于社会结构性矛盾，即源于制度、政策的转变。这是一种由于行动规则的转变而引发的矛盾。每个时代有其特有的社会矛盾，进入21世纪以来，产生了大量20世纪没有出现的社会矛盾。从矛盾产生的因素，形成的条件，分析整个矛盾的生命周期，从无到有、从小到大、从大到衰、从衰到解决的整个过程，可以找到矛盾之所以产生的逻辑结构，找到矛盾发生的规律性。例如，随着社会经济体制的转变，计划体制下的劳动用工制度、工资制度发生了根本性的变化，劳动力由国家统一分配的“铁饭碗”“大锅饭”的平均主义制度，转换到就业自谋出路，多劳多得的就业制度。这一变化引发了劳动者与经营者之间产生了劳资纠纷矛盾。例如，计划社会时期，国家政策要求大批的知识青年上山下乡，要求城市居民到农村去，数十年后，这些青年、城市居民返回城市了，又积累了大量的与生计、生活相关的矛盾。通过对矛盾源头的考察，可以发现，现阶段的矛盾许多是由于我国的社会、政治、经济体制的转换所带来的矛盾。矛盾发生的视角，就是将时间因素纳入我们观察矛盾的视野，对矛盾产生的原因进行解释，对矛盾的现状进行分析，对矛盾发展的趋势进行预测。这样才能够把握矛盾产生的机理，对矛盾进行有效分析，找到解决矛盾的对策。

矛盾主体的视角：我们研究社会矛盾主要关注的主体，不是个体之间的，或者个体与群体的矛盾，而是群体之间的矛盾冲突。群体通常有两个含义，一个是具体的一个组织，如政府、企业、社区等；二是指某个准群体，即具有某些相似的特征、属性的人群，在目前没有组织起来，但在某个具体因素的诱发下会形成利益群体的人们，如被征地的人群、被拆迁的人群，被失业的人群。在矛盾中，我们首先要辨别谁是矛盾的承担者或者说是导致矛盾冲突的一方。在矛盾发生冲突的过程中或矛盾冲突的结果，谁是获益者，谁是利益受损者。在当前主要的社会矛盾中，以围绕矛盾发生所涉及的利益群体为主，大多数矛盾是双方的利益冲突，但有些矛盾可能涉及第三方甚至第四方。例如，在征地矛盾中有地方政府、有用地单位、有村委会、有被征地村民，他们有各自不同利益，具有不同的博弈关系。具有多方主体的利益矛盾的冲突，具有更为复杂的矛盾关系，解决的难度也更大。从矛盾主体角度看，现实的社会矛盾是一种具体的组织或者利益群体的对抗，它可能是某个组织的对抗，如建筑商与征地村、工会与经营者的对抗，或者是某个组织与利益群体的对抗，如经营者与失业工人的对抗。非现实的社会矛盾则是无明确矛盾对象群体，矛盾是目标本身，更多的是一种负面情绪积累到一定程度的结果。它是一种准群体的对抗，普通老百姓与抽象的富裕群体、特权阶层的心理矛盾对抗。

矛盾强度的视角：这是指矛盾双方在对峙过程中，投入的资源与能量的多少。资源包括物力（人员、财产、物资），能量包括精力（体力、情绪）、时间等。矛盾双方投入的资源越多、能量越大，则矛盾产生的冲突程度就越强。而矛盾冲突的强度与利益密切相关，利益越大，由对抗强度越大，矛盾越具有对抗性，矛盾冲突的双方越不容易妥协，解决矛盾也越困难。从现实的社会矛盾而言，征地、拆迁、改制等社会矛盾，均涉及老百姓的根本利益，具有利益刚性，民众不肯轻易让步，而且表现出维护权益的坚定决心，表现出很强的对抗性。这种对抗性通常以群体性事件的形式爆发出来。矛盾的强度与烈度有密切的关系，矛盾强度越大，往往采取的手段越剧烈。随着矛盾冲突强度的上升，矛盾冲突的表现形式会从内心的不满到外在的行为抗议，从制度化的渠道抗议到非制度化的渠道的反抗。当下，在我国较为严重的社会矛盾通常都是以集体行动的方式表现出来的。

矛盾烈度的视角：这是从矛盾对抗形式的手段上来说的。社会矛盾的表现形式，并非仅仅只是冲突，而是随着自身的诉求、矛盾冲突的强度、环境变化需要而采用不同的策略与不同的手段。矛盾对抗的形式总体上有两种，一种是制度化所允许的，用和平、理性、法制的手段进行的，另一种则是非制度化的，用暴力、非理性、非法的手段进行的。一般的情况下，矛盾的表现形式是以矛盾主体内部心理不满的状态作为起点的，是一个由内部的心理不满到外部的行为冲突的过程。这种不满的逻辑起点，通常源于某种客观的社会事实，有一个矛盾双方互动的歧点，即互动双方行动目标分歧的焦点。从我国当前的重大矛盾来看，这个互动的歧点通常是某种具体的有关利益的事物。例如，征地、拆迁、改制，无不涉及相关群众的具体利益。在利益受损的情况下，他们会产生不公平感，不公平是矛盾的逻辑起点。在不公平的情况下，心理会产生不满，不满的通常表现在言语上牢骚、怪话、骂人等语言上的宣泄。这时，利益受损一方通常是急迫地需要解决矛盾的一方，会在行为上积极地行动起来，找矛盾的对方或者基层政府，要求解决矛盾。当这种不公平在一段时间内通过理性、和平的手段，在制度化渠道内无法解决，这时内心的不满情绪就会升级，变成愤怒的情绪。在理性或情绪的推动下，就会越出制度化的渠道，采取到政府相关部门、基层政府集体上访等行动。当这种举动还是无效的时候，行动就会升级，或者面向更高级别的政府，或者采取更为激烈的手段，如堵路、示威游行等。这时候通常采用的非制度化手段增多。最高级的会上升到越轨行为甚至暴力行为。有些矛盾产生后，矛盾双方通过协商、谈判、调解、司法等制度化渠道得到了解决。有些矛盾则在制度化渠道内无法解决，对抗日趋严重，最后产生大规模的冲突。

矛盾后果的视角：这是指从矛盾冲突发展的最终结果来考察。矛盾的后果具有等级性、程度性，有比较严重、严重、危机三个等级。我们不是以柔性社会矛盾（即个体的、人际间的、体制内解决的）为研究对象，而是以刚性社会矛盾为研究对象，矛盾主体是群体间的对立与冲突。因此，总体上是有严重后果的一种矛盾。但是，刚性社会矛盾的后果也有一个程度之分。比较严重的矛盾是指矛盾冲突的后果涉及小部分人，造成恶劣社会的影响。例如，21 世纪以来，在城市中新产生的、发展较快的某些新型社会矛盾，如医患矛盾、城管矛盾、物业矛盾等，矛盾涉及某个具体的人、某个家庭、某个社区的成员，也形成了恶劣的社会影响。但毕竟这些矛盾冲突的人数有限，矛盾冲突具有即时性、地域性、个别性的特点，这些矛盾冲击了社会治安秩序，但不构成对社会安全的总体影响。因此，属于影响大而强度、烈度小的社会矛盾。严重的矛盾是指，这类矛盾冲突涉及相当数量的人群，对当地的社会稳定形成冲击，对政府的执政合法性形成威胁的矛盾。例如，劳资矛盾、环境矛盾，整个单位、整个行业、整个地区的人群卷入，矛盾已经不是针对某个具体的经营者，而是转向了基层政府，产生了重大的社会影响。产生危机的矛盾，是指某类矛盾卷入的人群相当的多，并遍地开花，形成全国性的普遍矛盾，并且已经严重影响到经济、社会的发展，冲击了政府执政的合法性，而且有可能产生严重社会危机的矛盾。例如征地矛盾、拆迁矛盾，已经成为全国各地最为突出的社会矛盾，并已经干扰了当地经济社会发展的节奏，这类矛盾不解决，有可能引发社会风险。20 世纪 90 年代，我国农村有异常尖锐的农村税费矛盾、计划生育矛盾等，而到了 21 世纪初，这些矛盾有的解决了，有的减弱了，取而代之的是一些新型的社会矛盾。

矛盾解决方式的视角：矛盾冲突的结果无非有三种情况：第一种是矛盾冲突相持不下，无止境地纠缠下去；第二种是矛盾冲突分出结果，有胜利者，有失败者，但失败者认为矛盾结果对他们不公平、不公正，积蓄力量准备重新抗争；第三种是矛盾冲突得到化解，由矛盾冲突到双方和解。我们研究的是希望获得第三种矛盾结果。但需承认的是，并不是所有矛盾化解都能够得到第三种结果的，有些矛盾由于对立冲突的利益矛盾无法协调，利益矛盾冲突的根源无法解决，例如，有的源于政策性的矛盾，政府目前没有财力予以解决。有的源于不同时段性的矛盾，政策无法回溯过去。有的矛盾是矛盾一方的不合理、不合法的要求。有的矛盾是矛盾一方提出的要求过高，等等。在这些情况下，要求矛盾都由政府承担并负责解决是不合理的，也不切实际。而目前大量的利益性的矛盾，尽管具有利益刚性的特点，但也有利益交换、利益妥协的可能性，是可以回避、预防的，也是可以予以解决的。

矛盾分析的多种视角可以从不同的维度多方面、立体性地对矛盾进行分析，对矛盾发生的机理做出深入的剖析，找到矛盾产生具有规律性的因素，进而探寻出化解矛盾的策略与措施。

第二节　什么是刚性社会矛盾

课题组试图以一种新的概念，来概括当前最突出的、重大的社会矛盾，故提出“刚性社会矛盾”这一概念。

一　刚性社会矛盾的内涵

刚性社会矛盾是从综合性的视角来看待当下的社会矛盾，它是将当前的社会矛盾特点综合起来分析的一种概括。刚性的含义是指当前重大社会矛盾的基本特性，即其产生的历史阶段性、形成的社会结构性、利益需求的不可协调性、强度与烈度不断增长的对抗性、冲突后果的社会风险性、矛盾化解的高难度性。

第一，社会矛盾产生的客观必然性。21 世纪以来，当我国的工业化、城市化进入快速发展阶段，在市场经济竞争机制下产生了其特有的伴生物，即特定的某些社会矛盾。这是在特定历史发展阶段，特定的生产力与生产关系之间，生产关系不适应社会生产力的发展时，普遍地、整体性地产生的社会矛盾。如我国 20 世纪末产生的农民工大规模进入城市产生的矛盾、失业下岗的矛盾、劳资纠纷矛盾、计划生育矛盾等。但进入本世纪后，有些矛盾依然延续，如就业矛盾、劳资纠纷矛盾。有些矛盾已经弱化，如计划生育矛盾。有些矛盾甚至消失了，如农村税费矛盾。到了 21 世纪，开始产生的某些新的矛盾，如征地拆迁、环境纠纷、物业纠纷、医疗纠纷、城市管理纠纷等矛盾。我国的重大的社会矛盾，都具有鲜明的时代性，是由当时特定的社会生产力与生产关系所决定的，不是个人意志的产物。这些矛盾只有经济、社会发展到一定阶段，随着新的政治、经济、社会制度、政策的改变而产生。也可以说，社会矛盾是时代的产物。每个不同的历史阶段有着自己特有的矛盾，它的产生具有客观必然性。

第二，社会矛盾形成的社会结构性。当前重大的社会矛盾是由社会结构变迁中的主要变量，如制度、政策等因素发生变化而引发的。在制度、政策的实施过程中，无论是制度、政策设计的结果，还是制度、政策没有考虑到的后果，都产生了社会矛盾。中国社会作为一个中央权威极高的整体性社会，中央政府的制度、政策的实施具有整体性的效应。一个制度、政策如果设计不周全，它产生的负功能具有全面性，产生的矛盾具有普遍性。大量的重大社会矛盾，正是在改革的进程中，由于制度、政策设计的局限性，或者对其贯彻落实的偏差引发了设计者未曾考虑到的潜功能而产生了。企业经营制度、用工制度的变化产生了工人失业与下岗的纠纷矛盾以及大量的劳资纠纷矛盾。新型城镇化的推进与财政税收政策改革，引发了大量征地、拆迁矛盾。以经济指标为中心的政绩考核制度引发了环境矛盾。医疗制度改革引发了新型医患矛盾。让一部分人先富起来，引发了贫富两极分化与社会财富分配不公平的矛盾。在社会转型中，决定性的社会结构性变量引起的大量社会矛盾的出现，不是以个人的意志可以转移的，社会矛盾的产生具有整体性与社会结构性。这种具有社会结构性的矛盾，不是政府可以预见回避的，也不是学者可以未卜先知进行预测的。它是由于社会转型中，采取试错法探索前进中，一种不可回避的事物发展的伴生现象。每一项制度、政策在设计的时候，我们都要希望获得正功能。但在实施过程中，却产生了大量的负功能。这是社会制度、政策转换的成本与代价，我们可以称之为社会转型的代价。当然，社会结构性的矛盾不是21世纪所独有，20世纪90年代产生的农民工问题、下岗失业问题也是社会结构性矛盾。社会转型中的结构性矛盾具有制度转换的成本与无法规避性等特征。

第三，社会矛盾围绕生存需求与经济利益展开，具有利益刚性。我国改革开放政策带来的成果，惠及到了所有国民的身上。但必须承认，不同阶层的社会成员获得的改革成果是不均等的。市场经济本身的竞争机制与淘汰机制决定了利益的最大获得者往往是市场竞争中的强势群体。它包括政治精英、经济精英、知识精英。而弱势群体在这种竞争中（有的被排斥在竞争之外）获益甚少，甚至承担了改革的代价。由各种经济行为引起了利益分配的不平等产生了大量的矛盾。这种矛盾冲突的结果引起一大批利益受损群体，涉及利益受损者的土地、房屋、职业岗位、生存环境、居住环境、医疗条件、受教育等切身的生存需求与经济利益。而经济利益具有刚性的特征，即只能够不断地增长而不能够减少。当碰到利益矛盾的时候，绝大多数社会成员不愿意在利益面前做出退让，而且对利益诉求的标准不断地增高，这决定了利益矛盾协调的难度也日益加大。改革开放之前，社会矛盾主要集中于温饱问题、致富问题。而随着经济、社会的变迁，社会矛盾开始转向民众对自身权益及其生存环境的发展性需求方面，即矛盾从物质层面如温饱等问题转变为民生、权益层面，这是群众追求更高质量的生活而产生的矛盾。因此，现在社会矛盾的抗争主体，主要是矛盾被动方中的利益受损群体。当前重大的社会矛盾均是一种具有利益群体对抗性冲突的社会矛盾。

第四，矛盾冲突强度与烈度的高对抗性。传统的矛盾是以个体的对抗为主的，抗议的手段通过制度化的渠道，如人民调解、行政调解、司法调解可以化解，通过行政复议、仲裁等司法途径可以解决。而现在重大的社会矛盾的解决方式，群众在利益表达方式与维权方式上，趋向以非制度化的手段来解决。矛盾冲突双方的利益博弈，通常是直接的、面对面展开的冲突，对抗的强度与烈度超越了一般的个体性的矛盾冲突，已经形成了以集体行动方式来解决矛盾的自发的社会矛盾解决机制。矛盾冲突以群体性的集体对抗形式为主，集体行动参与者的情绪非常激动，表达诉求的意愿非常强烈，有的是故意要制造影响，以引起党委、政府的重视，来帮助他们解决问题。他们通常以集体上访、游行（为了增强社会关注，穿文化衫、拉横幅等）、示威、集会、堵塞道路、围堵政府、进京上访等手段来达到诉求。而在个体反抗时，常采取自我摧残的方式，甚至以反社会的行为方式来解决矛盾。当前这类矛盾冲突手段十分剧烈，常常冲破法律及政策等规范约束，具有非制度化、甚至非法性的特征。集体行动者常常采用经济矛盾政治化、具体矛盾社会化的策略，人为地扩大矛盾的社会影响。矛盾冲突的对抗性，在强度与烈度上有强化的趋势。这导致了我国重大社会矛盾处理的成本迅速增高，处理的难度日益加大。

第五、矛盾发展趋势上具有风险性。当前，各种重大的矛盾以群体性事件的方式频频爆发出来，冲击了我国的政治秩序，已经出现社会风险的苗头，迫使基层政府将相当大的精力、人力、物力、财力用在化解这种矛盾冲击上，基层干部在维护稳定中处于疲于奔命的状态。尽管在性质上重大矛盾仍然属于人民内部矛盾，但是当这些矛盾没有及时化解，不断持续冲突，导致许多群众开始由对具体的利益的诉求，转变为抽象的价值的诉求（公平、公正），由针对具体的矛盾对立面（例如企业），转身针对负责解决矛盾的政府部门或基层政府。随着矛盾僵持长期得不到解决，抗争的目标不断升级，由具体企业到基层政府，再到上级政府，甚至到北京。

这种标靶转移效应已经产生严重的后果，产生了对国家政策的怀疑，产生了对基层政府的不满，产生了对基层干部的憎恨。诸多由具体矛盾累积起来的社会不满情绪，汇聚成对政府与执政党合法性的怀疑与冲击。矛盾由经济矛盾转换成了社会矛盾，并向政治矛盾转换。这类高强度的社会矛盾冲击力强，具有后果的严重性。而且这种矛盾涉及的范围广、波及的人群多、社会影响大，已经形成严重的社会问题，呈现出社会风险的苗头。特别是当这类矛盾长期无法解决，某个具体利益群体的矛盾困境，会引起整个社会的同情，产生心理上的共鸣。诸多这类矛盾的累积，会促使社会不满情绪的增长，形成社会结构性的怨恨。诸多无直接利益参与者的社会骚乱型群体性事件的爆发产生区域性社会震荡，说明了这一类矛盾的严重性与风险性。

课题组将以利益纠纷为主的重大社会矛盾称作刚性社会矛盾。刚性社会矛盾是指在21世纪以来由社会结构性因素造成的，涉及社会成员生存利益的，其冲突的强度与手段的烈度具有高对抗性的，解决方式越出常规的制度化渠道的，有可能会引发社会风险的，一种具有利益群体、利益集团对抗性冲突的社会矛盾。这种矛盾已经具有利益难以协调的萌芽因素，冲突中掺杂了群体情绪，其目标的合理性与手段的非理性相混合。因而这类矛盾已经由普通的利益纠纷矛盾演变成了特殊的利益群体对抗矛盾，需要用特殊的方法予以解决。这类矛盾也是我国生产力与生产关系发展到特定阶段的产物。尽管这类矛盾性质依然属于人民内部矛盾，但这类矛盾与改革初期以个体之间的矛盾纠纷为主体的柔性矛盾有了较大的区别。

二　刚性社会矛盾的主体特征

刚性社会矛盾的行动主体，主要是矛盾对峙、冲突的双方，有些矛盾也有利益纠纷的多方。从矛盾产生的根源看，主要是强势群体与弱势群体在利益博弈中，强势群体依赖权力、资本、关系等资源优势过度攫取弱势群体利益而引发的。弱势群体基本上处于矛盾冲突中被动的一方，属于利益受损者。但从矛盾表现形式看，被动一方即利益受损群体却在积极行动，他们为了争取利益与权益，通过制度化的或非制度化的渠道、手段来达到目标。刚性社会矛盾中的抗争主体有如下五种特征。

1. 利益受损群体有较大的同质性。刚性社会矛盾以某一类具有共同属性的群体为主体。一般柔性社会矛盾的当事者分布在各个阶层、各行各业，行动单位以个体为主，但身份形形色色各不相同，原因十分复杂。而刚性社会矛盾的行动主体相对同质，要么是面临共同劳资矛盾的同厂工友，要么是被征收土地的同村村民，要么是共同被欠薪的民工，要么是处于相同环境污染的社区居民。这些人有着相似的属性，如相似的行业、共同的单位、共同的境遇、共同的利益、共同的地域、共同的博弈对象。这种同质性与利益的一致性，加上许多人平时还相互熟识，因而面临共同利益而自发地组织起来，有着自然而坚实的社会基础。许多利益诉求或利益受损群体具有“底层、边缘、弱势”等属性，自然成为境遇共同体或利益共同体。

2. 正在行动的特定的利益受损群体。刚性社会矛盾行动主体是群体而不是个体，具有群体性利益受损的特征，即一群具有相似属性的人遇到了同样的利益受损问题。行动者是因为特定的利益关系联结在一起。刚性社会矛盾的表现形式就是群众是否站出来通过集体行动公开维护自己的权利。聚集起来才具有对抗的力量，才可能引起政府的重视与支持。在当今爆发的群体性事件中，经济利益型占了主导，特定的利益诉求是他们行动的直接动力源泉。在集体行动中，无论是信息联系的方便性、共同的归属感、相互的信任度，远比临时聚集的人群在组织结构上更加紧密。只要选出适当的人充当临时领袖的角色，他们可能形成临时性的某种“准组织”。而且组织成本低，不需要新的资源就能够聚集起他们反抗的力量。从组织结构、资源动员、行动纪律、行动效果的角度分析，他们的行动用集体行动来称呼更加准确。

3. 挫折性境遇积累起强大的反抗能量。刚性社会矛盾对抗的强度远远大于柔性社会矛盾。一般柔性社会矛盾行动主体是个体或家庭，通过制度化的渠道能够解决相互之间的矛盾与纠纷，没有发展到矛盾对抗性的程度。而刚性社会矛盾利益群体是身陷困境而又无力自救的弱势群体。他们维权的渠道并不畅通，解决问题的道路并不顺利。强势群体在利益上没有退让，相关部门调解、处理不力，甚至冷漠、置之不理，致使这些利益受损群体利益受损却无力反抗，求助申诉却无人理会，成为双重的失败者，即成为利益上的受损者与心理上的挫折者。这些利益受损群体在采取集体行动之前或者在事件爆发之前，都经历了告状无门，解决无望的长期心理受挫过程。他们已不再轻易放弃权利抗争开始奋起自卫。在维权过程中，他们已经投入了大量的人力、物力、财力、精力、时间等资源，积蓄着日益强大的反抗力量。在长期的抗争中，他们会感到人生冷漠，生存艰难，产生强烈的对政府失望，对社会不满的对立意识及情绪。由于他们采用了集体行动的维权方式，从而使矛盾对抗上升到冲突的程度。

4. 以非制度化手段维权的行动群体。刚性社会矛盾维权手段的烈度要大于柔性社会矛盾的维权手段。由于一般柔性社会矛盾能够通过制度化的渠道与程序解决，通常会在特定的组织或区域内发生与解决，不会外溢到社会中来。但刚性社会矛盾采用非制度化渠道的方式来解决，使得矛盾冲突常常外溢到社会中去。利益受损群体缺乏政治资源、经济资源、社会资源，依靠自身的力量已无法维护自己的正当权益。这决定了他们在维护自身权利的时候处在一个被动的地位。刚性社会矛盾由于在子系统内部无法解决，在制度化渠道下也无法解决，而采用集体行动作为解决问题的方式。所谓的经济型集体行动是指曾有共同利益或者具有相似生活体验，因而具有相同的动机、目标或理想的人通过集会、游行、请愿、静坐等示威方式以及更加剧烈的反抗方式来展现集体力量，表达情感，以引起社会关注、舆论同情，促成政府重视并予以解决问题，获取救济补偿或改善社会环境的共同行动。他们聚集到一起采用他们自认有效的方式争取他们的权益。甚至不惜采取聚集的方式来显示他们的意图与力量。因此，创造了“集体散步”“集体购物”“集体喝茶”“集体休息”“集体旅游”“集体上访”等相对理性的抗争方式，或“堵路”“围堵政府”“武力冲突”等非理性的形式。由于自身力量的弱小与资源的短缺，他们通常采取发声最大化的策略，不怕被人知道。就怕不被人知道，通过网络、短信等低成本的通信与宣传方式将行动的信息发出去，放大他们的声音，扩大他们的影响，以期引起媒体的关注，形成最大化的社会影响，从而借助社会舆论的力量获得上级政府的关注以对地方官员和相关企业施加压力。集体行动的主体具有理性化的特征，有一定的自我约束力。他们希望按照规则与和平抗议方式表达自己的诉求，力求尽可能作到不违背现有的社会规制。柔性社会矛盾倾向采用制度化的程序与方式解决问题，而刚性社会矛盾则倾向采用非制度化的方式解决问题。

5. 以利益补偿为目标。如科塞所言："当群体在现实问题上卷入冲突，他们更有可能寻求在实现利益的手段上达成妥协，这样冲突更不具有暴力性。"刚性社会矛盾尽管矛盾的对抗性与冲突性较强烈，但由于矛盾冲突的基础是利益问题，还是可以妥协的。现阶段的刚性社会矛盾有一个显著特点就是群众有明确诉求，议题单一。除了追求利益补偿外，没有直接的政治企图，不去谋求政治权力的重新分配，不要求制度改革。通常行动者将困难、问题产生的归因指向具体的单位。但如果问题解决不了，矛头会转移到主管部门或基层政府。"不是和执政党在较劲，也不是像一些国家的政治抗争一样，要求执政者下台，或者让出几个议席，或者多当几个部长什么的要求权力再分配。所以，中国的群体性突发事件并不像一些官员所说的那样，群众是'别有用心'。所以，我们主张不要对群体性突发事件做过度的政治化解读。"① 刚性社会矛盾的冲突性强，但在本质上冲突是为了维护权益，即冲突是一种维权的手段或工具并不是目的。直接冲突的对象是具体的企业，行动者并不将政府作为冲突对象而是作为协调者，对政府的冲击强度大而烈度小，绝大多数矛盾冲突较少出现严重的越轨行为和直接破坏政府设施的情景（达到通钢事件、孟连事件剧烈程度的是极少数）。一般刚性社会矛盾的集体行动采用的是集体请愿、集体上访、聚集在政府大门等形式，很少出现如治安型冲突事件中的动乱、骚乱、暴乱式的行为。参与者的行动也较为理性，一旦政府承诺解决问题，利益获得补偿，集体行动就会停止，刚性社会矛盾就会软化。

三　辩证地看待刚性社会矛盾

刚性社会矛盾从行动主体的群体特征、利益受损群体的同质性、行动目标的一致性、解决问题时的挫折性境遇、非制度化的渠道维权方式、以利益为目标的可妥协性、利益表达方式与维权方式的特殊化形式几个方面看，均与一般柔性社会矛盾有所区别，这是来自它的特殊的发生机制与产生原因。

---

① 清华大学社会学系社会发展研究课题组：《以利益表达制度化实现长治久安》，《学习月刊》2010 年第 23 期。

尽管这种矛盾冲突是刚性的，但它仍然是人民内部的矛盾，矛盾冲突的双方是可以在法律的、制度的框架内解决冲突。这一点美国学者裴宜理有很好的论述：无论这些反抗是多么明显和激烈（有时甚至是暴力性质的），他们都最大程度地展示了其对中央政策和领导者的忠诚。他们的偏好和策略是根据中央政府的“合法”边界提出自己的要求。因而，中国的民众在抗争过程中有着一贯的“遵循规则”的倾向。尽管毛泽东时期的“同志”这一“革命”话语已经被“公民”的“权利”话语所取代，但这两个时期的抗争者在心理和同中央政府的关系上好像没有根本性的改变。与其把今天的这些抗争解读为煽动性字眼的“权利意识”，即自发的市民反抗国家以维护自己的自主利益，不如将之解读为成熟的“规则意识”，即承认并巩固而不是破坏国家的权威。[①]“规则意识”意味着采用官方的语言，并表明抗争不是质疑和挑战中央政府的合法性。即使在一些极端的案例中，抗争者也为了获得中央政府的认可而表示服从国家权威。抗争者也一贯地以国家法律和规则来证明其行为的合法性。“在中国，权利往往被理解为是由国家认可的、旨在增进国家统一和繁荣的手段，而非由自然赋予的旨在对抗国家干预的保护机制。在此情景下，民众对行使自身权利的诉求很可能是对国家权力的强化而不是挑战。因此，我们主张将建构当代中国抗议活动的框架模式称为规则意识（rules consciousness）而不是权利意识（rights consciousness）。”[②] 这一见解是准确的、有见地的。我们如果作一个比喻性总结：经济冲突中民众的特殊心态是怕强势群体而不怕政府。他们的心态是将政府作为保护者，作为解决问题的依靠。如果他们不找政府而是自己用最原始的方式去解决问题，就进入到了丛林法则，就真的要出事了。就此而言，尽管他们采用集体行动的方式来解决问题是不理性的，但不是要向政府造反，只是以不恰当的方式来要挟政府为他们解决问题而已。所以，这只能算人民内部矛盾而不是人民外部矛盾。经济型冲突尽管形式上、手段上具有刚性的特征，但本质属性上还是人民内部

---

① 《中国政治的活力与困境——于建嵘对话裴宜理》，百度网（http：//wenku. baidu. com/link？url = TH2xahsdGHrjvSe7_ ZvB2Q0noUt2Ttw0i75753HGc5B6 - NL6qOKw6QCl6BffFJcocACm_SMWOn5XDRqWOxngE7agq8et1l3Latvc - vIckMe）。

② 清华大学社会学系社会发展研究课题组：《以利益表达制度化实现长治久安》，《学习月刊》2010 年第 23 期。

矛盾。

第三节 社会矛盾的类型

类型分析是为了更深刻地把握研究的对象。在我国，没有对矛盾进行严格的司法界定，也没有标准化的分类。政府不同部门通常从自身工作的角度对矛盾进行统计与分类。因此，统计还没有标准化。在学术研究方面，也没有公认的划分标准。每一种分析有其优点，但也有缺点，没有一种分析是完全可以概括全部矛盾的种类的。实际上，无论是从政策性角度划分，从矛盾源上划分，还是从利益受损群体来划分，都是表述、分析与研究的需要。本课题根据研究的需要尝试新的分类。

一 本课题对矛盾的分类

本课题研究的是21世纪以来产生的新型的、刚性的社会矛盾。为了研究需要，课题组提出两种新的矛盾分类。

1. 矛盾存在形态：现实社会矛盾与非现实社会矛盾

这是依据当前社会矛盾的存在形态来划分。社会矛盾由显现的与潜伏的两种形态表现出来，可分为人们互动层面的现实、直接的、有明确主体的社会矛盾与人们心理层面的非现实、非直接的、无明确主体的社会矛盾。

现实的、直接的矛盾冲突形态是发生在经验世界中人们的互动层面，与物质利益相关的现实的、直接的社会矛盾冲突。这类矛盾，一有明确的矛盾主体。这个主体可能是群体之间、个体与群体之间、个体之间的矛盾。矛盾冲突对象是明确的。二有确定的矛盾冲突目标。目标是为了某些具体利益，如征地、拆迁、改制等矛盾纠纷。三有发生的具体空间、场域。其发生空间可分为城市社会矛盾、农村社会矛盾和城乡共同发生的社会矛盾。四是显现的矛盾。这种矛盾在现实的社会生活中，是众所周知的一种社会事实。刚性社会矛盾是由具体的经济利益资源的争夺引起的，通常以集体行动的方式爆发出来。

非现实的、间接的矛盾冲突形态是存在社会中人们的心理认知差异。它是在社会精神层面发生的，主要表现为社会成员心态方面的观念、情绪的一种对立、不满状态。它是现实的社会矛盾在社会成员心理方面的一种反映形式。一是矛盾的主体是不明确的，主体可以只是一群具有相似价值观念、相同认知、相似看法的人，由于利益矛盾、价值不同基础上引起的认知对立而产生的不同的心理群体。二是矛盾冲突的目标是模糊的，并没有确定的矛盾冲突目标，只有一个大致的冲突目标，如仇官、仇富、仇不公。三是没有具体的矛盾冲突场域，只是弥漫在部分成员的心理中，或者在网络上集聚。四是以潜伏的形式存在人们心理中，通常以社会的结构性怨恨的情绪存在着，一旦有导火索事件出现可以引起爆发。它是不同心理群体之间的一种社会心理上的对立情绪，例如，干部群体与老百姓群体在对待某些事件上分成了两个认知对立的心理群体。

非现实的、间接的矛盾冲突形态主要有三种表现形式。一是在日常生活中以牢骚怪话、段子、调侃等形式表达出来，如对社会不公的调侃、对官员腐败的嘲笑、对富人的挖苦。现在则以微博、微信表达出来。二是在虚拟的网络上，通过讨论版、公众评论等言论形式表达出来，形成了网络政治广场，通过对某些社会热点事件、社会治安事件、社会不公平事件评论宣泄不满能量。三是在骚乱型群体性事件中，通过集体行为的形式表达出来。一个导火索事件产生，立即引起大量与事件无直接利益关系的群众卷入。因此，这种非现实、非直接的社会矛盾的存在，是我国社会矛盾积淀社会矛盾性质转化的一种现象。社会成员对生活中大量社会矛盾的不满，对处理社会矛盾的管理者不满，慢慢地转化成了一种情绪，形成某些初级的意识形态，如观念、价值判断，形成了一种群体的情绪对立状态，即社会的结构性怨恨。这种初级的意识形态因素开始是模糊的。但在人们的互动中，在具体事件的刺激下，这种模糊的意识会清晰起来，形成与主文化价值观念相对立的观念。这种不满、愤怒的目标不是一个具体的对象，而是某一类人物或者事物。这种认知在头脑中形成以后，就成为一种镌刻在头脑中的思维模式，会自发地索引、推论出一套解释理由，成为一种在认识事物过程中的简化的情景定义模式。例如，提到干部，就联想到特权，想到特权，就联想到腐败；提到富人，就想到有钱，一想到有钱，就想到是越轨手段获得到的。简化以后的思维，就形成了干部等于腐败，富人等于坏人的简单的归纳性反应模式。而这种思维方式是有局限性的，甚至产生晕轮效应。而现实的社会矛盾越多，在人们的观念中越会形成反抗的观念。它是潜伏在人们心理结构层面的社会矛盾，由于涉及情感、观念问题，具有更深刻的不可改变性。这是社会成员对社会矛盾消极性的反映。

现实的社会矛盾与非现实的社会矛盾这两种形态是可以转换的。前者往往是后者产生的矛盾源与爆发的导火索，后者往往是推动前者发生的社会心理基础。人们对公平、正义、公开的要求越来越高，当发现环境与这些价值发生冲突时，会产生不满，甚至会产生行动的反抗。情感、观念和价值的冲突，相比现实的利益矛盾和冲突而言更加具有不可调和性。执政合法性的基础在于人民的社会心理认同，不认同感的产生其实就是执政合法性基础的流失。因此，这是一种更加深刻的社会矛盾的冲突。这种矛盾不是针对具体的个人、组织，而是针对某一类人、某一类群体、某个制度，由现实的社会矛盾冲突转化成价值、观念层面的冲突。所以这是社会矛盾在人们心里的内化。而积淀在人们心里的这种社会矛盾观念，将是社会矛盾新的存在形态，一旦被激发起来转化为对抗行动，便具有更加巨大的破坏能量。

这种矛盾分类仅仅是出于研究需要划分的一种类属群体，便于统计与表述。

2. 现实矛盾严重程度：刚性社会矛盾与柔性社会矛盾

这是只针对现实性的、直接冲突的矛盾的分类方式。它不涉及非现实的社会矛盾。

前文对刚性社会矛盾作过详细的阐述。刚性社会矛盾主要含义是指其出现的历史阶段的不可避免性，其产生的社会条件的社会结构性，矛盾主体利益的刚性，矛盾强度与烈度不断增长的对抗性，矛盾冲突方式的非制度化，矛盾冲突结果的风险性。简要地讲，刚性社会矛盾是指我国利益群体之间产生的面广量大的、冲突方式剧烈的、结果严重的重大社会矛盾。刚性社会矛盾的主体通常是群体，特别是利益群体。在特殊的情况下会包括一些个体，如某些矛盾始终解决不了的上访老户、缠访户等。

柔性的社会矛盾是指由利益或观念不同而产生的人们之间的矛盾纠纷。矛盾主体以个体、家庭为主，如农村的许多矛盾主要发生在邻里之间、村民之间、家庭之间。矛盾冲突的强度与烈度不大，大多数通过制度化渠道与手段，如人民调解等非司法方式，以及仲裁等司法方式可以解决。尽管个别矛盾冲突也非常剧烈，但后果不涉及其他人，影响也是有限的。

社会矛盾主体是群体，发生的概率小，但强度烈度大，对抗性强，后果较严重。人际矛盾主体是个体或家庭，发生的概率大，但强度烈度小，后果也较轻。我们关注的是社会矛盾，特别是社会矛盾中的刚性矛盾。但在现实生活中，无论是媒体还是群众对矛盾的区分并不是很清楚，往往用一句社会矛盾，概括了所有矛盾的类型。

二　基层干部对矛盾的分类

不同的群体，对社会矛盾有不同的习惯性分类。在我们的访谈中，群众往往从自身周边的人与现实生活中发生的矛盾讲起，是十分具体、微观的人际纠纷层面的矛盾。社区层面干部一般谈论的是一种具体的、事务性的居民之间的矛盾纠纷与冲突。有利益因素，也有非利益因素，这主要是一种个体与个体之间的矛盾冲突。在街道、乡镇这一层面上的干部反映的矛盾冲突较为中观，是一种群体与群体之间的利益冲突，或者由制度政策引发的矛盾冲突。在区、县层面的干部反映的矛盾比较宏观，是制度政策层面引发的矛盾冲突。但他们对整体的、宏观的、抽象的社会矛盾的看法主要是受到媒体影响。基层干部最常用的有两种矛盾分类方法，分类标准是矛盾发生时间与矛盾源。

1. 矛盾发生时间：传统矛盾与新型矛盾

从时间维度看，依据矛盾产生的时间段来划分传统矛盾与新型矛盾。这是我们在社会调查中，不少基层干部一种自发的分类，用传统矛盾与新型矛盾这两个概念来表达。传统矛盾是指新中国成立以来至21世纪以前存在的各种类型的社会矛盾。许多矛盾是延续的，在21世纪前就产生了。因此，时间标准不是截然分明的一种界限，只是为了研究的需要。基层干部的理解中，只要是有人际冲突的都叫矛盾纠纷。不论它来自自然灾害、事故，还是利益的冲突，当群众产生了自己解决不了的矛盾，都会找到政府，要求基层干部来处理，干部有着不容推卸的责任。传统在时间上并没有明确的界限，主要是指过去的意思。传统的矛盾在实际生活中，在农村主要表现为婚姻家庭纠纷、邻里纠纷（宅基地、建筑、道路纠纷等），这是自始至终存在的矛盾，也指某些与社会政策相关的矛盾，如计划生育矛盾，土地承包引发的土地纠纷等矛盾。传统矛盾最大的特征是矛盾冲突的主体以个体为主，通常是群众之间的冲突，也有群众与集体（村民小组、村委会）的冲突，即个体与个体的冲突、个体与群体的冲突。

新型矛盾主要是指社会转型过程中（特别是进入21世纪以来）产生的各种新的社会矛盾。新型社会矛盾比传统社会矛盾更为复杂，既有个体之间的矛盾纠纷，如大幅度增长的交通事故纠纷；也有个体与群体的纠纷，如医患矛盾纠纷、消费矛盾纠纷、物业矛盾纠纷；更多的是出现了一种全新的矛盾纠纷，即群体与群体的矛盾纠纷，如征地矛盾、拆迁矛盾、环境矛盾、改制矛盾、城管矛盾等。矛盾冲突的主体通常是具有相似属性、有相似遭遇、有相似利益，能够产生集体行动的一群人。他们的矛盾冲突对象通常是企业、政府部门、基层政府。在传统矛盾中，矛盾的主体基本上是个体的，而在新型的矛盾中，既有个体之间的矛盾，也有个体与群体之间的矛盾，更有群体与群体之间的矛盾。有些矛盾尽管根源在20世纪，但在21世纪爆发了出来。各种类型的历史遗留下来的至今还不能够解决的矛盾，如涉法涉诉矛盾、涉军矛盾、改制矛盾、知青矛盾、下放人员矛盾、农村过去从事公益事业和公共服务的人员矛盾等。

传统矛盾与新型矛盾和前面的刚性社会矛盾与柔性社会矛盾是有交叉的。传统矛盾中以柔性矛盾为主，刚性矛盾为辅。但新型矛盾中，以刚性矛盾为主，柔性矛盾为辅。本课题主要研究我国社会转型以来，21世纪所产生的社会矛盾。所以，传统与新型的分界线以21世纪为起点。

2. 以矛盾源进行分类

在访谈中，基层干部依据在实际工作中经常遇到的矛盾源进行分类，这是一种最直接、朴素的分类，简洁明了。

（1）政策性社会矛盾，如由于历史遗留下来的各类矛盾：涉农人员的历史遗留问题、涉军人员待遇的问题、改制企业历史遗留问题等，大多数是由于政策原因引起的，没有享受到政策的关照，或者没有足够享受到政策的保护。各地、各部门在制定政策和出台改革措施时，没有充分调研论证，综合考虑各方因素，协调平衡各方利益，照顾了一部分人而忽略了具有相同境遇的其他人，引起新的矛盾、新的不平衡。这类矛盾地方政府是不能够擅自解决的，即使经济发达地区的政府有财力解决，但也不能够轻易表态，这涉及全国各地同一类人的问题。一旦一地的政府提高了某类人员的待遇、福利标准，其他地方的同类人员会以此为参照，要求本地政府也参照解决。因此，这类矛盾必须在全国一盘棋的情况下解决。这类矛盾引发的群体性事件较为突出。

（2）涉法涉诉矛盾。指有些矛盾纠纷已经进入司法诉讼渠道化解，并有了判决的结果，但当事人特别是司法官司的失败者，因质疑司法判决的公正性，如对司法自由裁量权怀疑，对执法能力、水平和公信力质疑，因而进入信访渠道，试图推翻法院的判决，这就是涉法涉诉矛盾。这类矛盾事由十分复杂，矛盾源千奇百怪，但是非已经分清，法律已经裁决，一般基层干部对这类重新进入信访渠道的矛盾十分头疼。重新解决意味着要推翻法院的判决。因此，基层干部对这类矛盾基本上是采取回避、推托、解释等方法。这类矛盾大量地进入信访渠道，实际上冲击了法律制度，冲击了矛盾终结机制。这类矛盾的表现形式就是“上访老户”“缠访户”动辄跑到北京去，成为基层干部最为头疼的矛盾死结。

（3）利益受损类矛盾，有的也称作发展类矛盾纠纷。征地拆迁引发的矛盾纠纷，环境污染引发的矛盾纠纷，金融借贷引发的矛盾纠纷，通常是直接损害了部分人的利益，或者是部分人的预期利益没有达到要求，而产生的与具体企业或地方政府的矛盾。这类矛盾的主体通常是群体性的，易引起群体性事件。这些矛盾纠纷起因复杂，涉及面较广，而且大都呈群体规模，解决难度大，也易于引起社会关注。

（4）民生类矛盾纠纷。老百姓看病难（包括医患矛盾）、上学难（包括优质教育资源短缺、学区划分矛盾）、就业难（包括劳资纠纷）、住房难（包括物业矛盾、住房涨价跌价）、消费纠纷、交通纠纷等民生矛盾，很多是由公共资源的短缺，公共服务的不到位引起的问题。矛盾的主要对象是公共服务的提供者——地方政府。

（5）传统类矛盾纠纷。是指发生在群众身边的婚姻家庭纠纷、邻里纠纷等传统类矛盾纠纷。这是一种人际纠纷的矛盾，以个体之间、家庭之间的纠纷为主，但也是发生率最高的矛盾。某市 2015 年 3 月统计，占前五位的纠纷类型分别为：①邻里纠纷，占 25.98%；②婚姻家庭纠纷，占 25.57%；③房屋宅基地纠纷，占 9.89%；④赔偿纠纷，占 7.24%；⑤土地承包纠纷，占 5.27%，合占矛盾总量将近 75%。[①]

① 某市内部研究报告。基于匿名原则，不能公布具体出处。

（6）涉农类矛盾。涉及农村经济政策、经营、财务管理、土地承包等方面；涉及有关山林权属争议、土地征用和划拨、土地所有权和使用权争议、土地有偿转让、农村宅基地使用、“两违”处理等方面。

当然，不同的基层干部对上述矛盾的认知与分类有所不同。上述分类是课题组的综合与概括。在上述分类中，前三类主要属于刚性社会矛盾，其他属于非刚性社会矛盾，里面不可避免地存在着交叉。

三　其他矛盾分类

课题组还考虑到对矛盾进行其他的分类为如下两类。

1. 大数量矛盾与小数量矛盾

大数量矛盾是指在日常生活中发生的频率高的，涉及矛盾主体人数多的，普遍性的矛盾。小数量矛盾则与之相反。大数量矛盾是社会成员之间的人际矛盾纠纷或社会成员与某个具体企业、组织之间的矛盾纠纷。如婚姻家庭纠纷、邻里纠纷、交通纠纷、消费纠纷等，面广量大，每天发生无数。2014 年，某市共受理调处社会矛盾纠纷 54952 件，调解成功 54293 件，调处率 98. 8%。列在前几位的社会矛盾纠纷分别为：交通事故 16559 件，占纠纷总数的 30. 5%；婚姻家庭、邻里纠纷 7492 件，占比 13. 8%；消费纠纷 5538 件，占比 10. 2%。[①] 小数量矛盾通常情况下是群体与群体之间的矛盾，如各种群体性事件。也有个体与群体的矛盾，如城管纠纷、医患纠纷。矛盾数量的多少与矛盾的影响程度是两个概念。如城市管理矛盾、医患矛盾等，发生的数量很少，但一旦发生，经过媒体报道或网络发布，则社会影响很大，让人感到这类矛盾不少。刚性矛盾与人际矛盾相比较，通常是小数量矛盾。如让人影响最深刻的征地矛盾，并不是只要有征地就有群体性事件。一项以网络为平台搜索 2003 年至 2008 年征地冲突数量的研究表明，在搜索的 27 个省份中，共有 15 个省份的征地冲突发生率高于 0. 2，10 个省份的冲突率在 0. 1—0. 2 之间，2 个省份的冲突率低于 0. 1[②]。

① 某市内部研究报告。基于匿名原则，不能注明出处。

② 该阶段我国共发生征地纠纷 3074 起，其中涉及肢体暴力事实或明确威胁的征地冲突 179 起。某省的征地冲突发生率 I = 该省发生过征地冲突的县级行政单位总数 C/该省县级行政单位总数。详见谭术魁、齐睿《快速城市扩张中的征地冲突》，《中国土地科学》2011 年第 3 期。

在征地中大多数是符合规范与程序的，产生矛盾的只是少数。但这小部分事件给人以强烈的冲击力，影响十分恶劣。

2. 显性的矛盾与隐性的矛盾。显性的矛盾是指大众所关心的社会矛盾，也是传播媒介关注、网络关注的某些社会矛盾。如城管矛盾、医患矛盾等，这些矛盾在日常生活中是小概率事件。由于涉及公平公正等终极价值观念，易于引起社会公众的共鸣，常常是发生一件事，会引发公共媒体、网络的讨论，很快成为一件公共事件。城管矛盾、医患矛盾在整个社会矛盾中并不是一种由社会结构因素引起的，有深刻社会背景的结构性矛盾冲突，仅仅是由于城管当事人的工作作风引起的或者被管理对象的抗拒引起的，具有偶然性。但经过网络与媒体发布后，在社会上形成一种仿佛是严重的矛盾冲突。这种公众意识中的矛盾冲突，具有极大的晕轮效应，而不是一种真正重大的社会矛盾源泉。而有些社会矛盾，尽管危害性更大，有时反而不易引起舆论的关注，暂时以隐蔽的形式存在着，一旦条件成熟就爆发出来。

第四节　研究方法与理论创新

一　本课题获取资料的方法

本课题采用问卷调查、干部访谈和文献研究三种方法获取研究资料。

1. 问卷调查

本课题使用的第一种研究方法是问卷调查。问卷调查是一种有效获取研究资料分析社会事实的方式。2013 年—2015 年课题组共进行了 4 次问卷调查。

（1）2013 年 1 月，课题组为了了解城乡居民对当前社会矛盾的感知状况，进行了城乡居民对社会矛盾的认知调查。因南京大学是全国性招生，超过 50% 的生源来自江苏省之外的其他省区市，这为调查提供了便利条件。所以该次问卷调查主要由南京大学社会学院的学生参与实施，由每位同学负责自己家庭所在社区的入户调查，在本社区内按照随机抽样原则选取 20 个样本。这次调查涉及全国 19 个省自治区市的 51 个地级市，[①]

① 包括：黑龙江、福建、安徽、江苏、浙江、河南、四川、重庆、广东、广西、吉林、贵州、山东、江西、湖北、北京、天津、上海和新疆等。

共收集到有效问卷2808份，其中农村775份，城市2033份。

（2）2013年8—10月，课题组为了了解公众对待矛盾的心理状态，开展了第二次问卷调查。本次问卷调查主要由本课题组的博士、硕士研究生参与实施，调查地点为江苏、安徽、四川、湖南四个省份的六个地级市。发放问卷1200份，分城乡两大区域，问卷数量分配为：（1）城市：南京300份、苏州100份、合肥200份、宜宾100份、长沙200份，共计900份；（2）农村：苏州100份、扬州100份、长沙100份，共计300份。抽样方案为：首先，在每个作为调查点的地区中，依据当地的行政区划，按简单随机抽样的方法各抽取2个区（县）；其次，在抽中的每个区（县）中再按简单随机抽样的方法各抽取2个街道（乡镇）；再次，在抽中的每个街道（乡镇）中再按随机抽样的方法各抽取2个社区（村），即每个调查点共抽取8个社区（村）；最后，在每个社区（村）中按总户数和问卷数量等距抽样确定调查户，进行入户调查（每个家庭以男主人或女主人为主要调查对象）。每一户的后一户为备选调查户，如果此备选调查户因各种原因无法调查，则调查下一户，依次往下。最终实际发放问卷1222份，回收有效问卷1214份。

（3）2015年2—3月，课题组为了了解经历过矛盾的样本与没有经历过矛盾的样本对矛盾的认识、采取应对矛盾的措施有什么区别，采用比较的方法对社会矛盾现状进行了问卷调查。这次调查仍由南京大学社会学院的学生参与负责实施，每位学生从自己家庭所在的社区分别选取经历过矛盾冲突事件的（作为样本组）和没有该经历的（作为对照组）调查对象各两名，样本组人员分布共覆盖全国29个省、自治区、市①。共收回有效问卷470份，其中样本组问卷为233份，对照组问卷为236份。本次调查是对照经历过矛盾与没有经历过矛盾的公众对矛盾的看法、处理手法有什么区别。

（4）2015年4月，课题组在J省②的4个地级市开展了有关社会矛盾

① 包括：北京、天津、河北、辽宁、上海、江苏、浙江、福建、山东、广东、海南、山西、吉林、黑龙江、安徽、江西、河南、湖北、湖南、重庆、四川、广西、云南、贵州、西藏、甘肃、青海、内蒙古和新疆。

② 限于保密原则，调查地点采用匿名的方式。

现状的专项问卷调查。调查对象分为干部和群众两个群体。此次问卷调查采用配额抽样的方法。鉴于样本的代表性、调查经费的限制和调查实施的可行性，本次调查干部和群众的调查样本分别为880人与2160人。具体的抽样过程如下。（1）确定干部群体的调查对象。从J省抽取4个地级市（一个经济发达，两个中等发达，一个欠发达），每个地级市配额抽取220名干部。在每个地级市按照经济发达程度抽取2个县（市），每个县（市）各110名，其中处理矛盾的部门干部各抽取20人，然后在每个县（市）按照经济发达程度抽取3个乡镇（街道），每个乡镇（街道）抽取干部30名，以处理矛盾的基层干部、村居干部、社区干部为对象发放问卷。干部问卷共计发放880份，回收有效问卷为849份。（2）确定群众的调查对象。从J省上述4个地级市中，每个地级市配额抽取540名群众，然后按照经济发达程度在每个地级市抽取2个县（市），每个县（市）各抽取270人；然后按照经济发达程度在每个县（市）抽取3个乡镇（街道），每个乡镇（街道）各抽取群众90名；在每个乡镇（街道）分3个社区（村），在每个社区（村）抽30名。群众问卷共计2160份，回收有效问卷为2018份。

2. 干部访谈与座谈会

本课题使用的第二种资料收集方法是访谈。基层干部是社会矛盾的直接调解者，对社会矛盾最为熟悉。为了了解我国基层矛盾存在的形式、原因、特征、趋势与基层干部处理矛盾的经验教训，本课题将访谈作为获取有关矛盾信息的主要方法，通过个别访谈与座谈会两种方式收集第一手资料。社会访谈调查以课题组的博士生为主，并组织部分硕士生、本科生于2012—2015年以个案访谈和集体座谈的形式共获得全国28个省、直辖市[①]602名基层干部（县、乡镇、街道、社区）关于社会矛盾的访谈文字记录。访谈内容主要了解他们对当地突出社会矛盾，矛盾产生原因、特点、趋势，以及处理矛盾的经验教训的看法。其中，城镇基层干部456

① 包括：江苏、湖北、安徽、山东、四川、重庆、浙江、北京、上海、天津、河南、河北、福建、江西、广东、湖南、贵州、新疆、云南、黑龙江、内蒙古、山西、辽宁、吉林、海南、青海、甘肃、西藏。

名，农村基层干部146名；[①] 科级以下干部161名，科级干部275名，科级以上干部166名。基层干部的面对面的个案访谈人数为315人，干部的集体座谈会共举办32次[②]，参加座谈的基层干部人数达287人，访谈文字记录83份。

3. 干部提供的文字资料

本课题采用的第三种资料收集方法就是文献研究。这部分材料主要是由地方基层干部所提供的有关当地社会矛盾现状和当地社会矛盾处理的经验教训的文字材料。这些材料主要通过干部座谈会获得。基层干部所提供的文献资料主要包括纸质与电子资料两个部分：一是主要涉及当地社会现状的分析和具体的社会矛盾化解措施；二是对社会矛盾化解机制的建议和意见。

本课题在资料收集上存在着局限性。（1）有的调查，如让学生调查自己的家乡社区，只是为了掌握公众对矛盾的看法，不能够算严格意义上的科学抽样，也不能够进行科学推论。（2）预测方法，如专家法，因经费问题无法实施。（3）干部访谈涉及的地区还不够全面，缺少北部、东北部地区的资料。课题组成员进行的干部访谈较为深入，但一些委托的调研不够深入。（4）最主要的局限是我国社会矛盾基础数据（如全国各类矛盾纠纷的数据、群体性事件的数据、上访的数据）涉及保密守则无法获得，这限制了本课题对矛盾分析的科学性与深度。

二　本研究的理论贡献

本课题的创新在三个层面，一是研究对象的创新，在诸多的刚性社会矛盾中，诸多学者对有些矛盾进行了研究，但对有些矛盾却熟视无睹，研究的很少。本课题对历史遗留矛盾、干群矛盾、医患矛盾、城管矛盾、反社会行为的系统研究具有领先性。二是理论方面创新，提出了一些新的概念与理论解释。本课题在这些方面进行了尝试。

---

① 城镇，是指区、街道、城市社区；农村，是指乡、村、农村社区。

② 干部座谈会的地点包括：济宁市、盐城市、巢湖市、合肥市、苏州市、广德县、镇江市、南通市、徐州市、连云港市、无锡市、南通市、南京市、安庆市、宜宾市。

1. 厘清社会矛盾概念，探索新的社会矛盾分析框架

现阶段社会矛盾的性质和表现发生了较大变化，基于政治分层的人民内部矛盾论，强调政治化的意识形态范式而忽视了从其他维度对社会矛盾的观照；阶级斗争思维下的矛盾观念已经无法真实表达社会阶层分化下利益群体的矛盾与冲突，更难于指导当前解决社会矛盾冲突的现实。因此，本研究在深刻认识现阶段社会矛盾本质的基础上厘清关于矛盾的基本概念。本课题构建以“刚性社会矛盾”为中心概念，以“现实社会矛盾”和“非现实性社会矛盾”为两个形态的全新的社会矛盾分析框架，为社会矛盾研究提供新视野和新思路，实现矛盾理论研究的突破。

2. 提炼社会矛盾本土概念，建构社会矛盾中层理论

工业化和现代化进程中对社会矛盾和冲突的化解，是全球各国都面临着的重大课题，同时也是国际学术讨论的共同话语。本研究的最终目标不但是为化解社会矛盾提供具体可行的政策建议和具有可操作性的措施，而且也要为其提供具有指导意义的本土化的解释理论。这也是完善社会治理在化解社会矛盾方面的创新机制的理论依据。本研究将立足我国现阶段刚性社会矛盾的基本特点，在提出刚性社会矛盾论的基础上，建构对转型期的社会矛盾有解释力的本土理论，包括在研究中提炼出非现实矛盾论、社会结构性怨恨论、信访制度风洞效应、历史遗留矛盾中的政策缺陷论、社会矛盾预防论等新的理论，建构我国社会矛盾的中层理论体系。

3. 掌握社会矛盾特点，预测社会矛盾发展趋势

把握现阶段社会矛盾的基本特点和未来发展趋势是深刻理解并准确把握当前社会矛盾的一个必要过程，也是顺利化解社会矛盾的内在要求与基础条件。本研究在与基础干部的访谈中，梳理出当前每类刚性社会矛盾的类型及其独特性，概括出我国社会矛盾冲突的总体性特点。同时在分析各类刚性社会矛盾自身发展的规律性的基础上，对各类刚性社会矛盾与总体的刚性社会矛盾的发展趋势做出了预测，这对认清和洞悉社会矛盾发展趋向的基础上为预防和解决实际矛盾问题提供前瞻的视角。

4. 提出新的矛盾治理理论，完善多元矛盾化解机制

本课题提出新的社会预防论：即预测趋势论、消除诱因论、瓦解条件

论、抑制生长论、宣泄能量论、提高燃点论。在社会预防论的指导下，提出了完善社会预防与社会治理的路径。建议建立多元化解社会矛盾的化解机制，并对构建这一机制提出了在制度、政策、机构、队伍、措施等方面的具体做法。特别是对当前社会矛盾面临的焦点、难点问题，如上访老户、群体性事件的解决提出了可操作性措施。

三　本研究的实践意义

本课题研究设计中，在决策层面重要作用主要体现：为研究者和管理决策者准确把握现阶段我国社会矛盾的本质给出新视角；为国家层面的制度、法规、政策的制定提供基本的理论支持；为诊断社会矛盾的发生机制和社会矛盾治理体制改革找到新的理论依据；为构建创新型社会矛盾化解机制提供基本原则和政策方面的指导；总结分析国外社会矛盾与冲突化解方面的先进经验，为做好借鉴吸收工作提供参考。本课题重点对当前征地、拆迁、改制、环境、干群、历史遗留等重大现实矛盾进行特点、趋势分析与预测，对非现实的矛盾，即公众心理层面的结构性怨恨进行测量与分析。在化解对策中探寻新的社会矛盾的化解机制与对策措施，构建社会转型期社会矛盾多元化解的新机制。本课题针对基层的具体操作层面主要作用有：为基层县、乡各级政府、信访、民政、综治等工作责任部门在化解社会矛盾工作中提供新的工作思路；汇集国内化解社会矛盾先进经验的精华，为基层治理社会矛盾提供有益借鉴与参考；提炼本土经验，为基层提供操作性强的具体化解方案。本课题研究的成果还能为其他学者进行社会矛盾的后续研究提供有价值的研究资料和研究思路。

第五节　社会矛盾文献

对于我国社会矛盾的研究，学术界主要有三个视角。一个是从马克思主义经典作家的辩证唯物主义、历史唯物主义角度讲矛盾以及从毛泽东的人民内部矛盾学说讲矛盾。二是从西方社会学者的社会冲突理论来论述矛盾冲突。三是我国学者对现实矛盾的形态、特点、原因、性质等研究。

一　马克思主义经典矛盾学派

马克思主义的矛盾理论由两部分组成，一是辩证唯物主义，认为社会和思想领域中的任何事物以及事物之间都包含着矛盾，事物矛盾双方统一斗争又推动事物的运动、变化和发展。二是历史唯物主义，认为生产力和生产关系的矛盾是人类社会一切矛盾产生的基础和根源，贯穿于整个人类社会，规定着人类社会的本质，推动着人类向前发展。马克思、恩格斯没有经历社会主义社会实践，他们只是指出社会主义社会还有工农之间、城乡之间、体力劳动和脑力劳动之间的差别。毛泽东发展了马克思的矛盾学说，在全面分析社会主义社会矛盾的基础上，较为完整地论述了社会主义社会矛盾理论。1955 年 4 月在《论十大关系》中，他对社会主义社会不同性质的矛盾作了精辟分析。1957 年 2 月，毛泽东发表了《关于正确处理人民内部矛盾的问题》，奠定了社会主义基本矛盾理论的基础："在我们的面前有两类社会矛盾，这就是敌我之间的矛盾和人民内部的矛盾。这是性质完全不同的两类矛盾……敌我之间的矛盾是对抗性的矛盾。人民内部的矛盾，在劳动人民之间说来，是非对抗性的；在被剥削阶级和剥削阶级之间说来，除了对抗性的一面以外，还有非对抗性的一面……凡属于人民内部的争论的问题，只能用讨论的方法、批评的方法、说服教育的方法去解决，而不能用强制的、压服的方法解决。"① 邓小平明确提出社会主义的根本任务是发展生产力，把改革作为解决社会主义社会各种矛盾的根本方法，坚持用物质利益原则去解决社会各种矛盾。邓小平指出："我们的生产力发展水平很低，远远不能满足人民和国家的需要，这就是目前时期的主要矛盾。"② 邓小平提出"三个有利于"的思想，既是衡量我们改革成败的标准，在实质上也成为处理社会主义社会各种矛盾的基本原则。"三个有利于"突出了发展生产力、重视人民物质利益和人民生活水平提高的主题。邓小平的新思路在于，对实践中遇到的关系社会主义事业发展全局的各种矛盾关系，无不着眼于把矛盾的两个

---

① 毛泽东：《关于正确处理人民内部矛盾的问题》，《毛泽东选集》第 5 卷，人民出版社 1977 年版，第 364—368 页。

② 《邓小平文选（第二卷）》，人民出版社 1994 年版，第 182 页。

方面统一、协调、结合于一体，改变对立面的互不相容、不相适应、不相协调的状况以及矛盾事物原有不平衡、不稳定的状态，促成事物平衡稳定、协调有序的发展。

二　西方社会冲突理论

社会冲突是社会矛盾的发展形态，是社会矛盾激化的表现形式。对社会冲突的研究亦是学术界对社会矛盾研究的焦点。在西方社会学史上，学术界对矛盾的阐述更多的是用"社会冲突"的概念。社会冲突这个概念是在1907年的美国社会学会第一次年会上提出的。以后，韦伯（M. Weber）、齐美尔（G. Simmel）、科塞（L. A. Coser）、达伦多夫（R. Dahrendorf）等学者都为冲突理论作出了重大的贡献。达伦多夫认为，冲突是"有明显抵触的社会力量之间的争夺、竞争、争执和紧张状态"。[①] 冲突就是不同的个体或群体双方或多方的行动方向、目标不一致，并且相互对抗的一种社会互动形式。而社会冲突一般情况下是指规模较大的群体之间的力量对抗。社会学的发展史上，马克思关于阶级及阶级斗争的思想、以及对生产资料占有的不平等是产生利益冲突的根本因素等观点，启示了许多思想家，被西方理论界认为是社会冲突理论的一个重要来源。在马克思看来，"按照我们的观点，一切历史冲突都根源于生产力和交往形式之间的矛盾"。[②] 韦伯在《阶级、地位和政党》中认为导致阶级冲突的主要因素有两个：一是低层社会群体成员拒绝接受既存关系模式；二是低层社会群体成员在政治上组织起来的程度。马克思倾向于强调不平等的经济基础，并认定社会中的资产阶级（统治者）和无产阶级（被统治者）会两极分化，由此必然引起社会冲突。与此不同，韦伯所展示的冲突的多元性就更加丰富一些，他认为如果被统治者的政治合法性得到承认，或者被统治者所属的阶级、身份和政治地位没有高度相关，或者资源的分布不要过于不平等，或者增加权力、财富、声望向中下层民众流动性，都可以避免社会

---

① ［美］乔纳森·H. 特纳：《社会学理论的结构》，吴曲辉等译，浙江人民出版社1987年版，第211页。

② ［德］马克思、恩格斯：《马克思恩格斯选集》（第1卷），人民出版社1972年版，第81页。

冲突的发生。齐美尔认为冲突是有其积极的社会后果的，因为他常常从社会冲突中得出这样的结论：冲突可以提高团结和整合的水平①。达伦多夫在《工业社会中的阶级与阶级冲突》中，提出了一般适用于工业社会的社会冲突理论。主要思想有：（1）社会是由一部分人通过合法手段对另一部分人实行压制而建立起来的强制结合群体；（2）社会常态不是和谐而是冲突，社会运行的基本趋势也不是稳定而是变迁；（3）社会变迁的结果是从一种强制性结合体走向另一种强制性结合体，具体的过程是：潜在的利益对立——现实的社会冲突——强制性社会变改，产生新的社会结构——新的潜在利益对立——新的现实社会冲突……如此循环往复。冲突是普遍的永恒的。② 达伦多夫认为，冲突的强度与烈度是分析阶级冲突的两个重要维度。强度是指“各冲突方面能量消耗以及它们卷入冲突的程度”，如果在冲突中所消耗的能量越多，卷入程度越高，则冲突的强度就越大。烈度是指“冲突双方用以达到他们目的和利益的手段”③。这些概念可以作为我们分析冲突的借鉴。科塞（Lewis A. Coser）关于冲突的暴力命题为：“1. 当群体在现实问题上卷入冲突，他们更有可能寻求在实现利益的手段上达成妥协，这样冲突更不具有暴力性。2. 当群体在非现实问题上卷入了冲突，情感唤起与卷入的程度更高，这样冲突更具有暴力性。”④ 科塞认为冲突对群体与社会具有正功能，会导致群体与社会的整合。

我国在社会转型中产生了大量的经济利益引发的矛盾，社会冲突理论对于我们解释利益不平等而引起的矛盾纠纷甚至冲突具有较好的解释力。它对于解释什么情况下社会矛盾会产生、加剧，社会矛盾的强度、烈度会怎样的，什么情况下社会冲突可以化解等有较强的说服力。西方社会学的社会冲突理论，对国内社会学者、政治学者影响很大，成为社会矛盾研究的主要理论工具，学者主要围绕社会冲突的内涵、类型、功能、根源与社

---

① ［美］乔纳森·H. 特纳：《社会学理论的结构》，吴曲辉等译，浙江人民出版社 1987 年版，第 165—167 页。

② 谢立中：《西方社会学名著提要》，江西人民出版社 1998 年版，第 226 页。

③ 同上书，第 223 页。

④ ［美］乔纳森·H. 特纳：《社会学理论的结构》（上），邱泽奇等译，华夏出版社 2001 年版，第 180—181 页。

会冲突的控制等方面进行研究。

三 我国学者对社会矛盾的研究现状

1. 对社会矛盾性质、表现形态、特点的研究

学术界普遍接受毛泽东矛盾论的思想，认为我国社会矛盾的性质是人民内部矛盾，是非对抗性矛盾。如靳江好认为，社会转型期表现出来的社会矛盾大多都是根本利益一致基础上非对抗性的矛盾。非对抗性的社会矛盾在转型期社会矛盾中占主导地位。[①] 邓伟志认为在新形势下，大量的社会矛盾是在根本利益一致的前提下的矛盾，在性质上是人民内部矛盾，是公权与私权的矛盾，是公民与公民社会之间的矛盾，不是对抗性的矛盾。[②]

虽然学术界对于我国社会矛盾性质的看法高度一致，但是对其表现形态则观点不一。基本可以分为以下三类。大部分学者认为利益矛盾是我国社会矛盾的主要表现形态。李培林认为，“要把利益矛盾视为人民内部矛盾的主导方面，视为决定其他人民内部矛盾存在、发展、激化的主导性矛盾”。[③] 靳江好认为利益矛盾特别是经济利益矛盾成为社会矛盾中的主体……在今后一个时期里，各社会主体围绕利益问题而引发的矛盾将日益增多和表面化，并以此构成我国一切社会矛盾的基础，成为社会矛盾的主要方面。[④] 郑杭生认为就中国而言，社会矛盾突出地表现为不同社会利益群体之间，尤其是新产生的利益群体之间的一致与摩擦、相同和相异，形成了不同利益要求的相互冲突博弈。[⑤]

郑杭生从社会矛盾的静态结构出发，认为社会矛盾体现以下四大特点：一是矛盾的主体越来越以利益群体的面目出现，具有利益群体冲突博弈的性质；二是矛盾的焦点往往直接间接集中到政府，地方政府往往首当

---

① 靳江好、王郅强：《和谐社会建设与社会矛盾调节机制研究》，人民出版社 2008 年版，第 80—116 页。

② 邓伟志：《论社会矛盾》，《上海大学学报》（社会科学版）2009 年第 4 期。

③ 李培林：《正确处理新时期社会矛盾的关键点》，《经济研究参考》2004 年第 31 期。

④ 靳江好、王郅强：《和谐社会建设与社会矛盾调节机制研究》，人民出版社 2008 年版，第 115 页。

⑤ 郑杭生：《当前我国社会矛盾的新特点及其正确处理》，《中国特色社会主义研究》2006 年第 4 期。

其冲；三是矛盾的表达往往采取多渠道、多样化的维权形式，而维权的目标和手段常常脱节；四是矛盾的互动往往采取激化甚至尖锐、恶性冲突的方式，具有倾向激化、诉诸冲突的趋势。[①] 余国林认为，现阶段我国社会矛盾的特点是：一是矛盾整体性质上的非对抗性；二是矛盾内容的利益性；三是矛盾结构的复杂性；四是矛盾发展趋势的可协调性。[②] 冯海波立足于转型社会的过渡性特征和后危机时代的内在张力，概括了当下中国社会矛盾不同于常态社会的五大特点：一是社会矛盾多元互动；二是社会矛盾异质化；三是社会矛盾博弈政治化；四是社会矛盾显形化；五是可持续性社会矛盾突出。[③]

2. 对社会矛盾发生根源的研究

对社会矛盾发生根源的分析，是目前我国社会矛盾研究的焦点之一。绝大部分学者都是在社会转型的背景下对社会矛盾进行归因研究，但是不同的学者其立足点、侧重点有所不同。陆学艺从社会发展的角度指出我国的经济结构与社会结构发展的不平衡、不协调是产生当今中国诸多经济社会矛盾和问题的原因。因此在继续抓经济建设的同时，深化社会体制改革，重点推进社会建设，抓好社会管理是解决社会矛盾的出路。[④] 李培林则在实证调查的基础上，从客观阶层归属和主观阶层认同断裂的角度，探讨了社会矛盾产生的结构性根源。[⑤] 韦华腾分析了引发社会问题及社会矛盾的法制原因：（1）法律未能树立起应有的权威；（2）人民群众的法治意识未能真正树立起来；（3）涉及民生的法律、法规不完善；（4）法律诉求与法律救济的途径不通畅；（5）某些地方或某些单位执法不公、司法不公的现象严重。他进一步探讨了处理新时期社会问题及社会矛盾的法制途径。[⑥] 刘少杰认为社会矛盾的本质与根源是制度矛盾。当代中国社会矛盾的制度根源主要表现在两个方面，一是理性化的正式制

① 郑杭生：《当前我国社会矛盾的新特点及其正确处理》，《中国特色社会主义研究》2006年第4期。

② 余国林：《当前社会矛盾的主要特点和处理办法》，《江西社会科学》2004年第3期。

③ 冯海波：《后危机时代中国社会矛盾特征分析》，《理论研究》2010年第5期。

④ 陆学艺：《当前中国社会生活的主要矛盾与和谐社会建设》，《探索》2010年第5期。

⑤ 李培林：《社会冲突与阶级意识》，《社会》2005年第1期。

⑥ 韦华腾：《依法处理新时期社会问题及社会矛盾》，《岭南学刊》2006年第6期。

度之间的矛盾，二是理性化的正式制度同感性化的非正式制度之间的矛盾。他特别强调了当代中国社会理性化的正式制度同感性化的非正式制度之间的矛盾，是广泛存在且难以协调和化解的社会矛盾。[①] 唐亚林认为"体制性迟钝"导致许多社会矛盾被暂时掩盖起来、不断积累，并最终带来群体性事件频发，导致处置成本大为增加等严重后果。[②]

3. 对社会矛盾发展趋势的研究

总体而言，当前对我国社会矛盾发展趋势的研究相对较少，并且它们往往依赖于定性判断。何平等认为现阶段我国社会矛盾主要呈现如下发展态势：(1) 利益矛盾越来越凸显成为各种矛盾的聚焦点；(2) 矛盾冲突程度加剧群体化趋势明显上升；(3) 干群矛盾表现突出，"仇官""仇富"心态较为普遍；(4) 社会矛盾往往借助网络民意，形成无形抗争压力；(5) 矛盾成因更趋复杂，化解难度不断加大。[③] 而吴忠民则认为当前我国的社会矛盾 (1) 呈现出一种并发症的状态；(2) 连带性很强波及面十分广泛；(3) 有着很大的生长空间。[④] 在实际分析方面，中国社会科学院每年发布的《中国社会形势分析与预测》根据上一年的状况对社会形势进行了短期预测。

张宗林提出通过分析物质性矛盾和价值性矛盾的架构，计算出数量化的社会矛盾指数，以此为民生问题提供衡量标准以及预测社会矛盾发展趋势的工具。[⑤] 对于社会矛盾极端表现形式的群体性事件，有研究基于生存保障指数、经济支撑指数、社会分配指数、社会控制指数、社会心理指数和外部环境指数这6大要素的分类而建构群体性事件的预警指标体系，以预报社会运行接近爆发群体性事件危机的临界值的程度。[⑥] 另外，也有研究从社会发展风险、社会环境扰动、社会安全状况和社会控制能力等4个

① 刘少杰：《社会矛盾冲突的制度分析》，《人民论坛·政论双周刊》2009年第8期。

② 唐亚林：《社会矛盾遭遇体制性迟钝的制度性原因》，《探索与争鸣》2009年第3期。

③ 何平、吴楠：《良法善治下我国社会矛盾解决机制研究》，《理论建设》2012年第6期。

④ 吴忠民：《中国中近期社会动荡可能性的研判》，《东岳论丛》2013年第1期。

⑤ 张宗林：《社会矛盾指数：一个民生问题的分析工具》，《江苏科技大学学报》（社会科学版）2012年第2期。

⑥ 吴竹：《群体性事件预警指标体系研究》，《政法学刊》2007年第3期。

方面，构建3级群体性事件预警指标体系。[①]

预测社会矛盾的目的在于了解未来社会风险的状况，以此控制、减少我们面临的风险。当前国内已有一些关于社会风险评估的研究，这些研究虽然不是对社会矛盾进行直接预测，但是通过对各方面客观指标与主观指标的综合，能够评估当前的状况以及可能引发的冲突。宋林飞通过将社会风险预警指标分为警源、警兆、警情三个方面，在较早时期提出了涵盖面较广的社会风险预警综合指数以及相对而言具有现实可行性的社会风险预警核心指数。[②] 胡鞍钢等不仅从社会紧张、社会脆弱和社会不安全3个维度界定“社会转型风险”，构建衡量社会转型风险的指标体系，并利用层次分析法（AHP）确定各类指标的权重。他们还利用1993—2004年间统计年鉴和相关文献提供的数据，总结评估了这期间的社会转型风险指数，并发现这期间社会风险的平均增长速度快于经济增长，尤以社会不安全指数的增长最快，但随后增速呈现下降趋势，在未来几年可能在高位进入“平台期”。[③] 但值得注意的是，这种分析属于对过去演变趋势的总结与回顾，而非预测。社会稳定的程度从另一个侧面反映了社会矛盾可能的发展趋势，上海《社会稳定指标体系》课题组从社会稳定的状态将衡量社会稳定的指标分解为社会稳定一般状态指标、社会稳定突变状态指标以及社会稳定解释性指标，试图以此监测、分析社会稳定的状态。[④] 阎耀军根据前期设立的社会稳定综合指标体系，搜集了我国自1985—2002年间18年的历史数据，对我国社会和谐稳定度的历史状况进行了回溯性的评估和社会预警模拟演示。[⑤]

4. 对社会矛盾化解对策的研究

对策研究是社会矛盾研究的主要议题之一。有些学者力图从整体的、综合的角度探讨社会矛盾的化解之道。如郑杭生认为无论是构建和谐社

---

① 李丽华、刘舒：《群体性事件预警指标体系研究》，《中国人民公安大学学报》（社会科学版）2011年第6期。

② 宋林飞：《社会风险指标体系与社会波动机制》，《社会学研究》1995年第6期。

③ 胡鞍钢、王磊：《社会转型风险的衡量方法与经验研究（1993—2004年）》，《管理世界》2006年第6期。

④ 上海《社会稳定指标体系》课题组：《上海社会稳定指标体系纲要》，《社会》2002年第12期。

⑤ 阎耀军：《现代实证性社会预警的探索》，《社会》2005年第4期。

会，还是正确处理新形势下的社会矛盾，都不是一个就事论事的简单问题。它实际上是一个系统工程，至少涉及这样四个方面：深层理念的更新、社会结构的调整、社会功能的转换、社会信任的重建。① 学术界对社会矛盾的解决对策研究基本可以分为以下角度。一是从加强和创新社会管理的角度探讨社会矛盾的化解机制。例如郭星华、刘正强认为必须以一种整体主义的思路来矫治社会失范和化解社会矛盾，寻求一种善治意义上的治理模式。② 薛立强、李晨也认为公共治理理论对于进一步解决当前社会矛盾具有重要启示：要构建多主体的社会矛盾解决模式；营造有利于妥善解决社会矛盾的环境；使非政府组织、私人机构和公民社会承担起更多解决社会矛盾的责任；积极探索多主体解决社会矛盾的方式方法。③ 二是探讨社会组织在化解社会矛盾中的作用。例如胡仙芝以社会中介组织为标本分析了社会组织在社会矛盾体系中的具体作用。④ 王林的研究则在此基础上作了更深入的思考，他认为需运用合法、公开的社会手段，整合三个部门力量，构建出能有效化解各类社会矛盾的优化机制，化解社会矛盾，促进社会和谐。⑤ 三是从各类政策、制度完善的角度探讨社会矛盾的解决路径。刘少杰从社会矛盾的本质与根源是制度矛盾的立场出发，认为只有从制度关系着眼才能明确把握社会矛盾的发生与演化，也只有从协调制度关系并且用制度安排来协调社会矛盾，才能从根本上形成持续稳定的社会秩序。⑥ 除此之外，有从建立大调解制度入手寻求社会矛盾解决良方；也有从网络问政制度的建立出发探寻化解矛盾的方法；有从收入分配政策的调整中寻求公平；也有从公诉制度或法律制度的完善方面促进社会矛盾的化

① 郑杭生：《当前我国社会矛盾的新特点及其正确处理》，《中国特色社会主义研究》2006年第4期。

② 郭星华、刘正强：《当代中国互构中的社会失范与社会矛盾》，《探索与争鸣》2007年第6期。

③ 薛立强、李晨：《当代中国社会矛盾的变化与公共治理革新》，《云南行政学院学报》2007年第1期。

④ 胡仙芝：《积极培育社会组织构建社会矛盾调节体系——以社会中介组织为视角》，《国家行政学院学报》2006年第6期。

⑤ 王林：《优化社会三个部门结构及运行机制促进社会矛盾的化解》，《社会科学家》2008年第2期。

⑥ 刘少杰：《社会矛盾的制度协调》，《天津社会科学》2007年第3期。

解。四是从司法的角度探讨社会矛盾的解决方法。这一研究视角主要是从各类司法机关工作实践出发，探讨在司法工作的各个环节如何更有效地化解矛盾。五是从社会矛盾的复杂性出发，探讨社会矛盾的多元化解决机制。这一研究视角强调在完善单一工作机制基础上的各类机制的互动、互补与协调运作。和东红、李学军认为建立多元的利益协调机制对构建社会主义和谐社会具有重要的现实意义和战略意义：（1）借鉴瑞典、芬兰的收入分配机制协调利益群体矛盾；（2）建立、完善制度化的多元利益表达机制；（3）完善人民调解、行政调解、司法调解三位一体的调解机制，实现政府、市场和社会资源的有机整合。① 也有少数学者从地方经验中归纳出值得推广的矛盾纠纷多元化解机制。

这些对社会矛盾认识的宽阔视野，多角度论述，为本课题提供了有益的借鉴。本课题将在这些基础上，博采众长，提炼总结，对社会矛盾作出更加深入的阐述。

① 和东红、李学军：《冲突与构建——和谐社会视野下多元利益群体矛盾协调机制的模式探析》，《青海社会科学》2010 年第 5 期。

第二章

基层干部对社会矛盾的认知

——基于访谈资料的归纳

研究者面对社会矛盾有两种态度，一种是文过饰非，将有矛盾说成无矛盾，将大矛盾说成小矛盾。这种粉饰太平的做法不是科学的态度，对解决矛盾无益。另一种是正视矛盾、研究矛盾、解决矛盾的态度。正视矛盾就是客观理性地描述矛盾与分析矛盾，不回避矛盾的尖锐性，在真实、深刻分析矛盾的基础上，才能有的放矢地找到化解之策。课题组采取第二种态度，在深入调查的基础上，对丰富的访谈资料进行描述与分析，当然对于访谈中某些过激的言词进行了技术处理，但绝不回避矛盾所涉及的真实性因素。这也是研究者的社会责任，也是社会管理者化解矛盾的信心所在。

基层干部，在我国主要指处于区（县）、街道（乡镇）的干部，及居委会（村委会）群众自治组织的干部。他们作为国家各项方针政策的具体执行者，处在矛盾冲突的第一线，也是化解具体矛盾的工作者。基层干部是我国化解社会矛盾的基本队伍与骨干力量。他们在处理矛盾中积累了大量的经验教训，对各种社会矛盾的体悟、认识是最深刻的。本章以课题组博士生成员为主，并组织部分硕士生、本科生，于2012—2015年以半结构式的个案访谈和集体座谈会的形式，对全国28个省、自治区、市602名基层干部进行了社会调查。其中，个案访谈的基层干部人数为315人，主要是区（县）、街道（乡镇）、社区从事处理矛盾的干部；干部的座谈会共召开32次，主要有两部分人：一是处理矛盾的专职干部（省、市、县各级负责处理矛盾的干部，如综合治理办公室、信访、维护稳定办公室、公安、司法部门等）；二是基层负责全面工作的干部（街道、乡镇的党委书记）合计人数为287人（见附录一表1、表2）。通过对访谈资料分析，总结基层干部对当前我国社会矛盾的现状、原因、特点、趋势与对策的看法，可以使我们更具体深入地了解当前我国的社会矛盾，并为化解社会矛盾拓展思路。由于访谈的内容较多，我们将原始的访谈内容进行了整理和概括。

第一节　社会矛盾的基本状况

一　社会矛盾的基本分布

从整个社会来看，社会矛盾在不同发展阶段、不同地区的表现存在差异。但是，通过梳理基层干部对所管辖地区较为突出的社会矛盾形势的判断，可以从中找到最突出的社会矛盾。这些社会矛盾较为普遍地存在于不同地区，是基层政府和基层干部无法回避的执政难题。通过统计[①]，我们可以发现，拆迁矛盾、征地矛盾、土地纠纷矛盾、环境矛盾、干群矛盾、邻里纠纷矛盾、家庭婚姻矛盾、历史遗留矛盾、劳资矛盾和社会保障矛盾是较为突出的10类社会矛盾（见图2—1）。征地与拆迁常常是紧密相连的，征地和拆迁的核心点就在于获得特定区域内土地使用的能力。因此，可以说在当下中国围绕着土地而产生的社会矛盾是繁多而尖锐的。除了征地拆迁外，农村土地纠纷、土地流转、宅基地纠纷等矛盾都是以土地作为连接点，因而土地纠纷矛盾显得比较突出。环境矛盾是近年来越来越突出的社会矛盾，尤其随着人们对自然环境、居住生活环境的关注、要求不断提高，以及环境污染面广量大，使得民众与环境污染企业、基层政府之间的矛盾冲突日益激烈，大量的群体性事件也由此引发，极大地增加了经济社会运行的成本。地方政府在经济发展中只顾经济增长，不当的政策与措施导致利益受损群体范围扩大，部分干部和政府工作人员在处理与群众相

---

① 具体矛盾类型的频数统计主要是通过统计矛盾关键词得到的，分析资料为课题组所整理的干部访谈和干部座谈文字资料，共计378份。统计规则：每一份访谈文字资料中相同的矛盾类型只计算一次，所统计的关键词并不一定完全与矛盾类型一致，但是核心关键词是一致的。比如，征地拆迁矛盾的统计关键词可以是“征地”“土地征用”“拆迁”“房屋拆迁”“征拆”等。事实上，每类矛盾的频数也是基层干部的数量。

关事务所表现出来的态度、行为方面的失当引起群众不满，干群矛盾是各种矛盾汇聚的结果。与环境矛盾这类新型矛盾相比，邻里纠纷矛盾属于传统的社会矛盾，是社区人际互动关系不良的反映，是长久存在的现象之一。但是，就当下而言，邻里纠纷矛盾的凸显也有其深刻的社会结构性原因。而随着家庭住宅的私有化，家庭财产意识与权益意识不断提升，邻里之间在利益、空间方面的纠纷大幅度增长。家庭婚姻矛盾主要是源于家庭财富的分割与家庭内部人际关系紧张。历史遗留矛盾可以说是一种长期积累下的矛盾类型，社会变迁、政策变革带来大量的遗留问题，引发更多的"算旧账"式的群众利益诉求，而现有政策难以解决这些问题。劳资矛盾是伴随着市场经济的出现和发展而不断增强的社会矛盾，尤其是在经济下行时期，企业经营不善或倒闭而带来的裁员、减薪、欠薪等引发劳资关系的紧张而产生劳资矛盾。社会保障矛盾主要由于失地农民、失业人员增多，他们在养老、医疗等社会保障方面的需求无法获得满足而产生的。除了邻里纠纷和家庭婚姻矛盾是传统的、柔性的矛盾以外，其他的矛盾均是21世纪产生的以群体矛盾为主的刚性社会矛盾。

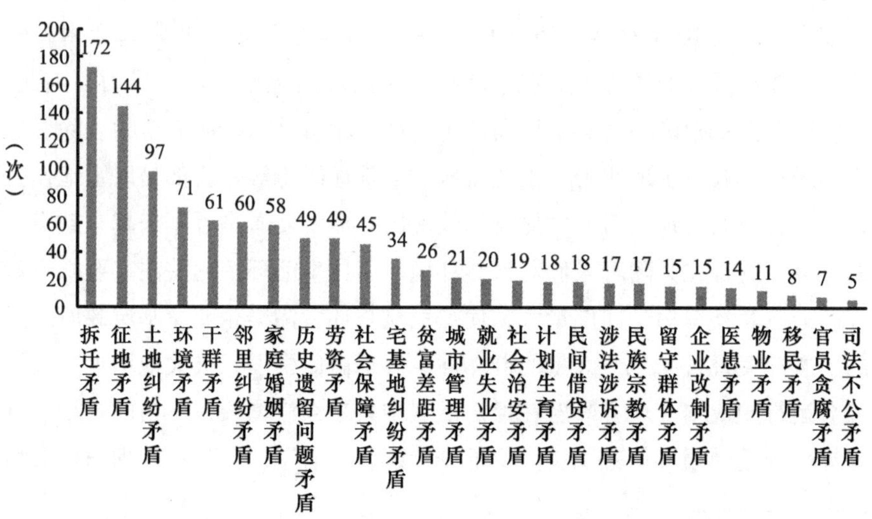

图2—1　基层干部访谈中社会矛盾类型的频数统计

二　社会矛盾的基本原因

第一，经济发展成为社会矛盾产生的最大触发动力。不少干部认为，社会矛盾是发展尤其是经济发展带来的。“现在的矛盾是发展带来的，不发展就不会有这些矛盾现象。”（0C11024*，某街道副书记）经济发展带来利益格局的变革、社会结构的转型，矛盾的发生无法避免。“发展是硬道理，经济要发展，那一定会牵涉到一些征地，一些项目的开发，一些利益的分配和一些弱势群体的基本的保障，它们之间的矛盾是不可避免的。”（1F10001，某居民区党总支部书记）追求经济的过快发展，追求过高的经济效益，导致引发更激烈的矛盾。“我们的经济如果不这么快速发展，而是循序渐进就不会出现这些问题。”（0C11003，某镇书记）更为严重的是矛盾化解的条件不具备，进而使得矛盾不断积累。“目前我们却不具备解决这些问题的条件，这种现象十分普遍。”（0C11002，某镇长）总体而言，经济发展是社会矛盾发生的最大触发动力。处于社会转型期的中国社会所面临的种种矛盾是经济发展，尤其是经济过快发展的一种伴生现象，这是不容回避的现实。

第二，制度层面的规则不完善成为社会矛盾产生的源头。（1）相关的法律法规缺失或者不健全，难以应对变化的现实状况。“这些问题很多的由于上边的政策、处理态度不明确，有关法律规定不清晰而造成的，我们基层在处理时只能被动应付。”（0C11023，某镇党工委书记）（2）基层政府的工作缺少统一、权威的条例的指导。“对于确实存在问题的必须要严肃处理，我们要更加依法和规范上处理事情。其次如果我们办事确实没有问题，那么国家就应该从立法上或者政策上要有权威的发布，至少要达成一致的口径，我们急需这样的条例。”（0A12044，某市政法委书记）（3）缺少权威机构的认定，基层缺少工作指导。“现在没有一个权威的机构在搞全国的评查（发现基层有问题就来处理，没问题的就一锤定音）。一锤定音后就不要再上访了，因为再深究下去影响了公众就违法，但是现在没有就针对不断上访现象做出具体条例。”（0A12044，某市政法委书记）（4）顶层设计缺少统筹。“我认为顶层设计方面缺乏一个统筹，我们在基层深知，不可能只让一个信访部门来解决问题，必须要有上级统筹几家一起来研究怎样解决问题。涉法涉诉的规定改革我们也相应地改变处事办法，而对于信访，是国家对社会管理的综合性管理发挥的不够，统筹性

* 访谈编码规则见附录一，下同。

不够。”（0A12044，某市政法委书记）（5）民意民情上传渠道运行不畅，上级部门无法获知群众诉求，群众难以向上表达自身诉求。“第一，上层出现了问题。不管从中央一级还是省一级，这些政府官员听不到群众真正的声音。”（0A11016，某镇副书记、镇长）“第二，从下层来说，群众没有办法把自己的真实的想法向上反映，反映到上一级部门。”（0A11012，某县信访局长）（6）管理机制不合理，考核体制不合理。“虽然有些矛盾是我们基层一些官员不正确的绩效观导致，但目前的官员考核体系才是其背后真正的根源。”（0C11025，某乡长）“我们很多领导讲科学发展观，但做不科学的事。这也是当前政治体制的影响吧，每个领导都想搞些短期的政绩出来，不会考虑到长期性的工作。”（0C12020，某市国家高新区副主任）（7）中央和地方的财政分配体制给地方政府的运转带来巨大的经济压力。财政分配格局不尽合理。“中央与地方利益分配上出现大问题，造成地方过于急功近利。比如我们××镇一年的总税收 14 个亿，分到我有 6 个亿，这 6 个亿还不是我全能用的，给教师再切一刀 3 个亿，剩下这 3 个亿是我能用的。”（0A11021，某镇副书记、镇长）财政收入难以承担巨量的工作任务。“从基层来说财权、事权，就是责权利不一致。基层承担了相当多的拆迁、经济发展和社会民生的任务，但是从整个财政的分配机制来说是严重倒挂的。以我们乡镇为例，全口径的财政收入大约 13 到 14 亿，但到地方一般预算收入大约只有 40%，我自己的可用财力大约只有整个财政收入的六分之一，只是一个零头，却承担着整个区域的社会民生、教育、市政管理、环卫养护、居民社保、民政等，大头的工作是我承担了，从财政来说，大部分又被分摊掉了。”（0A11034，某镇副书记、镇长）政府的民生投入不足，社会保障力度不足。“民生投入的不足，带来社会的不公平又造成人们心理感觉很‘绝望’……政府很多基础的民生问题解决不了，带来了社会的不满情绪很严重。”（0C11019，某街道党工委书记）“现在很多地方财政收入来源单一，无持续性，这几年靠土地财政，地方财政很多数字都是空转的，没有真正的现金可以用，老百姓的民生欠账很多，一旦这种局面维持不下去，矛盾就会集中爆发，以前欠老百姓的他们就会找政府算账。”（0C12020，某市国家高新区副主任）

第三，政策层面的不完善成为社会矛盾产生的直接诱因。（1）政策制定过程的透明度低，缺少公共监督和群众参与，容易脱离实际，伤害群众利益。“政策制定的公开、透明不够，接受群众监督不够。很多政策是站在政府角度制定的，是政府部门利益调和的结果，很多政策缺乏科学的依据和实际的调研，好多是闭门造车的结果，不切合实际。”（0C11019，某街道党工委书记）（2）政策的价值取向存在偏差。“从现在国家政策看，的确有个政策的价值定向问题。就是你这个政策取向是为了改善城市建设，为了维护基层群众利益，为民生考虑，还是保护开发企业利益，还是为了地方财政收入，就这几个关键方面我认为在价值取向上有偏差。有些政策基础本身不是很合理。”（0C11019，某街道党工委书记）（3）政策内容设计的合理性偏低。“这些问题都反映出我们很多政策出台缺乏研究，考虑的不全面，不连贯，不能很好的平衡各方利益，缺乏公平性，不切合实际。”（0C11024，某街道副书记）（4）政策调整的速度滞后，不能适应新的社会变化。“我觉得关键还是我们国家的很多政策调整的太慢了，很滞后，跟不上当前的社会的发展实际情况。”（0C11021，某区信访局长）（5）政策执行过程中政府的缺位与失误，降低了政策的政治效益和社会效益。“国家下发的一些政策在执行中与群众的利益脱节也造成一些问题。”（0C01018，某街道书记）（6）政策成为利益集团谋利的工具。“一些具体的政策被一些局部的利益集团所绑架，比如医改、教育改革、房改等民生领域的改革不太成功，也引发一系列的社会矛盾。”（0A12002，某县政法委副书记）

第四，政府部门的执政能力弱化成为社会矛盾产生的重要诱因。（1）基层政府的社会控制能力弱化，难以应付复杂多样的社会矛盾。“这些年我们党和政府对基层社会的控制力是在严重削弱的，在有些农村地区现在就是按照‘丛林法则’处理事，谁有势力，谁有能力就谁说了算，老百姓之间的矛盾就很复杂。这些矛盾处理不好就都会转移给政府身上来，政府即使有三头六臂也难以应对。”（0C12022，某区常务副区长）地方家族势力、黑恶势力的参与，挑战基层政府权威，触发矛盾。“家族事业影响了公平正义。很多地方都存在这种情况，我们说的红道、黑道，就是在官场上有人、地方上有势力，说狠点，就是资源占有率很不公平。”（0O11002，某副镇长）（2）基层政府的执法能力弱化。“地方政府的第三个问题是执法弱化，执法弱化体现在两个方面，一是执法不严不公，给社会矛盾带来一定的影响，老百姓不相信你了。二是打击不力，明明是违法，闹事的，现在形成了一种风气，90% 的都要闹事，要闹起来，死者家属会把死者抬到肇事者那里，设灵堂啊，闹啊，这种东西不处理，法律打击不力。”（0A12051，某县政法委书记）（3）基层政府的矛盾化解思路有误，导致矛盾的激化、扩展。“各个地方采用的各种方法，都是以解决为标准。如果不采用这些不上台面的办法把问题给解决了，就会给县里带来麻烦，最终也就是在给自己找麻烦。所以说化解矛盾，政府80% 都是在花钱买平安，实际上是越买越坏。”（0B11003，某乡书记）

第五，政府工作人员的工作态度与行政行为成为引发矛盾的催化剂。（1）工作作风、生活作风存在问题。“干部中腐败、大吃大喝等不正之风也确实少部分存在，这就损害了党和政府的形象，所以群众对很多的党员干部不太满意，从中也产生了很多的矛盾。”（0P11002，某县委办公室主任）工作态度不佳、吃拿卡要等负面行为在部分干部的工作中是存在的。“有些基层工作人员，不出事不重视，一出事就应付性的处理，关键还是在思想根子上不重视。”（0C12022，某区常务副区长）（2）政治意识不强，服务意识薄弱，工作能力有待提升。“第一个问题是政治意识不强，就是我讲的官僚，这种现象还是存在的，无论是我们县、镇、村等基层官僚作风还是有的，为民意识、服务意识薄弱。第二个是服务水平不高，能力不行，包括法律水平、处理问题的能力。”（0A12051，某县政法委书记）

第六，不良的社会心态是社会矛盾发生的社会心理基础。（1）社会信任缺失。“社会中缺失了一种基本的信任。虽有时体现为个别现象，但往往是群体性事件的导火索。”（0C11025，某乡长）（2）社会道德下滑。“一是社会变革中必然带来的矛盾纠纷。从原来比较贫困的社会迈入比较富裕的阶段，在让一部分先人富起来的政策导向下，必然会出现分配不公的现象。从熟人社会到陌生人社会，原来熟人社会是用道德来维系的，大家都讲诚信，到了陌生人社会发现没有熟人社会的规则，可以不用受道德的约束，破坏了传统的约束机制，行为没有规则，没有底线，全部是放任的。”（0A12027，某市中级法院副处级审判员、民二庭庭长）（3）拜金主义心理蔓延。“各个社会阶层，严重来讲是道德沦丧、唯利是图，包括每个阶层。从低层次来说，就是卖馒头的老百姓，他们也知道把馒头漂白，以多卖几个钱，无论这样做有毒没毒。还有，像普通老百姓交公粮，他也会把好的粮食留给自己吃，把有小土块等杂质的交给国家。城市、官员也是如此，包括一些官员说话不讲信用。”（0C11002，某镇长）（4）失衡心理普遍。“实际上就是讲，过去那些生活比较差的搞好了，从‘糠箩’跳到‘米箩’；过去那些生活比较好的，现在也更好了，但是‘好’的幅度上没有那些比较差的人大，过去我比他好十倍，现在我只比他们好两倍，因为这样心理也会失衡。”（0B11004，某镇书记）（5）仇官、仇富、仇不公心理突出。“这三种心态是存在的，或者说有些问题的产生啊，恐怕就是这三种心态在作怪哦。”（1O10005，某社区副书记）

第七，新闻媒体等社会力量成为社会矛盾产生的外部诱因。（1）媒体的失实报道、炒作导致矛盾的产生和激烈化、扩大化。“有些媒体起了推波助澜的作用，……没有正能量，是负能量的。”（0O12005，某县副书记）“一些媒体小报再跟进炒作，进一步渲染、激化、扩大了矛盾，又鼓动了更多人遇事就上访，产生了更多的上访老户、缠访户。”（0C11025，某乡长）（2）记者、律师、专家等群体的“不当行为”导致事件主体双方的对抗，引发矛盾，甚至敲诈基层政府。“出了问题、事情之后，这些人以及小报记者的报道都严重失实……报社说‘这样吧，我再给你出篇正面的报道，我给你写篇稿子，负面的就取消了，一万块钱到十万块钱’，小报媒体经常这么干。”（0C11004，某镇书记）甚至存在故意制造问题，威胁基层政府的媒体。“媒体在这里面有些会推波助澜。比如说秸秆焚烧，有些小报就故意拍下来就去找镇政府敲诈，不给就发出去焚烧的照片，敲诈乡镇政府三、五千块钱。”（0A11013，某镇书记）（3）记者、专家、律师曲解政策，对矛盾处理的恶化推波助澜。“很多知名专家，曲解中央的政策……为了吸引眼球，发表一家之言……包括记者在内，他们缺乏良知。”（0C11002，某镇长）同时，“记者、律师这些人难对付，这样人对处理矛盾只能起到推波助澜作用。”（0C11014，某街道书记）“他们写东西有时候不反映事实真相，也不负责任，总是写‘据谁谁说’，‘据个别群众说’，至于是谁说的他也不写。甚至有一部分人给记者啊，媒体啊，拿钱去做这些事，他们这种情况也变味了。”（1H11001，某乡副书记）当然，这些社会中间力量对矛盾的化解也是有正面作用的。“律师、媒体、非政府组织介入，可以加强舆论监督、促进矛盾尽快化解，第三方参与还可以使利益双方消除顾虑，赢得弱势方信任，促进矛盾化

解。”（0P11001，某县社会管理综合治理委员会办公室副主任）

第八，群众利益意识高涨是社会矛盾产生的主观原因。（1）群众利益意识、维权意识的增强，给工作的开展增加了困难。“群众受教育程度和文化素质的普遍提高，法律意识提高，维权意识提高，群众对社会提出了更高的要求。由于我们的社会目前处在一个发展的转型期，矛盾本来就比较多，也不能完全满足群众的要求，所以呈现出矛盾越来越多的态势。”（0P11002，某县委办公室主任）（2）集体意识和公益意识下滑，个人利益意识增强。“群众集体意识、公益意识普遍下降，私欲过度膨胀，导致政府实施基础设施建设，公益建设及工程项目（含旧城改造、旧村改造、新农村建设等）建设实施难度人为增大。”（0O11002，某副镇长）（3）群众法制观念不强，文化素质不高。“公民的这个道德素养，目前还没有真正得到加强，以及我们的法治观念还不是特别的强。”（1D11004，某镇书记）（4）群众的访求过高。“极少数群众，因为文化水平低，对政策、法律提出一些过高或无理的要求，使处理矛盾纠纷的难度增大。”（0O11001，某镇副书记兼纪委书记）（5）群众缺少对相关政策的充分理解。“从群众层面说，大多数老百姓也没有真正理解一些党的路线方针政策。”（0C11025，某乡长）

另外，敌对势力的煽动，“尤其是大的群体性事件，背后一般来说都有政治因素在里面……我觉得信访也要考虑政治因素，有些群体性事件跟那些有关的，……这种可能会受到某些人的动员，包括外国势力，敌对势力的动员。”（0O12005，某县副书记）同时宗教势力的干预，“一些敌对势力、宗教势力干预，这样就加剧了社会的不稳定，”（0C11017，某街道书记）这些都是值得关注的社会矛盾的促发因素。

三　社会矛盾的基本特点

我国正处于社会矛盾的高发期、凸显期，社会矛盾也呈现出鲜明的特点。

第一，总体上，中国社会处于社会矛盾的高发期，各类社会矛盾均比较突出。（1）社会矛盾的存量巨大，类型多样。“随着经济社会的快速发展，社会矛盾上升了，有着增多的趋向。”（0N12006，某州财政局长）（2）社会矛盾日益严重，长期解决不了的矛盾扎根越来越深。“我在乡镇工作接近30年，1985年到1995年，在乡镇工作感觉是无上光荣，那是黄金的十年；但是1995年到2005年，是我们那个县矛盾爆发的10年，我们干的事情就是群众不欢迎的事情。应该讲现在干部失去群众的信任就是这十年造成的；从2005年到2015年，干部真心想办事，干部真的是想尽一切办法为群众办事。但是现在恢复到那个年代很难了。和90年代相比，群体性事件在下降，但是矛盾扎得更深了，解决起来更难了……就是形成了一种镇村干部与群众冷战的状态一样。”（0B11042，某镇书记）当然，也要理性看待社会矛盾的存量与增量。“理性看待，要发展就会带来矛盾问题，”（0C11023，某镇党工委书记）但是不能“太扩大化了，像一些媒体上宣传的那样。”（0C11006，某街道党工委书记）

第二，社会矛盾的主体以利益受损者为主，矛盾参与主体不断泛化。（1）利益受损成为矛盾的核心触发因素，并导致利益受损群体大量产生，成为参与社会矛盾的重要主体。“当前的社会矛盾问题以利益受损性矛盾为主体。”（0P11001，某县社会管理综合治理委员会办公室副主任）（2）利益诉求受挫而引发矛盾冲突。“我觉得现在不仅仅利益受损，还有达到某种利益的欲望受挫，就可能出现群体性事件……所以矛盾冲突这一块呢，主要是利益受损，自身利益受损，还有就是利益期望值达不到满足，就容易冲突。”（0C01018，某街道书记）（3）利益参与主体不断泛化。“村民、农户、家庭、村组干部至乡镇人民政府，在现阶段的农村都可成为各种社会矛盾的当事人。”（0N12017，某副县长）

第三，社会矛盾的参与者的主要诉求目标是实现经济利益。（1）经济利益诉求是主要目标。“当前突发事件的特点用一句话概括就是‘思想多元、诉求单一’。没有其他办法，只有一个目标，无论个人还是集体，最终都是钱。”（0C11001，某镇书记）（2）矛盾日益复杂，但是利益层面的诉求始终是社会矛盾的核心。“过去是这个纯利益性的矛盾比较多，随着现在我们这个社会的发展，这个利益的细化程度更高了，你比如说过去咱们这个老百姓所关注的是钱的问题，我的钱受到损失了，它可能产生矛盾。现在不是，现在的居民，他的财产权、他的知情权、他的社会参与权受到所谓的不公正的待遇的时候，或者他自己认为受到侵害的时候，他都要站出来说，来采取一些形式来奋争。这些东西呢，实际上说是人们由于需求层次的提高才造成了这样一些新的类型的矛盾，但是核心没有变，核心还是利益层面的，这是最多的。”（1E12002，街道办事处主任）（4）利益诉求中伴生的不满情绪宣泄也不容忽视。“矛盾中农民更多地考虑自己的利益和面子问题，所以即使知道自己有错也仍然抱有一种不能吃亏的态度，而且民众们会因为一件小事而记恨，从而又影响了以后的交流，这是农民在遇到矛盾时的不合理之处。”（1B00050，某村长）

第四，社会矛盾的内容不断深化、扩展。（1）由生产性矛盾转向分配性、发展性矛盾。“过去比较集中在物质方面。生产力低下、劳动力不足、人民的物质文化需求不能满足。而现在，经历了改革开放三十多年的发展之后，社会发展力有了很大的提高，矛盾逐渐集中在分配上。”（1D10002，某社区书记）“原来以衣食等生存矛盾为主，现在则出现了民主权利等新矛盾。”（1D10003，某社区书记兼主任）（2）由基本生活的满足转向对生活质量与生活状态的追求。“群众追求更高质量的生活与生活状态而产生的矛盾。”（1C11005，某镇民政所所长）（3）由物质层面转向精神层面。“在未来，农村社会矛盾会从物质层面向精神层面发生转变。农民会更多关注于以后的精神生活。”（1B00048，某村主任）（4）由物质权属层面转向个人所有权层面。“与十年前相比，当前农村社会矛盾主要由较低层面的物质属权问题向个人所有权问题转变。”（1B00048，某村主任）

第五，社会矛盾的表现十分复杂，形式多样，新态势不少。（1）矛盾牵涉面广。“社会矛盾的数量多，牵涉到很多领域。”（0N12006，某州财政局长）（2）矛盾的区域性明显。“我们国家农村矛盾的区域性很强，刚才说到的江苏、上海、浙江、安徽、山东、广东等，这些地方是发展比较快产生的矛盾，这是一种类型；第二种类型是中西部边缘地区，发展比较慢引起的社会矛盾……东北、西部欠发达地区往往是群体性事件、极端事件比较多。”（0A11012，某县信访局长）（3）矛盾参与主体的群体性。“现在呢，有一些共同的利益，十年之前还是以一些个体的矛盾为主。十年后社会发展了，农民有一些共同的需求，所以带有一定的群体性。”（0A11008，某市住建局副局长）（4）矛盾参与主体的年轻化、知识化。“社会矛盾中人员的年轻化和知识化，他们思想更为解放，获得信息的速度很快、熟悉网络……”（0B01015，某社区工委书记）（5）矛盾的关联性强。“新世纪的农村社会矛盾的产生，具有很高的相关性，关联性很强，具体表现为经济矛盾、政治矛盾和社会生活的矛盾纵横交错，似乎正在逐步形成一个十分复杂的社会矛盾网络。”（0N11011，某县检察院检察长）（6）矛盾传播的隐蔽性强。“随着经济社会的发展，网络媒体与手机等逐渐被人们所认识，一些社会矛盾的当事人，甚至某些普通居民也开始通过互联网、手机等传播社会矛盾，而这些无法直接控制，导致社会矛盾传播呈现出一定的隐蔽性特征。”（0N12006，某州财政局主任）（7）矛盾强度增大。“去年××发生了222批群体性事件，参与人数5000多人次。主要集中在征地、环保、村级资产、企业拖欠工资、社会集资、社会保障等方面。”（0A11001，某县信访局副局长）（8）矛盾烈度增强。“现阶段，则有集体上访、越级上访、突袭上访等形式，有时还拉横幅、写血书、封桥堵路，甚至是冲击机关、要挟政府，甚至以暴力抗拒执法。”（0N12014，某州信访局副局长）（9）矛盾扩散速度快。“现在只要哪个网上发个消息说发生了什么什么事情，比如说警察打人，马上就能几百人网上围观，也不管是真是假，现在仇官、仇富、仇权的心态也很严重，政府的公信力已经到了边缘了，这就是社会矛盾突出的整个原因。”（0B11003，某乡书记）（10）组织化倾向凸显。“有着明显的组织化特征，比如一些群体上访、冲突等群体事件的发生，往往都是有人在煽动、组织和策划，有着一定的组织性和目的性。”（0N12014，某州信访局副局长）（11）燃点低，易扩大化。“不管遇到什么事情，都要找政府，也很少去寻找司法渠道解决，若政府不及时解决，就会激化，使得矛盾扩大化，”（0N11007，某副县长）而且“一些简单的个案如处理不当，容易引发大规模的群体性事件。”（0P11001，某县社会管理综合治理委员会办公室副主任）（12）矛盾的调处难度大。“相对于过去几年来说矛盾更加激化，而且产生的矛盾很难调和，而以往几年的矛盾不是很尖锐，容易处理解决。”（1O00002，某村主任）（13）外部力量的参与使矛盾激化。“在征地拆迁这个事件中，舆论及所谓的律师也帮倒忙……这些事件让一些小报记者等借题发挥，他们不是正面的宣传和引导这些事情，而是恐怕不出事。这些小报记者利用这些事件为自己谋利。”（0C11001，某镇书记）（14）职业维权代理人推波助澜。“所有的这些都是他们职业维权——我不叫职业维权者，我叫什么呢？叫黑维权，他们不是为了维权，他们是为了获取利益。每一个群体事件本身后面都有一股势力，我把它归结为要么是黑恶势力，要么是利益团体的，要么是国外别有用心的，这些都有。这事确确实实存在，他们在这里边推波助澜。”（1E12002，街道办事处主任）（15）私人矛盾的公共化。“私权矛盾公权化。本来是民事的纠纷，现在都来找政府，农民工拿不到工资、医患纠纷等，而且都是群体性的，还有一些极端行为。有矛盾是正常的，关键是在某些方面表现出了不理性。”（0A12031，某市政府法制办副主任）

第六，社会矛盾的应对与化解并不理想。（1）社会矛盾的预防与控制不力。“目前基层的矛盾得不到有效的预防和控制。”（0O11007，某市公安局教导员）（2）社会矛盾的处理效果不理想。“基层政府花钱向上访人员妥协，把问题摆平了，但这样不会从制度上解决问题，我觉得和谐社会，越和谐问题越无法解决，矛盾越多。”（0C11002，某镇长）“拆迁矛盾中，有时候确实是老实人吃亏，凡是能闹一闹的，都能沾点光，政府也是为了息事宁人吧，都多给点补偿，这样反而也起了不良效应。”（0C11021，某区信访局长）

第二节　基层干部的基本状况

一　对群众的看法

第一，总体评价。干部认为，群众大部分人是讲道理的，他们的法律意识、维权意识不断增强。“近几年，群众维护自己的权利的觉悟比过去提高了。对政策和法律都比较懂了……法制观念提高了。”（1D10001，某社区居委会干部）但是，在一部分人中出现了一些过度维权的情况，甚至“无理取闹”的事件偶有发生。“无理还可能都给你争三分，更别说有理了。”（0C11023，某镇党工委书记）干部认为部分群众的素质有待提高，群众应区别对待。“老百姓的素质低，处理问题中达不到公平的目标，最后产生的是家族势力、黑恶势力。地方党委政府还插不上手。选举中什么拉票、买票的都有，”（0C01015，某街道书记）所以“现在老百姓的事情不好处理，老百姓也不都是好人。”（0C01013，某街道书记）

第二，心态评价。（1）利益意识强烈。“现在群众维权的意识更强了。原来群众不知道自己的利益受到了侵害，现在意识到了。”

（1H11001，某乡副书记）有利益诉求难以满足的心理，“当前群众对待矛盾多少持有一些利益诉求不满足誓不罢休的态度。”（1D11005，某区水利水电局团委书记）有利益比较而带来的心理失衡，“最喜欢比较，这家的情况如果和自家的情况差不多，别人得到的实惠比自己的多，他心里就会不平衡。”（0O11004，某副乡长）有注重现实利益、眼前利益的心理，“农民讲究现实，你以后补给我的是以后的事，我现在就要。”（0O11007，某市公安局教导员）（2）从不计较到计较。对个人利益由羞羞答答到理直气壮。群众中的个人主义抬头。“城市建设中一些重大工程的施工造成的一些损失。过去老百姓不是很计较。过去田里淹了水，一天两天都没事，把水放掉就行，或者用挖掘机疏通一下就行了。家里进了水，用沙包把水堵起来就行了。现在一遇到工程，家里淹了，水将田里淹了，用水泵抽水，就问政府要钱，就是为了获得利益补偿。”（0B11043，某镇书记）（3）群众的态度日渐强硬，从态度卑微到态度恶劣。“九十年代中期，我也在乡镇挂职，当时的老百姓走到乡镇机关大院门口，没有内心挣扎是不可能走进机关。走进乡长书记办公室，说明这件事情是相当大的。一般到相关部门问一下，给出答复了，基本上就认可了，这是九十年代。但是现在是直接点明找镇长、找书记，把题目交给你。是什么题目呢？凡是答应他要求，就认为你是为我服务的，不管是合理的不合理的，有些是无赖的。”（0A11035，某镇副书记、镇长）从有理求助到无理取闹。“现在到北京去上访，我们反复研究，反复讨论，实事求是说，只要有一定可能解决，我们都会解决的。哪怕是帮子女解决就业问题或低保问题。我想现在干群关系有点像针尖对麦芒。有些事我们的出发点是以人为本，民生优先。比如修路、修公交站，99%的人都同意，但就是有一些人在闹，一个鸡棚鸭棚，他几万、十几万的闹。”（0A11035，某镇副书记、镇长）“媒体宣传赴京上访中80%合理，20%不合理，就××来看，这点似乎不成立，在我们镇上如果真的能解决早解决了，我觉得反过来才对。”（0A12025，某副市长）（4）群众的“仇官、仇富、仇不公”心理得到体现。“‘仇官’主要是说，他（群众）认为一些干部在解决矛盾纠纷的过程中，不作为甚至乱作为。同时干部也没有把老百姓（上访群众）当成自己的亲人看待，所以上访对象逐步形成‘仇官’心理。‘仇富’的话，上访户总认为自己是弱势群体，对于一些条件比较好的当事人会有这种心理。‘仇不公’的话，主要是在解决矛盾纠纷的过程中，没有公平、公正、公开，也就是说，对于事态的发展没有对上访当事人进行讲解说明，没有让他（当事人）知晓，所以出现了‘仇不公’的心理。”（1M01001，某共青团县委副书记）“三仇”心理的对象性，“矛盾涉及官时，就会仇官，涉及商时仇商，涉及贫富不公时仇不公。”（1D10003，某社区书记兼主任）“三仇”心理存在强度差异，“仇官是第一位，这个仇不公是第二位，第三位，反正是这个仇富。”（1C00002，某村综合治理主任）“三仇”心理具有地方性差异，“这个‘仇富仇官’在我们这里不严重，可能在其他一些地区，比较穷苦、穷困的一些地区，有可能有这些状况。”（1F10001，某居民区党总支部书记）“仇不公”是“仇官”“仇富”的根源。“我认为这个还是主要的，仇官、仇富的背后根源还是认为社会不公。群众对正当致富的人没有什么疑议，对腐败的资本购买权力、权力交换金钱、越权获取财富，现在还有财富保护越权等等这些不公是深恶痛绝的。为什么呢？因为这些人侵占了大量的社会资本，剥夺了相当部分人的机会，这就表现出了仇官、仇富的心态，所以说，社会不公才是矛盾纠纷的起点，要解决社会不公的问题真是任重道远啊。”（1A12031，某市信访局分管领导）“三仇”心理成为引发矛盾的重要社会心理基础。“可能这三种心态是应该说是存在的，或者说有些问题的产生，恐怕就是这三种心态在作怪。”（1O10005，某社区副书记）

第三，行为评价。（1）维权手段多元化。“目前来讲，这个维权的意识现在大家伙普遍都很强……采取的形式和方法也是多种多样的。”（1G10001，某社区居委会主任）“如果是小矛盾呢，群众往往会忍忍算了，或者私下解决。大一点的呢，就会找村委会、找社区干部解决，或者找一些亲戚、朋友帮帮忙解决。有时候有些群众会找记者帮忙，向新闻媒体曝光，向大众求助。也有一些人会用信访的方式寻求帮助。解决不了的问题常常会找律师打官司。”（1D10002，某社区书记）（2）维权手段有极端化趋向，希望立刻能够解决问题。“目前采取方式越来越极端，有这个趋势。一句话北京见，今天不给我解决明天北京见。今天不给我解决我下次就上访，个体大吵大闹，影响工作秩序，比如我们征地，所有的价格都确定了，已经签了字的，报批公告也全部到位。但是由于觉得价格低，阻碍施工，要求提高征地补偿。不给钱我就上访。”（0B11043，某镇书记）“现在的群众法律意识不断增强，但依法办事的意识不强，部分群众会采取进京上访、违法信访等过激方式表达诉求。”（0P11001，某县社会管理综合治理委员会办公室副主任）（3）维权手段的非制度化特征。群众采用“组织许多群众进行集访……越级信访”（0O11001，某镇副书记兼纪委书记）、“采取拉条幅堵政府大门形式”（0C11019，某街道党工委书记）、“堵塞道路”（1H12002，某区长）等手段向政府施压，实现自身的利益诉求。甚至有些群众将信访作为解决民事纠纷的手段，“现在甚至群众之间的民事纠纷也通过上访解决。”（0C11004，某镇书记）而不愿意走法律途径，因为成效不大、成本太高，因而表现出“矛盾大闹大解决，小闹小解决，不闹不解决”（1K11003，某街道主任）的不良的示范效应，增加矛盾化解的难度和社会成本。（4）由传统型维权转向新型的网络维权。“有一户的儿子在北京某个学院做客座教授，他曾经去过日本留学。这户居民索要2亿的费用。他利用他儿子在北京做客座教授这个资源，在网络上大肆炒作。”（0C11001，某镇书记）

二　干群关系与干群信任

（一）干群关系的总体评价

基层干部对干群关系的评价是存在一定分歧的。总的来说，当前干群关系状况基本良好。“现在肯定比原来有好转……以前都是服从性的，叫你怎么样就怎么样的。现在讲民主有时候还反了……我觉得从总体上讲现在应该是更进步了。”（0O12005，某县副书记）但是，也有一些干部认为干群关系存在问题。（1）从紧密到疏远。“十年前，农村社会干群关系比较紧密。你家里有事，离不开村里帮你解决。现在不太紧密。”（0A11032，某镇长）（2）从和谐到对抗。“以前是和广大人民群众打成一片，现在有时为一些突发事件我们和广大人民群众变成扭打成一片，就是这样一种状态。”（0A11035，某镇副书记、镇长）“干群关系在近60年中经历了‘鱼水’（相融）、‘油水’（浮于表面）、‘水火’（矛盾）的进程。”（0P11001，某县社会管理综合治理委员会办公室副主任）干群关系日益紧张的主要原因有三点。（1）干部的不当行为伤害群众利益。“党员干部中，腐败、大吃大喝等不正之风也确实少部分存在，这就损害了党和政府的形象，所以群众对很多的党员干部不太满意，从中也产生了很多的矛盾。”（0P11002，某县委办公室主任）（2）干部满足群众诉求的能力有限。“一些农村基层组织由于集体经济力量薄弱等原因而无力解决（群众诉求），一些致富无门、服务有求不应的群众，就把这些不满发泄到干部头上，算到共产党的账上，骂一些干部和部门‘只受香火不显灵’，称一些干部为要粮、要钱、要命（指计划生育）的‘三要’干部。”（1B00042，某村书记）（3）干群互动交往日益淡薄。“现在村民到村里要办的事情越来越少。现在很多人都在城里上班，都不在村里，在企业里面保险又很好，工资待遇又有法定的，要维权的话都有工会，或者其他一些团体组织能够为你代言……现在是反过来的，当然也不排除一些老百姓求村里面，但是现在这种情况越来越少，老百姓的独立性是越来越强的，与村一级的挂钩是比较松散的。”（0A11032，某镇长）基层组织对群体能够提供的资源与服务少了，群众也不太愿意服从了。

（二）干群信任的总体评价

基层干部对干群信任的评价是存在一定差异的[①]。总体来说，基层干部认为自身是得到多数群众信任的，这是基层干部的一种自信，但是形势并不乐观。“不客气地说，包括我们这些街道干部，群众对于我们这些干部的信任程度，是有史以来最低的，这个是共和国的历史上最低的。”（1E12002，某街道办事处主任）当前，干群信任呈现出三个特点。（1）干群信任的层次性。群众对职级越高的干部信任度越高，对职级低的干部则信任度偏低。“对中央的信任度是绝对高的，对于县以上的干部信任度可以，对于乡镇和村的干部就得区别对待……有的信任度比较高，有的信任度比较低。”（1C12006，某县长）群众对职级偏高的干部和职级偏低的干部信任度较高，而对处于中间职级的干部则信任度较低。“群众对最上层的相信，对最基层的相信，还有对他们身边的村支书村主任比较相信，对县里一些部门不太相信，这些部门说个什么事他们不愿意听。”（1H11001，某乡副书记）（2）干群信任的基础是利益与服务。基层干部对群众利益诉求的实现程度影响着群众对基层干部的信任度。“没事的时候无所谓，但涉及自身利益，有所诉求时，都是从基层上去的，我们能办到的给他办了，就会比较信任。”（1D10003，某社区书记兼主

① 本文所指的干群信任是指基层干部对得到群众信任的认知。

任）（3）互动距离和深度影响干群信任。“因为他们熟悉以后，总认为是基层干部水平不行，或者是有利益倾向，这个对基层干部不太信任，满足不了他们的个人诉求，就对基层干部有意见，时间长了造成这个不信任，越对上级干部，比如说北京的、省里的干部信任，为什么，他隔得太远，隔得太远呢他就不了解，不了解呢他就认为上级的干部都比较公平公正，实际上基层的干部是执行上级干部的命令的。”（1C11003，某镇副书记）

二 自身处境

（一）基层政府的自身处境

基层政府的自身处境并不乐观，面临不少困难。第一，“权力无限小，责任无限大”。（1）经济任务重，政治指标压力大。“现在我们乡镇指标的压力也比较大。指标的压力加重了基层的负担，像财政收入的增长速度，很多地方达到100%，这里面不少有水分。这些指标导致了乡镇负债率增高。”（0A11013，某镇书记）“去年我有7000万的公共财政预算收入任务，我每天睡觉都睡不好。镇里可用财力也就1000万，这1000万靠通过企业税收收上来600万就不错。通过国税平台等吸引5000多万等措施解决任务问题。”（0A11013，某镇书记）维稳的压力也很大。“按省上跟各个地方规定零非访，那是上面不正确的导向，给基层的压力很大。”（0O12005，某县副书记）（2）权力上行，责任下压。“权力过分上收，责任无限下压，引起基层苦不堪言。现在很多基层干部反映，由于手段有限，加之过分强调以人为本、息事维稳，法律和规则往往让位于群体闹事者，让位于强势利益诉求者。花钱买稳定，花钱买平安，导致不同群体争相效仿，基层维稳成本不堪重负。”（0N11012，某街道纪委书记）（3）基层管理权限不足。“在真正处理问题时，基层管理部门权限不够，导致部分矛盾不能全方位解决。”（1O10003，某社区委员）

第二，执法权薄弱。现在是基层执法权不足，“你县里有执法权，你乡镇的行政执法权都在县直部门。”（0C01012，某街道书记）部门配合难度大，依法执政推行困难。“现在所有的工作推行起来比较困难，由于基层政府没有直接的执法权，需要政府县级部门来参与、配合。现在政府管不到其他部门的钱，管不到其他部门的人，说狠点就是，其他部门的人高兴听政府的就听政府的，不高兴就不听，难度小的就参与，难度大的就躲避。导致政府推行依法执政这一块就很难推行下去。这是县级直属问题，这跟政府的整合有关，存在些障碍。”（0O11002，某副镇长）执法权不足带来非制度化的矛盾解决倾向。“在处理很多矛盾纠纷上，由于地方政府没有相应的执法权，在解决矛盾时就不能理直气壮，有些执行人就抓住这一点与政府大谈条件，让政府很是被动，如此政府想解决问题就必须花钱摆平。”（0C11025，某乡长）

第三，基层财政困难。（1）民生问题解决能力弱化。“我们也很想在民生上大投入，但政府缺钱……政府除了吃饭的钱外就剩余不多了，还要搞项目配套，搞基本建设等……没有钱基层政府的综合调控能力严重不足，解决民生问题的能力实际上在弱化了。”（0C11021，某区信访局长）（2）矛盾解决能力随之弱化。“最大的困难，对于我们来说，解决这些问题最根本的就是钱的问题，就是补偿的问题。”（0O11007，某市公安局教导员）。（3）“创收”引发矛盾。“搞城市扩张，下面的同志并不想这么做，但没有钱。事实就是地方不搞不行，不搞土地财政他就没有钱发工资，他就没有钱办事业，没法搞公益事业，现在就造成了，城市拆迁依然是非常激烈、对抗非常激烈的矛盾。”（0C11008，某街道书记）以下一段访谈内容表明基层干部对舆论关于基层政府之趋利性的典型回应：“有人说地方政府就知道招商引资，还会干什么！我就说如果你是这个县的县委书记，一帮干部、老师跟着你干，别的县都涨工资你怎么办，别的县涨五百你涨一百？你是发展旅游还是发展工业？你的钱谁给你提供？发展旅游基础建设谁给钱，投资的钱从哪来？分税制合理吗？增值税的钱都到中央了。他没有话说了。你说污染环境，谁也不想，我们的子孙后代都在县里，我们也不想污染环境，可是谁给我们发工资？谁养活我们？如果你们实行全国各地县委都是统一的工资标准，统一的财政体制，不管是发达地方，欠发达的地方都是统一的根据人口发，每人发到县级财政，发到位，你看看我们还招商引资吗？我们县委书记一样搞绿化搞生态。”（0C11010，某街道书记）

第四，上级对化解社会矛盾支持力不足。（1）上级工作支持力度不足。“目前很多工作都压在了基层政府身上，”（0C11025，某乡长）但是“一旦在地方执法中遇到问题，就立马抽身把一切事情都推到地方政府身上，造成了基层政府‘责任无限大，权力无限小’的执政局面。”（0C11025，某乡长）（2）上级资金支持力度有限。“需要政府解决矛盾的时候，需要政府出一定资金，有时上级政府不能及时让资金到位。”（1K00002，某村主任）（3）财权事权不对等。“目前，基层政府承担的事务很多，有些部门只出政策只提要求，但没有经费。这让基层很难办，特别是财权事权不对等，有些乡镇的办公正常支出都难保证。”（0C12022，某区常务副区长）

（二）基层干部的自身处境

第一，基层干部面临很大压力。“在最基层的干部压力最大，比过去压力大得多。”（1D10001，某社区居委会干部）（1）工作压力大。工作任务多而广。“我们基层的工作量说起来不大，其实也是比较多的，涉及面也很广。”（1D10003，某社区书记兼主任）政治压力。“我们的七个一票否决的指标，给我们的压力极大，有时遇到棘手的事不得不花钱消灾，以保证不出事不被扣分。”（0C11025，某乡长）夹在上级和群众之间，压力重重。“面对上层的压力，下头的顶力，上头压下头顶，在中间很不容易。”（1C11003，某镇副书记）（2）经济压力。工资待遇不高。“工作条件也不太好，工作压力大，工资也比较低。像我干基层工作 20 多年，一个月工资才 2500 多。”（1H11001，某乡副书记）群体内部差异大。“基层干部工作不容易，像村里的村干部工资还好一点，达到人均收入，村委员的工资很低的，一月也就是一两百块钱，工作很辛苦，所以应该给他们宽松的工作环境，和合理工作报酬。”（1C12006，某县长）激励机制不足，影响工作积极性。“由于基层干部的待遇偏低，一般只有 2000 块钱左右，若家庭人口多的话，基本上只能维持基本生活。这样，基层干部往往都只是完成份内的事情，其他的事情一般不会插手，工作也不是很积极，因而，在处理相应问题的时候，态度不是很和蔼，有时还会生硬，几句话不投机，不仅不能处理好社会矛盾，还可能带来一些新的社会矛盾。”（0N11008，某县委办公室主任）反腐倡廉矫枉过正，加剧经济压力。“八条禁令之类的政令出来到了我们基层把我们应当享受的福利都‘反’光了，大家对这个反映比较强烈。”（1D10003，某社区书记兼主任）目前，我国正在调整公务员工资，这对于基层干部而言是一个很好的开始。（3）心理压力。处于舆论不利地位。“社会舆论一面倒，都在谴责我们这些管理人员或者说一些公务员，等等。”（1D11004，某镇书记）他们感到最委屈是，上级部门对到北京的“非访”的处理不分是非，不讲原因，不讲道理，让基层成为上级部门平息矛盾的“替罪羊”。“基层工作者会遭受一些不公正的待遇，不管什么事情原因是怎么样的，只要发生了，第一时间处理的就是基层干部。”（1D11004，某镇书记）“对这些违法上访需要依法打击，不然基层干部的心都凉了。”（0C11005，某镇书记）（4）晋升压力。“有时候也让基层的工作人员看不到希望。是不是跟领导多接触，以后进城的机会就比较大？反而让那些老老实实的做工作、干事的一些人吃亏。”（0O11004，某副乡长）同时，“现在的干部都是‘凡晋必考’，这是一件好事，但也有其不足之处，处级干部在城里有精力有资源去学习，但县长、县委书记不可能有时间去看书学习，这也是一个悖论。”（0B11019，某乡书记）（5）安全风险。“我作为一个副科级干部心酸的地方是：首先，我被他这样恐吓，然后我个人的安全得不到保障，比如说艾滋病人把我抓伤了、咬了、我被传染了，那么我跟他之间可能是不等值的。我从事这样一个工作得不到保障，给我的身心、我的家庭带来一个什么样的危害……我作为一个女同志，有时候心理承受能力可能比男同志差。在这件事情上，我可以说是承受力已经到了极致，压力特别的大。”（0O11004，某副乡长）

第二，基层干部常常得不到理解。（1）得不到上级的理解。“矛盾多，不是我们干部没能耐，也不是我们违法，是经济发展过程中必然出现的，但是上级不理解我们。”（0C11002，某镇长）在处理矛盾纠纷时，得不到公平对待。“在村民不讲理的时候，上级不给基层干部撑腰，还替这些不管青红皂白，这个无理的上访群众讲话，挫伤了基层干部的积极性。”（1C11003，某镇副书记）（2）得不到舆论的理解。“现在的舆论报道很少有为基层干部说话的。”（0C11005，某镇书记）（3）得不到群众的理解。“群众对干部不理解，干部现在还不能满足群众的很多要求。”（0P11002，某县委办公室主任）（4）“内忧外患”的压力处境。上级政府部门“把基层政府当作挡箭牌，这样让老百姓觉得上级政府是亲群众的，”（0C11003，某镇书记）而“老百姓……欺负我们，最难受的就是我们，”（0C11004，某镇书记）所以基层干部难免心理不平衡，“有一天我们也得上访。全国基层干部有多少心理不平衡，如果我们到时也成为一股上访的潮流，估计比老百姓上访要严重得多。”（0C11003，某镇书记）有基层干部更是深刻地指出，“支撑国家的是基层，基层干部受委屈，危及的是国家政权。”（0C11005，某镇书记）

第三，基层干部队伍老龄化。“还有一个突出的现象就是基层干部老龄化问题。从2000开始，我们基本上没有分公务员，镇里十几年只分了四五个人，基本上留不住人。十年没有新人、新血液，现在乡镇里是以我这个年龄为主，年轻公务员太少，基本还是老的那一批。这是个问题，这是个空档，对基层的政权影响大。”（0B12038，某镇副县级书记）

基层干部所面临的各种压力、困难、不被理解等处境无疑会影响他们的工作热情。“这样的时候工作压力也就比较大，使得工作热情慢慢被消磨。”（1K00002，某村主任）因此，改善基层干部的职业环境，加强基层干部的心理疏导，提升基层干部的工作积极性是十分严峻的课题。

（三）被“污名化”的处境

总的来说，基层干部则认为当前基层干部遭遇了不同程度的“污名化”。群众对基层干部的评价负面。“基层干部的这个形象……中央领导是恩人，省级领导是亲人，市、县领导是好人、乡镇领导是坏人，村领导是仇人。”（1C12007，某市信访局副局长）基层干部的行为作风问题导致群众的负面认知。“党员干部中，腐败、大吃大喝等不正之风也确实少部分存在，这就损害了党和政府的形象，所以群众对很多的党员干部不太满意，从中也产生了很多的矛盾。”（0P11002，某县委办公室主任）舆论对基层干部负面行为现象的宣传导致负面认知。“在某种程度上说，基层干部确实被‘污名化’了，但是只是极少数的干部有违法违纪的行为，老百姓有点以偏概全，电视上你看起来一抓一大把，但是你得看到有个基数，把这些被抓的人数放进基数，那就是个小数字了。”（1A11017，某县经济技术开发区政法综治局副局长）

三　关于信访的看法

信访制度是当前我国化解社会矛盾的一个重要渠道，也是地方政府维护稳定工作的重要手段和措施。在某些地区，信访甚至成为部分基层干部的核心工作之一。“我发现乡镇工作的主旋律就是信访，其他工作都围绕着信访进行。”（0C11004，某镇书记）“信访和拆迁是在基层工作中最令

人头痛的两个问题。”（0P11002，某县委办公室主任）

（一）基层干部对信访制度的认知和评价

1. 基层干部对信访制度的总体评价

信访制度具有积极的一面，其制度目标是合理的。（1）拓宽群众利益表达渠道。“信访制度当然有其拓宽群众利益诉求渠道的初衷。”（0B11018，某镇委书记）（2）化解社会矛盾。“信访是有助于基层社会矛盾处理的。”（0B10023，某镇招商办主任）（3）群众监督政府行为的制度化方式。“信访是群众反映问题的方式，有利于监督基层工作人员是否是依法行事的。”（0B11014，某镇委书记）

信访制度所带来的负面效果主要在于制度设计本身存在的不足以及具体操作过程的失当。相当部分基层干部都对信访制度做出了较为负面的评价。基层干部对信访制度持负面评价，主要是以信访制度的实际运行效果作为标准。（1）信访制度解决问题的能力有限。“信访制度存在的问题，比如信访制度过于宽广、信访量居高不下、缺乏统一的协调机制、随意性很大，导致它并不能有效解决社会矛盾。”（1D10002，某社区书记）（2）信访制度的不完善成为增加矛盾、激化矛盾的诱因。“原来的信访制度就激化了矛盾。还有对干部的一票否决，也激化了矛盾，老百姓认为我只要上访，你干部就没有道理，因此从另一个方面鼓励了群众的一些无理的上访。”（1C11003，某镇副书记）（3）信访制度运行成本巨大。首先是巨大的经济成本。“现在的信访体制带来很大腐败，我们去省里、北京‘销号’[①] 一个就要花费 1 万—2 万元，而且形成了一个利益链条。若一旦发生了恶性上访事件，造成恶劣影响，下面的工作就被一票否决了。迫使基层只好花钱买平安。”（0C12020，某市国家高新区副主任）巨大的人力资源浪费。“就是有七人上访的，这七个人是多年上访的，提出很多非常不合理的要求。从大年三十的晚上有一个跑北京上访了，后来七个人都跑掉了。领导说要确保万无一失，七个人都跑了我没有办法了啊。我就去喊公安局副局长，我去上北京，在北京待一个星期，用各种方法了解到他们是一个组织，和境外的人联系上了。北京有个上访村，在房山区长阳乡高阳镇，那个村上就盖的违法建筑，住的满满的都是上访的，在一个地下室找

① 号：上级政府对地方上访事件的登记。

到了他们。在开会的前两天把他们抓到了，在两会期间，为了这七个，每个村用六个人去陪他们，一共二十四个人，四班倒，上厕所都要有人跟着，一个月下来我就像生了一场大病。精神高度紧张，为了保证两会顺利进行，不这样也不行。”（0C01018，某街道书记）其次是巨大的社会成本。“现在的信访快成了政府自己给自己套上的枷锁了，大量无休止的上访老户，缠访户浪费了政府很大的精力财力。”（0C11021，某区信访局长）而“信访工作的导向造成了以后会有越来越多的群体性事件，以及越来越多的非合理的诉求。”（0C11004，某镇书记）（4）信访制度给基层政府及其工作人员带来巨大的压力。信访带来巨大的考核压力。“信访考核对基层的压力太大，要化解老百姓的上访就必须满足他们的条件，条件有合理的也有不合理的。现在需要信访终结制度，到某一层级就结束。信访的问题最头疼。”（0C11001，某镇书记）。信访工作的考核制度，排名、通报、一票否决、属地管理等[①]，使得基层承受巨大压力。“上面的考核机制也有问题，每年给你排名，在北京已经形成产业链了……基层拿他没办法了，那不一级压一级啊，压到最后最崩溃的就是基层。”（0O12005，某县副书记）信访工作给基层干部带来很大的身心压力，接访变成截访。“信访这方面就是有接访制度，也可以说是截访，截止的截，还有一个就是接待的接，我们内部就是截止的截。比如掌握情况你要去北京，我们派出两个人去××火车站挡住，不让你去，或者派两个人死盯硬看，天天跟着你，不管你去哪里，只要一开两会，两个人盯一个人，绝对不让你离开××，如果一离开××，就要给公安人员一个处分。这肯定会引起群众不满，因为变相限制了人家的人身自由。”（1Z10010，某区公安分局国保大队副大队长）信访制度不仅难以根本性地解决问题，而且触发了更多的问题，带来巨大的社会治理成本，也让基层干部承受压力与委屈。“乡镇一年信访的成本，不只是经济成本，基层干部也受委屈。”（0C11004，某镇书记）

2. 基层干部对信访制度存废的态度

在信访制度存废的问题上，基层干部的态度是存在差异的。主张撤除

① 现在虽然取消了信访的排名，但是通报制度仍然存在，成为上级部门考核基层政府的指标；一票否决的考核机制在不少地方或明或暗地存在着。

信访制度的基层干部认为：（1）信访制度引发矛盾。“很多矛盾都是信访引发的。”（0A12025，某副市长）（2）信访制度给基层政府带来负担。“信访制度需要撤除，它不能解决任何问题，却增加成本，带来负担。”（0C11002，某镇长）正是因为“信访制度存在着利弊的问题，而且弊端比较大”（0B11017，某乡党委书记），所以“应该废除”（0B11017，某乡党委书记），“应该把信访砍掉，直接走法律程序。”（1A11019，某镇信访办主任）

主张保留信访制度的基层干部认为：（1）信访制度是矛盾宣泄的一个渠道。“信访不要取消，你应该让他有一个渠道去宣泄。”（0A11016，某镇副书记、镇长）（2）信访制度的不足在于操作层面，因此改革操作层面显得必要。“信访制度当然还是要，但是它的具体操作还是有问题，并且问题比较严重。”（0O11003，某区人大教工委主任）所以“保留信访制度，一定要有所约束（成本）。”（0A11021，某镇副书记、镇长）

持保留态度的基层干部则提出了具体的信访改革建议，主要包括以下四点。（1）依法行政，严厉打击非法上访行为。“对那些无理的缠访户、上访老户必须给予严厉打击，发挥出我国法制的规范、震慑作用，减少基层政府的精力浪费。”（0C11025，某乡长）处理违法的基层干部，发挥法律的公平性。“干部违法需要处理，上访人员违法也需要处理。”（0C11005，某镇书记）（2）完善并贯彻落实信访终结机制。“要考虑信访体制改革，落实好三级信访终结制。”（0C12020，某市国家高新区副主任）（3）改革信访考核制度。“在上级对信访的考核上要科学合理，区分不作为、违法作为和尽职等不同情况给予公正的工作评价，给我们基层政府松绑。而不是不论青红皂白皆一巴掌打下来，这样自己给自己制造了很多压力和麻烦。”（0C11025，某乡长）（4）改革与信访相关的其他制度、部门。“如何处理好信访部门与法律执法机构间职能履行的关系问题是关键……应该出台一些制度规定，依据信访人诉求是否合理，进行分类分流处置，该终结的要及时在信访部门终结，该转交到司法部门能通过法律渠道解决的要及时转交，该到上级部门申诉复议的进行有限次度的申诉复议。”（0C11025，某乡长）

（二）基层干部对信访户的认知与评价

1. 信访的原因

（1）信访是公民权利，公民有行使其权利的自由。“上访本身是公民的权利，他去花时间、花精力去上访是他们的权利。”（0O11002，某副镇长）因此，出现信访是正常的，“到政府的某些信访单位正常，公民的权利嘛，去没问题的，包括到我们上级区委到上级单位街道去投诉，这个也都是正常的，”（1F10001，某居民区党总支书记）重点在于如何有效地控制信访的量并有效地引导其合法合规。“这么大个国家……没有上访是不正常的，有上访是正常的。我认为只要控制在一个合理的度，你消灭不了上访的，随便什么时候……控制在一个度，不要造成一个恶性的事件，我看就行了。上访不可怕，大家也不要把上访当成什么洪水猛兽。”（0O11007，某市公安局教导员）

（2）信访现象的出现，有其复杂的社会原因。“我感觉信访的问题不是单纯的哪一个方面的问题，是整个社会机制，人民利益诉求、社会的不公，甚至说无序的处理问题的方式，还有贫富悬殊造成人民心理和对利益的诉求发生了扭曲，然后在这种情况下，我们政府在处理这些信访的时候，不从法律渠道去解决，导致了现在老百姓的诉求无序，欲望越来越高。”（0C11008，某街道书记）具体来说：群众的利益受到损害。“要说矛盾发生过程中群众的心态，群众去上访闹事主要还是利益受到了触动。”（1H11001，某乡副书记）其中也不排除有以信访谋求不当利益的群体存在，“现在所谓的上访户他们不是真的吃不起饭，穿不起衣，真正有困难的只占10%。他们想利益最大化。”（0O11002，某副镇长）司法不公引发信访矛盾，“目前司法不公正，是产生信访问题最大的部门。”（0C11017，某街道书记）政治体制改革不到位，导致信访的恶性循环，“产生这些信访问题的根源，一个是中国的体制问题，政治体制和经济体制不对等，乡镇干部、书记承担了无穷的责任，没有权力，以前下去还帮助分析问题，现在下去就是给钱的。”（0C01018，某街道书记）制度化矛盾纠纷解决机制不畅，“通过打官司解决要花钱，而通过信访的话，他只是投入精力，不需要花金钱。”（0O11003，某区人大教工委主任）部分媒体的煽动，激化矛盾，鼓动上访，“特别还有一些媒体小报再跟进炒作，进一步渲染、激化、扩大了矛盾，又鼓动了更多人遇事就上访，产生了更多的上访老户、缠访户。”（0C11025，某乡长）部分信访户有精神障碍，“上访来源有些本身脑袋就是有问题的那种，要求过高的那种，这种情况不少，最让人头疼的是这一块，而不是其他问题。”（0O12005，某县副书记）

2. 信访户的特点

（1）信访诉求的多样化。“上访户有几种诉求，一个就是完全跳出政策，所有的地方政府的政策，他认为不合法……第二种诉求是跟其他人攀比，就是有些不合理诉求被解决掉了，放了不好的信息，这些信息又全部透明了，被他们知道了，他们用这种方式反过来对照自己的情况……第三个诉求就是在我多年的上访过程中，我吃的苦，受的累，这个中间，你听每个人讲起来，你都同情他。”（0A11053，某街道书记）（2）信访户的差异化。“这些上访有一少部分是合理的，有一部分是对政策不理解，还有相当一部分上访的人员有心理障碍，他们觉得如果不上访的话，活着都没有很大意义。”（0O11003，某区人大教工委主任）（3）“无理信访”有上升趋势。“现在很多的上访的人并不都有合理诉求，有的就是随大流，乱参与，反正没亏吃。这种无理上访现象有扩大化趋势。”（0C11023，某镇党工委书记）（4）政府应对不当是信访的诱因之一。“老百姓都有这样的感觉，因为他不合理的诉求，他因为去闹得到了政府的回应，得到了比他期望还高的（回报），他就会去鼓动别人，或者去影响别人。”（1K12004，某副区长）（5）信访诉求的方式并不全都合法。“现在的信访、维权者都不管法，不依法。”（0O11002，某副镇长）（6）“信访不信法”的心态居主导。“老百姓养成了‘信访不信法’的习惯，这个体制惯养了很多的‘专业缠访户’，给政府造成了很大麻烦，社会影响也很坏，有的老信访已经形成了有组织、有网络、有活动资金的专业信访户。”（0C11023，某镇党工委书记）（7）部分信访户有“心理障碍”。“有一部分人有（心理）障碍，有上访的‘瘾’。”（0O11003，某区人大教工委主任）信访户之所以出现心理障碍是在信访过程中形成的，其中的形成机制值得反思。（8）非法利益的卷入。“上访的事情就有啊，这有非法利益在里面。这个社会有黑社会啊。”（0O12005，某县副书记）（9）政治因素的卷入。“我觉得信访也要考虑政治因素，有些群体性事件跟那些有关的。”（0O12005，某县副书记）

（三）信访老户

1. 对信访老户现象的归因

最令基层政府和基层干部头疼的无疑就是信访老户或者叫作上访老户。信访老户现象出现的原因主要包括以下五点。（1）信访老户有“精神疾病”。“那种长期缠访的人，多数是有精神疾病的。”（0O11003，某区人大教工委主任）（2）地方政府处理群众诉求不当，激化矛盾。“对越级信访的问题，上级信访部门在处理的时候方式是简单的，定性比较随意，不是去考虑处理问题，反而是想法回避问题，扩大矛盾。”（0C11024，某街道副书记）（3）信访老户追求利益最大化的心态。“他们这样做的目的是想利益最大化。”（0O11002，某副镇长）（4）不当得利的侥幸心理导致恶性循环。“有些上访户，在当时上访的时候有他们的理由，但随着时间长了，随着一届一届政府不断处理，他们的合理诉求应该已经得到满足，就是因为上访惯了，尝到了上访的甜头，还是一直要求上访，通过上访给政府施压再获得好处。”（1C02006，某县长）（5）基层治理弱化的结果。“上访老户的形成其实有一部分是基层治理弱化的结果。”（1A00006，某村社区时政部工作人员）

2. 对信访老户特点的归纳

（1）信访老户的情况复杂。“上访老户……我觉得有几种情况，第一种是他们的情况让人同情，但不合法，在当时和现在，他们的诉求都是不合法的。这是多数上访老户的情况，就是合情但不合法……第二种情况是由于当时历史的局限，因为政策在不断变化，有的在以前是不合法的，但现在又合法了，所以这样他们就会反复来上访。第三种情况是确实有重大冤情，所以才多次不断地上访。”（1L12006，某副厅级干部）（2）信访的诉求过高。“有个别上访老户本身的个人诉求太高，认为一定要大闹才能大解决，小闹小解决，他们抱着这种思想倾向来解决问题，就没办法解决。”（1L12006，某副厅级干部）（3）信访老户有“精神疾病”。“形成‘老大难’问题的往往就是这些，脑袋有问题，偏激的，心理有问题的，甚至有些精神分裂症的那种。”（0O12005，某县副书记）（4）诉求并非完全不合理。“现在的信访量比较大，信访这个问题可能每个地方都差不多，有合理的，也有不合理的，有的的确是损害了老百姓的利益，但也有的是因为上访者个人的性格、精神等有问题，看事情偏执，长期下来成了难缠户。”（0C11024，某街道副书记）（5）信访户有一定的仇恨心理。“我认为‘上访老户’……多少也含有一些对社会、政府、对矛盾另一方当事人的过度‘仇视’心理。”（1D11005，某区水电局团委书记）（6）诉求有时候具备法律根据。“‘上访老户’……他的诉求是有法律依据的。”（1F10001，某居民区党总支书记）（7）信访老户不信任干部，尤其是处理矛盾纠纷的干部。“应该说大部分的……‘上访户’都对干部不信任，主要是对处理矛盾的干部不予信任，这是主要问题。”（1C11003，某镇副书记）

3. 应对信访老户的策略

（1）主动出击，公平处理。“要调查研究，摸清实情……要客观公正对待，如反映问题确实合理的，加大督促和解决力度，如失实的，采取必要的手段进行纠正。”（1D11005，某区水电局团委书记）（2）情感策略。晓之以情，多沟通，稳定信访老户的情绪。“多方面了解，设身处地为他们想，尽量说好话，用温暖的话语感化他们，不能激怒他们。”（1D10003，某社区主任兼书记）（3）道理策略。讲道理，为信访老户分析梳理诉求，辨别合理诉求与不合理诉求。“我耐心细致地一条条帮他梳理，把他情绪稳定下来。然后梳理他的需求和他的这个情况的逻辑关系，然后再对他的每一天情况做一个回应。”（1F10001，某居民区党总支书记）或者努力做通信访老户的思想工作。“对待这些户，我们村两委都是集中在一起想对策，然后保护到每个人，耐心细致地做他们的思想工作，直到他们想通了为止。”（1C00001，某村主任）（4）法治策略。依法处理信访老户的利益诉求，依法打击不合理诉求，引导信访老户走法律途径。“总之你信访无论如何应该去体现一个基本原则，无论理论研究还是实践也好，应该鼓励的是依法上访与处置。这访民也不是说来访的就一定是对的。现在好像是上访就一定是政府错了，都是被访方错了，不一定。访民自己也有过错啊。”（0O12005，某县副书记）（5）金钱策略。花钱买平安，摆平就是水平。“在应对上访老户、缠访户时，有些时候政府就是花钱买平安，老话说就是破财消灾。特别是一遇到重大事件、中央重大会议时，对于这些缠访户，我们要有人天天盯住，有的还要带出去旅游，以求不出事。”（0C11025，某乡长）

第三节　社会矛盾化解

一　社会矛盾的对策

不少基层干部不仅对当地社会矛盾有自己的认识和理解，而且对解决矛盾的思路与具体对策也作了思考。

第一，制度体制层面。（1）完善相关的法律法规和政策规定。完善法律法规，促进政府和民众行为规范化，做到依法行政，依法维权。“用‘法治化’规范政府和个人的行为，推进公平正义，促进社会和谐。”（1D11005，某区水利水电局团委书记）完善的法律法规也应当成为政府应对矛盾的重要参考指南。“尽量再完善法律法规……如上述多次反复上访，上级部门最好去积极了解情况，不能一味放任他去做，并在法律法规方面考虑如何去应对这种情况。”（1D10003，某社区书记兼主任）完善相关政策，为基层政府预防和化解矛盾提供依据。“第一确实是要有一些有力的法律法规和政策作为强有力的支撑，首先是有依据、有法可依。”（0O11004，某副乡长）合理地制定相关政策，降低政策成为引发矛盾的诱因的可能性。“基层政府作为政策执行部门……关键在市一级在政策制定中要更加公开透明，科学实际，把握好价值取向。”（0C11019，某街道党工委书记）（2）合理放权，给予地方更多的灵活性。“全国这么大地方，各地情况又不一样，中央制定政策时很难兼顾，刚性比较强。能不能给地方更大的自主权，包括中央给省里、省里给市里、市里给县里，几个层面都有，能够很好地解决地方的问题。原则是可以定的，但是很多灵活性的东西要留给地方。”（0A12031，某市政府法制办副主任）（3）完善矛盾预防与化解的制度和机制。坚持依法治理明确矛盾双方、调解方的权利与义务，规范其行为。“社会矛盾化解机制需要对矛盾双方、调解方两方面权利义务都进行更加科学的规定。”（1D11005，某区水利水电局团委书记）加强不同部门、不同级别政府之间的信息报送。“要加强信息的报送我觉得这个是必不可少，辖区内发生了什么，如果能及时地反映到我们社区办公室，我们就可以更快更好地去协调解决问题了。”（1O10004，某社区副主任）优化工作机制，整合部门力量。“由单一依靠综治部门向整合社会力量转变，切实化解社会矛盾。全力以赴抓实抓好全乡矛盾纠纷排查工作，通过强化领导责任，对综治、司法、信访和社会力量进行全方位整合，组建了乡综治维稳中心，形成了四部门合署办公、联合参与化解矛盾纠纷的新格局。与此同时，还通过着力抓好重信重访、涉法涉诉信访问题的排查化解工作，在全乡 32 个村建立起治保调解委员会，在 313 个村民小组建立了矛盾纠纷调处小组，初步形成了组、村、工作队及乡四级自下而上的矛盾纠纷排查调处工作网络。”（0N11020，某县人大副主任）建立督察督办制度，提升矛盾化解工作的质量，避免矛盾的复杂化、激烈化和衍生化。“完善矛盾纠纷督察督办制度也有助于更好地解决矛盾，使得矛盾得到更充分更真正解决。当然后期也要实际做到跟踪反馈，应该定期以适当方式回访当事人，了解协调后双方的履行情况如何。”（1O10004，某社区副主任）建立媒体应对平台，有效疏导舆论。“针对新媒体，我们成立了信息中心，对网络上，包括民间论坛等网络论坛，及时掌握信息，当天答复，复杂问题及时拿出意见。我们有新闻发言人，代表政府，进行舆情疏导。很多事情在萌芽状态中就处理了。”（0A11023，某镇副书记、镇长）建立起领导干部处理矛盾纠纷的长效机制。“县领导，特别是县委常委和副县长都要轮流值班，接待信访群众，听取他们的诉求和反映的问题，同时帮助、解决矛盾问题，安排、布置下一步的工作。”（0O12006，某县委常委、县委办公室主任）“县领导通过‘包案’的方式，比如说某个单位反映的矛盾问题比较突出，由县领导‘包案’去帮助他们解决困难问题。”（0O12006，某县委常委、县委办公室主任）但是领导接访的效果也是有限的，值得反思。“第一，领导接访会助长、滋生群众上访……第二，领导接访不当也容易造成更大的矛盾。有些领导干部不了解实际情况，乱表态，导致矛盾、问题更严重……第三，领导接访干扰了信访部门的正常工作……第四，领导也不能不做其他事，专门搞群众接访。”（0A11012，某县信访局长）重视风险评估的作用。“搞风险评估了。政府做一件事情，应该进行评估，弄清楚我们的工作对象有哪些类别，政策的覆盖率是能达到99%还是95%，在哪些层面要有一事一议的政策等方面进行评估，目标不仅仅是要减少矛盾，而是着眼于怎么样用最优的办法将矛盾化解、降到最少。”（0B11003，某乡书记）（4）推进专业化调解。设置专业调解室。“我们设置了 10 个分类调解室，然后呢在公安派出所警务室全部成立公调对调办公室，法院法庭全部成立事前调解室，组织网络遍布村镇，服务万家。”（0A11043，某县司法局副局长）建立专业调解队伍。“我们镇招聘了10个专职调解员，建立矛盾志愿调解处。并且按照网格化的管理方式，把专职的调解员的工作进行划分。今年第一季度差不多已经处理了500多起。”（0A11005，某街道党工委书记）“对调解员拟上职称……我们县里搞了初级调解师、市里搞中级调解师，省里能不能搞高级调解师，高级调解师补600，中级调解师补400、450，初级调解师补300，这样才有积极性，像老师，教育搞现代化都有积极性。”（0A12050，某区维稳办主任）创新调解方式。“调解方式的创新化，我们创新了视频调解室，有利于在调解过程中防止突发事件，创新设立了法官调解室，女士调解室等多个特色调解室，同时引用心理干预机制，聘用3名国家二级心理咨询师，对缠访闹访和部分因为多年缠访闹访造成心理有一定扭曲的当事人进行了心理辅导。”（0A11043，某县司法局副局长）（5）畅通民意表达渠道，完善民意反馈制度。“畅通老百姓的诉求渠道，每个移民乡镇专门设有信访接访中心，比如说大会议室用于接待有诉求的老百姓，让他们反映问题。”（0O12006，某县委常委、县委办公室主任）建立健全的群众意见建议办理反馈制度。“很多时候，群众的矛盾没有得到彻底的解决。有的群众矛盾在短时间是不能解决的，或者通过基层干部是不能解决的，需要上级领导或者上级部门进行协调。这就需要建立群众的意见建议办理反馈制度，在规定的一定时间内，党员干部解决某个群众矛盾，若基层干部解决不了，则告知上级领导，大家想更好的途径来解决这些矛盾。”（0P11002，某县委办公室主任）（6）合理区分群众信访，区别化地处理群众信访。“对于合理的上访，我们能解决的就解决……对于合理的上访但是作为基层政府一时又解决不了的，那无外乎两种方式了，解释问题和适当补偿。适当补偿说白了也就是一种安抚，带着点救济的性质吧，主要是稳定他们的情绪。但是我们也会告诉他们这只是前期垫付，等款项下来后该扣的还是要扣下来。”（0B11016，某镇副书记、副镇长）群众信访处理的规范化。“一方面是指区别对待各类上访现象，这个特定的上访事件到底是合理、合法的还是不合理、不合法的，这些矛盾作为本级乡镇政府是否有能力和资源解决的，那么在解决的方式上采用的是常规的还是非常规的、强制的还是什么其他办法，应当加以区分；另一方面是涉及一票否决问题，它应当也是要具体区分情况的。如果是老百姓合理、合法的利益诉求在乡镇基层未能得到有效解决而造成上访的，上级政府可以按照一票否决来加以处置，因为这种情形下十有八九就是乡镇领导未能做好工作，可以用一票否决的方式使其担责，对于我们自己来说也无怨言。但是有小部分老百姓提出的是非法的、不合理的利益要求在基层政府这未能得到满足，然后跑到县政府、省政府乃至北京，我认为这种情况下就不应该以数够30个人头就来当作一票否决的依据，要不然，基层政府就只能拿钱去砸了。”（0B11018，某镇书记）（7）建立矛盾当事人的心理干预机制。“社会矛盾纠纷当事人的心理危机干预机制，引导当事人依法、正确地维护自己的合法权益。”（0P11001，某县社会管理综合治理委员会办公室副主任）兼顾人文关怀。“是法律原则必须遵守，是事实依据必须执行，但是在法律和事实很难清楚的情况下，对弱者给予人文关怀。”（0B11006，某镇书记）

第二，治理技术提升层面。（1）“主动出击”的基本原则。“化解矛盾的最好办法是提前介入，主动排查化解，”（1D11005，某区水利水电局团委书记）“早一点处理，及时处理，”（1F10002，某小区保安队长）“不要藏着掖着，”（1F10001，某居民区党总支部书记）“积极主动地应对，不能回避拖延。”（0C12022，某区常务副区长）（2）敢于坚持原则的基本立场。“我在乡镇工作感觉是越怕事越有事，不怕事没有事。政府没有责任，但如果给钱的话，他会认为你有问题，怕事就给钱，给钱反而惹事。我们有些乡镇害怕老百姓闹事，一出事去上访，政府就给钱，结果形成恶性循环，他只要出事就去找政府。我要对后人负责，敢于坚持原则，事情反而好处理。”（0B11036，某镇书记）（3）层级式的处理顺序。“首先是不出社，先由社长处理，然后就是村，村处理不好的，再到乡，乡上就通过法律援助中心或者是法律服务站来化解矛盾和解决矛盾。”（1O00002，某村主任）（4）情、理、法、利相结合的矛盾处理方式。情感性沟通交流，化解矛盾。“让老百姓有地方诉苦，真心理解同情群众，用真心的态度倾听群众的诉苦，让群众把‘苦水’倒出来，以热心解寒心，以耐心解烦心，从而缓解对抗、激动、怨愤等对立情绪，有效地避免了矛盾的激化和群体性事件的发生……和群众交朋友，真心贴近群众，让群众相信，放下领导干部的身架。老百姓有句口头禅：不蒸馒头争口气。老百姓都爱讲面子，在关键的时候、重要的场合给个面子，就什么事都好说了。”（1D10002，某社区书记）情感性沟通，获得民众的支持和理解。“跟他们讲解国家的政策，从感情上进行沟通，让他们能够理解国家的政策和配合。”（1H12002，某区长）“反复地沟通，要直到大部分居民得到他们的认同和认可。”（1K00001，某社区主任）讲道理、摆事实。“唠家常，把‘道理’讲透，让群众明白。”（1D10002，某社区书记）“群众代表、当时的知情人喊在一起，了解当时的情况，进行调查取证，还原事情真相，然后根据具体情况进行沟通协调处理。”（0O11001，某镇副书记兼纪委书记）利益满足。“尽量在国家的政策允许的条件下尽量满足他们的要求，”（1H12002，某区长）或者“尽可能地为他解决一些他真正需要的一些事情。”（1K00001，某社区主任）依法行政、依法处理。依法处置矛盾。“正确引导群众走法律的路子，走法律的程序。如果说群众不走法律诉讼的方式啊，政法口会和村干部进行调解，”（1C11004，某镇派出所所长）“将双方叫到一起，把一些相关的法律知识进行宣传，使老百姓知道法律，在法律的基础上进行调和。”（1K00002，某村主任）依法打击违法违规行为。“干部处理问题确实做错了，应依法依纪处理……违法的群众也要处理才对啊，不能只处理干部。”（0C11013，某街道书记）（5）“旁敲侧击”的行动策略。“通过所在这个小区的居委会，或者说是通过家里人的这个单位，从另一个侧面，先做通家里人的工作，那么然后再通过这个家里人，再做通这个当事人的这个工作。”（1G10001，某社区居委会主任）最后我们引用基层干部的说法，概括基层干部化解矛盾纠纷的典型做法。“对这种群体性事件处置，无固定办法可循。我们一般是先公，对当事人摆事实讲道理，教育说服他，依法处理；若公的不行，就找其亲戚朋友进行劝说，用私的方式以情动人；若再不行我们只好采取一些不得已的办法来摆平。”（0C11025，某乡长）这是从法、理、情手段到非制度化手段的非正式的一种程序性手段变化过程。

第三，组织队伍建设层面。（1）加强基层政权建设，增强基层政权的凝聚力、团结力和执行力，整合执法力量。“要有一个团结务实的村级班子，一个公平公正的小组长，一个基层组织工作能力强，在一个地方影响力大，群众的信任程度很高，化解矛盾纠纷的时候群众也就非常认可，便于接受，干部也能更好地引导群众。”（0O11001，某镇副书记兼纪委书记）（2）加强基层队伍建设，提高基层干部整体素质，完善人事选拔。

“要改变目前乡、镇、村的人事选拔状态……大批的优秀的乡村精英都进城了，教师都进城了，城市化推进了，乡村的精英都进了城。一个社会内没有精英支撑，就会出现逆淘汰。文化氛围背离状态，被流氓文化、无赖文化、不诚信文化替代。”（0B11036，某镇书记）促进干部队伍的年轻化。“要吸引年轻干部到乡镇基层，留住人更要留住心。现在年轻的公务员有能力，因为学历高，家庭条件也好，适应不了基层的工作压力。我们有一两个这样的，他们走得进去，但深入不了，能走到农户家里但是确实接受不了。这是人员与体制的矛盾。”（0B12038,，某镇副县级书记）加强人员队伍建设，扭转基层工作人员的不良作风，文明执法。“提高农村基层干部的素质，在农村的基层部门，客观上确实存在一些干部的素质不高，在处理农村社会矛盾时，态度生硬，很容易脾气粗暴，这可能是导致并激化与老百姓矛盾的导火索，让他们仇视政府，影响政府威望，因而，加强农村基层组织及其队伍的建设很有必要。”（0N11008，某县委办公室主任）（3）加强基层工作人员培训，培养与提升基层工作人员应对矛盾纠纷的能力，提高矛盾纠纷化解效果。“通过考核和培训这样的一些手段，那么使在职的工作人员的综合素质得到提高。”（1G10001，某社区居委会主任）（4）基层干部要积极树立正面榜样，主动改善干部形象，改善干群关系。“我们执法者或者我们的党政干部、村社干部要带头要树立标杆，也就是要文明执法……不对老百姓进行吃拿卡要。”（0O11004，某副乡长）

第四，舆论宣传引导层面。（1）加强普法宣传。“增强群众的法律意识，引导其依法维权。目前在我们的工作中发现，极少数群众，因为文化水平低，对政策、法律提出一些过高或无理的要求，使处理矛盾纠纷的难度增大。”（0O11001，某镇副书记兼纪委书记）（2）加强政策宣传。“要加大这方面的宣传，宣传这些政策使之深入人心，也就是说我们要站在老百姓的角度去分析他的既得利益以及他得到这个利益后自身今后的发展方向，或者说是我们政府的一些配套的东西跟上以后，我们的这些矛盾能够得到一个有效的化解。”（0O11004，某副乡长）（3）加强对媒体宣传的引导与沟通。“现在的很多报道不客观，当前需要对这方面进行治理，或者立法，或者采取其他方法。我们提议让新闻媒体的记者到基层挂职，让他们了解我们。”（0C11002，某镇长）

第五，引入社会力量参与化解矛盾。（1）从社会组织来看，主要可分为行业性的社会组织和矛盾纠纷化解的专业性组织两类。比如行业协会可以参与矛盾化解工作，“有很多商会、保险协业协会、注册会计师协会、汽车维修行业协会、民营企业互助联合会等，很多组织。”（1D10002，某社区书记）比如社工组织，“街道有很多这种……还有一些社会组织，比方说社工组织。”（1F10001，某居民区党总支部书记）比如群众自治性的矛盾调解组织，“像我们社区现在就有一个人民调解委员会，像我们也会有什么那个议事协商会，什么听证会这个都会有的。”（1K00001，某社区主任）这些社会组织在化解矛盾纠纷方面的效果是得到基层干部认可的。“民间组织在移民安置过程中还是起到了一些正面的组织和引导作用，而且我们还组织一些移民代表、社区、村组反映老百姓不同层次的需求。政府又通过这些移民代表对移民政策的把握和重新理解，反馈到老百姓中去，争取到老百姓的支持和理解。”（0O12006，某县委常委、县委办公室主任）（2）媒体、律师在化解矛盾方面能发挥一定的作用。“一方面是有利于引导群众依法反映问题，群众还是要走法制化的渠道；另外一个是可以为群众提供比较专业的咨询服务，特别是法律的一些援助，让老百姓真正感受到法治的存在。三是有利于加强社会监督，促进问题的公开公正解决，特别是通过媒体，我们宣传的一些正面报道，在社会上肯定会起到推动作用。”（1A12029，某区信访局长）但是，媒体、律师也有产生负面作用的，“有的律师的职业道德不是太好，本来有些单纯为了个人利益，大多数都是好的，应该有律师的介入，但是律师的诚信问题，职业道德要加强，一定要按照法律维护有关人员的权益，不能按照自己的利益，小事闹大了。”（1C12006，某县长）总之，应该看到并肯定媒体和律师的积极作用。“媒体、律师能够让群众得到更专业的帮助，也能够促使矛盾更透明化，帮助矛盾解决。”（1D10002，某社区书记）但也应该加强监管，降低消极作用，提高积极效果。“客观公正的媒体和律师介入，是好事儿，他能正确地引导群众去走法律的途径去，需要把媒体和律师管理好。”（1C11004，某镇派出所所长）

二　基层干部的处境改善

1. 考核机制的完善

（1）合理制定考核指标。坚持素质考核和实绩考核相结合。“要建立健全的干部考核标准体系，要坚持素质考核和实绩考核相结合，细化干部考核标准，增强考核的准确性和针对性，加大群众满意度在考核中的分量。”（1D10002，某社区书记）尝试分类考核。“经济发展的地方，你就考核经济指标，考核 GDP，落后的地方、生态脆弱的地方你应该把保护生态作为主要的考核指标，这样分别调动，在保护生态的同时也有利于调动干部的工作积极性，有些地方就是比较脆弱，不适合发展经济，你也用经济指标考核他，是不科学的，不合理的。”（1C11003，某镇副书记）考核设置要突出重点。“要从注重经济增长转到注重经济建设、党的建设、民生保障、社会管理、生态文明五位一体上，不像以前唯 GDP，现在各个方面都要考核。”（1A12029，某区信访局长）考核设置要突出差异。“根据工作职能、领导职务、服务对象的不同，实施分类考核，优化考核计算方法，力求客观准确地反映干部工作实绩，因为不同岗位有不同岗位的职责。”（1A12029，某区信访局长）考核设置要突出动态。“既考虑考核最近一段时间内的干部实绩，更用历史的眼光来考核实领导干部的政绩，不仅考核发展速度，更着重考核发展质量。”（1A12029，某区信访局长）

（2）合理确定考核主体。重视群众的意见。“让群众评价，就是通过民调的方式，群众说你工作做得好才是真做得好，而并不是看领导，群众满意不满意，答应不答应，是评判干部的重要标准。”（1C11005，某镇民政所所长）坚持有分别地考核评价主体选择。“现阶段，只能以政府考核为主，政府外围的考核为辅。因为我们的公务员当中直接和居民接触的其实是一小部分。社区不谈了，天天和居民在一块儿。街道接触的也比较多。真正到了区、市、市以上的这个政府部门的公务员，他一般都不直接和群众接触。那我还是觉得，不同的层级之间还是要有所区隔……所以这里面对政府整体的考核评价和对个别公务员的考核评价要有所区分。”（1A11028，某街道副主任）

（3）合理运用考核结果。合理运用考核结果，加强干部考核工作的激励机制。“运用考核结果，强化干部考核工作的激励机制。要坚持把干部考核的结果作为干部任用提拔的重要依据，要将干部考核的结果与干部奖励密切联系起来，做到褒有章、贬有据，奖罚分明，要将干部的考核结果与干部的职务升降密切联系起来。”（1D10002，某社区书记）

（4）完善监督与反馈机制。完善考核监督与反馈机制，增强考核的公平性。“要完善干部考核工作的监督反馈机制。为了确保考核工作的公平、公正，要强化干部考核的刚性要求，对考核工作的组织程序、运行程序、结果评定等进行科学规范的严格确定。”（1D10002，某社区书记）

2. 自身形象的改善

（1）加强培训，提升综合素质。“通过这个考核和培训这样的一些手段，使在职工作人员综合素质得到提高。”（1G10001，某社区居委会主任）（2）加强党风廉政建设，加强政治学习，提高基层干部的政治觉悟。“要紧跟中央的部署，特别就是党风廉政建设要继续抓，要搞好腐败不能再滋生，对于我们来说现在这种社会环境相当的好，只有这样群众才能继续支持我们的工作。”（1O00002，某村主任）（3）建立约束机制。“我们要建立自我约束的机制。现在各级的政策都有，约束干部都有相关的条例，我们要按照相关的规章制度，每个人要树立自己的规矩，按照规矩办事，这样老百姓才会相信基层干部，我们的形象才会越来越好。”（1A12029，某区信访局长）（4）主动提升自身素养，加强自身修养，改善工作态度。“作为一个基层干部，你肯定要提高自己的自身修养和自身素质，我觉得这个最重要了。你时刻想到你是一个干部你要做些啥子，你跟老百姓打交道你不能时刻摆出你是干部的架子。”（1O00001，某村妇女主任）（5）贯彻群众路线，多下基层，了解民情、民意。“改变形象，基层干部就是最好去每家每户老百姓家里都去走访一下……这样对老百姓最好。现在领导干部真正下基层的都是很少的，都是嘴上说说的。”（1D10001，某社区居委会干部）（6）宣传基层干部正面形象，为基层干部营造良好的舆论氛围。“多宣传基层干部的正面形象，大部分基层干部还是兢兢业业进行工作的，多宣传，为他们营造良好的环境。”（1C11003，某镇副书记）（7）依法打击基层干部的违法违规行为。“对于基层干部借助自己好的地理优势，基层的某些好的产业，为自己谋私利侵犯百姓利益，教育同时要严厉打击。”（1C12006，某县长）

3. 要“亲基层干部”

（1）改善基层干部的经济待遇。“从政策上，提高他们的政治待遇和经济待遇，解决他们的后顾之忧。”（1C11003，某镇副书记）（2）建立心理帮扶和疏导机制。“我们的上级部门要对我们的国家公务人员或者说基层的工作人员还是要做一些及时的帮助和心理疏导方面的工作，不然基层工作人员的压力也比较大。”（0O11004，某副乡长）（3）畅通基层干部的晋升渠道。“创立一种机制让那些老老实实的做工作、干事的人不吃亏。”（0O11004，某副乡长）（4）提高基层干部的工作积极性。“一定要有是非观，干部处理问题确实做错了，应依法依规处理，没有意见。”（0C11013，某街道书记）（5）完善基层干部的社会保障机制，降低基层干部的风险。总之，“亲民”的同时也要重视“亲基层”、“亲基层干部”。“因为现在乡镇的基层干部的工作强度比较大，要求也很高，受到的待遇却是偏低的，所以更要爱护基层干部。他们的心踏实了，才会更好地服务人民。”（1I11001，某县经济开发区常务副主任）

第 三 章

干部与群众对社会矛盾的认知

——基于J省的问卷调查分析

目前，中国社会已进入改革发展的关键时期。伴随着中国社会深刻变迁而来的是社会矛盾大规模、集中地爆发。同时，社会矛盾不断“翻陈出新”。社会矛盾虽然可以成为“倒逼社会发展的机制”[①]，发挥一定的正面作用，但是在外部环境没有得到彻底变化的情况下，社会矛盾的负面效应更值得研究。要有效、深刻地理解中国社会矛盾，调查研究就变得十分必要。目前，国内对于社会矛盾的研究，更多地是一种定性的抽象论述，以问卷调查或访谈为基础的实证研究分析则不多。通过采用实证研究，我们可以获知不同群体对于当前中国社会矛盾的基本认知、判断，比较群体间对社会矛盾的认知差异，从而为我们更深刻地理解社会矛盾提供重要资料。正是基于这样的认识，本课题组在J省[②]开展了一次规模较大的问卷调查。

第一节　数据资料

一　数据来源

本文的分析以课题组于2015年4月份在J省4个地级市所进行的问卷调查为基础。调查对象分为干部和群众两个群体。

① 吴忠民：《社会矛盾倒逼改革发展的机制分析》，《中国社会科学》2015年第3期。

② 限于保密原则，调查地点采用匿名的方式。

2015 年 4 月，课题组在 J 省[1]的 4 个地级市开展了有关社会矛盾现状的专项问卷调查（见表 3—1）。调查对象分为干部和群众两个群体。此次问卷调查采用配额抽样的方法。课题组综合考虑了抽样代表性、调查经费的限制和调查实施的可行性等多项因素，将干部和群众的调查样本分别定为 880 人、2160 人。具体的抽样过程为（一）确定干部群体的调查对象。从 J 省抽取 4 个地级市（一个经济发达，两个中等发达，一个欠发达），每个地级市配额抽取 220 名干部。在每个地级市按照经济发达程度抽取 2 个县（市），每个县（市）各 110 名，其中处理矛盾的部门干部各抽取 20 人，然后在每个县（市）按照经济发达程度抽取 3 个乡镇（街道），每个乡镇（街道）抽取干部 30 名，以处理矛盾的基层干部、村居干部、社区干部为对象。干部问卷共计发放 880 份，实际回收问卷 857 份，问卷回收率为 97. 39%，有效问卷为 849 份，有效回收率 96. 48%；

表 3—1　　J 省四市调查问卷的发放与回收统计

群体类型	城市	发放问卷数量	回收问卷数量	有效问卷数量
干部	A	220	198（90. 00%）	196（89. 09%）
	B	220	220（100. 00%）	218（99. 09%）
	C	220	219（99. 55%）	217（98. 64%）
	D	220	220（100. 00%）	218（99. 09%）
	合计	880	857（97. 39%）	849（96. 48%）
群众	A	540	467（86. 48%）	453（83. 89%）
	B	540	536（99. 26%）	529（97. 96%）
	C	540	533（98. 70%）	507（93. 89%）
	D	540	534（98. 89%）	529（97. 96%）
	合计	2160	2070（95. 83%）	2018（93. 43%）

（二）确定群众的调查对象。从 J 省上述 4 个地级市中，每个地级市配额抽取 540 名群众；然后按照经济发达程度在每个地级市抽取 2 个县（市），每个县（市）各抽取 270 人；然后按照经济发达程度在每个县

① 限于保密原则，调查地点采用匿名的方式。

（市）抽取3个乡镇（街道），每个乡镇（街道）各抽取群众90名；在每个乡镇（街道）分3个社区（村），在每个社区（村）抽30名。群众问卷共计2160份，实际回收问卷共2070份，问卷回收率为95.83%，有效问卷为2018份，有效回收率93.43%。

二　问卷结构

干部问卷和群众问卷均分为3个部分（见表3—2）。干部问卷分为基础信息、社会矛盾认知以及法制知识水平等三个部分，群众问卷分为基础信息、社会矛盾认知以及社会心态等三个部分，其中社会矛盾认知是核心部分，涉及矛盾的原因、矛盾的特征、矛盾的应对方式、矛盾的化解力量以及矛盾的趋势等内容。

表3—2　　　　干部和群众问卷的基本结构

	干部问卷	群众问卷
基础信息	年龄	年龄
	性别	性别
	婚姻状况	户籍
	职级	婚姻状况
	工作岗位	职业
	受教育程度	受教育程度
		家庭年收入
社会矛盾认知	矛盾的分布	矛盾的分布
	矛盾的特征	矛盾经历
	矛盾的原因	解决矛盾的有效方式
	群众应对矛盾的方式	部门介入处理矛盾及其效果
	地方政府化解矛盾的总体能力	矛盾的原因
	“上访老户”的原因	第三方参与矛盾解决
	社会组织化解矛盾的作用	矛盾的解决情况
	化解矛盾需要的支持和帮助	地方政府化解矛盾的总体能力
	矛盾趋势的判断	参与公共事务的积极性
法制知识水平	对各类法律法规的了解程度	
社会心态		对各类说法的赞同度

第二节　结果分析

一　干部群体的社会矛盾认知

（一）基础信息

1. 年龄状况。受访干部群体年龄状况为：30 岁以下的为 191 人，占比 22.50%；30 至 39 岁的为 271 人，占比 31.92%；40 至 49 岁的为 258 人，占比 30.39%；50 至 59 岁的为 108 人，占比 12.72%；60 岁以上的为 9 人，占比 1.06%。总体来看，接受问卷调查的干部群体较年轻，50 岁以下的人占 84.81%，40 岁以下的也达到 54.42%。[①] 年轻干部是问卷调查的主要对象。

2. 性别状况。受访干部群体性别状况为：男性 451 人，占比 53.12%，女性 356 人，占比 41.93%。[②]

3. 婚姻状况。受访干部群体婚姻状况是：未婚的为 630 人，占比 74.20%；已婚的为 104 人，占比 12.25%。[③] 未婚的干部群体是问卷调查的主体。

4. 职级状况。受访干部群体职级状况是：处级干部为 6 人，占比 0.71%；科级干部为 117 人，占比 13.78%；股级干部为 121 人，占比 14.25%；一般干部[④]为 530 人，占比 62.43%（见图 3—1）。可见，接受问卷调查的干部以一般干部群体为主。

5. 工作岗位

此次接受问卷调查的干部的工作岗位状况是：县（市、区）为 229 人，占比 26.97%；乡镇（街道）为 378 人，占比 44.52%；村居（社区）为 216 人，占比 25.44%（见图 3—2）。乡镇（街道）的基层干部是接受问卷调查的主要对象。

---

① 缺失 12 个个案，占比 1.06%。

② 缺失 42 个个案，占比 4.95%。

③ 缺失 115 个个案，占比 13.55%。

④ 一般干部是指无级别的干部。

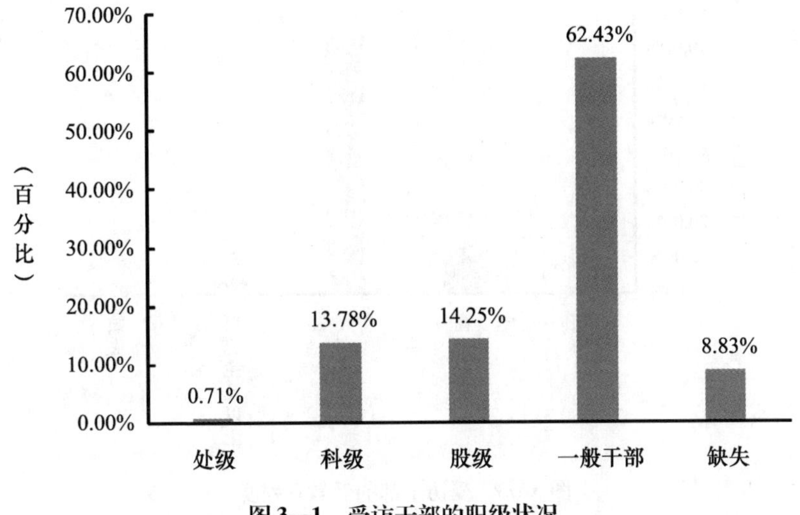

图3—1　受访干部的职级状况

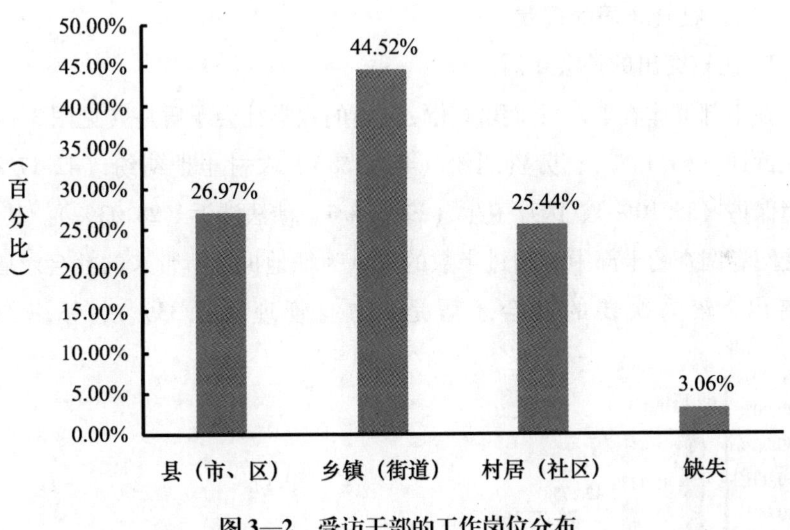

图3—2　受访干部的工作岗位分布

6. 受教育程度

受访的干部群体受教育程度状况是：初中及以下为 20 人，占比 2. 36%；高中职高为 129 人，占比 15. 19%；大专本科为 632 人，占比 74. 44%；研究生及以上为 37 人，占比 4. 36%。大部分干部的受教育程度是在大专以上，占比 80% 以上（见图 3—3）。由此可见干部的高学历化、知识化趋势比较明显。

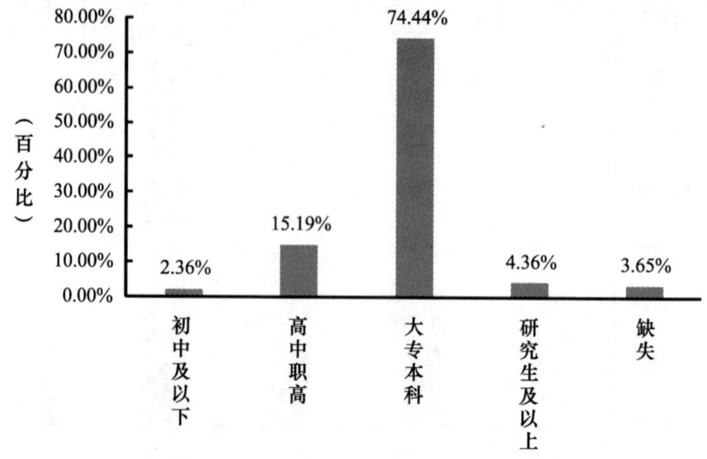

图3—3 受访干部的受教育程度

（二）社会矛盾的现状

1. 比较突出的社会矛盾

在干部群体看来，当前我国比较突出的六类社会矛盾是（见图3—4）：征地拆迁（69.14%）、劳资纠纷（45.11%）、农村土地纠纷（42.17%）、环境保护（35.10%）、医疗卫生（29.21%）、涉法涉诉（28.03%）。其中，接受问卷调查的干部中有超过半数的人认为征地拆迁所带来的社会矛盾最为突出。较为次要的社会矛盾是：物业管理（27.33%）、邻里纠纷

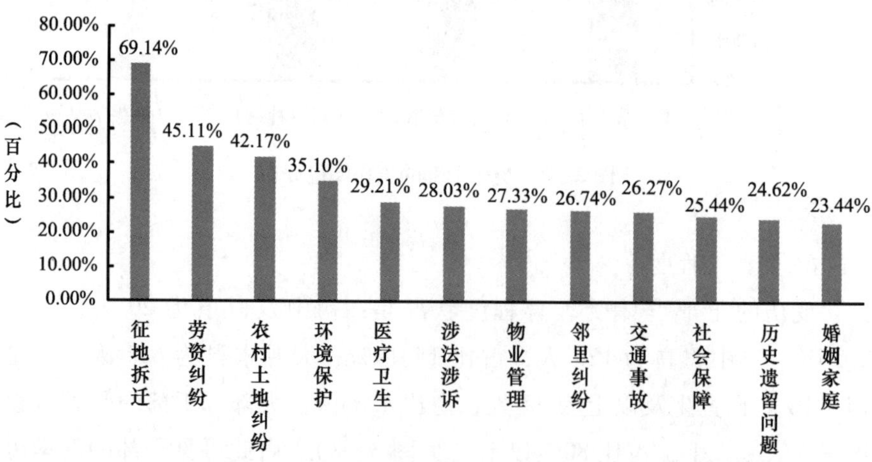

图3—4 受访干部认为当前我国比较突出的社会矛盾

(26.74%)、交通事故（26.27%)、社会保障（25.44%)、历史遗留问题(24.62%)、婚姻家庭（23.44%)。

2. 社会矛盾最突出的特征

在干部群体看来，当前我国社会矛盾最突出的四个主要特征是：网络传播、炒作强（63.02%)；参与主体的群体化（58.30%)；突发性强(50.77%)；对抗性强（36.28%)。其次，是危害性大（26.86%)、组织的隐蔽性高（12.13%)（见图3—5)。干部群体将“网络传播、炒作性强”作为社会矛盾最突出的特征，可见干部群体已经认识到网络与社会矛盾的复杂关系。可见基层干部群体与其他社会群体在对当前社会矛盾形式（激烈程度）的判断上是有差异的，在干部群体看来，媒体在对社会矛盾发展的推波助澜扮演了重要角色。当前社会矛盾存在过度渲染现象，我们看到的往往是经媒体加工过的表象，并不一定是真实的社会矛盾状况。①

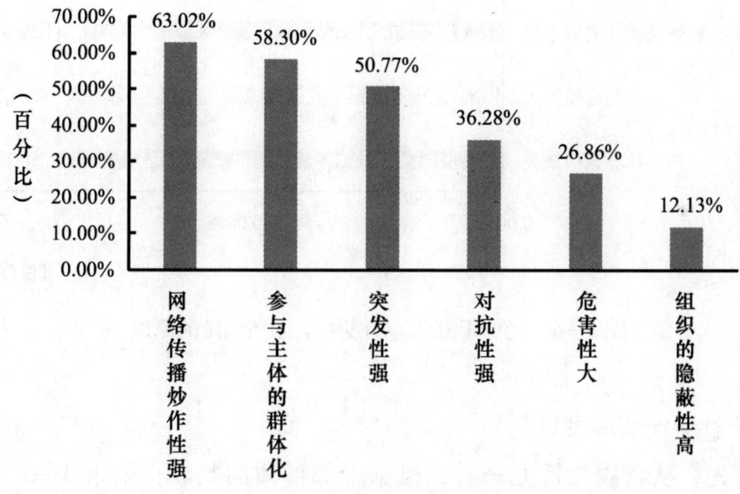

图3—5　受访干部认为当前我国社会矛盾最突出的特征

3. 社会矛盾的主要原因

干部群体认为，当前引发我国各类矛盾纠纷的前三个主要原因是：社

① 多数情况下传统媒体、正规媒体是被禁止报道矛盾事件的，但网络上自发的报道禁而不止。总体上报道抑制，具体事件上报道夸大其词。可见，网络媒体的被控制的力度弱于传统媒体，且更新速度、扩散速度均快于传统媒体，是难以预先审查的。

会诚信缺失（50.18%）、贫富差距拉大（49.12%）、政策调整不合理或领导决策不当（47.35%）。其他的原因包括改革中利益分配的调整（44.76%）；少数干部乱作为、不作为（40.75%）；部分领导干部腐败（35.57）；社会道德水平不高（33.69%）；干部群众法制意识不强（33.22%）（见图3—6）。

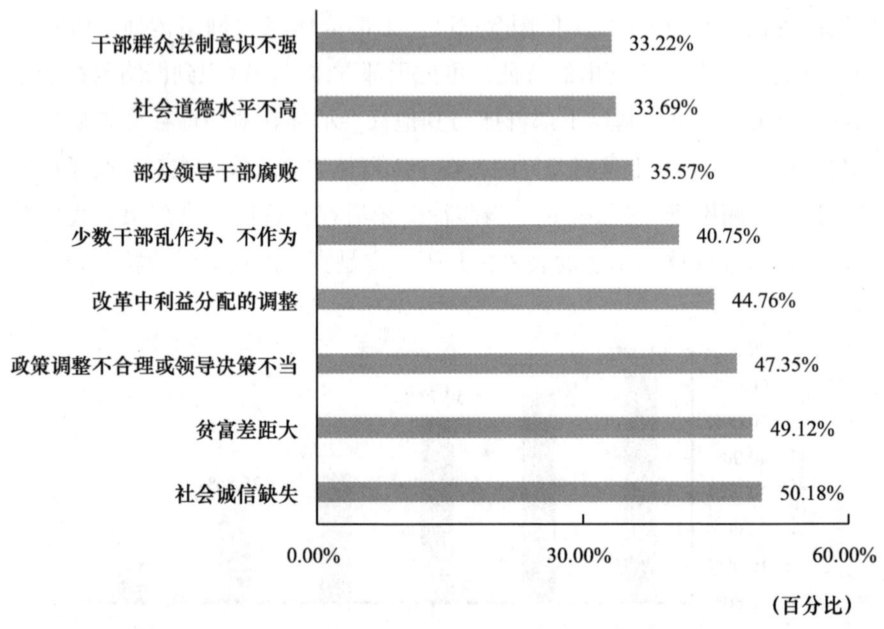

图3—6 受访干部认为引发社会矛盾纠纷的原因

4. 社会矛盾的发展趋势

首先，从频数总量上来看，根据干部群体的判断，未来3—5年内，我国社会矛盾的发展趋势是（见表3—3）：（1）会增强的矛盾有征地拆迁、环境污染、物业纠纷，其中以环境污染矛盾最为突出；（2）会保持稳定的矛盾有民间借贷、历史遗留问题、司法不公、劳资、医患、社会保障、国企改制、群体性事件，其中以国企改制矛盾最为突出，总体社会矛盾也保持稳定的发展趋势；（3）在总体保持稳定的情况下，相比增强，更有可能会减弱的矛盾有历史遗留问题、司法不公、国企改制；（4）在总体保持稳定的情况下，相比减弱，更有可能会增强的矛盾有民间借贷、劳资、医患、社会保障、群体性事件和总体社会矛盾。值得注意的是，干部群体对劳资矛盾、医患矛盾的趋势判断在增强和稳定的判断差异极小，可见干部群体对这两类矛盾的趋势判断上存在较大分歧，但不会减弱则是共识。

表3—3　　今后3—5年内社会矛盾发展趋势的判断

具体矛盾	增强	稳定	减弱	缺失	合计
征地拆迁	372（43.82%）	349（41.12%）	103（12.13%）	25（2.94%）	849（100.00%）
环境污染	500（58.89%）	251（29.56%）	86（10.13%）	12（1.41%）	849（100.00%）
物业纠纷	361（42.52%）	347（40.87%）	114（13.43%）	27（3.18%）	849（100.00%）
民间借贷	303（35.69%）	345（40.64%）	174（20.49%）	27（3.18%）	849（100.00%）
历史遗留问题	172（20.26%）	405（47.70%）	250（29.45%）	22（2.59%）	849（100.00%）
司法不公	130（15.31%）	366（43.11%）	320（37.69%）	33（3.89%）	849（100.00%）
劳资	375（44.17%）	376（44.29%）	71（8.36%）	27（3.18%）	849（100.00%）
医患	370（43.58%）	372（43.82%）	81（9.54%）	26（3.06%）	849（100.00%）
社会保障	267（31.45%）	405（47.70%）	148（17.43%）	29（3.42%）	849（100.00%）
国企改制	166（19.55%）	435（51.23%）	205（24.15%）	43（5.06%）	849（100.00%）
群体性事件	249（29.33%）	418（49.23%）	153（18.02%）	29（3.42%）	849（100.00%）
总体社会矛盾	220（25.91%）	446（52.53%）	150（17.67%）	33（3.89%）	849（100.00%）

其次，从干部内部的差异来看，通过 Ordered Logistic 回归分析，我们可以发现不同年龄、职级、工作岗位和受教育水平的干部在对具体矛盾发展趋势判断上存在差异（见表3—4）。具体而言表现在以下五点。（1）年龄。分析发现，相对于30岁以下的干部而言，30—39岁的干部更多认为环境污染矛盾、劳资矛盾、医患矛盾会增强，40—49岁的干部更多认为征地拆迁矛盾、环境污染矛盾、劳资矛盾、医患矛盾会增强，50—59岁的干部更多地认为劳资矛盾会减弱而国企改制矛盾会增强，60岁以上的干部对具体矛盾的发展趋势的判断不存在显著差异。可见，不同年龄段的干部群体对矛盾的关注点是有差异的，而且主要是持不乐观的态度的。（2）性别。分析发现，男干部与女干部对社会矛盾发展趋势的判断不存在显著差异。（3）职级。分析发现，干部职级越高，会更可能认为历史遗留问题矛盾、

国企改制矛盾、群体性事件和总体社会矛盾会增强。(4) 工作岗位。分析发现，相对于县（市、区）工作岗位的干部而言，乡镇（街道）干部认为征地拆迁矛盾、环境污染矛盾、物业纠纷矛盾、民间借贷矛盾、历史遗留问题矛盾、司法不公矛盾、劳资矛盾、社会保障矛盾、国企改制矛盾、群体性事件均会增强，村居（社区）干部认为物业纠纷矛盾、民间借贷矛盾、历史遗留问题矛盾会增强。干部职级高低与接触具体矛盾的深浅，影响不同职级的干部群体对矛盾发展趋势的判断，一般来说干部职级越高，越少直接接触和处理具体矛盾，因而对具体矛盾的状况、发展、变化的经验认识不如基层干部深刻，因为对许多具体矛盾的发展趋势的判断差异小。这一想法在不同工作岗位的干部群体对具体矛盾的判断的结果是相似的。(5) 受教育水平差异。分析发现，干部的受教育水平越高，会更可能认为征地拆迁矛盾、历史遗留矛盾、司法不公矛盾、劳资矛盾、国企改制矛盾和群体性事件矛盾均会减弱。

表 3—4　　具体社会矛盾发展趋势的判断的干部群体差异的 Ordered Logistic 回归分析①

变量		征地拆迁	环境污染	物业纠纷	民间借贷	历史遗留问题	司法不公
年龄	30—39	0.279	0.792**	0.343	0.175	-0.228	0.303
		(0.261)	(0.268)	(0.261)	(0.252)	(0.259)	(0.261)
	40—49	0.481+	0.700*	0.210	0.230	-0.188	0.290
		(0.280)	(0.290)	(0.283)	(0.272)	(0.280)	(0.282)
	50—59	0.095	0.108	0.217	0.05	-0.351	0.249
		(0.341)	(0.348)	(0.345)	(0.331)	(0.336)	(0.339)
	>60	-0.323	0.430	0.812	-0.215	-0.262	0.043
		(0.907)	(0.959)	(0.958)	(0.922)	(0.951)	(0.849)
性别	男性	0.054	0.250	0.234	0.153	0.001	-0.220
		(0.171)	(0.180)	(0.168)	(0.165)	(0.166)	(0.167)
婚姻	已婚	-0.239	-0.161	-0.224	0.295	0.289	-0.169
		(0.287)	(0.291)	(0.285)	(0.273)	(0.286)	(0.288)

① 括号内为标准误，后面的表与此相同，不再说明。矛盾发展趋势：1 = 减弱，2 = 稳定，3 = 增强，后表不再说明。

续表

变量		征地拆迁	环境污染	物业纠纷	民间借贷	历史遗留问题	司法不公
职级		0.010	0.039	0.181	0.015	0.202 $^{+}$	0.054
		(0.119)	(0.129)	(0.121)	(0.116)	(0.119)	(0.119)
工作岗位	乡镇/街道	0.409 *	0.598 **	0.372 *	0.701 ***	0.676 ***	0.348 $^{+}$
		(0.192)	(0.201)	(0.189)	(0.189)	(0.191)	(0.190)
	村居/社区	-0.117	0.257	0.527 *	0.556 *	0.725 **	-0.043
		(0.247)	(0.255)	(0.242)	(0.239)	(0.241)	(0.236)
受教育程度		-0.462 *	-0.035	0.088	-0.082	-0.442 *	-0.381 *
		(0.196)	(0.199)	(0.184)	(0.185)	(0.184)	(0.181)
N		607	608	606	606	608	601
PseudoR^2		0.015	0.024	0.009	0.018	0.023	0.010

$^{+}p<0.1$, $^{*}p<0.05$, $^{**}p<0.01$, $^{***}p<0.001$

表3—4　　具体社会矛盾发展趋势的判断的干部群体差异的 Ordered Logistic 回归分析（续表）

变量		劳资	医患	社会保障	国企改制	群体性事件	总体社会矛盾
年龄	30—39	0.655 *	0.459 $^{+}$	-0.046	-0.306	0.049	-0.035
		(0.265)	(0.263)	(0.259)	(0.261)	(0.258)	(0.261)
	40—49	0.724 *	0.659 *	0.121	-0.152	-0.143	-0.160
		(0.286)	(0.284)	(0.278)	(0.281)	(0.280)	(0.283)
	50—59	0.619 $^{+}$	0.424	-0.327	-0.681 $^{+}$	-0.466	-0.482
		(0.345)	(0.344)	(0.333)	(0.349)	(0.334)	(0.345)
	>60	0.105	0.300	0.691	-0.695	-0.043	0.344
		(0.919)	(0.908)	(0.961)	(0.869)	(0.901)	(0.912)
性别	男性	0.217	-0.061	0.188	0.150	0.132	0.097
		(0.171)	(0.170)	(0.166)	(0.170)	(0.167)	(0.170)
婚姻	已婚	-0.656 *	-0.409	-0.093	-0.164	-0.044	0.438
		(0.292)	(0.288)	(0.284)	(0.291)	(0.289)	(0.290)
职级		0.083	-0.003	0.114	0.209 $^{+}$	0.387 **	0.288 *
		(0.122)	(0.122)	(0.118)	(0.122)	(0.121)	(0.120)

续表

变量		劳资	医患	社会保障	国企改制	群体性事件	总体社会矛盾
工作岗位	乡镇/	0.413 *	0.296	0.460 *	0.361 +	0.346 +	0.306
	街道	(0.194)	(0.193)	(0.192)	(0.192)	(0.190)	(0.192)
	村居/	-0.137	0.0327	0.361	0.539 *	0.182	0.194
	社区	(0.248)	(0.247)	(0.241)	(0.246)	(0.243)	(0.248)
受教育程度		-0.365 +	-0.141	-0.255	-0.605 **	-0.357 +	-0.120
		(0.191)	(0.188)	(0.185)	(0.190)	(0.184)	(0.190)
N		606	605	605	597	606	604
PseudoR^2		0.021	0.008	0.012	0.022	0.014	0.012

+ $p<0.1$, * $p<0.05$, ** $p<0.01$, *** $p<0.001$。

（三）社会矛盾的应对与化解

1. 群众的应对方式

在干部群体看来，群众在遇到社会矛盾时常常采用的三种行动方式是：信访（73.38%）、调解（60.66%）、媒体投诉或上网（46.41%）。其次的行动方式分别是自行协商解决（40.99%）；采取过激手段直接应对（26.15%）；诉讼（14.02%）；寻求工会、妇联等人民团体的帮助（14.02%）；行政复议、行政裁决（7.89%）（见图3—7）。从应对方式

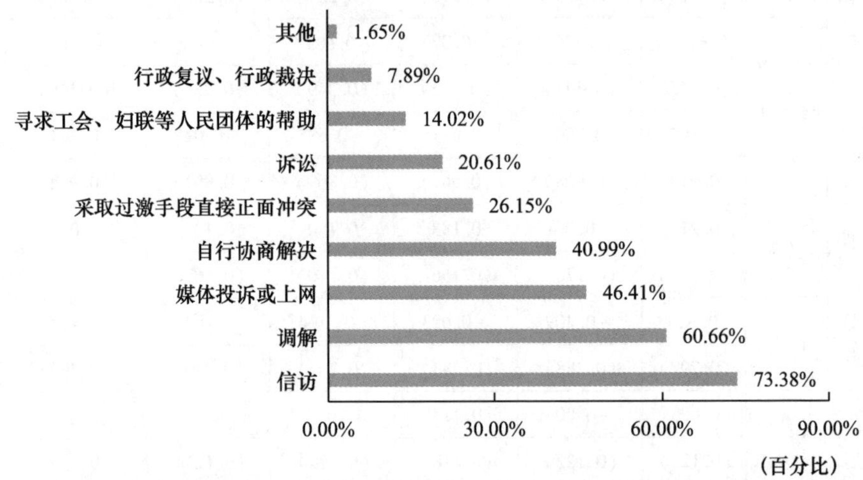

图3—7 受访干部认为群众在遇到社会矛盾时常常采取的行动方式

的性质来看，制度化的应对方式有信访、调解、诉讼、寻求工会妇联等人民团体的帮助、行政复议行政裁决，非制度化的应对方式有媒体投诉或上网、自行协商解决、采取过激手段直接应对。从帮助来源来看，媒体投诉或上网、自行协商解决、采取过激手段直接应对属于自救性质的手段，而寻求工会、妇联等人民团体的帮助则是属于外部援助的手段。总的来看，信访是群众应对社会矛盾的首选方式。

2. 矛盾化解的力量

（1）地方政府化解矛盾的总体能力

就当前地方政府化解社会矛盾和纠纷的总体能力而言，干部群体认为“非常强”的占6.48%，“比较强”的占41.81%，“一般”的占41.11%、“比较弱”的占7.54%，“非常弱”的占1.88%，“不好说”的占0.94%（见表3—5）。总体上来说，对当前政府化解社会矛盾和纠纷的总体能力持肯定态度的干部不到一半（48.29%），相对于持负面态度的干部（9.42%）来说，却是多数。当然，也有四成（41.11%）的干部持模糊的态度。

表3—5　　当前地方政府化解社会矛盾和纠纷的总体能力

总体能力	频数	百分比（%）	累积百分比（%）
非常强	55	6.48	6.48
比较强	355	41.81	48.29
一般	349	41.11	89.40
比较弱	64	7.54	96.94
非常弱	16	1.88	98.82
不好说	8	0.94	99.76
缺失	2	0.24	100.00
合计	849		

（2）社会组织的作用

在社会组织化解地方社会矛盾的作用方面，干部群体认为其作用“很大”的占10.01%，“较大”的占38.40%，“一般”的占37.81%，“较小”的占8.48%，“不好说”的占2.94%，“没有”的占1.06%（见表3—6）。有一定数量的干部（48.41%）认为当地参与化解社会矛盾的社会组织的作用是比较大的，对此是持一种较为肯定的态度。可见，要继续建立健全社会组织化解社会矛盾的机制，增强地方化解社会矛盾的总体能力。

表3—6 当地参与化解社会矛盾的社会组织的作用

化解作用	频数	百分比（%）	累积百分比（%）
很大	85	10.01	10.01
较大	336	38.40	48.41
一般	321	37.81	86.22
较小	72	8.48	94.70
不好说	25	2.94	97.64
没有	9	1.06	98.70
缺失	11	1.30	100.00
合计	849		

3. 矛盾化解的焦点

干部群体认为，形成“上访老户”现象的三个主要原因是：“从上访中已尝到了甜头，养成了靠缠访闹访去讹诈政府的习惯”（69.61%）、“自身的合法权益曾被侵害，问题未及时得到解决”（65.02%）、“有些上访老户人员的确有精神偏执的问题”（55.95%）。其次是“政府对一些历史遗留的问题未有好的解决办法”（44.76%）、“与我们的信访体制有很大关系”（43.46%）、“法制法规不健全，打击、教育、稳控措施针对性不强”（42.52%）（见图3—8）。

由此可以看出，干部群体对“上访老户”现象形成原因的看法主要可分为两个方面：一方面，干部群体承认“上访老户”是利益受损且利益并未得到补偿的群体，上访有其一定的合理性，这表明干部群体看待“上访老户”较为客观；另一方面，干部群体同时又认为“上访老户”现象出现的主要原因可以归结为该群体本身的投机心理与精神偏执，而将政府的行政行为、信访体制以及相关法律法规等因素作为次要的原因，一定程度上回避了政府、制度与体制在造成“上访老户”现象上的责任。这些都表现出干部群体对“上访老户”现象归因的矛盾与困境。同时也说明，基层干部承认，上访老户在产生根源上是具有客观性的，有经济利益受损的事实，但是其诉求方式的不当主要是个体方面的原因。

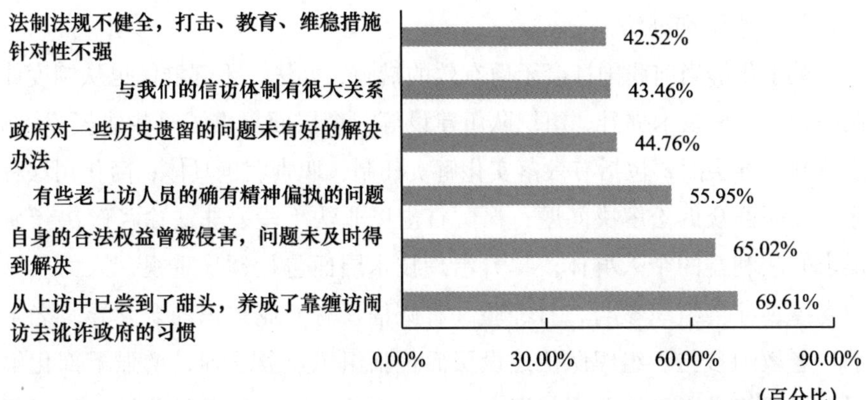

图3—8　受访干部认为"上访老户"现象形成的主要原因

4. 矛盾化解的办法

（1）支持和帮助

在化解矛盾的工作中，干部群体最希望获得的是政策支持（83.39%），因为政策为化解矛盾指明了方向和行动范围。其次是人财物的支持，即"业务培训"（53.95%）、"资金物资支持"（47.35%）、"人力支持"（42.64%）。干部群体对"精神褒奖鼓励"（22.03%）和"个人职务晋升"（16.61%）也存在一定的需求（见图3—9）。

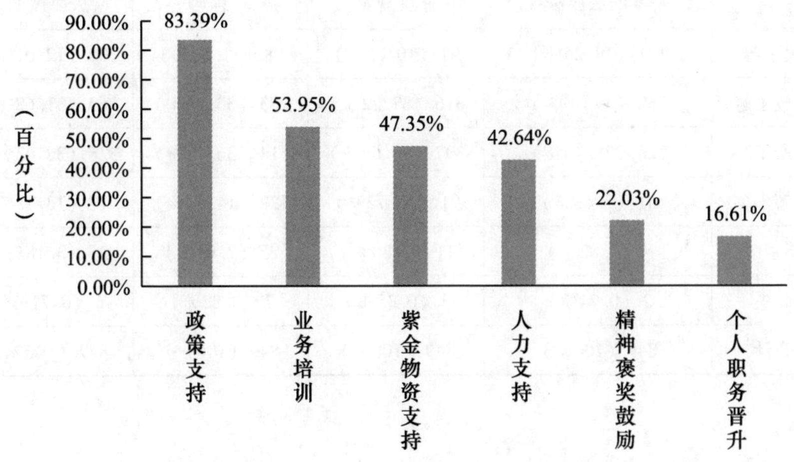

图3—9　受访干部认为化解矛盾工作最希望获得的支持和帮助

（2）措施和办法

关于化解当前我国社会矛盾有效的措施、办法，干部群体也从制度体制完善、治理技术提升、组织队伍建设等三个层面提出了一些建议。[①] 制度体制完善层面，包括有效落实化解责任制，职责明确具体；简化司法程序，方便群众诉讼解决问题；严厉打击以非法手段、非法途径解决矛盾谋求非法利益的个人群体。提升治理技术层面包括领导重视，人力、财力支撑，社会组织参与，有经验、有威信、有专业知识的老领导、老干部、老教师参与。组织队伍建设层面包括组织业务培训，增强干部化解群众矛盾能力水平以及增加资金、人力支持，充实调解员队伍，加强调解员培训。

（四）干部的法制知识

总体来说，干部群体对现有法律、法规、行政程序等法制知识都是比较了解的。干部对法律法规、信访制度、行政与司法程序、基层干部选举的了解程度（指该项题目在调查中回答有所了解、比较了解、很了解的人数百分比）是比较高的，均在77%以上（见表3—7）。

表3—7　　干部群体法制知识的了解程度

法制知识	宪法、刑法、民法等基本的法律法规	有关信访的制度规定	如何请律师打官司	如何申请法律援助
很了解	121（14.25%）	91（10.72%）	98（11.54%）	102（12.01%）
比较了解	332（39.10%）	316（37.22%）	283（33.33%）	269（31.68%）
有所了解	326（38.40%）	337（39.69%）	314（36.98%）	328（38.63%）
了解不多	61（7.18%）	91（10.72%）	122（14.37%）	117（13.78%）
不了解	7（0.82%）	11（1.30%）	25（2.94%）	27（3.18%）
缺失	2（0.24%）	3（0.35%）	7（0.82%）	6（0.71%）
合计	849（100%）	849（100%）	849（100%）	849（100%）

① 干部群体对矛盾化解的建议，第二章已经有十分详细的叙述，因内容相近，此处不再赘述。干部职级，1＝一般干部、2＝股级、3＝科级，4＝处级，后文与此一致，不再说明。

表 3—7　　干部群体法制知识的了解程度（续表）

法制知识	如何申请行政复议	行政、司法调解知识	基层民主选举规定
很了解	76（8.95%）	98（11.54%）	125（14.72%）
比较了解	240（28.27%）	268（31.57%）	283（33.33%）
有所了解	336（39.58%）	329（38.75%）	328（38.63%）
了解不多	146（17.20%）	120（14.13%）	90（10.60%）
不了解	47（5.54%）	28（3.30%）	17（2.00%）
缺失	4（0.47%）	6（0.71%）	6（0.71%）
合计	849（100%）	849（100%）	849（100%）

其中“宪法、刑法、民法等基本的法律法规”的了解度为91.75%，“有关信访的制度规定”的了解度为87.63%，“如何请律师打官司”的了解度为81.85%，“如何申请法律援助”的了解度为82.32%，“如何申请行政复议”的了解度为76.80%，“行政、司法调解知识”的了解度为81.86%，“基层民主选举规定”的了解度为86.68%。

（五）干部职级与社会矛盾的认知

1. 干部职级与对各类支持和帮助的需要

首先，分析干部职级与支持和帮助的需要度。通过累加各类支持和帮助生成新变量“支持需要度”，得分越高，表明支持需要度越大，所需要的各类支持和帮助越多。支持需要度的最小值为0，最大值为5。为了弄清楚不同职级的干部对各类支持的需求的差异，我们通过回归分析得到二者的相关关系。分析结果显示，干部职级与支持需要度存在正相关的关系，即干部的职级越高，对各类支持和帮助的需要度越大，所需要的支持和帮助越多（见表3—8）。

其次，分析不同职级的干部对具体类型的支持和帮助的需求之间的差异状况。通过分析可以发现，干部职级与资金物资支持、职级与人力支持、业务培训的支持需要之间关系不显著，干部职级与政策支持、精神褒奖鼓励、个人职务晋升之间关系达到显著水平。具体而言，职级每增加一

表 3—8　　干部职级与对各类支持和帮助的需要的 OLS 回归分析[①]

变量	支持需要度
干部职级	0.201 * (0.079)
常数项	2.389
N	612
R^2	0.064

* $p < 0.05$

个单位，对政策支持的需要的几率[②]增加 94.25%，对精神褒奖鼓励的支持的需要的几率增加 34.72%，对个人职务晋升的支持的需要的几率增加 45.21%（见表 3—9）。那么，应如何解释职级和需要之间的关系？课题组认为干部职级越高，其肩负的决策层次、决策责任与决策风险越大，所以他们对国家政策指导、支持方面的需求就会越高，同时在决策时考虑对个人政治前途方面的影响因素就会越重。而对于与治理技术相关的具体人财物方面需求则在其权限内可支配解决（也必须自己解决，属地管理体制），因此不会太强烈。

表 3—9　　干部职级与对各类支持和帮助的需要的 Logistic 回归分析

变量	资金物资支持	政策支持	精神褒奖鼓励	个人职务晋升	人力支持	业务培训
干部职级	0.104	0.664 **	0.298 *	0.373 *	-0.120	0.091
	(0.126)	(0.207)	(0.143)	(0.153)	(0.125)	(0.126)
常数项	0.112	2.560	-1.709	-3.574	-0.211	-0.648
N	612	612	607	607	612	612
PseudoR^2	0.039	0.048	0.036	0.064	0.011	0.015

* $p < 0.05$, ** $p < 0.01$

① 控制了年龄、性别、婚姻、工作岗位和受教育程度等基础信息变量，后文的回归分析如无特别说明则表示均控制了基础信息变量，下文不再赘述。

② 几率指发生比率（Odds），即某事物的发生概率与不发生概率的比值，Logit 回收模型中常将二分因变量的原始数值［0，1］转化为几率，并以此构造 Logit 回收模型。

2. 干部职级与对“上访老户”现象的归因

通过分析可以发现，干部职级只与“有些上访老户人员的确有精神偏执的问题”、“从上访中尝到了甜头，养成了靠缠访闹访去讹诈政府的习惯”的归因存在显著相关（p < 0.1），干部职级每增加一个单位，将“上访老户”的现象归因为“有些上访老户人员的确有精神偏执的问题”的几率增加 27.51%，将“上访老户”的现象归因为“从上访中尝到了甜头，养成了靠缠访闹访去讹诈政府的习惯”的几率增加 27.51%（见表3—10）。数据分析的结果与“上访老户”专缠大领导的事实很相符，因为能解决的矛盾在基层都已经化解了，剩下的成了老、大、难，必须找高职位的领导才能解决。

表 3—10　干部职级与“上访老户”现象归因的 Logistic 回归分析

变量	自身的合法权益曾被侵害	有些上访老户人员的确有精神偏执的问题	从上访中尝到了甜头，养成了靠缠访闹访去讹诈政府的习惯	法规制度不健全，打击、教育、稳控措施针对性不强	与我们的信访体制有很大关系	政府对一些历史遗留的问题没有得到好的解决办法
干部职级	-0.123 (0.133)	0.243 + (0.130)	0.243 + (0.142)	0.102 (0.124)	0.176 (0.124)	0.086 (0.124)
常数项	1.025	0.617	0.133	0.151	-0.770	-0.138
N	617	617	617	617	617	617
Pseudo R^2	0.014	0.030	0.013	0.022	0.012	0.013

+ $p < 0.1$

（六）法制知识水平与社会矛盾的认知

1. 干部的法制知识水平

首先，通过将各项法制知识的测量指标相加得到干部群体的法制知识水平。[①] 通过分析发现，干部群体的法制知识水平受到年龄、性别、职

① 通过相关矩阵分析，测量法制知识水平的各指标之间是相关的，且相关系数均大于 0.5，故而可以进行因子分析。通过因子分析发现，这 12 个指标可以提取出一个因子，故而可以将之直接加总得到新变量：法制知识水平。

级、工作岗位和文化程度的影响（见表3—11）。具体来说：（1）在控制了其他变量后，与30岁以下的干部相比，40—59岁的干部群体的法制知识水平更高；（2）在控制了其他变量后，男性干部群体的法制知识水平比女性干部群体的法制知识水平更高；（3）在控制了其他变量后，干部的职级与法制知识水平之间存在正相关关系，即干部的职级越高，干部的法制知识水平越高；（4）在控制了其他变量后，与县（市、区）的干部群体相比，乡镇（街道）的干部群体的法制知识水平更高；（5）在控制了其他变量后，干部的受教育程度与法制知识水平存在正相关关系，即干部的受教育程度越高，干部的法制知识水平越高。

表3—11　　干部的法制知识水平影响因素的OLS回归分析

影响因素		法制知识水平	标准误
年龄（1=30岁以下）	30—39岁	1.108	0.742
	40—49岁	1.973*	0.799
	50—59岁	1.605+	0.973
	60岁及以上	−0.375	2.672
性别（0=女性）	男性	0.848+	0.478
婚姻（0=未婚）	已婚	−0.717	0.815
职级		0.739*	0.343
工作岗位（1=县（市、区））	乡镇（街道）	1.205*	0.545
	村居（社区）	−0.7868	0.696
文化程度		1.864***	0.527
常数项		15.345	1.782
N		607	
R^2		0.073	

$^{+}p<0.1$, $^{*}p<0.05$, $^{**}p<0.01$, $^{***}p<0.001$

2. 法制知识水平与应对方式

测量干部对群众应对矛盾的方式的认知，问卷中设计的题目是“群众遇到矛盾冲突时喜欢采取哪些行动方式?”，备选答案为“1—自行协商解决”“2—调解”“3—信访”“4—行政复议、行政裁决”“5—诉讼”“6—媒体投诉或上网”“7—寻求工会、妇联等人民团体的帮助”“8—采取过激手段直接正面冲突”“9—其他”。首先，我们可以分析干部的法制知识水平与其对群众应对矛盾的具体方式的认知之间的关系。通过分析发现（见表3—12），干部的法制知识水平影响其对群众应对矛盾拟采取方式的认知，具体而言：（1）干部的法制知识水平每增加一个单位，干部对群众选择“自行协商解决”的行动方式的认知的几率增加2.84%；（2）干部的法制知识水平每增加一个单位，干部对群众选择“调解”的行动方式的认知的几率增加5.23%；（3）干部的法制知识水平每增加一个单位，干部对群众选择“信访”的行动方式的认知的几率减少3.62%；（4）干部的法制知识水平每增加一个单位，干部对群众选择“诉讼”的行动方式的认知的几率增加6.82%；（5）干部的法制知识水平每增加一个单位，干部对群众选择“寻求工会、妇联等人民团体的帮助”的行动方式的认知的几率增加10.30%；（6）干部的法制知识水平每增加一个单位，干部对群众选择“采取过激手段直接应对正面冲突”的行动方式的认知的几率减少2.76%。总的来说，干部的法制知识水平越高，其认为群众应对矛盾的具体方式的制度化倾向越高。

表3—12　干部的法制知识水平与其对群众应对矛盾的方式认知的Logistic回归分析

变量	自行协商解决	调解	信访	行政复议、行政裁决	诉讼	媒体投诉或上网	寻求工会、妇联等人民团体的帮助	采取过激手段直接正面冲突
法制知识水平	0.028 $^{+}$	0.051 **	−0.037 *	0.024	0.066 ***	−0.013	0.098 ***	−0.028 $^{+}$
	(0.015)	(0.016)	(0.018)	(0.027)	(0.193)	(0.155)	(0.236)	(0.017)
常数项	0.608	0.921	0.744	−0.872	−1.927	−0.021	−3.201	0.348
N	601	606	606	601	606	606	606	606
PseudoR^2	0.012	0.056	0.024	0.045	0.056	0.038	0.078	0.016

$^{+}p<0.1$, $^{*}p<0.05$, $^{**}p<0.01$, $^{***}p<0.001$

其次，为了在总体上把握干部对群众应对矛盾拟采取方式的认知差异，我们尝试将群众的行动方式分为两类：（1）制度化倾向的行动方式，包括“2—调解”“3—信访”“4—行政复议、行政裁决”“5—诉讼”

"7—寻求工会、妇联等人民团体的帮助"；（2）非制度化倾向的行动方式，包括"1—自行协商解决""6—媒体投诉或上网""8—采取过激手段直接正面冲突"。选项"9—其他"在分析时作为缺失值处理。通过将具体行动方式相加，分别得到行动方式的制度化水平和行动方式的非制度化水平两个新变量。变量"行动方式的制度化水平"取值的变化区间为［0，5］，均值为1.77；变量"行动方式的非制度化水平"取值的变化区间为［0，3］，均值为1.14；通过回归分析，可以发现，干部的法制知识水平与其对群众应对矛盾的行动方式的制度化水平的认知之间存在相关关系（见表3—13）。具体而言，干部的法制知识水平越高，其对群众应对矛盾的行动方式的制度化水平的认知就越高。即干部的法制知识水平越高，就更多地认为群众会采取制度化的行动方式应对所遭遇的矛盾冲突。

表3—13　干部的法制知识水平与其对群众应对矛盾的方式认知的OLS回归分析

变量	行动方式的制度化水平	行动方式的非制度化水平
法制知识水平	0.027***	-0.002
	(0.007)	(0.007)
常数项	1.736	1.691
N	606	606
R^2	0.058	0.034

*** $p<0.001$

3. 法制知识水平与对"上访老户"现象的归因

通过分析可以发现，干部群体的法制知识水平只与"有些上访老户人员的确有精神偏执的问题"的归因存在相关，即干部的法制知识水平每增加一个单位，将"上访老户"的现象归因为"有些上访老户人员的确有精神偏执的问题"的几率增加3.25%（见表3—14）。换言之，法制知识水平越高的干部，就会越多地将"上访老户"的现象进行个体归因。这一现象让人有些困惑，按照常识，法制知识水平越高的干部，素质越高，会更加尊重人，不会轻易污名化。现在这一归因，是否意味着法制知识水平越高的干部，越是会以法律的规则来衡量人的行为，对缠访、非访等非制度化行为更加深恶痛绝？

表3—14　法制知识水平与“上访老户”现象归因的 Logistic 回归分析

变量	自身的合法权益曾被侵害	有些上访老户人员的确有精神偏执的问题	从上访中尝到了甜头，养成了靠缠访闹访去讹诈政府的习惯	法规制度不健全，打击、教育、稳控措施针对性不强	与我们的信访体制有很大关系	政府对一些历史遗留的问题没有得到好的解决办法
法制知识水平	0.004	0.032 *	0.018	0.024	−0.020	0.016
	(0.016)	(0.016)	(0.016)	(0.015)	(0.015)	(0.015)
常数项	0.997	0.104	−0.032	−0.200	−0.476	−0.329
N	606	606	606	606	606	606
PseudoR^2	0.016	0.035	0.014	0.025	0.015	0.016

$^{*}p<0.05$

4. 法制知识水平与社会组织作用的评价

通过分析发现，干部群体的法制知识水平与其对社会组织参与化解社会矛盾的作用的评价存在正相关关系（见表3—15）。具体而言，控制了基础信息变量后，干部群体的法制知识水平与其对社会组织化解社会矛盾的作用的评价存在正相关关系，回归系数为0.113，即干部群体的法制知识水平越高，对社会组织化解社会矛盾的作用的评价越正面。

表3—15　干部群体的法制知识水平与社会组织作用评价的 OLS 回归分析

变量	社会组织的作用
法制知识水平	0.113 ***
	(0.015)
N	598
PseudoR^2	0.044

$^{***}p<0.001$

二　群众的社会矛盾认知

（一）基础信息

1. 年龄状况。受访群众的年龄状况为：30岁以下的为456人，占比22.60%；30至39岁的为537人，占比26.61%；40至49岁的为534人，占比26.46%；50至59岁的为293人，占比14.52%；60岁以上的为167人，占比8.28%。总体来看，受访群众较年轻，50岁以下的人占了90.19%，40岁以下的也占到了75.67%。[①] 总体上，调查对象是群众中比较年轻的人群。

2. 性别状况。受访群众的性别分布状况为：男性1059人，占比52.48%，女性864人，占比42.81%。[②]

3. 户籍状况。受访群众的户籍分布状况是：城市的为559人，占比27.70%；农村的为1028人，占比50.94%。[③] 调查涉及的群众以农村户籍的人口为主。

4. 婚姻状况。受访群众的婚姻状况是：未婚的为270人，占比13.38%；已婚的为1592人，占比78.89%。[④] 受访群众，以已婚人口为主。

5. 职业状况。受访群众的职业状况是：公务员为107人，占比5.30%；企事业单位为349人，占比17.29%；个体工商户为351人，占比17.39%；私营企业主或员工为398人，占比19.72%；离退休的为131人，占比6.49%；学生为48人，占比2.38%；无业为318人，占比15.76%；其他职业为235人，占比11.65%（见图3—10）。私营企业主

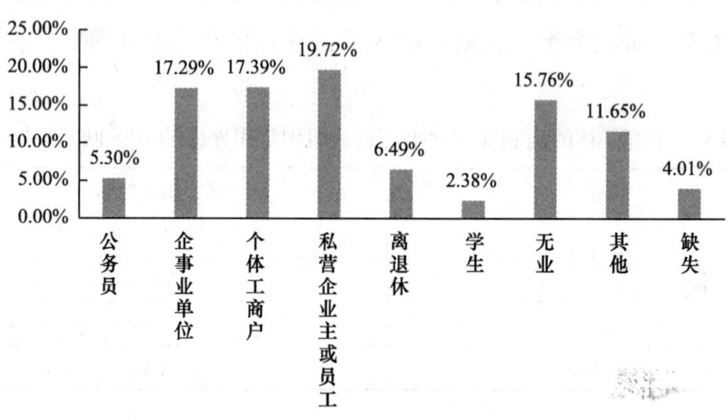

图3—10　受访群众的职业状况

① 缺失31个个案，占比1.54%。

② 缺失95个个案，占比4.71%。

③ 缺失431个个案，占比21.36%。

④ 缺失156个个案，占比7.73%。

或员工、个体工商户和企事业单位是主要的调查对象。

6. 受教育程度。受访群众的受教育程度状况是：未受过正式教育为122 人，占比 6. 05%；小学初中为 655 人，占比 29. 98%；高中职高（含中专、技校等）为 655 人，占比 32. 46%；大专本科为 546 人，占比27. 06%；研究生及以上为 36 人，占比 1. 78%（见图 3—11）。超过半数的受访群众的受教育程度是在高中职高水平以下，占比 68. 49%，受访群众的总体受教育水平处于中等偏下。

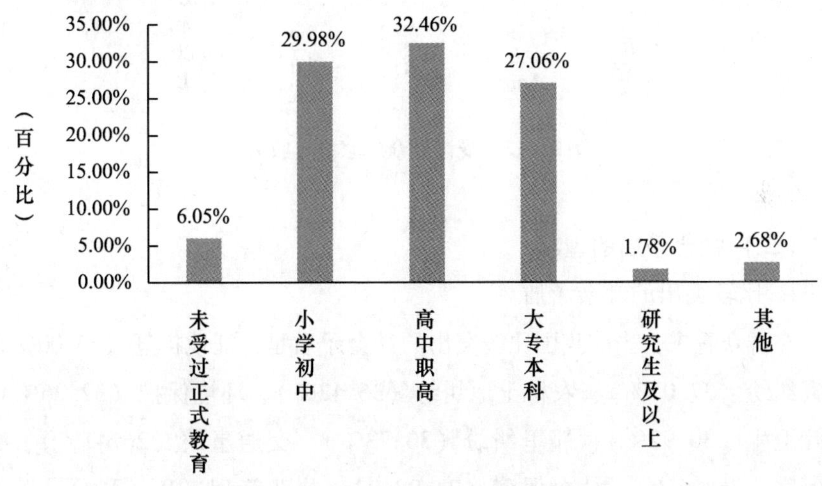

图 3—11　受访群众的受教育程度分布

7. 家庭年收入。受访群众的家庭年收入分布状况是：1 万—5 万元为971 人，占比 48. 12%；6 万—10 万元为 695 人，占比 34. 44%；11 万—15 万元为 215 人，占比 10. 65%；16 万—20 万元为 63 人，占比 3. 12%；21 万元以上为 20 人，占比 0. 99%（见图 3—12）。大部分受访群众的家庭年收入 15 万元以下，占比 95. 77%，其中家庭年收入 1 万—5 万元的占比 49. 44%。这表明，受访群众的家庭年收入水平偏低。①

① 从职业状况前三位的构成看，其收入应该处于社会平均以上。之所以出现这种偏低状况，是否与他们对“家庭收入”包含范围的理解差异，以及国人保守倾向（不露富）有关。

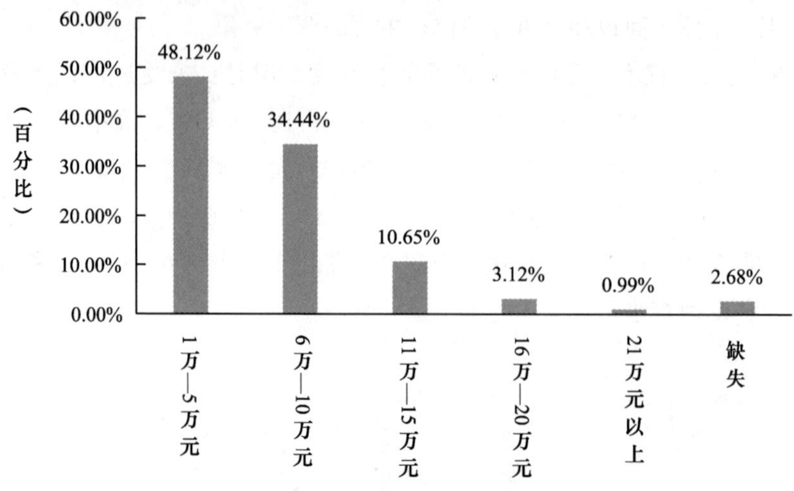

图3—12 受访群众的家庭年收入

（二）社会矛盾的现状

1. 比较突出的社会矛盾

在群众看来，当前我国比较突出的社会矛盾是：征地拆迁（55.00%）、劳资纠纷（37.07%）、农村土地纠纷（36.42%）、环境保护（32.26%）、医疗卫生（30.92%）、邻里纠纷（30.72%）、交通事故（26.41%）、婚姻家庭（26.26%）、社会保障（24.98%）、物业管理（19.62%）、历史遗留问题（14.82%）、涉法涉诉（12.39%）（见图3—13）。

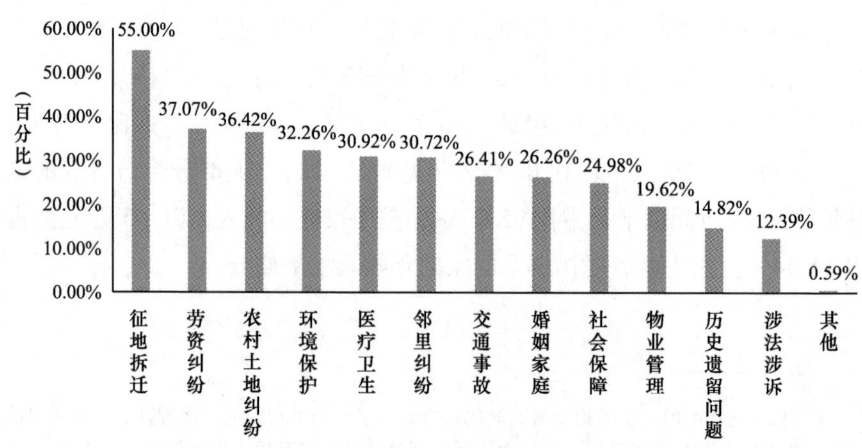

图3—13 受访群众认为当前我国比较突出的社会矛盾

2. 社会矛盾的主要原因

在群众看来，引发矛盾纠纷事件的主要原因是：个人（家庭、群体）不当行为（72.94%），企业不诚信（46.18%）、国家政策制度（27.70%）、政府行政行为（27.21%）（见图3—14）。这表明，群众对矛盾纠纷的出现存在自我归因的现象。若结合群众对比较突出的矛盾排序情况，群众的归因选择有一定的合理性。比如劳资纠纷可以对应“企业不诚信”，农村土地纠纷可以对应“个人不当行为”，如此，群众也存在把征地拆迁、环境保护归因于“国家政策制度”的可能性。至于更为准确的因果关系则需要进一步探究。

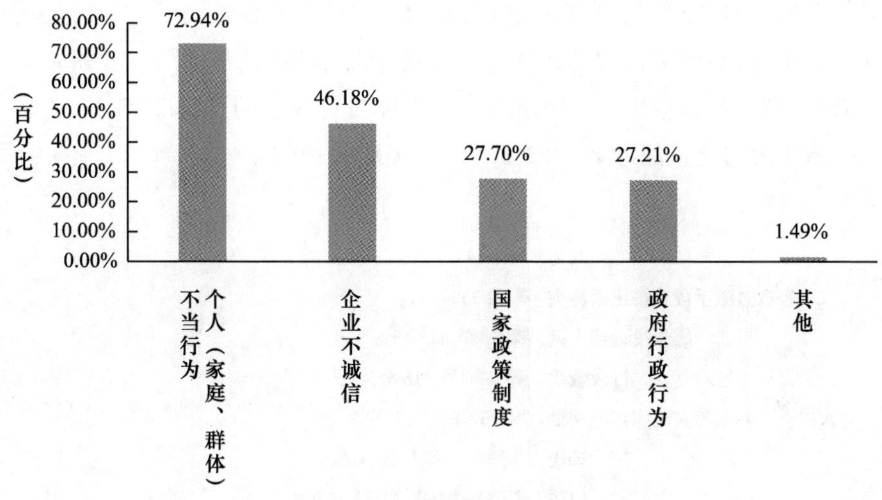

图3—14　受访群众认为引发矛盾纠纷事件的主要原因

3. 矛盾经历

调查结果显示，超过一半被调查者（50.25%）经历过上述12类矛盾中的一种或若干种，没有经历过社会矛盾的人占37.12%（见图3—15）。这表明，当前我国处于矛盾的多发期，矛盾涉及大部分人。

（三）社会矛盾的应对

1. 应对的方式

（1）应对矛盾冲突最有效的方式

调查结果显示，如果发生矛盾，群众认为解决矛盾最有效的三种方式

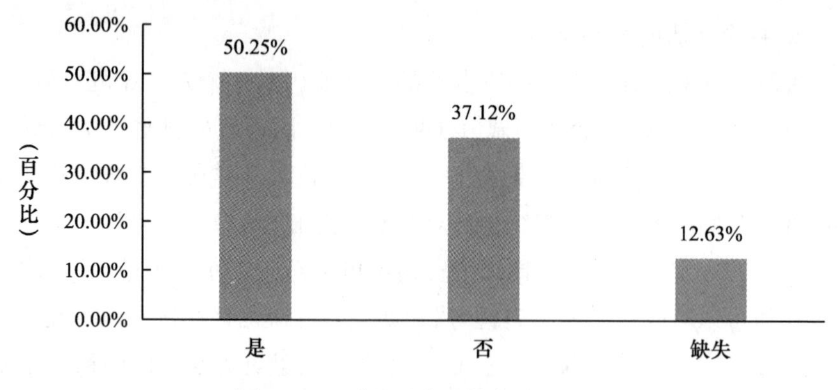

图3—15　受访群众的社会矛盾经历

是：调解（74.93%）、自行协商解决（56.64%）和信访（31.02%）。其次是诉讼（22.10%）、"寻求工会、妇联等人民团体的帮助"（17.99%）、"行政复议、行政裁决"（16.55%）、媒体投诉或上网（13.53%）、"采取过激手段直接正面冲突"（2.33%）（见图3—16）。

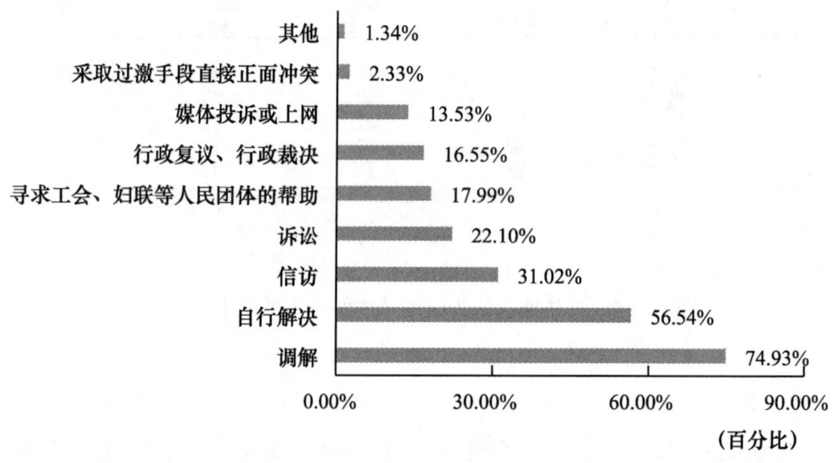

图3—16　应对矛盾最有效的方式

2. 应对的力量

（1）地方政府化解矛盾的总体能力

调查结果显示，群众认为当前政府化解社会矛盾和纠纷的总体能力是"非常强"的占22.05%，"比较强"的占32.61%，"一般"占34.09%，

“比较弱”的占5.00%，“非常弱”的占2.08%，“不好说”的占3.02%（见表3—16）。总体来说，群众认为当前政府化解社会矛盾和纠纷的总体能力是比较强的，对地方政府化解社会矛盾和纠纷的总体能力是比较认可的。

表3—16　当前地方政府化解社会矛盾和纠纷的总体能力

总体能力	频数	百分比（%）	累积百分比（%）
非常强	445	22.05	22.05
比较强	658	32.61	54.66
一般	688	34.09	88.75
比较弱	101	5.00	93.76
非常弱	42	2.08	95.84
不好说	61	3.02	98.86
缺失	23	1.41	100.00
合计	2018		

（2）部门（相关人员）介入处理及其效果

调查结果显示，在群众自己或身边人遭遇矛盾时，82.31%的受访者表示能够得到处理，只有11.84%的受访者表示没有得到部门（相关人员）的处理（见表3—17）。可见，相关部门介入矛盾纠纷处理的力度是比较大的。在相关部门介入矛盾纠纷的解决过程之后，大部分人（80.62%）的矛盾纠纷在相关部门或相关人员的协助下得到了解决。这表明地方政府在化解基层社会矛盾时的成效是比较突出的。

表3—17　矛盾纠纷的部门介入处理及其效果

矛盾介入处理	选项	频数	百分比（%）
是否介入	能得到处理	1661	82.31
	无部门（相关人员）处理	239	11.84
	不需要处理	105	5.20
	缺失	13	0.64
	合计	2018	100.00

续表

矛盾介入处理	选项	频数	百分比（%）
介入效果	得到部门（相关人员）协助解决	1627	80.62
	没有解决	220	10.90
	介入无效果自行解决	149	7.38
	缺失	22	1.09
	合计	2018	100.00

（3）第三方介入

调查结果显示（见表3—18），有一半以上（62.49%）的受访者在自己或身边人遭遇矛盾纠纷时有法院、政府等权威机构的介入。其次则是"民间调解自组织"（40.04%）、"工会、妇联等人民团体"（34.34%）、"社会媒体、网络"（22.50%）、"地方黑恶势力"（10.26%）。

表3—18　　第三方参与矛盾纠纷的解决过程

第三方力量	有介入	无介入	缺失	合计
法院、政府行政复议及各类调解机构	1261（62.49%）	728（36.08%）	29（1.44%）	2018（100.00%）
工会、妇联等人民团体	693（34.34%）	1296（64.22%）	29（1.44%）	2018（100.00%）
社会媒体、网络	454（22.50%）	1535（76.07%）	29（1.44%）	2018（100.00%）
地方黑恶势力	207（10.26%）	1732（88.31%）	29（1.44%）	2018（100.00%）
民间调解自组织	808（40.04%）	1181（58.52%）	29（1.44%）	2018（100.00%）

（4）矛盾纠纷的解决结果

调查结果显示，群众自身或身边人在遇到矛盾纠纷事件中，最主要的最终解决办法是"矛盾双方均作出让步，达成和解"（63.78%），其次是"矛盾一方作出让步，达成和解"（17.34%）、"矛盾双方均为作出让步，由第三方介入解决"（14.17%），而也有一部分人的矛盾最终未得到解决，"矛盾仍在继续"（3.37%）（见图3—17）。由此可见，矛盾双方相互让步，达成和解是群众解决矛盾纠纷的主要办法。

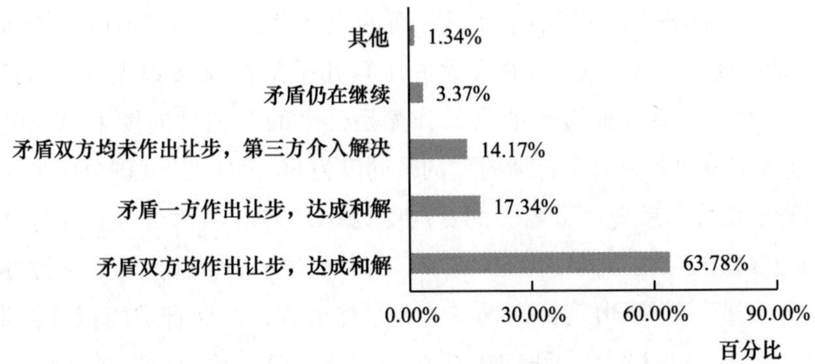

图3—17　矛盾纠纷事件的处理办法

（四）群众的社会心态

1. 群众参与公共事务的积极性

调查结果显示，当群众对本单位、村居（社区）的一些矛盾、问题有看法时，大多数人（85.68%）会积极向有关部门或领导提出改进建议。（见图3—18）其中，53.47%的群众会不顾利益得失提出改进建议，32.21%的群众会在考虑自身利益，仅在自身利益受损时提出改进建议，只有12.78%的群众不会针对这些矛盾、问题提出改进建议，而保持一种沉默的态度。

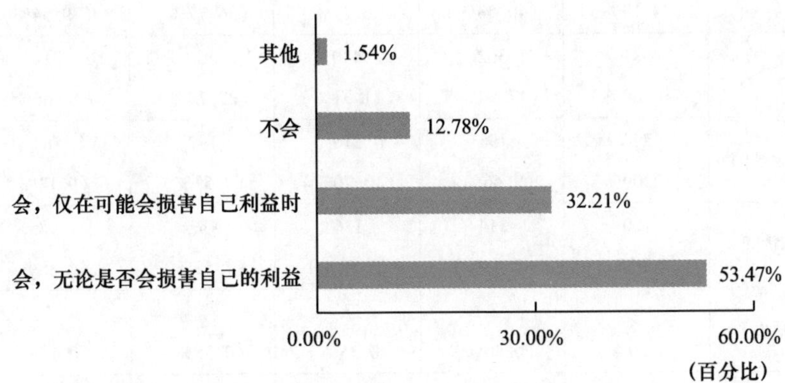

图3—18　群众参与公共事务的积极性

2. 群众的社会心态

总体来说，群众的社会心态是比较积极的。群众对涉及分配公平、政策公平、干部群体、政府行为等方面的表述基本持肯定态度，赞同度（即选择较赞同和赞同两项的人数占比）几乎都在60%以上（见表3—19）。其中："总体而言当前收入分配是公平的"的赞同度为60.80%，"当前大部分政策是公平合理的"的赞同度为66.55%，"我国公民平等享有教育、医疗、就业等资源"的赞同度为61.89%，"大部分富人是靠自己能力致富的"的赞同度为59.81%，"大多数基层干部能为老百姓办好事、办实事"的赞同度为70.31%，"总体而言，政府官员能依法办事"的赞同度为68.93%，"我们生活在一个公平公正社会中"的赞同度为64.91%，"当前中国总体上是一个法制社会"的赞同度为73.53%，"若遭受了不公对待，群众有能力讨还公道"的赞同度为60.75%。

表3—19　　受访群众的社会心态

	总体而言当前收入分配是公平的	当前大部分政策是公平合理的	我国公民平等享有教育、医疗、就业等资源	大部分富人是靠自己能力致富的	大多数基层干部能为老百姓办好事、办实事
赞同	537（26.61%）	524（25.97%）	517（25.62%）	465（23.04%）	621（30.77%）
较赞同	690（34.19%）	819（40.58%）	732（36.27%）	742（36.77%）	798（39.54%）
不好说	381（18.88%）	362（17.94%）	430（21.31%）	460（22.79%）	314（15.56%）
不太赞同	244（12.09%）	191（9.46%）	216（10.70%）	192（9.51%）	184（9.12%）
不赞同	160（7.93%）	114（5.65%）	116（5.75%）	152（7.53%）	98（4.86%）
缺失	6（0.30%）	8（0.40%）	7（0.35%）	7（0.35%）	3（0.15%）
合计	2018（100.00%）	2018（100.00%）	2018（100.00%）	2018（100.00%）	2018（100.00%）

表 3—19　　受访群众的社会心态（续表）

	总体而言，政府官员能依法办事	我们生活在一个公平公正社会中	当前中国总体上是一个法制社会	若遭受了不公对待，群众有能力讨还公道
赞同	551（27.30%）	487（24.13%）	595（29.48%）	470（23.29%）
较赞同	840（41.63%）	823（40.78%）	889（44.05%）	756（37.46%）
不好说	366（18.14%）	405（20.07%）	256（12.69%）	475（23.54%）
不太赞同	163（8.08%）	203（10.06%）	157（7.78%）	187（9.27%）
不赞同	83（4.11%）	92（4.56%）	115（5.70%）	128（6.34%）
缺失	15（0.74%）	8（0.40%）	6（0.30%）	2（0.10%）
合计	2018（100.00%）	2018（100.00%）	2018（100.00%）	2018（100.00%）

（五）矛盾经历与社会矛盾认知

1. 矛盾经历的影响因素

通过分析发现，群众的矛盾经历受到年龄、职业、受教育程度的影响（见表 3—20）。具体而言为以下五点。（1）在控制了其他变量后，相比于 30 岁以下的群众，30—39 岁的群众经历矛盾的几率是增加 54.81%，40—49 岁的群众经历矛盾的几率增加 57.93%，50—59 岁的群众经历矛盾的几率增加 114.26%。（2）在控制了其他变量后，男性群众经历矛盾的几率是女性的 1.31 倍。（3）在控制了其他变量后，城市户口的群众经历矛盾的几率是农村户口的群众的 1.55 倍。（4）在控制了其他变量后，相比于公务员群体，在企事业单位工作的群体经历矛盾的几率减少 47.06%，私营企业主或员工经历矛盾的几率减少 59.79%，离退休的群众经历矛盾的几率减少 76.85%，学生群体经历矛盾的几率减少 77.95%，无业人员经历矛盾的几率减少 52.95%，其他职业人员经历矛盾的几率减少 67.92%。公务员经历矛盾的几率最高，好像有违经验常识。但考虑到在当前干群关系紧张的背景下，公务员遇到的矛盾要比其他人多，对矛盾的心理敏感度较高。也有可能是将处理矛盾也当作了经历矛盾的经历。（5）在控制了其他变量后，受教育程度与矛盾经历之间存在负相关，即受教育程度每增加一个单位，经历矛盾的几率减少 19.59%。

表 3—20　　群众的矛盾经历的影响因素的 Logistic 回归分析

影响因素		矛盾经历	标准误
年龄	30—39 岁	0.473 *	0.194
	40—49 岁	0.457 *	0.207
	50—59 岁	0.762 **	0.247
	60 岁及以上	0.443	0.313
性别	男性	0.269 *	0.125
婚姻	已婚	0.195	0.218)
户籍	城市	0.437 **	0.143
职业	企事业单位	-0.636 +	0.326
	个体工商户	-0.454	0.338
	私营企业主或员工	-0.911 **	0.327
	离退休	-1.463 ***	0.411
	学生	-1.512 **	0.525
	无业	-0.754 *	0.351
	其他	-1.137 **	0.348
受教育程度		-0.218 *	0.086
家庭年收入	6 万—10 万元	-0.144	0.144
	11 万—15 万元	0.123	0.217
	16 万—20 万元	0.341	0.358
	21 万元以上	0.706	0.608
常数项		0.863	0.554
N		1202	
Pseudo R^2		0.045	

$^{+}p<0.1$, $^{*}p<0.05$, $^{**}p<0.01$, $^{***}p<0.001$

2. 矛盾经历与矛盾纠纷的归因

通过分析发现，群众的矛盾经历会影响其对矛盾纠纷的部分归因（见表 3—21）。具体而言：（1）在控制了基础信息变量后，有过矛盾经历的群众将矛盾纠纷归因为“个人（家庭、群体）不当行为”的几率是没有矛盾经历的群众的 1.42 倍；因为从概率上讲，有过矛盾经历的群众遇到的多数是家庭婚姻、邻里纠纷等柔性矛盾，而这些是个体因素决定的。而没有经历矛盾的人，关心的是小几率的刚性矛盾，如征地拆迁，刚性矛盾，这些矛盾的产生恰恰是与政府的政策有关；（2）在控制了基础信息变量后，有过矛盾经历的群众将矛盾纠纷归因为“政府行政行为”的几率比没有矛盾经历的群众将矛盾纠纷归因为“政府行政行为”的0.77倍。

表3—21　　矛盾经历与矛盾纠纷归因的Logistic回归分析

变量	个人（家庭、群体）不当行为	企业不诚信	国家政策制度	政府行政行为
矛盾经历	0.354* (0.145)	−0.100 (0.123)	0.045 (0.133)	−0.264+ (0.139)
常数项	0.788	0.388	−0.416	−0.077
N	1192	1192	1192	1192
Pseudo R^2	0.033	0.021	0.020	0.061

$^+p<0.1$，$^*p<0.05$

3. 矛盾经历与参与公共事务的积极性

通过分析发现，群众的矛盾经历与其参与公共事务的积极性之间存在负相关（见表3—22）。具体而言，在控制基础信息变量后，有过矛盾经历的群众参与公共事务的积极性的几率是没有过矛盾经历的群众参与公共事务的积极性的几率的0.67倍。可见，有过矛盾经历的群众参与公共事务的可能性更小。

表3—22　　矛盾经历与参与公共事务的积极性的Logistic回归分析

变量	参与公共事务的积极性
矛盾经历	−0.388+ (0.203)
常数项	2.740
N	1191
Pseudo R^2	0.027

$^+p<0.1$

4. 矛盾经历与地方政府化解社会矛盾和纠纷的总体能力的评价

通过分析发现，群众的矛盾经历与其地方政府化解社会矛盾和纠纷的总体能力的评价之间存在正相关（见表3—23）。具体而言，在控制基础信息变量后，有过矛盾经历的群众对政府化解社会矛盾和纠纷的总体能力的评价比没有过矛盾经历的群众对政府化解社会矛盾和纠纷的总体能力的评价更加正面。

表3—23　矛盾经历与地方政府化解社会矛盾和纠纷的总体能力的评价的 Ordered Logistic 回归分析

变量	地方政府化解矛盾的总体能力的评价
矛盾经历	0.270 * (0.111)
N	1193
PseudoR^2	0.013

* $p < 0.05$

（六）矛盾解决情况与社会矛盾认知

1. 矛盾解决情况的影响因素

首先，将“请问经过处理后，矛盾纠纷是否得到解决”的三个选项“1—得到部门（相关人员）协助解决”“2—没有解决”“3—介入无效果自行解决”重新编码为1 = “得到部门（相关人员）协助解决/介入无效果自行解决”、0 = “没有解决”，其他情况作为缺失。通过分析发现，群众的矛盾解决情况受到婚姻、户籍、职业、受教育程度等因素的影响（见表3—24）。（1）在控制了基本变量后，已婚的群众矛盾得到解决的几率是未婚的群众的0.39倍；（2）在控制了基本变量后，城市户口的群众的矛盾得到解决的几率是农村户口的群众的矛盾得到解决的几率的0.50倍；（3）在控制了基本变量后，其他职业的群众的矛盾得到解决的几率是公务员群体的矛盾得到解决的几率的3.80倍；（4）在控制了基本变量后，受教育程度与矛盾解决之间存在正相关，即受教育程度每增加一个单位，矛盾得到解决的几率增加42.05%。

表3—24 矛盾解决情况的影响因素的Logistic回归分析

影响因素		矛盾解决情况	标准误
年龄（1=30岁以下）	30—39岁	-0.250	0.339
	40—49岁	-0.127	0.367
	50—59岁	-0.225	0.421
	60岁及以上	0.468	0.575
性别（0=女）	男性	-0.152	0.214
婚姻（0=未婚）	已婚	-0.929**	0.324
户籍（0=农村）	城市	-0.688**	0.238
职业（1=公务员）	企事业单位	0.120	0.476
	个体工商户	0.128	0.487
	私营企业主或员工	0.094	0.482
	离退休	-0.400	0.604
	学生	0.652	0.861
	无业	-0.302	0.504
	其他	1.334*	0.670
受教育程度		0.351**	0.128
家庭年收入	6—10万	-0.060	0.254
	11—15万	-0.438	0.331
	16—20万	0.710	0.758
	21万以上	-0.837	0.693
常数项		2.970	0.856
N		1311	
Pseudo R^2		0.063	

* $p<0.05$, ** $p<0.01$

2. 矛盾解决情况与矛盾纠纷归因

通过分析发现，矛盾解决情况与群众的矛盾纠纷的部分归因存在正相关（见表3—25）。具体而言：（1）控制了基础信息基本变量后，矛盾得到解决的群众将矛盾纠纷归因为“个人（家庭、群体）不当行为”的几率是矛盾未得到解决的群众将矛盾纠纷归因为“个人（家庭、群体）不当行为”的4.45倍；（2）控制了基础信息基本变量后，矛盾得到解决的群众将矛盾纠纷归因为“国家政策制度”的几率是矛盾未得到解决的群众将矛盾纠纷归因为“国家政策制度”的 2.02 倍。可见，当矛盾解决后，群众存在自我归因和制度归因的倾向。

表 3—25　　矛盾解决与矛盾纠纷归因的 Logistic 回归分析

变量	个人（家庭、群体）不当行为	企业不诚信	国家政策制度	政府行政行为
矛盾解决情况	1.493 ***	−0.085	0.701 **	−0.153
	(0.217)	(0.210)	(0.257)	(0.231)
常数项	−0.903	0.287	−0.599	−0.415
N	1302	1302	1302	1302
pseudo R^2	0.062	0.037	0.018	0.059

** $p<0.01$, *** $p<0.001$

3. 矛盾解决情况与地方政府化解社会矛盾的总体能力评价

通过分析发现，群众矛盾解决情况与群众对地方政府化解社会矛盾的总体能力评价存在正相关（见表 3—26）。具体而言，控制了其他基本变量后，矛盾得到解决的群众对地方政府化解社会矛盾的总体能力的评价比矛盾未得到解决的群众对地方政府化解社会矛盾的总体能力的评价更正面。可见，当矛盾解决后，群众对地方政府化解矛盾的总体能力的评价得到改善。

表 3—26　　矛盾解决与地方政府化解社会矛盾的总体能力评价的 Ordered Logistic 回归分析

变量	地方政府化解社会矛盾的总体能力
矛盾解决情况	1.401 *** (0.193)
N	1302
Pseudo R^2	0.026

*** $p<0.001$

4. 矛盾解决情况与参与公共事务的积极性

通过分析发现，群众矛盾解决情况与群众参与公共事务的积极性存在正相关（见表3—27）。具体而言，控制了基础信息变量后，矛盾得到解决的群众参与公共事务的积极性比矛盾未得到解决的群众参与公共事务的积极性更高。可见，当矛盾解决后，群众参与公共事务的积极性得到改善。

表3—27　　矛盾解决与参与公共事务的积极性的 Logistic 回归分析

变量	参与公共事务的积极性
矛盾解决情况	0.877***
	(0.274)
常数项	1.186
N	1301
PseudoR^2	0.066

*** $p<0.001$

5. 矛盾解决情况与群众的社会心态

通过分析发现，群众矛盾解决情况与群众社会心态得分正相关（见表3—28）。具体而言，控制了基础信息变量后，矛盾得到解决的群众的社会心态得分比矛盾未得到解决的群众社会心态得分更高。可见，当矛盾解决后，群众的社会心态得到改善。

表3—28　　矛盾解决与群众的社会心态的 OLS 回归分析

变量	社会心态得分
矛盾解决情况	2.721***
	(0.859)
常数项	34.249
N	1297
R^2	0.046

*** $p<0.001$

第三节 结论

一 社会矛盾认知的基本状况

（一）基本分布

调查结果显示，超过一半被调查者经历过一种或若干种社会矛盾。这表明，当前我国处于矛盾的突发期，矛盾涉及的人群比较广。在干部群体主观认知看来，当前我国比较突出的六类社会矛盾是：征地拆迁、劳资纠纷、农村土地纠纷、环境保护、医疗卫生和涉法涉诉。在群众看来，当前我国比较突出的六类社会矛盾是：征地拆迁、劳资纠纷、农村土地纠纷、环境保护、医疗卫生和邻里纠纷。因此，总体上来看，当前我国比较突出的社会矛盾是征地拆迁、劳资纠纷、农村土地纠纷、环境保护和医疗卫生。群众对微观层面的人际矛盾，即邻里纠纷较为关注。当前我国社会矛盾最突出的四个主要特征是：网络传播、炒作强；参与主体的群体化；突发性强；对抗性强。

（二）主要原因

干部群体认为当前引发我国各类矛盾纠纷的三个主要原因是：社会诚信缺失、贫富差距拉大、政策调整不合理或领导决策不当。在群众看来，引发矛盾纠纷事件的三个主要原因是：个人（家庭、群体）不当行为、企业不诚信、国家政策制度。由此可见，干部和群众对社会矛盾既有共识，也有分歧。总体而言，在社会矛盾的归因上，干部以宏观结构性因素为主，群众以微观个体行为因素为主。

（三）化解与趋势

1. 群众应对矛盾的方式

在干部群体看来，群众在遇到社会矛盾时常常采用的三种行动方式：信访、调解、媒体投诉或上网。干部群体认为，信访是群众应对社会矛盾最主要的行动方式。群众认为，解决矛盾最有效的三种方式是：调解、自行协商解决和信访。因此，目前群众应对矛盾的主要行动方式是信访和调解。可以看出，制度化渠道仍是群众首选，只有在重重受阻时，才转向非制度化渠道。

2. 矛盾纠纷的部门介入

在群众自己或身边人遭遇矛盾时，大部分能够得到处理。可见，相关部门介入矛盾纠纷处理的力度是比较大的。在相关部门介入矛盾纠纷的解决过程之后，大部分的矛盾纠纷在相关部门或相关人员的协助下得到了解决。这表明地方政府在化解基层社会矛盾时的成效是比较突出的。干部和群众都认为当前地方政府化解社会矛盾和纠纷的总体能力持肯定态度。

3. 第三方介入矛盾化解

在社会组织化解地方社会矛盾的作用方面，大部分干部认为当地参与化解社会矛盾的社会组织的作用是比较大的，对此是持一种较为肯定态度的。大部分群众自身或身边人在遭遇矛盾纠纷时，是有第三方组织介入的。其中以“法院、政府行政复议及各类调解机构”为主，其次是“民间调解自组织”“工会、妇联等人民团体”“社会媒体、网络”“地方黑恶势力”。这提醒我们要继续建立健全社会组织化解社会矛盾的机制，增强地方化解社会矛盾的总体能力。

4. 化解矛盾的支持与帮助

在化解矛盾的工作中，干部群体最希望获得的是政策支持，因为政策为化解矛盾提供了方向和行动依据。其次是人财物的支持，即业务培训、资金物资支持、人力支持。干部群体对精神褒奖鼓励和个人职务晋升也存在一定程度的需求。

5. 社会矛盾的发展趋势

根据干部群体的判断，未来3—5年内，我国社会矛盾的总体发展趋势是保持稳定的，但是征地拆迁、环境污染、物业纠纷存在增强的趋势，而民间借贷、历史遗留问题、司法不公、劳资关系、医患关系、社会保障、国企改制和群体性事件等社会矛盾则会保持稳定。这都表明，未来几年，我国仍将处于社会矛盾的高峰期、凸显期，政府、社会化解社会矛盾仍面临着挑战。同时，不同年龄、职级、工作岗位和受教育水平的干部在对具体矛盾发展趋势判断上存在差异。

关于化解当前我国社会矛盾的有效的措施办法，干部群体也从制度体制完善、治理技术提升、组织队伍建设等三个层面提出了一些建议。

二　社会矛盾认知的影响因素

（一）干部群体

1. 干部职级与社会矛盾的认知

（1）干部职级与对各类支持和帮助的需要

总体上来说，干部的职级越高，对各类支持和帮助的需要度越大，所需要的支持和帮助越多。具体而言，职级的上升会增加对政策支持、精神褒奖鼓励、个人支持晋升的需要。之所以出现这样的结果，主要在于干部职级越高，其肩负的决策层次、决策责任与决策风险越大，所以他们对国家政策指导、支持方面的需求会越高，同时在决策时考虑对个人政治前途方面的影响因素就会越重。而对于与治理技术相关的具体人财物方面需求则在其权限内可支配解决（也必须自己解决，属地管理体制），因此不会太强烈。

（2）干部职级与"上访老户"的归因

干部职级与"有些上访老户人员的确有精神偏执的问题""从上访中尝到了甜头，养成了靠缠访闹访去讹诈政府的习惯"的归因存在相关，干部职级越高，将"上访老户"的现象归因为"有些上访老户人员的确有精神偏执的问题""从上访中尝到了甜头，养成了靠缠访闹访去讹诈政府的习惯"的几率上升。数据分析的结果与"上访老户"专缠大领导的事实很相符，因为能解决的矛盾在基层已经化解了，剩下的老、大、难问题必须找高职位的领导才能解决。

2. 干部的法制知识水平与社会矛盾的认知

干部群体的法制知识水平受到年龄、性别、职级、工作岗位和文化程度的影响。同时，法制认识水平也会影响到其对群众的态度。

（1）干部的法制知识水平影响其对群众应对矛盾的具体方式的选择的认知。干部的法制知识水平越高，其对群众应对矛盾的行动方式的制度化水平的认知就越高。即干部的法制知识水平越高，就更多地认为群众会采取制度化的行动方式应对所遭遇的矛盾冲突。

（2）干部群体的法制知识水平只与"有些上访老户人员的确有精神偏执的问题"的归因存在相关，干部法制知识水平越高，将"上访老户"的现象归因为"有些上访老户人员的确有精神偏执的问题"的几率上升。

可见，法制知识水平越高的干部，会以更高的法制标准为准则看待问题，就会越多地将“上访老户”现象进行个体归因。

（3）干部群体的法制知识水平越高，对社会组织化解社会矛盾的作用的评价越正面。

（二）群众

1. 矛盾经历

群众的矛盾经历受到年龄、职业、受教育程度的影响。矛盾经历也会影响其对待矛盾、政府的态度。

（1）群众的矛盾经历会影响其对矛盾纠纷的归因方式。相比没有矛盾经历者，有过矛盾经历的群众将矛盾纠归更多地纷因为“个人（家庭、群体）不当行为”，有过矛盾经历的群众将矛盾纠纷更少地归因为“政府行政行为”。可见，有过矛盾经历的群众更有可能自我归因。

（2）群众的矛盾经历会影响其参与公共事务的积极性。即有过矛盾经历的群众参与公共事务的可能性更小，矛盾经历将会降低群众参与公共事务，向有关部门提出建议意见的积极性。

（3）矛盾经历与地方政府化解社会矛盾和纠纷的总体能力的评价。

有过矛盾经历的群众方对政府化解社会矛盾和纠纷的总体能力的评价比没有过矛盾经历的群众对政府化解社会矛盾和纠纷的总体能力的评价更加正面。

2. 矛盾解决

群众的矛盾解决情况受到婚姻、户籍、职业、受教育程度等因素的影响。

（1）矛盾解决情况与矛盾纠纷归因。当群众的矛盾得到解决之后，群众会更多地将矛盾纠纷归因为“个人（家庭、群体）不当行为”和“国家政策制度”。可见，当矛盾解决后，群众存在自我归因和制度归因的倾向。

（2）矛盾解决情况与地方政府化解社会矛盾的总体能力评价。矛盾得到解决的群众对地方政府化解社会矛盾的总体能力的评价比矛盾未得到解决的群众对地方政府化解社会矛盾的总体能力的评价更正面。可见，当矛盾解决后，群众对地方政府化解矛盾的总体能力的评价得到改善。

（3）矛盾解决情况与参与公共事务的积极性。具体而言，矛盾得到解决的群众参与公共事务的积极性比矛盾未得到解决的群众参与公共事务的积极性更高。可见，当矛盾解决后，群众参与公共事务的积极性得到改善。

（4）矛盾解决情况与群众的社会心态。具体而言，矛盾得到解决的群众的社会心态得分比矛盾未得到解决的群众社会心态得分更高。可见，当矛盾解决后，群众的社会心态得到改善。

三　干部群体的法制知识水平

干部群体对法律法规、信访制度、行政与司法程序以及基层干部选举的了解度（包括有所了解、比较了解、很了解）是比较高的，均在77%以上，由此可见，干部群体对现有的有关矛盾处理的事项的了解程度是比较高的。这也为干部群体应对、化解矛盾提供了重要的政策法规、知识基础。

四　群众的社会心态分析

（一）群众参与公共事务的积极性

当群众对本单位、村居（社区）的一些矛盾、问题有看法时，大多数人会积极向有关部门或领导提出改进建议。其中，超过一半的群众会不顾利益得失提出改进建议，接近三分之一的群众会在考虑自身利益，仅在自身利益受损时提出改进建议，只有少部分群众不会针对这些矛盾、问题提出改进建议，而保持一种沉默的态度。

（二）群众的社会心态分析

总体来说，群众的社会心态是比较积极的。群众对涉及分配公平、政策公平、干部群体、政府行为等方面的表述基本持肯定态度，赞同度几乎均在60%以上，可见群众的社会心态较为正面。

五　“上访老户”现象的形成原因

干部群体对“上访老户”现象形成原因的看法主要可分为两个方面：一方面，干部群体承认“上访老户”是利益受损且利益并未得到补偿的群体，上访有其一定的合理性，这表明干部群体看待“上访老户”较为客观；另一方面，干部群体又认为“上访老户”现象的出现主要原因可以归结为该群体本身的投机心理与精神偏执，而将政府的行政行为、信访体制以及相关法律法规等因素作为次要的原因，一定程度上回避了政府、制度与体制在造成“上访老户”现象上的责任。这些都表现出干部群体对“上访老户”现象归因的矛盾与困境。

第四章

我国社会矛盾的特点

当前，我国仍处于社会矛盾凸显期，社会矛盾冲突总量大、类型多且集中高发。矛盾冲突的激烈程度亦不断攀升，也刺激着不良社会心态的集聚并开始带来负激励效应。同时，从矛盾化解的难易程度来看，刚性社会矛盾已成为当前我国社会矛盾最突出的问题。从矛盾产生的不良后果看，我们正为之付出着难以估量的政治、经济、社会成本及精神代价。伴随着社会矛盾冲突的不断发展变化，又逐渐呈现出一些新特征，主要表现为：冲突中的利益受损方更倾向于选择集体抗争；利益诉求与抗争行为愈加具有刚性；冲突的外溢效应凸显，非制度化解决已成常态；冲突博弈更策略化，都选择性使用利己的对抗手段；矛盾衍生性较强，次生矛盾大量涌现；矛盾归因简单化，政府与官员常被习惯性质疑；矛盾爆发具有较强的地方性特征，等等。究其产生的深层原因，课题组认为主要是在总体社会转型过程中形成了社会利益分配的严重不公，文化发展中对主流文化的严重偏离以及全球化风险因素的输入效应所致。

第一节　当前我国社会矛盾的总体状况

一　我国社会矛盾冲突的现状

进入 21 世纪，我国经济转轨和社会转型加快推进，社会分化日益显现，社会主体多元化，社会关系功利化，总体社会秩序进入了快速多变的格局重构之中。可以说，市场化意识的全面渗透不但激发起社会各阶层对自身利益的无限索求，同时亦严重地消解着中国优秀传统文化道德观念对社会成员的内在约束。加之受新制度建设滞后性以及对旧的资源配置机制路径依赖的影响，我国在构建新的社会利益格局过程中，产生了严重的利益分配不公现象，并形塑出复杂的社会心态和社会行为。正是各类社会主体围绕着利益此起彼伏的纷争，引发了大量社会矛盾冲突。

（一）社会矛盾的总量较大，我国仍处于矛盾凸显期

在对社会矛盾冲突数量方面分析的既有研究中，由于尚缺乏可直接利用的统计数据，我们一般采用可统计的年度信访案件、群体性事件及各类司法、劳动争议案件等信息，力求从不同侧面进行剖析。

信访一直是国家反映基层社情民意、解决矛盾的重要制度化渠道，每年受理的信访案件数量可比较直观反映出基层社会矛盾的实际现状。据统计，全国信访总量从1993—2004年间连续12年呈直线上升趋势，在2004年曾突破1300万件人次，先后形成了六次信访高峰。2005—2012年间虽连续7年缓慢下行，但每年信访总量仍在1000万件人次的高位徘徊。[①]另据《中国社会体制改革报告（2014）》引用数据称，2013年1—10月份我国信访总量为604万件人次，基于此趋势，我们可以估算出2013年全年我国信访总量应不会低于720万件人次。而在2015年7月份在深圳召开的全国信访工作制度改革交流推进会上，国家信访局长舒晓琴透露，上年（2014年）全国信访总量下降4.4%。[②]由此我们可以推算出2014年我国全年信访总量应不会少于700万件人次。在当前社会矛盾高发的状况下，应该还有不少矛盾纠纷案件并没有被基层政府部门统计上报进来，否则这个数字必定会更大。实际上，多年来国家信访体系一直是在超载运行中，导致大量信访案件溢出该体系，而被迫进入体制外的非制度化处置程序。这实际上又进一步诱发更多更激烈的社会矛盾。

群体性事件作为社会矛盾冲突发展的一种高级表现形式，近年来在我国不同区域、不同行业呈现出高发态势，已成为各地社会矛盾状况的最直观表征。从近年来各类群体性事件变动状况看，不但在绝对数量上已呈持续快速增长之势，而且所涵盖的行业领域不断扩大，卷入的群体不断增多（见图4—1）。

---

① 吕蕾：《中国信访改革研究》，《经营管理者》2012年第18期。

② 商西：《上半年全国信访总量下降18%进京上访降2成多》，《南方都市报》2015年7月25日。

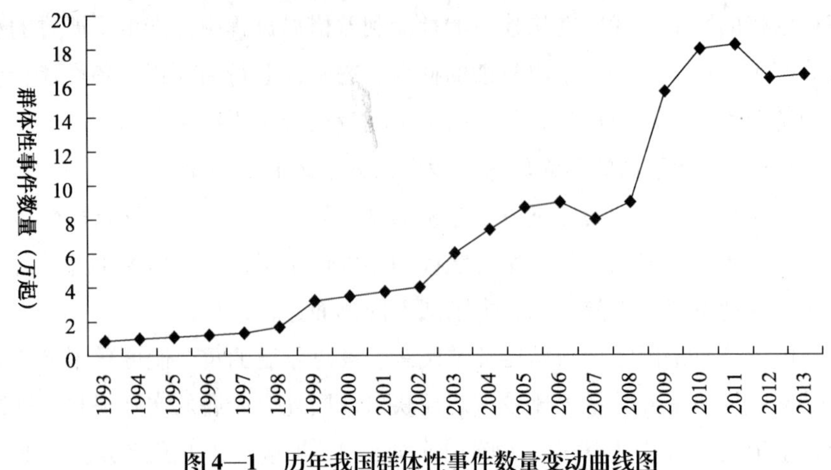

图4—1 历年我国群体性事件数量变动曲线图

以上资料显示，1993年我国群体性事件数量为0.87万起，随后逐年稳步上升，到2008年已超过9万起。此后几年持续高速增长，2009年达到15.5万起，2010年达到18万起，2011年达到18.25万起。[①] 最新的研究报告显示，2013年全国已发生的群体性事件大约为16.5万起，平均每天发生约460起。这与2012年的数据相比，同期增长了1.1个百分点。[②] 由此推算2012年全年发生的群体性事件不少于16.3万起。

近年来，伴随着我国劳动保障有关法律法规的不断完善以及劳动者自我维权意识增强，特别是新生代劳动者权利意识觉醒，使得以“维权”为主题的劳资冲突开始大量涌现，这集中反映在我国劳资主管部门每年受理的劳动争议案件数量变化上。公开数据显示（见图4—2），1996年全国劳动争议案件受理数量为4.81万件，此后11年间持续平稳上升，到2007年增长到35.02万件。2008年新劳动合同法实施，劳动争议案件急剧增高，一举突破69万件，此后几年则持续居高不下，2008—2013年间平均每年都在64万件左右，各地由于劳动纠纷激化而引发的群体性暴力事件更是此起彼伏。

---

① 肖群鹰：《群体性事件与官民矛盾：死结还是活结》，载杜志淳主编《中国社会公共安全研究报告》，中央编译出版社，2014年第1期第4辑，第87页。

② 张明军、陈朋：《2013年度中国社会典型群体性事件分析报告》，载杜志淳主编《中国社会公共安全研究报告》，中央编译出版社，2014年第2期第5辑，第3页。

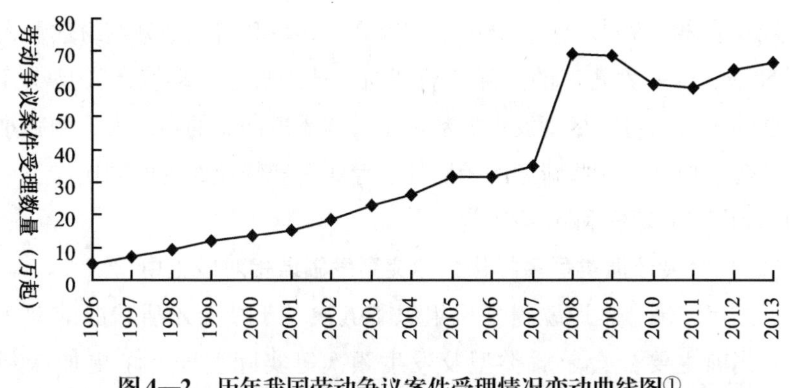

图 4—2 历年我国劳动争议案件受理情况变动曲线图①

如果我们把以上的信访、群体性事件和劳资纠纷等宏观数据的变化视为改革开放后伴随国家经济高速增长而衍生的社会现象的话，那么我们对一些传统型的邻里、家庭婚姻、土地界址纠纷以及新兴的物业、医疗纠纷等从微观上考察，发现这类矛盾仍处于较高的存量水平和增长态势。下面是我们在调查中从当地政府主管部门获取的某地级市 2014 年度社会矛盾纠纷排查调处情况的统计数据（见图 4—3），全年调解案件总数为 45574

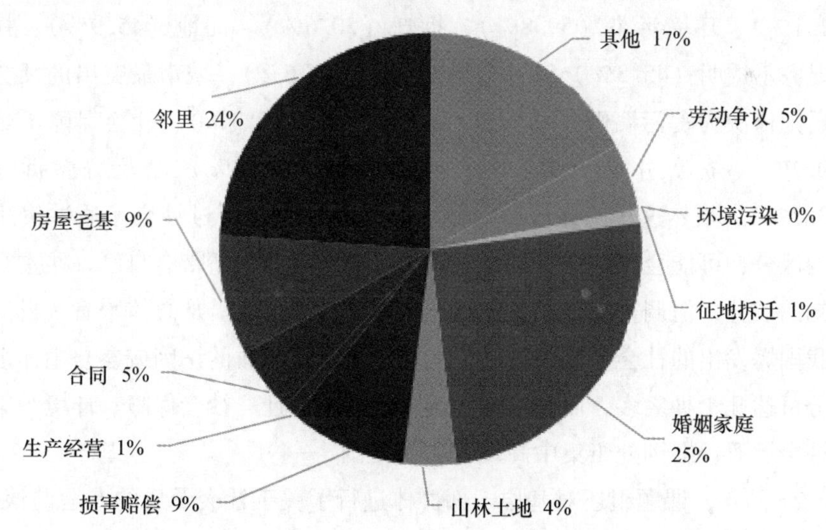

图 4—3 2014 年某市社会矛盾纠纷排查调处情况统计表

① 数据来源：于弘文：《中国劳动统计年鉴——2013》，中国统计出版社 2014 年版。

件，涉及当事人99919人。其中婚姻家庭、邻里和房屋宅基纠纷数量占比达到58%，这是大几率的人际矛盾纠纷。征地拆迁、环境污染是小几率的、群体矛盾纠纷，尽管发生的数量小，但矛盾冲突的强度大，调解难度大、社会影响大。一些新型的矛盾如医疗纠纷和物业纠纷的同比增长率也分别达到了38.17%和61.03%。

（二）社会矛盾类型多样化，冲突高发领域相对较集中

近三年多来，本课题组先后组织了五次关于社会矛盾状况的专题调查，对当前主要社会矛盾类型及发生频次等实际情况有了更加深刻的认知。

1. 2013年初，课题组组织了对我国农村和城市社会矛盾实际状况的专项问卷调查。该次社会调查主要由南京大学社会学院的学生参与实施，课题组招募的每位调查员负责自己家庭所在社区的入户调查，在本社区内按照随机抽样原则选取20个样本。这次调查区域覆盖全国19个省区市的51个地级市①，共收集有效问卷2808份，其中农村775份，城市2033份。从对问题"您认为当前我国城市（农村）哪些领域的社会矛盾比较突出?"答案选项的统计结果看，当前农村最突出的矛盾依次是干部腐败（61.1%）、环境污染（59.8%）、拆迁（50.6%）、征地（45.9%）、村级财务不透明（45.3%）和社会治安不好（41.6%）；城市最突出的社会矛盾则依次为贪污腐败（67.8%）、环境污染（60.3%）、社会保障不足（60.2%）、贫富分化（58.3%）、就业失业（43.8%）以及房屋拆迁（43.7%）。虽然这次调查没有对样本做有无亲身经历过社会矛盾冲突事件的区分，可能会导致样本群体对社会矛盾事实的判断带有自己一些主观感知的成分，但调查结果仍不失具有较强的参考价值。从总体来看，目前在我国爆发出的社会矛盾类型已更加多样化，从矛盾的诱因或参与主体上区分可达几十种之多，而其中贪污腐败、房屋拆迁、社会保障、环境污染等社会矛盾冲突则处于集中高发态势（见图4—4）。

2. 同年，课题组还对基层干部群体进行了关于社会矛盾的专题访谈。访谈采取半结构式的集体访谈或单独访谈两种方式，访谈对象包括江苏、

---

① 19个省区市指：黑龙江、福建、安徽、江苏、浙江、河南、四川、重庆、广东、广西、吉林、贵州、山东、江西、湖北、北京、天津、上海和新疆。

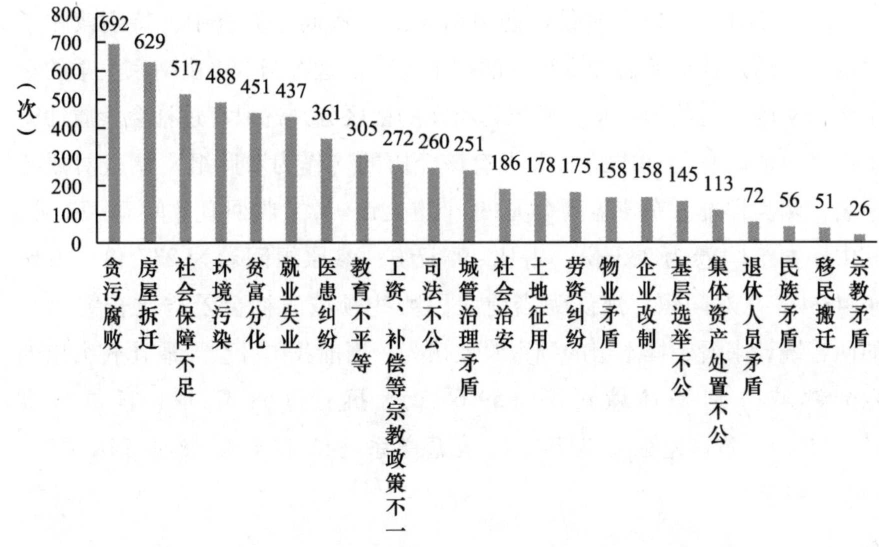

图4—4　2013年问卷调查中城乡社会矛盾的类型的频数统计

安徽、湖北、山东和四川五省229名区县、乡镇街道办以及村（居）委会的党政干部，其中县区的科级以上领导干部27人，乡镇街道办的党委书记、乡镇长、办事处主任等科级及副科级干部109人，村（居）委会党支部书记、主任93人。当问及“您所在社区主要存在哪些社会矛盾?”时，从被访者回答结果的统计看，普遍存在的社会矛盾主要有：拆迁、征地、干群、环境、历史遗留问题和劳资纠纷等（见图4—5）。

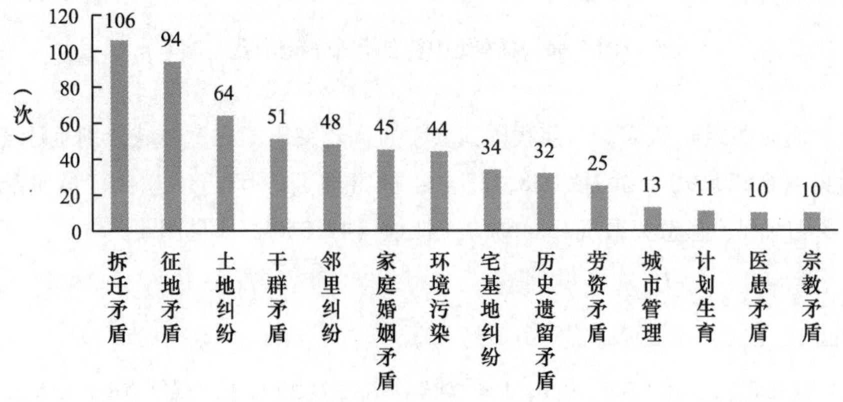

图4—5　2013年五省基层干部访谈中被提及的社会矛盾的频数统计

3. 在2015年2—3月份课题组组织的一次问卷调查中，特别兼顾了对没有经历过社会矛盾冲突事件的样本群体。这次调查仍由南京大学的学生参与实施，每位学生从自己家庭所在的社区分别选取有过社会矛盾冲突事件经历的（作为样本组）和没有该经历的（作为对照组）调查对象各两名，两类样本分布覆盖到全国29个省区市。[①] 共收回有效问卷470份，其中样本组问卷为233份，占比49.57%；参照组问卷为237份，占比50.43%。从对问题“您认为当前我国哪些领域的社会矛盾比较突出?”的回答统计来看，样本组的调查对象认为，当前我国社会矛盾比较突出的六个领域分别是环境污染（59.66%）、拆迁（58.37%）、官员贪腐（53.22%）、贫富差距（52.79%）、医患关系（42.49%）、征地（41.63%）（见图4—6）。

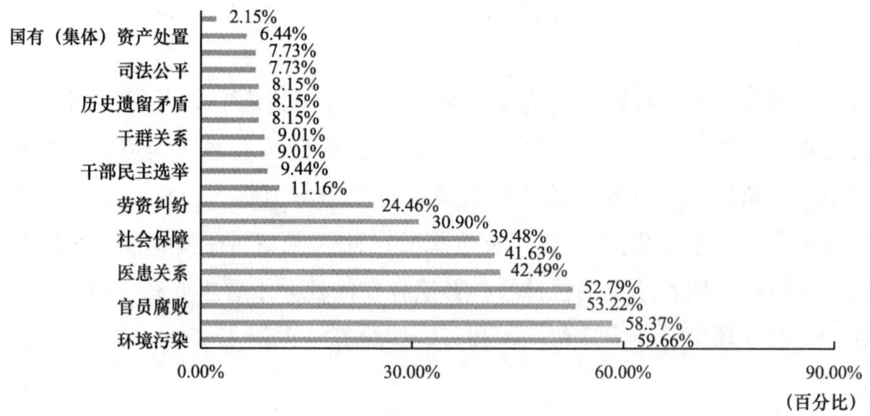

图4—6　样本组中社会矛盾分布情况

而对照组则认为，当前我国社会矛盾比较突出的六个领域分别是环境污染（60.75%）、拆迁（58.22%）、贫富差距（57.38%）、官员贪腐（46.41%）、医患关系（43.46%）、征地（41.35%）（见图4—7）。

① 指北京、天津、河北、辽宁、上海、江苏、浙江、福建、山东、广东、海南、山西、吉林、黑龙江、安徽、江西、河南、湖北、湖南、重庆、四川、广西、云南、贵州、西藏、甘肃、青海、内蒙古、新疆。

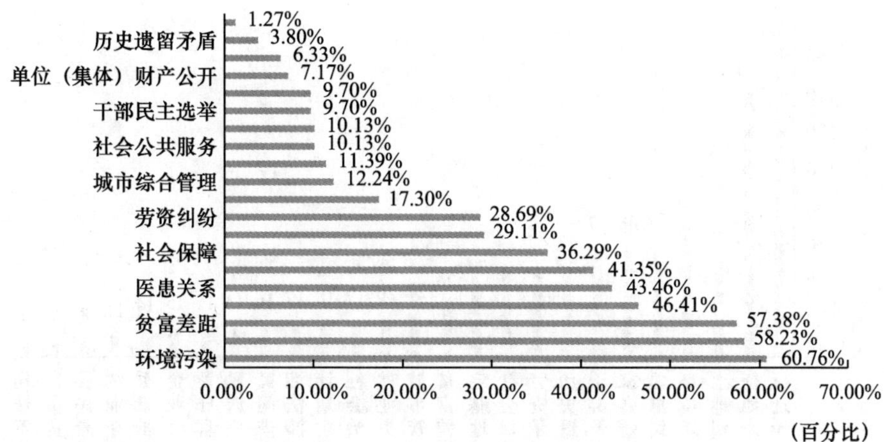

图 4—7　对照组中社会矛盾分布情况

4. 随着课题组对基层干部访谈范围的进一步扩大，截至 2015 年 5 月份，我们已获得 366 个有效的访谈样本资料，其中科级以上干部 53 人，科级干部 175 人，科级以下干部 138 人。在 366 人的访谈中，对我国社会矛盾发展趋势明确提出看法的共有 130 人，其中有 53 人对未来社会矛盾的发展持乐观态度，认为社会矛盾会减少。其他大部分基层干部都认为社会矛盾的激烈程度会在未来一定时期内持续下去，并且面临着加剧的风险。

根据访谈的内容，基层干部认为当前我国城乡的主要矛盾为：拆迁矛盾（166 次）、征地矛盾（141 次）、土地纠纷矛盾（95）、环境矛盾（69 次）、干群矛盾（57 次）、历史遗留问题矛盾（47 次）、劳资矛盾（47 次）。邻里纠纷矛盾（59）、家庭婚姻矛盾（58）也位居前例。（见图 4—8）。

因此，无论是从现实生活中已频发的各种社会矛盾冲突事件，还是从我们实际调查中的基层干部与广大群众的亲身感知来看，当前我国的社会矛盾冲突不但类型多样，而且在征地、拆迁、环境污染、劳资纠纷、干群关系、社会保障等领域已呈现出了集中高发态势。

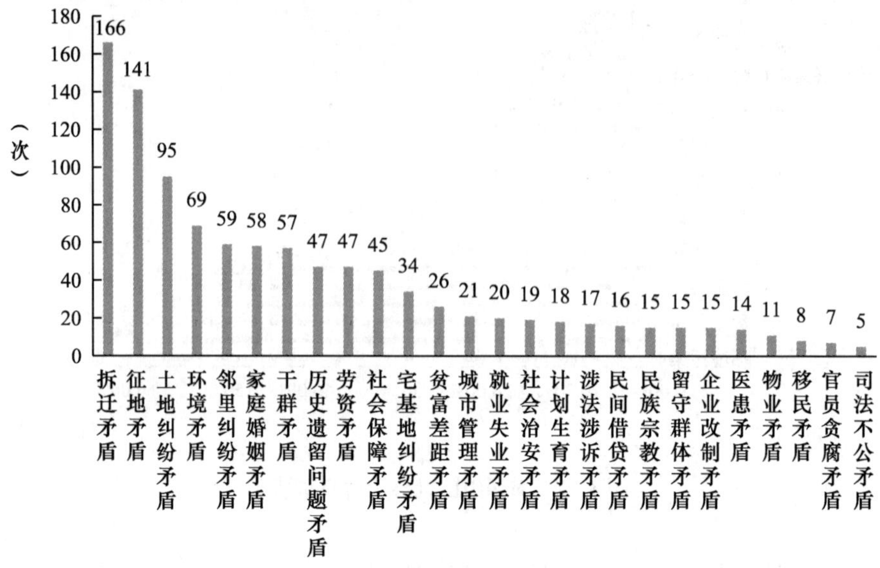

图4—8 基层干部访谈中被提及的社会矛盾的频数统计

（三）社会矛盾激烈程度上升，并与社会不满心态形成负激励效应

目前，随着社会矛盾冲突的频发，冲突对抗的激烈程度也显现出快速升级势头。主要表现在：一是“闹事”亚文化比较盛行，“不闹不解决，小闹小解决，大闹大解决”已成广大民众参与冲突的选择性偏好；二是群体性对抗已成为主要的博弈手段，凡事仍信奉人多力量大，法不责众，动辄以集体行动的方式进行诉求表达；三是对抗手段有暴力化趋向，或个体不惜自焚、自残等进行以命抗争，或聚众围堵政府部门、交通要道甚至发生打砸等暴力违法行为；四是一些矛盾长期得不到解决形成了死结，日渐刚性化，时刻面临激烈爆发的潜在风险。在这些因素的共同作用下，社会矛盾冲突一旦形成，短时间内就可能被拉升到激烈对抗状态，使得冲突在强度和烈度上都呈现加速上升势头。

同时，大量社会失序现象的长期存在直接导致了民众不满的社会心态蔓延，这往往又成为诱发更多社会矛盾冲突的社会心理基础。反映在人们日常社会生活中，主要表现为因社会利益分配不公而产生的强烈相对剥夺感，因公权对私权的恣意侵犯而产生的强烈怨恨感，以及因权贵阶层固化封闭而使社会底层形成的强烈无力感。如此，数量庞大的社会利益受损群体、生活受挫群体、相对剥夺感群体日渐形成。这些群体最大的共同点就是具有相近的社会不满心态。根据中国社会科学院发布的2013和2014年度《社会心态蓝皮书》显示，当下我国社会民众普遍感受到：①社会共享的价值观缺失，传统的集体主义价值观极度弱化，很难形成社会共识；②社会阶层分化和贫富分化十分明显，底层认同和弱势群体认同增强，不同阶层、群体间的摩擦加剧；③人际间的不信任加深和固化，官民、警民、医患及贫富等群体间因此导致的冲突增加；④社会负向情绪蔓延，仇官、仇富、仇不公的心态十分普遍，且燃点较低，极易引爆群体性事件；⑤社会转型过程中物质主义价值观趋强，利益关系已成为人际关系的主导关系。另据复旦大学最新发布的《中国网络社会心态底层报告（2014）》[①]也显示出，在对于负面情绪的感知中，持有不公平感、不安全感的网络用户分别占总体的44.7%和41.3%。不公平感表达最强烈的是底层群体，“有一点”或“强烈”感到不公的人分别占到这一群体的39.7%和25.1%；其次是知识技术人员，“有一点”或“强烈”感到不公的人群占到43.0%。与不公平感类似，底层群体的“社会不安全感”也同样最为强烈，占比达到50.5%。商界精英成为具有这一情绪的第二大群体，约占比45.8%。由此可见，位于财富占有两极的人群都较容易产生“社会不安全感”。而就“收入分配问题”的满意度来看，底层群体仅有5.0%的人表示满意。这一比例远低于专业知识技术人群的30.2%和体制内人群的30.6%；此外，底层群体还是针对“收入分配”进行网络抗议最多的群体，约有7.9%的底层人员对目前的收入状况有过网络抗议行为。可以说，当前民众社会心态的畸变与社会负向情绪的蔓延，已形成促使社会矛盾冲突易被激化的广泛社会心理基础。不信任感、不公平感和不安全感已积聚成社会利益受损群体不良情绪的“堰塞湖”，一旦被震动将直接形成强度较高的社会冲突事件。

二 刚性社会矛盾已成为现阶段社会矛盾的最突出表现形式

纵观学界对我国当前社会矛盾状况的研究，已在以下两个方面取得了

① 复旦发展研究院传播与国家治理中心：《中国网络社会心态底层报告（2014）》，复旦大学（http：//news. fudan. edu. cn/2014/1021/37090. html）。

相对较统一的认识：一是关于当前我国社会矛盾性质的认定，即仍然是属于人民内部矛盾；二是从社会矛盾的表现形态看，不同利益群体间的矛盾仍是主要的表现形态，利益矛盾特别是经济利益矛盾已成为当下社会矛盾的主体。同时，课题组通过对诸多社会矛盾冲突事件形成过程、演化逻辑以及化解对策的研究，发现在当前政治、经济和文化诸体制所构建的社会环境下，一些社会矛盾冲突已具有难以妥协性特征，常常冲破既有的制度化渠道，表现出较强的“刚性”特质，我们把这类矛盾统称为“刚性社会矛盾”。具体来说，“刚性社会矛盾”是一种在社会各利益群体之间已客观存在的，具有明确利益对抗性的社会矛盾。该类矛盾的形成具有结构性和必然性，是社会发展到一定阶段，伴随着社会结构要素的重新分化与整合而来的必然产物；引发该类矛盾的对抗性利益纷争关涉到其中一方维护生存底线的刚性需求，明显缺乏协商的“弹性”空间；该类矛盾冲突的强度和烈度均远高于其他社会矛盾，目标的合理性与手段的非理性相绞合，往往冲破既有的制度化控制渠道，大量使用非制度化的博弈策略与手段，具有难以协调性；该类矛盾在总量上持续增长，种类上不断衍生，具有较强的再生性；该类矛盾已显现出向政治领域扩展的趋向，在发生机制上由传统的被动反应性开始向主动维权的抗争性转变，地方政府已成为主要的冲突对象，矛盾冲突的负功能比较突出，具有较高的社会风险性。因此，从刚性社会矛盾以上这些特性来看，其与一般柔性社会矛盾（发生在个体间的人际矛盾冲突、制度化手段可解决的）有着比较明显的差异。

三　频发的社会矛盾冲突对当前社会发展产生了诸多不利影响

20世纪中期，以科塞和达伦多夫为代表的社会冲突论在西方产生，因承接不同的理论传统，两位学者对社会冲突的内在根源、直接起因和客观效应等都进行了不同角度的阐述。但就社会冲突的功能来看，科塞重点强调冲突对社会整合的建设性作用，达伦多夫则认为冲突导致了社会变迁。科塞在肯定社会冲突积极功能的同时，也指出了其破坏社会整合、甚至导致社会解体的反功能。与西方社会冲突论相对应的是我国的人民内部矛盾学说，相比于前者，该理论进一步指明了社会矛盾产生的最终根源。但就社会矛盾的功能，特别是其在现代社会中的“反功能”却没有给予说明。就当下我国社会矛盾冲突频发现象，我们认为已在以下几个方面产生了较大负效应。

（一）增加了社会发展的政治代价

频发的社会矛盾冲突不断侵蚀基层政府的合法性基础，消解了群众对政府和干部群体的政治信任，基层干群关系被导向“消极重构”。哈贝马斯指出：“合法性意味着某种政治秩序被认可的价值。”[①] 也就是说，政治合法性就是被统治者对统治者的政治认同，表现为人们对政府或政权及其意识形态体系的信任。改革开放初期，政府通过领导人民群众大力发展经济，使老百姓迅速脱贫致富过上小康生活，为自己赢得了足够的合法性基础，得到广大人民群众的积极拥护。但随着民众物质文化生活需求的快速提高，这种单纯依靠做大“经济绩效”来赢得合法性的作用日渐式微，经济连年高速增长，居民人均收入不断提高，但民众却越来越不满意，问题也越来越多，陷入“有增长无发展”的状态。而实际上，在当前频发的社会矛盾背后，我们看到的却是长期积累的很多社会问题难以得到有效解决，社会总体财富高速增长，但群众利益增加不多甚至频频受损。现实生活中，政治权力与商业资本媾和联手与民争利，官员贪腐丑闻不断，而司法的不公更是让群众失去可信任的底线。收入分配失衡、不断拉大的贫富差距、不健全的社会保障制度以及民众日常生活中时刻感受到的医疗、教育、就业等巨大现实压力，让仍固守以 GDP 为至高目标的政府整体绩效越来越偏离人民群众的实际需求与发展期望，民众心中的落差日益增大。单纯的经济发展绩效已难以弥补政府在社会服务和社会治理上的不足。久而久之，民众的不公平感、不信任感日积月累，认同危机发生，对基层政府而言已明确显现出“塔西佗”效应，[②] 政府合法性基础被严重削弱。特别是在社会中产阶层和弱势群体中，负向情绪认知和不公平心态广泛弥散，不断割裂着政府与群众间的亲密“鱼水关系”，基层干群关系已显现出较明显的对抗性倾向。

（二）增加了社会发展的经济代价

频发的社会矛盾冲突干扰着地方正常的经济发展秩序，加大了社会发

① ［德］哈贝马斯：《交往与社会进化》，张博树译，重庆出版社 1989 年版，第 184 页。

② 通俗的讲就是指当政府部门失去公信力时，无论说真话还是说假话，做好事还是坏事都会被认为说假话、做坏事。

展的经济成本投入，造成了大量人财物的消耗。“人民内部矛盾人民币解决”“花钱摆平”等手段已成为基层政府化解社会矛盾冲突的惯常做法。我们在对基层政府干部的访谈中几乎都会谈及这个问题。已成常态的机关干部的大接访、定期下访，进京和省城的陪访、截访，以及长期派驻人员盯访，关键时期还要陪吃、陪玩等无奈之举，消耗着政府大量的人财物力。虽然我们难以拿到一些具体的财务支出数据，也不能简单地把有关的“维稳经费”项目臆造出来，但最近几年来，中央和地方财政用于“公共安全”项目下的支出持续大幅度增长却是不争的事实。2007 年可分类统计项下中央与地方的公共安全支出分别是 607.83 亿元和 2878.33 亿元，合计 3486.16 亿元，随后每年大幅度增长，至 2013 年的预算数已分别达到 1389.15 亿元和 6301.65 亿元，合计 7690.80 亿元（实际决算支出为 7786.78 亿元）。中央和地方公共安全支出同比分别增长了 128.5% 和 118.9%。2007—2013 年度国家公共安全支出变化情况如下（见表 4—1）。[①]

表 4—1　2007—2013 年度国家财政支出项目“公共安全”支出情况

单位：亿元

年　度	2007	2008	2009	2010	2011	2012	2013
总支出	3486.16	4059.76	4744.09	5517.70	6304.27	7111.60	7690.80
中　央	607.83	648.63	845.79	875.20	1037.01	1183.47	1389.15
地　方	2878.33	3411.13	3898.30	4642.50	5267.26	5928.13	6301.65

另外，近几年在一些社会治安型群体性事件中发生的打砸烧抢政府办公场所、封堵主要交通干线等过激行为，也给国家和广大人民群众造成了大量的财产损失，甚至付出生命代价。从贵州“瓮安事件”到湖北“石首事件”中，都曾引起大规模的砸烧警车及政府、派出所等部门机关的办公楼，甚至抢掠商铺等暴力行为。据统计，仅在“瓮安事件”中，就有 42 辆警车等交通工具被烧毁，160 多间政府机关办公室被洗劫，150 多

① 数据来源于 2008—2013 年度《中国统计年鉴》，2013 年度数据是引用的预算数据。我国财政支出项目中“公共安全”支出包括武装警察、公安、国家安全、检察、法院、司法、监狱、劳教、国家保密、其他公共安全支出。

人受伤，直接经济损失1600多万元。为平息各类社会矛盾与冲突，无论中央还是地方各级政府都付出了巨大的经济成本。特别对一些经济欠发达的地方政府，原本拮据的地方财政雪上加霜，根本难以保证应有的资金投入地方经济发展和民生服务上。

（三）增加了社会发展的社会资本代价

频发的社会矛盾冲突在多个行业领域引发了大量社会失范现象，严重扰乱着社会、经济和政治各系统的正常运转，阻碍着和谐社会的建设。对社会矛盾冲突治标不治本的策略主义，成为催生更多社会失范现象的温床。社会失范一方面是指社会的价值与规范体系产生紊乱而导致功能丧失，无法指导与约束社会成员的思想和行为，使整个社会呈现无序化状态；另一方面也指社会成员违背主导社会规范的行为。简单地说就是发生了规范瓦解与行为失范现象。[①] 进入21世纪以来，社会矛盾冲突的频发且日趋以强对抗的方式呈现，使得处于一定空间场域内的普通民众、企业组织和地方政府等各类社会主体之间的互信合作关系日渐疏离，地方政府成为部分群众眼里的“恶人”“坏人”；企业家们被看作了“为富不仁的资本家”，而老百姓也被部分基层官员视为了“刁民”“难缠户”。企业若污染居民生活环境，民众则敢破坏企业生产；政府若花钱去摆平，民众则会要挟给予更多；民众若不听招呼，政府则抓小辫子整你。如此紧张的官民、贫富关系导致地方社会资本[②]被过度损耗，无论是在传统价值观念、现代法律制度以及政治权威等各方面，都难以找到满足各社会主体利益目标的最大公约数，社会认同严重缺失。社会行动失去了道德规范的无形约束，没有了法制的纲举目张，体现在经济活动中就是更多的唯利是图，政治活动中更多的以权谋私，以及日常生活中潜规则大行其道，致使社会底层群体常常在所谓的“机会平等”面前不得不“望洋兴叹”。贫富两极分化，城乡户籍身份差别待遇，长期的利益受损、待遇不公，使得社会底层群体产生了强烈的相对剥夺感，愤怒、敌视、怨恨、自保等心态不断积累

---

① 朱力：《变迁之痛：转型期的社会失范研究》，社会科学文献出版社2012年版，第52页。

② 此处使用普特南定义的社会资本，指能够通过推动协调的行动来提高社会效率的信任、规范和网络。

与弥散。部分弱势个体的负向情绪长期得不到舒缓，一旦外部压力达到个人所能承受的心理极限，往往不惜以命抗争，甚至通过制造社会极端事件来伤害无辜，宣泄不满，报复社会。从前几年接连不断的工厂大火无情吞噬劳工年轻的生命，到像富士康企业一样员工的 N 连跳，以及近两年发生的骇人听闻的公交车纵火案、爆炸案，可以说每一个极端事件的发生，都深深地刺痛着民众原本就脆弱不安的神经，对社会正常的生活、生产秩序造成恶劣影响。

（四）增加了社会发展的精神代价

频发的社会矛盾涣散了对社会主义核心价值观的认同，并引起部分社会群体对国家未来发展的消极认知，对改变现状的无力感、对政治的冷漠感直接影响到他们今后参与改革的信心与行动。近年来，日常生活世界的过度市场化和社会原子化，[①] 使处于转型期的各社会阶层个人主义普遍增强，而集体主义价值观却日渐式微。爱国、敬业、诚信、友善以及平等、公正、法治等社会主义核心价值观面对汹涌而来的发展及发财大潮，时常被荡涤的无坚守之力。在现实生活中，我们经常看到企业失信、名人失德、官员失言等事件发生，无论网上网下社会共识难以达成，社会“公地悲剧”一再重演。不仅是社会底层群体的利益空间受到严重挤压，日益被边缘化，无法享有应得的改革成果，沦落为绝对利益受损群体；而且一些社会精英群体的无力感、危机感亦越来越重，表现出强烈的相对剥夺感。在我们前期的调查和访谈过程中，发现不少基层领导干部认为其中的很多问题根源已十分清楚却迟迟得不到解决，体制的迟钝与机制的扭曲已让他们备感无奈和失望。甚至一些主要领导干部迫于维稳等工作考核的体制压力，不得不以“少干事、不出事”作为工作目标。而近几年不断掀起的富人移民潮让我们看到了国内经济精英群体的未来预期。“中国正在经历第三次大规模的海外移民潮，中国国内的投资环境、医疗、教育、养老、民主程度等都是影响富人移民决策的主要因素。”[②] 另据复旦大学最

---

① 田毅鹏：《转型期中国社会原子化动向及其对社会工作的挑战》，《社会科学》2009 年第 7 期。

② 王耀辉、刘国富：《中国国际移民报告（2012）》，社会科学文献出版社 2012 年版，第 28 页。

新发布的《中国网络社会心态底层报告（2014）》中的调查数据显示，在可清晰判断其态度的样本中，48.5%的网络用户表达出了政治冷漠感，其中19.5%表达出较为强烈的政治冷漠感。其中政治冷漠感最强的群体是知识技术群体，比例高达54.8%。商界精英的政治不信任感也较高，达到了62.6%，甚至高于社会底层群体；而这一群体的“社会不安全感”也同样较高，仅次于底层群体，达到了45.8%。由此可见，对当前矛盾频发的社会现状及未来发展预期的不同判断，已开始在部分社会群体中，特别是一些原本应该担当起未来改革发展重任的精英群体中产生了较普遍的消极认知，形成了他们不得不选择保守、观望甚至逃避的生存策略。这种状况将严重影响他们今后政治参与、经济参与的主动性和创造性，若不及时调适，势必影响到下一步我国深化改革的社会动员能力。

第二节　我国刚性社会矛盾冲突的新型特征

对社会矛盾冲突特征（特点）的研究一直是国内社会矛盾研究的重点。课题组以“篇名+社会矛盾+特点/特征”和“篇名+社会冲突+特点/特征”分别为检索条件，通过中国知网高级检索功能对2000年至2014年间的研究文献进行检索，共有68篇。对于当前我国社会矛盾的特征（特点），学界主要概括为：①社会矛盾冲突易激化，突发性、对抗性和暴力性强；②社会矛盾冲突主体多元化，群体化势头明显；③社会矛盾冲突面广多发，扩散性强；④社会矛盾冲突成因复杂，化解难度大；⑤官民矛盾较突出，诉求中政治化倾向显现；⑥社会矛盾冲突的累积效应形成，危害性大；⑦互联网在矛盾冲突事件中的信息传播、行动动员等方面发挥较大作用。从以上七个方面来看，目前我们对社会矛盾冲突特点的把握，仍多聚焦在其表现形式、主体、强度及后果等方面。这些概括更多侧重其静态特征，对其动态性、总体性与关联性方面的新特点关注不足。下面课题组结合近年对基层干部的调查访谈，特别是他们对社会矛盾冲突认识的经验概括，就当前刚性社会矛盾冲突的新特征做以下补充。

一　社会矛盾冲突中的利益受损群体更加倾向于进行集体抗争

首先，利益群体的形成是集体行动得以产生的社会基础。近年来，市场化机制引发了社会资源的重新配置，因身份、户籍、区域、行业等制度、体制因素的差异，不同群体间利益分配极化现象比较严重，客观上形成了明显社会不公。同时，当前频发的众多征地拆迁、劳资纠纷及环境污染等矛盾，涉及大量具有相似利益诉求的受损群体，这些人基于血缘、业缘及地缘关系，客观上具备开展集体行动的组织条件。因此每每遇到冲突极易使普通利益纠纷上升为社会性的利益对抗；其次，我国现行刚性维稳体制引起的逆向选择是集体行动产生的现实诱因。政府越怕闹大反而刺激了“闹事”亚文化的蔓延，凭人多力量大而形成的社会压力屡屡让正常的决策程序被扭曲，一些“清官”不顾程序随意插手干预，往往让法治权威瞬间化为乌有。目前，这种看似相悖的逆向选择行为却大行其道，屡试不爽。民众每每遇到矛盾冲突，即使是在个体之间的，若能把其诉求成功移情给同质性群体，使诉求“群体化”和问题“扩大化”，无疑会获得对抗中的主动。特别当对方是地方政府时，这种压力还往往会挟持政府的决策程序。因此，使矛盾冲突转向群体化，进而以集体行动的方式参与博弈，既是现代社会利益结构演变的必然，也是现实条件下利益受损方理性的抗争策略。

二　社会矛盾冲突中的利益诉求和抗争行为的刚性属性愈加明显

利益分配冲突是当前我国社会矛盾的直接根源。作为利益受损方的利益诉求已开始由初期的单纯具体利益诉求逐渐转变为复合补偿型诉求。对既成利益损害的修复、对现有利益公平分配的要求、对未来市场变化的预期以及对精神、权益等带来的无形损害等因素都开始被囊括进去，使得这种复合补偿型诉求常常远超出既有的政策供给范围。这种利益“供求”张力的长期存在，造就了体制外利益输送的灰色空间，这一应对策略表面看似舒缓了矛盾张力，实则却不断强化着一方利益诉求的刚性，绑架了利益供给方的合法选择。而民众一方的利益诉求也往往都关涉他们最切身的利益，甚至是基于生存伦理以维持其最基本的生活需要，所以很难让其在这类诉求上产生利益妥协。致使利益协调空间越来越小，刚性越来越强。刚性诉求最突出的外在表现就是抗争手段的非法性和强力化趋势。众多案例表明，对抗手段已从初期的合规信访发展到当今更多的采取越级访、集体上访和非访，从相信调解协商解决发展到不惜以命抗争，从少部分人的集体上访到聚众围堵政府，甚至付诸暴力性打砸抢行为。因此，一旦矛盾冲突中发生了公开强对抗行为，就很难在短时间内通过劝说安抚以及谈判协商等方式来缓和矛盾。利益诉求和抗争行为的刚性化，使政府在化解当前社会矛盾中面对着难以逾越的铜墙铁壁。

三　社会矛盾冲突的外溢效应凸显，非制度化矛盾解决机制已成常态

社会冲突的外溢效应是指冲突方的诉求目标、行为手段和带来的外部效应，已超出了既有国家制度、政策、规则、标准的规定及地方政府权限可承受的最大限度，致使冲突的化解必须突破现有制度框架，通过非制度化的手段来实现。具体表现为：①诉求目标超过既有制度、政策及地方政府财力可承受的上限。其中既有高额的物质利益补偿要求，还可能会掺杂有政治性诉求。这些诉求要么无章可循，要么程序明显违法。若要给予满足，就必须违规操作；②行为手段外溢出现有法律法规许可的合法性框架，双方博弈于体制边缘。为了快速达到目的，对抗双方都会习惯性地绕开现有制度化渠道，直接使用非制度化手段，使得矛盾冲突脱离体制框架越滑越远，体制外的非制度化空间却成为博弈的主战场；③冲突后果常常外溢出地方政府控制范围，产生较强的"眼球效应"，甚至会迅速成为社会舆论的热点，对政府决策和外部形象带来较大负面影响。若应对不当会严重损害政府信誉和权威性；甚至授人以柄，被境内外反动势力借题炒作，造成不良国际影响。而此却恰恰又成为刺激冲突另一方采取非制度化行动的诱因。由此，目前这种外溢效应的日益扩大化已开始把冲突博弈挤压到体制之外，却使得正式制度难以发挥出应有的引导、规制作用。群众中的个人利益至上思想和激进主义思潮泛滥，政府应对思想的保守与措施的乏力，使得以激进手段与集体行动方式解决矛盾纠纷成为常态，形成了所谓的"闹事"亚文化，非制度化解决矛盾的机制已成习惯性选择。但是，仅仅依靠非制度化的处置方式实难治本，反而又给新冲突埋下隐患，陷入恶性循环状态。而对地方政府来说，"老办法不管用，软办法不顶用，硬办法不能用"，地方政府面对如此治理困境常常束手无措，冲突的非制度化处置成为无奈的选择。建立有效化解社会矛盾的制度化机制成为当务之急。

四　社会矛盾冲突博弈日益策略化，选择性地使用利己的对抗手段

由一般矛盾演变至激烈冲突的过程中，经历多次博弈，冲突主体已积累了较丰富的“实践意识”。具体表现在博弈策略的灵活运用上，包括什么是例行化的方法，什么是只可做但不能明说的手段。从利益诉求方来看，主要有：①博弈手段群体化，选择集体行动方式向对方施压。具有同质性利益诉求的个体基于长期生活的熟人社会环境，借助现代化即时网络通信平台，坚信人多力量大，极易组织大规模的人员串联与集体行动；②经济纠纷政治化，人为地推动事件升级。原本简单的经济纠纷，利益受损者往往置有关经济合约不顾，故意放大政府官员的不尽职行为，企图把责任全推给政府。或者打着反贪官、反腐败的旗号，提出保障生存权利、要求社会公平正义等带有政治倾向的诉求，故意将矛盾冲突政治化；③具体事件公共化，人为扩大事件的社会影响，以提高己方博弈势能。通过借力社会媒体和互联网络的助燃器效应，广造声势，聚集网络民意，以期左右政府决策议程；④选择性守法，尽可能寻找对己有利的法律依据，回避对己不利的制度约束，以合法化自身立场，进行依法抗争；配合使用“缠”“闹”等边缘化手段，打持久战，逼迫政府做无奈的让步；⑤故意抬高要价，为后续的讨价还价留足筹码，为己方创造更大谈判空间，迫使政府去“开口子”；[①] ⑥敲打政府软肋，利用政府考核“一票否决”“通报”等对基层干部的制度“紧箍咒”，有意选择敏感时间节点，越级上访、非访，不断刺激政府领导敏感神经，制造麻烦，以逼政府就范。从政府方来看，已逐渐改变了早期的以“拖、躲、捂、推”为主的消极做法，或盲目动用警力压制的强硬做法，在日益重视使用制度化手段的同时，也开始辅之以更加实用的“摆平”策略。

五　社会矛盾冲突的衍生性增强，“次生性矛盾冲突”大量涌现

冲突的衍生性是指一个（类）矛盾的爆发或解决，会引起相同冲突主体的其他矛盾，或不同冲突主体的类似矛盾连续暴露、叠加爆发的现象。此种冲突发生关系类似于自然界的次生灾害现象，所以我们称之为

---

① 应星：《大河移民上访的故事》，生活·读书·新知三联书店2001年版，第184页。

“次生性矛盾冲突”。该类冲突既可能在短期内接踵暴露，也可能隐匿一个时段后再爆发。目前主要表现为两种形式：①自衍型冲突，指对于相同冲突主体，由当前的冲突直接引发其他新冲突。如在同一地区因拆迁政策变化，补偿标准前后差别大，若后来拆迁的解决了，则又会引发早期拆迁户的不满；②示范型冲突，指对于不同社会群体，由已有冲突的示范效应引发出的类似矛盾而形成的新冲突。比如有的地方政府克服很大困难解决了“五老”待遇补偿问题，不曾想却引发出更多新的类似群体冒出来。课题组在基层调查中也经常发现，一些类似的社会矛盾总是在邻近的不同县、乡接连发生，都与这种示范作用机制有关。当前，因新旧政策出台的“时间差”而形成的现实“利益差”非常普遍，使得部分社会群体产生强烈的利益“倒找”心理，即民间常说的“翻烧饼”现象。其结果是：①对于同一群体补了“新账”会牵出“旧债”，刺激了“倒找”现象发生；②对不同群体间流行沾边有份的利己意识，形成了利益补偿中的攀比。譬如当某一群体的利益诉求被满足，其他相似群体也会提出了类似诉求。如果缺少相应的政策依据，新的矛盾就会产生。聚焦眼下那些社会矛盾集中高发领域，不难发现很多社会矛盾既可在同一主体上多重叠加，又会在不同主体上形成多种利益关联，这种错综复杂的利益交叉关系成为社会冲突易于衍生的根源，大量的次生矛盾冲突斩不断、理还乱。

六　社会矛盾冲突的归因简单化，地方政府和官员被习惯性质疑

当前我国社会矛盾成因十分复杂，从社会转型形成的结构性紧张，到现实生活中人与人之间的具体利益摩擦，各种矛盾形成既有“一因多果”“多因一果”，也有“多因多果”。但为何每每遇到矛盾激化，社会冲突爆发，地方政府或当事官员往往首先会成为众矢之的呢？首先，是基于传统全能型政府的路径依赖后果。计划经济体制下，政府是全部资源的掌控者与提供者。在市场经济体制下，有些官员还是抱着全能政府的思想，分不清国家、市场、社会、个人的责任与相互关系，还是大包大揽，试图当能解决所有矛盾、问题的“家长”，政府成为矛盾的最后的“兜底者”。例如，不少地方提出了“12345（电话号码），有事找政府”的口号，将全部责任与事务揽到自己身上。其结果是民众自然形成政府应该解决一切矛盾的思维与什么事都找政府的行为。如果政府不接受或解决不了，政府就

是不作为或推诿；其次，从政府自身定位看，“一直在转型，永远无定型”。21世纪以来，中央政府提出了建设服务型政府的改革目标，但实际上经济发展仍是地方政府的重中之重。在经济发展中地方政府已成为具有完整利益目标和运作机制的“谋利型政权经营者”。[①] 这其中更不乏部分官员借发展之名，置国家政策于不顾，盲目追求个人政绩，大搞权钱交易，大量违规决策严重损害了百姓切身利益。在很多征地、拆迁、国企破产改制、环境污染等尖锐的社会冲突背后都少不了地方政府或官员越轨的身影。民众自然将矛盾归为基层政府或官员。最后，“网络民意”的误导作用也非常明显。一些怀有特殊目的的“意见领袖”和一些小报记者常常抓住政府和官员行为中的瑕疵，成倍放大传播。甚至无中生有编造谣言，极力丑化政府和官员群体，动辄鼓动网民围攻讨伐。久而久之，地方政府和官员群体的形象在民众心中被严重矮化、丑化。于是，每发生大规模的冲突事件，民众都会习惯性地质疑政府或官员的行为动机，不顾真相地进行泛道德化的批评与责怨。当然，在广大人民群众心中，“有困难找政府”仍是他们潜意识的选择。群众还是会把获得公平对待的希望寄托给政府。但法律制度的刚性以及地方政府化解冲突的能力所限，一些诉求的确难以立即得到满足，特别是那些不切实际或缺乏相关政策依据的，而群众则认为基层政府是在推诿，遂产生很多不满。另外，近年来整个社会中也普遍弥漫着一种“结构性怨恨”情绪。[②] 在此情绪氛围下，人们在遭遇利益侵害而难以获得公正公平的对待时，极易通过“情感迁移”归因于政府与官员群体，社会的政治信任日益降低，地方政府和官员群体陷入了“塔西佗”困境，面临着被严重污名化的风险。

七　社会矛盾冲突表现出较强的“地方性”，与地方社会生态环境密切相关

当前，各类社会矛盾冲突事件在全国各地已十分普遍，虽然它们外在

---

① 杨善华、苏红：《从“代理型政权经营者”到“谋利型政权经营者”》，《社会学研究》2002年第1期。

② 朱力、朱志玲：《转型期的社会结构性怨恨：概念、形态和特征》，《中国图书评论》2015年第4期。

表征上有许多相似之处，但细究其生成机制却有着较明显的差异。课题组在调研中发现，如果以县区一级行政管辖区为对照比较单元，无论是在同属我国东、中、西部经济发展程度比较接近的大区划内，还是在一个省及地级市的不同县市区之间，社会矛盾冲突在数量规模、类型及生成根源上都能体现出较明显的“地方特色”，既从社会矛盾的发生学来看，与一定区域内的社会生态环境有着直接关联。县级是我国科层制系统结构中功能相对健全、独立，责权利相对明确，并直接承担着实现经济与社会发展目标的最基层行政单元。因此，地方拥有的自然资源、党政主要领导的执政理念、政绩观和发展观，以及地方历史传统文化中的民风民俗等都会成为影响矛盾冲突总体数量、激烈程度及化解手段的关键因子。特别是在当前政府主导的经济发展模式下，地方政府采取的经济增长模式，对民生发展的投入、对自然生态环境保护以及公众对政府干部形象、司法公平、社会治安状况的评价等因素，都将对本辖区内社会矛盾的作用机制产生直接影响。这种地方社会生态综合作用于社会矛盾发生机制的现象，我们暂且称之为社会矛盾的“地方性”，它不单单是从特定的地理意义上说的，还包括由特定的人文传统所形成的亚文化群体价值观，由特定的价值立场所建构的利益关系等。正是具有了这种“地方性”特征，为我们因地制宜地探寻社会矛盾的有效化解对策拓展了新思路。

第三节 当前我国社会矛盾频发的深层原因

21 世纪伊始，伴随着综合改革的深入推进，我国社会步入快速推进整体转型的新阶段。以 2001 年末我国正式加入 WTO 为标志，我国的市场化和对外开放明显加速，使得经济、政治和社会的转型步伐进一步加快。概括来说这一阶段的特征就是“经济体制深刻变革，社会结构深刻变动，利益格局深刻调整，思想观念深刻变化”。[①] 但是这种空前的社会变革，一方面进一步激发出社会巨大发展活力，另一方面也使我国进入了矛盾凸显期。利益矛盾是社会矛盾的主体，直接源于发展中利益分配的不公，但其深层根源则是长期以来我国社会结构急剧变迁所产生的社会分化与整合

① 《中共中央关于构建社会主义和谐社会若干重大问题的决定》，《求是》2006 年第 20 期。

的失衡，我们认为主要表现在以下三个方面。

一　社会各系统转型的非同步性导致利益分配的结构性失衡

我国的市场、政府和社会的转型非同步、协调推进，政府、市场与社会三方博弈力量失衡，产生巨大结构性张力，致使当前利益分配严重不公。我国的市场转型启动较早，2001 年我们正式加入 WTO 后，随着国内市场开放力度加大、速度加快，国民经济的市场化步伐才真正进入了快车道。2003 年党的十六届三中全会作出了《中共中央关于完善社会主义市场经济体制若干问题的决定》，明确提出了要进一步大力发展和积极引导非公有制经济，深化国有企业改革，完善市场体系，全面提高对外开放水平。由此，我国经济增长模式再次发生巨大转变；外向型经济成为拉升 GDP 的新生力量。珠三角、长三角等沿海先行开放区域凭借充足的低价劳动力和区位优势，颇受国际产业资本青睐，国内外资本利用地方优惠招商引资政策和强大的国际市场需求，纷纷投资建厂，使我国的加工制造业很快融入了全球工业产业链之中，"世界工厂"开始形成。受困于国内劳动力市场发育缓慢以及政府对资本的偏爱，资强劳弱，劳资纠纷案件大量产生（见图 4—2），劳资冲突普遍出现。同时，"世界工厂"大大加速了我国工业化进程，伴随大量农村劳动力开始涌入城镇，以及受 1998 年启动的住房货币化改革形成的刚性需求拉动，城市的房地产市场兴起。2002 年国有土地使用权招拍挂规定实施，打开了国有土地合法进入市场的大门，成为房地产经济的催化剂。自此我国城市化进程明显加快，城市化率 2000 年为 36.22%，2005 年达到 42.99%，至 2013 年上升到 53.73%。全国商品房销售面积从 2000 年的 1.86 亿平方米，到 2005 达到 5.55 亿平方米，上升到 2013 年的 13.06 亿平方米。[①] 房地产市场的爆发增长让地方政府找到了快速拉升 GDP 和增加地方非预算收入的又一捷径，即"土地财政"发展模式。在这一模式的激励下，地方政府纷纷借经济发展之名大搞"收储圈地"，利用自身对土地市场的垄断，低价征收高价拍卖，获取巨额收益，导致征地矛盾、拆迁矛盾集中爆发。

① 数据来源：《中国统计年鉴》2001 年、2014 年，中华人民共和国统计局（http://www.stats.gov.cn/tjsj/ndsj/）。

21 世纪初，“三农”问题进一步凸显，国家实施以工业反哺农业政策，取消农业税，开始对农民种粮直补。此举虽然有效降低了前期因税费负担过重而激化的农村矛盾，但受制于城乡二元户籍制度、土地制度的约束，国家的惠农政策并没有带来预期的社会稳定效果，反而出现了“意外后果”，即基础治权的弱化和治责的失衡，使得乡村可支配的资金减少，基层治理状况恶化。[①] 集中表现为农村公共服务缺失、治安状况差、封建迷信等低俗文化复燃、干群关系紧张等。近几年为缓解地方土地供应紧张，“退二进三”和“土地增减挂钩”等政策被政府广泛使用，[②] 使得因政府运作土地引发的征地、拆迁矛盾扩展到农村，工业企业的大挪移也直接带来大量环境污染事件的发生，农村成为社会矛盾的高发区域。

大量社会问题的凸显迫使政府不得不作出回应，以维护稳定的经济发展大环境。这集中体现在每五年进行一次的政府机构改革上，其中 2003 年的政府机构改革是一个重要转折点，中央确定了坚持科学发展观为指导，提出加快建设服务型政府的目标，推动由经营型政府向服务型政府的转变。但在实际工作中“经济发展至上”仍是各级政府的中心工作，在以地方 GDP、财政收入为主要考核指标的“官员晋升锦标赛”模式下[③]，加上对维稳、计划生育、安全生产等工作严厉的行政问责制（一票否决制）体制内的高压，地方政府（官员）为更有力调动资源，实际很难脱离对强权力的依赖，一方面表现在仍会以不同的方式直接参与到经济活动中，建立权力与资本的盈利联盟，形成了各种垄断利益集团，更有把握做大经济指标；另一方面对上级考核的一票否决类指标，或使用强权压制、或通过现金赎买方式以保暂时之平安。政府成为名副其实的“谋利型的政权经营者”，在谋利目标的强烈驱动下，政府转型实际继续了增权逻辑，现实的竞争关系代替了原本倡导的服务关系，导致官民矛盾进一步

① 田先红：《治理基层中国——桥镇信访博弈的叙事（1995—2009）》，社会科学文献出版社 2012 年版，第 82 页。

② “退二进三”政策有不同的操作版本，但在县乡层面，多是指把工业企业等第二产业组织退出城区优势位置，让位于发展第三产业，大量企业则搬迁至位于城郊的开发区或工业园内；“土地增减挂钩”政策是指通过农村居民点向中心村和集镇集中，乡镇企业向工业园区集中和村庄整理等方式归集的建设用地指标可以相应增加城镇建设用地计划指标。

③ 周黎安：《官员晋升锦标赛与竞争冲动》，《人民论坛》2010 年第 5 期。

激化。

相比于经济与政治转型，我国社会的发展更加滞后。在市场力量的强烈冲击下，总体性社会已快速向分化性社会转变，主要表现在社会的异质性增加，社会不平等程度加大。[①] 长期的“强国家—弱社会”的结构格局，极大地压制了波兰尼所谓的“社会的反向性保护运动”，形成了一种极不稳定的“丁字形”社会结构，产生了持续的“结构性紧张”，加大了社会群体间的冲突风险。[②] 同时，由于一直缺乏相应的政策环境，导致我国以社会组织为主的第三方力量长期发育不良，缺乏制度上的保证，严重阻碍着公民的政治参与和社会参与。由于民众缺少社会第三方力量组织代言，政府、市场和社会之间的利益协商机制难以进行，使得社会矛盾一经爆发就会形成“政府—民众”间的直接对立。我国的刚性社会矛盾，无论矛盾源泉如何，基本上都会转化为“政府—民众”对立的两极矛盾冲突模式。社会的主体性培育不足，自主性弱，使其无力对政府与市场之力进行牵制和平衡，这种强政府、强市场和弱社会的力量组合，使社会资源和利益的配置严重失衡，成为当前社会失序的根本原因。

二 社会文化的过度理性化和碎片化致使文化整合作用弱化

社会文化转型中日渐偏离我国主流文化发展需求，其缓解社会结构紧张、抑制社会矛盾生成的功能严重蜕化，甚至成了社会矛盾的诱发因素。学界对于“文化”一词已有上百种不同的定义，在这里我们不去过多探究。我们择取其中较核心的部分，把“社会文化”定义为对一个社会中的价值观、态度、信念和各种规范的总称。而我国的“主流文化”是指有中国特色的社会主义文化，是马克思主义的普遍真理与中国当代实践相结合的产物，它充分吸收了中国传统文化和世界各民族文化的优秀成果，因而是具有鲜明时代特点的文化体系，是中国特色社会主义的重要组成部分。[③] 社会学家默顿（Merton）在其对社会越轨行为理论的研究中，发现

① 李汉林、魏钦恭、张彦：《社会变迁过程中的结构紧张》，《中国社会科学》2010 年第 2 期。

② 李强：《“丁字型”社会结构与“结构紧张”》，《社会学研究》2005 年第 2 期。

③ 邹广文：《当代中国的主流文化、精英文化与大众文化》，《杭州师范学院学报》2002 年第 6 期。

文化所诱发的过高愿望同阻止这些愿望实现的社会结构性障碍之间经常会发生断裂，社会文化产生目标，社会结构决定达到目标的手段，如果接受了社会倡导的目标，但又缺乏合法的手段时就会产生失范和发生各种越轨行为。[①] 所以，在一定的社会发展阶段中，社会文化与社会结构之间的契合程度对社会矛盾的发生具有关键影响。

改革开放以来，作为社会变迁的一个部分，我国社会文化也进入快速变迁阶段。但纵观这一过程，我们发现文化的分化多于整合、冲突多于认同，已明显表现出了理性化、世俗化、多元化和碎片化的特征。而这些特征都具有明显的“双刃剑”效应，在缺乏社会主流文化价值观的约束引导下，极易发挥出负功能。①市场经济原则的确立大大加快了社会理性化和世俗化，与理性化相伴生的则是功利化，在追求效率过程中往往表现出精于“算计”，但较少顾及社会主导价值的需要，只考虑以何种手段来最有效地实现自己的目标，极端个人主义价值观被普遍认同，维护个人利益不可侵犯，甚至以维权为名鼓动起群体性的对抗。而世俗化则更看重现实性，日常生活中更多关注的是眼前的、短期的和个人的切身利益，为一己私利官员可以贪污受贿，商人可以造假坑骗，致使社会矛盾丛生。②社会分工的细化和社会阶层的分化造成了社会文化的多元化发展。我国作为一个多民族国家，社会文化原本就具有多民族性和多区域性特征，而随着社会分化的加剧，这种多元特性更加明显，所谓的精英文化、主流文化、底层文化、民间文化、网络文化等纷纷出现。社会文化的多元化既促进了文化繁荣，同时也产生了严重的结构性冲突，主要表现为：一是不同社会阶层、群体间的文化冲突，比如流动人口与城市原居民间因不同生活方式和行为模式而形成的冲突；二是乡村文化与都市文化的冲突，都市的超前的消费观念、实用化人际关系原则都不断侵蚀着乡村传统道德观念和伦理文化；三是精英文化与底层文化的冲突，主要表现在不同的信仰和价值观趋向上，形成对很多问题的看法截然不同；四是从总体上看还有东西方文化的冲突。这些文化冲突使得我国当前社会文化重构中日益去中心化，缺乏认同度较高的社会主义社会的核心文化。③网络文化的蓬勃兴起加速了大众文化的碎片化。网络虚拟空间以其高度的开放性和隐匿性的特点，已汇

① 宋林飞：《西方社会学理论》，南京大学出版社 2010 年版，第 127 页。

集数量庞大、层次混杂、趣味多样和立场不一的参与群体。从网络文化的价值取向看，既有弘扬正能量的话语，更不乏散播负能量的亚文化，甚至反文化。如国内外一些持有不同政见的组织和个人，借助网络利用各种文化工具大肆传播西方新思潮，歪曲攻击我国发展中的失误，挑起我们内部矛盾分歧，以多角度解构我国的主流意识形态。从总体来看，大众文化日新月异但良莠不齐，主流文化因失核化而影响力减弱，当前我国社会文化的核心价值功能已被其多元化的形式功能和工具功能所挤压。

在社会文化系统中，帕森斯认为以制度为中心的整合功能和以价值为中心的模式维护功能是保持社会生存与稳定的两个基本条件。默顿（Merton）在帕森斯这一思想的基础上，从社会文化形成的价值目标与社会结构决定的手段之互动关系中发现社会矛盾的根源。他认为如二者契合则会产生遵从行为，如二者断裂则会产生越轨行为。对照我国当前这二者之关系，我们不难发现，一方面是社会结构因经济、政治和社会转型不协调而形成三方力量的巨大差距，形成今天的严重失衡；另一方面因社会文化过度大众化，主流文化式微，社会核心价值观念和社会认同缺失，导致社会价值目标多元化、理性化和世俗化。社会文化的整合功能和模式维护功能明显不足。社会文化不但难以缓解当前的社会结构紧张，反而进一步加大了社会各系统间的“结构性张力”，成为社会矛盾冲突的诱发因素。

三　全球化进程中的风险输入带来了更多的不稳定因素

我国快速融入全球化，加入了全球风险共同体，外部不稳定因素直接侵入我国社会重构过程之中，成为形成社会矛盾冲突新诱因。随着加入世界贸易体系，中国的对外开放度大大提升，政治、经济、文化和社会各领域越来越多地卷入全球化浪潮。在挺进国际市场参与全球资源分配收益的同时，我国自然也融入了全球的“风险共同体”之中。国际风险因素的多渠道输入，已成为诱发国内社会冲突的重要诱因之一。

首先，我国处于全球制造产业链末端的国际产业分工格局，使我国大量廉价劳动力、生产资源和生态资源不得不接受国际资本的绝对剥夺。“世界工厂”成了劳动密集型的“血汗工厂”，成为发达国家转移高耗能、高污染加工制造业的基地。特别是在珠三角、长三角等沿海区域，数量庞大的青年劳动力大都处于一种低工资、低保障、高负荷的工作生活状态，基本劳动权益普遍缺乏保障，已造成了大量的劳资冲突事件；早期一些地方政府坚持先发展后治理的思路，使得大量高污染项目制造的生态伤害近几年日益显现，给区域生态环境遗留下很大隐患。

其次，国际经济危机和全球生态危机对我国的影响越来越强，大大增加了我国发展过程中的输入性风险。2008 年的全球金融危机对我国的冲击波仍未消失，虽每次政府都能以举国体制从容应对，尽可能把风险影响降到最低，但国际市场大环境的变幻莫测仍难以让我们独善其身。每次经济危机来临，首先凸显的就是国民经济增速和就业、消费、物价等基本民生问题。特别是 2008 年这次金融危机，给我们提出了“调结构还是保增长”的两难选择。经济发展与社会民生问题的叠加，迫使我国政府出台了大量以政府为投资主体的强刺激的经济政策，基层政府因此又被迫转身再次参与到具体的市场经营活动之中，权力干预市场反而更加强化，带来了很多新矛盾。2013 年开始有国外企业在大陆大规模撤退，引发了涉及外资企业的大量矛盾。同时，因全球生态危机而引发的全球生态治理运动对我国外向型经济的发展已提出很多新的标准和要求。目前，绿色贸易壁垒（Green Barriers，简称 GBs）已被广泛使用，不久的将来碳关税（BTAs）也极可能成为现实，这都倒逼着我国企业不得不降低生态消耗，尽快实施绿色生产（Green production），政府因此面临十分紧迫的产业结构调整和环境污染治理压力。相比而言，生态危机意识或者说环境意识的输入，对提高我国公民对自身生存环境权益的自觉关注效果更加明显。目前“邻避效应”（Not-In-My-Back-Yard）得到国内民众的广泛认同，已成为引发环境群体性冲突事件主要诱因。

最后，伴随全球化而来的各种西方新思潮，对我国主流意识形态也形成了较强的冲击，无形中增加了我国国家治理的风险。对于国内发生的社会矛盾冲突事件，一部分人专盯其中的制度漏洞或政府失误，进行扩大化和妖魔化的攻击，唱衰中国发展，其中以新自由主义思潮对国内的“精英人士”的影响最为突出。源于西方发达国家的新自由主义思想主要观点是崇尚个人自由，提倡放任自由的市场经济，崇拜市场的自发调节力量，反对国家干预经济，主张私有化。这种思想在 20 世纪 80 年代开始在中国蔓延，至 90 年代中期始已逐渐渗入政府的一些经济发展政策之中，其价值取向主要表现为强调效率，推崇资本，忽视普通民众权益保护，用权力为资本利益最大化创造条件。当时主要在国有企业改制，以及对住房、医疗、教育、社会保障和福利等领域实施全面市场化改革上体现的较为明显。导致了国有资产大量流失，官员腐败，财富迅速向少数人集中，而改革成本却让整个社会且主要由弱势群体来承担的结果。进入 21 世纪以来，最高决策层意识到因市场经济超前发展而不断拉大的贫富分化、城乡分化所产生的大量社会矛盾，及时提出了“以人为本、全面、协调、可持续发展”的科学发展观作为新的指导思想。2008 年的国际金融危机虽然使西方新自由主义的本质面目已经暴露无遗，其后果危害也足以发人深省。但由于其对部分国人的影响已根深蒂固，甚至包括在精英阶层，已成为个别利益集团维护其长期垄断地位的思想工具，并努力地争取更多地渗透到当前我国深化改革的指导思想和主流意识形态的建构中去。若我们不能保持清醒的头脑，准确把握有关决策，极有可能使其卷土重来，成为引发更激烈社会矛盾冲突的意识根源。

第五章

我国社会矛盾的发展趋势

辩证唯物主义的认识论认为：世界是物质的，物质是运动的，运动是有规律的，规律是不以人的意志为转移的但却是被人所认识的。社会矛盾作为人类活动的一种形式，同样如此，只要人们认识了社会矛盾基本状况与发展的规律，就能对社会矛盾的发展变化进行预测。通过分析调查研究获得的基础资料，了解社会矛盾的基本特征、引发矛盾产生的内在因素与外部条件，以及在认识内因与外部条件下相互作用的基础上，揭示社会矛盾发生的机制，这就是解释社会矛盾产生的原因，发现社会矛盾产生的规律。在此基础上，预测社会矛盾发展的趋势，即各种社会矛盾的走向，可以为预防与化解社会矛盾做好知识储备、信息准备，然后制定针对性的解决策略与措施。

第一节　社会矛盾发展趋势概述

一　社会矛盾发展趋势预测的内涵

1. 社会矛盾发展趋势预测的概念界定

社会预测一词来自希腊文 Prognosis，意思是通晓未来，预测是为了知道将来的社会事件或状态，预测与人们思维方向是一致的，是由所知道的主变量预测从变量。“社会预测作为人类才具有的一种超前思维形式，在人类历史上大致先后经历了神灵性预测、经验性预测、哲理性预测、实证性预测四个阶段。”[①] 近几十年来，社会预测取得了长足的进

① 阎耀军：《从古代龟蓍占卜到现代科学预测》，《湖北社会科学》2006 年第 3 期。

步。美国的韦恩. I ·鲍彻指出："现在越来越多的人认识到，对各种可能发展途径和各种潜在事件的可能性作出尽可能细致的预测不仅是有益的，而且是十分必要的。事实证明，没有较为准确的比较负责的预测，某些很理想的机会就会失去，而某些现在规定的决策将会产生令人遗憾的或灾难性的后果。而在未来，这些后果迅速地物化，人们将自食其果。"① 虽然目前学术界并没有对社会矛盾发展趋势预测的相关概念进行阐释，但是可以结合社会预测的概念来界定。就社会矛盾而言，更是如此，如果对重大的社会矛盾没有未雨绸缪，任其自然发展，社会矛盾就会恶化，甚至对整个社会秩序产生致命的冲击。陆学艺认为，社会预测是"从社会现象的既有状态出发，根据社会发展的客观规律、相互制约的关系，利用客观资料和主观经验，通过归纳、演绎、分析、综合或建立模型，进行试验等手段，对社会现象未来发展变化的方向、性质和程度进行预计和推测"②。阎耀军给社会预测下的定义是："社会预测是预测主体依据一定的经验和理论，以及对社会发展规律的把握，而对现在事件的未来后果和未来可能发生的社会现象、事件和过程的预见。"③ 课题组借鉴了上述相关材料后认为：社会矛盾发展趋势预测是以我国主要社会矛盾为对象的一种预测活动，在充分把握当前社会矛盾的现状（包括社会矛盾产生的内在因素、社会矛盾产生的外部条件、内因外因结合的发生机制）及发生规律的基础上，推断出社会矛盾发展变化的可能性。

需要特别提出的是，趋势分析与趋势预测是不同的概念，前者是历史性的分析，是对社会矛盾在不同阶段生成规律的总结。对于不同阶段的社会矛盾的趋势分析，为我们对社会矛盾的未来的预测奠定了基础。而后者是对社会矛盾发生走向的可能性的判断。社会矛盾的趋势通常有三种情况，第一种是继续恶化，第二种是僵持不变，第三种是得到化解。我们对社会矛盾的预测，是为了争取第三种可能性。

① ［美］韦恩·鲍彻：《预测和未来学研究》，《预测和未来学研究》翻译组译，上海科学技术文献出版社1985年版，第1页。

② 陆学艺：《社会学》，知识出版社1996年版，第503页。

③ 阎耀军：《社会预测学基本原理》，社会科学文献出版社2005年版，第91页。

2. 社会矛盾发展趋势预测的基本原理

第一，规律性原理。社会的运动与自然界的运动一样，不是杂乱无序的，而是有规律可循的。[①] 社会运动的规律也是可以被人们所认识的，社会矛盾也是一样，只要掌握了主导社会矛盾的变量，掌握了具体矛盾的规律性，就可以根据其规律对社会矛盾的未来发展趋势和状况进行预测。

第二，连贯性原理。连贯性是事物内部矛盾运动的反映，是客观世界的规律性的一种表现形式。这是基于事物在时间上具有持续性的特点，今天的矛盾是昨天矛盾的延续，明天的矛盾是今天矛盾的发展。未来的社会矛盾像现在的社会矛盾那样，会有些差别，但很多方面是相似的。可以设想只要在社会条件不发生变化的情况下，将来的社会矛盾一样不会发生大的变化。而改变今天影响社会矛盾的变量以及外部条件，就可能引起社会矛盾的变化。

第三，相似性原理。客观世界中的事物虽然千差万别，但是它们在特定的层次上总存在着某种相似性，对于社会矛盾的预测也是一样。社会矛盾及其变化都是按照一定的模式运转的，而特定的模式与运动节律是可以被认识的。根据与其他社会矛盾之间的相似性，可以从已知的社会矛盾及其发展规律中类推出在共同的社会背景下可能发生的社会矛盾及其发展趋势。

3. 社会矛盾发展趋势分析的方法及困难

社会预测有趋势外推法、模拟法、专家法等。本课题使用的方法主要是专家意见征询法，也称德尔菲法，即利用专家的知识、经验、智慧等无法数量化的带有很大模糊性的信息，通过通信的方式进行信息交换，逐步地取得较一致的意见，达到预测的目的。[②] 这种方法适用于超长期和不确定的长期预测。使用该方法时，首先要确定与预测主题有关的专家，评价专家们的擅长度与可比性，在此基础上选择一部分作为征询意见的对象；然后通过调查，收集专家的意见。专家法在具体运用时，主要采取两种形式：（1）个人判断法，即在矛盾趋势预测时向个别专家、顾问征求矛盾发展的趋势与解决问题的意见；（2）头脑风暴法，即以专家的创造性逻

① 阎耀军：《社会预测学基本原理》，社会科学文献出版社 2005 年版，第 233 页。

② 同上书，第 191 页。

辑思维来获得未来信息的一种方法，可分为直接头脑风暴法和质疑头脑风暴法。课题组以为，专家有两种类型，一种是学者型，这是从事相关理论研究的专门学者、科研人员，他们在某个领域有着广博的知识。另一种是干部型的，或者是专家型的，即专门从事处置矛盾的相关工作人员，他们长期在基层第一线从事化解矛盾的专门工作，处理形形色色的各种矛盾，有着丰富的实践经验，对矛盾的属性认识深刻，对矛盾的发展趋势有独到的见解。本课题因经费使用的限制，对学者型的专家预测无法进行，而运用干部型的专家法，重点关注实际处理矛盾问题的基层干部的看法。我们努力通过对基层干部的访谈，以获取他们对社会矛盾的看法与判断，对社会矛盾的趋势在质性研究的基础上进行趋势推断。

需要特别指出的是，现实生活中社会矛盾预测存在很多困难。在我国许多关于社会发展中涉及地方政府形象的、政绩的负面数据，通常都是保密的，这为社会矛盾研究带来巨大的困难，对社会矛盾无法进行定量的研究，进行科学的趋势分析。一是社会矛盾所处环境的不稳定性。社会系统中影响社会矛盾的不确定因素十分多，最初的预测是根据过去和当时的情况作出的，但是在预测期内随时可能会有新的因素介入，这势必会影响预测结果的准确性，而这种新的因素是不确定的。二是由于社会系统的纷繁复杂，社会信息往往带有很大的误差，仅仅是在一定程度和一定层次上客观反映了社会活动的情况，并不是社会矛盾完整的反映。特别是影响社会矛盾的变量十分复杂。在以后的矛盾分析中我们可以见到，同样是征地拆迁矛盾，有的是制度、政策因素，有的是程序、操作因素，还有的是地方干部或者村民自身的因素。三是信息的全面性。预测准确的前提是所需信息的完备性。这在我国还有一些特殊的困难，就是一些有关社会矛盾的关键的统计数据难以获得，例如，群体性事件通常是显示社会矛盾严重性的一个重要指标，在我国它属于绝密的数据。又如，群众上访（包括群体上访），每一个上访案件代表着一个具体矛盾，如果对上访数据进行分析，我们可以获得我国社会矛盾的结构分布的状况，但这一数据也是保密的。通常反映矛盾的指标有各级各类调解组织受理调解矛盾纠纷数、政府信访部门办理群众来信来访数，我们只能够获得间断的、零碎的、地方性的数据，无法对全国的社会矛盾进行全面的科学的分析。由于基础数据获得的困难性，这使得预测中的模拟法等无法使用。四是信息获取的真实性、准确性。基层干部在上级或外人调研、考察的时候，倾向于回避、掩饰矛盾，这涉及对干部的政绩的评价。即使获得了某些信息，有可能数据被修改，会影响到统计数据的准确性。五是科研经费使用的制度性限制。如我们试图用德尔菲法，但财务制度规定，无法向专家支付足额的现金报酬，因而这一方法受到阻碍。这也是我国整个社会预测领域的困境。

二 国内学者关于我国社会矛盾的趋势分析

对我国社会矛盾发展趋势的具体研究可大致分为当前社会矛盾总体发展趋势，以及具体矛盾发展趋势这两个研究视角。在对社会矛盾总体发展趋势的研究方面，胡义成是国内较早的关注社会矛盾演化预测的学者，他认为我们面临着不少矛盾和困难，其中有些是长期制约经济发展的不利因素，“因之，要求不发生一点波动，是不可能的，但总的来说，经过努力，可以避免大的波动，保持一个长期稳定的政局，仍有充分条件继续实现经济的较快增长和社会的全面进步”。[①] 何新则认为，中国的经济增长是假象，在未来国家可能失去政治稳定与勉强维持的局部繁荣，他还认为“农民工问题”必须引起足够的重视，否则会引起大规模动乱。[②] 王山认为“中国社会在进入分层的第二阶段时，社会环境将发生恶变，不仅一般的对抗行为会以更激烈的方式进行，而且某些只应该在第三阶段可能出现的特征性行为也会提前出现”[③]。经济体制改革必然要求的政治体制改革也会“遇到很大麻烦，甚至这个社会将无法驾驭”[④]。这些对中国发展趋势的预测偏向悲观主义。

进入了21世纪，学者们对于社会矛盾趋势的研究与当下社会结构的变化结合得更为紧密。郑杭生、杨敏认为我国社会矛盾的发展有以下一些值得关注的重要动向。1. 经济发展中存在的问题依然是社会矛盾的主要集结点。2. 政府行为失当对于社会矛盾的突出影响。3. 基层的利益矛盾

① 胡义成：《对我国当前社会矛盾演化的预测评述》，《理论探讨》1997年第3期。

② 同上。

③ 王山：《第三只眼睛看中国》，山西人民出版社1994年版，第203页。

④ 同上书，第226页。

是社会矛盾的重点所在。4. 制度性缺陷对社会矛盾的催化作用。5. 警惕强势群体特别是特权阶层对体制的影响。① 李耀东从我国的具体国情出发，认为我国社会矛盾有四种走势。1. 社会矛盾将长期存在于我国社会发展运行中。2. 我国正处于社会矛盾激化的高危期。3. 社会矛盾叠加效应是最大危险。4. 警惕对一般性社会问题处理失误引发社会矛盾激化。②吴忠民更为具体地指出了现阶段社会矛盾呈现的几个趋向：1. 社会矛盾问题呈现出一种“并发症”的状态。2. 社会矛盾问题的连带性很强、波及面十分广泛。3. 特别集中在与基本民生密切相关的部位。4. 劳资纠纷和矛盾迅速上升。③ 此外，他还从影响面、影响力的角度，进一步提出了中国社会矛盾问题的生长点，分别是：劳资矛盾、由征地拆迁引发的社会矛盾问题、由流动人口引发的社会矛盾问题以及由对以往遗留问题“倒找”行为所引发的社会矛盾问题。④ 何平认为现阶段我国社会矛盾主要呈现如下发展态势。1. 利益矛盾越来越凸显，成为各种矛盾的聚焦点。2. 矛盾冲突程度加剧，群体化趋势明显上升。3. 干群矛盾表现突出，“仇官”“仇富”心态较为普遍。4. 社会矛盾往往借助网络民意，形成无形抗争压力。5. 矛盾成因更趋复杂，化解难度不断加大。⑤

相较于社会矛盾的总体发展趋势研究，对具体矛盾的趋势研究文献明显增多。胡联合、胡鞍钢、王磊通过对 1994 年以来影响我国社会稳定的两类社会矛盾——合法形式的社会矛盾（比较轻微的社会冲突，是社会冲突的一种和平的、合法的外在表现形式）和非法形式的社会矛盾（危害相对比较严重的社会矛盾）的实证分析，考察了 1994 年—2004 年我国社会矛盾的发展态势，认为在经济高速增长的大背景下，社会矛盾总量呈现逐步上升的发展态势。其中合法形式的社会矛盾的比例不升反降，非法形式的社会矛盾的比例上升幅度较大，反映出我国社会冲突不但在数量呈

① 郑杭生、杨敏：《社会实践结构性巨变下的社会矛盾》，《探索与争鸣》2006 年第 10 期。

② 李耀东：《当前我国社会矛盾的走势分析》，《理论前沿》2008 年第 14 期。

③ 吴忠民：《现阶段社会矛盾呈现的几个趋向》，《浙江日报》2011 年第 14 期。

④ 吴忠民：《应当高度关注中国社会矛盾问题的生长点》，《学习时报》2011 年第 10 期。

⑤ 何平：《现阶段我国社会矛盾演变趋势及法治化解决机制研究》，《安徽行政学院学报》2012 年第 3 期。

增多趋势，而且冲突激烈程度也呈加剧趋势。[①] 在 2014 年，胡联合、胡鞍钢、魏星在该研究的基础上，重点进行深入的实证研究，以全面把握 1990 年以来全国社会矛盾的演变态势和特点，并着重分析社会矛盾的成因。他们进一步认为："一方面，1990—2010 年全国社会矛盾发生率不但升高，而且冲突程度有所上升。其中，非法形式社会矛盾比合法形式社会矛盾增速更快，社会矛盾呈高发增长和危害加重的特点；另一方面，全国社会矛盾总发生率、合法形式社会矛盾发生率、非法形式社会矛盾发生率的年均增长速度均低于同期人均 GDP 年均增长速度。现代化是影响社会矛盾发生率的主要原因之一。[②] 社会控制力对不同形式社会矛盾的影响方向相反，对非法形式社会矛盾发生率有抑制作用，而对合法形式社会矛盾发生率有促进作用。收入分配差距对非法形式社会矛盾发生率和社会矛盾总发生率均有显著的正向影响作用，而对合法形式社会矛盾发案率则无显著影响。"[③]

陈群祥着重研究了基层社会矛盾的演化特点与趋势。1. 干群之间的矛盾比较突出。2. 民生诉求快速增长致使矛盾急剧增加。3. 互联网的发展和普及极大地促进了社会的发展，也给人们的生活带来了许多便利，但由于对互联网的管理相对滞后，也带来了许多负面信息。4. 社会矛盾激化的燃点降低。5. 矛盾调处难度加大。[④] 在农村社会矛盾的趋势分析上，米正华构建了农村社会矛盾演化分析模型，他认为在农村社会矛盾演化分析模型中，农村社会矛盾的演化趋势呈现 S 形曲线运行轨迹，取决于矛盾驱动力与矛盾抑制力，即防控措施相互作用的结果。农村社会矛盾驱动力推动农村社会矛盾不断向前发展，甚至成为风险性社会矛盾，严重影响农村社会稳定与发展。农村社会矛盾抑制力是驱动力的反作用力，产生或来源于防控农村社会矛盾发生、激化的措施。在矛盾防控方案科学、防控措

① 胡联合、胡鞍钢、王磊：《影响社会稳定的社会矛盾变化态势的实证分析》，《社会科学战线》2006 年第 4 期。

② 何平：《现阶段我国社会矛盾演变趋势及法治化解决机制研究》，《安徽行政学院学报》2012 年第 3 期。

③ 胡联合、胡鞍钢、魏星：《国家治理：社会矛盾的实证研究》，《新疆师范大学学报》2014 年第 3 期。

④ 陈群祥：《基层社会矛盾演化趋势及化解机制创新思考》，《信访与社会矛盾问题研究》2013 年第 4 期。

施有效的情况下，农村社会矛盾演化S形曲线可以更为平缓，甚至可能到达不了顶点。因此，我们必须对农村社会矛盾进行有效防控。[①] 杨文伟、吴忠民对劳资矛盾的演进趋势进行了研究述评，[②] 并预测随着劳动者权益遭受侵害，贫富差距的日益扩大，必然导致劳资纠纷增加和劳资矛盾的激化，由此引发的群体事件也迅速增多，劳资矛盾开始危及社会的稳定。[③] 张宗和认为，就当代中国的劳资矛盾和劳资冲突而言，可以有三种走向：其一，整个进程纳入法制轨道，劳资双方都以民族利益大局为重，种种冲突都依靠谈判协商解决；其二，劳资冲突不断升级，规模持续扩大和频率不断加快，尽管社会进行规制，但仍无法抑制冲突的发展进程，最终导致社会动荡和重大社会变革；其三，冲突逐步增加，劳方、资方和政府三方不断修正对策，调整行为，逐步趋于制度化、法制化，使冲突出现拐点，数量减少，但不会完全消失，呈现一个先升后降，波动不断的运动轨迹。从中国的现实条件看，劳资冲突将是第三种走向。[④]

吴忠民认为，“官民矛盾”问题激化或缓解两者间的弹性空间较大，不同政策尤其是不同重大政策的导向，对于加重或是缓解“官民矛盾”问题必然会产生十分明显的影响，加之举国动员体制的放大效应，无疑又使得这种影响明显增大。换个角度看，中国现阶段“官民矛盾”问题的加重或是缓解有着比较大的弹性空间，至少在一个比较长的历史时段当中是这样的。[⑤] 孙元明对我国群体性事件发展趋势作出了判断，他认为当前我国发生群体性极端事件的隐患依然存在，社会的结构性张力加剧，部分区域稳定性形势依然严峻。未来15至25年将进入群体性事件多发期；最可能引发群体性事件的诱因集中在环境破坏、征地拆迁、劳资纠纷等方面；从民怨积累程度来看，最易爆发地点极有可能发生在中西部地区，其中三峡库区是一个尤其值得高度关注的地区之一。这是在没有

① 米正华：《风险社会理论视角下的农村社会矛盾防控》，《江西社会科学》2013年第9期。

② 杨文伟、吴忠民：《劳资矛盾研究的进展及问题》，《东岳论丛》2012年第4期。

③ 程连升：《新时期我国劳资关系演变的趋势和对策分析》，《教学与研究》2006年第4期。

④ 张宗和：《中国劳资冲突的未来走向》，《经济管理文摘》2006年第19期。

⑤ 吴忠民：《当代中国社会“官民矛盾”问题特征分析》，《教学与研究》2012年第3期。

任何外来因素干扰前提下的一个初步判断。他的初步结论是，未来的若干个“五年计划”及其实施的效果，对于中国社会的安全稳定至关重要。区域性重大群体性事件有可能在某一特定地点和时间爆发，从而引发范围更广、规模更大、持续时间更长的重特大群体性事件，对国内社会政治秩序产生强烈的冲击。此外，他还提出了防范重点：1. 注意国内环境保护议题的特殊性；2. 警惕外部力量的恶意介入；3. 警惕价值冲突中暗含的意识形态矛盾；4. 特别关注某些新的组织动员形式和特殊工具。①

通过对相关文献的梳理可以发现，不论是关于当前社会矛盾总体发展趋势还是关于具体矛盾发展趋势的文献都很少，并且这其中有很多只是在文章中的一小部分涉及社会矛盾的发展趋势。此外，这些文献大都采取的是文献法，根据已有的论文，再结合当前的政策，提出自己的看法，研究方法比较单一。这其中为数不多的采取定量研究方法的文献也采用的是二手数据进行趋势分析。本课题的研究有别于大部分研究，我们将文献法与基层干部经验判断法相结合，在探究社会矛盾演化历程的基础上，利用对一手实证资料的内容分析并结合文献的评述，力求对我国矛盾发展的总体趋势以及具体矛盾的发展趋势作出科学合理的分析。在社会矛盾演化历程的论述上，我们主要采取的是文献法。通过对国内外相关文献的检索、分类、研读，收集丰富的文献资料，了解学术界的关于社会矛盾的研究成果和前沿动态。在此基础上，再结合国家的相关政策的变更，力求全面展现不同社会条件下的主要社会矛盾的特点，从而准确论述主要社会矛盾的演化历程。在充分掌握主要社会矛盾演化历程的基础上，我们将首先仔细分析根据基层干部经验判断法获得的来自江苏、安徽、四川、山东、湖北这五省的基层干部的366个访谈，即根据访谈内容中具体矛盾出现的频率，归纳出现阶段主要的社会矛盾以及总结内容中所涉及的矛盾发展趋势。其次，我们将运用文献法，通过中国知网数据库检索论文、报纸中所出现的高频矛盾论文、报道，对百度引擎中关于“矛盾”词频进行描述性分析，从而得出论文、报道的频数分布趋势。最后我们

① 孙元明：《对当前群体性事件发展趋势的判断和面临的若干突出问题分析》，《信访与社会矛盾问题研究》2013年第4期。

将干部访谈、问卷得到的结果、学者的研究结果与文献频数统计的结果相结合，力求全面分析社会矛盾的总体发展趋势以及具体矛盾的发展趋势。

第二节　我国主要社会矛盾的演化历程

一　影响我国主要社会矛盾的关键因素

我国的刚性社会矛盾是伴随着社会转型而生的，是社会转型的产物。而社会转型是由党和政府主导的一场自上而下的社会改革。党和政府通过贯彻其战略方针、实施其各项具体政策，构建起新的政治、经济、社会制度，来推动社会的转型。党和政府的方针、政策，是指导社会运行的规则，调整社会结构整合，调动社会力量运行的指挥棒。很大程度上，正是党和政府政策的调整与变化造成了当代中国社会结构的转型，而社会结构转型中的各种不协调现象，引起了社会矛盾的发展，也使得社会矛盾的发展形态表现出明显的阶段性特征。党中央的决议，通常决定了我国社会经济发展的方向与大政方针，以党内文本的形式体现出来，主要是原则性的内容，更加抽象，不具有操作性。而政府的政策，通常是将党的原则性的决议转化为操作性的措施，是具体的、可以操作的。因此，我们将党中央的决议与政府的政策，作为研究我国社会转型的实际变量，作为影响社会矛盾发展的最关键、最根本、最大的主变量。我们在对刚性矛盾的分析中，将追踪决议、政策的这一主要变量所起的作用。例如，1978 年 12 月份召开的中国共产党第十一届三中全会实现了党在思想路线、政治路线和组织路线上的拨乱反正，全党的工作重心和全国人民的注意力开始转移到了社会主义现代化建设上来，实行改革开放的新决策，启动了农村改革的新进程，这些重大决策使得社会矛盾也发生了根本性的变化，曾经的敌我矛盾不再提及。在 1984 年 10 月召开的党的第十二届三中全会上，党中央作出进行经济体制改革的决定，主要是进一步冲破当时“左”的思想束缚，解决政企不分、分配上过分平均主义的困境，把改革开始向城市推进。到 1988 年 9 月召开的党的第十三届三中全会，由于社会的二元结构和双轨制运行模式仍未得到根本上的改变，落后的社会生产力与人们日益增长的物质文化需求之间的矛盾更加突出。社会总供给上的短缺矛盾、利益分配多寡不公的矛盾和权力腐败的矛盾开始凸显，因此治理经济环境，整顿经济秩序成为当时的首要任务。而1993年11月召开的第十四届三中全会明确了建立社会主义市场经济体制，市场在社会资源的配置中开始处于基础性地位，将市场经济的机制引入国门。此后，以民营经济为代表的多种所有制经济快速壮大，社会多元利益主体开始形成。但由于经济发展中的区域不平衡、规则与制度建设的滞后、政府主导的经济发展模式以及民生投入不足等原因，使得中国社会阶层结构、区域结构、职业结构与收入结构分化日益加剧，随之而来的贫富矛盾、城乡矛盾、官民矛盾、劳资矛盾和环境矛盾以群体性事件的形式爆发出来。到2013年11月召开的党的第十八届三中全会，市场在社会资源配置中的决定性地位进一步确立，并提出要大力发展混合所有制经济，我国改革开放进入攻坚期和深水区，前一阶段积累的社会矛盾成为制约经济社会发展“最突出的问题”。特别是在政治体制、社会管理体制与市场经济体制间的“堕距”愈加明显，已成为迫切需要解决的深层次矛盾。

二　我国主要社会矛盾的演化

第一阶段：中华人民共和国成立到“文化大革命”结束（1949.10—1976）。这一时期是我国高度集中统一的计划经济体制建立时期，社会结构也是从松散到严密的时期。在1949年3月5日的七届二中全会的报告中，毛泽东也明确指出了革命胜利后中国社会的基本矛盾：“中国革命在全国胜利，并且解决了土地问题以后，中国还存在着两种基本的矛盾。第一种是国内的，即工人阶级和资产阶级的矛盾，第二种是国外的，即中国和帝国主义国家的矛盾。”[①] 也就是说，在土地改革完成后，工人阶级与资产阶级的矛盾以及民族矛盾会成为国内的主要矛盾。这一阶段的矛盾是一种阶级矛盾与国家之间的矛盾，与后面的具体的社会矛盾内涵有重大差异。1956年底社会主义三大改造基本完成，我国的社会结构和阶级关系都发生了新的变化，无产阶级和资产阶级的矛盾已经基本解决，社会发展重心由革命转入建设，社会的主要矛盾已经发生明显转变。1956年党的

① 《毛泽东选集（第四卷）》，人民出版社1991年版，第1433页。

第八次全国代表大会，对当时国内的主要矛盾作出了明确的界定。大会指出："我国社会主义制度已经建立的情况下，也就是先进的社会主义制度同落后的社会生产力之间的矛盾。党和全国人民的当前的主要任务，就是要集中力量来解决这个矛盾，把我国尽快从落后的农业国变为先进的工业国。"[①] 1957 年 2 月，毛泽东在《关于正确处理人民内部矛盾的问题》的讲话中，进一步阐明了关于人民内部矛盾的学说，首次提出了关于敌我矛盾的区分方法。而关于两类不同性质矛盾的划分与处理的学说，成为无产阶级专政下"继续革命理论"的一个基石。[②] 这也为之后的"文化大革命"（1966. 5—1976. 9）埋下了伏笔。尽管"文化大革命"中以"阶级斗争为纲"，群众争相批斗"走资派"，甚至产生了群众不同派别之间的武力斗争，一度十分剧烈，但这一矛盾是自上而下的，是在意识形态引导下的一种派性之间的矛盾斗争，属于一种政治矛盾与斗争。但同时，频繁的阶级斗争强化着社会的意识形态的整合，社会结构处于高度政治整合的状态。公有制与集体所有制经济，使社会成员享受着平均主义的"大锅饭"和"铁饭碗"，群体与个人没有基于物质利益的竞争、摩擦，也少了利益的矛盾纠纷，除了少量的社会微观层面的人际矛盾外，基本没有基于利益冲突的重大矛盾。全社会接受集体主义的价值观念与单一的意识形态，社会成员成为一种完全模式化的"秩序人""组织人"。这一阶段的社会主要矛盾内涵最为丰富：一是政治经济学意义上的生产力与生产关系的矛盾，先进的社会制度与落后的生产力之间的矛盾；二是从经济发展程度上区分的人民的主观需求与落后的生产力状况的矛盾；三是从意识形态区分的敌我性质的矛盾、阶级斗争性质的矛盾。

第二阶段：改革开放到 20 世纪末（1979—2000）。党的十一届三中全会实现了全党在思想路线、政治路线和组织路线上的拨乱反正，全党的工作重心和全国人民的注意力开始转移到了社会主义现代化建设上来，实行改革开放的新决策，启动了农村改革的新进程，我国便进入了社会转型时期，社会结构和经济体制都发生了转变。由原先半封闭的社会向开放的

---

① 中共中央文献研究室：《建国以来重要文献选编》（第 9 册），中央文献出版社 1994 年版，第 341—342 页。

② 汪澍白：《毛泽东思想的双重渊源》，厦门大学出版社 1993 年版，第 118 页。

社会转变，从计划经济体制向市场经济体制转变，社会矛盾也发生了质的变化，阶级斗争不再是主旋律，取而代之的是由经济利益竞争引发的各个群体间的利益矛盾。1981 年，党的十一届六中全会通过的《关于建国以来党的若干历史问题的决议》明确地把当前我国社会的主要矛盾概括为“人民日益增长的物质文化需要同落后的社会生产之间的矛盾”。[①] 改革开放促进工业化的发展创造了大量的物质财富，市场经济创造了大量的物质财富，也强化了人们对经济利益的追求。“让一部分地区、一部分人先富起来”的政策，促进了社会分层，也加剧了贫富差距，也引发了诸多社会矛盾。特别是从 20 世纪 90 年代开始，随着改革的深化，一些基于利益重新调整的重大社会矛盾开始出现。20 世纪 90 年代中期，国家就进行了国有企业改革。在 1997 年以后，主要是实行以产权置换和国有企业职工身份置换为主的国有企业改制，其中核心的问题是“全面解除国家通过企业同劳动者签定的劳动合同，以及分离国有企业的各种社会责任”。[②] 国有企业改制引发了大批的职工下岗失业，导致了劳资矛盾突现，有的转化为今天的历史遗留矛盾。在 1994 年 7 月，《房地产管理法》出台，并于次年 5 月实施，开发商逐渐走上前台；同年推行的分税制改革，被视为地方政府逐渐倚重土地财政的因素之一。我国现行的土地征用制度，主要依据全国人大常委会 1998 年修订通过并于 1999 年开始施行的《中华人民共和国土地管理法》。该法在第二十五条明确规定，“征地补偿、安置争议不影响征用土地方案的实施”。也就是说，国家征用土地的指令是行政指令，即无须被征用土地的所有人同意，土地被征用的集体经济组织对此必须服从。实施中不仅征地补偿费种不齐全，补偿费测算也不够科学。此外，征地补偿安置政策不合理，有的已滞后于现行的法律法规，该政策实施引起了大量征地矛盾。这一时期，各种社会矛盾开始出现了，但并不严重。社会主要矛盾的涵义依然按照惯性的生产力与生产关系矛盾、意识形态的敌我矛盾解释。但逐步出现了新的变化，阶层的矛盾、城乡的矛盾、贫富的矛盾及各种具体矛盾的议题开始进入社会矛盾的话语体系中。这一

① 张纪、来丽梅：《对当前我国社会主要矛盾的新认识》，《理论探讨》2004 年第 6 期。

② 王德群：《国企改制中若干问题的研究》，硕士学位论文，华中师范大学，2004 年，第 4 页。

时期是改革启动，社会转型艰难起步的时期，也是经济体制、政治体制、社会体制从惯性运行到开始转型的时期，各种基于利益的矛盾逐步呈现的时期，而对社会矛盾的判定、研究，还是以传统的意识形态的话语体系为主。

第三阶段：2001 年到现阶段。我国城市房屋拆迁中为地方政府所崇尚的政策大都依据 2001 年稍加修改后并沿用 10 多年的《拆迁条例》，该条例具有政府规定的强制性。一旦拆迁程序启动，不论被拆迁人意愿如何，房屋终将被拆除，被拆迁人是经济实力较弱的分散的个体，是被动地加入到拆迁活动中来的。且仍未区分公益和商业拆迁，其运作模式依然沿袭了建设单位向政府申请拆迁许可，获批后实施拆迁，发生纠纷由政府裁决，被拆迁人拒绝拆迁的实行强制拆迁等做法。[①] 直至 2011 年 1 月《国有土地上房屋征收与补偿条例》出台。大规模的房屋拆迁引发了一系列拆迁矛盾。国企改制、土地征收、房屋拆迁这三个政策，其未曾预料到的负功能造成了学者所说的“三失”（失房、失地、失业），基本上是主导了 20 世纪末到本世纪的刚性社会矛盾。这一阶段，社会矛盾内涵开始具体化，由每个领域改革的深入而引发的具体矛盾不断地显现出来。这些源自在某个领域进行的某项改革措施，引起某个职业群体、某一类群体具体的利益受到损害。对此，党中央亦有清醒认识，于党的十六大前后及时提出了科学发展观和构建和谐社会的总体目标要求。“维稳”成为策略性措施出台。但由于没有从根本上消除矛盾源，将化解矛盾的目标与维稳手段倒置，重大的社会矛盾与社会冲突反而加剧，社会矛盾的生长数量与速度、爆发的强度与烈度、显现的后果与影响都呈现日益严重的趋势。目前，尽管农村的税费矛盾、计划生育矛盾有所减弱，城市的农民工管理矛盾等有所减轻，但现实性的城乡的环境污染、征地拆迁、劳资纠纷、治安恶化、历史遗留问题等引发的社会矛盾不断以群体性事件表现出来，这就是我们关注的刚性社会矛盾。农村的养老保障矛盾、城市的物业矛盾、医患矛盾等正在快速增长。而民众不公平感在增长，仇富、仇腐、仇不公的心态固化。社会矛盾开始制约经济与社会的

---

① 黄仁露：《关于我国城市房屋拆迁政策的思考》，《福建论坛·人文社会科学版》2011 年第 1 期。

发展，并演变为政治问题，已成为当前经济社会发展中“最不稳定的因素”。改革开放以来，中国社会最大的变化就是市场机制的导入引起了社会结构全方面的变化。社会转型中整个社会结构变得更有弹性了。但同时，社会关系也趋于复杂化，不仅在社会微观层面社会成员交往中利益矛盾纠纷大量增加，而且产生了基于利益矛盾的群体之间的冲突，同时，为了争夺利益的越轨行为增多了。各种具体社会矛盾的产生与爆发，使社会矛盾的研究由“人民内部矛盾”的分析框架转为社会矛盾的多维度分析框架。

第三节　社会矛盾的发展趋势分析

社会矛盾是影响社会稳定和社会发展的主要因素，党的十七大明确提出社会主义和谐社会是在发展的基础上正确处理各种社会矛盾的历史过程和社会结果。分析当前主要社会矛盾的发展趋势，对于正确选择化解社会矛盾的路径和方法，从而促进社会的安定和谐，实现社会系统的良性运行显得尤为重要。伴随着社会经济发展环境的重大变化，对矛盾发展形势进行预测已经成为缓和与化解社会矛盾的重要举措。课题组通过检索《中国期刊全文数据库》1995—2014 年所收录的文献（包括期刊、硕博论文、年鉴等十三类），发现关于社会矛盾的文章篇数逐年递增，在 2011 年更是达到了 11914 篇，虽然 2014 年相关文章篇数下降，但也高达 7172 篇。但研究社会矛盾发展趋势的文献很少，并且在为数不多的文献中，还存在如下不足：研究大都采取的是文献法，根据已有的论文，再结合当前的政策，提出自己的看法，研究方法比较单一。这其中为数不多的采取定量研究方法的文献也采用的是二手数据进行分析，其准确度和时效性值得推敲。这些问题都制约着矛盾趋势研究进一步走向深入，因此有必要重新思考研究方法，结合社会事实，切实分析社会矛盾发展的趋势。由于关于社会矛盾发展趋势的数据库很少，相关的矛盾数据大多还属于国家保密内容。这使矛盾趋势研究缺少基础数据。为此，课题组只有另辟蹊径，以文献法与基层干部经验判断法为主。在基层干部经验判断法的使用上，课题组根据基层干部访谈的内容，对干部眼中的社会矛盾发展趋势进行了总结和归纳。再运用文献法，将通过干部访谈获得的共性矛盾的关键词在

《中国期刊全文数据库》进行检索，掌握1995—2014年学术界对于社会矛盾研究的情况与研究的趋势。最后，课题组将以基层干部对矛盾的趋势判断为基础，结合学者有关社会矛盾趋势的研究成果，对我国社会矛盾的发展形势进行预测。

一 基层干部经验预测

2013年12月至2015年5月，课题组在江苏、安徽、四川、山东、湖北等省进行了干部访谈和召开座谈会，获得了366个有效的样本资料①，其中科级以上干部53人，科级干部175人，科级以下干部138人。在这366份访谈中，对我国社会矛盾发展趋势提出看法的有130人，其中有53人对未来社会矛盾的发展持乐观态度，认为社会矛盾会减少，其余的77人认为社会矛盾会加剧。

根据具体的基层干部经验判断，社会矛盾发展趋势主要有如下几个方面。

1. 对总体社会矛盾的趋势预测

在访谈中，许多干部对总体社会矛盾的趋势并未作出明确回答。原因在于：（1）知识能力不足，无法回答；（2）没有思考过该问题，主要是处在处理矛盾的第一线，更多地是解决具体矛盾，因职位处于低层而不必要思考这一问题；（3）对该问题有过思考，但是仍是按照上级部门的安排行动，缺失能动性，可以视为是一种科层制之下的机械性行为选择。在对总体矛盾的趋势有过明确回答的基层干部中，大部分基层干部的判断并不乐观。根据基层干部对社会矛盾趋势的判断，可大致分为三类：乐观、悲观、中立（一般态度）②。

第一，对社会矛盾的发展趋势持乐观态度的基层干部，可分为两类观点。第一类观点对未来的社会矛盾发展趋势持完全的乐观态度，认为社会矛盾一定会减少、减弱。在党中央政策明朗情况下，“形势越来越好，政策越来越明朗，工作也更加得心应手，矛盾也越来越少”。

---

① 由于访谈与座谈会是持续进行的，在不同时段，数据统计不完全相同。

② 即认为在未来的3—5年，中国的社会矛盾在数量、规模、发生频率或激烈程度方面将与现在差不多，保持平稳态势。

（1F12003，某区政法委主任）“基本会很少产生新的矛盾，地方越来越和平稳定。”（1O0002，某村主任）第二类观点对未来的社会矛盾的趋势持理性的、谨慎的乐观态度。矛盾会继续存在，但总体趋于缓和。“矛盾还会继续发生，总体趋势应该是逐步向缓和的状态。”（1C01003，某镇副书记）矛盾继续大量发生，但应对办法却相应越来越多。“矛盾数量会越来越多，频率会增多，但解决矛盾的办法也会越来越多。”（1H01001，某乡副书记）认为政府具备解决矛盾的潜力。“从短期看，这种矛盾频发的情况会进一步加剧，这应该是一个特定的发展阶段吧。但从长远看，政府是有能力解决这种状况的，要不然那结果是不可想象的。”（0C11024，某街道副书记）基层干部对某些具体矛盾类型的判断是乐观与悲观兼有①。持乐观态度的基层干部认为：邻里纠纷将会由于群众文化素质的提高而越来越少。“目前邻里纠纷还是有的，但我相信，随着全体村民和基层群众素质的不断提高、受教育程度的大幅度提高，这样的纠纷会越来越少的。”（0P11002，某县委办公室主任）随着经济的发展，矛盾不断被消化，最终历史遗留矛盾会得到有效化解。“随着我们的经济不断地发展，不断地消化这些矛盾，不断地解决老百姓的实际困难以后，最终会使老百姓得到平稳的安置。通过移民安置，我们很多历史遗留问题引发的矛盾都得到了很好的化解。”（0O12006，某县委办公室主任）。

第二，对社会矛盾的趋势持中立（一般态度）的基层干部，也可以分为两类观点。第一类观点认为，社会矛盾的趋势总体保持平稳，这是经济社会发展过程中必然存在的问题。“总的来说，我觉得我国在不断发展的路上都会碰到很多或大或小的社会矛盾。”（1O10004，某社区副主任）总体社会矛盾的趋势保持平稳，具体社会矛盾此消彼长。“我觉得应该是能保持稳定。因为，有些矛盾减弱了，但是有些又增强了，任何东西它有有利的一面，肯定就有不好的一面。”（1O00001，某村妇女主任）第二类观点认为，社会矛盾的趋势并不一定保持平稳，而是呈现有升有降的动态变化过程。“矛盾要么往上升，要么往下降，不会保持

① 具体矛盾类型的更为具体的发展趋势判断会在后文的问卷调查报告作出更为详细明确的表述。

不变的，中国要发展嘛。”（1C01004，某镇派出所所长）“旧的矛盾逐渐减弱，新的矛盾又产生。”（1D10002，某社区书记）矛盾在动态变化过程中，因为“每个时期都会有它特定的社会矛盾”（1O10003，某社区委员）。

第三，对社会矛盾的趋势持悲观态度的基层干部是多数，主要理由是以下四点。（1）社会矛盾爆发的土壤根本上未得到改变。现有的政治体制、政策的价值取向没有发生重大调整。“国家在政治体制上，在政策的价值取向上不作大的调整的话，矛盾会越来越激烈，并且现在更向深层次发展。”（0C11019，某街道党工委书记）相关的矛盾预防与处理机制尚未发生有效调整。少数持消极态度的干部认为：“政府的角色定位又不是很清楚，现在可以说是‘以乱治乱’型的管理。政府花钱买平安的方式无异于‘吸大麻疗法’，会越来越麻烦。”（0C01023，某镇党工委书记）“当前的信访工作没有一个很好的终结的办法，老百姓养成了‘信访不信法’的习惯，这个体制惯养了很多的‘专业缠访户’，给政府造成了很大麻烦，社会影响也很坏，有的老信访已经形成了有组织、有网络、有活动资金的专业信访户。”（0C01023，某镇党工委书记）（2）地方政府的力量薄弱。地方政府权责利不对等，矛盾的预防与化解难度大。“因为政府的基层力量太薄弱了，上面也没有东西可以支撑你，我们又没有后援。作为基层政府，有时候我们的压力又太大了，我们承受责任的能力有限。”（0O01004，某副乡长）地方政府财力压力大，难以应对不断增长的民生需求，矛盾爆发的风险大。“现在很多地方财政收入来源单一，无持续性，这几年靠土地财政，地方财政很多数字都是空转的，没有真正的现金可以用，老百姓的民生欠账很多，一旦这种局面维持不下去，矛盾就会集中爆发，以前欠老百姓的，他们就会找政府算账。”（0C12020，某市国家高新区副主任）地方政府对基层社会的控制力量不足，缺少解决矛盾的有效办法。“这些年我们党和政府对基层社会的控制力是在严重削弱……老百姓之间的矛盾就很复杂。这些矛盾处理不好就都会转移给政府身上来，政府即使有三头六臂也难以应对，”（0C12022，某区常务副区长）而“基层政府并没有好的解决办法”（0C01025，某镇党工委书记）。（3）群众强烈的维权意识增强，利益诉求难以得到满足或者说超出地方政府应对的能力之外。

"老百姓维权意识强，"（0C01023，某镇党工委书记）所以"要维护自身利益，要求也高了"（1F10002，某小区保安队长），而"矛盾本来就比较多，也不能完全满足群众的要求"（0P11002，某县委办公室主任），最终矛盾难以消灭或减少。（4）经济形势不景气，矛盾的发展趋势不容乐观。"我认为，未来三到五年就是我们经济转型的这一时期，因为我们之前的高速发展可能是在水面上，有很多礁石在下面矛盾还不很凸显。那么一旦这个水下来了，下面的礁石都露出来了，"（1F10001，某居民区党总支部书记）所以"经济下行以后会带来很多的社会矛盾"（1F10001，某居民区党总支部书记）。

2. 对具体社会矛盾的趋势预测

（1）与基本民生相关的矛盾会成为未来社会矛盾的主导。在对某区信访局局长访谈（0C12021）时，他说道："对于今后这些矛盾的发展，我觉得矛盾数量还会越来越多，特别是有关民生的矛盾。我们也很想在民生上大投入，但政府缺钱，特别是这里的经济情况，政府除了吃饭的钱外就剩余不多了，还要搞项目配套，搞基本建设等等……现在的财政体制不合理，很多钱被上面拿走了（分税制），下来的钱都是按照项目的形式切块使用的，连用途也给你规定死了。这样一方面地方真正需要用钱的地方无钱可用，一方面依托项目批下来的资金被低效使用，甚至浪费着用。没有钱，基层政府的综合调控能力严重不足，解决民生问题的能力实际上在弱化了。"在对某区开发区副主任访谈（0C11008）时，他表现了同样的担忧"我认为今后一个时间，社会矛盾还会集中爆发。现在很多地方财政收入来源单一，无持续性，这几年靠土地财政，地方财政很多数字都是空转的，没有真正的现金可以用，老百姓的民生欠账很多，一旦这种局面维持不下去，矛盾就会集中爆发，以前欠老百姓的，他们就会找政府算账。政府没财力怎么能解决呢?"某街道党委委员（0B01016）也提到："相应来看，以后的矛盾可能会越来越集中于民生问题上，如低保问题。"比如征地拆迁矛盾、环境污染矛盾，"征地矛盾、拆迁矛盾、环境污染矛盾都会发生"（1D10002，某社区书记）；比如就业失业矛盾、住房矛盾，"就业失业矛盾会比较突出，还有住房问题也会更激烈"（1D10003，某社区书记兼主任）。

（2）利益矛盾将持续，短期内不会减少。某镇副镇长（0O01007）在访谈时说道，随着经济的发展，群众的欲望也越来越大，跟利益有关的矛盾短期内不会减少。某村村长（1B00109）以及某乡党委书记（0B01003）在访谈时表示，近期以拆迁赔偿利益问题引发的纠纷较多，比如补偿标准还有利益分配等，这在短期内也不会减少。随着国家进行新农村建设进程的不断加快，拆迁赔偿问题也就日益突出，政府的赔偿如果与农民的心理预期不一致，那势必会引起很大的纠纷，这个问题也会变得很复杂，更加难以解决。某镇镇长指出，征地拆迁等利益矛盾将会持续，长期内都难以化解。某县人大副主任（0N011010）也提出，由经济利益引发的冲突和矛盾会持续下去，还有上升的可能，其主要特点是现实性、复杂性。某镇副县级书记（0B02038）在访谈时提到："目前反映最多的问题就是土地纠纷问题。首先主要体现在宅基地纠纷，主要围绕那个一寸、两寸或者十公分、二十公分。这个处理起来非常艰难，有的最后成了遗留问题。然后是一个征地拆迁问题，我们镇这两年征地拆迁搞建设，镇里小区建设和城市补偿上有差距。跟群众要求相比达到他的那个想法差距非常大，这也是制约发展的遗留问题。第三个是集体土地纠纷，在我们那个地方私人乱建、乱占耕地的现象非常严重。同时我们那有时候，他们地靠路边都不是好位置，在二轮土地发包的时候，1988 年发包之前，大集体的时候，靠路边地都没人要。现在就是原有的大量耕地被私占，1994 年以后，包括土地再次确权中问题被暴露。一样的地为啥他多他少，这个也是出现的问题。"再比如土地资源矛盾，"我认为在未来，因农村土地、资源引发的矛盾将会增加"（1D11005，某区水利水电局团委书记）。

（3）关于社会心态的矛盾将会成为新的矛盾增长点。某镇副镇长（0B01017）在访谈时提到，"贫富差距导致人心理不平衡，这个矛盾肯定是存在的并且将来会激化，特别是农民这一块，经济实行城镇化导致矛盾更明显。随着以后城镇化的进程贫富差距越来越大，这类矛盾也会越来越多。"某镇党委书记（0C01025）也提到："对于社会矛盾的发展趋势，我的判断是不乐观的，可以说现在是进入了一个'危险期'。富人对政府没什么好感，穷人因为贫富差距的问题可能更觉得政府不好。富人认为自己有能力创造财富，或者换句话说，他们认为财富是自己创造的，但是在创造财富的过程中还要面对政府各种各样的控制。对于穷人来讲，中国人的自古的心态就是‘不患寡而患不均’。还有就是基层干部的意见其实也很大。基层干部包括村委会的干部压力大，既要执行上面的政策，又要应对群众的想法。如果两方面不同意见的问题，比如上面的政策和群众的利益诉求不一致时，基层干部处理不好，还要面临一系列上级考核任务。村委会干部还面临着待遇的问题，基本上来讲，待遇方面是没有什么保障的。所以如果这些基层干部自身所关注的事情得不到解决，等真的有一些大的事情发生时，我们的基层组织还有战斗力吗?”某州某局副局长（0N011009）也表达了自己的担忧：“由贫富差距引发的矛盾会加剧，这是目前最大的一个问题。据说，我国有80%的财富在20%的人手中，贫富差距扩大，社会分配严重不公平，城乡差距、行业差距明显。现在有些国有企业老总的工资是几百万，这是不可想象的，会导致社会心态的扭曲和失衡。现在出现了仇官、仇富现象，这对我国和谐社会建设是不利的。随着社会的进步，人们的维权意识也在逐步增强，也导致社会矛盾会增加。可见，针对社会矛盾的这种发展趋势，处理社会矛盾的方式要逐步规范化、多样化，要逐步完善应急预案。加强网络控制，因为网络不控制，一些动机不纯的人就会利用网络造谣生事，把矛盾激化。”

（4）金融和房地产等领域的矛盾会进一步突出。随着我国经济下行压力进一步增大，各地企业经营金融领域、楼市商铺领域等经济领域所引发的违法犯罪、利益维权、职工基本权益维权等矛盾将进一步突出。某区原信访局局长（0A11041）在访谈时表示：“我认为经济领域的矛盾会成为将来新的矛盾，我自己对这个问题也有一些思考。我们国家这几年在金融领域正在逐步地放开。有些人可能看不到，但是国家确确实实这几年金融放开的力度还是比较大的。但是在这种背景之下，老百姓的思想还有意识还是没有能够跟得上，现在已经出现了很多这样的情况了。有一些民间集资的，把老百姓的钱弄到手上，最后亏了人跑了，老百姓拿不到钱，就产生新的矛盾了。这个就是什么呢？老百姓的意识跟不上，他总觉得这些民间的机构都跟银行一样的，什么风险也没有，把钱放在里面，能拿到更高的利率，他没有考虑到风险的问题，他不知道这个是有一定的风险的，很可能就连本钱都拿不到了。所以我觉得，这个金融领域的矛盾，未来会成为一个很大的问题。”某县司法局副局长、社会矛盾调处服务中心副主任（0A11043）在访谈时提出："从这两年的调解看，现在重大的纠纷是民间借贷，我们中心和县金融办专门成立了一个小组来调解这类问题。这种案件越来越多，矛盾纠纷越来越大，现在房地产的不景气这个大环境也产生了很多的民间借债纠纷。例如：有个饲料公司的女老板，还很年轻，原来有个饲料公司非常红火，慢慢就涉及房地产行业了，但是现在房地产行业不景气，房子卖不出去，房子也没有建好，现在成了烂尾楼，女老板就以高息又在民间借债几千万，资金链一断裂，欠下了大量的外债。现在债权人就去法院起诉，也没有什么好的解决办法，法院判决债权人胜诉，但是也没有什么，债务人什么也没有了，没办法执行，即使胜诉也没有什么意义。现在民间这样的问题暴露的越来越多。"

3. 某省干部对社会矛盾的趋势判断

2015 年 4 月课题组在某省，通过对四个市（一个经济发达，二个中等发达，一个欠发达）处理社会矛盾的专门干部（市区政法委、综治办、信访局等干部，街道、乡镇、居委会、村委会负责矛盾调解的干部）进行调查，发放问卷 880 份，每个市分别发放 220 份。实际回收问卷共 857 份，问卷回收率为 97. 39%；有效问卷为 849 份，有效回收率 96. 48%。此次接受问卷调查的干部的工作岗位状况是：县（市、区）为 229 人，占比 27. 83%；乡镇（街道）为 378 人，占比 45. 93%；村居（社区）为 216 人，占比 26. 25%。乡镇（街道）的基层干部是接受问卷调查的主要对象。

市、区（县）的干部主要是处理矛盾综合部门、司法部门的干部，对宏观性的矛盾、不同类型的矛盾较为了解与熟悉，深知矛盾的由来，处理矛盾的制度、政策问题。但是不足的是他们不在第一线，对群众的需求，矛盾处理中的实际困难缺少了解。有些部门的干部，也缺少全局性处理矛盾的视野。街道、乡镇的干部（主要的党政负责人），既熟悉制度政策，也了解群众的需求，在处理矛盾中有着十分丰富的经验与教训。他们执政一方，对本地社会矛盾的处置有着通盘的考虑，也掌握着处理矛盾的资源，是各种社会矛盾纠纷的实际处理者。因此，这是一批最熟悉、最了解社会矛盾的人。居委会、村委会干部，在干部的行政体系中，他们没有层级，但这些干部处于群众之中，常年与群众打交道，对群众日常生活中遇到的矛盾最为熟悉，特别是对于化解群众中日常生活矛盾、人际关系矛盾、生活困难矛盾等这些微观矛盾有丰富的经验教训。但是不足的是缺少对矛盾把握的宏观视野。将这些处于不同层次的处理矛盾的专门干部，也即是处理社会矛盾的实际专家的意见汇总起来，对社会矛盾进行趋势预测，应该是最接地气、最符合实际的一种矛盾趋势的预测。

在干部群体看来，当前我国比较突出的六类社会矛盾是：征地拆迁（69.14%）、劳资纠纷（45.11%）、农村土地纠纷（42.17%）、环境保护（35.10%）、医疗卫生（29.21%）、涉法涉诉（28.03%）。其中，接受问卷调查的干部中有超过半数的人认为征地拆迁所带来的社会矛盾最为突出。较为次要的社会矛盾是：物业管理（27.33%）、邻里纠纷（26.74%）、交通事故（26.27%）、社会保障（25.44%）、历史遗留问题（24.62%）、婚姻家庭（23.44%）（见图5—1）。

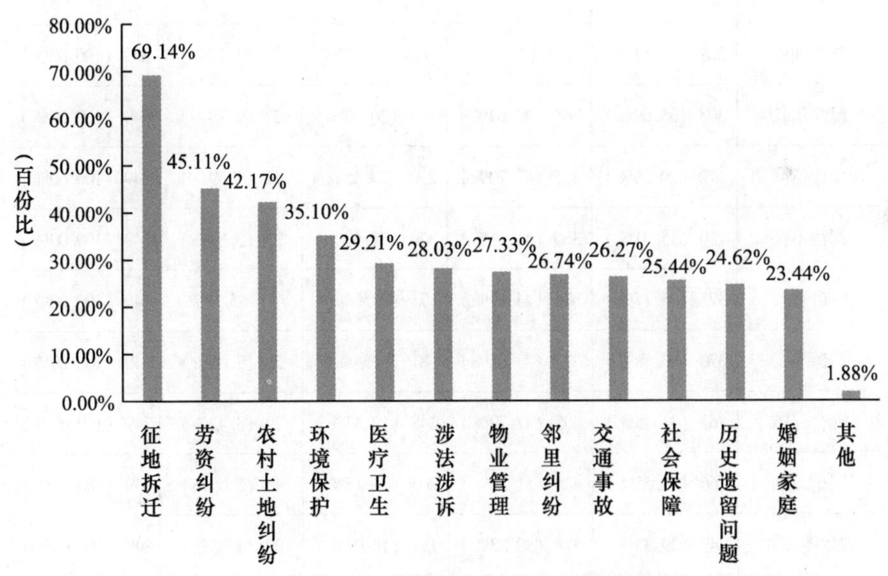

图5—1　受访干部认为当前我国比较突出的社会矛盾

根据干部群体的经验预测，未来3—5年内，我国社会矛盾的总体发展趋势是保持稳定的（52.53%），但认为会增强的人数（25.91%）

比认为会弱化的人数（17.67%）要多一些。社会矛盾爆发的标志是群体性事件，认为群体性事件将保持现状的是多数人（49.23%），但认为会增强的人数（29.33%）比认为会弱化的人数（18.02%）要多一些。在分类矛盾预测中，他们认为环境污染、征地拆迁、物业纠纷、劳资矛盾、医患矛盾、民间借贷、社会保障矛盾存在增强的发展趋势，而司法不公、历史遗留问题、国企改制会有减弱的趋势（见表5—1）。这都表明，未来几年，我国仍将处于社会矛盾的高峰期、凸显期，政府化解社会矛盾仍面临着挑战。

表5—1　　今后3—5年内社会矛盾发展趋势的判断

具体矛盾	增强	稳定	减弱	缺失	合计
征地拆迁	372（43.82%）	349（41.12%）	103（12.13%）	25（2.94%）	849（100.00%）
环境污染	500（58.89%）	251（58.89%）	86（10.13%	12（1.41%）	849（100.00%）
物业纠纷	361（42.52%）	347（40.87%	114（13.43%	27（3.18%）	849（100.00%）
民间借贷	303（35.69%）	345（40.64%）	174（20.49%）	27（3.18%）	849（100.00%）
历史遗留问题	172（20.26%）	405（47.70%）	250（29.45%）	22（2.59%）	849（100.00%）
司法不公	130（15.31%）	366（43.11%）	320（37.69%）	33（3.89%）	849（100.00%）
劳资	375（44.17%）	376（44.29%）	71（8.36%）	27（3.18%	849（100.00%）
医患	370（43.58%）	372（43.82%）	81（9.54%）	26（3.06%）	849（100.00%）
社会保障	267（31.45%）	405（47.70%）	148（17.43%）	29（3.42%）	849（100.00%）
国企改制	166（19.55%）	435（51.23%）	205（24.15%）	43（5.06%）	849（100.00%）
群体性事件	249（29.33%）	418（49.23%）	153（18.02%）	29（3.42%）	849（100.00%）
总体社会矛盾	220（25.91%）	446（52.53%）	150（17.67%）	33（3.89%）	849（100.00%）
	（25.91%）	（52.53%）	（17.67%）	（3.89%）	849（100.00%）

这与课题组对J省干部的访谈的结果基本是一致的。在未来时段内，

要高度重视环境矛盾的增长。我们在苏南经济发达地区的访谈中，不少乡镇党委书记反映，环境矛盾开始超出征地拆迁矛盾，上升为第一严重的矛盾。而随着群众对环境要求的提高，环境指标本身的提高，群众对小企业的生产影响环境的问题特别重视，但小企业短时间内没有能力与资金改变生产条件，因此，环境矛盾日益突出。征地拆迁矛盾，在经济发达地区已经规范化，主要存在的是存量矛盾，即21世纪刚开始征地时，由于政策不到位，没有规范，政府强行征地拆迁时留下的后遗症，而新的征地拆迁矛盾开始明显下降。但是，在经济欠发达地区，征地拆迁矛盾还依然是当地的首要矛盾，还处于高发阶段。在城市由于住房的商品化，居住的集中化，物业管理的公司化，而关于业主、物业委员会、物业管理等方面的法律、政策还不是十分清晰，利益主体之间的纠纷还较多，物业矛盾还处于较高的发展阶段。而劳资纠纷是市场经济中永恒的主要矛盾，尽管农民工权益保障这一矛盾，有了很大的转化，但随着经济的波动，企业经济效益不佳引发的职工与资方的矛盾始终层出不穷。民间借贷矛盾过去以隐蔽性的形式存在，制度、政策、法律都处于缺席的状态。有的地方政府基本上放任不管，现在这一矛盾公开爆发，警示管理者必须正视这一矛盾了。而社会保障矛盾也是现代社会永恒的矛盾之一，随着我国老年人口的日益增多，在养老保障、医疗保障等方面的矛盾会增长。农村农民要求与城市居民在保障方面享受公平待遇的要求也日益强烈，在农村保障方面会出现新的矛盾。

而许多问题随着中央要求依法治国方针的实施，近几年干部在社会治理中基本上按照法律来办事，政府违法上项目、办事情的情况越来越少，法治的环境开始向良性转化。对历史遗留矛盾而言，随着时间的推移，政府解决一部分，政策调整一部分，岁月自然淘汰一部分，矛盾总体上会减少，人数也会下降。国企改制遗留的矛盾政府解决一部分，市场解决一部分，总体上也在淡化。

影响基层干部对矛盾的趋势预测的因素是多元的，主要有三点。（1）基层干部所处的地域不同。城市与农村矛盾是不同的，经济发达地区与经济落后地区面临的矛盾程度是不同的。（2）职务不同。职务不同、职责不同，接触到的矛盾也不同。对社会矛盾了解最全面的是乡镇、街道的党政负责人。（3）个人的性格及知识结构、所受教育、能力不同，对矛盾判断也会受到影响。特别是干部的经历，在处理矛盾时会形成不同的经验。因此，对社会矛盾的趋势判断呈现了多元化的状况。对同一类社会矛盾会作出不同的趋势预测。

二　文献统计趋势分析

在总结了10个矛盾关键词的基础上，课题组通过《中国期刊全文数据库》跨库检索如下主题词：(1)“环境矛盾、环境问题、环境冲突、环境事件”；(2)“拆迁矛盾、拆迁问题、拆迁冲突、拆迁事件”；(3)“征地矛盾、征地问题、征地冲突、征地事件”；(4)“干群/官民矛盾、干群/官民问题、干群/官民冲突”；(5)“历史遗留矛盾、历史遗留问题、历史遗留冲突、历史遗留事件”；(6)“劳资矛盾、劳资问题、劳资冲突、劳资事件”；(7)“医患矛盾、医患问题、医患冲突、医患事件”；(8)“城管执法”；(9)“物业矛盾、物业问题、物业冲突、物业事件”；(10)“非直接非现实矛盾”，检索的年份是2000—2014年。课题组分别在“报纸”库以及“期刊”库（包括期刊、特色期刊、博士论文、硕士论文以及学术辑刊这五个库）里检索了这十个关键词，在得到检索数据之后，课题组绘制相关矛盾关键词的文章以及报道数量年度分布图，[①] 通过相关文章以及报道的数量年度分布图来反映我国社会矛盾研究的状况与趋势。虽然文章以及报道的数量年度分布图并不能直接反映矛盾发展趋势，但是通常只有社会矛盾冲突程度相当激烈时，全社会才会去关注。一方面政府才会推出相关科研项目，鼓励学者去研究某一矛盾。另一方面，该矛盾才会成为学者、记者关注的热点，吸引学者、记者们去报道这类矛盾。所以对社会矛盾研究的论文以及报道的数量分布图能间接反映现实社会矛盾的发展程度，从而为社会矛盾的趋势分析提供支持。

伴随社会经济发展环境的重大变化，在一些利益集中度高、利益敏感度高的领域容易形成结构性矛盾的张力，从而引发矛盾冲突。通过分析2000—2014年的社会矛盾学术研究论文以及报刊报道的趋势，有如下发现（见图5—2）。

① 下面各章中的论文、报道的数据来源与检索方法相同。

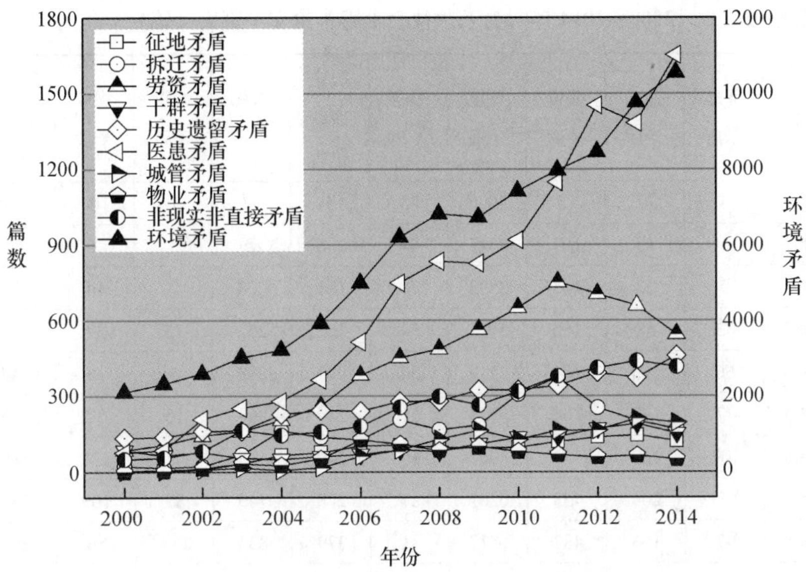

图5—2　“社会矛盾”相关论文数量年度分布

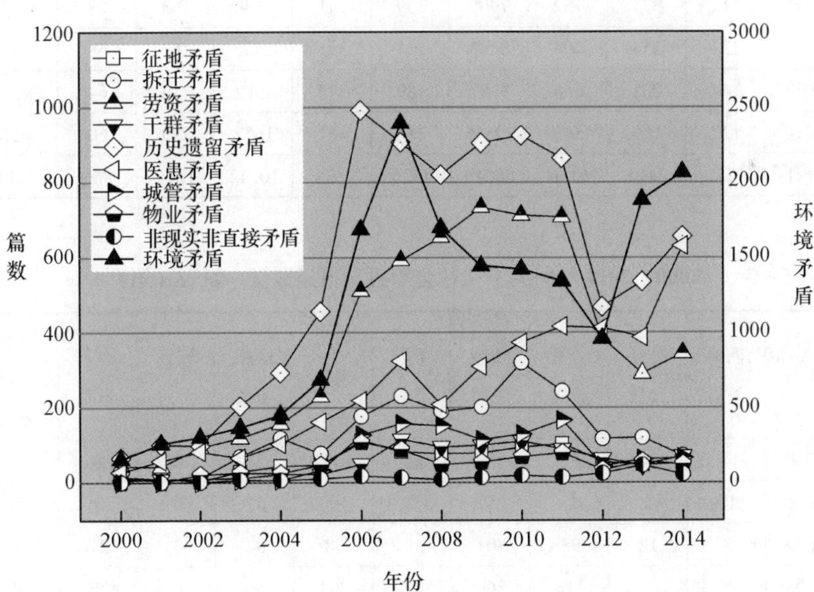

图5—3　“社会矛盾”相关报道数量年度分布

表 5—2　　2000—2014 年间关于“社会矛盾”论文一览表（篇）

年份	征地矛盾	拆迁矛盾	劳资矛盾	环境矛盾	干群矛盾	历史遗留矛盾	医患矛盾	城管矛盾	物业矛盾	非现实非直接矛盾
2000	3	22	86	2096	85	134	77	1	0	50
2001	6	16	107	2317	64	138	85	3	2	55
2002	9	22	143	2593	78	161	208	9	14	81
2003	33	68	160	3021	54	162	252	15	32	163
2004	66	163	204	3219	50	227	279	6	25	144
2005	77	137	260	3928	61	244	364	16	52	158
2006	102	127	383	4988	69	240	515	62	127	180
2007	105	204	453	6201	87	278	749	87	109	255
2008	97	166	487	6817	81	279	834	129	84	297
2009	94	184	564	6730	110	324	826	163	100	264
2010	97	307	650	7416	136	324	919	128	80	318
2011	119	375	752	7965	139	341	1148	163	68	379
2012	137	254	704	8447	171	393	1452	164	58	411
2013	144	201	658	9757	189	373	1382	210	64	439
2014	122	169	545	10545	152	461	1652	195	50	417
合计	1211	2415	6156	86040	1526	4079	10742	1351	865	3611

表 5—3　　2000—2014 年间关于“社会矛盾”报道数量一览表（篇）

年份	征地矛盾	拆迁矛盾	劳资矛盾	环境矛盾	干群矛盾	历史遗留矛盾	医患矛盾	城管矛盾	物业矛盾	非现实非直接矛盾
2000	4	11	43	153	15	65	28	0	0	0
2001	10	4	42	257	9	100	57	0	0	0
2002	3	12	93	301	10	98	82	0	21	1
2003	29	69	118	366	12	204	66	6	26	7
2004	44	118	156	450	22	293	102	6	25	6
2005	47	77	229	685	22	456	161	32	47	10
2006	112	176	510	1686	49	992	219	127	107	18
2007	82	230	592	2392	115	906	324	157	88	13

续表

年份	征地矛盾	拆迁矛盾	劳资矛盾	环境矛盾	干群矛盾	历史遗留矛盾	医患矛盾	城管矛盾	物业矛盾	非现实非直接矛盾
2008	77	189	654	1698	95	820	208	151	48	9
2009	79	201	733	1442	99	904	310	114	54	14
2010	94	320	712	1421	110	924	373	129	69	19
2011	103	244	707	1341	89	864	416	166	79	15
2012	55	117	385	957	64	468	412	44	34	25
2013	47	120	290	1883	46	535	387	62	56	46
2014	52	71	344	2065	71	656	631	66	49	22
合计	838	1959	5608	17097	828	8285	3776	1060	703	205

1. 环境矛盾受到学界高度关注，发表的论文数激增。如图 5—2、图 5—3 所示，十五年间，学界关于环境矛盾的研究远远超过其他矛盾的研究，总体上也处于不断上升的态势。其中，2005 年、2006 年与 2007 年学术论文的涨幅都超过了 15%，分别为 18.05%、21.25% 与 19.56%。在图 5—3 中，2006 年环境矛盾报道的涨幅甚至超过了 100%，是 2005 年报道数量的两倍多。在 2014 年，环境矛盾不论是在学术论文还是报道的数量上基本都达到了历史最高点：有相关论文 10545 篇（见表 5—2）以及相关报道 2065 篇（见表 5—3）。这不仅表明了环境矛盾的关注度越来越高，更加凸显了环境矛盾越来越严峻的态势。这与前面某省干部问卷对社会矛盾未来的趋势预测中，将环境矛盾增长放在第一位是相吻合的。环境矛盾需要引起管理者的高度警惕。

2. 社会存在隐性不满，关于"仇官""仇富""仇不公"的非现实非直接矛盾的论文达到新的生长点。由图 5—2、图 5—3 可以看出，从 2003 年开始，关于非现实非直接矛盾的研究以及报道迅速增长，直到 2014 年，这类研究也没有明显回落。虽然关于此类矛盾的研究篇数少于其他矛盾（见表 5—2 及表 5—3），但是其重要性不言而喻，这是未来矛盾发展的一个不可忽视的生长点，已经成为滋生矛盾冲突的重要社会心理的土壤。

3. 关于土地类矛盾与干群矛盾冲突的论文数量有所减少，但在短期内不会下降过快。由表 5—2 及表 5—3 可知，对征地拆迁矛盾与干群矛盾的研究在进入 21 世纪以来基本一直处于增长状态。但是从 2012 年开始，相关研究以及报道的下降幅度都很大。相对于 2013 年，征地拆迁矛盾相关研究的数量都下降了 18% 以上，而拆迁矛盾相关报道在 2014 年下降了 40%。从 2011 年开始，连续三年，干群矛盾相关研究以及报道的数量都持续下降，下降率每年大约高达 10%。这些数据也都间接反映了征地拆迁矛盾与干群矛盾近三年来趋于缓和。但是，由于国家政策的变动性以及矛盾的不确定性，这两大类矛盾的化解并非一朝一夕之事，只有达到制度层面和实践层面的多种因素的和谐，才能实现拆迁人与被拆迁人、官员与民众的良性互动。而相关利益协调机制的建立也并非一朝一夕，需要多个政府部门以及社会民众的配合，是一个需要长期努力的过程。

4. 关于劳资矛盾与历史遗留矛盾的论文数量下降，但有所起伏。由表 5—2 可以看出，2006 年有关劳资矛盾的论文与 2005 年相比激增了 32. 11%，历史遗留矛盾的论文在 2004 年的增长率也达到 28. 63%。同样，关于劳资矛盾以及历史遗留矛盾的报道在 21 世纪初的十年中快速增长，劳资矛盾的报道在 2002 年的增长率为 121. 43%，历史遗留矛盾在 2006 年的增长率也高达 117. 54%（见表 5—2）。但是在 21 世纪初激化了几年之后，学者对于劳资矛盾以及历史遗留矛盾的关注度都逐渐下降。中央政府在 2003 年提出了科学发展观和建设社会主义和谐社会等全新的执政方针，开始下大气力解决劳资争议所反映出的社会问题。从 2003 年开始，一系列保障劳动者权益的政策和法律出台，表明劳资关系大调整的新时期已经到来，劳资矛盾正在走向规范。[①] 历史遗留矛盾因为国家各个领域政策以及社会保障、社会保险等社会福利的进一步完善，也趋于缓和。关于劳资矛盾以及历史遗留矛盾的学术研究数量也出现了类似的态势。2014 年，劳资矛盾论文数量的下降率高达 20. 73%（见表 5—2）；2012 年劳资矛盾的报道数量的下降率更是高达 45. 54%（见表 5—3），2013 年，历史遗留矛盾论文的下降率为 5. 36%（见表 5—2），而在 2012 年，历史遗留矛盾报道的下降率高达 45. 83%（见表 5—3）。虽然劳资矛盾与历史

① 程连升：《新时期我国劳资关系演变的趋势和对策分析》，《教学与研究》2009 年第 4 期。

遗留矛盾近年来都有所缓和，但是未来由于贫富悬殊的日益扩大以及经济的进一步发展，必然会带来劳资纠纷的增加以及劳资矛盾的激化。而对于历史遗留矛盾来说，随着老龄化社会的到来，肯定会有新的历史遗留问题出现，或者曾经不严重的历史遗留问题被激化。因此，劳资矛盾与历史遗留矛盾在未来都是不断波动的。

三 我国社会矛盾发展形势预测

长期以来，对中国社会发展趋势进行预测最热心的是西方的一些中国问题研究专家、某些“民主人士”，在他们的预测中，崩溃论是其主要的基调，其论据均是老生常谈，无非是一党专政的弊病、干部的腐败、对人权的伤害、民心的流失、经济的不景气、社会矛盾的丛生，他们认为这些是无解的死结。这种唱衰中国的论调背后是意识形态的期望。他们希望中国社会发展受到挫折，甚至翻船。但这是一厢情愿，他们在预测之前，就戴上了有色眼镜，只看到中国社会发展中存在的矛盾、问题的消极的、阴暗的一面，而没有看到中国社会积极的、光明的一面，没有看到中国社会的自我的整合能力，没有看到中国获得的巨大成就。从新中国建立至今，悲观主义的预测没有停止过，“崩溃论”没有一个是成功的。尽管中国社会存在着许多的社会矛盾、社会问题，存在着诸多的社会不稳定因素，但这些矛盾与不稳定因素，刺激着中国的机体，让中国的管理者警觉、反思，在经验的总结中，在摔跤中起身前行。道路的曲折性我们预期到了，但现实的矛盾比我们预期的更加复杂多变。课题组根据基层社会调查的数据、基层干部访谈的内容、以及其他学者有关社会矛盾趋势的研究论述，对我国社会矛盾的发展形势作出如下预测。

1. 总体社会矛盾的基本判断

社会预测建立的前提是在未来的时空区间没有出现新的重大变量引起社会急剧变化，即国内不出台新的涉及民生的重大变革的逆向政策，国际上不出现与我国有关的战争等这些重大变量。在现有的社会发展的环境不变的情况下，在现有社会结构基本不变的情况下，社会发展将依照现有的社会模式的惯性发展。综合学者对矛盾的判断文献资料、课题组对基层干部的访谈与调查，我们对未来中国社会矛盾预测为以下八个方面。

（1）从矛盾属性来看：中国社会的矛盾是发展中的矛盾

中国的社会矛盾属性，大多数属于社会转型中的矛盾，是改革开放中试错法留下的代价。这与一个社会的没落期中产生的矛盾是不同属性的矛盾。因此，这种矛盾只要我们改革的方法得当，及时采取改进的措施，是可以化解的。中国社会从20世纪七十年代末开始的社会转型，已经有三十五年的历程。这期间，经历了无数的矛盾、困难和问题。管理者在社会发展的指导思想上日益清晰，在发展战略上逐渐成熟。由开始“摸着石头过河”到如今的“社会发展顶层设计”，体现了管理者整体领导能力的提升。应该说，在改革开放的初期，即前十年中，开始尝试各种制度的变革、突破，人们思想开始解放，观念开始变化，社会总体上依然按照计划体制的惯性在运行，但没有改变社会的基本利益格局，社会矛盾开始出现，但并不严重。在改革的中期，即在第二个十年时，许多改革的制度、政策已经比较成熟，市场的运行机制开始真正地产生作用，触及到了社会成员的根本利益，利益格局产生根本性的变化，大量矛盾开始产生，有的变得严重。这是社会转型加速的时期，针对新出现的矛盾、社会问题，原有的制度、政策已经失效，新的制度、政策没有及时出台，或者出台的诸多政策、规范、制度十分仓促，并不周全。在改革开放的后期，即进入21世纪以来的十五个年头，改革全面深化，新的利益格局产生，社会转型迅猛，形形色色的社会矛盾全面爆发并达到顶峰。这一时期的社会矛盾，某种意义上是试错法的代价。由于改革是前无古人的事业，各种改革措施的出台，目标都是为了推进改革的深入。但由于视野不宽、看问题不深、没有经验，许多改革的制度、政策在实施过程中，产生了许多政策设计者未曾预料到的结果，即没有想到政策、制度的“潜功能”，而且这种潜功能的性质是负向的。例如，让“让一部分人先富起来，带动大家共同致富”，前半句话容易做到，获得富裕是符合人们的自然本性的，只要政策放松，自由竞争，许多人千方百计追逐财富。但后半句话却难以做到，这是不符合人的自然本性，共同富裕要依靠政府的组织与引导，需要社会政策的规范与保护。但这一工作的不足，引起了贫富两极分化的矛盾；大力推进城镇化，却引发了征地拆迁的大矛盾；为促进企业经济活力的改革，却引起了大量职工失业下岗的矛盾。所以，改革越是深入，社会转型越是深刻，社会中产生的矛盾也越多。从社会治理的角度讲，社会治理模式由“摸着石头过河”的试错法开始进入顶层设计的整体化、科学化、法治化全面整合的新阶段。这一时期中央对我国经济社会要向何处发展的目标更加精确了，提出了建立和谐社会的目标。在战略发展的指导思想上引入了辩证法，提出了科学发展观，找到了解决社会矛盾的新的路径，即在经济发展的同时进行社会建设。摸索出了社会管理的新方法，提出了社会管理创新与社会治理，并以法制为保障。面对新的社会矛盾，应对的社会治理模式的随之转变，新生的矛盾会得到逐步的化解。中国社会正处于全面转型中，转型的一个本质特点就是不确定性增强，对于这种不确定性，增加了预测的难度。

（2）从矛盾类型来看：刚性社会矛盾得到抑制，柔性社会矛盾增长较快

社会改革三十六年来，由社会发展体制、机制的负功能引发的各种社会矛盾已经充分暴露，重大矛盾引发的社会冲突充分爆发出来，矛盾冲突标志的群体性事件近几年来已经达到历史高峰期。但是，从 2013 年起，经济发达地区的群体性事件增长的速度明显下降，不少地区群体性事件数量开始回落。今后几年，经济发达地区的群体性事件总体上呈现缓慢下降的趋势。这是由于导致群体性事件的矛盾源总体上不会有新的增长。据我们调查，经济发达地区的群体性事件的诱因，如征地拆迁，均是十年前不规范征地留下的后遗症，是存量矛盾而不是新的增量矛盾。而近几年随着规范征地与补偿的提高，拆迁公开透明，基本上没有大规模的群体性事件发生。企业改制矛盾主要是 20 世纪末遗留的问题，大规模的改制也已经基本结束。劳资矛盾中数量最大的农民工欠薪矛盾，在政策保护与基层政府努力工作下，已经得到改善，扭转了大规模欠薪的格局。总体上，社会矛盾是唯 GDP 发展的后遗症与代价。这种矛盾的代价正在以滞后的效应爆发出来。我国诸多重大矛盾的矛盾源总体上已经得到了有效抑制。但由于经济发展的不平衡，一些在发达地区得到抑制的矛盾在中部西部地区还会继续产生。在中部、西部地区，从一些县域的经济社会发展来看，他们还处于经济发展的追赶时期，经济增长的模式还是依然以 GDP 为第一策略，依然是以土地财政为主，刚性社会矛盾还处于增长状态。这些地区的信访数量在增长，居高不下，群体性事件也没有下降的迹象。因此，在经济落后地区，刚性矛盾依然会有小幅度持续增长的趋势。“当前，要重点

解决好在土地征用、城镇拆迁、企业重组改制和破产过程中损害群众利益的问题，坚决依法纠正各种损害群众利益的行为。”① 现在大量增长的是非刚性的矛盾，即非重大矛盾，主要是指以个体与个体之间和个体与企业、经营单位之间的矛盾。民众中存在的以人际利益与人际关系为主的矛盾纠纷，从数量上来讲占据矛盾的主体。如在城市还有一些相对发达的城镇地区，随着新增机动车辆大幅攀升、驾驶新手增多、部分人漠视交规等多方面因素，交通事故频发。交通矛盾纠纷，是陌生的个体与个体之间的矛盾，已经成为所有矛盾类型中增长最快、数量最大的矛盾，特别是当交通事故中涉及身体伤害时，这一矛盾冲突会变得尖锐。城市中随着住房的全面商品化，物业管理在居民区普及，物业矛盾纠纷有迅速增长的趋势。消费矛盾也依然会成为陌生人之间的主要矛盾，特别是一些商品价值较高的商品房的矛盾增长较快。婚姻家庭矛盾、邻里矛盾等依旧是当前人际矛盾的主流。婚姻家庭矛盾在农村主要表现为婚姻矛盾、分家继承矛盾、赡养矛盾等。社会转型不仅带来了个人地位的流动，财富的增长，也带来了婚姻家庭观念的变化，引起婚姻家庭中夫妻关系不稳固。而因拆迁安置带来的家庭财产变化，因人口老龄化带来的赡养矛盾等也日趋增多。农村以及城乡结合部是邻里矛盾传统场所。随着农村城镇化建设，邻里矛盾发生的“主阵地”正由原来的农村向城乡结合部的居民小区延伸。新的邻居、陌生的人际关系、现阶段相对冷漠的社会环境是邻里之间矛盾多发的主要原因。传统的人际层面的矛盾，因渗入了利益因素而依然处于高发期。个体层面的矛盾面广量大，但它的后果与影响力在社会的基层生活层面，零碎而分散，对部分社会成员的生活会产生冲击，对社会秩序产生一定影响。但对整个社会结构而言，无法形成大的社会风险。

（3）从矛盾发生场域来看：城乡矛盾发展趋势有所不同

社会矛盾与经济发展、城市化发展相关。由于我国城乡的社会二元结构没有从根本上改变，因此，城市与乡村的矛盾发展有不同的环境，城乡矛盾按照各自的轨道发展。从时间上来看，过去困扰农村的重大矛盾如农村税费矛盾基本解决，计划生育等矛盾开始弱化，在农村当前状况主要是

---

① 胡锦涛：《在省部级主要领导干部提高构建社会主义和谐社会能力专题研讨班上的讲话》，新华网（http：//news. xinhuanet. com/newscenter/2005 –06/26/content_ 3138887. htm）。

征地矛盾、拆迁矛盾、环境矛盾、土地纠纷、集体资产处置矛盾以及在此基础上引发的干群矛盾。因为农村矛盾涉及农民的根本利益，在利益分配中与农村基层干部（乡、村、组干部）有直接的、密切的关系。因此，由此引起的干部与群众的矛盾在刚性矛盾没有解决之前，将无法缓解。以某市为例，农村前五位的纠纷类型分别为：①邻里纠纷，占25.98%；②婚姻家庭纠纷，占25.57%；③房屋宅基地纠纷，占9.89%；④赔偿纠纷，占7.24%；⑤土地承包纠纷，占5.27%，合占将近75%。[①] 以微观的人际矛盾为主。农村基层干部头疼的还有日益增加的债务矛盾、公共事业供应短缺、农民教育弱化、农民生活方式不适应等矛盾与问题。在城市基层，则是以拆迁矛盾、劳资纠纷、企业改制矛盾、环境矛盾、历史遗留矛盾较为突出。此外，还有近年来增长的公共事业单位改制引发的身份归属矛盾，城市管理中的城管与违建、摊贩的矛盾，物业公司与业主的矛盾，企业军转干部要求解决政治待遇和经济待遇等矛盾，也与农村矛盾不同。但城市中基层干部与群众由于没有利益的纽带，干群矛盾要比农村少许多。城乡基层矛盾的不同，决定了城乡社会预防与社会治理的重点并不相同。

（4）从矛盾冲突的形式来看：集体行动将成为解决矛盾的常态

当前，处理社会矛盾的难点是群体性事件，这是矛盾总爆发的体现。通常我们可以追寻着群体性事件发现矛盾的严重程度，哪类群体性事件越多，说明哪类矛盾越严重。群体性事件成为基层群众解决矛盾的主要手段，群众相信聚集起来才具有与强势群体对抗的力量，化被动为主动，才能引起政府的重视。所以，当社会矛盾发生时，群众动辄采取集体上访、游行示威、堵路、聚集在政府大门等形式，向基层政府施加政治压力，他们认为这样可以减少解决社会矛盾的成本。群众对社会矛盾的承受力越来越低，时间上要快速解决。用激进主义的方式解决矛盾成为基层群众的一种群体共识，诉求表达方式尖锐化，“大闹大解决、小闹小解决、不闹不解决”的激进主义思维方式和“信访不信法”“唯上不唯下”的错误观念，在群众中已经形成，习惯性地用集体行动作为解决矛盾的有效措施，这使我国基层的集体行动有常态化、扩大化的趋势。这种冲破制度化渠道

① 某市调查研究报告，2015年7月。

解决矛盾的方式，具有难以协调的刚性对抗的特点，形成对法制的冲击与对基层政府极大的政治压力，成为基层干部最为头疼的工作难点与软肋。由于用“闹事”解决矛盾，已经形成了一种解决矛盾的亚文化，在发生矛盾时，部分矛盾当事人、上访群众甚至采取封门堵路、哭闹、打骂、喊冤、服毒、自残等极端行为，试图扩大事态，制造轰动效应。一些群体跨区结伙串联，选择政治敏感时期、重大节日期间集体群访，制造影响和事端。有的频繁进京非正常上访，去巡视组驻地群访表达诉求，乃至以激情犯罪等极端方式宣泄诉求，报复社会。当前我国发生群体性事件的隐患依然存在，社会的结构性张力增强，部分区域社会稳定面临的形势依然严峻。随着依法治国理念的普及和措施的落实，基层政府在推进经济建设中采取的激化矛盾的非制度化措施已经大幅度减少，行政行为日益规范化。重大决策、重大项目终身责任在许多地方开始实施，各地重大项目的风险评估工作开始在全国全面进行，其运行机制也已经建立起来，这规避了大量新的可能引发社会不稳定的因素，避免了群体性事件的产生。在未来3—5年最可能引发群体性事件的诱因依然集中在环境破坏、征地拆迁、土地纠纷、劳资纠纷、历史遗留问题等方面。最易爆发地区有可能发生在中西部地区。当前到今后一段时间内，局部的、区域性重大群体性事件有可能在某一特定地点和时间爆发，从而引发范围更广、规模更大、持续时间更长的重特大群体性事件，对国内社会政治秩序产生强烈的冲击。群体性事件的风险不在于自身，而在于会引发全局性的社会风险。

（5）从社会矛盾的累积效应来看：标靶转移与情感转移效应已经产生

现实矛盾不断地累积起来，发生了两种转变形式，一是矛盾产生了标靶转移。基层群众将遇到的各种矛盾解决的期望寄托在政府身上，而矛盾长期得不到解决，或者由于制度政策规定无法解决，群众通常归因由具体矛盾对象转移到解决矛盾的政府身上。具体就是将矛头转移到实施各项制度、政策的基层干部身上。群众在内心上产生对干部的不信任、不满意。二是产生了情感转移。群众对存在的党风不正、腐败现象等不满，也产生情感迁移，将社会的结构性怨恨的情感，也迁移到基层干部身上。基层干部与群众的矛盾本质上是群众利益矛盾和心理不满的双重反映。干群关系恶化意味着执政合法性基础的流失，致使某些地区基层政府跌入塔西佗陷阱。在实际生活中的矛盾形成了基层干部与群众的矛盾对立，由利益伤害转化成了情感伤害。现实的干群矛盾也上升为意识形态、社会心理层面的官民矛盾。这种矛盾的聚集与放大效应，已经在社会舆论中产生，现在任何矛盾、问题，在民间舆论中总有部分人将之归因为是党与政府的责任。现实生活中，不同类型的刚性社会矛盾不断地累积、叠加，增加了矛盾的复杂性。特别是某些历史遗留矛盾长期无法解决，在社会中积蓄了相当多的利益受损者、相对剥夺者、情绪不满者。这些人的数量总体上有增无减，形成了社会中最不稳定的群体，而且这些群体有组织化与共同行动的趋势。这是当前我国社会中最不稳定的因素，并且这些不稳定的因素相当活跃。当前，各种社会矛盾标靶聚集在党和政府身上，也使各种矛盾解决的最终压力全部积压在政府身上。而基层干部处于各种矛盾的第一线，矛盾压力使其不堪重负。矛盾的标靶聚焦与心理不满的情感聚集是十分危险的，这些意味着社会结构性怨恨的张力的聚焦，意味着一旦矛盾爆发它的冲击力会十分巨大。因此，政府面临的矛盾的压力在增长，各种矛盾都有可能成为引发社会风险的导火索。这一现象要引起管理者的高度警觉。

（6）从矛盾形态来看：现实矛盾已经转化为非现实矛盾

非现实矛盾是指因现实矛盾长期无法化解而在社会成员心理形成的不满情绪与紧张状态。非现实社会矛盾有三种不同表现形式，第一种是老百姓日常生活中的政治民谣和政治笑话，以宣泄相对剥夺感、不公平感、挫折感、怨恨情绪等心态。第二种是网络热点舆情中的负面情绪宣泄，集中表现就是“仇官”“仇富”“仇不公”等怨恨语言与心态。第三种是宣泄型集体行为，无利益相关者由心理不满转化为行为不满。非现实矛盾在2005年左右凸显并非偶然，它是十几年现实矛盾积累的必然结果，标志着社会矛盾从利益摩擦深化为利益对立冲突与情感对立，是矛盾发展的新阶段。这说明社会矛盾已发展到更严重的程度，社会矛盾已经深化、沉淀，直接影响着社会成员对基层政府的合法性的认同。非现实矛盾是心理层面的情感和观念的对立，当这种情感和观念的对立没有明确的事件场景为依托时也只仅仅停留在隐性的心理层面。但是如果把这种对立的情感和观念放置到具体的矛盾冲突场景中，那么情感和观念将成为矛盾激化的一个重要因素而发挥作用。在现实中，由于敌对情感的卷入有可能促使原本可以妥协和调和的现实矛盾激化，或者原本冲突强度低的矛盾发展为高强度的冲突对峙，在爆发方式上更容易暴力化。这就极大地降低了矛盾妥协调和的可能性。总之，实践中现实矛盾与非现实矛盾相互交织，长期持续的现实矛盾衍生出普遍化的情感对立。普遍化的情感对立形成社会结构性怨恨，它又介入当下的现实利益冲突，两种类型的矛盾之间相互作用、相互促发、螺旋式发展共同建构了当前快速社会变迁下的复杂的社会矛盾形态，也给社会矛盾的治理带来了相当的难度。当前，网络成为非现实矛盾冲突的主要场域。现实社会矛盾在网络空间中充分地展开，网民针对现实中的矛盾、问题，对不平、不公现象进行声讨，发泄不满，提出抗议，直至情绪失控。不少网络公共舆论常常被自发的非理性的声浪所吞没，一旦发生矛盾纠纷，主流媒体还未介入，一些个人便会采取匿名方式发布网帖。也有人在网上妄加评判、混淆视听，甚至有的恶意炒作，用轰动词语博取目光，盲目归因，致使矛盾更加复杂化。虽然这些宣泄某种程度上都表达了来自各个阶层部分人的诉求、不满，强调了对改革公平性的关注，具有一定的合理性，“但是由于其使用偏激、极端、甚至鼓动暴力的语言对社会转型中出现的矛盾进行非理性表达，加剧了不同群体之间的对抗，激化了不同阶层之间的不信任和仇视”①，也极容易被不法分子或者是境外敌对势力所利用。今后，网络对社会矛盾的助燃效应与放大效应，不仅会持续，还会增长。网络成为社会矛盾反映的主要场域。我们在研究中发现，我国正规媒体对现在矛盾的报道，有严格的禁区，反而学术期刊对矛盾的研究相对宽松一些。出现期刊研究矛盾论文数多于报纸报道数的倒挂现象。现实生活中媒体报道对我国重大的矛盾，特别是刚性矛盾，是回避的。一段时期有些地方政府甚至都不允许征地、拆迁、环境、劳资、历史遗留等矛盾纠纷进入司法系统。在现有的新闻管控政策下，媒体的社会安全阀功能总体上是不健全的，不能有序疏导社会不满能量。有限的社会安全阀的功能，不能够满足公众心理不满能量宣泄的需要。因而，社会成员大量地转向网络相对自由的言论空间。因此，我们在正规媒体上看不到的社会矛盾，却在网络上比较充分地反映出来。网络已经成为我国矛盾反映表现的主要场域。大量的现实社会矛盾短时间内无法消解，强烈的相对剥夺感与生活中的重大挫折一时也难以得到有效缓解，这些都会持续作用于

① 陈尧：《网络民粹主义的躁动：从虚拟集聚到社会运动》，《学术月刊》2011 年第 6 期。

人们的心理，导致情感对立的长时段僵持和进一步强化，预防网络自由空间中矛盾感应情绪的无序宣泄，成为新的化解矛盾的重要方面。以免非现实矛盾与现实矛盾相互激荡而恶化矛盾。

(7) 从社会矛盾处置来看：社会矛盾调解机制基本形成，处置难点焦点矛盾的机制形成还需要时间

进入21世纪以来，随着各种社会矛盾的涌现，社会管理者在不断地探索治理方法，以2006年中共中央第十六届六中全会通过《中共中央关于构建社会主义和谐社会若干重大问题的决定》为标志，我国对于社会矛盾的治理，开始提到了新的高度。由于我国的改革开放，是对社会经济制度与体制的重大改革，它带来了整个社会结构的转变，期间新旧制度的交替、新旧政策的衔接、新旧机制的转换，使社会结构发生了全方位的变革，利益格局出现了整体性的调整。这种社会转型带来的社会矛盾，也是整体性的。而《中共中央关于构建社会主义和谐社会若干重大问题的决定》正是在20多年改革开放的摸索中，探寻到了社会转型期对新产生的社会矛盾的治理经验、办法。在和谐社会这个社会发展的目标下，探寻到了科学发展观这一正确的经济社会发展指导思想，探寻到了社会建设这一正确的化解社会矛盾的路径，探寻到了社会管理创新这一突破旧的行政管理体系的做法，探寻到了社会治理这一化解社会不稳定因素的新举措，探寻到了依法治理这一化解社会矛盾的保障。也就是说化解社会矛盾的顶层设计形成了。在社会实践中，我国建立起了遍布城乡基层的以人民调解为基础的社会矛盾调解体系，在此基础上将人民调解与行政调解、司法调解结合，形成了有中国特色的大调解体系。这一调解体系，在基层有效地化解了大量的人际矛盾冲突，有效地化解了我国社会的大部分矛盾。各地基层政府还探索、创造了许多有特色的矛盾治理经验，有效地化解了许多新生的社会矛盾。但由于社会矛盾的复杂性、交织性，也由于制度、政策、法律的滞后性，现有的矛盾化解体制，对三种矛盾显得力不从心，化解不力。一是对涉及群体性的矛盾，如征地、拆迁、改制、环境等重大矛盾，依靠微观层面的人际调解没有效果，形成了矛盾化解的焦点。二是有些历史遗留下来的矛盾，由于政策性局限与历史性变迁，矛盾长期得不到化解，形成了矛盾化解的难点。三是某些个体性的特殊矛盾，如有关上访老户、缠访户的矛盾，对其非理性的诉求无法满足，各种矛盾终结机制失

效，矛盾形成了死结。而这些矛盾的焦点、难点、死结，在今后几年中还会依然存在，依靠现有的矛盾化解机制是无法有效化解的，需要在制度、政策、机制、机构、队伍各个方面创新，寻找新的化解方法。政府在不断调整矛盾处理的机制、方法，群众也在不断地调整矛盾应对的策略。依法处理矛盾将成为主导性的大趋势，政府依法行政与执法的力度会加大，违法抗争的空间将受到挤压。以机会主义的方式抗争，以非制度化手段抗争，都将受到法治的压抑。盛行的闹事亚文化尽管会延续一段时间，但总体上闹事的空间越来越小，闹事的成本也会增加。对现今最难处理的群体性事件、缠访户等问题，将探寻出新的办法，找到矛盾的终结机制。矛盾化解中的难点、焦点问题将逐步地得到解决。

（8）从社会治理的成本看：我国将进入化解矛盾的高成本时代

我国主要的社会矛盾与民生有关，涉及利益的重新调整与分配。无论是征地、拆迁、改制、环境矛盾，还是物业、医患矛盾，都与矛盾双方的利益有关。因此，无论矛盾所指的一方是个体、企业或政府，在解决矛盾中都涉及利益的赔偿、补偿问题。而随着群众法制观念的增强，依法维护权益意识的提高，在捍卫自己利益损失的过程中，对利益的要求、标准也越来越高。这对维护民众的权益与利益是好事，但也要警惕，新的补偿标准也会引发补偿较低的群体的不满，诱发已经处理的矛盾重新爆发。我国低成本处理矛盾的时代已经过去，将进入高成本处理矛盾的时代。但今后矛盾冲突的焦点将会聚集到小部分人的利益与大多数人的利益和社会的利益上来。类似于环境矛盾中的邻避效应，各种矛盾中少数人的利益不向公共利益、大部分人利益妥协的现象将会更多地增长。这将成为新的一种矛盾状态，导致公共事业建设成本、经济建设成本会大幅度地增长。

2. 分类矛盾趋势预测

（1）征地拆迁矛盾

在基层通常将征地矛盾与拆迁矛盾归为同一类矛盾。征地矛盾与拆迁矛盾现在依然是我国各地基层第一位的社会矛盾。矛盾围绕着征地拆迁安置涉及的利益而展开。长三角区域是经济较为发达的地区，在深入推进现代化城市建设、强化土地集约利用上走在了全国前列。从本世纪初大城市启动拆迁开始，拆迁总量持续走高。至今，不少城市拆迁总量在上亿平方米、数十万户。征地拆迁中，大部分地区是规范的，大多数被征地拆迁的居民获得了补偿和新房，他们是受益者。但也有相当部分的征地与拆迁并不规范，损害了被拆迁户的利益。经过总结经验教训，从 2010 年起，征地拆迁逐步规范化、程序化，阳光征地拆迁的推行，风险评估的实施，在征地拆迁中引发的矛盾近几年来大幅度减少。现在经济发达地区的矛盾主要是 21 世纪前十年存留下来的矛盾，属于矛盾的存量。在城市化的梯度推进中，征地拆迁浪潮已经推进到我国中部甚至西部地区。由于基层操作不规范、处理不及时、补偿尺度不一、政策推陈出新等因素，导致征地拆迁矛盾越积越多，因征地、安置、补偿等引发的群体性事件频繁发生。21 世纪初期，涉及征地拆迁矛盾人员大多以个体或单位为主零星上访，群体上访也只到市、区两级政府，但随着上访次数的频繁，部分人员开始相互熟知，相互串联，到 21 世纪第一个十年左右，征拆矛盾主体出现了两个新现象，一是区域性“抱团”集访现象，最后发展成每周定期到市政府、法院等地常态化聚集。二是将经济问题政治化现象。由于境内外政治自由化人士、民运人士和非政府组织不断插手拆迁矛盾，一批拆迁矛盾骨干人员的诉求从原来的围绕自身利益炒作发展到攻击党和政府，质疑党的领导，否定社会主义制度等，逐步出现政治化倾向苗头。总体而言，征地拆迁矛盾在东部经济发达地区，矛盾有所减少甚至呈现下降的趋势。而在经济欠发达地区，出于经济发展政绩的冲动与土地财政的实际需要，征地拆迁的步伐在加快，矛盾也会有所上升。

（2）环境矛盾

在未来的 5—10 年中，在经济发达地区环境矛盾将会上升为主要的矛盾，甚至取代征地拆迁矛盾上升为最严重的矛盾。随着民众环境保护意识的提高，居民对所在社区环境、城市环境也更加注重，维护环境的行动也日益增多。①社会矛盾呈现滞后效应，在中西部地区，招商引资的需求还十分强烈，将一些东部沿海地区已经淘汰的企业引进到当地，导致当地环境矛盾十分尖锐。中、西部地区的矿业开发遗留下了大量破坏当地居民生存环境的矛盾。这些矛盾当地政府开始不重视，现在要解决难度增大。②城市工业园区周边的居民因不满企业环境污染、噪声扰民等问题，引发的群体性事件也趋于频繁。一些与环境有关的国家建设项目将会遇到当地居民更加严重的反抗，由于受“厦门事件”“大连事件”反对 PX 项目成功榜样的影响，邻避效应会愈演愈烈。③一些涉及城市公共服务的项目，大到核电厂、化工厂、垃圾焚烧厂，小到垃圾站、公共厕所，都会受到当地居民的反抗。面对日益增多的城市生活垃圾，原先采取的填埋处理方式已力不从心，而开建新的垃圾处理厂所引发的群体性事件风险很大。④大气污染、水源污染，涉及社会公众，会引起社会各界的高度关注，一个地区居民的反抗，会得到社会的共鸣、响应，甚至很快会形成一个城市的集体行动。⑤我国以煤矿开发为主引起的矿区沦陷等环境问题，没有获得有效的解决，也是持续发酵的矛盾源泉。在未来的一段时期内，环境类的矛盾将上升为我国的主要社会矛盾。由于环境矛盾的公共性与无法回避性，环境运动的反抗行动通常手段十分剧烈。邻避效应的扩散与放大的趋势，在环境矛盾上反映了社会整体利益与少数人利益的冲突问题，而目前没有有效的方式解决。大量涉及环境的建设项目将受到广泛的抵制。全国范围内，环境矛盾总体上呈现快速增长的趋势。

（3）土地保障的矛盾是潜伏的矛盾，将成为隐患

21 世纪以来，在我国的城镇化快速发展进程中，征用了大量的土地用于高新开发区、公共设施、高铁、高速公路、高架桥的建设。同时，在商业开发中，成片商品房也占用了大量的土地。在此基础上发展起来的土地财政，成为地方政府主要的财政来源。①在征地的早期，由于缺少规范与程序，又涉及基层政府与开发商的利益，对被征地农民的生计问题、保障问题没有解决好，遗留下了养老矛盾。而这些矛盾，随着时间的推移，当被征地的居民进入老年期的时候，会逐渐暴露出来，农村养老保障的矛盾将会显现出来。②当时采取的一次性补偿政策，也产生了新的问题，如部分征地农民在获得大笔征地补偿款以后，不会理财，短期内挥霍掉，最终养老还是找政府。这些矛盾随着时间的推移，会逐渐凸显出来。

（4）“民间借贷”已经成为新的重大矛盾隐患

近年来，受国际金融危机影响和国家对经济投资过热加强宏观调控，股市、房市起伏较大，群众投资渠道狭窄，大量社会闲余资金涌动，为非法集资创造了资金环境。民间借贷市场日益活跃，出现了以食利为业的职业放贷者和隐蔽经营的中介机构。而非法集资、暴力催收等违法犯罪行为也应运而生，给社会安全带来了隐患。由于民间借贷游离于正规金融管理控制之外，借款行为不需履行严格的手续，有交易隐蔽、风险不易监控等特点。非法集资涉及人员广泛，放贷者大多缺乏理财常识，有的甚至将全

部积蓄用于放贷，“一旦所借款项不能收回，放贷者往往采取过激行为，甚至采取恐吓、殴打、非法拘禁、强制处置财产等违法手段进行逼讨，有的背后还有黑恶势力撑腰，潜藏刑事犯罪隐患”。[①] 某市法院 2015 年依法受理民间借贷纠纷、金融债权纠纷案件 26096 件，审结 21687 件，同比增加 9%。[②] 非法吸收公众存款案件涉及群众人数多，涉案金额数量大，动辄数亿元，群众损失大。而这类案件存在侦办难、追逃难、追缴难的特点，案件办理的主动权不在本地，受害人员相当部分为老年群众，要求追回损失的愿望强烈。在无奈下通常将目标转移到地方政府身上，极易形成群体性事件。在未来 3—5 年内“民间借贷”也将成为影响经济和社会稳定的一个突出矛盾。一旦经济形势下滑，“民间借贷”的资金链断裂，这一矛盾将会凸显出来。

（5）劳资矛盾在总体上会下降

①以农民工为主的讨薪矛盾，在我国劳资矛盾中占主体。近几年来，这一矛盾在政府的有力干预下，已较大幅度地下降，但短时期内还不会消失。②2013 年以来伴随着国内市场的持续低迷，经济发展中的不确定因素随之增多，我国部分民营企业出现资金链断裂、无力偿还贷款现象，企业申请破产、企业主被迫“跑路”事件时有发生，将摊子扔给政府。一些中小型企业特别是科技含量低、竞争力差的企业经营困难，资金链断裂、拖欠职工工资、供应商货款和银行贷款；有的企业主不堪重负，“隐身”躲避甚至“跑路”。引发的矛盾处置难度很大，常常出现大规模的群体性职工维权事件。③2013 年以来国际经济环境产生波动，直接影响到我国外资企业的经营，随着我国劳动力成本的增长，外资企业迁移出国内的速度加快，影响相当部分外资企业的员工利益。涉外企业的劳资矛盾在今后会出现持续上升与激化情况。④涉及劳动保障方面的矛盾纠纷，特别是养老保障方面的纠纷，将随着时间推移而日益突出。如长期在一个城市、一个企业工作的农民工，对劳动保障的要求会增高，特别是对养老保障的需求会增强。⑤改革改制矛盾持续发酵。当年国企改制过程中，考虑

① 江苏省无锡市中级人民法院课题组：《宏观经济形势下无锡地区民间借贷纠纷的调研报告》，《人民司法》2012 年第 11 期。

② 某市内部研究报告，2015 年。

改革成本等问题，普遍采取带资安置的形式，造成改革未彻底的问题，大量的国企职工转到股份制、民营企业工作。近年来，一些改制企业负责人通过资产转移、破产、出售等方式，把原国企职工推向社会，连续引发职工不稳定。另外绩效工资改革遗留问题也较为突出，事业单位绩效工资改革以来，企业与事业单位退休人员的待遇差距拉大，引发企业性质人员的强烈不满。身份待遇矛盾又牵涉到事业单位改制、福利企业工资改革、国企职教幼教和医务人员岗位管理等复杂的历史问题，涉及人数众多、规模庞大，在共同的利益诉求下相互串联，形成多个突出不稳定群体。有关农民工的劳资矛盾在下降，有关涉外企业、改制企业的劳资矛盾居高不下。

（6）城市中的楼房、物业矛盾将会上升

①房地产交易中的矛盾会上升。随着经济下行，许多地区房地产市场出现低迷，房地产领域矛盾将成为今后一段时期影响社会稳定的一大隐患。如因资金链断裂房地产商延期交房、无法办理房产证等影响购房业主子女报名入学，楼盘降价等也引发了大量社会矛盾。②大型综合商铺市场矛盾较为突出。各类城市综合体和专业市场在各地蓬勃发展。但一些城市综合体和大型市场规划过于集中，加之商品同质化严重，包租返利等问题引发的企业经营隐形矛盾逐步显现。这虽然属于民事经济纠纷，但涉及人数和金额较多，已经成为影响一个地区的重大矛盾。③物业矛盾也日渐突出，在房屋的维修基金、服务提供、小区公共资源、服务费用等方面，都会产生大量的矛盾。特别是城市居民车辆快速增长，小区停车位的短缺，产生大量的矛盾。服务不到位与物业费用不交，也形成一对高发矛盾。楼房、物业矛盾将成为城市中增长速度较快的一种新型矛盾类型。开始由小概率的矛盾上升为大概率的矛盾。

（7）农村中家庭婚姻矛盾与农村集体产权制度改革而形成的矛盾仍然占有较大比例，特别是后者将呈现快速增长态势

首先，农村家庭财富的日益增长，加之代际之间在生活习惯、消费观念、权利意识等方面的差异，导致在家庭婚姻、抚育赡养、家产拆分等方面矛盾增长。加之城镇对农村资源的强力吸纳使得村居空心化、留守问题、高离婚率现象及老年返贫等问题普遍存在。这类矛盾虽是个体或家庭矛盾，但数量较大，化解不及时也极易引发恶性案件。其次，自 2013 年

中央一号文件明确提出农村集体产权制度改革以来，中央已连续发文要求规范土地流转促进农业规模化经营，当前各地已加快了对农村集体土地等资源和资产的确权登记颁证工作，主要包括农林牧副渔用地、农村宅基地以及其他集体经济组织的资产项目。但在许多农村地区，土地面积不准、界址不清以及农户间私自流转等现象普遍存在。如今随着土地等资产市场价值的不断升高，以前农民忽视的土地现今成为引发权属争议的矛盾源。从我们调查情况看，其中对土地确权的起点（即按照一轮承包还是二轮承包）认定问题较具有普遍性，由于涉及不同村组间的资源分配，极易引发群体性的冲突事件。可以预计今后随着确权登记颁证工作的全面铺开以及土地流转市场的兴起，由此引发的矛盾定会形成一个爆发的小高峰。

（8）历史遗留矛盾有增有减

从时间角度讲，历史遗留矛盾总体上会减少。许多矛盾的主体年龄较大，会随着时间的推进而人数减少。但也有可能会引发出新的历史遗留问题。主要是现行政策与历史政策的区别。自改革开放以来，我国社会结构不断进行调整，各类改革措施纷纷出台。尽管改革促进了经济的快速发展，但改革的配套机制并没有同步加以完善，各种改革的“时代之痛”也逐步显露，如转业军人的安置问题、国有企业改制员工的安置问题、农村“五老人员”问题等，如不彻底解决，将是持续性的矛盾源泉。而这一类问题，往往又是引发群体性事件的重要原因。

（9）干群矛盾会长期存在

干群矛盾集中表现在农村基层干部身上。在城市基层，街道、社区两级干部，与居民没有切身的利益联系，因此，较少产生利益上的纠纷，有矛盾也只是干部的工作作风、工作态度问题。而在农村，乡村干部与村民有着紧密的利益相关性，在集体土地使用、承包、租赁、出卖方面有着巨大的利益，在集体资产分配方面也存在利益，也会产生村务管理纠纷等。因此，农村干群之间容易形成利益上的矛盾纠纷。干群矛盾实际上是各种矛盾的汇聚。越是涉及利益问题的，越容易形成矛盾纠纷，干群矛盾的冲突也更大。在中央强势反对腐败的高压政治下，基层干部中以权谋取私利的行径将会收敛甚至减少，新的矛盾也会减少。但过去长期积累下来的矛盾，特别是无法解决的矛盾不会一时消解。

（10）社会微观层面的人际矛盾数量将居高不下，城市中交通、医患、消费纠纷将成为大概率矛盾

交通事故、医患纠纷、安全生产事故等引发的群体性事件总量居高不下，“逢死必闹”现象突出。这些矛盾一方面耗费了大量人力、物力和财力，另一方面善后处理稍有不慎，一是极易引发规模性的堵门、堵路、集访等不稳定事端。二是民事纠纷会转化为刑事案件。总体上社会矛盾的“触点”增多、“燃点”降低，往往一点就着，稍有不慎，小问题就有可能引发大事端。

（11）少数矛盾将出现绞合化、死结化、外溢化

面对矛盾的焦点，某些上访老户、非正常上访户，矛盾的处理机制也没有形成。他们游离于司法、信访等渠道之外。对制度内处理矛盾的渠道与手段不信任，与基层政府形成了抗拒、对峙，使矛盾形成难以解决的僵死局面。在全国范围内，已经形成一批难以化解的僵死的矛盾。这种僵死的矛盾，损耗着各地基层政府大量的人力、物力、精力。这种僵死的矛盾中，有的可能恶化，转化为民转刑案件，个别的甚至会发展成反社会案件。这些老上访对象不承认、甚至拒绝司法终结机制与信访终结机制，许多已经是不合情、理、法各种规则了，已经向法治挑战。在“会哭的孩子有奶吃”已经是不争的事实面前，基层政府与基层干部迫切需要中央及相关部门拿出针对性的、操作性的政策与意见。

第二编

我国突出的现实矛盾

第六章

我国征地矛盾特征、趋势及对策

在我国工业化和城市化的快速进程中，需要大量的土地、资金，而这主要通过从农村土地的征用获得。从 20 世纪 90 年代末期开始，我国地方政府土地出让金处于逐年大幅上升趋势，从 1999 年的约 514 亿元增长到 2005 年的约 5894 亿元，2007 年突破万亿大关，2014 年甚至达到 4. 26 万亿元，多个年份的土地出让金收入占地方财政收入的份额超过 50%。[①] 最新数据则表明，17 年来全国土地出让收入总额约已达 27. 29 万亿元，年均 1. 6 万亿元。[②] 土地征用不仅为城市化发展过程提供了稳定的土地保障，在一定程度上也为被征地农民生活环境和生活质量带来了积极改变。然而，由于各类制度性、政策性以及操作性因素的缺陷、不连贯、不规范，造成征地过程中不可避免地产生了大量的尖锐矛盾，不同利益主体博弈成为常态，而更为严重的是这种矛盾冲突常升级为群体性事件或转化为极端事件。根据中国社会科学院 2013 年《社会蓝皮书》的统计，我国每年因各种社会矛盾而发生的群体性事件多达数万起甚至十余万起，其中由征地拆迁引发的约占 50%。频繁发生的冲突事件不仅昭示着征地对农民带来的利益损害，也对农村社会稳定造成威胁。因此，充分把握现阶段我国农村征地矛盾的基本特征和发展趋势，并提出具有可操作性的化解对策成为当前学界所面临的重要议题。2013—2015 年间，课题组对全国 28 省 366 名基层干部进行访谈，获得了充实的经验资料。本章将在对征地相关

---

① 土地出让金数据源自历年《中国国土资源年鉴》，地方政府财政收入总量来自国家统计局网站，比重由原始数据统计所得。

② 叶开：《十七年来全国卖地收入超 27 万亿去向不透明》，《第一财经日报》2016 年 2 月 16 日。

资料梳理的基础上，结合部分国内重大征地冲突事件，对现阶段我国征地矛盾的类型、特征、发展趋势和化解对策问题进行探讨。

征地矛盾是较长时间以来我国学术界和各类媒体密切关注的话题。在知网数据库的期刊库中，改革开放以来最早关注和使用“征地矛盾”概念的文章发表于1995年①，最高峰出现于2013年。通过梳理期刊、报纸和网络三个信息源中有关征地矛盾的内容可以发现，首先从文献的数量来看，有关征地矛盾的期刊论文呈逐年稳定增长趋势，报纸文章则呈现较大波动，但总量较少，网络报道则从2010年起呈现持续大幅增长趋势，尤其是2014年因云南晋宁、山东平度和山西夏县事件而数量激增（见图6—1），达到历年报道的最高峰，反映出网络媒体对重大征地矛盾事件的关注程度。其次从文献涉及的主要内容来看，各类信息源的关注点也有变化。首先，期刊源和报纸源。在一般性主题中，“对策/措施”在总量始终居于首位，其次为“根源/原因”；在具体主题中，“补偿标准”“制度改革”主题受到的关注较多。再次，网络源。征地矛盾自2003年以来就

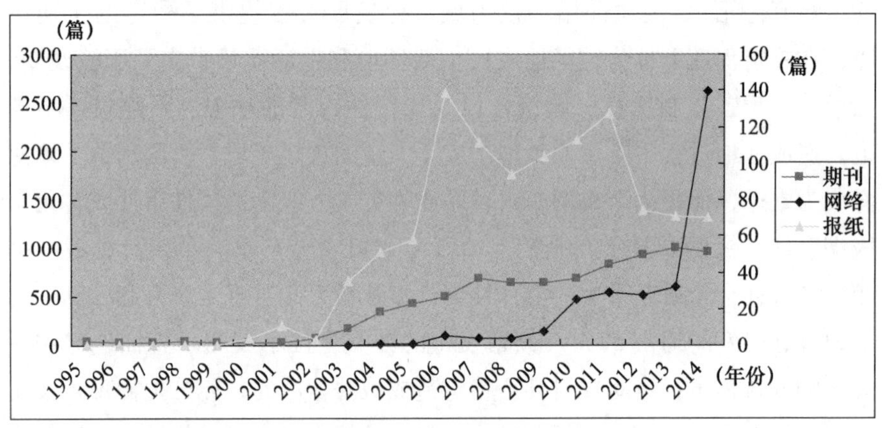

图6—1　三类信息源关于征地矛盾的关注趋势

（注：图中主纵轴为期刊和网络文章篇数，次纵轴为报纸篇数）

① 知网数据库期刊库中最早涉及征地的是1950年发表于《福建政报》的《华东军政委员会关于修建公路土地征用的暂行办法》。本书数据统计主要考虑的是改革开放以来的征地问题，最早的文章是叶余庆发表于《江苏公安专科学校学报》1995年第2期的《当前影响乡镇企业治安稳定的因素及对策》，具体谈及征地矛盾。

开始得到网络媒体的持续关注，当前在重点关注征地个案冲突事件的发生发展的同时，对政府的治理举措或典型经验的报道也越来越明显，反映出征地冲突日益剧烈背景下基层政府在化解矛盾中的不断探索和创新。

第一节　现阶段征地矛盾的主要类型

征地通常发生于农村和城市郊区[①]，是国家为了进行经济、文化、国防建设以及社会公共利益的需要，经过法律规定的批准权限和程序并支付农村集体土地所有者和使用者补偿后，对土地进行征收或征用[②]的行为。一般地，围绕征地的主要利益博弈方有中央政府、地方政府、用地单位（政府、企业或开发商等）、村两委以及被征地农民。相应的，征地矛盾是指政府部门在根据公共利益的整体规划将农村集体土地征收为国家所有的过程中，被征地农民由于不满政府部门或用地单位给定的征地补偿标准，或因作为集体土地使用者的农民之间因内部利益分配不均或不合理问题产生的矛盾纠纷。从征地矛盾的表现形式来看，无论是温和、理性的体制内的抗议，还是相对激烈的、非理性的体制外的集体行动，其根源都是被征地农民对补偿的诉求，具有鲜明的现实利益性。然而基于补偿的征地矛盾事实上是一个笼统的提法，引发每一起征地冲突事件的主要诱因不尽相同。本研究将现阶段我国征地矛盾归纳为五种类型：制度政策缺陷型、程序违法型、干部贪占型、相对剥夺型以及内部利益分配型征地矛盾。第一类是因征地法律依据不明这一客观的外在制度环境而造成的矛盾；第

① 我国《土地管理法》第八条规定："农村和城市郊区的土地，除由法律规定属于国家所有的之外，属于农民集体所有"。

② 2004年，第十届人大二次会议通过的《中华人民共和国宪法》修正案，将"国家为了公共利益的需要，可以依照法律规定对土地实行征用"（第十条第三款），修改为"国家为了公共利益的需要，可以依照法律规定对土地实行征收或者征用并给予补偿"。为与《宪法》保持一致，《土地管理法》也将第二条第四款修改为"国家为了公共利益的需要，可以依法对土地实行征收或者征用并给予补偿"，同时将原有的"征用"改为"征收"。当前，"征收"在其内涵上等同于原《宪法》和《土地管理法》中的征用，是指国家为了公共利益的需要，依法将集体所有土地转为国家所有并给予补偿的行为，所有权性质发生改变。而"征用"是指国家为了公共利益的需要依法强制使用集体土地，在使用完毕后再将土地归还集体的行为，类似于临时使用土地，不改变所有权性质。

二、三、四类是基层政府或干部的征地行为问题造成了农民与基层政府及乡村干部之间的矛盾；第五类则体现为农民基于利益分配的内部矛盾纠纷。每一起大规模的征地矛盾冲突事件涵盖了其中一个或者几个方面矛盾源，呈现出征地矛盾复杂的“叠加”性质。

一　制度政策缺陷型征地矛盾

制度和政策缺陷是造成当前征地矛盾的宏观因素。第一，制度因素对征地矛盾的影响广泛且深远，不仅涉及征地制度本身还涵盖了与地方政府发展和官员的评价制度。首先在财税体制上，现有财税体制是地方政府逐利的重要原因。自实行分税制以来，地方政府的财权被极大压缩，而所承担的各项责任、任务则不断增多，地方政府有限的财力难以应对庞大的财政开支，因而不得不开辟“财源”，征地拆迁也就成为地方政府的合理选择。这些问题最终也可以归结于体制尤其是财政体制的不合理。“因为中央高度集权财政，地方政府没有钱花，地方政府利益驱动，无路可走，导致了他必须搞这些项目……现在就造成了…依然是非常激烈、对抗非常激烈的矛盾。”（0C11008，某街道书记）

其次在相关的考核评价制度上。政绩考核机制的不合理导致地方政府急功近利、经济至上的政绩观，成为地方政府热衷于征地拆迁的重要动力。政绩考核机制过分注重经济效益，但同时合理的考核机制又得不到有效落实，最终使得地方政府的扭曲的政绩观并没有得到有效扭转。“评政绩时一切看政绩，考核机制存在问题，评政绩你就被比下去了，急功近利，逼着你搞……我刚才想了一个矛盾就是扭曲的政绩观和现实相脱节的矛盾，关键还是考核的问题，根本原因还是大体制的问题。”（0C11009，某街道书记）

最后，基层政府部门之间存在管理权限的矛盾，无法解决迫切的民生需求从而引发了大量矛盾，并成为矛盾的直接对象，最终影响了政府的公信力。“宅基地主要的审批权被收到县国土局，乡镇没有审判权了，县国土局由于土地指标紧张（先满足房地产和工业用地），曾十年都没有给我们这里的农村新批过宅基地，老百姓子女成家分户，就没有办法盖房，所以就违规建在农田里。老百姓‘强建’后国土局又来‘强拆’，这样就激化了矛盾，这的确是政府失职在前，不怨老百姓。”（0C01023，某开发区

党工委书记）

第二，征地政策不完善是产生征地矛盾最重要的触发因素。首先，当前我国征地政策的制定、补偿标准的确定过程中，农民作为权利主体的地位得不到有效体现，而成为政策的被动接受者。征地拆迁的补偿标准低于征地拆迁对象的心理预期，二者之间的差距决定了征地的难易程度和矛盾激烈程度。“在老百姓而言，补偿的标准明显偏低，不能适应经济社会发展。由于赔偿没达到群众的要求，可能就会产生很多的矛盾。”（0P11001，某县综治办副主任）

其次征地政策本身存在连续性不足、缺少周全性的问题，这些因素都给具体的征地过程带来阻碍从而引发矛盾。政策周全性的缺乏给具体工作带来困难，也容易引发征地对象的对抗。征地拆迁的工作主要包括两个过程，即前期征迁补偿工作与后期安置工作，在当前实践中前者是政府部门花大力气要解决的问题，但却对后期的安置工作缺少足够的重视因而存在引发矛盾的风险。地方政府对征地拆迁对象安置工作的不到位也会引来新的矛盾，比如农民变居民的角色转换过程中的心理调适、生活设施的建设等方面的问题都可能成为矛盾的诱发因素。“农民他失去土地以后，他本身的文化程度、劳动技能很差，而且他从事的是农业生产活动，你让他一下子变成了居民以后他在适应城市居民这种生活、工作的环境，他有时候是无法适应的，那么政府有时候采取的培训和各种补助之类的，我认为它只是做在了表面上，也就是说它没有从根本上去解决一些实际的问题。”（0O01007，某市公安局教导员）

值得说明的是，近几年中央不断出台的土地管制制度，政策对征地矛盾的关注越来越密切，这一方面在规范地方政府征地行为、保护农民权益上具有积极作用，另一方面在一定程度上抑制了被征地农民的不合法利益诉求行为。

二　程序违法型征地矛盾

程序违法型征地矛盾，主要是指征地过程中因地方政府违规或者违法操作导致被征地农民的反抗，这类矛盾的冲突主体非常明确，即被征地农民与地方政府。在此过程中通常会伴随地方政府违法乱纪、滥用职权，多征、多占以及强征行为。相比于制度政策缺陷型征地矛盾，该类矛盾强调的是基层政府工作人员在征地过程中的程序违法行为。

按照国家相关法律的规定，农村集体土地的征收应当遵循特定的审批程序。《土地管理法》对土地征收程序作出了“两公告”的明确要求，《土地管理法实施条例》对“如何公告”作出了说明。[①] 概括而言，征地的法定流程应为：用地单位向县级以上人民政府提出征地申请、初步审查、征地审批、公告登记、签订补偿协议、征地费用给付、实施征收。但目前比较普遍的现象是政府部门并未能严格遵守法律规定，而在征地过程中采取规避策略，有意忽略法规政策的约束。一项针对我国东部、中部和西部 9 个城市化速度较快、征地规模较大的地级市以及 459 个农户调查的结果显示，被征地农民反映中政府没有发布征地公告、没有发布征地补偿方案公告的样本户分别为 53.1% 和 63.1%；认为征地公告清楚地说明了征地目的和实施方案的样本户为 24.1%；而发布过征地公告但只是“走形式”的占 21%，认为公告作用不大的占 30%。[②] 这意味着即使有公告也仅仅是流于形式。因此就征地程序本身而言，只有不到四分之一的征地行为是符合法律规定的。2015 年 1—8 月份，国土资源系统共查处违法用地案件 3.99 万起，涉及土地面积 30.73 万亩，其中耕地为 9.97 万亩。[③] 绝大多数土地违法行为都与地方政府有着直接或者间接的关系，集中折射了当前征地过程的违法违规问题及其严重程度，这是导致当前征地矛盾的主要矛盾源。

中央政府对于土地征收相关政策的规范，其目标一方面在于保护耕地

① 《土地管理法》第四十六条规定：国家征收土地的，依照法定程序批准后，由县级以上人民政府予以公告并组织实施；第四十八条规定：征地补偿安置方案确定后，有关地方人民政府应当公告，并听取被征地的农村集体经济组织和农民的意见。《土地管理法实施条例》对“如何公告”问题予以澄清，并规定：征收土地方案经依法批准后由被征土地所在地的市、县人民政府组织实施，并将批准征地机关、批准文号、征收土地的用途、范围、面积以及征地补偿标准、人员安置办法和办理征地补偿的期限，在被征收土地所在地的乡镇、村予以公告；条例同时还规定：市、县人民政府土地行政主管部门依据批准后的土地征收方案，会同有关部门拟定征地补偿和安置方案，在被征用土地所在地的乡镇、村予以公告，听取被征地的农村集体经济组织和农民的意见。

② 孔祥智、顾洪明、韩纪江：《我国失地农民状况及受偿意愿调查报告》，《经济理论与经济管理》2006 年第 7 期。

③ 郄建荣：《今年前 8 个月查处土地违法案件近 4 万件》，法制网（http：//www.legaldaily.com.cn/index/content/2015－09/15/content_ 6270106.htm）。

稳定，保护国家和民族的生命线，另一方面是为了保证被征地农民的利益。从中央部门的土地督察和整治情形来看，我国近年来的违法征地主要集中于以租代征[①]、开发区擅自设区扩区和未批先用三种形式。2007 年国土资源部开展了以“以租代征”为重点的土地违法整治“百日行动”[②]，查处的三类违规征地案件高达 3 万多件，涉及土地总量为 330 多万亩。按照我国人均 1.4 亩耕地面积计算，百日行动期间查处的违规征地案件就涉及了约 236 万人的征地权益，取得了较大的整治成效。但囿于行动的临时性和阶段性特征，此类专项整治只是在特定时间内得以充分彰显，而基于地方政府强大的“土地财政”逻辑，随后又涌现新一轮违规征地的高潮。此后大量地方政府以租代征、预征土地[③]、未批先征乃至强征等违规征地的事件仍不时见诸报端，违法违规征地成为我国征地矛盾的突出诱因。

案例 1：2011 年上半年，云南宜良“租用千亩农用地建造人工湖”事件备受关注。当地政府和群众对此各执一词。政府部门认为征地是为建设公益性项目——“南盘江宜良城区段水环境治理人工湿地项目”，但部分群众则认为政府以“改善环境”之名低价强租村民承包地用于日后的房产开发，是典型的“以租代征”。项目以 1800 元/亩/年的价格租用附近 600 户近千亩土地，但当地政府租地没有召开村民大会。据村民反映，项目刚开始很多人不知道，等知道时承包

① 以租代征是违法违规征地的突出表现形式，是指未经依法办理农用地转用审批手续而通过租赁的方式取得集体土地进行非农业建设。其实质是规避法定的农用地转用和土地征收审批，在规划计划之外扩大建设用地规模，同时逃避缴纳税费、履行耕地占补平衡法定义务。

② 通过对国务院批准用地的 83 个城市用地进行审查，共核减申报用地 1.17 万公顷，占申报面积的 31.8%，与 2006 年相比农地转用减少 10%，占用耕地减少 17.1%。

③ “土地预征”与依法征用农村土地是两个完全不同的概念，其本质是突破土地利用总体规划和农用地转用年度计划，由县（市）政府或者经济开发区乃至乡镇政府作为征地主体进行征地活动。在程序上虽然也体现与农村集体经济组织签订“土地预征协议”，并按约定支付一定数额的补偿款，但是在性质上却是要诱导或强迫农民接受传统的“银货两讫”观念，这对农民意味着可能会被迫随时停止耕作，交出土地。由于这种制度在前期表现为“只征不占”，因此该行为也被地方土地执法部门认为没有形成违法占地事实而无监管和处罚依据。早在 1995 年国务院《关于做好 1995 年农业和农村工作的意见》（中发〔1995〕6 号）就已明确提出不准实施“土地预征”，但是由于该意见并未对土地预征行为作出明确罚则，因此一直以来“土地预征”基本上成为土地执法监察的死角。

地都被挖开了，村干部只通知村民领租金。村民的询问所得到的回复也仅仅是“政府租地搞建设”。但有法律人士提出，该项目有“以租代征”“巧立名目”之嫌疑，虽然在名义上项目是用于水产养殖和生态湿地建设，但实际上是作为开发建设用地的配套景观来加以实施的，客观上对这片田地造成不可修复的伤害，这些做法很难让人与政策禁止的“以租代征”区分开来。[①]

案例2：2013年10月，山西万荣县政府“预征”土地5789亩。在中央媒体的密集关注下相关部门介入调查，认定为非法征地，其中未批先占1211亩。在被及时阻止前，已有7个项目开建，另外4578亩尚未改变土地用途。对于该起违法征地相关部门的处理结果是项目停工、退还耕地以及罚款807万元和对相关领导者进行行政处分。[②]

云南宜良“以租代征”和山西万荣“预征土地”代表着我国程序违法型征地的两种主要形态，违法违规征地必然会导致被征地农民利益受损的结果并进而引发其维权抗争，触发农民与基层政府间的对立和冲突。在万荣违规征地问题爆发之前，中央部门曾针对类似现象多次以政令的形式重申和强调征地工作规范，试图以此遏制非法征地行为。[③] 而就目前的总体情形来看，“倒逼型”整治违法征地现象的政令的出台，其客观成效是阶段性、波动性和难以持久的。[④] 针对地方政府违法违规征地而作出的各项应对措施，就其本质而言，是中央政府在耕地保护和农民利益保护双重话语体系下开展的“纠偏”行动。从整治结果的维度来看，无论是案件的数量和涉及土地的数量，其背后隐含的都是对于农民的利益侵犯。因

① 杨宗友：《昆明宜良千亩良田造湖百姓失地，涉嫌“以租代征”》，新华网（http：//news. xinhuanet. com/politics/2011 －05/03/c_ 121373455. htm）。此处案例在忠于原文的基础上进行了改写。本章其他之处所引用的媒体若无特别注明，均同此例。

② 冯会玲：《山西万荣违规征地被罚807万，4578亩返还农民耕种》，凤凰网（http：//finance. ifeng. com/a/20131023/10916447_ 0. shtml）。

③ 《国土资源部办公厅关于严格管理防止违法违规征地的紧急通知》，国土资源部网站（http：//www. mlr. gov. cn/zwgk/zytz/201305/t20130527_ 1219669. html）。

④ 颇具讽刺意味的是，万荣违规征地的查处结果并未能得到有效执行，那些应该退还农民的耕地却并未退回，而是盖起了高楼。参见冯会玲：《山西万荣查处违法征地5789亩，土地未归还农民反盖高楼》，央广网（http：//china. cnr. cn/yaowen/201403/t20140328_ 515174906. shtml）。

此，在地方政府违规征地过程中基于地方政府和农民群体的矛盾现象成为必然，往往导致基于征地过程的干群关系紧张和冲突行为的呈现。

然而值得辨明的是：程序型征地矛盾并不是一个孤立的存在。如果将之视为一个“连续统”，那么在违规征地这一行动体系内，除了地方政府这一级“集体性”的利益主体之外（以地谋发展、土地财政），还存在着各级地方干部（尤其是乡镇、村干部）作为“个体性”[①]的利益主体对被征地农民群体形成的利益侵害而引发的矛盾，本报告称之为“干部贪占型”征地矛盾。程序违法型征地矛盾主要集中于被征地农民与地方政府，是地方政府官员的违法行为所致，而干部贪占型征地矛盾主要集中于被征地农民与村干部之间，是村集体组织及其领导成员的违法行为所致。

三　干部贪占型征地矛盾

相对于其他领域的社会矛盾而言——如劳资矛盾、环境矛盾以及物业矛盾等等，农村征地矛盾有其特殊的一面。前三者的矛盾并非在其“原初”状态就形成与政府的对立，而是在利益诉求主体在向资方、污染企业和物业等组织的表达得不到预期的有效回应时，转向政府寻求支持的“依赖性表达”。也就是说，矛盾源自作为弱势一方的工人、城乡居民和业主在与对方进行利益交涉时未能达成目标，在此情境下试图使用各种方式（合法的或者非法的）引起政府部门的关注和干预。在政府未能达到这类利益诉求主体预期的效果时，转而将政府定位为自己的冲突对象，也就是冲突目标转移或称“标靶转移”效应。

与上述情形相比较，征地矛盾的特殊性则表现为：农民与政府间的利益冲突本身就是一个“原初”的冲突状态，而不是目标转移的后果。干部贪占型征地矛盾形成于前后两个相关的过程。首先是土地征收前村干部占地、卖地，隐瞒村民同政府部门签订土地转让协议；其次是土地转让后在分配征地补偿款时村干部个人或集体截留挪用、私分私占、或者虚报面积套取补偿款项。基层干部（尤其是村干部）在征地过程中的贪占行为

① 本文所指的“集体性利益主体”和“个体性利益主体”，其区分的基本考虑在于违规征地的这一行为是以地方财政为动机还是以私人占有为直接目的，前者是一个地方政府或村集体寻租的指向，而后者是一个以政府官员或村干部的个人利益目标为动机取向的表现形式。

已经成为当前我国涉农矛盾中的突出表现，村支书、村主任和村财务人员成为贪占征地补偿款高危人群。①

案例3：2011年广东乌坎事件。2011年9月21日，广东陆丰乌坎村民展开了一场声势浩大的集体上访行动，以致引发9月22日政府派出军警形成警民冲突，时隔2月之后的11月21日第二次上访再次备受关注，形成了被列为2011年中国公民社会十大事件之首的“乌坎事件”。在事发前的近20年间，由乌坎村委会兴办的陆丰市乌坎港实业开发公司一共做了267宗土地交易，转让的土地面积近5000亩，涉及金额近亿元，但是村民们获得的补偿款只有两次，每人总共550元，其余则被官员私吞。②

案例4：河北定州6.11征地事件。2005年4月和6月，定州绳油村先后两次因征地问题遭袭，造成多位村民受伤。2003年起，国家重点建设项目河北国华定州电厂因存放煤渣向绳油村征地387亩，并为此支付了相应费用。政府部门发放给农民的征地补偿款共计约586万元，约合1.55万元/亩。但是电厂为征地支付的实际费用为4600万元，高出政府支付给农民征地补偿款的数倍。③

乌坎事件和定州事件几乎集成了我国农村征地中的所有问题和矛盾。乌坎事件持续时间之长、参与人数之多、组织化程度之高、利益与政治诉求之鲜明、抗争之彻底、影响之深远，是近年来中国基层社会群体性事件中极为罕见的。尽管其真正进入政府、学者和民众视野的契机是基于对“群体性事件”的讨论和争辩，但不可否认的是该事件真正起因是村委会主任及其他成员常年私占、倒卖土地和贪污征地补偿款项。乌坎的土地转让持续了近二十年，村集体所有制企业（即乌坎港实业）的决策以及集体土地的征用和出卖从来没有征求过村民意见，农民也未能获得中央文件

---

① 李向华：《涉农职务犯罪，两委干部成主力》，大河网（http：//newpaper. dahe. cn/jrab/html/2013 - 11/29/content_ 993547. htm？ div = 1）。

② 清华大学社会管理创新研究课题组：《乌坎事件始末》，《中国非营利评论》2012年第2期。

③ 《河北定州村民遭百人袭击六人死亡，疑因征地引起》，《新京报》2005年6月13日。

所规定的“不降低生活标准”的征地补偿款。“几座看似萧条的工厂以及大片被围墙圈起来的荒凉土地，被村民理解为别有用心的工业投资和囤积地皮行为……土地使用者也许各怀心事，但唯一相同的是，作为集体土地的所有者，乌坎大部分村民几乎从未分享到任何利益。”[①] 定州征地事件尽管在既有媒体报道中我们未能看到其余款项的明确去处，但是从当地官员的态度以及河北省政府对定州市委书记和市长的撤职之举可以看出乡镇和上级政府部门的违法之举。村民“抗征”的内容从不满1.5万元/亩的补偿费用而阻止施工，“意外”地因土地征用方透露的补偿款数量而转向了对抗政府的肆意截留和占有。

村干部贪占征地补偿款现象的频繁出现，首先是与征地补偿款由村委会管理并发放的规定[②]直接相关。在缺乏民主参与的村集体中，村干部既有可能利用掌管征地补偿款之便，直接贪污或者采取虚报地上附着物等手段私分补偿款；其次，我国目前对于征地补偿领域的违法犯罪行为的惩处力度不足，威震力不强。以郑州为例，2010年以来当地农村基层“两委”涉案人员占总涉案人员的72%，尤其是农村土地矿产征用开发领域的贪占案件最多，占立案总数的一半，且表现出明显的“窝案”“串案”特征。[③] 而山东德州的统计则显示，2010年以来该市查办的45件、95人次的贪占补偿款犯罪中，缓、免刑人数超过八成。[④] 打击力度偏弱客观上降低了贪占补偿款的代价和风险而提高了犯罪可能性。以贪占征地补偿款而言，基层政府克扣款项问题引发矛盾的同时，也凸显出征地过程中农民群体与基层政府部门间信息不对称问题，农民在征地中没有谈判权和参与权，而政府部门却“故意”隐瞒相关信息从而剥夺了村民的知情权。农民作为被征地主体的权利丧失成为当前我国征地矛盾无法得到有效缓解、甚至日趋严重化的症结之一。这是化解我国征地矛盾亟待改变的问题。

---

① 清华大学社会管理创新研究课题组：《乌坎事件始末》，《中国非营利评论》2012年第2期。

② 《中华人民共和国土地管理法实施条例》第二十六条规定：需要安置的人员由农村集体经济组织安置的，安置补助费支付给农村集体经济组织，由农村集体经济组织管理和使用。

③ 邓红阳：《河南查办涉农惠民职务犯罪案，七成属大案，窝案串案增多，查办涉农职务案适用法律有分歧》，《法制日报》2013年7月13日。

④ 卢金增、张爱华等：《侵吞征地补偿款，村官“各显神通”》，《检察日报》2012年8月8日第08版。

四　相对剥夺型征地矛盾

中国社科院的研究表明，大量的违法征地是当前农民面临的最大威胁，60%经历了土地征收的村庄，农民对补偿都不满意，69.7%不满意的原因来自补偿太低。[①] 从近年来媒体报道的一些具有影响力的征地冲突事件来看，不满意于政府给出的补偿款数目是每一起冲突事件的共同特性。然而这种"不满意"和征地补偿标准"低"的判断又是如何形成的？本研究认为，征地补偿标准的高低的判断，一方面是被征地农民基于对征地后生活风险的预期，另一方面是基于横向或者纵向比较形成的认知。一旦农民意识到自身所获得的征地补偿比参照群体的数量低并试图通过利益表达获得弥补时，则形成了相对剥夺型征地矛盾。这类矛盾的诱发因素是农民所意识到的征地补偿标准的差异，包括补偿标准的先后差异、邻里差异、地区差异以及使用土地的项目性质差异，[②] 等等。

案例5：2010年苏州通安事件。2003年以来，苏州市高新区因建设各类工业园陆续向下辖村镇拆迁征地，2010年初新一轮征地再次启动。但此次拆迁中同等面积补偿金额超过2008年以前的3倍以上，其中包括每户近40万的土地宅基费，而2008前并无此项费用。为此，村民屡次向有关部门反映、举证、指控该笔款项被镇区政府工作人员克扣、吞并但无下文。与此同时，一相邻乡镇的村民宅基地以每平米6473元，总价13.12亿元的高价拍出。与相对较低的拆迁补偿费用相比，通安镇村民认为当地政府假借开发之名，实则是倒卖土地。2010年7月14日，上千通安村民聚集在苏州高新区通安镇镇政府，就征地补偿问题与相关镇政府领导沟通未果后发生打砸和占据政府办公室事件；18日晚华通花园小区上万村民再次聚集在G312国道

---

① 叶逗逗：《社科院调查报告：60%被征地农民对补偿不满意》，财新网（http://china.caixin.com/2011-02-25/100229042.html）。

② 建设高铁与高速公路补偿标准不同，国家项目与省市项目标准不同，国企项目与民营项目标准不同。有的不同楼盘的标准也不同。

附近并试图阻断交通。①

尽管当前每一起征地矛盾都因循了由征地补偿低到矛盾乃至冲突生成的基本逻辑，但相比较而言，相对剥夺型征地矛盾有其特殊性。从颇具代表性的通安事件来看，农民利益诉求的触发点有三个方面：首先，通过对征地前后生活状态的比较和预估，他们意识到征地后生活成本的增加和生活水平降低的可能性，即经济安全风险，因此有必要在征地“尘埃落定”之前尽量争取到足以实现“不降低生活水准”的补偿数量，这是基于自身的比较；其次，通安花园的居民在与本村不同时段的纵向比较、以及与邻镇相同时段的横向比较中形成了强烈的相对剥夺感，这促成了农民的征地补偿利益诉求；第三，通过横向和纵向比较后认知到的补偿结果，农民认定政府部门截留了巨额费用，激化了农民对政府部门的怨恨情绪，进而转化为群体性事件。在本课题组的访谈中也呈现出与通安事件类似现象，以下两个访谈案例反映的都是基于不同时间点补偿标准的变化（提高）而引发的典型相对剥夺心态并形成被征地农民的抗争行为。

访谈案例：大浦新农村建设的征地80%以上都是在2007—2009年完成，2010年新的政策出台以后，这个村的老百姓就觉得自己吃亏了……老百姓不管政策的问题，只是考虑2008、2009年卖给政府的土地那么便宜（5500元/亩），现在猛然涨到近3万（29800），他们……要求补差额……就到这个地方（指挥部）来闹点事。(0B11005，某镇党委书记)

访谈案例：省政府可能在元月一号出台一个政策，而这个文件发放到我们手里时可能已经是五月份，但是这个文件可能会说从元月一号开始执行……最麻烦的问题是，上一个年度和五月份征收的往往是同一块土地，这很可能就带来“连锁反应”。同样的一块地，征收时出现两个标准，元月一号前是老标准、元月一号以后的是新标准，但是征地的过程实际上是同时开展并且在延续的。（0B11015，某镇社

① 鄢建彪：《苏州通安征地引发群体性事件》，光明网（http：//www. gmw. cn/content/2010 - 07/20/content_ 1186466. htm）。

区工委书记）

基于比较和相对剥夺心态还体现在另一个层面，即同一时点的征地过程但是因土地等级不同，政策规定的补偿标准存在差异。这也是造成征地矛盾的一个重要缘由。2012 年《关于调整安徽省征地补偿标准的通知》出台之后，16 个地级市的土地补偿费和安置补偿费有所不同。以合肥市为例，市内不同地区划分为 6 个等级的补偿标准。[①] 就总体来看，无论是几类土地其征用的综合标准都从 2009 年到 2012 年有了一定的提升幅度，这对于被征地农民生活保障的提升具有一定的积极作用，但是补偿标准的改变带来了新的问题。

访谈案例：在县区交界处的地块，处在同样的地段但是有可能在政策意义上它们属于不同的土地等级，因此在征地时要执行不同的等级标准。但是在老百姓看来这是不可接受的，凭什么只是一条田埂的分割，别人的补偿款要比自家的多上几千块？（0B01020，某街道党委书记）

土地等级的划分，对政府来说是进行征收补偿中应当考虑的现实问题，有必要在不同等级土地的补偿上实现差异化的标准。然而对于被征地农民而言他们通常会基于自身现实利益的考虑和比较并因此造成心理失衡，而并不更多地考虑政府部门政策制定的初衷。尽管此处我们不能断定失地农民有无按照传统小农“不患寡”的思维路径，但是“患不均”的思维方式在征地补偿中得到了深刻体现。

五　内部利益分配不均型征地矛盾

征地补偿款内部分配不均问题也是征地矛盾中较为常见的类型。如果说上述三种类型涉及的是被征地农民与各级政府部门以及政府官员之间直

① 根据相关文件规定，2009 年合肥市 1 到 6 级土地的征地补偿价分别为每亩 112900 元、91800 元、75900 元、64900 元、57200 元、52900 元，2012 年调整后分别为 136400 元、106400 元、84500 元、72100 元、63300 元和 58600 元。

接或者间接的矛盾，那么内部利益分配不均型征地矛盾则是内生于村民之间的矛盾，主要体现为参与利益分配的成员资格问题以及征地利益分配的方式等操作层面的问题。

前文论及的相对剥夺型征地矛盾，是基于相近和相邻地段，基于时间维度、或者土地等级划分维度的利益补偿标准差异造成的心理失衡。那么内部分配不均型征地矛盾则是既定的补偿款数量如何在村民之间进行分割形成的。从“户”的角度来看，作为理性人和经济人的思考，每户都会为了自身的利益最大化而提出可能有利于自身的分配方案。由于各户的实际情况的不同，他们心目中分配方式也有所差异。村集体如何确立一个让大多数“户”觉得公平并乐意接受的分配方案是一个重要环节。遵循“少数服从多数”的原则是可行的方式之一，如果在此过程中实现“零异议”则是一个最理想的状态，否则便造成村民之间的冲突隐患，内部利益分配的矛盾就会凸显。

利益分配不均型征地矛盾还表现为农民内部关于成员资格的争议上。2013 年底，河北省三河市发生一起 3 千万元土地补偿金分配问题而引发的村民冲突事件。[①] 根据媒体的报道，事件的起因在于村民委员会召开有关 3 千万元土地补偿金分配的方案时，数十名不在计划补偿范围内的村民要求旁听会议，却被多名可以分配到补偿金的村民拦在门外以致冲突的产生。这是一起典型的因内部利益分配不均引发的村民间冲突问题。成员资格引发的征地矛盾还凸显在外嫁女或者入赘男的补偿纠纷上。在课题组曾经观察的一个城郊村落 S 村[②]中，关于外嫁女或入赘男的“人头”问题一度成为纠纷争议的焦点。在此类矛盾中，利益分配的焦点在于每家每户到底有多少“有效”人头的问题。对于“外嫁女”权利约定当初并未明确只“嫁”不“迁”的情形，因此在面临现实的利益分配时，村民间的矛盾便开始显现。

---

① 石明磊:《河北三河 3 千万征地补偿金分配引百人冲突》，《新京报》2013 年 12 月 25 日。

② 确切地说，S 村只是一个自然村，和其他六个自然村一道构成了 NS 村。但由于各个村落的征地并不同步，甚至个别自然村到目前还处于待征状态，因此利益分配的矛盾尚未凸显在整个行政村，课题组观察的也仅仅是 S 自然村的状况。此案例不属于本课题基层干部访谈范畴，因此无访谈编号。

> 案例6：在预期到当地将要被征地时，S村落在大多数村民同意的前提下对村民的户口迁移问题作出一项约定：即嫁入本村的媳妇可以获得本村户口，但是入赘的女婿不能将户口迁入本村，此举的目的在于防止有多个待嫁女儿的家庭多占集体资源。然而面对这种预防性的规定，“多女儿、少儿子”的家庭则采取了“只出嫁不迁户口”的策略予以隐性对抗。在2008年该村落土地被完全征用时，村民与政府之间达成了“以土地换住房”的协议，因此，当村落内部在对住房、门面房的分配，以及购买车库的优惠面积时，就遭遇了关于户籍的“人头”（数量）纠纷。

村民之间的利益分配是本研究所指内部分配的意涵之一，即“村集体”内部，而另一种关于内部分配矛盾的表现则是指基于“家庭”的内部。近年来由于征地补偿问题产生的家庭纠纷乃至极端事件也时有发生①，如“母子水火不容”“兄妹反目成仇”“兄弟互殴”等等。因利益关系而致的家庭伦理悲剧在一定意义上成为社会发展的“负面效应”。尽管这些表现只是农村被征地农民中少数家庭的内部纠纷，但其造成的伤亡以及因此波及的老人赡养问题，给农村社会稳定带来了极大挑战。

第二节　现阶段我国征地矛盾的主要特征

转型期农村集体土地征收作为我国突出的社会矛盾源，表现出了不同于以往的征地矛盾特征，同时也在横向层面具备了一些不同于转型期其他类型社会矛盾的基本特征，在冲突手段、发生形式、矛盾主体、冲突策略和后果等方面均呈现出新的特点。

一　征地冲突手段的强制性

“强征”“暴力”是新闻媒体曝光征地拆迁事件时的频繁用语，在事实上也透视了现阶段我国征地矛盾中最为突出的特征。强制征地是地方政

① 付伟：《被征地刺痛的村庄》，《南方农村报》2010年1月23日。

府在违背农民补偿安置意愿的前提下强行剥夺其既有的土地权利，将包括承包地和宅基地等集体农用地转变为建设用地。而暴力征地意味着征地过程中双方之间产生一方（以基层政府为主）对另一方以威胁恐吓、肢体接触等方式实现征地或施工目的并造成伤亡的一种状态，在行动逻辑上表现为政府强拆导致反抗和暴力冲突。据统计，2004 年至 2010 年 7 月间，我国征地冲突共造成 38 人死亡，近千人不同程度受伤，其中 2010 年 1 至 7 月全国范围内约造成 17 死 180 伤。除恶性冲突造成的巨大人员伤亡外，普遍存在的小规模征地冲突中人员受伤屡见不鲜。① 另一项以网络为平台搜索 2003 年至 2008 年征地冲突数量的研究表明，在搜索的 27 省中，共有 15 个省份的征地冲突发生率高于 0.2，10 个省份的冲突率在 0.1—0.2 之间，2 个省份的冲突率低于 0.1。② 这表明在当前征地过程中，我国具有暴力性质的征地冲突在一定程度上已成为较常见的现象，中央部门近期紧急出台多项严控违法征地的相关行政法规，也从侧面折射了当前征地冲突的严重性。

相比于我国城市土地国有化以及西方国家的土地私有制而言，我国农村土地集体所有制促使农村征地表现出更多“问题”，征地矛盾的暴力倾向是与当前土地征用巨大的利益空间紧密相关的。在征地利益分配中，被征地农民、地方政府以及土地使用方之间形成了复杂的利益博弈关系。在操作层面，无论作为公益性还是商业性建设的征地，用地方通常都面临紧迫的工期限制。强征正是政府提高征地拆迁效率的手段之一，基层政府自身客观存在的自利性和现行财税体制的压力，使地方政府不仅具备了“与民争利”之动机，也使之付诸了实施强征和未达目的不惜违法动用警力之事实行为，充分凸显出地方政府部门在征地中以“公权力”为后盾的强制性。

征地矛盾中的冲突行为并不是一开始就产生的。在当前具有强制倾向的征地冲突事件中，既有村民直接与基层政府官员之间的对抗，也有村民

① 齐睿：《我国征地冲突治理问题研究》，博士学位论文，华中科技大学，2011 年，第 94 页。

② 该阶段我国共发生征地纠纷 3074 起，其中涉及肢体暴力事实或明确威胁的征地冲突 179 起。某省的征地冲突发生率 I = 该省发生过征地冲突的县级行政单位总数 C/该省县级行政单位总数。详见谭术魁、齐睿《快速城市扩张中的征地冲突》，《中国土地科学》2011 年第 3 期。

与开发商之间的直接对抗，更有“不明身份群体”[①] 对抗争村民的暴力。从现实情形来看，农民的暴力抗争通常是在各种“抱怨”（向媒体倾诉）和上访等体制内抗争等“温和”方式均无法达到预期结果时才会出现，而且其产生主要集中于地方政府的占用过程中，因此也是与地方政府违规征地问题紧密相关的。在具体冲突形式上，作为“弱者”的农民，他们多采取的行动一般是使用农具、石头等武器对试图强行占领耕地者进行抵制，这是一种“原始”的暴力抵抗方式。然而，地方政府的强制形式更为多样化，表现为：调用政府工作人员、派出所干警乃至防暴警察，使用挖掘机等工程机械直接强行占领耕地。在此过程中，地方政府和工作人员的行为方式不可避免地引发农民的反抗，并因此形成从直接以“地”为目标转向以“人”为对抗介质的暴力形态；联合公检法等部门对上访、或者直接冲突中的部分的农民进行抓捕、判刑和处置，地方政府借助其拥有的公权力对农民抗争进行直接控制。

征地矛盾中的暴力冲突在当前呈现出警农冲突的特殊景象，其产生和形成有着内在机理。在“土地财政”和“以地谋财”的逻辑下，作为征地主角的地方政府为了寻求更大的利益空间而采取违法、违规的征地程序和操作手段，并因此引致农民权益受损和利益抗争，甚至形成征地群体性事件；而在此情境下地方政府为“摆平”事件又理所当然地命令公安机关出动警力，由此形成“违法征地”向“违规用警”的转变，最终形成“地方政府违法违规征地——农民利益抗争——地方政府违规用警——警民冲突”的局面。警察在征地冲突事件中的角色，不再是作为冲突双方的“调停者”和冲突局面的“控制者”，而是作为地方政府强征土地的支持力量[②]，类似于县领导带警察强征农民土地事件[③]，不仅损害了农民以及其他社会群体对执法部门的信任，降低了警察部门的公信力，甚至更为严重地造成了社会大众与警察部门的对立，使“仇警”成为与“仇官”

① 课题组认为，所谓的“不明身份”，其实是媒体揭露征地冲突时的一种隐晦的话语表达，其真实的话语逻辑显然是指开发商雇用的社会人员，其中不乏灰色势力乃至黑恶势力。

② 谭人玮、纪许光：《广西苍梧征地纠纷，多名警察受伤》，《南方都市报》2010 年 10 月 14 日。

③ 王圣志：《安徽砀山县领导带警察强征农民土地，引发激烈冲突》，新浪网（http://news.sina.com.cn/c/2008-11-04/092216584682.shtml）。

“仇富”相并列的社会心态。警察从社会安定的维护者转变为特殊情境下社会不稳定的“制造者”。

就当前的征地实践来看，中央政府的介入往往使农民获得了特定的政治机会，从而使作为弱者的维权方获得了更多的维权武器，而作为强者的某些基层政府动用其“强者”的公权力，压低补偿标准或减少补偿款，此种情势下的征地矛盾通常以暴力冲突的形式呈现。因此，土地之于农民的保障功能以及征地背后所涉及的巨额经济利益，决定了征地过程中各方利益群体（尤其是基层政府和失地农民）间利益冲突的对抗性和持久性，也凸显了我国征地矛盾冲突手段强制性的基本态势。

二　征地矛盾抗争的集体性

与征地冲突强制性特征相关的另一个特性是冲突的集体性。群体性事件是用以衡量社会矛盾强度的“风向标”，在征地领域也不例外。根据2005年的统计，在全国发生的近8万起群体事件中，农民维权占30%，其中因征地补偿不公而发生的群体性事件占农民维权的70%[①]，以此计算，征地矛盾占所有群体性事件的21%。有学者测算2005年、2006年农村群体性事件分别为43500起和36500起，而酿成群体性事件的土地冲突为至少21000件和18000件，平均每省每个月约为60件、50件，平均每县每个月发生1起较大规模的土地冲突。[②] 2014年《法治蓝皮书》的研究报告显示，2000年以来我国共发生百人以上征地拆迁群体性事件97起，占同期全国百人以上群体性事件总量的11.14%。在97起事件中，参与人数在100—1000人的为64起，1001—10000人的有32起，万人以上的有1起。[③]

征地矛盾集体性特征的形成，具备其内在的形成逻辑。一方面，任何一起农村征地都会涉及较大土地面积和较多农户或农民，而很少是只关乎某一户或者某几户。因此当农民利益受损时采取“联合”的方式进行维

① 汪晖、陶然：《对〈土地管理法〉修改草案的建议》，《领导者》2009年第29期。

② 梅东海：《社会转型期的中国土地冲突分析：现状、类型和趋势》，《东南学术》2008年第6期。

③ 中科院法学研究所法制指数创新工程项目组：《群体性事件的特点、诱因及应对》，载李林、田禾主编《中国法治发展报告No.12》，社会科学文献出版社2014年版，第280页。

权成为必然，也就是说集体性特质的呈现是因同一起征地损害众多村民利益而致的聚集性抗争，这是基于对“集体性”的表层理解，也是集体维权抗争行为得以形成的现实基础；另一方面，也是在更深层次上，集体性的抗争方式已经超出简单的因土地利益共同受损的范畴，而是转变成为一种利益表达的行动策略，集体形式的抗争行动更有利于农民群体实现自身的利益诉求目标。遭遇非法征地和强制征地的农民，因其命运的共同性和彼此利益的相互依赖性而焊接成一体，并且在法律和制度体系尚不完整、诉讼成本高的现实背景下，转向成本相对较低的群体性维权来制造地方社会“不稳定”局面，通过制造群体性事件来扩大维权抗争的声音以期引起上级政府部门、媒体的重视和介入。

在当前的征地矛盾冲突尤其是非制度化的解决方式上，个体化的冲突和集体化的冲突都是客观存在的，众多学者对于冲突中农民各自所具备的能力和社会资本的差异的变量进行考察，概括了农民抗争的多种模型解释。对于处在“弱势”的农民个体而言，暴力冲突并不主要体现于同抗争对象的正面冲突，而更多地表现为“以命抗争”征地极端事件，这是弱者的悲情抉择，当然也不乏农民为了躲避征地签字而出逃躲在外地的情形[①]，或者以“钉子户”身份的抵制。农民采用何种抗争方式，集体的还是个体的，往往体现出作为理性人的“权变”过程。从普遍性和可能性上来看，征地冲突的集体性取向是一个更为常见的利益抗争方式。一旦无序的征地矛盾无法在体制内得以解决而致其中（尤其是弱势）一方寻求非制度化解决渠道时，征地群体性事件就变得无法避免。总体而言，无论仅仅是基于“联合”的抵抗还是演变成更为激烈的群体性事件，这都充分表明当前我国征地矛盾发生形式的集体性特征。

三　利益主体博弈的复杂性

一般地，征地过程中的利益相关者主要有中央政府、地方政府、用地单位（企业、开发商等）、村两委以及被征地农民，呈现出征地矛盾主体的多元化特征。与此同时，各类主体在征地中表现出不同的角色定位从而形成了以征地补偿为核心的利益博弈和整合格局，总体上可以将征地的利

---

① 佚名：《河北部分村民“外逃”躲征地》，《中国青年报》2014 年 1 月 13 日。

益主体界定为农民和用地方两大利益集团。征地利益的博弈，可以依据利益分化和联合的具体情形，将之归结为几类：一是被征地农民作为独立的利益联合体，二是以地方政府和用地或建设单位为核心的用地方集团，这两者是征地矛盾冲突的永恒主体。除上述主体外，还存在中央政府和村委会组织，他们在具体征地事件中的角色具有可选择性，或者在某具体征地事件不同阶段其角色也可能发生转化，中央政府有可能会从征地的受益者转变成约束征地行为的实施者，村委会组织则有可能在地方政府和农民“委托—代理”双重角色之间徘徊，甚至成为独立于地方政府和农民之外的独立利益主体。因此现阶段征地矛盾既有利益共盟者也有共同体内部的利益分化，既有农民集团内部的阶层分化，也有用地方集团内部的分化与组合，凸显出征地矛盾主体间利益博弈的复杂性特征。

从征地程序和运行来看，各利益主体介入征地基本理念、目标和程度有所差别。具体地看，首先是中央政府的介入。主要有三种情形：一是特定情形下的土地审批①，二是全国性征地补偿政策的制定，三是在地方政府出现违法征地时的督察和纠偏工作。其次是地方政府的介入。地方政府既是国家公权力的代表也是征地的事实主体，并且具备其自身利益性，成为征地矛盾中最核心的利益主体之一，为达成顺利完成土地征收的目标，地方政府在依法征收之外，通常会依据情势采用两种可能的、而又相悖的行为——“软”“硬”兼施。农民与地方政府成为征地过程中最为常见且最具博弈空间的一对利益主体。再次是用地单位的介入。按照现行相关法律规定，农村集体土地一般只在成为“净地”时才会通过一定的程序出让给用地单位，在法律意义上土地已经不再属于村集体所有，因此在一般意义上用地单位进场施工时已经获得了土地使用权。然而现实中，用地单位为了顺利推进工程进度，他们与村集体或者农民之间也有可能会形成直接的利益对抗，甚至在征地阶段就已经介入，与地方政府结成利益同盟一起直接面对村民。复次是村两委的介入。村两委对村集体土地具有组织管理权限，而村干部则是类似行政机构工作人员的群体，具有内在的自我膨

① 按照土地管理法的相关规定，中央政府介入土地审批主要有三种情形：征收“基本农田”、“基本农田以外的耕地超过三十五公顷”，以及“其他土地超过七十公顷”。

胀和获利冲动。[①] 也就是说，村两委和农民的利益并不必然一致，他们既有可能是农民的“当家人”，也有可能是乡镇政府的“代理人”，还有可能是作为一个代表村两委及村干部利益的相对“独立”的利益主体。村干部在对自己土地征收的内部利益分配上具有极大主导权，在集体内部采用何种分配方式、分配标准等层面具有决定权，甚至也是地方政府违规征地的代理人。最后是被征地农民的维权和博弈。农民是征地过程中利益受损者，也是征地矛盾中直接维权的一方，他们的所有举动都是为了使自己的权益得到保护。[②] 然而现有研究也充分表明，同样作为征地维权的利益主体，农民群体内部产生了利益分化，在具体的征地事件演变过程中农民体现出不同的角色和利益动机，形成了征地矛盾的多元利益格局。

在利益博弈上，中央政府既需要实现经济发展也需要实现社会稳定，在赋予地方政府土地征收权利的同时必须充分考虑被征地农民群体的权益，因此对地方政府征地过程中的行为规制和督察纠偏功能明显。在此背景下，地方政府为实现地方经济增长，保证重大重点建设工程的实施进度，极有可能实施越轨性策略进行违法违规征地，导致农民群体的抗争行动。非直接利益相关者如媒体和法律专业人士的介入，使农民在征地矛盾中的行动策略具备了更为广泛的机会空间。征地矛盾各方主体之间利益分化和利益同盟关系的并举，相互影响、相互制约，产生了错综复杂的博弈关系。现有征地制度决定了政府与农民间的必然联系，地方政府深度介入了征地的全过程。无论被征土地最后的使用去向如何，在农民看来政府都是土地征收者。因此，征地过程中一旦出现矛盾纠纷，无论农民的矛头是直接指向村级组织、用地单位还是政府，征地矛盾都将最终演变为被征地农民与基层政府和官员之间的冲突。这是当前我国征地制度背景下征地矛盾的一个规律。

---

① 韩纪江：《征地过程中利益的矛盾演变分析》，《经济体制改革》2008 年第 4 期。

② 必须承认的是，征地利益受损有些是绝对意义上的，也有一些是相对意义上的，即打着利益受损的旗号谋取非正当利益。

四　征地矛盾被动维权特征

当前我国的社会矛盾的形成近似于压迫—反应机制[①]的逻辑，是特定群体在利益受损后的维权抗争行动，除近年来日益显现的环境抗争外，大多数领域的社会矛盾都不是基于主动的预防而是被动的反抗。征地过程中的维权抗争也是如此。在征地中，农民与地方政府处于信息不对称状态，地方政府是征地政策的制定者和执行者，以地方政府为核心，以用地单位和村委会为成员的征地方利益集团居于征地利益博弈中的绝对优势，而农民只是被动的信息接受者。也就是说，当政府有意屏蔽征地信息并以此形成事实上的程序型征地矛盾时，农民总是处于“后知后觉”的状态，其知情的时点往往是在圈占土地标识的出现，发现用地单位的施工设备进场，庄稼被毁时，因此当下有关于征地冲突的相关报道总呈现出农民的“田头抗议”也就毫不为奇。这意味着被征地农民在征地既成事实之前作为土地集体所有者知情权和参与权的缺失，未能有效参与征地相关法定程序中去，自身利益被政府部门“暗箱操作”以致形成了不满征地过程、不满征地补偿乃至形成针对政府部门的对抗性情绪。政府部门的先斩后奏，无论是基于提高征地效率的考虑还是基于扩大征地利益分配中寻租空间的考虑，都在结果上形成了对农民利益的侵害。因此当前阶段的征地矛盾具有典型的被动抗争特征，是农民群体在利益已经受损状态下的利益诉求。

五　征地矛盾发生性质的刚性特征

刚性矛盾是指以群体为行动者、矛盾冲突的强度、烈度大、在制度化渠道内难以化解的矛盾，是一个与柔性矛盾相对的概念。土地是农民赖以生存、维持生计的基础和保障，“靠种地谋生的人才知道泥土的可贵，‘土’是他们的命根”。[②]

征地矛盾形成于被征地农民的利益受损，并使农民面临着极大的

① 于建嵘：《集体行动的原动力机制研究——基于H县农民维权抗争的考察》，《学海》2006年第2期。

② 费孝通：《乡土中国生育制度》，北京大学出版社1998年版，第6页。

“安全经济”困扰，农民承担了征地的代价与风险。尤其是当前我国征地后农民的社会保障不完善，而他们在失去土地后的就业和城市融入问题上也面临着较大挑战，成为“无地种、无安置、无低保”的三无人员。正因如此，争取合理的乃至谋取超出合理标准之外的补偿款项，成为征地利益博弈中农民的常见做法。因此在征地矛盾的维权过程中往往赋以极大的情感投入，在矛盾冲突的强度和烈度上比其他形态的社会矛盾更加突出和严重。随着自身意识水平和经验水平的提升，农民群体在维护自身利益中通常采用集体行动的方式来提升抗争的力量，以获得社会各界的广泛关注，最终实现抗争结果的最大化。而当前制度化的征地矛盾化解渠道不畅通，无论是基于合法的上访，非法形式的堵路、打砸，还是基于个体化的极端事件，都给转型期我国的社会稳定带来冲击，乃至影响到我国的干群关系和政府形象。若长期不能得到妥善解决，征地矛盾必将成为危及我国经济社会发展的潜在风险要素。综上所述，当前我国征地矛盾具有强对抗性的特征。

第三节　我国征地矛盾的发展趋势

如上文所述，当前阶段我国征地矛盾呈现出转型社会阶段的特殊态势。世界城市化发展的经验表明，城市化发展具有其阶段性和规律性，长期来看全国范围内城市扩张对土地的需求将逐渐减弱，这在我国发达城市的发展中也已呈现。伴随着制度变迁、政府规制、农民意识等众多要素的积极意义的变化以及征地矛盾治理方式的完善，可以预测未来一段时期内我国征地矛盾的发展将呈现出整体缓解的基本趋势。但与此同时，征地矛盾亦将出现一些不同于当下的新问题。

一　发达地区的征地矛盾趋弱，而欠发达地区的征地矛盾将维持较高水平甚至不断激化

在城市化、工业化的发展背景下，农村集体土地征用在长期内仍将是我国城市扩张的主要土地来源。因此，政府自利性主导下的征地行为和农民因征地而遭遇利益受损仍将会是长期存在的客观现状。征地矛盾的根源没有解决，矛盾的生成仍将具有高发性和持续性，短期内难以消解。然

而，由于全国各地社会经济发展水平的差异和城市化发展不均衡的影响，以及受制于多重要素的共同作用，未来阶段我国的征地矛盾将逐渐凸显出地区差异的趋势，发达地区和欠发达地区在征地矛盾的发生频率以及可预期的规模和烈度程度上将形成分异。一方面，城市化的发展本身具有一定的规律性。按照世界范围的发展经验，当一个地区的城市化率达到80%时，后续的城市化将进入缓慢发展阶段，这意味着城市发展对农村集体土地征用的需求降低，由此所致的征地矛盾也将必然随之下降，当前我国发达地区的社会发展也已经呈现此迹象。根据本课题组的调查研究，经济发达地区的征地拆迁矛盾已经退居环境矛盾之后。[①] 而当前处于快速城市化的欠发达区域，其征地矛盾将持续存在甚至出现激化的发展态势。另一方面，征地矛盾的区域化差异还体现在各地区征地补偿标准层面。征地补偿过低是当前我国征地矛盾频发的最主要原因，但在不同经济发展水平地区补偿标准也是高低不同的。经济发达地区征地补偿水平和安置方式能达到农民的理性预期，因此基于征地补偿标准而生的征地矛盾在此类区域的发生频率相对较少。另外，经济发达地区的被征地农民长期以来的非农收入水平较高，对土地的依赖性程度较低，因此可预期到的被征地后的生活和生产方式受到的影响小，客观上提升了农民被征地意愿和被征地后的预期[②]，有助于缓解征地矛盾的产生。综合上述各类社会经济和文化心理条件的分析来看，未来一段时期内我国的征地矛盾将逐渐呈现出区域性差异，发达地区的征地矛盾将逐渐减少，而欠发达地区的矛盾将经历高发和激化时期。

二 地方政府的合法征地行为越来越成为主流，利于缓解我国的征地矛盾

在当前我国征地矛盾的众多类型中，政府违规违法征地及其背后对于农民群体的利益侵蚀是征地冲突的主导性来源。违法违规征地不仅意味着

---

① 朱力、李德营：《当前我国环境矛盾的类型、特征、趋势及对策》，《南京社会科学》2014年第10期。

② 王伟林、黄贤金、陈志刚：《发达地区被征地农户意愿及其影响因素》，《中国土地科学》2009年第4期。

地方基层政府部门违背中央政府的政策初衷而强占农村集体土地，更重要的是这一表象背后地方政府在征地利益分配中对于农民利益的损害。从近年来中央政府的行动来看，“纠偏”正成为一项重要的工作内容。一方面，中央不断调整的征地政策对地方政府征地行为的规制和约束力度越来越强，无论是作为常规的土地管理还是作为临时性的督察和整治行动（如百日行动等），都在客观上对违法违规征地尤其是造成群体性事件的官员形成了更加严厉的惩处和刑罚措施。这在很大程度上抑制了强征和暴力征地的发生几率，这是促成地方政府征地行为转向的“外在”机制；另一方面，基层政府官员意识到农民群体的土地权利意识提升以及包括专业人士介入等要素在内的政治机会结构的完善，使得违法违规征地将面临更高成本，这迫使基层政府在实施征地过程中寻求其“合法性”，无论是基于对征地政策法规本身的遵循，还是基于对于政策法规的变通执行，借用乡土场域的社会网络资源，或者通过适当照顾农民群体的受偿意愿适度调整征地补偿标准，这种成本较高的、被动增量调节的“打补丁”政策，在征地实践中被证明是相对有效的。政策许可范围内的有效或高效变通在征地过程中有助于违规征地向合法征地的转变。因此从长期来看，地方政府的合法征地行为将越来越成为征地场域的主体形态，强制性、暴力倾向手段将逐渐减少，征地矛盾的发生频率将会逐步降低。这是基于对中央政策及其强力打击违法征地行为的“纠偏”措施的信心，也是基于基层政府人员素质和被征地农民群体自身博弈能力提升的综合考量。

三 政策制定的滞后和政策体系碎片化引发的征地矛盾长期持续

政策碎片化主要是指政策调整带来的不同时期（征地有先后）、同时期不同区域或同时期同区域条件下的不同项目等要素差异下征地补偿标准的不统一，以及对地方政府不合法征地行为进行约束性规制的措施衔接的断裂。因征地政策滞后性和补偿标准不断调整造成的征地矛盾，是被征地群体之间基于征地补偿的比较和差异而致的，尤其是先征地群体的失衡心态所引起。随着社会经济发展水平的提升，无论是基于对被征地农民基本生活水平的保障还是基于被征用土地价格水平提升的考虑，逐步提高征地补偿标准已是大势所趋。党的十八大前《土地管理法修正案（草案）》就提出未来的征地补偿最低将提高先行标准 10 倍，而各地补偿标准也在不断的适当调整过程中。但是如何解决前后不同阶段补偿标准差异带来的先征地农民群体的心理失衡以及由此引发的征地矛盾，是政府部门面临的一道难题。在逐步提高征地补偿标准的基本理念和标准逐渐提高后被征地农民的心理失衡之间形成了一种现实的“悖论”。

征地补偿标准的调整变化，无论对已征地农民还是即将被征地的农民而言客观上都会形成利益的刺激。一方面会刺激已经被征地农民对于既得补偿数量的反悔，并意图谋求超出法律规定的额外利益，而在不合理的利益诉求得不到政府部门的满足时形成征地矛盾。另一方面也会对处于征地过程中的被征地群体产生“示范效应”，使之产生对征地补偿的过高预期，使征地矛盾焦点出现向“要价过高”转移的趋向，而当实际的征地补偿标准难以满足其预期时，其结果仍然是征地矛盾的生成。尽管当前的征地矛盾仍旧是以被征地农民对于未来经济安全的考虑和基于“不因征地降低生活水准的”的合理利益诉求，但是被征地农民群体的机会主义意图不断凸显，容易造成征地过程中激烈的社会矛盾。[①] 在当前征地补偿标准不断提高的情形下，非主流的、试图以抵制征地来谋求不合理的高价补偿的“谋利型”征地矛盾将有可能成为我国征地矛盾的一股暗流。政府通过低成本征地的“幸福”时代将结束，征地成本将大幅度地升高，高成本征地的时代即将到来。

四　后征地时代的“征地次生矛盾”不断凸显

与20世纪九十年代相比，现阶段我国征地制度补偿安置的特点是只重一次性的物质补偿，而不关注被征地农民的就业安置问题。其后果是征地补偿款消费殆尽后农民很快会面临生活境遇恶化，因而形成“征地次生矛盾”。一方面在普遍意义上，这主要导源于与征地相关的配套政策尤其是针对被征地农民群体的社会保障政策不到位或者保障水平低于农民基本生活所需；另一方面，从实际情形来看，农民对征地补偿款不当使用、“暴富”心态下的过度挥霍造成日后生活的无以为继，也是衍生次生征地矛盾的重要诱因。与征地矛盾的其他形式和趋势相比，征地次生矛盾已经

① 属于征地政策“过渡”时期的特定阶段产生征地矛盾，也就是说相关征地政策的滞后性以及政策制定碎片化导致征地矛盾的产生。

是超出征地过程本身的一种矛盾形态，其形成的直接原因不在于政府违背农民的征地补偿意愿强制征地，而是在于接受征地补偿款项之后因生活成本提高、或者使用不合理等原因而陷入贫困的窘境，是被征地农民市民化过程中形成的矛盾形态。在这类矛盾的发展趋势中，利益诉求者将自身生活的难以维系追溯至征地，并试图向政府索要后续的、法律规定之外的“赔偿”。据测算，当前我国被征地农民的补偿金，按照农村居民的人均消费支出计算约能维持七年左右的生活，而按照城镇居民人均消费支出计算则仅能维持两年多的生活。这给被征地农民失地后的日常生活安全造成威胁，尤其是2004年以来征地补偿政策对征地后就业安置要求的降低，被征地农民普遍存在着“失地又失业”的境况。国家统计局调查结果表明，被征地农民群体得到就业安置的不足百分之三，而近五分之一的赋闲在家。当前针对被征地农民群体的社会保障体系很不完善，社会保障水平甚至低于农村低保。失地后的社会保障成为被征地群体面临的现实难题，现有保障水平不足直接威胁到该群体的“生存伦理”，如果长期得不到有效解决，征地次生矛盾将无可避免地成为社会矛盾的另一个焦点。

五 征地诉求目标从单纯物质利益转向附着于物质权利之上的政治权益

从上文的分析来看，征地矛盾产生的逻辑机理是土地开发转让过程中的地方政府与民争利，地方政府不仅是一方土地的管理者，也是征地过程中的一方利益主体，有其自利性。从政治学的角度来看，地方政府的角色和功能，既表现为作为公共权力所有者的一面，也有作为独立的利益主体的一面。在征地过程中，地方政府利用公权力违法征地侵害农民群体的物质利益，也即政府与农民之间的物质利益争夺（或者所谓土地增值利益的争夺）。对于农民而言，现实物质利益博弈的过程其实也是其相关政治权利的争取过程。究其根本，冲突源自地方政府在征地过程中有意识地对农民进行“信息屏蔽”，借助征地信息的不对称侵害农民群体的知情权和谈判权，造成征地矛盾中农民群体的“权利贫困”，而这两者正是农民征地利益博弈中可能达到利益均衡的最重要“武器”。现有研究表明，失地农民不满征地的原因集中于土地补偿款过低以及款项能否顺利、足额发放上。这印证了《集体土地征收条例》制定者的表达思路：大多数农民不是反对征地，而是反对自身权益得不到保障下的征地。尽管农民对于征地过程中的权利预期仍集中于物质层面，但其实也暗含了征地物质利益争取过程中对知情权和谈判权的期待。尤其农村青年群体对于信息公开以及借助于法律、媒体等第三方力量等政治机会的运用（如乌坎事件），较明显地体现出政治权益的诉求。也就是说农民开始关注征地程序和征地补偿款的谈判问题，对征地程序的合法性、征地补偿分配的公正性和透明度的诉求，正成为附着于物质利益诉求之外的另一种图景。

现有抗争性社会矛盾的研究，强调抗争主体的“意识”问题的较多呈现于环境抗争和网络抗争，或为二者的交叉领域。其原因在于，能有意识进行环境抗争并利用网络进行抗争运作的主体，一般是处于相对较高的社会阶层，具备进行网络抗争的技术、资源和禀赋，而被征地农民群体却较难达到这一水平。如果说前者是基于“政治态度”的利益表达，那么后者则是基于生存伦理的“物质态度”的表达。农民的利益诉求也许不能同前者同日而语，但是在征地矛盾中表现出来的公平正义和规则意识、所期许的知情权和谈判权正成为越来越显性的利益诉求。对他们而言，从物质诉求到权利诉求的发展，在较长时期内可能仍旧表现为以物质利益诉求为主导的局面，而权利诉求仅仅是实现这一目标的“副产品”。但不可否认的是，失地农民权利贫困是农村地区土地违法事件高发的基本动因。[①] 无论是当前“内生”于农民自身的权利意识的有限提升，还是国家相关土地制度和征地制度改革与演进的“外生”力量，抑或是两种力量的结合，我们都将可以预期，未来的征地矛盾中农民群体的权利意识都将会越来越凸显。这种意识不仅是他们争取自身物质利益的方法和“武器”，甚至也将可能成为其追求的“元”目标。20 世纪九十年代中后期以来农民群体的以法抗争，标志着农民维权从“资源性权益抗争”向“政治性权利抗争”的转变。[②] 作为农民抗争的最主要领域，征地矛盾和冲突也逐步呈现出利益诉求目标从利益到权利转变的趋势。总体而言，当

① 刘效仁：《失地农民权利贫困是土地违法高发的深层动因》，《光明日报》2008 年 1 月 7 日。

② 于建嵘：《中国农民权利意识的 30 年变迁》，《南方农村报》，转引自社会学视野网（http：//www. sociologyol. org/yanjiubankuai/xuejierenwu/yujian/2008 - 10 - 20/6336. html）。

前农民频繁地将征地与基层干部腐败行为相联系，将经济利益与政治权益结合，将经济利益诉求转化为政治利益诉求，这是农民维权博弈过程中的一项重要策略。与此同时，这种倾向也强烈地折射出农民对基层政府信任缺失的惯性思维。征地诉求目标的转向体现出我国征地矛盾性质的复杂化趋向，如何将矛盾控制在单纯经济利益诉求的轨道上并厘清征地矛盾的边界，是一个值得深思的话题。

第四节　预防和化解征地矛盾的对策

综合上文分析来看，现阶段我国征地矛盾生成与发展的致因是多元的。围绕征地补偿标准这一实质性的核心问题，各类既存制度与机制缺陷不断凸显。宏观层面征地制度和政策的缺陷，中观层面征地政策执行中的现实问题，征地过程中利益主体的复杂性，在宏观的法律制度和政策环境，中观的政策执行和社会环境，以及由此造成的微观层面的征地主体博弈策略等众多因素的综合作用下，征地矛盾仍然处于高位运行态势。因此，征地矛盾的化解和调节也应从宏观、中观和微观三个层面着手构建。既要形成完善的预防机制，也需要构建完整的矛盾处置机制。预防机制主要是从征地矛盾的源头入手，从体制、政策、机制等层面消除诱发征地矛盾生成的因素，这是一项基于宏观层面的系统性工程，而征地矛盾的处置机制是一种补救性的化解机制。构建征地矛盾主动预防机制和化解策略的双重屏障是解决征地矛盾的必由之路。

一　完善土地和征地法律制度，澄清相关规定中的模糊界定

（一）对土地产权和公共利益等“去模糊化”，明确界定公共利益的边界

法律是维护社会公平正义的最后一道防线。与征地实践紧密相关的法律制度，既是基层政府开展征地事务的基本依据，也是被征地农民个人或群体维护自身权益的依据。明确而具有可操作性的法律是规范政府征地行为的基本保障，但我国现行的土地制度和征地制度缺陷造成了大量征地矛盾。从当前的实践来看：首先，是对农村集体土地的所有权关系界定不清，不仅造成了村集体与国家之间的征地矛盾也造成了村集体内部的征地

矛盾；其次，是对“公共利益”的界定模糊，导致地方政府滥用土地强制征用权损害农民土地权益。因此在实体法层面应对土地的公益性作出严格界定，并以听证和公示作为约束监督机制，一方面将政府的征地行为控制在最小范围内，另一方面将政府行为排除在非公益性征地范畴之外，实现市场化运作方式使土地增值收益在农民和政府之间得到均衡分配。

（二）规范征地程序，建立征地监管监督机制

征地程序是征地制度中的重要组成部分。“随着政府权力不断地急剧增长，只有依靠程序公正，权力才可能变得让人容忍。”① 征收程序是一个有序的法律过程，目标在于彰显公平正义的精神，竭力避免政策的暗箱操作。尽管目前《土地管理法》及其实施条例对征地程序的规定是“两公告一登记”制度，但在土地立法重实体、轻程序的背景下，征地实践中的先征后补、未经听证批准补偿方案、补偿协议未经公告乃至监督程序缺失等现象比比皆是。而即便是法律明文规定的公告登记制度，也因其过于粗糙和原则性，以致征地补偿的标准制定、分配及监管等后期程序也缺乏可操作性。因此，亟需对当前的征地程序的弊端问题进行改革。针对被征地农民知情权、参与权缺失问题，应建立起开放型征地程序，强化征地过程中的公告程序、协调程序和听证程序，征求和采纳被征地主体的意见。针对“先征后补”的弊端，应坚持“先补后征”原则，由中间环节进行补偿支付转向直接对农民进行补偿支付的做法，实现征地补偿安置相关费用的全程监管，杜绝贪污挪用等不良现象。除此之外，还应建立起有效的争议解决机制。总而言之，征地矛盾的化解应当以现行不合理的土地制度和征地制度内容为突破口，改革、完善与弥合制度体系中的“缝隙”，实现征地过程的程序正义，建立起征地程序违法的责任追究机制，将地方政府借助国家公权力的违法征地和土地寻租行为控制在最低阈限乃至消除其寻租空间。

二　构建征地纠纷裁决机制，畅通被征地农民合法利益表达渠道

征地过程中农民群体利益受损与其“权利贫困”相关，缺乏与政府部门议价以及集体利益分配的民主权利，也缺乏在征地补偿问题上进行表

① ［英］威廉·韦德：《行政法》，徐炳译，中国大百科全书出版社1997年版，第93页。

达意愿和利益诉求的渠道。预防和化解征地矛盾就是要为被征地农民群体提供畅通的利益表达渠道，来避免征地群体性事件等社会不稳定因素的形成。首先，进行征地社会稳定风险评估，对征地的合法性、合理性、实施征收的前提条件及征地的潜在风险进行评估并制定预案。在此过程中充分考虑农民群体的征地意愿和补偿要求，充分保障农民的征地知情权，建立起征地评估阶段的失地农民利益表达机制，有效防范征地冲突的出现。其次，针对客观上难以避免的征地矛盾和纠纷，也应建立起征地纠纷协调裁决机制实现对失地农民群体有效的司法救济，如建立专业性的土地仲裁法庭等。西方发达国家的发展经验表明，征地前严格的调查和听证是减少征地矛盾的重要环节。政府在征地补偿定价中首先尊重用地方和征地农民双方的自由约定，只有在双方谈判意见未能达成一致时才依法介入并保证当事双方的参与权，双方若对政府估价仍有异议则交由相关赔偿委员会实施仲裁。相比于我国当前将被征地农民排除在征地过程之外的“先斩后奏”，欧美国家的经验更具合理性。因此拓展和保障被征地农民对征地过程的介入空间和权利，实现被征土地的听证和估价仲裁制度乃至第三方评估机构的参与，形成补充配套机制不仅是制定合理征地补偿标准，预防各级官员贪占征地补偿款的保障，也是消除征地矛盾和社会不稳定因素的基本措施。再次，在畅通合法利益表达的同时还应对农民群体中客观存在的非法利益诉求予以打击，以免造成不良示范效应。

三　健全征地补偿机制，实现被征地农民的可持续生计

征地补偿标准低是导致征地矛盾的核心问题，制定合理的征地补偿标准是预防征地矛盾的关键。征地中农民有主张自身“应得权利”[①] 的诉求，合理的征地补偿不仅是对征地过程中基于物质补偿的一次性安置，更重要的是建立社会保障风险准备金并将被征地农民纳入包括养老、医疗、住房和就业在内的健全的社会保障和福利体系内，从根源上消除被征地农

① “应得权利”是阿玛蒂亚·森在《贫困与饥荒》中提出的，是一种基于当时状况判断的心理预期并期望在未来得以实现的一种权力形式。相应地，课题组认为被征地农民的应得权利应当包括生存权利、获取合理乃至足额征地补偿的权利、享受充分的就业、住房以及一系列其他长效保障的权利。

民的征地风险心理。实现被征地农民群体的可持续生计是化解征地矛盾的根本之计。在补偿标准上，当前我国的征地补偿执行的是以被征收土地的年产值为基础的政府定价模式。由于农村土地利用率偏低，以年产值为基数的补偿标准计算方式难以保证失地后的农民生活。而且现有模式虽然适应了国家垄断一级土地市场，但其具体的执行标准都是中央授权省级政府来具体制定的，刺激了地方政府土地财政的利益动机，形成与民争利的现实景象。合理的征地补偿标准应当充分考虑更具客观公正性的市场机制在土地价格制定中的功能，以此反映出土地区位、供求关系以及当地经济发展水平等多种因素的差异，同时也能实现被征地群体的利益和改革成果同步提高。因此，未来的改革路径应当是在遵循市场规律的前提下建立起全国统一的土地价值评估机制，对征地补偿的各类关键指标进行确定，以实现被征地农民利益补偿的公平性。在补偿方式上，我国现行单一货币补偿未能充分考虑被征地农民的长远利益和生活保障，容易陷入征地次生矛盾的漩涡，因此在征地补偿方式方面应当采取多元化的举措，如采用代偿地补偿，或征地中为村集体和农民预留发展用地，开展土地入股合作、土地债券等。既满足农民当下公平补偿的心理，也能实现对长远生活的保障。

四 完善农村基层社会治理，推动政府在征地领域职能的转变

推动基层社会治理的转型，就是要消除地方政府的财政压力和发展压力，消除其“与民争利”的利益动机，从“土地商”的角色转变为征地领域利益协调者的角色。地方政府是征地矛盾中的一方重要主体，在其滥用征地权的背后凸显的是当前分税式财政体制和压力型政府体制的双重困境。当现有的土地制度和发展压力交织而来，征地制度必然遭遇地方政府的各类变相抵制进而被扭曲，土地被各地政府视为地方经济发展和获取政绩的资本，土地财政是地方政府偏好强制征地的基本动因，更是造成当前征地权滥用和征地补偿安置矛盾频发的重要原因。因此征地矛盾的解决在政府层面急需摆脱“政绩共同体”的考核模式和“以地谋财”“土地财政”的地方发展模式，将注重于单一的经济效益转向注重经济、社会等多元效益，把改善民生、保持社会公正和促进社会和谐稳定作为地方发展和考核的指标要件。与此同时，还应通过改革财权和事权不对称的体制，消除基层政府的竞争压力，营造一个改变基层政府职能的宏观环境，并将

其重点转移到创造良好的社会经济发展环境，提供优质的公共服务以及维护社会公平正义上。

五　培养被征地农民的法治意识，提升征地参与能力

法治意识涉及两个不同的面向：首先是指被征地农民运用法律武器维护自身权益的能力，即有能力进行“依法抗争”；其次是指被征地农民诉求是基于合法利益而不是“无理取闹”，这对征地矛盾的预防和化解至关重要。鉴于此，在征地矛盾治理过程中，一方面要用日常的法律政策宣传、信息公开等方式加强被征地农民的知情权、监督权，提高他们对征地主体地位的认知能力和征地过程的参与能力，具备一定的利益受侵害时运用法律武器的能力；另一方面，还要通过法治教育使其明确征地利益诉求的合法边界和范围，坚决打击和处理非法谋利和闹事行为。总之，针对被征地农民的赋权增能是预防和有序化解征地矛盾的重要措施，在总体目标上，既要能保护被征地农民的合法利益、提升使用合法方式维护征地权益的能力，又防止少数被征地者谋求不切实际利益。

总体而言，征地矛盾的预防和化解是一项系统性工程，无论是政策制定环节、政策实施环节还是在征地补偿的利益分配环节，都有可能出现损害被征地农民利益的可能性。由于征地制度直接或者间接引发的社会问题种类众多，为应对征地制度中不断凸显的各类新旧问题，关涉的主管部门越来越多，持续推出的应对措施和政策也越来越多，其结果是形成了碎片化的制度改革，各项制度间难以形成聚合力量以实现征地矛盾的“标本兼治”，被征地农民和地方政府之间的矛盾依然处于尖锐化状态。因此，化解征地矛盾的制度必须实现从碎片化改革迈向顶层制度设计，实现碎片化到整体性的政策组合和治理。这意味着征地矛盾的化解依赖于征地制度改革的“内外兼修”，一方面要在源头上有效弥补制度本身所具有的内在制度缺陷，尤其是通过清晰界定农村集体土地的所有权以保障农民的合法土地权益，通过对征地“公共利益”的明确界定以抑制地方政府不断膨胀的征地动机；另一方面需要通过相关配套制度的改革来构建征地制度的外部协同机制，通过完善社会保障制度来提升被征地农民的生活质量，通过健全土地执法体系来强化土地违法的监管。唯有如此，才能实现我国征地过程的有序化，实现征地矛盾最大程度的消解。

第七章

现阶段我国拆迁矛盾的特征、趋势及对策

拆迁是城市化发展之普遍现象，世界各国皆然。大多数国家实行土地私有化制度，房屋作为土地的附着物而存在，因此并无独立的房屋拆迁政策，在拆迁过程中适用的是土地征收相关法律。我国土地制度具有特殊性——即城市土地具有国有性质而农村土地属于农民集体所有[①]，因此拆迁也相应地区分为“城市拆迁”和农村的“征地拆迁”两种不同形态。若忽略城郊土地性质的特殊性，这两种拆迁形态可以对应于官方话语体系中所表述的“国有土地上房屋拆迁”和“集体土地上房屋拆迁”。一般的，城市拆迁是现代化发展制约下的内向式发展，其目标在于通过“拆矮房、建高房”的改造活动提升城市容积率；而农村拆迁则是城市空间的外延式拓展，其目标在于满足城市发展之需并提高农村土地利用率。近年来的拆迁实践中，基于拆迁双方或多方实际物质利益的拆迁矛盾层出不穷，甚至恶性的极端事件和拆迁群体性事件频繁出现。2013 年《社会蓝皮书》指出，群体性事件以征地拆迁冲突、环境污染冲突和劳动争议为主，而其中由征地拆迁引发的群体性事件占一半左右[②]。相比于土地私有制度下的拆迁，我国的拆迁补偿安置则呈现了颇具复杂性的一面。拆迁矛盾已经上升为我国最为严峻的社会矛盾之一。

---

① 我国《土地管理法》第八条规定：“农村和城市郊区的土地，除由法律规定属于国家所有的以外，属于农民集体所有。”

② 陆学艺、李培林：《2013 年中国社会形势分析与预测》，社会科学文献出版社 2013 年版，第 13—14 页。

拆迁矛盾，是指拆迁人对国有土地（包括经过土地征收程序的集体土地）上的房屋等建筑物及其他附着物进行拆除而引起的拆迁人和被拆迁人的一种对立关系与对立行为。这种对立关系与对立行为围绕房屋保护、补偿和安置等利益纠纷而展开。无论是城市拆迁还是农村的拆迁，拆迁人和被拆迁人之间均存在以补偿安置为核心内容的利益博弈。基于现实物质利益的博弈是当前我国拆迁矛盾的本质属性。同时，这两种不同形态的拆迁在适用法律尤其是补偿安置标准相关规定上存在较大的差异。比如，城市国有土地上的拆迁补偿仅限于房屋却不涉及土地，而农村集体土地上的房屋拆迁却通常是以耕地、宅基地的征收为前提的①。因此，我国城市和农村拆迁实践中产生的问题也有所不同，造成的拆迁矛盾在农村场域和城市场域也体现出共性和特性并存的局面②。本章在文献回顾、法律和政策梳理的基础上，依据课题组对366名城乡基层干部访谈所获得的一手资料，以及实证案例和统计数据等二手资料的分析，具体探讨转型期我国拆迁矛盾的类型、特征、趋势和化解对策。

拆迁矛盾是政府部门、媒体和学术界长期关注的话题。通过对期刊、报纸和网络三类信息源中有关拆迁矛盾的内容的梳理可以发现以下特点，首先，从文献的数量来看，2008年是期刊报纸源与网络源的分水岭。此前有关拆迁矛盾的文章数量较为接近，在2008年出现高度一致，而此后网络源的数量飙升直至2014年的巅峰时期，虽有波动起伏但仍旧远远超出另外两类矛盾源（见图7—1）。其次，从文献涉及的主要内容来看，各类信息源的关注点也有变化。在期刊源和报纸源的一般性主题中，“对策、措施”是受到关注最多的议题，在总量上保持首位，其次为“根源、原因”；在具体主题中，“补偿标准”“拆迁程序”等主题受到的关注较多，呈现出同征地矛盾较为一致的特点。在网络源方面，拆迁矛盾自2003年起开始有网络报道，出现了对征地矛盾化解措施和经验的关注，

① 现行农村集体土地及房屋的征收和补偿安置适用《土地管理法》，但《土地管理法》将集体土地上房屋的法律条文的表述为“附着物”。

② 征地有两层内涵，一是征收耕地，二是以宅基地为主的征收并对附着其上的房屋进行拆迁，因此征地适用对象是农村集体土地或者城市中少数“城中村”集体土地。也就是说在国有土地上没有征地只有拆迁，但在集体土地上既有征地也有拆迁。尽管二者在最具核心性质的利益补偿标准问题上适用不同的法律依据，但这并不妨碍对矛盾共性的探讨。

这与本研究其他领域社会矛盾略有差别。另外，“拆迁钉子户”议题2007年在网络中开始得到关注。

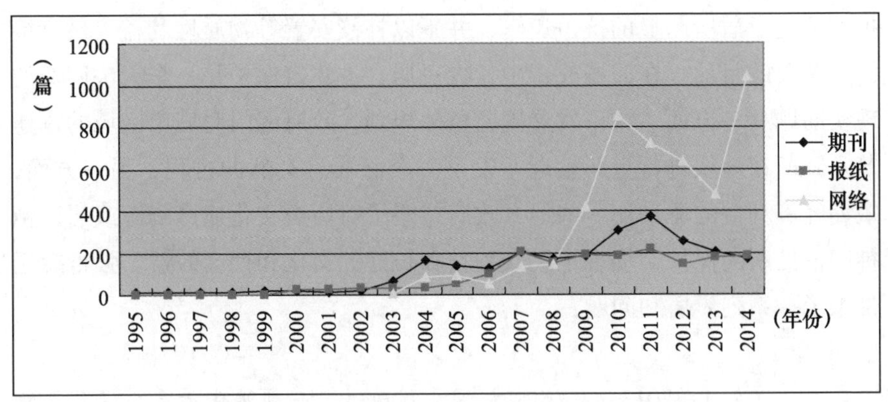

图7—1　三类信息源关于拆迁矛盾的关注趋势

第一节　现阶段我国拆迁矛盾的主要类型

拆迁在满足城市发展需要、改善居民生活环境等方面具有积极作用。然而，我国拆迁领域类产生的社会矛盾也层出不穷。从现有社会心态来看，民众持有一种普遍的归因倾向，即视政府为拆迁矛盾的“麻烦制造者”。课题组不否认政府在拆迁矛盾中的强制和强权行为，但同样不可否认的是，在目前的拆迁实践中，并非所有拆迁矛盾都是政府在借助公权力剥夺被拆迁者的利益，也存在政府合法行使权力时遭遇被拆迁者的不合理、不合法的抗拆行为，但政府被置于了“污名化”的尴尬境地的情况。厘清这些差别化的拆迁矛盾致因，不仅是客观、全面了解现阶段拆迁矛盾现象之本质的必然要求，也是深入透视其生成机理并对拆迁矛盾进行有效治理的前提。从本课题组的调研结果来看，现阶段的拆迁可以按照产生矛盾的主要诱因或缘起划分为房屋保护型拆迁矛盾、补偿安置争议型征地矛盾、违法违规型拆迁矛盾和违规拆除型拆迁矛盾。

一　房屋保护型拆迁矛盾

房屋保护型拆迁矛盾既包括对古民居、古建筑乃至寺庙等建筑的保护而引发的拆迁抵抗行动，也包括由旧居难舍、故土难离等情感性因素所致的抵抗。此类矛盾关乎被拆迁群体或被拆迁利益相关群体（如寺庙拆迁与信徒的反对）的情结等引发的抗拆。与其他类型矛盾相比较，房屋保护型拆迁矛盾所凸显的抗争逻辑，并不以补偿安置等物质性利益为最直接的、首要的目的。在旧城改造中，古民居、古建筑保护是一个无法回避的现实问题。一方面，城市发展需要整体规划，政府部门对城市区域的古建筑及其所在地块进行重新整理开发是一个必要且必然的过程；另一方面，短期经济利益的驱动使一些地方政府忽略了对历史文化遗产资源或居民精神归依处所的保护，损害了民众利益和长远的文化和社会效益。强行拆迁带来了一系列矛盾和问题：

案例1：2013年郑州实施城中村改造，三处清代古宅未受到文物部门的保护，所以在此次拆迁改造中均被列入拆迁范围。村民孙宝珠为保护古宅日夜守护，但却在5月7日凌晨遭遇不明人员蒙头捆绑。古宅一座被拆，另一座被大火烧尽。这两座古宅没能因媒体的报道、文物部门的勘察以及村民孙宝珠的努力，改变被拆掉的命运①。

案例2：2013年5月，安徽芜湖的罗汉寺有着1500多年历史，由其常住僧人慧圆法师等携十方信众通过网络发布情况说明，控诉罗汉寺陷入野蛮征迁。僧众遭掠夺迫害，严寒酷暑中被断水断电已600多天，生存条件极度恶劣。残疾僧人慧圆法师曾携僧众数次上诉有关部门、甚至上访北京，均无果而返。当地僧众在上述情况说明中呼吁："恳请各级党政领导和政府有关部门挽救千年罗汉古寺，立即制止地方政府对僧人的掠夺与迫害。"该事件立刻在网上发酵，众多信众通过网络予以声援，并打出口号："从兴教寺到罗汉寺：我不是一个人在战斗！"藉由僧众和信众的不懈坚守，罗汉古寺最终幸免于难。②

① 李岚、郭致远：《郑州清代古宅凌晨遭强拆，看护者被蒙头捆绑》，《大河报》2013年5月8日。

② 佚名：《安徽芜湖罗汉寺强拆》，凤凰网（http：//fo. ifeng. com/special/2013lanpishu/meitijiandu/detail_ 2014_ 01/06/32763370_ 0. shtml）。

尽管房屋保护型拆迁矛盾范围及其在当前的拆迁矛盾中所占的比例相对较小，但产生的社会影响较大。根据媒体的调查报道，案例 1 中村民对于清代古宅的保护以及因此形成的拆迁方和被拆迁方的冲突，与通常所见的拆迁补偿无甚关联，村民甚至自掏腰包偿付古宅宅基地所有权人与政府议定的补偿款①。村民的保护行为一方面是基于对祖先遗留老宅及其所沉淀的家族荣耀的眷恋，另一方面也体现出对文物被毁的风险的认知和挽救心态。案例 2 的寺庙拆迁事件则更加表现出作为被拆迁者——僧人，对寺庙的不舍，但幸运的是在僧人的抗争之下政府最终停止了拆迁。两个拆迁案例的抗争结果各不相同，但折射出的共同问题是，古宅和寺庙拆迁矛盾的症结并不在于村民孙宝珠和僧人对拆迁补偿物质利益的追逐，而更多的聚焦于他们对房屋建筑本身的保护，这是一种情感性的诉求。旧居难舍、故土难离型抗拆的缘起，一方面是一些年龄较大的老人对长期生活社区存在过度依赖，对未来新居住环境产生畏惧心理，另一方面是中国传统文化中落叶归根、安土重迁等思想在老人心中的根深蒂固。当居住空间瞬时变换时会在一些老人中间引起恐慌心理和抵触情绪，由此产生拆迁矛盾，若拆迁人粗暴应对，则更会使矛盾激化。

二　补偿安置争议型拆迁矛盾

与情感性诉求为导向的房屋保护型拆迁矛盾相比较，补偿安置争议型拆迁矛盾则充分显示了拆迁利益相关方在现实的经济利益层面的矛盾冲突。拆迁是一项系统工程，不仅涉及房屋的拆除，还包括对被拆迁人的补偿和安置。无论是城市拆迁改造工程还是农村土地征收而致的土地“附属物”的房屋拆迁，基于补偿安置的矛盾是当前我国拆迁矛盾中最为突出、最为本质性表现。在我国现行的拆迁制度框架内，补偿方式主要有两种：产权置换和货币补偿。其中产权置换又分为原地安置和异地安置，不同的补偿形式会产生不同的矛盾；而安置也是一个复杂的体系，包含住

① 作为孙钦昂的旁系后代，孙宝珠四处奔走呼吁挽留古宅。看护老宅的村民孙宝珠并非该老宅的合法拥有人，该处宅院是早在 1958 年已划分给其他三位村民的宅基，均已办理了合法有效的宅基手续。拆迁开始的前两天，他花了 3 万元从宅子的主人手里将其买了过来。“当时房主想领补偿款，要主动拆掉房子，我说既然想要钱，我给你。”

房、教育、就业、医疗、养老等诸多方面[①]。尽管城市和农村拆迁在适用法律条例以及具体的安置补偿方式层面存在一定的差异，但从总体上来看，补偿安置争议型拆迁矛盾都集中产生于两个层面：一是在拆迁实施之前由补偿形式、补偿标准、房屋搬迁和临时安置补助费、安置区位等方面存在争议，而争议向矛盾的转变，往往发生于拆迁双方尚未签订协议而拆迁方又强行拆迁之时，被拆迁者置身于拆迁现场的各类维权抗争行为在此时也集中爆发；二是在安置阶段，包括交房延期或在交房中出现的因新居结构、面积、位置、环境等方面与前期规划不符，房屋质量存在问题，新房购置资金不足等引发的矛盾，如访谈案例中所述。补偿安置中引发的矛盾来源于利益剥夺，这里既有绝对剥夺也有相对剥夺。绝对的利益剥夺是指补偿标准明显偏低，拆迁后被拆迁人获得的补偿款难以在市场上购买相同地段、同等面积的住房，或商业用房（出租或自营）收益消失，安置后收入来源减少，就业、教育、交通等不能得到相应改善，造成生活水平下降或生存困难。相对的利益剥夺是指，由于不同土地性质、不同区域、不同拆迁性质、不同拆迁时期等拆迁补偿标准不同，造成被拆迁群体的补偿收益差距，从而使被拆迁人相互攀比，在比较（往往是上向对比，而非下向对比）过程中感觉自己利益受到侵害，由此产生心理不平衡感和相对剥夺感。

> 访谈案例：拆迁不可避免地引发很多社会矛盾。主要的矛盾有，一是拆迁安置后房屋的规划面积和实际面积不符合，许多小区的实际面积比规划面积少了七八个平方米，所以引发了老百姓的不满。二是安置区域不明确，安置房一拖再拖，过渡时间太长，许多等不起的人就通过上访解决问题。比如孩子大了要结婚的人。住在过渡房没有户口无法上学的人。特别是一些年纪大、身体不太好想租过渡房的人，因为我们这儿的习俗，许多人不愿意把房子租给老人，导致这些人住房出现困难。三是购买拆迁安置房后多出的钱安排的不合理。许多老百姓拿不到多余的钱，或者这部分钱分几年返还，没有利息。这些问

① 陈一舟：《我国城市拆迁矛盾与对策研究》，硕士学位论文，山东大学，2012 年，第 31 页。

题都是因为拆迁所引起的，很难解决。（0A11005，某街道党工委副书记）

三　违法违规型拆迁矛盾

违法违规型拆迁矛盾是指拆迁机构（地方政府或开发商）或个人在拆迁过程中违法违规操作引发的矛盾。在现实的拆迁过程中既有地方政府、开发商或公职人员非法或不当的利益侵占，也有被拆迁人不切实际、突破法律界限的利益索取，这一切均阻碍了拆迁的顺利进行，产生大量矛盾与冲突。拆迁机构的违法违规，一是拆迁程序的违法违规：拆迁手续不完备、拆迁风险评估缺失、征收拆迁补偿未听取民意、房屋评估公正性欠缺、听证制度流于形式、信息不公开透明等方面；二是拆迁实体方面的违法违规：对拆迁性质不作区分，拆迁主体不合法，借公益之名实施商业性拆迁；三是拆迁行为的违法违规：非司法渠道的强制拆迁、暴力威胁或野蛮逼迫搬迁等。拆迁人的违法违规行为包括在房屋评估、面积测量、装修补偿标准认定、过渡费发放等领域权力寻租，为自己和他人谋取不当利益，贪污、挪用补偿款、非法侵占安置房等。被拆迁人的违法违规行为包括漫天要价、种房[①]、突击装修、行贿、违约、非制度化诉求表达、暴力抗拆等方面。这一类矛盾源于法律、法规与政策的不完善，执法力度弱，违法违规成本低等方面，若不能有效控制，则会加剧拆迁人与被拆迁人之间的不信任，使拆迁矛盾激化。

案例3：黑龙江哈尔滨市呼兰区利民经济开发区袁家屯城中村改造项目中，截至2011年1月，共有422户村民签订了拆迁补偿安置协议，尚有8户村民未签订协议。3月28日上午7时，经呼兰区政府和利民经济开发区领导同意，区拆迁办、执法局等部门组织110人、4台钩机对未签订协议的8户村民房屋实施强拆。其间，3名村民站在房顶与强拆人员对峙，并投掷汽油瓶。随后，群众与强拆人员

① 居民在国家已圈定的建设用地上违法建房、突击建房，并以此作为索要更多拆迁补偿的行为被称为“种房”。“种房”的直接原因是利益的驱使，而更深层的原因在于失地农民担心生计得不到保障而抢建违建房。

发生冲突，多人受伤[①]。

访谈案例：老百姓知道要拆迁了，突击装修，这在评估的时候就会有问题。一是浪费资源，二是补偿不到位也会引起矛盾，至少是矛盾隐患。(0A12026，某市国土资源局副局长)

四　违章建筑型拆迁矛盾

违章建筑一类是由历史累积形成的，大多是为了解决家庭住房困难而搭建的，属需求问题；另一类是被拆迁户为了获取拆迁补偿而临时搭建的，又称为“种房”，属利益问题，这两种情况性质不同应分类处理。拆违工作目前在全国展开，正掀起新一轮的拆迁热潮，例如，海口市2013年一个月内出动两万多人次，拆除违建面积89.89万余平方米[②]。北京在2014年8月份提前完成今年一年的的拆违工作量，拆违面积已达1000万平方米[③]。无论是作为解决实际住房困难的刚性需求还是作为获取补偿的利益需求，大规模的拆违必然导致大范围的抗争行动，产生大量的拆迁矛盾。在城市房屋拆迁中，我国当前适用的是《国有土地上房屋征收与补偿条例》，其中第二十四条规定，“市县级人民政府及有关部门应当依法加强对建设活动的监督管理，对违反城乡规划进行建设的，依法予以处理。对认定为违法建筑和超过批准期限的临时建筑的，不予补偿”。在农村的集体土地的房屋拆迁中，我国当前尚未形成独立的拆迁补偿条文，在以《土地管理法》中的相关规定为依据外，实际执行中大多是以城市拆迁条例为参照的，具体涉及对农村违章建筑的拆迁是也是如此。从被拆迁人的角度来看，无论是作为各类历史原因而形成的刚性需求，还是作为谋利型的利益需求，具有法律正当性的“零补偿”必然会触动他们的现实利益，甚至危及部分群体生存安全，极易诱发各种极端暴力行为，正如下例访谈所述。尤为突出的是，针对违章建筑较为集中的棚户区改造，这类

① 佚名：《各地违法强拆激化社会矛盾11起案例57人被问责》，腾讯网（http://news.qq.com/a/20110926/000068.htm）。

② 王子谦：《海口一个月内拆除违法建筑近90万平方米》，中新网（http://www.chinanews.com/df/2013/10-23/5412807.shtml）。

③ 陈斯：《北京2014年已拆违千余万平方米，面积接近40个“鸟巢”》，《法制晚报》2014年8月26日。

地区社会底层人员多、住房面积小，补偿安置较为困难，如果处理失当，这部分人群极有可能会联合成为利益共同体，进而采取较为激烈的集体行动。拆违政策的初衷，是为了整治和改善被拆迁人的居住环境，但在事实上又不可避免的触及了被拆迁人的物质利益，极易引起纠纷。拆违是当前城市建设中的“一号难题”，违章建筑拆除型矛盾也成为当下最尖锐和最难解的拆迁矛盾。

> 访谈案例：在城郊结合部、城中村和棚户区的拆迁，违章建筑很多，这可能是当地群众的生活来源。但是违章建筑的拆迁补偿是不一样的，不能合法补偿。从法律上来讲，是合理的。但从老百姓的生活来说，生活来源没有了，也可能会有抵触情绪。（0A12026，某市国土资源局副局长）

第二节　现阶段我国拆迁矛盾的主要特征

清华大学 2013 年 10 月发布的一项调查报告显示，我国 16% 的样本家庭在最近一拨城镇化进程中遭遇征地拆迁。据此测算，全国约有 6430 万家庭遭遇征地拆迁，涉及人数近 2 亿人[①]，涉及人群规模庞大。与此并存的是我国目前城市发展中的一系列现实矛盾与困境，诸如发展与稳定的矛盾、民主与法制的矛盾、公平与效率的矛盾、公权与私权的矛盾，建设与保护的矛盾等。在这一宏观背景下拆迁也必然呈现出极其复杂的特性。总体来看，拆迁矛盾的主要特征表现为：矛盾的利益刚性，形式的强力性，被拆迁方的被动性。

追逐利益是人类的天性，谋利、获取是一切时代、国家的人都普遍存在的[②]。在本质上，拆迁实为双方利益重新调整、重新分配的过程，而利益博弈也应当成为拆迁双方的正常行为过程。地方政府和被拆迁人均作为

① 郭美宏：《拆迁“外包”易引发冲突，征收土地交易税可减少矛盾》，《检察日报》2014 年 4 月 7 日。

② ［德］马克斯·韦伯：《新教伦理与资本主义精神》，彭强译，陕西师范大学出版社 2005 年版，第 15 页。

理性的利益主体从自身角度进行利益得失计算，追求单极利益并期望获得利益最大化。一方面，由于地方政府对土地财政的过度依赖以及考核方式不合理等因素，使众多城市仍将拆迁作为增加财政收入、提升政绩的主要来源。地方政府在财政收入渠道单一、薄弱，巨大城市建设资金投入的双重压力下，尽量压低补偿价格，降低拆迁经济成本，以期获取最大利益。地方政府“以地谋财”的拆迁逻辑是当前城市化发展阶段中拆迁矛盾高发的重要症结之一。无论是在国有土地上还是集体土地上的房屋拆迁，都涉及民众的最基本民生问题，处理稍有不当就会引起被拆迁人的强烈不满和反抗。近年来房地产市场的暴利使被拆迁人已经意识到土地的巨大价值，因而对补偿标准的期望也日渐提高。但由于政府在拆迁利益的分配中处于强势和主导地位，被拆迁人往往并不能获得预期的利益，反而会遭受有形或无形、绝对或相对的利益损失，从而产生了大量的利益冲突。拆迁矛盾面广量大，几乎每个城市、城郊、乡村均存在拆迁冲突，而且发生的频率高，在该地区社会矛盾中居主体地位。因拆迁所造成的社会矛盾成为当前中国为数最多的矛盾之一[①]。国家信访局副局长张恩玺表示，农村土地征用问题、城镇房屋拆迁问题和劳动和社会保障问题在信访当中反映是比较突出的[②]。本课题组在调查中也发现，在干部、群众的主观感知中，拆迁矛盾已经成为现阶段我国各个城市最突出的社会矛盾，在深度、烈度和广度上都显著高于其他类社会矛盾，对现行的社会秩序带来极大的挑战。

一　拆迁矛盾性质的利益刚性

当前的拆迁矛盾，属于“一种经济纠纷，是一种理性化冲突，目标是有限的，一般不存在政治或意识形态的因素”[③]，具有非敌对性质，属于人民内部矛盾。房屋拆迁引发的矛盾和冲突具有单一性特征，无论是城市拆迁改造还是农村征地拆迁中的矛盾，都集中体现为拆迁者（政府、

① 李勇：《法治化处理拆迁矛盾》，《学习时报》2013 年 5 月 27 日。

② 国家信访局：《土地征用、拆迁和社会保障是信访突出问题》，新华网（http：//news.xinhuanet. com/legal/2013 -11/28/c_ 118331668. htm）。

③ 孙立平：《博弈——断裂社会的利益冲突与和谐》，社会科学文献出版社 2006 年版，第 10 页。

开发商）与被拆迁者（居民）之间的经济利益纠纷，这是获益群体与受损群体之间的矛盾。房屋是群众是赖以生存的居住场所，是他们最大的财富甚至是其毕生财富的积累。拆迁关系到民众的最大利益、根本利益，因此一旦出现拆迁，被拆迁人必然以其最大力量来捍卫自身利益，并试图在拆迁补偿中获得拆迁收益的增加。一旦预期的经济利益诉求得到满足，被拆迁人便会停止诉求、平息冲突；若预期的利益得不到满足则既有可能产生各类抗拆行为，乃至形成重大拆迁事件。课题组在深入调查中发现，绝大多数被拆迁人的诉求目标就是补偿。近年来发生的抗拆恶性事件也表明，被拆迁人激烈抗拆的原始动机无一不是补偿标准与市场价格以及被拆迁人心理预期之间的巨大差距①。在实际的拆迁矛盾冲突中，拒拆者往往不是质疑公共利益或是商业利益拆迁，更不是出于政治目的而将矛头指向党和政府的政权基础，而是现实的物质利益诉求问题。因此，拆迁矛盾是一种直接的刚性社会矛盾，该矛盾发生于物质层面，是基于获益群体与受损群体间“明确利益诉求”的直接冲突，多针对具体的经济利益资源的争夺而引起。

二　拆迁矛盾对抗形式的强力性

拆迁矛盾对抗形式的强力性体现为两个层面：“强者”的暴力拆迁和“弱者”的暴力抗拆，二者间形成一个相互建构、互为因果的行动集合。所谓“强”“弱”，是基于拆迁双方在拆迁过程中所处的地位、利益博弈中的能力，以及各自在冲突过程中能加以使用的“权力”的多少等因素的话语呈现。暴力拆迁是指作为强者的地方政府或开发商为了在短期内获得巨大利润，运用强制手段，如停水、停电、断路，或者威胁、殴打、拘捕拒拆者的直接或间接强行拆迁行为。暴力拆迁不仅是对私权利的严重侵犯，而且也是暴力抗拆的导火索。目前地方政府运用“权力威胁”手段，强拆、“野蛮暴力”拆迁时有发生。暴力拆迁显在的危害是对被拆迁人生命和财产的侵害，而潜在的风险则是导致公众对公权力的不信任、怨恨以及政府施政成本的上升，使社会积聚了大量的不稳定因素。尽管目前法律政策已明令禁止暴力强拆，并提出暴力拆迁可以追究刑责。这对舒缓此类

---

①　樊成纬：《拆迁冲突化解机制》，中国民主法制出版社2012年版，第123页。

冲突具有重要的意义，但从全国范围来看暴力拆迁仍没有完全消退。为规避《国有土地上房屋征收与补偿条例》中“非法强拆”，少数地方正以拆违代拆迁，误拆、夜拆、株连式拆迁等形式变相地存在。在拆迁过程中，拆迁协议无论在实践层面还是在法律层面都是作为区分“强拆”与否的一项重要依据，但是大量的拆迁纠纷表明，拆迁协议在事实上演变为最大的“霸王条款”①。暴力抗拆是指被拆迁人采取极端的暴力方式对抗地方政府的强制拆迁，既包括以自己身体为武器来进行要挟的自残、自杀行为，也包括对拆迁人的暴力伤害行为。被拆迁人的暴力抗拆缘由主要有以下二类。第一类是因拆迁补偿安置的标准低，被拆迁人感知到其中可能存在不公平、徇私舞弊以及较低的补偿标准对自身未来的日常生活造成“经济安全”的风险。因此，在遭遇强制拆迁时予以暴力抗拆的回应。或者当被拆迁人的合法权益遭受侵害，通过司法渠道和行政渠道均无法保障自己权益时，也可能会在走投无路时选择非理性的行为来表达诉求，这即是一种绝望之中的不满情绪发泄。这是当前我国拆迁过程中常见的现象。第二类是在拆迁方依法拆迁时，少部分被拆迁者因存在拆迁暴富的心理动机，试图以抗拆来谋取不合实际甚至不合法的过高期望值并成为“钉子户”。若在长久的抗争过程中无法实现心理预期，则会衍生出被剥夺感及被边缘化的负面情绪，成为当前化解拆迁矛盾的最大阻力。各种拆迁暴力事件的发生在社会上产生了恶劣的影响，若拆迁矛盾频繁地演变为暴力冲突且不能得到有效的制止，那么城市拆迁会陷于无序状态。

三　被拆迁方的被动性

有学者乐观地指出，当前我国的公共政策实现了优化：“利益政治的重心从政策过程的末端走向初期，从利益受损时的被动维权转向实现和增进利益的积极参与……中央不仅在高层决策时扩大征询范围，同样也以自上而下的压力形式要求各级政府部门践行决策民主化”②。然而，就目前我国拆迁的实际情况来看，被拆迁方和拆迁方在权力和权利上的不对等是

---

①　何向东：《拆迁协议是最大的“霸王条款”》，《民主与法制时报》2004年5月18日。

②　景跃进：《演化中的利益协调机制：挑战与前景》，《江苏行政学院学报》2011年第4期。

显而易见的。在拆迁活动的各个流程中，被拆迁方在整个拆迁过程中陷于全面被动状态，缺乏参与表达意见的渠道。这是造成我国拆迁矛盾频发的重要根源。首先，被拆迁方在决策方面是被动的，缺乏参与表达意见的渠道。所有拆迁的决策权均在政府手中，在拆迁的利益博弈中政府既是拆迁的利益相关的博弈者，又是博弈规则的制定者和执行者。这双重角色使地方政府在利益博弈中占据了先天优势，“是否拆迁”是地方政府根据城市发展规划的需要或土地财政的需要而决定。对于被拆迁者而言，他们不具有决策权，即使在中央政府力行推进的决策民主化背景下，他们自身的主张也难以被地方政府采纳。地方政府很少因被拆迁者单方面意愿而做出拆迁与否的决策。其次，被拆迁方在拆迁政策制定方面是被动的，对拆迁标准没有决定权。即使政府和被拆迁者在是否拆迁问题上达成一致，后者也既没有权力决定拆迁补偿标准，也缺乏完善、畅通的民意表达渠道，只能被动接受。利益是拆迁矛盾的核心和本质问题，也是造成矛盾的最主要原因。再次，被拆迁方在拆迁信息获得方面是被动的。拆迁流程透明、拆迁信息公开是被拆迁者利益的基本保障，但由于地方政府的利益需求或者地方官员个人利益驱使，抑或政府通常在时间限制的情况下无法按照拆迁流程合法地走完程序而采用非程序化的手段来强制拆迁。因此，拆迁矛盾源通常在于拆迁方的决定和行为（拆迁与否、补偿标准和拆迁程序）得不到被拆迁方的认同下产生的。被拆迁方在拆迁权力和权利上陷入全面的被动，唯一的反抗就是以“抗拆”来进行博弈。因此，实现拆迁程序制度化，提高拆迁透明度、赋予被拆迁者在拆迁过程中的知情权和有序畅通的利益表达等基本权利，也成为预防和化解拆迁矛盾的内在需要。

四 拆迁矛盾的敏感性

拆迁矛盾的敏感性，是指产生于政府和被拆迁人之间基于现实利益博弈的拆迁纠纷和矛盾，在多重因素的共同作用下发生矛盾性质由物质利益冲突向其他类型社会矛盾尤其是官民矛盾的转变，从而造成更甚于拆迁矛盾本身的矛盾形态。敏感性是当前我国社会矛盾领域的一个常见特征，体现在政府敏感性、群众敏感性以及社会敏感性三个层面，拆迁矛盾的敏感性亦然。对政府而言，拆迁是现有考核体制下最能体现其政绩的工作，但同时也是最易于产生问题的工作。基层干部在拆迁中是否依法、态度如何等因素均是导致冲突潜在的导火索进而与与被拆迁者之间产生直接冲突，即政府敏感性。对群众而言，拆迁触及的巨大的经济利益，国有土地上的被拆迁户面临财产损失风险，集体土地上的拆迁户则同时面临着财产、职业、保障和社会关系网络的损失甚至边缘化和贫困风险，即群众敏感性。对社会而言，拆迁是公众、媒体最关心的议题之一，在关注各相关利益主体间的冲突形式和结果的同时倾向于将民生、权利、利益输送、腐败等因素与拆迁相联系，形成对基层政府的习惯性质疑，即社会敏感性。拆迁敏感性有其内在生成机理，拆迁矛盾也是三类敏感性相互交织的结果。在我国当前的拆迁实践中，无论是商业性还是公益性拆迁均由地方政府组织实施，再以净地形式出售给开发商，开发商不再承担拆迁任务。这一模式虽然消除了开发商与被拆迁人之间的对立与冲突，但却带来了政府与被拆迁人的利益纷争，加之以往政府在拆迁中的负面行为经媒体发酵、放大在民众中形成的“政府与民争利”刻板印象，造成被拆迁人与政府的直接对立。尤其是当前民众的“仇官”心理较为突出，这种心态使得社会大众对政府尤其是基层政府的信任度低，成为现阶段社会矛盾的突出方面。

对每一起拆迁事务而言，被拆迁人在与政府的利益纠纷中加深了对拆迁矛盾和冲突的体验。拆迁过程中地方政府存在一些失范现象，具体表现在：一是与民争利，强行低价征收居民房屋；二是违法违规操作、粗暴执法，某些拆迁人态度恶劣、言行举止粗暴，采取停水断电毁路等手段强迫被拆迁人搬迁，这都将影响民众对政府的信任。有时地方政府和干部自身也被置于尴尬地位，即被拆迁者与地方政府的对抗并不完全是政府的强权或其强拆意志所引起的。从课题组的调研来看，拆迁工作通常受到工程、项目在时间上的掣肘，上级一方面要求程序公开、透明，另一方面又在时间上予以了“不可能实现”的要求[①]。这种相互冲突的限定往往使地方政府不得不采取强拆手段来满足上级的要求，因此被卷入拆迁矛盾冲突的漩涡。拆迁过程中的矛盾不仅是拆迁本身的冲突，而且被掺杂着民生、权利、利益输送和腐败等议题，以致拆迁矛盾性质复杂。因此，无论矛盾是由政府与民争利而形成还是因倾向于满足上级目标形成，在其最终结果

① 课题组在安庆调研中发现，基层干部抱怨政府拆迁项目常常限制时间，程序根本没有时间走、来不及走，逼迫基层政府违规、不按照程序拆迁。

上，拆迁安置如果不符合规范运转，不仅会在现时引发矛盾和冲突，而且会埋下日后更大范围的官民冲突隐患。民众对地方政府的态度极易发生根本转变，由敬畏——怀疑——不信任——怨恨——敌对，现实利益矛盾演化为官民冲突，从而使矛盾具有高度敏感性。在一定意义上，拆迁矛盾和官民矛盾是相互构建的。

五　拆迁矛盾后果的连锁性

拆迁矛盾后果的连锁性，从空间维度来看——即从矛盾的发生领域来看——拆迁矛盾的后果可能会引发其他矛盾，或者会产生次生矛盾：一是一些地区特别是小城市或小城镇，由于补偿标准偏低或补偿方式的选择缺乏前瞻性，造成部分拆迁户现时或未来生活陷入困境；二是一些补偿标准较高的地区，如大城市的郊区，由于部分拆迁户一夜暴富的心理，放弃就业，参与赌博、吸毒，从而返贫，引发新的社会矛盾；三是安置房居住过程中出现的房屋质量问题，对安置小区内外部环境不满（基础设施和公共服务欠缺等）引发的物业纠纷；四是在城市适应方面造成的潜在矛盾，这一点更加突出地表现在农村拆迁上。农民因房屋拆迁安置而被动改变了原有的居住环境、生活方式和交往圈，造成了身份认同危机和生存风险。当被拆迁人面对利益侵害时，其诉求可以分为理智型和情绪型的利益诉求方式，对拆迁补偿的不满会有三种选择方式：被迫接受、理性抗争、暴力抗争，如果这三种方式得不到有效回应，就会产生焦虑感、失衡感、愤恨感等负面情绪。这些负面情绪若无法通过制度化的渠道发泄表达就会滋生对政府、对社会的不满与怨恨。在长期的演化过程有可能由个体怨恨转化为群体怨恨，成为未来非现实性社会矛盾的来源之一。这便是拆迁矛盾在主观层面的延伸、异化（如图7—2所示）。正如斯科特所言，“就像成百上千万的珊瑚虫形成的珊瑚礁一样，大量的农民反抗与不合作行动造就了他们特有的政治和经济暗礁，当国家航船搁浅于这些暗礁时，人们通常只注意船只失事本身，而没看到正是这些微不足道的行动的大量聚集才使失事成为可能”①。

---

① ［美］詹姆斯·C. 斯科特：《弱者的武器》，郑广怀等译，译林出版社2007年出版，第3—4页。

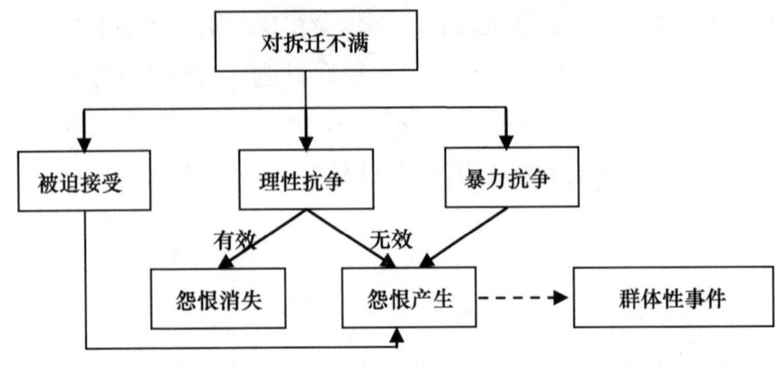

图 7—2　拆迁不满者的心理轨迹

六　拆迁矛盾化解的两难性

拆迁矛盾化解需要兼顾拆迁过程中各利益相关者的利益分配的均衡。利益主体多样化和角色交织性是造成拆迁矛盾化解两难性的重要机理。从被拆迁者的角度而言，需要考虑到被拆迁个体和被拆迁群体的利益平衡；从基层政府的角度而言，需要考虑到作为拆迁人和管理者双重角色的平衡。因此，拆迁矛盾化解的两难困境主要表现在两个方面。第一，被拆迁人个体利益最大化的心理欲求与群体利益平衡的两难困境。当前，并非所有拆迁矛盾的起源都是被拆迁人实际的物质利益受到侵害，很多拆迁矛盾的形成是因被拆迁人过高的期望值和漫天要价造成的。他们的利益诉求突破了合理的界限，超越了拆迁政策的合理范围与标准。因此，基于个体利益与群体利益的平衡的拆迁矛盾，其解决的两难困境在于：若满足这类过高的、不合理的利益诉求，则在化解与极少数拆迁人矛盾的同时，损害了公共利益和其他被拆迁人的利益，乃至形成不良示范效应，进而造成更大规模的矛盾与冲突；但若不满足这类利益要求，则会产生强烈的对抗行为，使矛盾激化恶化。无论这类群体的利益诉求是否得到满足，其结果都将是给拆迁矛盾的化解带来巨大的障碍。第二，拆迁冲突高发及“钉子户”的极端倾向与基层维稳考核的两难困境。当前我国的基层政府成为事实上的拆迁实施者，同时又作为拆迁矛盾的协调者和上层政府维稳考核的对象。基层政府多重身份集于一身的处境使拆迁矛盾的化解陷入囹圄，这一困境体现了现阶段维权与维稳的畸形发展。物质欲望的膨胀、权利意识的增强，以及其他拆迁暴富者的示范和激励效应，使被拆迁人产生了从拆迁中获取更多利益甚至是不合法利益的强烈动机。一旦意识到拆迁利益分配不公或遭遇补偿结果不符合自身期望时，他们往往不再甘于做“沉默的弱者”，而是诉诸一系列方式表达不满情绪和利益诉求。然而现实制度化的利益表达渠道欠缺、不畅，协商参与机制缺失，利益表达客体不作为，使得各种体制外的、非理性的甚至非法的表达方式滋生泛滥。在巨大的维稳考核压力以及媒体的负面导向面前，基层政府通常选择妥协与让步，采取“人民币维稳”策略，以不合理的物质代价换取“钉子户”的认同。由此形成“花钱买平安，越买越不安”的恶性循环，在无形中鼓励了更多人以此方式获利，表面的稳定却带来更大的不稳定。

七　拆迁利益抗争的集体性

以地方基层政府为代表的拆迁方利益集团在拆迁利益分配中处于主导地位，被拆迁人仍需通过各种策略维护自身的合法权益，集体参与及其程度的加强是拆迁矛盾中常见的方式。一方面，全国范围内长期拆迁维权的实践，让被拆迁人意识到若要争取更多的利益必须借助于群体的力量，因此拆迁矛盾中采取集体行动的策略增强；另一方面，在以往众多的拆迁实践中，积累了大量的拆迁矛盾，被拆迁人私权受到地方政府公权力的挤压和排斥产生了普遍的不安全感和不公正感。在未来，这些利益受损的个体将可能会想方设法联合其他利益受损者展开共同的维权行动，以期望把事情“闹大”。课题组的调研发现，被拆迁人的“异地声援”是当前拆迁矛盾中凸显的一个新现象。提供支援的被拆迁人群体依据自身的维权经验，给其他地区的同类人群者提供援助和指导以提升其博弈能力。无论这种援助是出于“同仇敌忾”的心态还是出于寻找“同盟者”的现实目标，都从客观上造成了集体参与的效果。另外，随着社会组织的不断壮大并逐步介入拆迁过程，被拆迁群体民主意识和法治的观念增强，他们将会借助于中间组织，或者自发地形成一个临时的利益群体和利益联盟，变个体与政府的对抗为群体对抗，维护自身的合法权益。总之，在拆迁抗争中，集体性抗争行为比个体抗争能引起社会的广泛关注和舆论优势，能取得更为显见的效果。除此之外，集体抗争还能通过组织化提升利益博弈的理性和秩序化程度，有助于被拆迁人获得公平利益。

第三节　拆迁矛盾的发展趋势

当前我国的拆迁在总体上日益规范化，在制度化渠道内化解了大部分拆迁矛盾。近年来，高层政府部门对拆迁矛盾予以密切关注，并推动人大出台了一系列涉及拆迁的法律、法规或政策，对地方政府不合理的拆迁标准、不合法的拆迁行为实施了越来越多的约束。这对今后我国拆迁矛盾的发展将会起到一定的抑制作用。李斌等人认为，拆迁从时序上可以划分为四个阶段，分别是配合期、质疑期、纠纷期与和谐期①，我国目前正处于纠纷期的中后期，拆迁矛盾在短时间内依然高发，但在未来的后拆迁时代会逐步迈入稳定期、和谐期。

一　拆迁矛盾将呈现地区差异性

由于我国不同区域和城市经济社会发展不平衡，差距较大，城镇化的水平和重点也不同，这表明未来我国城市建设及其触发的拆迁矛盾也将呈现出地区差异性。李克强总理在《2014 年政府工作报告》中指出，着重解决好现有“三个 1 亿人”问题，促进约 1 亿农业转移人口落户城镇，改造约 1 亿人居住的城镇棚户区和城中村，引导约 1 亿人在中西部地区就近城镇化。住建部副部长齐骥指出，目前尚未改造的棚户区大多位于中西部地区。由此可见，未来城镇化的发展重点在中西部地区。经济较为落后的中西部地区尤其是中小城市由于城镇化水平偏低，传统产业结构的制约，对土地财政模式的依赖，发展理念滞后等因素的影响，城市建设改造的内外驱动力仍很强，新区建设和城市治理引起的拆违、棚户区改造等规模还会不断扩大，拆迁的广度和深度还会增加，引发拆迁矛盾在短期内还不可能消退，还会呈现持续的高发态势。

① 李斌、许原原：《城市拆迁的阶段性特征分析》，《学习月刊》2010 年第 1 期。

表 7—1　一线城市土地出让情况统计　单位：万元

时间 城市	北京	上海	广州	深圳	合计
2014 年 6 月	6769	251923	279986	19850	558528
2014 年 5 月	584500	385972	479199	1232109	2681780
2013 年 6 月	348937	2059242	1098704	60440	3567323
环比	-98.84%	-34.73%	-41.57%	-98.39%	-79.17%
同比	-98.06%	-87.77%	-74.52%	-67.16%	-84.34%

资料来源：CREIS 中数据房地产数据信息系统。

经济发达地区，特别是一线城市，由于城市治理较为成熟，城区违章建筑和棚户区面积相对较少，加之产业结构不断转型升级，对土地财政的依存度也会逐步减弱，拆迁范围和面积也将日益减少。据中国指数研究院报告显示，2014 年 5 月全国 300 个城市土地出让金总额为 1375 亿元，环比降 30%，同比降 38%，土地成交量和出让金均锐减[①]。根据表 7—1 可以看出，2014 年一线城市的土地出让金呈现显著下降的趋势。这表明未来随着经济结构的不断调整，发达地区特别是一线城市的房地产市场将逐步趋于饱和并降温，老城区改造建设工程也将逐渐完结，拆迁总量下降，拆迁矛盾高发的态势也将趋于放缓。在总体上，一线城市同二、三线城市以及农村地区面临的城市化进程或旧城改造任务的差别，决定了各类区域拆迁矛盾的发展变化态势。我国未来的拆迁矛盾将呈现明显的区域性差异。

二　拆迁矛盾对抗烈度将趋于减弱

冲突的烈度是指冲突双方用以追求他们利益的手段。这个范围很大，可以从和平的谈判到公开的暴力行为[②]。拆迁领域对抗烈度的减弱，意味着拆迁双方在纠纷解决的问题上将越来越多地以和平的谈判、理性的维权、制度化的利益诉求为主导方式，而不是以简单的暴力拆迁和暴力抗拆

① 胡建：《经济增长转入“新常态”结构调整有“缓冲带”》，每经网（http://www.nbd.com.cn/articles/2014-06-27/844546.html）。

② 侯均生：《西方社会学理论教程》，南开大学出版社 2001 年版，第 172 页。

呈现。未来我国政府治理能力的提升，政策环境的改善，行动主体法律意识的增强，制度化维权渠道的拓展，媒体网络监督功能的加强，这些都将促成依法拆迁成为主流，而暴力拆迁、暴力抗拆都将逐渐淡化。以《国有土地上房屋征收与补偿条例》为代表的相关法律法规对拆迁行为作出了明确规定：任何单位和个人不得采取暴力、威胁或者违犯规定中断供水、供热、供气、供电和道路通行等非法方式迫使被征收人搬迁；《条例》还对实施暴力拆迁的相关人员明确提出了追究刑责的处罚措施，这对拆迁方是一种有效的约束。依法拆迁、公开透明拆迁，会减少拆迁中的不公平、不公正现象，有助于拆迁双方行为更加趋于理性从而降低矛盾的发生。因此，尽管拆迁矛盾还会呈现多发趋势，但总体来看其烈度将趋于弱化。

三 拆迁矛盾将成为持续性的矛盾

我国的拆迁补偿在较长时期内已经或正在面临着标准总体偏低、随意性强、领导意志决定（而非公众参与决定或刚性的补偿政策确定）等一系列现实问题。近年来在补偿标准低的问题上，中央直接制定的补偿政策，或者中央约束下地方政府的补偿政策始终处于不断调整状态，而其基本的目标在于保障被拆迁人在社会经济持续发展背景下的合理补偿。随着“以民为本”拆迁理念的建立，民生价格指数以及社会经济发展水平的不断提升，未来拆迁补偿标准也必然随之相应提升呈现刚性增长。这意味着补偿标准的逐步提高将逐渐成为拆迁的主流趋势。但补偿标准的提升必然会引发拆迁矛盾走向一个难以化解的“悖论”：在即时性意义上提高标准固然有助于当下拆迁矛盾的缓解；但从长期或历时性来看，提高补偿标准不仅难以有效抑制拆迁矛盾，反而会引发后继矛盾。一方面，前期遭遇绝对或相对利益剥夺的被拆迁人在与现时参照群体对比中产生心理失衡和强烈不满，在新政的激励下，可能会产生各种直接或间接的维权行动；另一方面，即使当下业已提升的补偿标准满足了被拆迁人的利益诉求，也会在面临后续提高的标准中产生相对剥夺感，这是一个必将经历的矛盾震荡期。中国多年来在拆迁中积累的大量历史遗留矛盾也将会在当前和未来慢慢地显现出来，需要很长一段消化期。

四　我国将进入高成本拆迁时期

当前我国正进入高成本拆迁时代迁。根据财政部的统计，2014 年全国土地出让金超过八成用于拆迁征地补偿等成本性支出[①]。拆迁补偿标准的提升，不仅是社会经济发展的必然结果，还与当前我国群众维权意识增加、维权手段和策略多样化密切相关，与此同时也是与中央不断打击拆迁领域的贪污腐败直接相关的。首先在国家宏观政策层面，有关拆迁的法律法规正处于持续完善的阶段并逐步走向规范化、制度化，拆迁程序和信息的公开透明越来越成为主流趋势。其次中央对地方政府拆迁领域约束越来越强化。这种约束不仅是强化拆迁中的官员的贪腐问题，更强化了对当前被广为诟病的“非法强拆”的惩治力度。2011 年，包括长春市强拆事件、辽宁盘锦强拆事件等在内的 11 起强制拆迁致人伤亡案件被调查处理，给予党纪政纪处分和行政问责 57 人，问责最高至副省级[②]。当前，禁止非法强拆已经成为执政高压线，“违法违规强制拆迁是一条任何时候、任何情况下都不得触碰的红线”。自上而下的压力迫使地方政府和官员在拆迁中遵守依法原则。低水平的拆迁补偿是地方政府“挤压”被拆迁者获得利益的常用手法，但随着拆迁日趋规范、透明，合理的补偿也逐渐成为必然，因而相比于以往的补偿标准，拆迁成本亦将呈上涨趋势。

五　拆迁矛盾将进一步衍生出新型矛盾

拆迁是一项系统工程，而不是单纯的是“拆房子”。拆迁和安置，涉及被拆迁群体的户口迁移、财产分割、就业、子女教育等诸多问题。诸如病残人员的就医看病、学龄儿童的就学、在自住房屋内营业的个体工商户就业等问题，都与拆迁问题纠合在一起[③]。这表明拆迁是一个持续性的矛盾源泉，拆迁产生的社会矛盾并不会随着拆迁过程的结束而消失，而是发

---

① 韩洁、申铖：《财政部公布土地出让金去向：超 8 成用于征地拆迁补偿》，光明网（http：//economy. gmw. cn/2015 -03/25/content_ 15196818. htm）。

② 范正伟：《中央掀起禁强拆风暴，问责至副省级》，凤凰网（http：//news. ifeng. com/mainland/detail_ 2011_ 09/26/9468403_ 0. shtml）。

③ 梁铁中：《利益整合：城市改造拆迁中城区政府的转型》，中国地质大学出版社 2013 年版，第 31 页。

生变异并衍生出新的矛盾。例如，因被拆迁人对法院拆迁判决不服而引发的涉法涉诉类矛盾；因被拆迁户获得的补偿在家庭内部分配不均引发的夫妻之间、父母与子女之间、兄弟姐妹之间的纠纷而产生的家庭矛盾；因安置房质量和产权、基础设施、物业缴纳等问题引发的物业矛盾；因搬迁造成在就业、教育、医疗、养老、购物等方面的问题引发的民生矛盾。尤其在拆迁的异地安置和货币补偿中，被拆迁人会面临新环境的重新适应，在家庭经济生活、邻里关系、福利保障等方面的重新调整。拆迁打破了他们原有的社会基础和交流空间，邻里间稳固的互助关系、经营多年的社区文化、习俗以及人际关系都连同原有的建筑将会一起消失①。这些大范围的、零散的、自发的矛盾在长期的积聚与发酵过程，在与其他社会矛盾相互影响与叠加过程中，就有可能由量变到质变，转化为自觉的、有组织的、严重的群体性对抗，使矛盾摩擦上升为矛盾冲突。这些显在和潜在的影响都将会滋生新的社会矛盾。

第四节　拆迁矛盾的化解对策

拆迁是一个利益博弈过程，不同利益主体依据自身诉求与目标，均期望获得利益最大化，而拆迁利益是个相对较为封闭的体系，一方利益的增加即意味着另一方利益的减少，这是拆迁矛盾的根本所在。因此，通过协商来平衡各利益主体的关系，有效地激发并促进彼此互动，由利益对立走向利益共赢，实现拆迁主体利益的正和博弈而非零和博弈甚至负和博弈，建立以人为核心的城市拆迁理念，就成为现阶段解决拆迁矛盾的主要思路。

一　完善拆迁法律法规体系，保障拆迁政策法规的刚性、统一性和可持续性

我国目前有关拆迁的法律法规存在着刚性不足、弹性较大、稳定性欠缺等问题，这是造成我国现阶段拆迁矛盾凸显的重要根源。因此拆迁矛盾

① 时文：《居住空间相对剥夺背景下居民不合作行为的逻辑》，硕士学位论文，北京工业大学，2012 年，第 6 页。

的缓解和化解需要从推动法律法规体系完善来着手。首先，应厘清拆迁公共利益的范围并以法律法规体系保障其落实。相比于旧拆迁条例，2011年《国有土地上房屋征收与补偿条例》更加明确地界定了公共利益的六条具体范畴[①]，对拆迁矛盾的化解具有重要意义。但保障这些具体规定在较长时期内得到稳定、有效落实，也是各级政府面临的重要议题。为此，可以构建公共利益的程序认定机制，确立公共利益评估制度。一方面约束当前行政机关在公共利益认定中的强力主导地位，另一方面为公共利益界定提供相对稳定的评价机制。其次，应不断健全房屋拆迁安置法律与政策，使相关法规、制度和政策完备、统一，并具有刚性和可操作性。如上述条例中关于“公平补偿”就是一种过于笼统的表述，容易导致拆迁中的暗箱操作；更进一步来看，当前有关集体土地上房屋拆迁尚无一部明确的法规，这对此类拆迁矛盾化解具有明显的制约；再如，尽管第十九条明确规定：补偿“不得低于房屋征收决定公告之日被征收房屋类似房地产的市场价格”，但开发商的应对之策则是极力压缩补偿标准并将之转嫁到房价中，因而被拆迁户往往不同意搬迁甚至宁愿做“钉子户”。这些都是化解拆矛盾中需要亟待解决的法规政策问题。另外，地方相关法规政策与国家层面的法律应统一，同一地区不同性质拆迁的补偿政策也应统一。对拆迁性质、程序、评估、补偿方式和范围等方面应进行较为详尽和明确的规定，使地方政府和被拆迁人能够在同一的法律政策话语体系中展开对话，减少讨价还价的代价和风险。再次，在政策制定与调整过程中应保障政策的稳定、连贯、可持续，避免拆迁政策的碎片化。针对补偿标准和金额的时效性、区位性特点，需要不断调整。为避免不同时期、不同地域被拆迁者相互比较，应在顶层设计的基础上确定一个统一的、各个时期均适用的补偿计算公式。如北京制定的房屋拆迁补偿价 =（基准地价 × 容积率修正系数 + 基准房价）× 被拆迁房屋建筑面积 + 被拆迁房屋重置成新

① 对于公共利益，新条例规定了6种情形：1. 国防和外交的需要；2. 由政府组织实施的能源、交通、水利等基础设施建设的需要；3. 由政府组织实施的科技、教育、文化、卫生、体育、环境和资源保护、防灾减灾、文物保护、社会福利、市政公用等公共事业的需要；4. 由政府组织实施的保障性安居工程建设的需要；5. 由政府依照城乡规划法有关规定组织实施的对危房集中、基础设施落后等地段进行旧城区改建的需要；6. 法律、行政法规规定的其他公共利益的需要。

价。这对当前各地拆迁补偿标准的确定具有较强的借鉴意义。最后，推动拆迁矛盾化解的行业化、专业化进程。由于司法渠道周期较长、成本高、程序复杂，时间的消耗对地方政府、开发商、其他被拆迁人以及公众利益会造成损害，以致拆迁双方均倾向于选择非制度化手段。鉴于此，可以通过建立拆迁专业调解委员会以及专业法庭等司法快捷通道，提高拆迁矛盾化解的效率和各利益主体选择司法途径的积极性，这在江苏徐州、南通等地的实践中得到较为成功的探索。在实践中，拆迁专业调解委员会由政府部门（如综治部门）牵头组建并提供经费保障，并按照一定标准为专业调解人员提供补助作为激励性措施，使调解委员会在矛盾调解中充分发挥作用，缩短拆迁矛盾的化解周期。与此同时，在法院系统内建立起专业法庭，对拆迁调解委员会不能成功调解的拆迁类案件进行集中化、专门化和精细化审理，提高拆迁矛盾化解的效率。

二　提高拆迁主体的违法违规成本，消除不当利益博弈

在拆迁过程中不仅要制定公平的交换规则，还要保障规则的有效运行。如果不能通过法治的力量约束政府，那么公民和政府的直接对峙或许会导致更激烈的矛盾冲突，其社会影响也将更为恶劣[①]。法治力量约束的不仅是政府、拆迁人，还包含被拆迁人。因此，应坚持依法治理，体现法治权威和法律的强制性，使各行动主体均能够遵循法律规范，在法治的轨道上运行。针对地方政府及公职人员的利益侵占及权力失范，一是建立有效的监督约束机制，使各类监督主体，包括被拆迁人、媒体、社会组织、人大等能够对地方政府及公职人员的越轨行为及不当决策形成强有力的监督和制约，以此消除对被拆迁人合法权益的侵害；二是建立问责机制和处罚机制，对违法违规拆迁行为要加大查处和惩罚力度，提高其违法成本。针对部分被拆迁户非理性和无底线的逐利行为，如个别“钉子户”或违建者的暴力抗拆行动或威胁言行，应依法应对，使其在权利意识膨胀的同时也要具备法制观念。基于公共利益的拆迁在法院判决强拆，司法调解无效的情况应予以强制拆除，不应在维稳压力下无原则妥协，防止妥协形成的恶性循环，陷入“抗迁——妥协——增加补偿”的怪圈。

---

① 崔宁：《“拆迁自焚”凸现中国社会问题》，《凤凰周刊》2010年第29期。

三　建立多元化的利益分配和参与机制

实现利益的合理分配应成为当前化解拆迁矛盾的重点，在政策构建层面亟待建立起多元化的利益分配机制和参与机制。首先，要建立多元化的利益分配和补偿机制。地方政府应树立以民为本的城市建设和发展理念，通过制度规范和行政介入调整利益关系，提高补偿标准，保障被拆迁方的应得利益。基于被拆迁人多样化、复杂化的属性，应建立多元化、人性化的拆迁利益补偿机制，如补偿与就业安置并行模式、补偿与社会保障相结合模式、补偿与分红相结合模式等。既防止拆迁暴富，也应避免拆迁贫民现象的出现。对位于社会底层及存在特殊困难的被拆迁人，还需要多部门联动，整合碎片式的社会救助，对拆迁中的特困群体应在社会保障、就业、经济等多个层面给予相应的帮扶和救助，防止该类人群因拆迁而陷入更大的困境。其次，是建立多元化的利益主体参与机制。政府应构建有效的“社会安全阀”，广泛设立并公开各种体制内的利益表达和参与渠道，如听证会、座谈会、民意调查、信访接访、入户走访、居民代表大会、居民监事会等形式，使被拆迁人了解并可自由表达利益诉求，同时有助于政府接受各种合理诉求并及时调整拆迁安置政策。由此在政府和被拆迁人之间搭建起制度化对话、程序性协商平台，构建相互信任、良性互动的协同作用机制，使双方在共同参与过程中，以直接互动或间接互动为手段，通过拉锯式的博弈，消解偏见与对立，最终实现合作与利益共赢。

四　构造多阶段公开透明的拆迁行政程序和司法程序

拆迁工作是一个分阶段的过程，不同的阶段矛盾的表现不同，化解的手段亦应实现规范化、多样化。无论是哪类拆迁政府均无权实施强拆，作出行政决定后，如果遭遇抵制，应利用社会组织、社会资本等反复进行整体协商或个别谈判；若谈判无果，则进行司法审裁；如果裁定拆迁行为非法或不当，则应停止或暂停拆迁；若裁定拆迁合法并有效，则仍需要进行必要的调解工作，尽量减少强拆行为，避免矛盾激化。行政程序主要是通过公告、通知和听证来保障被拆迁人的知情权、参与权和异议权。从国外的拆迁经验来看，对被拆迁人开展预先通知程序是大多数国家常用措施，以此保证拆迁信息和过程充分公开，这既是对被拆迁人的尊重，也是贯彻公平公正的拆迁精神的直接体现。只有充分的信息公开，才能让各种复杂的利益博弈与配置进入“阳光轨道”，以程序的开放性赢取公民的信任度，提供行政行为的可接受性[①]。在拆迁各个阶段均应建立公开透明的操作平台，实行拆迁前期、中期、后期公开制度。在拆迁前期，利用各种信息传播手段，如媒体、张贴告示、发传单和入户宣传等形式向利益相关人公布拆迁政策、拆迁目的、拆迁规划、拆迁程序、补偿标准、安置方式等内容，并鼓励利其参与讨论，表达诉求，真正做到公开、民主、透明。在拆迁中期及后期，还应公开每户住房情况、补偿结果和安置情况、困难群体及认定条件等并接受群众监督举报，避免相互猜疑。此外，还应通过司法程序对拆迁行为的程序合法性进行审查和约束，防止拆迁中公共权力的滥用。因此需要建立强有力的执法监督和责任追究机制，对不履行信息公开义务的地方政府要设立处罚机制，将信息公开的强制性规定融入具体的拆迁过程。

五　发挥第三方组织的协调功能，建立专业性矛盾调解组织

当地方政府与被拆迁人之间发生利益冲突时，行之有效的办法就是由一个公正的第三方力量来解决，也即选择一个拆迁双方一致认可的组织或团体。其中社会组织的功能最为强大也最具发展潜力，使拆迁中的关系模型由“政府/拆迁公司[②]——被拆迁人”转向“政府/拆迁公司——社会组织——被拆迁人”。社会组织介入拆迁关系，有利于调和政府与被拆迁人之间的关系，减少双方隔阂与直接抵触。进一步来看还有助于促进双方协商与合作，增强被拆迁人的谈判地位和理性化程度。在总体上，可以通过政府购买社会组织服务或社区组织形式使社会组织全面介入城市拆迁安置过程。各类组织均有自身特定的专业领域，如法律类、评估类、心理社会

① 傅达林：《以信息公开助推“阳光拆迁”》，《法制日报》2012 年 5 月 21 日。

② 当前的实践中存在着诸多滥用“委托拆迁”现象，拆迁公司往往成为受委托的主要对象。一些看似是拆迁人员和村民的冲突本质上却是地方政府携手开发商恶意使用“委托代理”手段雇用社会力量参与拆迁失控所致。其背后是一些政府部门、开发商、拆迁公司（乃至黑恶势力）之间的各种利益纠葛。此处的表述形式意在将政府和拆迁公司归为同一利益集团，凸显与被拆迁人、社会组织的相对关系。

类、新闻媒体类，等等[①]，可以根据矛盾发展的阶段性特征选择合适的介入时机。首先，法律类组织的前期介入以在被拆迁对象中进行拆迁政策宣传和政策普及为主，向居民提供与拆迁相关法律政策咨询，在拆迁开始后对被拆迁人的合法权益诉求予以法律支持。其次，评估类组织可以通过拆迁前期进行的风险评估、房屋价值评估等，为拆迁双方提供合理的补偿标准或协商的“基调”，避免拆迁双方对补偿数额的“两极分化”而导致的无效谈判和对立；再次，心理社会类组织可以在拆迁期间收集分析被拆迁人的诉求信息、“钉子户”的心理疏导和行为调适等；在拆迁后期追踪被拆迁人生活状况，促进其适应和融入安置区。针对钉子户难题，社会组织可借助专业方法深入调查获知其家庭状况、社会关系网络、现实需求、行为动机和动因。一是依道德和制度层面反复进行社会动员与沟通交流；二是结合钉子户的实际需求，帮助其解决面临的现时困难如就业、教育、医疗等，并在长远意义上提升被拆迁人的社会适应能力，解决被拆迁人对拆迁的“后顾之忧”。此外，还可充分利用被拆迁人的社会资本，如家庭关系、职业关系、邻里关系及社区工作者和社区法官，在政策宣传解释、矛盾调解和利益博弈、弱势群体的就业生活帮扶等方面，形成除社会组织之外的第三方社会公信力量。引入社会力量解决被拆迁人和政府之间的矛盾纠纷，走阳光拆迁的“群众路线”，让房屋拆迁工作真正步入良性轨道。

六 完善被拆迁群体的社会保障机制，重视拆迁的非物质补偿

拆迁矛盾具有连锁性，因此矛盾的化解还应从其“并发”矛盾入手。被拆迁人的不满，浅层来看是比较心态下的绝对或者相对的剥夺感，深层来看是对拆迁后生活的隐忧。因此，拆迁矛盾的化解在制度层面除了对被拆迁人的各项补偿权利予以保障之外，也应充分考虑他们在拆迁后的生活

---

① 各类第三方组织功能的发挥，其主要功效事实上是有“偏向”性的。以这类法律组织尤为突出，他们通过为“弱势”的被拆迁方合法的利益诉求提供支持，以使之与“强势”的拆迁方形成尽可能均衡的博弈力量；心理社会类组织也主要为给上访钉子户提供心理疏导以达至理性谈判的前提基础；评估类组织则是集中类别中最可能具有“中立”价值的组织形态，但从实际效果来看依然是在为被拆迁人利益的合理提升发挥功效。在我国，新闻媒体类组织虽然不能被纳入“社会组织”这一形态，但是它们作为拆迁矛盾的第三方力量在政府行为监督以及沟通平台的搭建上发挥积极功能，在当前化解拆迁矛盾中具有重要作用。

变化及其引发的潜在矛盾。城市被拆迁人的隐忧凸显于教育、医疗等公共服务层面的后续问题，而对于农村被拆迁人而言其“隐忧”范围则更大，尤以日常生活为突出：低补偿下的房屋购置问题、安置后的生活问题、就业问题、新环境的适应和身份角色的转换问题。因此，拆迁矛盾的化解应充分考虑被拆迁人两个层面的补偿和保障机制。一是完善相关拆迁政策、保障被拆迁人的基本物质权益和拆迁后的长远生活，尤其是针对被拆迁群体中的特殊困难者，采用“先安置后拆迁”的模式，还应将利益补偿进一步向后延伸，建立相应的安置调控长效机制，保障被拆迁人生活的稳定、有序。在农村的集体拆迁中，预留5%—10%的拆迁费用在社区，解决后续遗留矛盾；二是拆迁补偿阶段要充分重视对农村被拆迁群体的非物质补偿，拆迁安置后要进行社区文化建设提高农民的精神生活水准。农村居民长期生活在“熟人社会”的关系网中，拆迁对此会造成潜在的威胁并影响到农民的拆迁意愿。因此，从关照农民拆迁心理的角度而言，在拆迁中满足其维系原有村落共同体的需求和地域情结，提升他们拆迁安置中的社区归属感，有助于缓解拆迁矛盾。

第八章

劳资矛盾的特征、趋势及对策

在现代工业社会，劳资冲突是社会冲突的主要内容，世界上各个工业国家都未能摆脱该类冲突的困扰。[①] 劳资矛盾也成为转型中国主要社会矛盾和社会风险之一，给现代社会治理带来了挑战。中国社科院法学院研究所发布《中国法治发展报告（2014）》指出，导致百人以上群体性事件的原因众多，其中劳资纠纷是主因，占三成。劳资纠纷产生的主要原因是企业改制导致的下岗和职工安置问题，企业严重拖欠员工工资和工资水平过低问题以及企业违犯劳动法和劳动合同法侵犯员工合法权益问题。[②] 若劳资关系持续恶化，劳资矛盾不断递增且难以有效应对，则易转化为激烈的劳资对抗和社会冲突，造成劳方、资方与政府“三输”局面，使经济、政治、社会运行出现障碍。因此深刻地把握劳资矛盾的特征和发展趋势，有效预防和化解劳资矛盾，构建和谐劳资关系是当前社会治理的重点内容。

第一节　劳资矛盾的概述

一　劳资矛盾的界定

当前在我国社会主义市场经济体制下，经济成份多样，劳资关系也较为复杂，在国有企业主要表现为经营管理者与劳动者之间的关系，在民

① Joanne Monger,（2005）“International comparisons of labour disputes in 2003.” *Labour Market Trends*, Vol. 113, Issue 4, pp. 159 – 168.

② 李林、田禾：《中国法治发展报告》，科学文献出版社 2014 年版，第 279—281 页。

营、私营、股份、外资等非公有制企业，则主要表现为资本与劳动、管理与劳动的关系。在这一系列关系中，由于资本所有者、经营管理者和劳动者的利益不同，因此表现出一系列矛盾纠纷。

劳动与资本、劳方与资方是市场经济中最重要的两类生产要素和行为主体，劳资关系因此成为市场社会最核心、最广泛的社会关系。[①] 围绕这类行为主体而引发的各种争议与纠纷即生成劳资矛盾。劳资矛盾定义有狭义和广义之分。从狭义上讲，劳资矛盾指劳动力所有者与资本所有者在劳动过程中围绕经济利益和其他权益而产生的直接或间接的摩擦与纠纷。劳动者利益明显受到损害，或没有达到自己预期的利益，通常会产生被剥夺感，由此产生了劳资之间的矛盾与冲突。从广义上讲，劳资矛盾指由于劳动雇用关系而催生的劳动者与资本所有者、经营管理者的各种隐性和显性的纷争、对立与冲突。该定义的外延扩大，包括劳资矛盾与劳管矛盾两个方面。本课题将研究视域界定为劳资矛盾的广义范畴。劳资矛盾损害劳资双方或一方利益，会扰乱生产、生活秩序，阻碍经济持续健康发展，威胁社会稳定。

二　劳资矛盾的总体状况

劳资矛盾目前处于高位运行状态，从表 8—1 中可以看出，1996—2013 年我国劳动争议案件总体而言呈增长态势，案件总数和涉及人数规模均较为庞大。2008 年受金融危机和新劳动法规颁布的双重影响，劳动争议案件非常态化激增，劳动争议案件受理数达到 693465 件，劳动者当事人数达到 1214328 人，为历史之最。2009—2011 年逐步回落后，2012 年受经济危机影响再次抬升，目前处于缓慢上升阶段。再加上未进入法定渠道的大规模的个体或群体的劳资争议以及没有被统计的劳动争议案件，可见我国现阶段的劳资矛盾仍是较为突出的刚性社会矛盾之一。本课题组在 J 省的社会矛盾认知问卷调查中，当问及“您认为我国目前比较突出的社会矛盾是什么”时，接受问卷调查的干部中有 45. 1%、群众中有 37. 07% 认为劳资矛盾最为突出，干部和群众对劳资矛盾的选择比例均仅次于征地拆迁矛盾，位居第二。在对全国 366 名基层干部的访谈中，被访

① 刘景章：《论劳资冲突的根源与消解》，《甘肃社会科学》2004 年 3 月。

者也普遍认为我国现阶段的劳资矛盾较为突出。可见无论从客观发生的劳资事件，还是从人们的主观感受来看，均反映出我国劳资矛盾的显性化和高频率。

表8—1　　1996—2013年全国劳动争议案件增长情况①

年份	当期劳动争议案件受理数（件）	年增长率（%）	受理劳动争议案件劳动者当事人数（人）	年增长率（%）
1996	48121		189120	54.37
1997	71524	48.63	221115	16.92
1998	93649	30.93	358531	62.15
1999	120191	28.34	473957	32.19
2000	135206	12.49	422617	-10.83
2001	154621	14.36	467150	10.54
2002	184116	19.08	608396	30.24
2003	226391	22.96	801042	31.66
2004	260471	15.05	764981	-4.50
2005	313773	20.46	744195	-2.12
2006	317162	1.08	679312	-8.72
2007	350182	10.40	653472	-3.80
2008	693465	98.02	1214328	85.82
2009	684379	-1.31	1016922	-16.25
2010	600865	-12.20	815121	-19.84
2011	589244	-1.93	779490	-4.37
2012	641202	8.82	882487	13.2
2013	665760	3.83	888430	0.67

此外，劳资矛盾也日益成为学术界和媒体关注的焦点。课题组通过梳理期刊、报纸和网络三个信息源中有关劳资矛盾的内容发现，三者存在着

① 国家统计局网站（http：//www.stats.gov.cn/）。

不同的表现特征。（见图 8—1）从数量来看，有关劳资矛盾的期刊论文 2012 年以前呈现逐年增长的趋势，2012 年以后缓慢下降，但总量仍较大。这表明劳资矛盾自 2005 年后日渐凸显，在社会中产生了较大的影响，引起了学术界的高度关注。相关论文对劳资矛盾的特征、原因、解决对策等方面论证最多，特别针对农民工的欠薪等问题展开了大量的讨论。1995—2014 年 20 年间以“制度”为主题的论文高达 5678 篇，以“特征、特点”为主题的论文 2134 篇，“原因、根源”论文 2851 篇，“对策”论文 3882 篇。可见已形成了较为丰富的有关劳资矛盾的知识体系，并在某种程度上助推了劳资矛盾尤其是农民工问题的解决。因此，在当前没有新的劳资矛盾热点出现的情况下，虽然学术界对劳资矛盾的讨论热度开始减弱，但这并非意味着劳资矛盾的弱化。有关劳资矛盾的报纸文章在多年持续上升后到 2008 年开始下降，2012 年之后下降幅度较大。这主要由于 2008 年北京奥运会、2010 年上海世博会以及 2012 年十八大召开等重大活动的出现，各级政府明显加大了维稳力度，对报纸等传统媒体的管控加强，因而使得有关矛盾冲突方面的报道明显减少，这在本课题组其他类型的社会矛盾搜索中也有体现。从劳资矛盾的网络报道看，有一个显著的特征，即 2011 和 2014 年骤升，达到罕见的峰值。2011 年因劳资矛盾激化而致的群体性事件明显增加，农民工讨薪等问题集中爆发以及潮州古巷事件、杭州出租车停运事件、古驰“虐工门”事件的发生，引发了网络上对劳资矛盾的大讨论，共计 9150 件。2014 年网络新闻报道 11800 件，达到历史最高峰。由于中国经济增速放缓，经济结构、产业结构调整力度逐步加大，导致企业改制、搬迁、股权变更、转型中的裁员、经济补偿和赔偿等劳动者权益保障问题日益突出，引发了诸多劳动者群体事件[①]。春节后全国各地的劳资群体性事件愈演愈烈，仅在 2014 年 3 月以来，就发生了 IBM 罢工、康百联盟全国罢工、常德沃尔玛罢工、东莞裕园鞋厂罢工等多起规模大、影响深的群体性事件。成本上升和经济结构调整致使众多外资企业关闭、裁员、撤离中国，引发了数量庞大的劳资纠纷。

---

① 乔健：《2014 年经济结构调整中的中国劳动关系》，《2015 年中国社会形势分析与预测》，社会科学文献出版社 2014 年版，第 267 页。

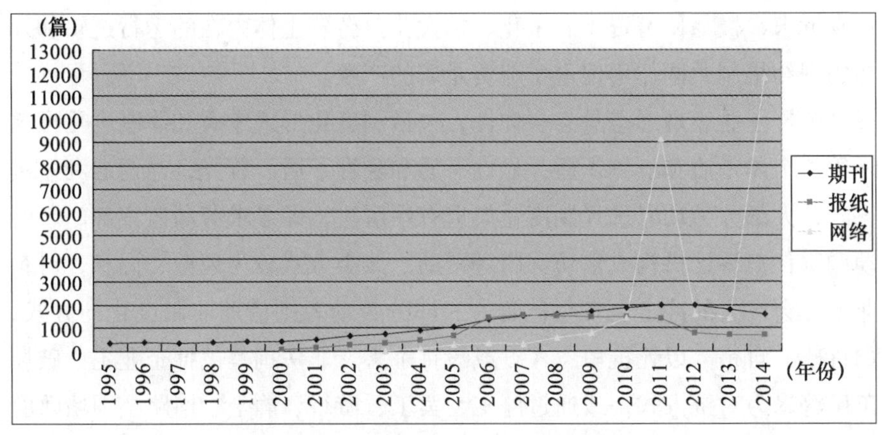

图8—1　劳资矛盾各类文章的数量统计[①]

三　劳资矛盾的形成背景和表现形态

我国目前正处于市场经济的初期阶段，法制法规的不完善、政府应对方式的不成熟、劳资双方法治意识的薄弱等均使该矛盾日益显性化。加之我国仍处于资本短缺时期，畸形化的招商引资，GDP主义的盛行，对资本的盲目渴求和资本外撤的恐慌，地方政府对资本的倾斜使资方侵权行为增多，也使众多地方政府在劳资关系处理方面有失公正，甚至以牺牲劳方利益作为招商引资的条件，对劳方合理的利益诉求视若无睹，这进一步强化了原本“强资本弱劳动”的格局，使劳资矛盾更加尖锐化。达伦多夫认为，社会中有一种内在的倾向，倾向于冲突，有权力的团体将寻求他们的利益，那些没有权力的团体也会寻求自己的利益。[②] 劳资双方对各自利益的追求由此形成劳资博弈与矛盾。更为具体地来说，部分企业经营者用工不规范，违犯劳动法律法规，侵犯劳动者权益；部分劳动者利用法律空隙，投机性、选择性守法以此获利；在企业和劳方之间缺失集体协商或谈判的中间机构，且诉求渠道堵塞，发生利益侵害事件后劳方难以顺畅表达

① 资料来源：1. 期刊资料来源，中国期刊网（CNKI），搜索条目为主题“劳资矛盾”or“劳资纠纷”or“劳资冲突”or“劳资争议”or“劳资问题”or“劳资事件”，数据库期刊、博士、硕士、特色期刊和辑刊；2. 报纸资料来源，中国期刊网（CNKI），搜索条目同期刊资料；3. 网络资源，百度新闻搜索中的高级搜索，搜索条目同期刊资料。

② ［美］鲁思·华莱士、艾莉森·沃尔夫：《当代社会学理论——对古典理论的扩展》，刘少杰等译，中国人民大学出版社2008年版，第99页。

自身诉求，极易使劳资矛盾激化、扩大化。劳资主体内在的运行逻辑和外在的制约机制共同作用促进了劳资矛盾的产生。

劳资矛盾表现形态具有多样性，包括制度化形式矛盾和非制度化形式矛盾；个体矛盾和群体矛盾；显性矛盾和隐性矛盾。首先，当遭遇利益侵害时，大部分劳动者选择制度化渠道有序解决，即寻求劳动监察部门、劳动调解仲裁诉讼机构或信访部门等帮助，该类方式较为理性、温和，对企业、社会产生的冲击也较小；而另一部分劳动者则借助非制度化的方式，如自残、自杀、以死抗争方式，或殴打杀害、非法拘禁关押企业主、破坏工厂等暴力对抗方式，或通过停工、罢工、游行、静坐、堵路、围堵政府等集体行动的形式，这类方式较为激烈，对企业、社会产生严重的影响。非制度化抗争也是劳方抵抗利益侵害的一种方式，或是一种默认的行之有效的行动法则。正如应星所言，在草根行动者眼中，法治与人治、司法与非司法的界限并不重要，真正重要的区分是某种手段在表达利益，解决纠纷上实用与否。[①] 其次，目前绝大部分劳资矛盾以个体纠纷的形式表现出来，但近年来集体性劳资冲突呈上升的趋势，涉及的人群也越来越多，劳资群体性事件有不断扩大趋势。劳资群体性事件往往源自大量劳动者遭受长期的利益剥夺，如工资福利待遇差、工作条件恶劣等，积聚的不满一旦超出了劳动者的承受底限，在某一突发事件的刺激下，可能会集中爆发。最后，劳资矛盾除了以显性的形式表现出来，成为一种公开化和外向化的社会矛盾，还会以隐性的潜在形式呈现。矛盾已经存在，表现为发牢骚、消极怠工、暗中破坏、辞职等隐蔽的和非正式的反抗形式，因尚未公开爆发，并未引起各部门的关注，如果不能及早探知并有效应对则易转化为显性的、公开的和正式的社会矛盾。

四　劳资矛盾的类型

劳资矛盾来源相当复杂，不同劳动者有不同层次的诉求，诉求的表现方式也千差万别。根据 2012 年中山大学的调查发现，在过去两年里，被调查雇员都或多或少地遇到过劳动报酬不合理（25. 14%）、拖欠工资

---

① 应星：《草根动员与农民群体利益的表达机制——四个个案的比较研究》，《社会学研究》2007 年第 2 期。

(10.82%)、作业环境恶劣（16.88%）、超时加班（27.05%）、工伤（6.45%）等问题。[①] 同时，基于本课题组的调查数据，从劳资矛盾的缘起角度将当前我国劳资矛盾分为如下五类。

1. 工资拖欠抗争型劳资矛盾

工资拖欠、克扣现象在全国范围内均普遍存在，在课题组调研的5个省份表现都很突出，位居第一，这也是引发劳资矛盾和群体性劳资冲突的一个主要矛盾源之一。欠薪领域重点在建筑行业，欠薪对象大多为农民工，欠薪引发的矛盾爆发期多集中于传统节日，在元旦、春节更呈井喷式爆发态势。工资拖欠型劳资矛盾既有政府投资的工程资金匮乏或不到位问题，也有开发商或企业主资金链断裂、资金周转困难或故意欠薪等原因。欠薪侵害的是劳动者最基本的生存权，也最易招致激烈的甚至暴力的自卫性抗争，造成自杀式讨薪、群体性讨薪事件频繁发生。欠薪对象的农民工身份的弱势以及讨薪行为的道德正当性，加之企业欠薪行为的失信与失德，更容易激起社会对弱者的同情和对失范者的愤怒，从而使工资拖欠型劳资矛盾较为敏感，往往成为社会舆论关注的焦点。最为严重还在于欠薪单位是政府部门，是施工企业欠薪的根源，长此以往，将加剧民众对政府的不信任，引发民众与政府的对立。访谈案例1即可诠释。

> 访谈案例1：农民工工资拖欠问题，这个全省全国都存在，我市的问题要更为严重，今年尤为突出，大部分都是政府欠的。私人欠的话有人来逮你，现在修了好多的路等公共项目都是政府拖欠，这个现在还是比较普遍的……农民工往往认为工资先拖欠着也不要紧，他们现在都有一个底线，只要到时候不给钱就去政府闹、上访，相关部门给予协调，今年以来这一块还尤为突出，农民工讨薪问题占到整个上访量的30%左右，接近1/3。(0B01141，乡镇党委书记)

2. 薪酬福利不满型劳资矛盾

薪酬福利包括基本工资、奖励、提成、加班费及各项实物或货币福

---

① 梁宏：《2012年中国劳动力状况调查报告》，载李培林、陈光金、张翼主编《2014年中国社会形势分析与预测》，社会科学文献出版社2014年版，第190页。

利，目前引发矛盾和纠纷的领域主要集中于工资和加班费用的争议。我国劳动者薪酬水平普遍偏低，薪酬增长缓慢，2014 年在山东、广东、福建等沿海工业区发生了多起要求加薪的工人大罢工事件，例如威海泰元电子厂上千名工人罢工运动，福清威霖实业有限公司两千工人罢工，凸显了工人对长期低薪酬的不满与反抗。南海本田事件后，广东各地近来爆发了 100 多起停工事件，九成以上是因员工对工资水平不满。[①] 另据《社会蓝皮书（2014 年）》报告，在所调查的加班雇员中只有不到一半领取了加班工资。[②] 一些企业为了获取超额利润，强制劳方加班，但却公然违犯《劳动合同法》拒不支付加班费用。还有部分企业设置较低的基础工资，通过加班费用补偿变相地激励劳方，使其积极自愿要求加班，自愿加班的背后是企业低底薪与加班费的薪酬机制刺激的结果。在长工时、低薪酬、恶劣环境、围墙式高压管理等多重因素的叠加效应下，劳动者承受着巨大的身体和心理压力，当这种压力突破一定的界限，必将以一种正式或非正式的形式释放出来，由此导致劳资矛盾恶化。

3. 工伤争议型劳资矛盾

我国劳动者特别是私营企业劳动者工作环境和劳动条件总体偏差。企业安全生产形势严峻，劳动安全培训不足，工作安全保障较弱，重大人身伤亡事故不断发生。各种高噪声、粉尘、放射性及有毒等劳动环境大量存在，且缺乏企业相应的劳动保护措施，致使各种职业病如尘肺病发生率相对较高，对劳动者身心造成极大伤害。发生工伤事故，一些中小企业想方设法逃避其理应承担的工伤补偿和职业病赔偿，若受伤者未能参加工伤保险或因未签订劳动合同无法证明与其雇主存在过雇用关系，则会使其难以获得应有的补偿。或赔偿标准低，不足以解决问题。加之地方政府、劳动部门在劳动保护制度监督方面不力，致使伤残劳动者处境艰难。据人社部数据显示，截至 2014 年底，全国参加工伤保险人数为 20639 万人，其中

---

① 赵洪杰：《劳资争议市场化：涨工资，先把老板“请”上谈判桌》，《南方日报》2011 年 12 月 19 日。

② 梁宏：《2012 年中国劳动力状况调查报告》，载李培林、陈光金、张翼主编《2014 年中国社会形势分析与预测》，社会科学文献出版社 2014 年版，第 190 页。

参加工伤保险的农民工人数为 7362 万人，农民工参保率仅占 26.9%。[①] 低水平的工伤参保率与较高比例的工伤纠纷，说明劳动者在劳动保护方面仍存有较大缺陷，当受伤者诉求长期得不到满足，则会萌生对企业主或管理者的强烈不满和怨恨，成为各种极端行为产生的条件和动机。见如下访谈案例所述。

访谈案例 2：没有参加工伤保险的应该来说由企业来承担，但是往往这些企业劳动关系不明确……如果因为工伤事故丧失了劳动力，一家人都失去了经济来源，不仅他自己的生活没有保障，整个家庭都会受到拖累，甚至会逼到绝路上去。（0B11141，人社局科长）

4. 辞职辞退博弈型劳资矛盾

辞职辞退博弈型劳资矛盾源自两个层面：劳动者的辞职和企业的辞退，在此过程中产生的劳动合同解除关联的经济补偿纠纷及再就业诉求矛盾。劳动者对其就职企业工资薪酬、就业环境等方面不满而产生的主动辞职行为，这一行为的背后涉及经济利益补偿问题及相关的利益博弈，这里既有合理的利益要求也有不合理的利益索取，见访谈案例 3 所述。目前劳动合同签订率偏低，存在用工单位和劳动者拒签的双重因素，一旦发生劳资争议，缺乏证据和准则，给争议的解决带来难题。企业辞退包括三个主要方面：一是由于破产倒闭、亏损、利润降低或企业并购、搬迁等原因引起的裁员、减员增效行为，导致劳动者失业而引发的利益纠纷；二是国企改制产生的老一批下岗失业人员，成为今日中国一个持续的、高发的、难以消弭的矛盾源；三是近期随着产业升级转型，钢铁、水泥等产能严重过剩企业遭遇淘汰，高污染和高能耗等落后产能企业淘汰，产生的新一轮失业人员，这是当前传统国有企业劳资矛盾的爆发点和增长点。

访谈案例 3：一些劳动者不愿意签劳动合同，他怕走的时候受合

① 《2014 年度人力资源和社会保障事业发展统计公报（全文）》，人民网（http://politics.people.com.cn/n/2015/0528/c1001-27071609.html）。

同的约束，但到走的时候他就去告这个用人企业，要付他双倍的工资。[1] 这种情况多了，现在好多维权的都遇到这种情况，还有的人就专门到处打工，专门要双倍工资的呢。(0B11001，人社局科长)

5. 社会保障薄弱型劳资矛盾

社会保障是就业者的“安全网”，但我国社会保障水平总体不高，农民工的城镇社会保险参保率尤其偏低，除工伤保险外其他均未超过20%（见表8—2），以此可见劳动者的社会保障权益缺失，抗风险能力较弱。

表8—2　　2014年城镇社会保险参加人数[2]

社会保险类别	参保职工（万人）	农民工（万人）	农民工参保率（%）
城镇职工基本养老保险	34124	5472	20.0
城镇职工基本医疗保险	28296	5229	19.1
失业保险	17043	4071	14.9
工伤保险	20639	7362	26.9
生育保险	17039		

参保率低既有资方缩减成本目的，也有劳方主动弃保现象，这为未来劳资矛盾埋下了隐患。未参保者一旦遭遇失业、疾病、工伤或迈入老年，将更易陷入困境，同时也增加了社会的负担和风险。近年来，劳动者对社会保障的意识和需求都在提升，若企业不依法给其购买社会保险，或所购社会保险标准低、种类少，则会引起劳动者的不满和抗议，见案例1。由于我国《劳动法》《社会保险法》等法律法规执行力偏弱，许多企业特别是民营企业公然违法，拒绝为其雇工购买养老、医疗、工伤等社会保险，或没有依据法律规定缴纳，从雇工工资中扣除比例较大，此类行为不仅损害了劳动者的合法权益，而且很难在劳动者内心形成对企业的认

① 《劳动合同法实施条例》第六条规定，用人单位自用工之日起超过一个月不满一年未与劳动者订立书面劳动合同的，应当向劳动者每月支付两倍的工资。

② 数据来源：《2014年度人力资源和社会保障事业发展统计公报（全文）》，人民网（http://politics.people.com.cn/n/2015/0528/c1001-27071609.html）。

同感、归属感和安全感，因此劳动者流动率较高。国有企业如银行、石油石化的劳务派遣工等因社会保障问题也引发了大量的社会矛盾。《劳务派遣暂行规定》明确规定，用工单位使用的被派遣劳动者数量不得超过其用工总量的10%，并按照国家规定和劳务派遣协议约定，依法为被派遣劳动者缴纳社会保险费，并办理社会保险相关手续，但实际上很多企业为降低用工成本，使用的劳务派遣工远远超过这个比例且逃避社会保险的购买。全国90%以上的劳务派遣工集中在国有企业，这些劳务派遣工社会保障缺乏或享有的社会保障水平较低，与正式工差距大，不平衡感强烈，由此产生的矛盾纠纷也较多。社会保障薄弱型劳资矛盾正呈现上升趋势。

案例1：2014年4月东莞高埗镇裕元鞋厂发生了三万名工人大罢工，罢工主旨在于争取补缴社保差额、补缴住房公积金和补签正规劳动合同。此前裕元鞋厂因未依法为职工购买社保、未缴纳足额社保、社保标准低，曾多次爆发工人罢工。①

第二节　劳资矛盾的表现特征

近年来，我国劳资矛盾受内外部多重因素的共同作用，呈现出一系列新的特征。

一　劳资矛盾以生存型为主

从劳资矛盾的性质来看，我国目前的劳资争议主要聚焦于经济利益，尤其是劳动者基本权益受到侵害而产生的矛盾与纠纷。从现阶段我国劳资矛盾的发生领域来看，在前述五类劳资矛盾中，欠薪矛盾和薪酬待遇位居前列，由此映射出我国劳动者仍处于维护其基本经济权益阶段。引发劳资矛盾的缘由主要归于物质利益受损后寻找补偿或救济的抗争，或追求他们在市场交换中应得的利益，而非政治参与型诉求或质疑我国的基本制度，

① 赵小平：《东莞鞋厂爆发三万人大规模罢工》，凯迪社区（http：//club. kdnet. net/dispbbs. asp？boardid = 1&id = 9997190）。

因此可将其归为生存型劳资矛盾。2013 年发布的一项《劳动维权研究报告》显示，近六年来，我国劳动争议数量总体呈增长趋势，其中劳动报酬争议数量最多。报告表明，根据申请的数量，排在第一的是劳动报酬争议，占到了受理案件的 50%，其中加班费争议在整个劳动报酬争议中又占一半左右。此外还涉及拖欠工资、克扣工资。① 因发展阶段的制约，目前我国劳动者收入水平总体偏低，需求层次多数仍基于物质生活的满足和劳动安全的需求，且在劳资不平衡关系中被支配地位的现实决定了其绝大多数诉求具有合理性。在经济发达地区尽管出现了劳动者要求改善工作居住环境、共享企业发展成果、参与企业经营管理等新的诉求，但尚未居主导地位，这也是未来新的劳资矛盾源。

二　劳资矛盾常态化

从存在形态来看，劳资矛盾现已以各种显性的方式表现出来，成为主客观社会中普遍发生的一种社会矛盾。近年来，因现实环境下多重因素叠加作用，我国劳资矛盾呈现日益扩散和蔓延的趋势。劳资之间围绕利益分配而产生的矛盾和冲突日益增多，劳资纠纷数量大、增长快、规模扩大，劳资群体性事件不断增多，成为当前中国诸多社会矛盾中最为敏感和尖锐的矛盾之一。单光鼐对 2014 年全年监测到的案例进行分析发现，劳动争议较 2013 年上升了 10 个百分点，在各类社会矛盾、冲突中居首。工人对厂方拖欠工薪、故意压低工资、不交社保、搬迁不付赔偿等表示不满，且常为此与资方发生冲突，甚至罢工。② 劳资矛盾从隐性化状态即劳方敢怒不敢言转变为显性化状态，即劳方公开表达诉求和不满。北京海淀法院 2013 年 1—11 月受理的劳动争议案件达到 3635 件，较上一年度同期增加 13.06%，涉及劳务派遣、合同解除、社保补偿、劳动报酬等方面的常规案件仍为劳动争议案件主流。③ 在经济较为发达的珠三角和长三角劳动密集型产业集中区域劳资矛盾更为突出，且集体性劳资冲突从组织性和规模

---

① 周婷玉：《“劳动报酬”纠纷居劳动争议数量之首》，新华网（http：//www.xinhuanet.com）。

② 单光鼐：《群体性事件背后的五大社会心态》，《中国党政干部论坛》2015 年第 5 期。

③ 汪红、梅双：《北京海淀法院：2013 年劳动争议案件增长 13.06%》，《法制晚报》2013 年 12 月 24 日。

度来看都在上升。劳资之间出现利益纠纷是一种正常现象，如果双方能平等理性地进行沟通和协商，可以使各类矛盾得到有序化解。但由于目前我国劳资力量的非均衡状态，经营管理者原本就处于相对强势地位，加之地方政府与经营管理者的结盟，或对经营管理者的偏爱与袒护，更加剧了劳方的弱势地位。劳动者在劳资谈判中处于明显的劣势，缺乏正式的谈判资本，因此往往以集体行动的方式，导致一些普通的劳资纠纷以非制度化的方式爆发出来。常态化还表现在私营企业和国企劳资矛盾都很突出。

三　劳资矛盾表现形式的非制度化

一是诉求形式的非制度化，使劳资矛盾转化为社会矛盾。从劳资矛盾的形式上来看，劳资矛盾最初在企业内部生发，本应在企业内部通过制度化的诉求形式有序解决，但如果企业应对失策、不当或企业无力解决，便可能引发连锁反应，产生扩大效应，在空间上表现为由企业内部外溢到整个社会。个体性的劳资纠纷若未能得到有效解决会转化成社会矛盾。2009年—2012年，东莞市第二人民法院共判处放火罪9宗涉案10人，作案动机多以报复为主，其中因劳资纠纷引起的案件5宗，因个人际遇不佳（失业和无女友）报复社会的案件1宗。[①] 集体性的劳资矛盾若未能得到有效应对，则会外延至社会领域。例如，部分劳工采取集体堵路、游行示威、聚众闹事等方式制造声势，阻碍交通、破坏基础设施、损坏他人财物，影响公众的生活秩序。在互联网等新型信息传播手段的渲染和放大下，局部范围内的劳资矛盾升级，具体的企业内部的矛盾转化为影响社会稳定的重大矛盾和冲突。2012年底广东、浙江、福建、江苏、湖北等地分别发生多起以讨薪为目的的集体堵路事件，集体堵路甚至成为工人表达诉求的惯用手段和维权的常态。

二是诉求目标的非制度化，使劳资矛盾转化为劳政矛盾。劳资矛盾原本发生在劳方与资方之间，但资方因主客观原因无法解决，则劳方往往会把目标转向政府，冲突对象转移到政府身上，形成标靶转移效应，使经济类问题政治化，劳资矛盾演化为劳政矛盾和官民冲突。在近年来发生的多起大规模劳资群体性事件中，其间不少事件最后发展为围攻打砸政府，焚

---

① 黄少宏：《东莞放火案半数以上由劳资纠纷报复引起》，《南方日报》2013年3月19日。

烧警车的恶性事件，如2011年的广东潮州古巷事件，造成了劳方与政府的直接对抗。再者各地频现的农民工“讨薪”事件，企业欠薪拒不支付或企业主逃逸，农民工则以集体上访、围堵政府等形式给政府施压，胁迫政府予以解决，见访谈案例5、6。虽有明确的矛盾目标方，也有制度化的诉求表达路径，但依然寻求非制度化解决渠道，向政府施压。基层政府迫于维稳考核的压力，往往默认、容忍这一行为，甚至会选择从财政拿钱垫付。这一政治宽容与妥协的解决方式一方面助长了部分企业主的欠薪行为，另一方面鼓励了劳方的非制度化讨薪策略，将属于法律范畴的矛盾纠纷通过行政手段来解决，这不仅增加了政府财政和工作负担，而且会在民众中形成“政府包揽一切”“政府负责一切”的思维惯性和依附心理。

> 访谈案例4：现在农民工拿不到工资他不找企业老板，直接找政府，给政府施压，封门、堵路，聚众游街上访。我们去年年底就发生了一起因为欠薪引发的群体性事件，一家服装企业因经营不善，最终资金链断裂，农民工工资拿不到，来找政府，要求政府解决农民工工资问题，出现经济纠纷应该找企业法人，但老百姓他不跟你讲这个道理，就找政府。政府很难办，如果基层政府拿钱垫，但这会带来更多问题，使其他企业纷纷仿效，有钱也不发。他们就到市政府上访、堵路，去了30、40个人，造成矛盾激化。（0B01008，乡镇党委书记）
>
> 访谈案例5：有时候拖欠的农民工工资，农民工过来上访，来政府来闹事，没办法只能我们政府垫资，去年直接垫资农民工工资三百多万元。现在很多事情都需要我们政府来解决，农民工要不到工资，他也没有办法，只有找政府……讨要农民工工资在前几年还是用正常的方式，但是到了现在已经变味了。（0B01013，乡镇党委书记）

四　劳资矛盾的衍生性

劳资矛盾的衍生性是指劳资矛盾脱离了其内在本质属性，变生出不同种类的其他社会矛盾和冲突，成为一个持续的矛盾源。从众多案例及访谈资料来看，劳资矛盾出现了异化，生成了众多次生矛盾，从而使矛盾更为复杂与敏感。

1. 劳资矛盾衍生出族群矛盾

这里呈现的族群矛盾既有境内外的矛盾，也有境内各民族之间的矛盾，矛盾的背后映射出不同文化的隔阂。改革开放以来，大量外资企业入驻中国，部分外资企业低廉的薪酬待遇、高压式的管理方式、中方劳工与外方管理者巨大的工资差距等都容易激发劳方的不满情绪，使其成为劳资矛盾的高发地。近年来外资企业如本田、富士康的罢工行动频繁上演，矛盾较为突出。劳动者易将对资方的不满转化成为对其所属国家或政府的不满与愤恨，使劳资矛盾扩大化，发展为与民族种族相关的矛盾和文化敌视。

访谈案例6：2010年××的××机械厂，发生了一回族班组长上班期间外出喝酒意外死亡的事故。从法律的角度其实这个就是意外死亡，是个人自己负责的事情，但牵涉到回族人，一旦处理不好就会造成民族矛盾，也不能不赔。遇到少数民族出事是挺麻烦的，他们心特别齐，一看到别人有事，把手里再忙的事情都放下都要来帮忙。(0A11005 街道党工委副书记)

2. 劳资矛盾衍生出本地人—外地人矛盾

城乡二元体制至今仍未完全消除，大量的外来务工人口长期在城市就业和生活，却难以真正融入其生存的城市，形成“本地人——外地人”新的二元格局。外来务工人口在收入、社会保障和公共服务等方面与本地城市人口的差异使其产生强烈的不平衡感和相对剥夺感。这些负面情绪还会和现实生活中遭遇的歧视和不公形成共鸣，一旦达到某一临界值，则会在某一突发事件的刺激下集中爆发出来。案例2则是对这一事实的最好诠释，这一事件尽管并非劳资矛盾直接引发，但事件的背后却是外来务工者的长期积怨。刘林平也指出，2010年广东发生的两起震动全国的大规模群体性劳资事件（富士康事件与本田罢工事件）已经反映出，当前的劳资冲突已突破了原有的范畴，异化为官民冲突、外来人和本地人的族群冲突，这表明了当前劳资问题的复杂性、多面性与易扩展性。[①]

① 刘林平：《权益、关系与制度》，中国社会科学出版社2012年版，第271页。

案例2：2011年6月潮州古巷镇发生打砸烧事件，劳动权益保障的疲软、劳资观念薄弱是主要原因——工作累，收入不高，缺乏保障，怨气积累到一定程度则会突然爆发。另外，外来务工者尽管在当地工作多年，始终很难融入其间，他们大多感觉自己是“外地人”。被当地官方称为此次打砸烧事件“挑头人”的“四川同乡会”，正是在这种背景下出现并生存。这次事件最终引爆了当地人与外来人之间的对立与冲突。①

3. 劳资矛盾衍生出地域矛盾

当前我国的劳动者具有两大特性：一是外来人口居多；二是农民工占主体。大量的外来务工人员通常以血缘、地缘关系为基础迁移与聚集，群体利益的趋同性越强，结社的欲望则越强。为了抗拒外来侵害，减少社会风险，他们常常自发地形成一个个紧密的地域亚文化群体，如“河南帮”“安徽帮”，亦被称为“地缘性”维权组织，被学者称为“民间工会”。当劳方难以获得来自体制内各种力量如工会、劳动部门等的支持与保护时，他们则会利用这些以地域为纽带结成的小群体，如同乡会等进行抗争。这些自发的、非正式组织常常运用非正常或非法手段替老乡维权。小群体内部的团结也造就了不同群体间的隔阂与对立，劳动关系中产生的矛盾也极易转化为不同地域之间的冲突，例如2009年广东韶关一玩具厂发生的新疆籍劳工与其他劳工的冲突，2013年广东中山发生的河南人与广西人的冲突，见案例3。

案例3：2011年6月14日，广东中山市火炬开发区佳能彩打中心建筑工地发生一起四川籍工人与汕头籍工人斗殴的群体性事件。该工地铁工班约50名四川籍工人为追讨工资，与汕头籍包工头郑某发生争执。期间，四川籍工人拉下工地电闸，导致工地保安、汕头籍工人强烈不满，继而引发群体性斗殴，4名四川籍工人受伤，现场围观

① 于松：《广东潮州事件背后：劳动保障疲软，打工者靠同乡会出头》，《东方早报》2011年6月14日。

近百名四川籍工人。[①]

4. 劳资矛盾衍生出外源性矛盾

近年来，在东部发达地区多起集体性劳资冲突事件背后，显现出境内外敌对势力渗透和介入的痕迹，使劳资冲突的性质发生了变异，由利益直接相关者参与的内生性矛盾演化为无直接利益相关者操纵、参与的外源性矛盾，见访谈案例7中一位省工会负责人的陈述。国资委副主任姜志刚在全国地方国资委群众工作座谈会上表示，当前应警惕西方敌对势力趁机打着“维权”旗号，企图煽动我国职工群众制造事端，给开展群众工作带来的消极影响。[②] 一些境外反华势力和境内分裂势力等借替劳动者维权名义，为劳方提供经济和策略支持，煽动、组织和策划劳动者参与集体行动，以此制造事端，企图使经济矛盾转移为政治矛盾，非对抗性劳资矛盾转向为对抗性社会冲突，人民内部矛盾转化为敌我矛盾，国内的群体事件转化为国际事件，以达到破坏我国社会和政治稳定的目的。另外，某些劳资群体性事件中还出现了黑社会力量或职业性、专业性的维权者，他们向寻求帮助的劳方收取保护费，为了达到目的，往往采取非常规甚至极端和暴力的方式解决矛盾，绑架、杀害雇主的恶性案件不断发生，对社会稳定构成较大的威胁。这些人与资方和政府并无直接的利益冲突，也无政治目的和意识形态冲突，仅为获取不当经济利益而领头闹事，参与分享劳方的冲突收益，这一现象扰乱了社会秩序，阻碍了社会进步。

访谈案例7：最近沿海工人罢工潮中，国外工会势力通过香港为桥头堡，对中国大陆罢工进行支持。职工自身有诉求，如果境外敌对势力干预，他们就可能被利用。我省目前还没有出现这一现象，但上次省里开会也在部署防范，防止向我省渗入。（0B12142，市工会副主席）

---

① 黄信年：《浅议如何提高流动人群突发事件防控和处置水平》，载《2013年中国社会学年会论文集》。

② 杨青山：《国资委：警惕敌对势力借维权煽动企业职工罢工》，2012年5月19日，中国经济网（www. ce. cn/xwzx/gnsz/gdxw/201205/19/t20120519_ 23337129. shtml.）。

第三节　劳资矛盾的发展趋势

劳资矛盾受诸多变量的影响，有经济发展、政府调控、劳动法律、人口变化等客观因素，也有劳动者维权意识、劳资主体法治观念等主观因素，较为复杂多变，劳资矛盾的趋势预测也相当困难，总体而言具有以下可预见的发展方向。

一　矛盾的频率将呈“倒U”型变化态势

我国目前仍处于社会主义市场经济的初期阶段，一方面劳动法律法规和社会保障制度尚不健全，地方政府对劳资关系的干预主动性和干预能力总体偏弱，劳资双方的社会组织作用有限；另一方面，劳动者维权意识高涨，要价越来越高，诉求越来越多，但劳资双方的法治观念均不健全，通过制度化渠道解决劳资纠纷的意识和行动力不强，因此当前劳资矛盾仍处于高发态势且在短期内不可能迅速消退，这将仍是我国的一个持续性的主要社会矛盾。今后较长一段时间内劳资纠纷仍会多发，这是一个难以跨越的过渡期。但未来进入社会主义市场经济中后期，随着市场经济的不断完善，影响劳资矛盾各变量的变化（见表8—3），会使矛盾频率发生变化。首先，劳动法律法规正在不断地完善，社会保障和福利水平也在逐步地提高，地方政府出于维稳考虑也在努力加大对劳动者的保护力度和社会治理水平，因此劳资矛盾产生的外部条件将逐步失去。其次，人口红利正在减弱，劳动力市场的供求关系发生了深刻变化，劳动年龄人口的比重和劳动力人口总量都已开始下降，未来我国可能会出现比较突出的劳动力结构性短缺。[①] 各地持续出现的“用工荒”已标示着劳动力短缺时代的到来，这将赋予劳动者更多的谈判资本和话语权，由此将可扭转“强资本弱劳动”格局，促进劳资力量平衡，同时也会激发相关社会组织的发展，这为劳资平等谈判提供了契机，有助于预防劳资矛盾的产生。再次，随着法治社会建设步伐的加快，劳资双方的法治观念将渐次得到提升，行为将日趋规范

① 李培林：《“新常态”背景下的新成长阶段》，载李培林、陈光金、张翼主编《2015年中国社会形势分析与预测》，社会科学文献出版社2014年版，第2页。

合法，制度化、理性化解决问题的意识也会逐步增强，可以避免矛盾的发生和激化。因此，未来产生劳资矛盾的绝大多数条件的变化都将促使劳资矛盾逐步减弱。

表8—3　　劳资矛盾主要影响变量的变化方向①

变量	变化方向
政府干预力度	+
劳动法律法规	+
社会保障	+
人口红利	−
社会组织	+
劳动者维权意识	+
劳资双方法治观念	+

基于以上分析，可以发现，劳资矛盾随社会主义市场经济的发展程度而变化，呈现“倒U”型态势（见图8—2）。矛盾频率在市场经济初期受各要素的影响会不断上升，到市场经济中期达至顶峰，而后会逐渐减弱，到市场经济成熟期将会保持在一个较低水平。现阶段我国劳资矛盾仍处于上升期，但上升幅度较小，这也预示着我国将逐步迈入劳资关系调整的新

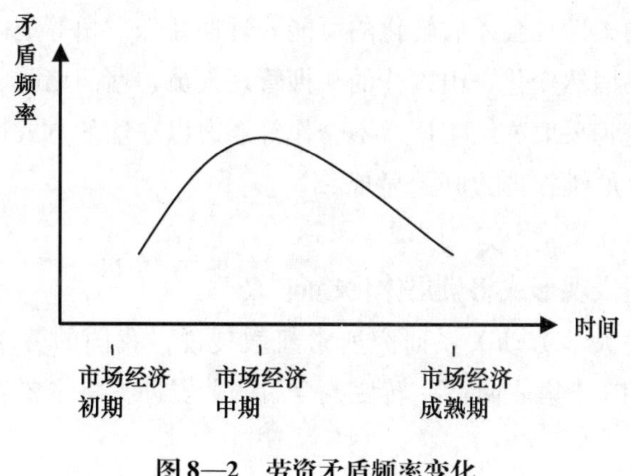

图8—2　劳资矛盾频率变化

① “+”表示强化，“-”表示弱化。

节点和矛盾的转轨期。

二　矛盾的烈度将逐步弱化

在未来较短一段时期内，由于政策环境、政府执行力、劳资主体法制观念等不可能迅速走向成熟，且不同地区和行业也存在较大的差异。因此在某些地区和行业中劳动者还有可能采取不同类型的较为剧烈的权利抗争方式，尖锐的劳资冲突还难以彻底消退。但从长远视角来看，劳资矛盾并不会愈演愈烈，各种极端、暴力的维权方式将渐次被依法维权、理性维权方式所取代。发达资本主义国家群体劳资冲突总体呈现下降趋势，说明劳资关系发生了由激烈对抗到趋向缓和的演变。[①] 这对中国未来劳资矛盾走向及激烈程度演变具有重要的启示意义。现今劳动者大量的抗争行为不仅受到体制和社会结构的制约，同时又反作用于原有的体制和社会结构，促使其不断地调整和完善。尽管劳动者参与意识和权利意识的增强、诉求领域的拓展将促使劳资矛盾在未来一段时期内仍会呈现较高的发生频率。但一方面随着法律体系的完善、劳资纠纷解决渠道的畅通及政府调整机制的建立，另一方面随着劳资双方责任意识、法治意识和合作意识的增强，劳方诉求表达方式将日趋合法化，劳资双方均会意识到激烈冲突的后果将是负和博弈，即双输局面。因此突发性的、暴力的、无序的诉求表达将逐渐被抑制和弱化，取而代之的是日常的、和平的、有序的和有组织的方式，劳资矛盾的对抗性、烈度都将逐渐减弱。劳资矛盾的刚性程度将会逐步弱化，并存在向柔性社会矛盾转化的可能。近期在珠三角等地区，劳动者反抗策略已经在悄然变化，由以往的扣押管理人员、堵门堵路、破坏工厂等暴力行为转变为采取冻结工厂、不合作等姿态以守法的方式进行维权，有组织、有秩序的维权形式开始显现。

三　矛盾表现形式将呈集体化趋向

中国人民大学劳动关系研究所常凯教授说，我国的劳动关系正在从“个别调整”向“集体调整”转变，今后的劳资冲突将主要表现为“集体

---

① 张宗和：《中国民营企业的群体性劳资冲突》，中国社会科学出版社2009年版，第71页。

争议”和工人的“集体行动”。[①] 今后较长一段时间，集体劳动争议、集体停工事件多发将成为劳动关系领域里的一个突出现象。[②] 各类成功的集体抗争事件通过现实世界和网络世界的传递与经验分享，以及分散和个体力量抗争的低效将使越来越多的劳动者意识到组织起来的必要性，意识到集体行动的低成本和高效率。因此，集体行动的内外驱动力将强化，以集体力量维权的人员也将越来越多。现阶段的劳资矛盾以单个企业为主，但未来某些行业性的矛盾纠纷将出现。例如，出租车行业性的矛盾已经显露出来，以后会有更多的矛盾以行业的形式出现，如建筑行业等。目前的集体抗议行动多是建立在“熟人社会”基础上的自发性的行动，组织性、持续性较弱，地域范围较窄。但未来随着劳动者文化层次和维权、参与意识的提高，网络等新兴媒体在人员聚合效应和信息放大效应强、信息传播和经验传递广泛、快捷，工会等正式社会组织的大量介入，劳动者的参与积极性和组织性都将会增强，这势必会造成集体性劳资冲突进一步增多。但与此同时也将有助于劳方理性、和平地开展利益博弈。这或许将会催生“罢工权”的合法化。此外，东部沿海地区的罢工潮未来也将会发生地域迁移，随着大量传统产业、劳动密集型产业由东部发达地区向中西部欠发达地区转移，劳资矛盾特别是集体性劳资冲突也将随之在中西部地区频繁上演。导游集体罢工、出租车司机集体罢工，显示着由以个别企业、单位的集体行动，向行业的集体行动的转化。尽管现在只是苗头，但随着企业工会、行业协会介入，劳资矛盾抗争双方的组织化程度都将会加强。

四　不同类型企业矛盾聚集点将会差异化发展

企业从性质来看，可分为公有制企业（包括国企、集体企业等）和非公有制企业（私营企业、外资企业、个体企业等）；从行业来看，可分为建筑业、餐饮服务业、制造业、采矿业等；从规模来看，可分为大型企业、中型企业和小型企业。由于企业属性及其所雇用劳动者的性质不同，不同劳动者在不同企业中未来诉求侧重点不同，劳资矛盾的内容也出现差

---

① 杨琳：《劳资关系调整新节点》，《瞭望》2010 年 6 月 21 日。

② 常红：《全总：2010 年地方劳动争议案件数量呈上升趋势》，人民网（http：//acftu.people.com.cn/GB/197470/12620015.html）。

异化的发展态势。过去，劳资矛盾主要集中在公有制企业，而目前矛盾最为突出的是非公有制企业。未来公有制企业特别是国有企业的劳资矛盾将主要聚焦于两类主体：一是大量使用劳务派遣工，但同工不同酬，同一企业不同身份差别对待致其心理失衡，以及解除劳动合同所产生的补偿问题，在这些方面会引发劳务派遣工与管理者的利益冲突；二是产业升级致使落后产能淘汰引发的新失业人群，导致该类人群的不满与抗议。在非公有制企业中，未来矛盾的多发领域主要表现为两个方面：一是私营企业因社会养老保险参保率偏低，特别是农民工缺保，在将来会引发养老矛盾；二是外资企业因撤资而伴随的裁员、降薪、削减福利等引发劳动者的抗议。不同行业的劳资矛盾类型也不同，建筑企业矛盾的重点仍是欠薪问题和工伤纠纷，制造业矛盾的重点将是薪酬福利、企业搬迁关闭和就业环境等引发的纠纷。未来，大型企业劳资矛盾将围绕薪酬福利及个体参与及职业发展而产生的矛盾与冲突。而中小型企业将围绕薪酬福利、社会保障、劳动合同、辞职辞退等方面而产生的争议与纠纷。此外，作为矛盾主体的资方在日益扩张和多元化，包括各种所有制企业、个体经济组织、政府、事业单位以及各类社会组织，劳资矛盾将由单纯的劳动者与资本所有者的关系演变为劳方与资方、劳方与各类管理者、劳方与政府、资方与管理者等多重关系架构。

五 劳动者诉求领域将进一步拓展

未来，我国劳动力价格快速上升，劳动者要求不断地增加，矛盾的主导方将由资方转向劳方。劳动者除基本的经济需求之外，还有人格尊重、平等参与、发展机会等社会性的需求。目前总体而言劳动者的诉求主要集中于生存性领域，属具体的经济生存层面诉求。但随着社会的不断发展，人的经济需求渐次得到满足，特别随着80、90后新一代产业工人日渐成为主体，其平等观念、权利意识、参与意识的凸显，价值取向的多元化，诉求领域也必将改变，“生存型”利益诉求将转为“增长型”利益诉求[①]。新一代劳动者对精神权益、政治权利的追求将日益彰显，利益和权利的双

① 蔡禾：《从“底线型”利益到“增长型”利益——农民工利益诉求的转变与劳资关系秩序》，《开放时代》2010年第9期。

重诉求将成为主导，由以谋生为主转向追求存在感、归属感和幸福感，由被动维权转向主动争取自身权益。劳动者由对薪酬等基本经济权益的维护上升为对养老、医疗等社会保险和福利保障的诉求，也进一步对就业环境和居住条件等方面提出了要求，渴望参与企业管理、发出自己的声音，这些方面都会使劳资矛盾类型发生变化。诉求领域的变化也必然导致劳资矛盾的多样化、复杂化，未来劳资矛盾将会逐渐从薪酬、工伤赔偿受挫等底线型为主体演变为以价值实现障碍、参与不足、个体尊严丧失等发展型为主导。此外，劳方在现实劳动领域中遭遇直接利益侵害产生的怨恨，还会和其对生存现状的不满、对现实社会的不满形成共振，使劳资矛盾的性质发生偏离与异化，直接的现实性的刚性社会矛盾将会演化为非直接的非现实性的刚性社会矛盾。

六　经济新形势将催生新的劳资矛盾增长点

国内和国际的经济形势对我国造成的影响。2012 年国际经济的不景气已经波及到我国的外资企业。经济下滑时，企业不景气，劳资矛盾增长。我国现阶段正处于经济发展转型升级期和产业结构战略调整期，这一时期伴随着产业转型升级和产业转移等，同时也伴生了一个外部效应，即带来新的失业群体，从而使劳资矛盾突起与高发。近期这一现象已开始凸显，并呈扩大态势，具体表现在如下两个方面。一是外资企业大量撤资、战略调整，引发的涉外类劳资纠纷。随着我国劳动力、土地、物流等成本的逐步上升，外资企业利润大大缩减，加之新生代劳动者权利意识增强促使等企业经营风险升高，由此外资企业开始在中国关停并转，并向生产要素成本更加低廉的东南亚国家转移，在此过程中将催生新的、大规模的失业群体及因裁员、补偿和赔偿等问题而致的劳资矛盾。2010 年，时任国务院副总理张德江指出，中国有 4500 万人的就业机会来自外资企业。如果算上间接为这些外资企业提供配套的上下游企业，外资提供的就业机会数以亿计。[①] 未来若外资企业撤资常态化，我国将会面临制造业倒闭潮与失业潮的双向冲击，由此引发的大量劳资纠纷也将成为我国不得不面对一

① 佚名：《这些外资企业撤资中国，为什么我国可能面临失业?》，《融资日报》2015 年 2 月 1 日。

个窘境。二是国有企业淘汰落后过剩产能引发的国企劳资矛盾。落后过剩产能表现为三个集中：主要集中在国企央企；主要集中在钢铁、水泥、焦炭等行业；主要集中于资源型、能源型城市，因此涉及的就业人群规模大、对企业依附性较强且地域相对较为集中，这均为未来劳资矛盾的发生提供了条件。若在淘汰落后过剩产能过程中不能对由此引发的失业群体在就业、生活保障等方面予以有效安置和补偿，则会引起该类群体的愤懑和抗争，并会为未来的社会矛盾、冲突埋下隐患。

第四节　劳资矛盾的解决对策

劳资矛盾虽不可避免，但其范围和强度却是可以控制的。化解劳资矛盾需立足于中国的现实环境、文化背景和制度特点，从短期、中期、长期不同层面推进，在法治保障下，将现阶段的“劳方——政府——资方”三方关系链转向“劳方——社会组织（工会、行业协会等）——资方”新型关系链，构筑劳资矛盾预防和化解路径，推动利益诉求表达、劳资集体协商、工会改革等体制机制建设，实现劳资之间的对话、沟通与合作，努力将劳资矛盾限定在劳动关系范畴内，将劳资冲突引导在企业内部化解，将劳方诉求控制在经济利益层面而非政治层面，使我国平稳而较快地渡过劳资矛盾的高发节点，实现劳资双赢的和谐有序劳动关系。

一　将劳资矛盾化解引入法治轨道

我国目前涉及劳资关系的全国性的和地方性的法律法规较多，广泛覆盖劳动合同、集体合同、工资支付、欠薪处罚、工伤保险、劳动监察和劳动争议处理等各个方面。但现实核心问题在于劳动法律法规存在虚置现象，难以真正落到实处，民众对法律缺乏信任。因此还需从法治意识和法律执行等角度增强法治的功能。

1. 增强劳资主体的法治观念。课题组在调查中发现，不仅存在部分资方或管理者违反、漠视劳动法律法规，缺乏社会责任心，侵害劳方合法权益；也存在部分劳动者不守法、钻法律空隙或选择性用法，为自己获取不当利益，且人数呈增多态势。因此，应通过多样形式，如传统媒体和网络媒体宣传、送发宣传画册、社区剧目表演等形式开展大量的普法宣传教育，利用工会组织、法律志愿者等力量深入各类企业、社区开展法律宣传教育活动。将劳动法律法规纳入各类职业培训学校课程，劳动技能培训和法律法规教育并重，真正使法律法规内化于劳资双方的内心，使自觉守法、遵守契约、诚信相待成为一种惯习，以此塑造劳资双方正确的法律认知模式和行为范式。

2. 有效约束违法行为。道德的谴责对失德者和失范者并不能形成强有力的约束，还需加大法律制裁。对于故意违法或动机不良的选择性守法等恶意行为应予以遏制和规范，对劳资双方违犯劳动法规要依法应对，发挥法律的强制效力，使劳动法律法规对资方、劳方和政府均发挥约束功能。一要强制劳资双方签订劳动合同并履行劳动契约，对双方的违约行为应进行有效制约，加大处罚力度。二要建立违法企业黑名单制度，对恶意欠薪、故意逃避工伤赔偿等无良企业及其法人应纳入黑名单并在全国联网，使其无处生存，并对其他企业形成有力的警示效应。对因政府欠薪而引发的劳资冲突也要追究相关领导者的责任。三是对以体制外方式，尤其使用暴力手段谋求利益的劳方或绑架劳方要挟政府的企业或个人应坚决抑制及依法处置，针对国内外敌对势力对我国劳资冲突的干预和介入现象，一定要预先防范、重点监控，依法严惩、强力取缔，避免经济矛盾转化为政治矛盾或社会矛盾。

3. 拓宽劳资纠纷的司法解决渠道。劳资争议如果走司法渠道，往往需要一年左右的周期，需消耗大量的时间、经济和人力成本，劳方选择意愿较低。而且以诉讼方式处理劳动争端还存在程序烦琐、取证困难、判决不易执行等问题。因此，应在法院内部设立专业法庭，专门处理劳动争议案件，缩短案件处理的时间。对陷入弱势境地的劳动者，如农民工、劳务派遣工、城市困难职工实施法律援助。此外，在外来人口聚集区域、经济开发区建立“法律援助服务站”“维权中心”等组织机构，为劳方提供免费的法律咨询、诉讼材料准备、律师推荐等服务，以及为劳方联系关涉的机构和人员，降低劳方诉讼路径的经济成本和心理负担。

二　疏通企业内外诉求表达渠道

法治是未来解决劳资争端的主要途径，但中国的现实国情决定了法治功能的有限性和非全能性，还应建立法治之外的其他渠道，即建立多元化的体制内利益表达渠道即社会安全阀机制，让劳方在体制内解决问题，而不是反向鼓励他们去背离和反对现存体制。将表达劳方利益诉求的企业内部渠道和企业外部渠道有机结合起来。

1. 完善企业内置诉求表达渠道。在企业内部建立并完善职工代表大会、企业内工会、职工董事监事等制度，企业在制定规章制度、薪酬体系、劳动保护、人员安排等事关劳方利益的政策或作出决策时，需劳方或劳方代表参与讨论，使其能够通过各种组织形式参与本企业的管理并对其实施监督，从源头上减少矛盾的发生。劳方可通过这些渠道表达自己的利益诉求，申诉权益；企业也可借助这些渠道及早获知劳方的心理情绪和诉求，将矛盾化解在隐性状态，防止劳资矛盾积聚。一旦发生显性的劳资纠纷，首先应寻求企业内置渠道解决，使矛盾在企业内部化解，避免向社会扩散。党的十八大报告提出：全心全意依靠工人阶级，健全以职工代表大会为基本形式的企事业单位民主管理制度，保障职工参与管理和监督的民主权利。[①] 这一制度目前在国有企业基本建立，未来还需探索扩大在非公企业的建立并有效运行。

2. 畅通企业外置诉求表达渠道。若劳资纠纷无法在企业内部、在劳资之间有效解决，劳动者还可通过企业外置渠道，如调解、劳动仲裁和诉讼方式或向劳动部门投诉、信访等表达诉求，这是解决个体性劳资矛盾、避免个体极端行为的主要渠道。在企业外部健全劳动调解、劳动仲裁、诉讼等制度，发挥劳动职能部门、工会、社会团体等利益表达渠道的功能。鉴于劳动仲裁与诉讼运行成本高、劳动者承受力弱的特点，当下重点要强化劳动调解和劳动监察的功能，未来再逐渐步入法制的轨道。近几年劳动争议案件数量增长迅速，各级劳动监察、调解仲裁等人员明显短缺，执行力有限，因此应增加相应力量和资源的投入，保障这些外置渠道的有效供给。同时强化对这些外置利益表达渠道的宣传与解释，消除劳方的认知偏差和行为越轨。此外，还应消除地方政府对劳动执法监察的负干预，为劳动监察和工会人员顺利进入企业提供条件。各地可探索新的、快捷的劳动

① 《胡锦涛指出，要坚持走中国特色社会主义政治发展道路和推进政治体制改革》，新华网（http：//news. xinhuanet. com/politics/2012 -11/08/c_ 113637843. htm）。

者诉求表达渠道，如维权热线、网上投诉等方式，未来还可考虑将劳方常用的体制外的利益诉求渠道，如罢工、集体停工、静坐等更替为制度化渠道，以此扩张诉求表达路径、提升劳方的对话力量。

三　完善劳资集体协商制度

目前我国的劳资矛盾主要是具体的经济利益矛盾，而非敌我矛盾，因此是可以通过集体协商对话予以解决的。但由于我国集体劳动关系的运行与处理机制缺失，导致工人一旦有利益诉求，多不与资方协商，往往选择堵路等极端手段，要求政府部门回应其诉求。[①] 杨正喜在深圳调研发现，工资集体协商后企业劳动争议急剧下降，员工流动率下降，企业劳动生产率大幅提升，实现了劳资共享，和谐双赢。[②] 自上而下拉动、自下而上驱动双向推进的集体协商模式是目前我国减少劳资矛盾化解成本、预防矛盾激化异化的关键策略。这也是世界各国的经验，使劳资争议通过集体协商解决，不出行业工会与行业协会，因此我国当下亟须建构一个劳资集体协商的框架。首先，渐进式稳步推进劳资集体协商。引导、激励企业以工资集体协商为突破点和重点先行示范，就工资待遇、劳动福利等作出集体协商并签订集体合同，发展成熟后再逐渐发展到社会保障、工作条件、职业培训、企业发展、利润共享等都实现劳资集体协商、共决。其次，加快国家层面的《劳动集体协商法》出台。20 年集体协商实践，为我国集体协商立法奠定了实践基础。截至 2013 年底，全国共签订集体合同 242 万份，覆盖企业 632.9 万家，覆盖职工 2.87 亿人；全国有 27 个省（区、市）出台了集体合同或工资集体协商地方性法规或政府规章。[③]《关于深化收入分配制度改革的若干意见》中提出研究出台集体协商方面法律法规，党的十八届三中全会也提出要完善企业工资集体协商制度。政策和实践为劳动集体协商立法创造了条件，为此应以立法的形式对集体协商的操作程序、劳资双方的集体谈判行为等进行规制，明确劳资双方集体协商的权利

---

① 陈旭：《深圳日企海量公司被指强制加班，逾千名员工罢工》，《法人》2012 年 1 月 4 日。

② 赵洪杰：《劳资争议市场化：涨工资，先把老板“请”上谈判桌》，《南方日报》2011 年 12 月 19 日。

③ 徐振寰：《加强国家层面集体协商立法》，《中国经济社会论坛》2014 年第 5 期。

与义务。最后，改变党政主导的集体协商模式，凸显劳方与资方的主体地位和独立性、自治性，鼓励劳方和资方成立自己的组织或参加特定的组织，如工会、雇主协会，并通过自己的组织选举代表参与集体协商和谈判，修复劳资关系、形成劳资合作、互惠、共赢局面。

四　强化政府在劳资关系协调中的角色

中国高发的劳资矛盾形成中既有地方政府对资本的利益偏袒，也有对劳资纠纷调处中政府的缺位。因此，在当前劳资力量弱强悬殊的现实下，政府应明确其角色定位，着力规范劳资双方的行为，相对平衡双方力量和利益，而不是直接、过度干预。一是各级政府须从“亲资本疏劳动”的模式中跳出，转向劳资力量的平衡者和劳资矛盾的公正调停者。政府应保护劳资双方的合法利益，既不能偏袒资方，也不能出于维稳目的而无原则地对劳方妥协。当劳资矛盾无法通过劳资双方的和平解决，政府则需及时干预并参与调停。这是化解劳资矛盾、抑制矛盾激化的必要手段和最后防线。从化解劳资矛盾的长远视角来看，政府需不断完善公共服务和社会保障体系，逐步提高劳动者特别是位于社会底层的农民工的生活质量。二是改变对劳资矛盾的事后被动介入为事前主动预防。在外向型企业和劳动密集型产业集聚的地区，以及建筑和安全生产事故多发行业建立劳资矛盾预警机制，及时了解企业劳资关系动态。未来随着产业转型、产业淘汰等引发的企业利益调整，如裁员、减薪等，应提前建立劳方权益保障、就业安置、生活救助机制，从源头上防止劳资矛盾的发生。三是规范劳资双方的行为，加大劳动监察力度。加强对企业的日常巡察和专项监察，每月对工资发放、安全生产等情况进行检查，及时发掘问题，消除矛盾隐患。完善劳动用工制度，建立建筑领域的欠薪保障金制度和农民工工资专用账户制度并监督落实状况，重点监察劳动合同签订和规范情况，针对高风险行业应强制企业为职工缴纳工伤保险。

五　建立“劳方——社会组织——资方”新型关系链

组织意味着控制，社会组织是对人类个体互动的有序安排，控制的功能在很大程度上是从分歧的利益和成员潜在的弥散行为中创造出协调与秩序。[①] 我国目前劳动者的维权行动大多是没有体制内正规组织领导的自组织行动。这类自组织行动往往无视法律规范和社会秩序，对经济发展和社会稳定构成了极大的威胁。因此应有效地发挥工会、协会等各类正式社会组织的功能，使其成为舒解矛盾、沟通劳资双方的中间环节，并在将来逐步取代政府，成为劳资矛盾的化解主体。一是完善工会制度。重点在开发区、乡镇（街道）、劳动密集型产业聚集区建立行业工会、区域性工会，在大中型私营企业全面建立企业内工会，鼓励各类人员，包括灵活就业工、农民工、劳务派遣工等加入工会，使劳资矛盾在企业内部化解。加快工会“去行政化”改革和摆脱对企业的依附性，恢复为独立的工人组织，使其不仅能够代表劳方利益和雇主谈判对话，而且还能在就业、培训、困难职工生活救助等方面为劳方提供支持。财政独立是工会实现独立性的根本，因此需要广泛动员劳动者主动缴纳会费，并寻求社会捐助和国家财政支持。二是推动各类雇主组织参与劳资沟通与矛盾化解。各类行业协会、雇主协会、商会等社会组织不仅能够为劳方提供劳动法律法规、社会保障等政策的宣传与解释，而且可规范资方行为，促使其友善、和平地与劳方对话、协商和谈判，预防矛盾的激化。因此应鼓励资方积极参与雇主组织，并使其在劳资关系中发挥重要的调节作用，而不是流于形式。三是引导第三方组织参与和谐劳资关系的建构。扶持各类社会组织如职工法律委托协会、调解委员会、社居委等在劳资矛盾化解中的功能，为劳资对话搭建一个客观公正的平台。该类组织亦可通过开展内容丰富的慈善捐助、文化娱乐和教育实践等公益活动为劳方提供物质和精神支持，提高劳方的文化素养和法治观念。对于劳动者自发形成的非正式组织，如老乡会也应支持、规范和管理，推动其正功能的发挥，最终形成功能强大、纵横交错、互补互促的劳资关系协调网络体系。

六　发挥人民调解在劳资矛盾化解中的功能

劳资矛盾的调解，不但能最大限度地体现劳资双方的选择权和参与

---

① ［美］迈克尔·布若威：《制造同意——垄断资本主义劳动过程的变迁》，李荣荣译，商务印书馆 2008 年版，第 32 页。

权，而且还有助于劳资双方的和解与合作，可以快速低成本地处理劳资纠纷。当前在行政成本偏高的现实环境下，应重点发挥人民调解的作用，广泛动员民众参与劳资矛盾调解，依靠发动群众，就地化解矛盾。首先，在企业较为集中的园区或劳资矛盾发生频率较高的区域建立专业化的劳资矛盾调解组织，选择有一定社会声望、具有奉献意识、熟知劳动法律法规的在职或退休人员，并对其进行专业的调解知识和技能培训，使他们参与到个体或集体劳资矛盾的调解工作中。其次，各地应坚持先调解、后立案的原则，遵循平等自愿、依法调解的原则，引导劳资纠纷尽可能地从调解渠道先行解决，使民间的调解组织成为化解劳资矛盾的第一道关口，防止矛盾激化、扩大化。通过广泛深入的宣传，提高劳资双方对人民调解的认知度，增强矛盾主体的调解意愿。最后，完善调解程序，扩大劳资矛盾调解范围。在劳动争议调解咨询、申请、调查、处理、回访等阶段做到客观公正、公开透明，并记录在案，提高人民调解组织的规范化程度。将劳动合同签订及变更、劳动报酬、辞职辞退、工伤赔偿、社会保障等各类劳资纠纷、劳动争议纳入调解渠道，促进劳资双方平等沟通，协商解决。

第九章

环境矛盾的现状、特点、趋势及化解

改革开放以来，我国工业化的水平不断上升、城市化的程度不断提高。一方面，这促进了我国经济持续、快速的增长。但另一方面，这也加剧了我国之前便已经存在的环境矛盾[①]，并由此致使中国社会步入了环境冲突频发、环境问题尖锐的时期。有资料显示自1995年以来，我国的环境群体性事件一直保持年均29%的增长速度[②]。作为环境矛盾的一种极端表现形式，环境群体性事件在过去二三十年间的快速增长折射了当前我国环境矛盾的这种爆炸性增长态势。环境矛盾的加剧、频繁爆发引发了社会动荡，影响了中国社会的稳定，造成了巨大的社会损失。2012年短短四个月的时间内接连爆发的三起环境群体性事件（7月初四川什邡事件、7月底江苏启东事件、10月底浙江宁波事件）便显示了环境矛盾的可能危害程度。因此，如何解决环境矛盾便成为当前亟待处理的问题。而通过准确认识当前时期环境矛盾的特征，科学预测中国环境矛盾发展的趋势，能够为缓解环境矛盾，避免环境冲突激化，最终为解决当前中国面临的环境矛盾提供认知基础。在课题组的问卷调查与对基层干部的访谈中，环境矛盾都被视为当前最严重的矛盾与未来可能是第一位的矛盾。因此，本文将基于有关国内环境矛盾的大量经验资料进而分析现阶段我国环境矛盾的特征与演变趋势，并为如何解决环境矛盾提供可能的对策建议。

---

① 本文所言环境矛盾既包括人与自然的矛盾，又包括因环境问题引发的人与人的矛盾。

② 数据出自2012年10月26日全国人大专题讲座上中国环境科学学会副理事长杨朝飞的发言，《让更多环境纠纷在法庭解决》，《新京报》2012年10月28日。

第一节　日益增长的环境矛盾

从卡顿与邓拉普提出的环境的三种竞争性功能——供应地、居住站以及废弃库视角看待环境问题，可以发现当前我国面临的环境问题均与改革开放以来工业、城市的急剧扩张密切相关[①]。正是在这种急剧扩张和转型中，环境作为供应地的空间被极度缩小，作为废弃库功能所占用的空间急剧扩大，并进而导致当前我国的环境问题演变成为水、陆、空污染与破坏交织在一起的全方位、立体式环境问题。

一　急剧恶化的生态环境

1. 逐渐加剧的水污染

环保部在《全国地下水污染防治规划（2011—2020 年）》中判断认为我国的地下水污染将呈现出“由点状、条带状向面上扩散，由浅层向深层渗透，由城市向周边蔓延”的趋势[②]。相较于地下水，地表水污染显而易见，也更容易被社会公众直接察觉、掌握。有研究将海河流域 20 世纪 80 年代以来的发展状态形容为“有河皆干、有水皆污”[③]。对于全国其他流域，污染状况也存在着类似趋势。从表 9—1 可以发现，2005 年—2010 年间七大流域的废水排放总量呈增长的趋势。

2. 不断恶化的陆地环境

当前我国对陆地环境的损害存在着土壤污染与土地破坏两个方面。随着我国工业化、城市化进程的不断加快，工业生产中产生的固体废弃物急剧增加。从图 9—1 可以发现 2001—2010 年间我国工业废弃物的产生量呈现出快速增长的趋势。尤其是近几年，工业固体废弃物产生量的增长速度

① ［加］约翰·汉尼根：《环境社会学（第二版）》，洪大用等译，中国人民大学出版社 2009 年版，第 19 页。

② 值得说明的是，虽然规划中提出农村地下水环境质量下降趋势不明显，但是有必要提高对农村地下水污染严重程度的测量。根据民间环保组织“未来绿色青年领袖协会”的调查，各地企业利用渗坑、渗井排污已近 20 年，而对于邻近企业的村庄，“这里没有污水处理厂，没有环保监管，有的是祖辈饮用地下水的传统”（刘一丁：《失守的中国地下水》，《新京报》2013 年 2 月 24 日）。

③ 张玉林：《累积性灾难的社会应对》，《江苏行政学院学报》2010 年第 2 期。

加快。土地被破坏的一个重要原因源于开采地表或者地下的矿产资源。当前，我国因矿产资源开发破坏了大量土地资源。以对煤炭资源的开发为例，有研究显示，从1949年—2002年底，我国因煤炭生产而形成的采空塌陷面积超过70万公顷①。

表9—1　　　　2005—2010年七大流域②废水排放情况

年度	废水（亿吨）		
	总计	工业	生活
2005	379.3	172.5	206.8
2006	412.0	180.8	231.2
2007	433.6	191.0	242.6
2008	447.3	185.3	262.0
2009	482.5	184.4	298.1
2010	514.6	190.3	324.3

数据来源：环保部《2010年环境统计年报》网址：http：//zls. mep. gov. cn/hjtj/nb/2010tjnb/

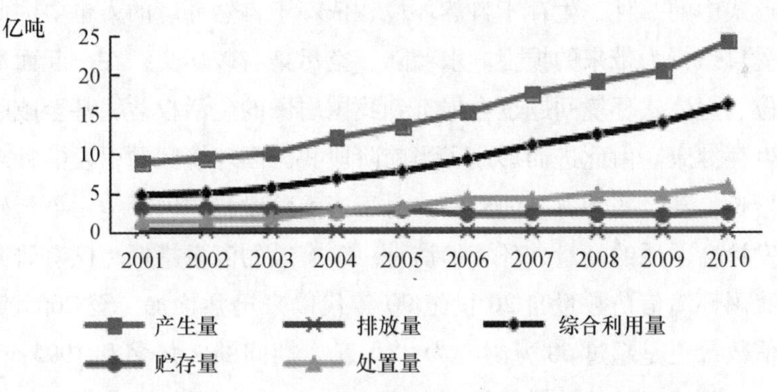

图9—1　2001—2010年间我国工业固体废弃物产生及处理情况

资料来源：环保部《2010年环境统计年报》，网址：http：//zls. mep. gov. cn/hjtj/nb/2010tjnb/

① 李连济：《煤炭城市采空塌陷及经济转型》，《晋阳学刊》2006年第5期。

② 七大流域系指辽河、海河、淮河、长江、黄河、松花江和珠江。

3. 迅速增长的空气污染

表 9—2　　　　2000—2011 年我国工业废气排放量

年份	2000	2002	2004	2006	2008	2010	2011
工业废气排放量（标态）（亿立方米）	138145	175257	237696	330990	403866	519168	674509

数据来源：环保部，《环境统计公报》（2006、2008、2010、2011）

关于 PM2.5 的争议以及我国中东部地区持续性的雾霾天气将空气污染的问题纳入社会公众的视野中，空气污染问题也成为我国居民忧虑的对象。数据显示，近几年我国工业废气排放量呈现持续、快速增长的趋势（详细数据可见表 9—2）。而随着汽车尾气排放量的快速增长，我国部分城市的大气污染也从煤烟型向光化学烟雾型转变①。

二　频繁爆发的社会矛盾

环境恶化的影响范围不会仅仅局限于自然生态，相反，作为地球众多生命形式中的一种，生存于自然环境、依赖于自然环境的人也要因此反过来遭受自己行为带来的损害。水、陆、空污染与破坏交织在一起而形成的全方位、立体式环境问题也会损害到我国居民的生活权益，甚至威胁到居民的生存健康。由此进而形成了当前阶段我国因环境问题引发的社会矛盾急剧增长，甚至恶性发展的趋势。对于当前阶段我国因环境污染与破坏问题引发社会矛盾的衡量，环境信访是一项有效的测量指标。已有研究分析认为我国环境信访数量自 20 世纪 90 年代以来迅猛增加。至 2005 年，环境来信数量更是超过 60 万封，为“八五”期间的 2 倍多和 1995 年的 10 倍以上，环境上访的数量也从 1995 年的 5 万余批次增加到 2001 年以后的每年 8—9 万批次②。表 9—3 呈现的是 1995—2013 年间我国环境信访的状况。从表中可以发现，伴随着我国的工业化进程，环境信访呈现出不断增

① 张远航、邵可声、唐孝炎、李金龙：《中国城市光化学烟雾污染研究》，《北京大学学报（自然科学版）》1998 年第 Z1 期。

② 张玉林：《中国农村环境恶化与冲突加剧的动力机制》，载吴敬琏、江平主编《洪范评论（第 9 辑）》，中国政法大学出版社 2007 年版，第 195 页。

长的总体趋势。其中，虽然 2011 年之后，来信总数急剧下降，但如结合当年的电话/网络投诉这样一种全新的方式进行考虑，可以看到环境信访数量较之以前仍明显增加。由此，历年的环境信访状况变化趋势也反映了我国自改革开放以来工业化快速展开过程中生态环境急剧恶化的态势，这也最终导致了我国环境—社会矛盾的凸显。

表 9—3　　全国环境信访状况

年度	来信总数（封）	来访批次（批）	来访人次（次）	电话/网络投诉数（件）
1995	58678	——	94798	——
2000	247741	62059	139424	——
2005	608245	88237	142360	——
2006	616122	71287	110592	——
2007	123357	43909	77399	——
2008	705127	43862	84971	——
2009	696134	42170	73798	——
2010	701073	34683	65948	——
2011	201631	53505	107597	852700
2012	107120	43260	96145	892348
2013	103776	46162	107165	1112172

资料来源：1995 年、2000 年数据源自 1995 年、2000 年《全国环境统计公报》网址：http：//zls. mep. gov. cn/hjtj/qghjtjgb/，2005—2013 年数据源自《2013 年环境统计年报》网址：http：//zls. mep. gov. cn/hjtj/nb/2013tjnb/

如果说环境信访、环境上访是我国工业化、城市化进程中社会公众面对环境问题采取的较为温和的应对方式，那么环境群体性事件则是社会公众面对环境问题时所采取的较为极端化的处理措施。前文已经提及，自 1995 年以来，我国的环境群体性事件一直保持着年均 29% 的增长速度，环境群体性事件较快的增长速度反映的是当前我国环境问题的严重程度，以及社会公众面对环境问题时缺少应对手段，对当前制度内解决问题途径缺乏信心的状况。在当前我国生态环境不断恶化的现状下，社会公众缺少反映、解决环境问题及表达自我意愿的途径，从而造成了当前我国的环境矛盾越积越深。在环境矛盾长期得不到解决、环境矛盾越积越深的情况下，社会公众容易对制度内的解决途径产生不信任的态度。由此导致社会公众面对环境问题时逐渐偏向通过制度之外的手段加以应对的方式。加之环境问题所涉及的往往是具有一定数量的群体，使得在当前阶段环境群体性事件便不断爆发。另外，正如最近几年一系列“PX 事件”所展现的，已发生的环境群体性事件对随后的环境矛盾中所涉及的社会公众还存在着示范效应。面对相似的环境问题时，社会公众易于偏向通过直接采取群体性事件的方式加以解决。因此，综合当前我国环境矛盾解决途径匮乏，社会公众对制度内解决措施缺乏信心，已发生的环境群体性事件具有示范效应等现实情况。可以推断，从环境矛盾爆发的频率而言，随着今后我国工业化、城市化的不断推进，由此造成生态环境不断恶化的情况下，我国环境信访、环境上访的数量仍将持续增长。社会公众应对环境矛盾时将更倾向于采取正式制度之外的方式，由此导致在未来一段时间内，我国的环境群体性事件仍将频繁爆发，环境矛盾将日益加深。

课题组调查所获取的经验资料与相关信息也证实了环境矛盾频繁爆发的判断。首先，对于当前环境矛盾的状况，大多数被访者均认为当地存在着严重的环境矛盾。在课题组的问卷调查所涉及的 336 名基层干部中，有 8.72% 的被调查者认为环境矛盾是我国比较突出的六类社会矛盾之一，按所选人数进行比对，位列第四位。而在被调查的 2018 名群众中，认为环境矛盾是我国比较突出的六类社会矛盾之一的人数同样位列第四位。访谈中直面各类社会矛盾，对它们具有切身感受与体会的基层干部也普遍反映环境矛盾的严重性。比如访谈中一位乡镇干部提到：

> 我们还是一个资源型的乡镇，有石灰石等矿产资源，所以矿山开发本身也会导致各种矛盾；另外矿山企业开采过程中，会涉及粉尘、灰尘、道路运输等，这些方面引出的矛盾也比较突出。粉尘污染、噪声污染，这些危害都是客观存在的，但是又不可回避。无论是作为国家政府还是作为气候大会的成员国，都有责任对这些问题加以预防和处理。但是我们现在的发展水平，如果要按照西方国家的高标准，那唯一可能的办法就是这类企业全部停产，不要再开办了。但这是不可能的……我们乡镇的矛盾 80% 来源于环境……老百姓环境维权在我

们那也是有的。(0B01019，某乡党委书记)

除了开采资源引发的冲突外，工业生产引发的环境矛盾也是频频爆发。访谈中另一位基层干部提到：

我们也算是工业乡镇，现在老百姓对生态的需求越来越多。比如矿山企业开矿，有噪声。在我来学习之前，我们有三个企业被堵了门。什么原因呢？他是合法的企业，但是依然被堵了。村民说你企业生产，有气味。虽然有气味，但是都是合法的企业并通过了环保部门的环评。现在有气味的企业已经停掉了。搞的矛盾大闹。这是生态需求越来越高了。我想这个矛盾，接下来特别像我们工业乡镇，它是重点。因为大家对生态环境的要求越来越高了，对居住条件的要求高了。(0B01036，某开发区党工委书记)

没有工业污染并不意味着当地不存在环境矛盾，一些没有工业的乡村同样因为环境污染问题而引发了不同群体之间的冲突：

我们的乡里没有工业，但是有农业面源污染问题。比如我们那乡里的养殖企业的污染问题，养鸭厂污水排放问题。污水排放到河里导致河里养的鱼死了。第一次，赔偿了。第二次下着大雨，又偷偷排污，老百姓闹，影响周边的地下水，地下水也污染了。也没办法，这个养鸭场是县里、省里的重点保护企业。老百姓上访，又开始闹。这是污染问题，乡镇里没有污水处理厂，还需要找房子。镇区的信息中心，企业排污导致镇区周边的河道都污染了。(0B01029，某镇党委书记)

与之相似，其他基层干部的话语也展露了乡村地区环境矛盾的严重程度：

农村生态环境恶化矛盾。且有越来越多的趋势。一是当地村民保护生态环境的意识不强，缺乏可持续发展观念，乱砍乱伐现象严重；

二是现代农业化肥农药的破坏性作用；三是随着市场经济和工业化的进程，越来越多的工业企业落户农村，企业污染严重，同时导致企业与当地村民之间的矛盾也日益突出。（1B00026，某林业局局长）

其次，对于环境矛盾未来的发展趋势，在对今后3—5年内社会矛盾的发展趋势的调查中，有58.9%的基层干部认为环境矛盾将继续加剧，而选择该项的人数也位列各矛盾之首。作为直面各类社会矛盾，对这些社会矛盾具有最直接感受和切身认知的基层干部，他们的判断能够为我们认知社会矛盾的发展趋势提供较为准确的信息。结合前述关于国内环境问题的相关资料，有理由认为今后我国的环境矛盾不断加重，因环境问题而引发的各类事件乃至冲突将频繁爆发。

实际上，在访谈中，基层干部的言语已经展现了他们对环境矛盾演变趋势的判断：

环境污染矛盾，比如说我们所在的乡里，炼油厂的污染也很重，但是政府老是没有解决，这个肯定会增强老百姓的矛盾。（1J00001，某村支部副书记）

近几年比较突出的是环境污染问题。应该说，现在农村环境污染在程度上有所好转，但是矛盾会越来越激化，对于这个问题我的看法是：未来矛盾会进一步激化。原因是什么呢？我国环保的标准相对比较低，而且环保最新的标准也是很久之前出台的，已经十几年了没有作出调整。所以环境保护的标准是一个问题；第二个，是农民或周边居民的心理。他们认为企业是赚钱了，但是自己所处的地方原来是一片蓝天，现在企业驻在这里，无论企业的排放标准是否达标，即使达标，农民也是不认可的。这就是一个非常矛盾的地方。他们觉得原来这个地方一点污染都没有，但是企业来了以后或多或少都会存在污染，原来河里的水可以直接饮用，现在尽管达标排放并且能达到三类水的标准，但是三类水与原来直接饮用的水差别太大，不愿接受。这样一系列问题就会表现出来。认为污染空气、污染水源，如果土地上的庄稼受损失了还有个价格参照，但是现在人生病了该怎么办？这就是个让人头疼的问题。居民生病到底是不是这个企业引起的？或者暂时没有问题，但是三年、五年以后得了癌症，这就是谁也说不清楚的事情。环境类的损害总体上来说肯定有问题，但是生病和企业排污之间是不是有直接的或者间接的影响呢？如何去跟企业之间去谈赔偿？企业肯定会提出自己是按照国家标准的排放，但农民坚持认为生病和企业有关。对于这样的问题，目前我们还没有好的解决办法。现在我们国家工艺水平肯定还是有问题的。我以前去看过苏州工业园，那是个以生产电子产品为主的地方，其实那里的绿化、植被都非常好，但是我发现一个问题：那里的天空没有鸟。后来我就问为什么？他们的人给出的回答是：这里有电子污染。电子污染对人的身体是不是有害，现在也没有鉴定，谁也说不清。这也该算是一种无形的污染吧。有形的污染可以看到，如果说谈赔偿周边居民还有些根据，但是这种无形的污染对居民造成的可能伤害，有没有可能、有没有证据来谈赔偿呢？所以，我认为未来的环境污染矛盾会越来越突出，达到一定程度有可能会引起群体性事件。而且这样的问题，只要一有人挑头，马上就一呼百应，因为‘环境污染、人人有份’，它不像征地拆迁，只是一户或几户的事情。但是如果环境污染要企业赔偿，那以后谁咳嗽了、谁拉肚子了，大家都来要赔偿。对于这种情形……它不是很快能处理得好的。对于排污，有的企业投入比较大，比如安庆石化、马钢，对于这样的大企业，把它关掉是不可能的，把它撤走成本又是非常高的。还有水污染，长江的污染，该怎么办？怎么可能将沿岸的老百姓全部撤走？所以环境矛盾在未来肯定是非常严重的。（0B01005，某镇党委书记）

使问题更为严重的是，面对不断加剧的环境矛盾，当前却缺乏化解环境矛盾的有效措施。访谈中，更是有不少基层干部提到：

在解决这些矛盾时，我认为最难处理的是环境污染或破坏。众所周知，随着经济的发展，环境污染问题也越来越严重了，很多村民都曾以各种方式向我说明这个问题。但是环境污染也不是一天两天的事情了，所以想要解决好这个问题还是十分困难的。（1B00069，村支部书记）

> 十年前，刚引进水泥厂，大家为了土地啊，赔偿啊闹得不可开交，谁都想多分一碗粥。现在，大家又为了水泥厂的污染是争论不休。哎，要想发展经济，我们应该考虑周到，环境最重要啊！虽然现在经济是发展起来了，可是我们付出的代价也是巨大的。我想这水泥厂一天不搬走，大家的矛盾是一天也解决不了。希望我们能和水泥厂尽早达成共识。（1B00068，村主任）

进一步审视与环境矛盾相关的既有研究以及新闻报道可以发现，与环境矛盾的历史演进状况一致。伴随着改革开放的进程，关于环境矛盾的文章数量也逐渐增多。这从另一个侧面反映了环境矛盾不断加剧的态势。图9—2 呈现了与环境矛盾相关的各类文章的数据统计状况①。从该图可以看到，2000 年之后关于环境矛盾的学术研究、新闻报道明显增多，呈现急剧增加的趋势。

在文章所涉及的内容方面，从学科上来说，既有研究中法学关于环境矛盾的论述相对较多，研究也主要关涉法律方面的知识。从历时趋势上来看，早期的研究或仅简略提及环境问题，或以概括性的文字论述环境方面的法律法规，或有研究介绍国外主要是美国的环境法律法规。随着国内对环境矛盾问题认知的深化，如何化解环境纠纷，怎样有效应对不同群体之间的环境冲突等具体问题得到相关研究的重视。近期公益环境诉讼、邻避冲突等更为细小的分支领域成为研究的热点。与之相似，相关新闻报道关注的焦点也转向环境矛盾的治理。这其中既有涉及环境诉讼的报道，也有关于各地环境纠纷治理模式、环境信访等内容的介绍。其中，近期“PX项目”等邻避设施导致的冲突更是引发了众多媒体的关注，围绕着该方面的内容甚至形成了一系列追问环境冲突起因、探讨如何破解环境冲突困境的报道。

---

① 期刊资料来源：中国期刊网（CNKI）哲学与人文学科、社会科学类期刊，博士、硕士学位论文以及国内重要会议、国际会议论文，搜索条目为主题“环境矛盾”or“环境纠纷”or“环境冲突”，搜索时间为 2015 年 10 月 5 日；报纸资料来源：中国期刊网重要报纸全文数据库（CNKI），搜索条目为主题“环境矛盾”or“环境纠纷”or“环境冲突”，搜索时间为 2015 年 10 月 5 日。

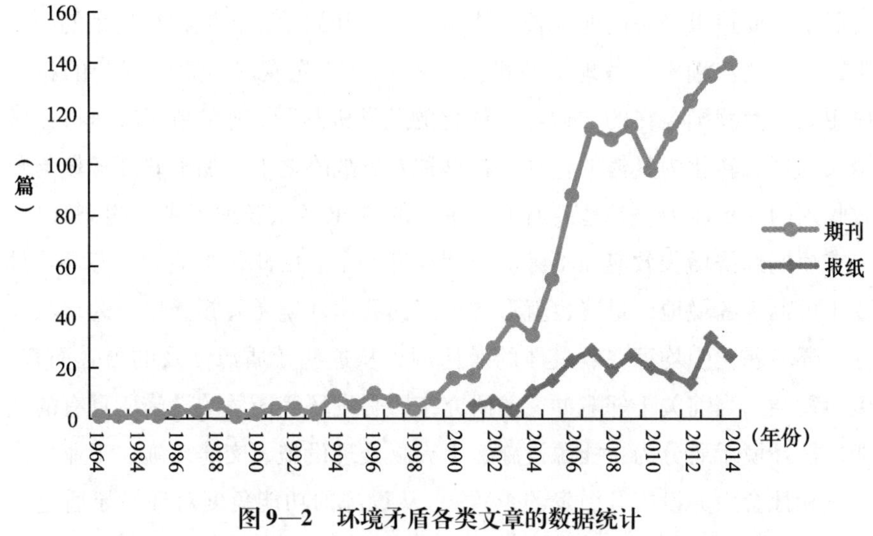

图9—2　环境矛盾各类文章的数据统计

第二节　现阶段我国环境矛盾的成因与类型

当前学界对于环境矛盾的概念存在着狭义与广义两种理解方式。从实施主体角度看：狭义的环境矛盾一般是指实施者（通常是企业）在经营活动中因污染、破坏了生存环境，损害了周围居民的身体健康而引发的居民与环境破坏者之间的矛盾冲突。当前国内关于环境抗争、环境维权等方面的研究往往侧重于从这种角度理解环境矛盾；广义的环境矛盾则是指实施者（政府、企业）在各种设施建设、资源开发、经营活动中造成居民生活环境的改变、破坏，由此引发的居民与实施者之间的矛盾冲突。广义的环境矛盾涉及实施主体的政府，并包括矿产等自然资源开发。从受影响主体反应来看：区别于传统环境矛盾事后的、被动性的反应、抗争，目前国内不断兴起的邻避（Not in my backyard，NIMBY）冲突，针对的是即将建设或正在建设的设施可能带来的环境风险与对周围居民环境权的损害。这是一种事前、预防性的环境矛盾冲突。而所谓的邻避冲突是指具有负外部效应，对周围居民生活将会产生影响的设施在当地的建设引发的居民的抵制运动，这些设施则通常被称为邻避设施。本文采用广义的环境矛盾概念并将环境矛盾的风险性冲突纳入其中。

目前我国的环境矛盾之所以频繁爆发，其根本的原因即在于经济社会发展中片面追求经济高速增长的战略。改革开放后，各地在赶超型的经济飞速发展的浪潮中，各地党政机构无不持有“先发展、后治理”的指导思想。当前我国存在的“政经一体化的开发机制”[①] 则在制度层面将经济增长的理念转化为具体的行动。在这种发展战略之下，加上政绩考核与财政收入的双重压力，各地政府追求单一的 GDP 的增长而不考虑生态环境，追求短期经济增长效应而不考虑长期环境安全。由此，当地的生态环境被置于可牺牲的境地，最终也就形成了当前我国环境矛盾频繁爆发的现状。

环境恶化中均存在着具体的矛盾源，从这些矛盾源涉及的内容而言，极为复杂。当前关于邻避冲突的研究按照引发环境矛盾的设施所具有的功能，把环境矛盾分为：能源设施、废弃物处理设施、交通设施、工业生产设施和社会服务设施等引发的矛盾[②]。从设施的功能角度对环境矛盾进行区分在一定程度上细化了环境矛盾，有利于加深对环境矛盾的理解。但是，这种按功能进行横向分类的方法也容易将环境矛盾碎片化，进而掩盖环境矛盾背后的发生逻辑。除此之外，这种分类方法只针对邻避冲突，对于邻避冲突之外的环境矛盾较少涉及。因此，这种分类方法也无法完全涵盖当前我国存在的主要环境矛盾。

本研究认为对于我国存在的环境矛盾，应遵循经济建设运行过程中实际发生的环境矛盾源，分为资源开发、能源供应、工业生产、废弃物处理、交通运输、社会服务等不同类型。在这几种类型的环境矛盾中，资源开发、能源供应、工业生产、废弃物处理这四个领域的矛盾冲突更加突出，成为当前我国面临的主要环境矛盾。

一　资源开发环境矛盾

自然资源既包括土地资源、水资源、生物资源，也包括对现代社会极为重要的各种矿产资源，如能源矿产、金属矿产和非金属矿产等。资源开发类的环境矛盾是指开发者在对有经济价值的自然资源开采过程中，造成对当地居民的环境危害，由此引发了当地居民与开发者之间的冲突。从课

① 张玉林：《政经一体化开发机制与中国农村的环境冲突》，《探索与争鸣》2006 年第 5 期。

② 黄岩、文锦：《邻避设施与邻避运动》，《城市问题》2010 年第 12 期。

题组掌握的100多个案例资料来看，这些环境危害既存在着资源开采引发的地裂、地陷，草场、耕地等土地资源退化；也存在着矿产资源开发等对水源、水系的破坏，由此造成了水源干枯、地下水资源水位下降、枯竭等危害。除此之外，对地表、水资源的破坏也影响到当地居民的生产与生活，造成房屋损坏等状况。

改革开放以来，我国快速的工业化与城市化造成了对自然资源需求量的急剧上升。表9—4呈现的是1979—2011年我国一些工业产品的产量状况。可以认为改革开放以来的三十多年间，正是因为我国工业生产、城市建设对诸如原煤、原油、生铁、水泥、铜、铝等自然资源需求的迅速增长导致了这些工业产品的产量在改革开放以来的三十年间快速增加，并进而形成了当前我国对自然资源开发程度空前加大的状况。而在各种自然资源中，我国的工业生产与日常生活则严重依赖于煤炭资源，煤炭在能源消费总量中所占的比例一直维持在七成左右[①]。1979年我国原煤产量仅为6.4亿吨，但至2011年我国原煤产量却迅速增加至35.2亿吨[②]。与煤炭生产所展现的景象相似，其他种类自然资源的产量也存在着快速增长的趋势。然而，在缺乏有效监管的情形下，对自然资源开发程度的空前加大也便意味着因资源开发而导致的环境污染与破坏问题日益严重。我国因矿产资源开发引发的植被、土地和水生态破坏问题突出。根据统计，因采矿而直接破坏的森林面积累计已达106万公顷，破坏草地面积26.3万公顷，因采矿累计占用土地约586万公顷，破坏土地157万公顷，且每年仍以4万公顷的速度递增[③]。位于地下、山脉中的矿产资源被采空之后，由此造成地表下陷，部分地区地下水资源枯竭。而在黄淮等地下水埋藏较浅的地区，这造成当地的平原耕地等转变为人工湖泊，极大地影响了当地居民的生产与生活。据统计，截至2007年，全国矿业开发占用和损坏的土地面积为165.8万公顷，其中尾矿堆放90.9万公顷，露天采坑52.2万公顷，采矿

① 国家统计局：《2012年中国统计年鉴》，中国统计出版社2012年版。

② 国家统计局：《新中国50年统计资料汇编》，中国统计出版社1999年版。

国家统计局：《2006年中国统计年鉴》，中国统计出版社2006年版。

国家统计局：《2009年中国统计年鉴》，中国统计出版社2009年版。

③ 佚名：《我国矿山环境恶化》，《中国人口·资源与环境》2002年第3期。此数据陈旧，但没有新数据。

塌陷 20.3 万公顷①。除对土地、水资源的破坏之外，矿产资源开发形成的酸性矿山废水等有毒废水、废物还对当地的土地、水资源造成了污染，影响到当地居民的身体健康。

表 9—4　　1979—2011 年我国主要工业产品产量

年份	原煤（亿吨）	原油（万吨）	天然气（亿立方米）	生铁（万吨）	精炼铜（万吨）	电解铝（万吨）	水泥（万吨）
1979	6.4	10615	145.1	3673	—	—	7390
1990	10.8	13831	153.0	6238	—	—	20971
1995	13.6	15005	179.5	10529	—	—	47561
2000	13.0	16300	272.0	13101	—	—	59700
2005	22.1	18135	493.2	34375	260.7	778.7	106885
2008	27.9	19001	789.3	47067	378.9	1317.6	140000
2011	35.2	20288	1026.9	64051	524.0	1767.9	209926

数据来源：国家统计局《新中国 50 年统计资料汇编》、《2006、2009、2012 年中国统计年鉴》

在这种环境污染与破坏日益加重的状况下，现阶段我国处于资源开发区域的居民与开发企业、政府之间形成了严重的与频发的矛盾。2009 年 10 月发生于山西省临县林家坪镇白家峁村的暴力冲突事件即是这种类型环境矛盾不断积累，最终激化过程的反映：

案例 1：2002 年白峁村村民发现煤炭开采给他们的生活带来了诸多坏处：挖煤导致地下水流失，2004 年前后，村里打的直井开始没水，干旱的时候，便只能花钱从走街串巷的三轮车上买水吃；另一个坏处是地下掏空导致的地表沉降，村里有十几户房屋出现裂缝变成危房，一些耕地也因为地表沉降而遭废弃。然而，与这些严重的代价相反的是，煤炭开采形成的丰富利润却没有分配给村民。这也最终导致在 7 月 1 日，村民组织护矿队，赶走原煤矿企业的工作人员。对此，

① 国土资源部：《中国地质环境公报—2007》，另外需要说明的是，可以查询到的《中国地质环境公报》仅截至 2007 年，故在此使用的是能够查询到的最近数据。

白家峁矿方于10月12日组织约100名手持棍棒和砍刀的人员冲击村民自发组织的护矿队伍，并最终造成4名村民丧命、14人受伤[①]。

白峁村的个案反映了当前我国因资源开发引发环境矛盾的一般过程：企业开采资源的过程中造成如案例所言的地下水流失、地表下陷等环境问题，影响到当地居民的生活；而另一方面，当地居民未能从资源开采过程中获益或者获得满意的赔偿，由此导致村民与企业之间产生矛盾，在矛盾长期难以有效解决的情况下，这些矛盾最终也容易演化为暴力冲突。资源开发矛盾冲突的主体是当地居民与开发企业。但是，当地政府在“政经一体化开发机制”中形成了与企业的联盟，居民与地方政府之间也便容易形成矛盾。随着资源开发程度的日益加深，居民与资源开发企业、政府之间的这种矛盾也便呈现出普遍化的态势。与普遍性的资源开发现状相对应，当前不仅是在煤炭资源开采的重镇山西、内蒙古，在其他省份如山东、安徽、湖南、重庆、贵州、云南等地的资源开发区域也不断爆发类似的环境矛盾，因资源开发引发的环境矛盾构成了当前我国面临的主要环境矛盾之一。

二 能源供应环境矛盾

在现代社会中，工业生产、居民的日常生活均离不开能源，能源为人类社会提供了运转所需的动力。由此，能源供应设施也成为现代社会经济活动的必然环节。然而能源供应设施在提供经济、社会运转动力的同时，也造成了诸多的环境问题。能源供应环境矛盾是指能源设施（如炼油厂、石油运输管道、燃煤电厂、核电厂、水电站等）在建设与运转过程中产生了危害或可能产生某些风险，从而引发了当地居民与这些设施的拥有者或建设者之间的矛盾。

当前我国的工业生产、居民生活主要依赖电力这种能源形式，因此，发电设施即构成了能源供应设施的主要部分。从目前我国的实际状况来看，火力发电又构成了发电的主要方式。表9—5提供了近年来我国总发电量、火电发电量的演变状况。从表中数据可以发现2001年以来我国发

① 杨继斌：《难定归属的煤矿，无人阻止的血案》，《南方周末》2009年10月22日。

电总量中，火电发电量的比例一直维持在80%左右，而且，从绝对数量而言，无论总发电量还是火电发电量均呈现快速增长的趋势。因此，可以断定在当前以及将来的一段时间内，火电发电设施的扩建或者兴建仍将持续，而这反过来又会引发更多的发生于能源供应领域的环境矛盾。

表9—5　　　　2001—2011年我国发电状况　　　　单位：亿千瓦时

年份	总发电量	火电发电量	占总发电量比例
2001	14，808	11，768	79.5%
2003	19，106	15，804	82.7%
2005	25，003	20，473	81.9%
2007	32，816	27，229	83.0%
2009	37，147	29，828	80.3%
2011	47，130	38，337	81.3%

数据来源：国家统计局网站—国家数据，http：//data. stats. gov. cn/workspace/index；jsessionid =403202EF3CBA7AB0A6FF759C791C2863？m = hgnd。

能源使用引发的危害一方面表现为煤炭燃烧等排放的残余物对空气、周围区域地表造成的污染，这也是我国雾霾天气日益增多的主要原因。相关研究显示，对于北京冬季的雾霾天气，在已经识别的六种来源中，煤炭燃烧因素贡献的比例最大，为57%①。而在煤炭燃烧排放的残余物中还存在着微量有毒重金属等危害人体健康的物质。研究显示，1980—2007年我国燃煤大气汞、铅、砷排放量与燃煤量增长趋势基本一致，其中汞排放量在2005年后趋于稳定，而铅、砷排放量在2000年后快速增长，年均增速均超过10%②。这些有毒重金属物质排放量的快速增长也会严重损害我国居民的身体健康。如汞具有在生物体内的累积效应，容易对神经系统、重要脏器和胎儿的身体健康造成严重损害。对于空气的恶化，人们找不到

① Zhang R.，Jing，J.，Tao，J.，Hsu，S. C.，Wang，G. Cao，J.，... & Shen Z.（2013），"Chemical characterization and source apportionment of PM 2. 5 in Beijing：seasonal perspective." *Atmospheric Chemistry and Physics*，Vol. 13，No. 14，pp. 7053 –7074.

② 高炜、支国瑞、薛志钢、王书肖：《1980—2007年我国燃煤大气汞铅砷排放趋势分析》，《环境科学研究》2013年第8期。

具体的矛盾源，而将这种对环境的不满归因为政府管理不力。

能源供应设施可能产生的巨大风险给当地居民造成了不安心理。对于能源供应设施的担忧，加之当前不断兴起的邻避话语背景，由此导致这些能源供应设施往往容易引发当地居民的抵制行为，从而造成近几年来我国因建设能源供应设施引发的环境矛盾频繁爆发。最近发生的青岛输油管道爆炸引发的附近居民纷纷外迁①就是典型的风险案例。继厦门 PX 事件、大连 PX 事件以后，这类事件已经漫延到了农村。

案例 2：2012 年 3 月，海南省乐东县莺歌海镇居民为反对国电海南西南部电厂项目选址于该镇，不断举行群体性示威活动，持续时间超过了一个多月。其间，示威民众于 3 月初和 4 月 12 日、13 日先后与警察发生了较大规模的冲突，造成数十人受伤。后当地政府在官网上宣布将电厂选址迁至莺歌海以北的邻镇佛罗镇，事态进一步升级。4 月 16 日，据称有上万群众聚集在佛罗镇政府门口，因无领导出面会见，愤怒的群众对镇政府进行了打砸。当佛罗镇局势趋于平静后，又有网民爆出电厂将选址黄流镇。4 月 23 日，有微博爆料称，黄流镇居民因反对建厂而与警察发生冲突。②

案例 3：2007 年 12 月 6 日，国家环保总局官方网站对外发布说明称，山东省乳山核电项目并未向环保总局提出申请，环保总局也没有受理该项目，遂引得舆论四起。反对声浪从旅游景区外来居民小范围的抗议签名活动开始，发展到网上排山倒海的“无核运动”。③

海南省莺歌海镇以及山东乳山的案例反映出当前我国居民在邻避话语的背景下，对能源供应设施的普遍担忧和抗拒心理，在政府缺乏对居民抗拒心理进行有效应对的情形下，居民与兴建设施之间的矛盾甚至逐渐演变成为群体性事件，甚至演化为暴力。在莺歌海镇的案例中，能源供应设施

① 新华社：《石化管道储运两名负责人停职》，《新京报》2013 年 11 月 28 日。

② 佚名：《政法网络舆情》（内部期刊）2012 年第 17、18 期，转引用自正义网（http：//www. jcrb. com/IPO/local/hain/201205/t20120504_ 854398. html）。

③ 张曙光、杨磊：《乳山核电：遭遇不同的“民意冲突”》，《中国经营报》2008 年 1 月 14 日。

辗转几处寻找建设地址，但均遭到当地居民的抗议，这突出地反映了当前居民普遍对不断兴建的能源供应设施充满担忧。因此，在对能源需求不断扩大的阶段中，因能源供应设施而引发的矛盾已成为我国不得不面对的新兴环境矛盾。这一类矛盾的特点是当地居民对可能产生的风险感到担心。

三　工业生产环境矛盾

工业生产环境矛盾是指企业在生产过程中产生的有害副产品（如废水、废气、固体废弃物等）损害了当地居民的身体健康和生存环境而引起的居民与企业之间的矛盾冲突。有些企业已经生产或即将建设，但在生产会产生或有可能产生污染，也会引起当地居民的担心与反抗。目前我国被报道的“癌症村”等即是这种危害的典型表现；另外，在全国各地（江苏邳州、福建上杭、陕西凤翔、湖南郴州、甘肃徽县、四川隆昌）出现的“儿童铅中毒事件”也是这种危害的体现。全国各地接连爆发的PX抵制事件即是公众对于化工企业的危害性存在着担忧。值得关注的是，工业生产引发的环境矛盾除集中爆发于传统的化工企业之外，还存在于各种所谓的“新兴环保产业”之中。

案例4：2011年9月15日，浙江海宁袁花镇红晓村的部分群众聚集在晶科能源的工厂门口，就8月底一场暴雨将晶科能源的废料冲进河道，造成养鱼户受损问题向该企业“讨说法”。污染事件缘起之时，当地村民与企业协商未果，由此最终酿成群体性事件。此后海宁市环保局初步调查宣布，晶科能源存在污染，其部分污染物进入了河流，其中含氟量超标10倍。随后，晶科被处以47万元的罚款，并停产整顿。此前有消息称，晶科能源与当地村民“积怨已深”，该村子先后有多人身患癌症，村民怀疑与其工厂有关。①

案例5：深圳比亚迪宝龙工业园周边的居民反映2011年7月下旬开始几乎每天都闻到臭味或油漆味。据此前媒体和部分业主的调查，居民所闻到的气味主要是喷漆废气中的苯系物，即挥发性有机废气（VOC）。为此，附近小区的业主已多次向深圳人居环境委员会和

① 叶文添：《晶科危机：产能超速下的污染“追尾”》，《中国经营报》2011年9月26日。

各级环保部门投诉。蔡女士是小区热心的“维权”人士之一，她接连几次拨打 12369 中国环保投诉热线。[①]

浙江海宁个案中的晶科能源属于号称“清洁能源”的光伏产业，而深圳案例中的比亚迪工业园也是比亚迪公司一个名为“新能源材料基地”磷酸铁锂电池的项目。这两者均属于新能源企业，但是正如案例所反映的，标榜为“清洁环保”的新能源也并非不会引发污染。而且更值得关注的是，当前我国这些新能源产业处于高速增长时期，以光伏产业为例，2010 年，我国光伏累计总装机达到了 900 兆瓦，比上一年度增加了 125%。根据《可再生能源发展“十二五”规划》，光伏发电装机目标被确定为到 2015 年达 10 吉瓦。这意味着在未来几年内，我国光伏行业要增长 10 倍[②]。因此，当前尤其需要关注具有“清洁环保”帽子的新能源工业企业引发的环境矛盾。

四　废弃物处理环境矛盾

废弃物处理环境矛盾是指因生活废弃物的中转和处理造成了对周围区域生活环境的损害，进而引发当地居民与这些设施建设或拥有者之间的矛盾。这些损害既包括废弃物堆放散发的恶臭气味，也包括垃圾处理措施不当造成的对周围水体、土壤以及空气的污染，进而对周围居民身体健康的损害。对于城市中大量存在的废弃物，当前我国主要采用填埋以及焚烧两种处理方式。填埋与焚烧在一定程度上转移了城市中存在的大量废弃物问题，但是这两种处理方式却也引发了废弃物处理区域的环境矛盾。

案例 6：2006 年福建省屏南县后龙村周围一处垃圾填埋场项目开工，开工后有部分村民组织其他群众 4 次围堵垃圾场施工现场，10 次阻止垃圾车倾倒垃圾，迫使垃圾场停用。一位后龙村村民表示由于担心污水渗漏污染环境，他和其他村民从（2010 年）10 月 11 日开始轮流来阻拦垃圾车倾倒垃圾。“我们没有其他要求，只求政府将我

① 刘昊等：《比亚迪污染疑云调查》，《南方日报》2011 年 9 月 30 日。
② 叶文添：《晶科危机：产能超速下的污染“追尾”》，《中国经营报》2011 年 9 月 26 日。

们移民安置”。[①]

案例7：2009年11月广州市番禺区有关部门发布的通告，决定在番禺区大石镇会江村与钟村镇谢村交界处，建立一座日焚烧能力达到2000吨的生活垃圾焚烧发电厂。23日上午，番禺大石镇近300名居民因生活垃圾焚烧发电项目问题到市城管委反映意见后，又来到附近的市信访局继续申诉，反对建设大石会江垃圾焚烧项目。他们反对的主要原因是担心焚烧垃圾过程中会产生有毒物质——二恶英（一种无色无味、毒性严重的脂溶性物质，大气环境中的二恶英90%来源于城市和工业垃圾焚烧）。[②]

废弃物处理设施的兴建能够缓解城市中存在的垃圾问题，但是，从福建屏南县以及广州番禺地区两处的案例可以发现，废弃物处理设施往往又在所处的地区制造了新的环境矛盾。在垃圾填埋场或者焚烧厂周围的居民由于担心兴建的设施影响他们的生存环境与身体健康，而反对在其周围兴建废弃物处理设施，或者要求对他们进行相应的转置。由此，在缺乏对这部分群体的诉求有效应对的情形下，也会导致新的环境矛盾爆发。

有数据显示当前我国每年约有1.5亿吨的城市生活垃圾产出，累积堆存量已达70亿吨，城市垃圾产出量每年以8%—10%的速度增长，在新时期已经形成“垃圾围城”的现象[③]。在这种城市垃圾快速增长，同时又缺乏对废弃物进行有效分类的背景下，选择废弃物填埋或者焚烧也即成为各城市不得不采用的方式。但是随着我国居民环境意识的不断觉醒，邻避话语不断为各地的居民所了解，由此也即造成在现阶段，废弃物处理设施往往成为引发环境矛盾的矛盾源。

---

① 彭奕宁、朱兴鑫：《阻止垃圾填埋9名村民被拘，福建屏南后龙村再掀环保风波》，中国日报福建记者站（http：//www. chinadaily. com. cn/dfpd/2010 - 11/18/content_ 11567601. htm）；对于垃圾填埋场的影响，另有网民的博客反映了垃圾填埋场兴建后对居民居住的周围环境造成的损害，详见新浪博客（http：//blog. sina. com. cn/s/blog_ 481f8fe70100m4dw. html）。

② 叶小钟、赵越：《番禺：“垃圾焚烧”五大沟通渠道遇冷》，《工人日报》2009年11月27日。

③ 王茹：《“垃圾围城”困局如何破解?》，《中国经济时报》2013年1月31日。

第三节 现阶段我国环境矛盾的特征、趋势、对策

一 当前环境矛盾的特征

工业化、城市化构成了当前我国经济社会发展的主要基调，环境矛盾冲突总体处于上升时期。我国频繁爆发的环境矛盾不仅仅是传统环境矛盾的延续，在新的时期它还具备了一些新的特点。环境矛盾在发生的形式，涉及的主体，抗争的时点，诉求的目标等方面均存在着一些不同于既往环境矛盾的新特点。

1. 环境矛盾涉及主体的全民化

与其他社会矛盾往往局限于特定的利益群体不同，环境矛盾中存在的危害与风险往往会影响到当地所有的居民。因此，在环境矛盾中，小到一个社区居民，大至一个城市的各个阶层往往都会参与进来。如在前述几个案例中，环境矛盾所涉及的当地居民少则几十人，多则达到数万人。除普通市民参与这些事件之外，现在也逐渐有学者、政协委员、人大代表等精英人物表达对环境问题的关注。他们的参与丰富了环境抗争群体的结构，由此也提升了环境抗争的话语权、合法性，提高了环境抗争取得成功的可能性。值得关注的是，环境抗争已不再仅是成年人表达环境忧虑的舞台，中学生等年轻群体也参与进入环境抗争的进程中。在什邡环境矛盾引发的抗争中，即有一群“90后”参与其中①。环境矛盾产生的后果会危及所有当地的居民，无论贫富。当前我国环境矛盾涉及的主体包含了处于不同阶层、不同职业、不同年龄身份特征的群体，参与主体呈现出全民化的特征。

2. 环境矛盾发生性质的刚性化

环境问题影响到居住于某个区域的所有居民，但是因为居民对环境问题的认知存在着差异，对利益的维护形式也有所不同。在早期的环境矛盾中，抗争的形式多是单个居民的反抗，如被社会所熟知的“太湖卫士”

---

① 在中国西南城市什邡的一栋建筑的墙壁上，涂写着几个粗体字：“为了什邡人民，我们可以牺牲。我们是90后。”和同学一起参加示威的一位什邡高中毕业生表示：“90后的学生们，包括我的同学和朋友，从一开始就参与到这件事中。”

“滇池卫士”等环保人士。近年来，随着我国居民对环境要求的日益提高，环境意识的普遍增强，信息沟通的网络化，当环境矛盾出现时，居民们往往容易采取共同的行动。他们从普遍发生的群体性事件中获得经验，参与环境反抗的人数越多，力量越大，环境矛盾解决的就越快，抗争就越容易成功。从环境矛盾的发生形式而言，当前我国的环境矛盾通常以集体行动的方式进行抗争。与其他社会矛盾中往往可以通过相关主体相互妥协的方式进行解决不同，一旦环境矛盾产生当地居民往往无法逃避，环境矛盾的解决往往存在“生产与停产”二择一的选择，难以通过相互妥协的方式解决。因此，基于环境矛盾的这种不可回避性、无法逃脱性的特点，决定了环境矛盾性质对立的刚性化的特征。这种刚性化的特征造成了居民在环境矛盾冲突中情感投入的强度与反抗手段的烈度要高于其他社会矛盾。在前述的几个案例中清晰地展现了这种较高的矛盾冲突的强度与烈度。这些受到影响的居民难以在政府与企业的联盟中有效表达自己的诉求，进而只能通过自力救济的方式，以暴力化的“打、砸企业”等方式表达诉求。另一方面，在以集体行动方式出现的环境矛盾中，当地政府的处置一旦滞后、失当，也容易引发抗争群体的情绪化的反应，从而形成暴力性事件。环境矛盾的发生形式以集体行动居多，表现出刚性化的特征。

3. 环境矛盾反抗策略的前移化

现阶段，我国环境矛盾冲突中居民抗争的时点也在前移，由原来的被动、事后型环境矛盾反抗向主动、预防型环境矛盾抗争转变。特别在大城市中，如发生于厦门、宁波、昆明和成都等地的抵制“PX 项目”建设的抗争，当地居民均是在项目建设之前或项目竣工投入生产之前便进行抵制。主动、预防型环境矛盾抗争上升与当前我国公民的环境意识增强有关，也与环境抗争成功的示范效应有关。近年来，我国公民环境意识的增强使得居民能够意识到各类设施、项目建设对环境、身体健康的影响，由此居民对于这些可能引发环境问题的各类设施、项目充满了高度的警惕性。而关于项目的任何负面消息的传播容易引起居民的共鸣，在缺乏对居民环境诉求有效回应的情况下，坚持上马会引发环境风险的项目，最终会引起居民的强烈抵抗。另一方面，已经发生的环境抗争具有良好的示范效应。在一地发生抵制某项目建设的抗争事件成功，其他地区的居民也会学习、模仿。前述一系列“PX 抵制事件”即说明了环境抗争的示范效应。

区别于被动、事后型的环境抗争仅是对受损状况的弥补与救济，这种事先、预防性的环境抗争具有明显的正功能——在损害产生之前阻止相关行为的发生，从而最大限度地避免受损情况的出现。这种预防型的环境抗争更具有显著的、积极的功能，可以阻止环境恶化的产生。

4. 环境矛盾诉求目标的多重化

环境矛盾诉求目标的多重化是指诉求中既存在着对自然环境遭受损害的关注，也存在着对涉及主体利益补偿的诉求。主动、预防型的环境矛盾往往是基于当地居民对于自然环境的高度关注，旨在保护当地的自然环境。因此，这类抗争往往寻求政府出面，阻止、停止项目建设，以保护自然环境为目标。与主动、预防式环境抗争的诉求目标相区别，被动、事后型的环境抗争除要求项目搬迁之外，寻求对自己所受损害的赔偿，如对他们身体健康问题（如癌症、血铅等）的赔偿、对经济生活损害的赔偿等。另外值得指出的是，除与环境相关的诉求目标之外，环境抗争中的诉求目标有时还与其他社会矛盾混杂在一起，并成为多种社会矛盾激化、爆发的导火索。这部分是因为“政经一体化的开发机制”使得环境矛盾发生区域的当地政府与企业之间存在着联盟。由此，居民诉求的目标也涉及政府官员的贪污腐败、政商勾结等问题，抗争的居民要求在处理环境问题的同时，也要惩处违法犯罪的政府官员。正是因为对政府与企业之间关系的怀疑，加之地方政府处置事件的失当，这也导致地方政府在环境矛盾中容易成为居民抗争的对象之一，引发居民抗议目标由企业转向政府的标靶转移效应，产生对抗政府的情形。环境矛盾冲突通常在第一个阶段的时候，要求的是利益受损的具体补偿问题，到第二个阶段集体行动产生时，行动者会提出“公平、正义、公开、透明、反对腐败”等较为抽象的价值诉求，也要求追究政府决策者的失误。因此，化解环境矛盾要与经济、政治等其他社会问题通盘考虑与解决。

二　当前我国环境矛盾的发展趋势

基于当前我国环境矛盾具有的上述四个方面特征，今后我国环境矛盾将展现出下述几个方面的发展趋势。

趋势一：当前我国处于环境矛盾高发的时期，这些频繁爆发的环境矛盾有发展理念、政经体制、法规制度、约束机制等多方面的因素。如果引发我国环境矛盾的这些因素没有得到根本的改变，环境矛盾也就无法得到根本的解决。可以预见，随着我国工业规模的继续扩大，城市化水平的继续提高，资源开采、能源供应、工业生产以及废弃物处理等引发的环境矛盾将继续呈现快速增长，由点向面，遍地开花的趋势。今后我国的环境矛盾仍将处于持续高发的阶段，作为环境矛盾极端表现形式的环境群体性事件也仍将频繁爆发。据我们调查，在经济发达地区，许多基层干部认为环境矛盾已经超过征地拆迁的矛盾。

趋势二：在这种总的增长趋势之中，又存在着地区性的差异。这种差异表现为，伴随着污染源由我国的经济发达地区向中西部地区转移，城市地区向农村地区转移，不同类型的环境矛盾也将出现转移。其中，由于资源开发类环境矛盾一直发生于远离城市、经济不发达的地区，因此这种类型的环境矛盾不存在转移的趋势；相反，能源供应类、工业生产类以及废弃物处理类的环境矛盾将呈现转移趋势。随着城市环境监管措施日趋完善，高污染企业已经开始向城郊地区、农村地区转移，由此导致农村地区的环境矛盾也不断爆发。而在城市之中，随着能源供应、工业生产与废弃物处理设施的转移，它们引发的环境矛盾将出现减弱的情况。然而，在其他诸如交通运输、社会服务等方面，随着城市居民的环境意识更加增强，各种设施的不断建设，这方面的环境矛盾将逐渐增多。

趋势三：环境矛盾的不断增长与地区性差异将导致环境移民的逐渐增多。相关研究根据过去一年多所发生的移民情况，认为中国环境问题的加剧将成为精英和富裕阶层移民的重要原因。这些环境移民一部分是迁往国内尚未受到大规模污染，生态环境较好的地区，另一部分则是迁往海外[①]。值得关注的是，在环境移民需要经济条件作为支撑的情况下，如果环境移民的趋势持续增长，环境污染严重的地区将沦为不能“用脚投票”的社会下层的聚居地。无疑这将对中国的社会结构与社会正义构成巨大的挑战。

趋势四：这种转移的趋势也与我国经济发达地区居民环境意识的增强，对环境的要求提高密切相关。而在这种环境意识增强的背景下，我国将由弱环境维权时期进入强环境维权时期。在环境维权的形式中，主动、

---

① 韩雨亭：《环境移民》，《中国经济观察报》2014 年 2 月 10 日。

预防式的环境维权又将大量增长。因此，可以推测，随着我国公民环境意识的增强，我国居民的环境抗争将不再仅是遇到危害之后的被动的应对，而将逐渐转向对具有一定风险项目的主动、预防式的抵制。在这种抗争形式的转变之中，也蕴含了环境矛盾的暴力程度将出现弱化的趋势：在被动、事后型的环境矛盾中，当地居民的身体健康已经受到危害，由此表现出矛盾性质的刚性化的特征，冲突形式具有较高的强度与烈度；但是在主动、预防式的抗争中，由于尚未遭受损害，因此抗争的暴力程度将大为降低，在政府应对适当的情况下，往往能够通过协商的方式解决。

趋势五：整体的社会发展需要的设施建设与当地居民的利益矛盾冲突将加剧。当前我国社会仍处于现代化进程之中，经济增长、社会运转需要的各项设施仍处于大规模的建设之中，这些设施的建设必然引发与当地居民之间的利益冲突。而在上述污染转移的背景下，这也就突出地表现为大众利益与小群体利益之间的冲突。在当前，这展现于大量增长的邻避冲突之中。国家大规模的与环境相关的建设项目，将受到日益广泛的当地居民的抑制。这一矛盾本质上是涉及社会大众需要与少部分人之间的利益矛盾。邻避冲突使解决环境矛盾的总体的经济成本、社会成本大幅度地增加。

趋势六：未来，环境问题成为社会公众普遍关注的公共议题，而我国也将生态文明列入国家建设目标，由此也赋予了公众讨论环境问题的合法性。相较于其他社会矛盾而言，环境矛盾将成为社会矛盾冲突的一个突破口，环境矛盾将会引发其他一系列的社会矛盾的爆发，冲突的过程中将会产生标靶转移效应，冲突的对象将会由企业转向地方政府，地方政府也将越来越多地直面环境矛盾的冲击。

三　我国环境矛盾的应对策略

现阶段，我国的环境矛盾存在着上述特征与趋势，而这些特征和趋势与目前我国的发展战略、经济体制、环境法规、各种社会主体的意识观念等密切相关。因此，对于我国环境矛盾的应对需要综合考虑这些特征与趋势背后的影响因素，采取有针对性的措施予以有效应对。

首先需要转变“经济至上”的观念，树立人与自然和谐相处的发展理念和伦理规范。观念是影响人们行为至关重要的因素，而当前我国环境矛盾的不断激化即是受到“经济至上”发展战略的推动。因此，转变各种社会主体的意识观念需要改变当前我国“经济至上”的发展战略，促使政府在经济与环境的关系中扮演环境保护者而不只是经济增长推动者的角色。伦理规范具有调节人类行为活动的作用，利奥波德在《沙乡年鉴》中认为人们更多以经济价值衡量土地，而忽视了土壤作为一个复杂生态系统的作用，由此他提出了人们对待土地的伦理问题[①]。与之相似，对待包括土地在内的自然环境，我们也需要转变当前单纯以经济价值进行衡量的观念，将人与人之间的环境正义拓展至人与自然之间的正义，建立人与自然之间的伦理道德，以此谋求人与自然的和谐。

然而，值得注意的是，思想观念的转变还需要制度化的措施予以保证，否则将极有可能产生“好人做坏事，坏人持续为恶”的状况。对于政府而言，则要制定长远、可持续、环保发展的目标，将环境保护的伦理观念转化为各种具体、可操作的制度与政策。这就需要贯彻科学发展观的要求，改变以 GDP 作为政绩考核最重要指标的方式，增大环境保护指标在考核中所占的比重，对于地方官员更加侧重从自然与社会和谐发展的角度进行考核。同时，应当借鉴欧美等国家环境方面的相关规定，制定更为严格的技术标准，推动企业减少对自然环境的损害。另外，还需要增加对环保产业的扶持力度，通过技术更新淘汰对自然环境危害较为严重的技术和设施，促使社会生活的各个方面采用环境友好型技术。

通过制度化的措施应对当前我国的环境矛盾，需要重视处理少数人利益与多数人利益之间的矛盾。当前不断发生的邻避冲突即是这种问题的体现。对于该问题的应对，需要建立、完善公众相关意见的表达渠道，通过表达渠道的完善，保证少数人能够合理、合法表达自己的利益。不能因为多数人的需求而损害少数人的利益。当前我国公众对环境问题越来越关注，也越来越多的以事先、预防的抗争方式表达自己的环境诉求。因此，这便要求当地政府在建设各种设施、开发自然资源之前，需要建立公众对环境的意见表达渠道，反映居民的诉求。并借助这一平台向公众阐述项目的可能影响，确保公开、透明。由此，通过这些沟通机制，促使政府、企

---

① ［美］奥尔多·利奥波德：《沙乡年鉴》，侯文蕙译，吉林人民出版社 1997 年版，第 193—203 页。

业、居民三方在有效的沟通中预防环境矛盾的爆发。例如，政府组织的区域环境公众座谈会等，要在事前开，而不是事后开。除此之外，还需要完善当前已经存在的环境影响评价制度，确保针对居民相关态度的调查得到切实执行。在环境影响评估完成之后，需要将相关报告书、数据资料公之于众，促使相关项目的建设过程公开、透明，社会公众能够有效监督。当前我国在各类项目的建设中坚决执行重大项目社会风险评估制度，实现评估相关项目的社会影响，以此也便可以制定相应的预防和补偿政策，最大限度地降低项目建设可能带来的危害。

针对受损人群进行补偿，是应对具有一定危害的项目不得不建设时的补救措施。对此，我国亟须建立自然资源有偿使用和生态补偿的制度。当前我国在对自然资源的使用过程中未能将生态因素纳入考量的范围，因此造成了使用自然资源的同时破坏了周围的生态环境或未进行治理，而使用者无须支付或支付很少的成本。为应对当前我国面临的环境矛盾，可以通过建立自然资源的有偿使用和生态补偿制度，制定相应的标准。借鉴美国成立超级基金的方法，创建类似的基金，促使受到损害的生态环境也能够得到恢复和治理，由此实现对生态环境的保护。而对于环境矛盾中多数人与少数人之间利益矛盾激化的发展趋势，也可以通过这方面的利益调整而加以解决。通过相应的补偿，保证经济收入和正常生活因此受到影响的居民能够得到相应的补偿。而对于将会对周围居民身体健康造成威胁的项目，需要制定相应的搬迁补偿措施，最大化地保证当地居民的生命安全，确保受影响的居民其自身权益能够得到有效补偿。

除了制定事前的沟通、监督、评估机制、补偿机制之外，当环境损害发生之后，还需要借助完善的法律规范，确保受损居民的诉求能够得到合理、合法的申诉，这也就需要构建完善的环境诉求机制。当前我国的环境法律规范在立法机制上存在着“重行政机关权力，轻公民权利，立法的可操作性较差，以及对公众参与环境保护的法律规定较为薄弱等问题；在司法层面则存在着司法救济措施贫弱，环境权益保障成空的状况”①。因此，首先需要提高法律的可操作性，对于各类环境矛盾治理进

① 汪劲、王明远：《中国的法治环境——任重而道远》，《清华法制论衡》2005 年第 6 辑。

行详细、明确的规定，而不是泛泛之谈。其次，司法救济的贫弱导致了当前我国居民难以有效表达自己的环境诉求，从而出现了大量的“散步”“砸工厂”等非制度化的自力救济行为。故而完善环境规范还需要完善公众参与环境保护的机制，在司法程序中减轻受害者的举证责任。再次，完善公益诉讼制度，当地居民以及非政府组织等可以对在建的已经产生危害的设施发起公益诉讼，保护当地的生态环境与居民的环境权益。

以上制定的这些制度性措施应具有普遍性，不应随着涉及地域或群体的变化而发生改变。只有借助具有普遍性的制度措施，才能防止污染转移现象的出现，保证某一地区环境矛盾的改善不是以其他区域环境矛盾的激化为代价。对此，也就需要警惕污染转移现象，实行城乡一体化的环境监管体制，实现环境正义。当前，城市地区环境监管较为完善，而在经济水平相对较低地区，地方政府在招商引资驱动下，会引进一些制造污染的企业、破坏环境的项目，农村地区容易成为高污染企业转移的地点。在农村地区，受到当地政府“保护”的污染企业也即能够变本加厉的以自然环境和居民的健康为代价赚取利润。因此，面对当前的环境矛盾，需要警惕污染转移的状况，在城乡各区域实行一体化的监管机制，并重点向农村地区、中西部地区倾斜，加大对这些地区环境状况的监管力度，确保某一地区环境矛盾的解决不是以另一地区环境矛盾的加剧为代价，实现环境问题上权责分配、制度设计的公正以及对弱势群体环境权益的承认①。

最后，应对环境矛盾时还需要正确认识邻避行为，充分利用邻避行为中有利于环境保护的因素。伴随着国内环境问题的频繁爆发，居民的环境意识也不断增强。在此背景下，并受到其他因素的影响，具有“污名”的种种邻避设施极有可能引发当地居民的抵制行为。因此，邻避冲突极易爆发，而这也正如当前国内不断兴起的邻避冲突所呈现的——中国社会已经在向“邻避”时代迈进。处在这种社会情境中，一方面如前所言，邻避冲突有可能导致其他区域受损。但是另一方面，还需要看到，邻避冲突也客观上保护了当地的生态环境。因此，需要辩证地审视邻避行为：在积极方面，它展现了当地居民对周遭环境的关切程度，表达了当地居民正当

① 朱力、龙永红：《中国环境正义问题的凸显与调控》，《南京大学学报》（哲学·人文科学·社会科学）2012 年第 1 期。

的环境权利与环境诉求。作为当地居民，他们有权利拒绝可能对周遭环境造成不利影响，损害他们身体健康的设施落户于当地。在此种意义上，当地的环境也便得到保护。然而从消极层面来说，如前所言，处在一定的社会权力结构之下，邻避冲突便极有可能导致邻避设施转移至抵抗能力较为薄弱的乡村、中西部等地区。无疑，从地区以及群体间的环境正义而言，这显失公平。因此，面对邻避行为这两方面的可能后果，也需要相应的制度设计，保证不同个体均有“发言权”，可以充分表达自己的环境权利与诉求，以此保证不同的群体在环境方面享有平等的权利。

解决当前我国面临的环境矛盾从操作性角度考虑，可以着重从以下几个方面入手。第一，弱化政府的经济职能，降低经济指标在政绩考核中所占的比重，增强生态指标的份量，甚至可以将其列为关键性的维度。第二，加强对民间环保组织的扶持力度，鼓励民间环保组织深入基层社区开展长期性的环保实践活动，推动居民与环保组织以工作坊的形式共同解决身边的一些环境问题。同时，构建政府与民间环保组织之间的合作平台，积极吸纳环保组织参与到地方环境问题的治理决策、实施过程等一系列环节中。第三，完善环境问题的公众参与机制。严格遵照举办听证会的规则要求，召开听证会；针对具有较大争议或环境、社会风险较大的项目建立全民投票抉择机制；建立环保监督、举报平台，方便居民随时举报污染信息，并建立相应规章制度，确保居民举报的信息能够在较短时间内得到环保部门的回应；积极吸纳居民参与环境治理决策和实施过程，并将居民作为评估治理效果的重要主体。第四，建立环境信息发布平台，及时将与环境相关的信息向公众公布，并设立相应的惩处制度，处罚未及时发布信息的主体。第五，针对行政区域内污染较为严重的区域，将地方政府主要领导设为环境问题负责人，担负直接责任。

第十章

历史遗留矛盾的特征、趋势及对策

在我国社会矛盾的类型中，有一种特殊的、持续时间漫长的矛盾叫历史遗留矛盾。历史遗留矛盾的源泉，并不是来自当下而是过去，但这种矛盾对立冲突却在当下。由历史遗留问题而产生的矛盾错综复杂，涉及时间跨度长，面广量大，相关利益主体多元，调处难度大，成为我国最棘手和最难以解决的社会矛盾之一。若不能予以有效处理，大量历史遗留矛盾会持续地发酵，对社会稳定构成威胁。历史遗留矛盾尽管自新中国成立以来就长期而普遍存在，但目前尚未得到彻底解决，一直是困扰地区经济和社会发展的重要障碍，学术界对此也缺乏较为系统和专门的研究。本课题组通过对大量历史文献资料的整理、现今法律和政策的梳理、典型案例详细解读的基础上，在2013年底至2015年5月，借助座谈会和深度访谈等调查方法，通过对山东、安徽、江苏、湖北、四川五省229名城乡基层干部以及23名历史遗留群体的访谈，获得了关于历史遗留矛盾的原始资料，首次对历史遗留矛盾进行了学术界定和系统讨论。

第一节　历史遗留矛盾的概述

一　历史遗留矛盾的内涵

历史遗留矛盾是在新中国成立以来特定历史阶段下产生的，某类职业群体或个人涉及政治待遇、福利待遇的至今依然没有解决的矛盾。具体来说，指农村老字号群体、涉军类群体、援外类群体、国企下岗职工等历史上主要因政策原因形成的特殊群体。这类身份群体或职业群体在现实生活中以各种方式向政府持续表达自身诉求，渴望提高生活水平、重新获得价值承认，由此引发的各种纠纷与冲突。历史遗留群体在某个历史阶段曾为国家的发展作出过特殊的贡献或曾经发挥过某种作用，但在改革开放过程中却未能分享到改革发展的成果，未能获得应有的或预期的报酬，成为市场经济竞争中的弱者，在社会发展过程中逐渐被遗忘。因此，其社会抗争具有一定的利益合理性和价值合理性，其抗争维权亦具有价值依据和意识形态支撑，这一特性使历史遗留矛盾极具敏感性。历史遗留群体的维权行动经历了一个漫长而曲折的过程，最初大多选择体制内途径反映诉求，如到相关部门申诉、正常上访、诉讼等，在反复诉求无果的情况下才走体制外的渠道，如越级访、缠访、闹访等非访行为，以及游行、示威、静坐等集体行动。因此，历史遗留矛盾是一个渐进、缓慢的积累演变过程，不具有突发性。

在当时的特定的经济社会发展状态下，某些职业群体的福利待遇，并没有清晰的政策规定；或者在二元社会结构下，对某些职业群体，政府政策并没有顾及。因而，福利保障等方面不周全而遗留下了某些长期得不到解决的矛盾。历史遗留问题大多数与当事人的所有制身份、福利政策等相关。总体上历史遗留矛盾来源多元化，既有政策的原因，也有群体自身诉求的原因。从历史遗留群体生成的时间来看，主要在新中国成立后到改革开放前的时段以及改革开放初期。从群体构成来看，主要集中为农村的老字号群体、涉军类群体、援外类群体、国企下岗职工等几大类别，其中各类群体异质性较强，而相同类内部群体同质性较强。

二　历史遗留矛盾的理论解释

特定历史时期制定的政策是历史遗留矛盾的起因，而后经过时代变迁某些政策引发了一系列后遗症，即历史遗留群体的现实困境和心理失衡，这是矛盾的主因。现实困境是客观存在的，但困境并不必然产生矛盾。当历史遗留群体在与各类参照群体比较后，原有的困境则会在心理方面加深，由此失衡、不满心理滋生，一旦相对剥夺感等负面情绪通过具体行动表现出来时，矛盾便以此显现。

（一）政策起因论

政策起因论是指某些问题的形成最初源自政策的更迭或新政的实施，即政策作为一个客观事件，是矛盾或问题产生的逻辑起点。政策是一种准规则，从普遍性、强制性和稳定性来看，它均低于法律。在特定历史阶段，由政府所制定出的正式规则，仅对特定的人群、特定的事物具有特定的作用，因此政策具有一定的群体性、地域性、时效性，政策的局限性会产生非预期性的后果。政策的群体性是指任何政策都有其特定的受众。若某项政策未能充分地给其受众带来利益，则无法获得该群体的认同，从而会带来矛盾隐患。政策的地域性指不同地区内外部环境不同，因此同一政策在不同地区可能会产生不同的实施效果。若政策脱离各地实际，则会造成政策虚化，政策的效率与功能明显降低抑或无法推行。政策的时效性指政策具有一定的运行时限，不同时期其作用力亦存在差异，某些政策仅限定于特定历史时期。因此，政策的稳定性是一个相对概念，社会变迁越快，它的运行期限就越短。原有政策失效或效力弱化，新的政策又没有相应生成，或者建立的新政策没有顾及、普及到所有社会成员，遗漏了一部分群体，这种政策转换过程中的漏洞是历史遗留矛盾产生的实质。对此朱德米提出了政策缝隙的概念，指出同一领域的政策在时间空间社会群体之间在政策实质性内容上存在着不一致，不一致的后果使其在利益再分配过程中成为社会矛盾冲突点或社会稳定风险点，政策之间存在着缝隙。[①] 特别随着时间的推移，政策的合理性和正功能将会日渐削弱并丧失，而它的局限性会逐步显现并放大，狭隘、缺陷和漏洞凸显，问题随即出现。许多政策在当时特定历史阶段大多是合理的，承担着重要的功能。随着社会的发展、时空的变化，以现今的标准去审视旧时的政策并加以贬抑，将其认同为不公平、不合理，这本身也是非理性的评判。政策本身的局限性使其稳定性和可持续性欠缺，容易诱发矛盾，但若政府对政策又缺乏追溯性、保护性机制，就会使它成为后续矛盾和问题的症结。

政策是历史遗留矛盾诱发的外因，也是客观因素。本课题组在调查中发现历史遗留矛盾主要源自特定时期国家出台的重大政策，如上山下乡政策、国企改制政策、土地征用政策、移民政策等。这些政策多具有应急性特点，易产生短期化效应，对未来政策走向缺乏系统性的认知和规划，对政策的后果也未能进行社会稳定风险评估，从而使部分关涉群体身份逆

---

① 朱德米：《政策缝隙、风险源与社会稳定风险评估》，《经济社会体制比较》2012年第2期。

转，地位下移，矛盾由此产生。历史遗留矛盾并非现时利益的直接受损而生发，主要是过去国家特定的政策所致。在特殊的年代往往会有特定的政策，政策在特定的时代、特定的历史阶段有其合理性。随着社会的进步与变迁，政策时效性的产生使政策进入陈旧期或淘汰期亦是必然。历史阶段的政策本身也具历史的局限性，难以通盘考虑，很难预知未来较长时期后的发展状况。此外，在制定某些政策时未能听取民意，造成利益分配不公。很多政策只考虑现时价值，缺乏通盘和长远规划，前后政策和不同政策之间的衔接不足，使政策的统一性和协调性欠缺，产生利益落差和矛盾纠纷。有的矛盾是政策直接导致的，如企业改制产生的下岗失业群体；有的矛盾是政策局限、时效造成的，如老字号群体；有的矛盾是政策缺失造成的，如涉军群体。因此政策是一个极其复杂的自变量。除此以外，虽然国家层面推出了一系列关联政策或后期补救政策，地方政府无权变更，但地方在执行过程中往往会出现政策失真，即偏离了国家原初的政策目标。中央目标往往具有指导性和整体性，而地方政府则根据自身的偏好和行为能力的强弱显现出更为明确和具体的具有本地化特色的地方目标。[①] 在此过程中也会引起部分人群的不满和抵抗，矛盾进一步聚合和深化，这在课题组的访谈中均有所体现。随着社会的急剧变迁和利益的调整，新旧政策的转换，政策的变革有其历史必然性。政策具有交织性、历史性，政策调整过程中还易产生政策陷阱，在此过程中也不可避免地会造成一部分群体获利，另一部分群体利益受损。政策对历史遗留群体造成的伤害之所以在未来历经很长一段时期仍会成为矛盾的溯源，主要源自两个因素：一是外在支撑力不足，国家及地方未能对利益相对或绝对受损者进行有效的利益补偿和政策替代，弥补其利益损害，满足其心理诉求，以致部分群体生活水平和身份地位持续下降，甚至陷入困境；二是内生动力缺乏，即该群体对原有政策或政府过分依赖而丧失自我提升的动力。政策变迁产生目标群体并不会全部转化为历史遗留群体。多数人凭借自己的持续努力获得了向上流动，没有陷入政策陷阱和利益困局，而少部分群体由于主客观因素未能摆脱政策的伤害，未能走出历史的挫折，沦为绝对或相对贫困群体。根据归因偏见理论，“自我服务的归因偏见”往往使人们倾向于将失败和不

① 贺东航、孔繁斌：《公共政策执行的中国经验》，《中国社会科学》2011 年第 5 期。

好的事件归因于外部环境，但是却将成功和好的事件归因于他们自己。[①]为此，少部分群体常常将自己的困境完全归因于外部环境，即国家政策的原因，而缺乏内在的自我反省，从而萌生对国家和政府的不满和怨恨心理。若在未来长时间内他们企图改变现状的期望落空，负面情绪便会进一步累积和发酵，使不满转化为怨恨，最后可能发展为对现存社会政策和制度公平性的质疑，触发一系列对抗社会的行动，加剧了社会矛盾和冲突。此外，中央政策与地方政策的差异、现时政策与历史政策的差异、东部与中西部地区政策的差异等均会造成历史遗留群体的心理失衡，使政策成为矛盾的导火索。

（二）相对剥夺理论

相对剥夺概念最早由美国学者斯托弗（S. A. Stouffer）提出，后经美国社会学家默顿（Robert. K. Merton）的发展，成为一种关于群体心理的理论，即相对剥夺理论（Relative Deprivation Theory）。具体是指当人们将自身处境与某种标准或某种参照物相比较而发现自我处于劣势时所产生的受剥夺感，这种感觉会产生愤怒、怨恨或不满等消极情绪。[②] 默顿认为，当个人将自己的处境与其参照群体中的人相比较并发现自己处于劣势时，就会觉得自己受到了剥夺。这种剥夺因为不是与某一绝对的或永恒的标准相比，而是与某一变量相比，因此这种剥夺是相对的，这个变量可以是其他人或其他群体，也可以是自己的过去。有时，既使某一群体本身的处境已有所改善，但如果改善的程度低于其他参照群体的改善程度，相对剥夺感也会产生。[③] 根据“相对剥夺理论”，如果一个人原来生活水平不错，后来下降或跌落，或者与周围的人比他的收入相对下降了，这种相对的下降比那些在贫困地区生活水平一直不高的人，更容易引发社会问题。[④] 美国心理学家 H. 海曼首先提出了“参照群体”这一概念，用以表示个人在确定自己的地位时与之相对比的人类团体。他认为，个人对自己地位的评

① ［美］托马斯·吉洛维奇：《吉洛维奇社会心理学》，周晓虹等译，中国人民大学出版社 2009 年版，第 230 页。

② 周连根：《基于集体行动理论视角的群体性事件因应机制探略》，《河南师范大学学报》2013 年第 5 期。

③ 陈光金：《不仅有相对剥夺，还有生存焦虑》，《黑龙江社会科学》2013 年第 5 期。

④ 李强：《社会分层与社会发展》，《中国特色社会主义研究》2003 年第 1 期。

价乃是与参照群体相比较的结果。[①] 人们用于比较的参照体系是不同的，可能是过去的自己，也可能是周围与自己身份地位接近或经历相似的群体。

受到特定政策影响的群体在与各类参照群体比较之后产生的相对剥夺感是历史遗留矛盾生成的内因，也是主观因素。对历史遗留群体而言，大多不是已经获得的利益受到损害的问题，而是他们自我感觉应该得到更多的利益、期待获得利益补偿，如老字号群体、涉军类群体等，主观的不满是矛盾产生的重要原因。历史遗留群体一部分源自历史上利益的绝对受损或现实中遭遇的事实伤害，在与从前的“我”比较之后自觉经济和社会地位下移而产生的被剥夺感。这里参照群体是自我，历史和现实的不同生命体验形成了较大心理落差和受挫感。另一部分是在与其他群体比较后感觉自身社会地位明显不如后者而形成的不平衡感，这里的参照群体是他者。其他具有相似或相同经历的职业群体地位、经济水平上升了，而自己却相对下降了，收益明显少于他人而产生了社会区隔感，这是主要原因。这里的参照群体分类复杂，有年龄参照群体，即历史遗留群体与年龄相近没有经历参战参试、支边支农等特定经历的人员比较；有地域参照群体，即历史遗留群体与本地区或外地的有相似经历但获得利益明显优于自己的群体比较；还有收入参照群体、职业参照群体等。在利益上、福利上总是与自己高的群体比，以此为参照系要求政府解决问题。历史遗留群体在与参照群体比较中易滋生挫败感和怨恨情绪，摆脱眼前困境，提高经济社会地位的诉求比事实的底层群体更为强烈。历史遗留群体在制度变迁、政策调整的过程中，利益受损或者没有获得其应得的利益和期待的身份，现有的位置与预期差距较大，甚或出现了收入水平、社会地位下降的现象，那么曾经的“历史事件”就会在他们心中日渐突出、放大，从而使他们对于历史遗留下来的自我意识或事实上的不公正、不合理问题而产生了“倒找”举动。他们成为物质和精神领域的双重被剥夺群体，他们承担着历史发展的代价。因此，他们的相对剥夺感、不平衡感就更为强烈。与其他阶层相比，他们更容易采取非理性、激进的行动，且历史遗留群体的相对剥夺感越强，集体反抗的可能性也就越大。当部分历史遗留群体迫切渴

① 徐敏毅：《社会心理学基本理论综述》，《浙江师大学报》1994 年第 1 期。

望回归主流社会，实现自我价值，但希望一次次地破灭，与主流社会日渐疏远，可能会采取失去理性控制的集体行为，成为社会稳定的显在和潜在的威胁。人们只有在产生了相对剥夺知觉，即与特定他人进行社会对比后，感觉自己本应获得的某些政治、社会权利或经济利益被剥夺，主观上形成了不公正的感知时，集体行动才可能发生。[①]

美国社会学家泰德·格尔在《人们为什么要造反》（Why Men Rebel）的书中表示，如果一个快速变迁的社会同时具备了以下两个条件，就易于发生集体造反的社会事件：一是如果很多人把自己的命运与另外一个最迅速获利的群体所组成的参照群体相对比并感到强烈的相对剥夺；二是如果这些具有不满想法的人们心中思索减轻这一相对剥夺的希望先是被唤起，后来又无情地被落空，那么，反抗就可能出现。[②] 如果历史遗留群体在比较的过程中已经产生了相对剥夺感，一次次诉求后，得到却的是遥遥无期、不能兑现的承诺，他们在经历希望—失望—绝望的心理嬗变后，对现行社会制度原有的信任将逐步瓦解，对抗社会的动机和意愿也就会越发强烈，从而对社会稳定的威胁也就越大。历史遗留群体在今日大量优惠政策推出的触动下，在自身长期难以摆脱困境的失衡心理刺激下，不再接受以往的政策安排、心生相对剥夺感而引发矛盾和冲突。

第二节　历史遗留矛盾的类型

历史遗留群体往往是特殊时代特定政策的产物，他们承担着历史发展的代价，现今由于相对剥夺感及法治意识的增强，促使其产生的追溯性的维权活动。根据历史遗留矛盾主体的不同经历或矛盾的起源划分，主要集中为以下几大类。

一　老字号群体类矛盾

老字号群体是指在某个历史阶段在农村曾经出现过的、涉及公共服务

① 高文珺：《网络集体行动认同情绪模型的理论构想》，《社会学》2014 年第 5 期。

② 李培林、张冀、赵延东、梁栋：《社会冲突与阶级意识》，社会科学文献出版社 2005 年版，第 132 页。

领域的一些职业群体。主要包括农村的老民办教师、老拖拉机手、老电影放映员、老村干部、老农技员、老公路养护工、老兽医、老卫生员等。这些群体是我国计划经济时期生成的特殊群体，在当时农村生活和工作条件较为艰苦这一特定历史背景下形成的，曾是文化、技术、医疗卫生等方面的具有一定技能的人才。这批人当时依然是农民的身份，并没有进入社会保障体系。他们为我国农村经济社会文化发展作出过一定的贡献。随着他们自然年龄的增长，进入老年期后，对老年保障问题、福利问题日益重视，希望获得经济上的补偿，或能够进入社会保障的体制内。他们主要的参照群体是体制内的事业单位群体，心理不平衡感强烈，这是由社会发展造成的。该类群体人数众多、涉及范围广、构成复杂、社会影响大。全国各地均出现大量老字号群体反复上访要求政府解决其养老问题，由此成为农村社会矛盾的一个重要领域（见访谈案例1）。这是一个全局性的问题，而国家层面对这类群体的政策始终没有明确，因此基层政府缺乏相应的处置权力和政策支撑。又因为该类问题具有连锁性和关联性，部分地域和部分人群的先行解决反而会产生滚雪球效应，使矛盾不断地激化和扩大。对这一类群体的解决不仅体现了政府的经济关怀而且是对其历史价值的认可。安徽省现已基本实现了60余万“老字号”群体的生活补助政策全覆盖，并从2014年6月底开始陆续兑现到位，成为全国率先解决“老字号”群体政策全覆盖的省份，使困扰信访多年的“老字号”群体问题基本得到解决。[①] 目前全国多地逐步出台相关政策，力促这一群体矛盾的解决，根据其历史职位的年限给予不同的经济补助，这也是我国现阶段解决力度最大的一类历史遗留群体。现今遗存的该类群体主要来自以下几个方面：一是由于资料缺失真实性难以保证、处于政策的边缘没有解决依据等；二是由于部分地区财政资金有限，造成政策覆盖面较窄，未能涉及全部老字号群体或补助标准较低；三是某些地方政府违背政策，违规甚至违法操作，损害历史遗留群体利益。这些也是未来需要重点关注的领域。

---

① 李光明：《安徽在全国率先实现解决“老字号”群体政策全覆盖》，《法制日报》2014年7月6日。

访谈案例1:[1] 1983年江苏省人民政府下达了82号文件，规定国家三年困难时期，中专速成教育人员做民办教师的不应该辞退。但是地方政府违规操作，将我们这一批民办教师辞退。如果没被辞退，那么现在月收入应该达到5000余元，现在政府只给20元一个教龄，我从教15年，也就是说现在一个月只能拿到300块钱。这种情况，在XX地区共有3500人，江苏省大约有41600人，这种情况持续了近30年。2012年，由于民众上访，江苏省教育厅、人社厅、财政厅请示省政府，下达了16号文件，要求按照最低生活保障线给予被辞退的民办教师补助，但是各级地方政府仍旧没有落实。2013年省政府又下达了11号文件，明确规定每个月不能低于20元/年教龄，上不封顶。地方政府便按照最低线20元/年教龄发放。现在应该给我们的最低生活保障费和增长机制都没有落实。江苏省的南京市高淳区和淮安市经济开发区已经发放了420元/月的最低生活保障费。我市还没有落实，大家还在上访。我们主要是感觉自己的利益受到了损失。近期中央巡视组来到了江苏，我们已经把这个问题做成材料送给了巡视组，巡视组对这个问题十分重视。特别是从1983年到现在，国家的补助一直没有停发，但是我们一直也没有收到，所以要追查这笔款项的去向。之前，我们通过中国贸易报社、中国商报等国家级媒体维权，在南京成立了辞退民办教师自己的网站。最近几年一直到南京、北京等地上访，政府一直没有妥善处理。至今这个问题还是没有得到圆满解决。我们这一批人年纪都已经很大，有不少人已经去世了。现在我们大家的要求都不高了，能每月给我们补贴千余元，维持正常生活就可以了。

二 涉军群体类矛盾

涉军类群体不是指普通的复员、转业人员，而主要是指新中国成立后参加过特定战役、特定试验的军事人员。具体包括参战参试类人员（特指新中国成立后参加援越抗美、对印、对越自卫反击等战争和核武器、导弹、卫星“两弹一星”试验工作的军人）、上海职业武警、军队转业到企

[1] 访谈资料来源：南京大学“社会矛盾”课题组在江苏省某市的社会心态访谈。

业的人员（见访谈案例2）等。该类群体在历史上曾为国家作出过贡献和牺牲，他们的身份较为特殊和敏感。例如，1965 年至 1973 年，中国总计派出 32 万余人，在越南北方执行防空、作战、筑路、构筑国防工程、扫雷及后勤保障等任务，而所有这些当时都是全国保密的[①]。由于特定的历史年代背景，这些人回国后大多没有获得相应的政治待遇和经济待遇，有些人生活境遇较差。另一批是 1979 年参加中越反击战斗的人员，现已退休或接近退休年龄，获得的相应补助标准较低，这类人群也是当前涉军类集体行动的主要组织者和参与者。参战参试老兵除少数晋升至高位外，许多战后即退役，许多人回到农村，甚至生活陷入困境。这场战争带来的政治荣誉感对于这些老兵而言日渐消退，取而代之的却是集体挫折感。涉军群体是与参照群体比较时，心理最不平衡的一类群体。奉献大而获得少，付出与收益呈非对称性，过去社会重视的精神性的荣誉符号，在市场经济下遭到忽视和贬抑，精神支柱的丧失转而寻找经济补偿。分配在企业的涉军类群体或军转干部在收入待遇特别是退休金上与在机关、事业单位的同类群体相比差距较大，心理落差感较强，心态不平衡，要求提高自身待遇的呼声较为激烈。早期国企较之机关事业单位福利待遇好，转业干部主动或被动选择企业的意愿也较强。但现今历史反转，机关事业单位退休干部收入远超过企业，加之企业改制、企业破产等原因致使部分军转干部失业而陷入困境，由此产生了矛盾。国家对涉军类群体已进行了适当的补偿，但因其政治、经济、社会声望等方面的相对剥夺感较强，且诉求不断增加，因此解决的难度较大。特定的经历决定了这一类群体组织能力较强，近年来采取集体行动表达利益诉求的现象颇多，在国内外产生的社会负面影响极大。在众多历史遗留群体中，涉军类群体的失衡感也是最为强烈的，也更易受到境内外敌对势力的蛊惑、煽动。例如，2014 年 2 月 17 日，在“对越自卫反击战”35 周年之际，约 3000 名当年参战的老兵自发地从全国涌往广西凭祥和云南的昆明，举行纪念活动，并要求获得应有待遇和军人的荣誉。[②] 2014 年 4 月 28 日全国各地参战、参试老兵近 3000 人，赴京向中央军委、总参总政、民政部、社保部等部委反映两参老兵的

① 凤凰视频，2011 年 12 月 27 日。

② 《三千老兵聚中越国境纪念自卫反击战三十五周年》，《凤凰卫视》2014 年 2 月 19 日。

诉求，其中大部分为自卫反击战的老兵，援越抗美老兵占少数。[①] 类似的涉军类群体的集体诉求较多，矛盾较为突出，若要彻底解决该群体问题不可能依赖于地方政府，必须由中央出台相应的政策。

> 访谈案例2：军转干部，也就是原来的部队里连级、营级和团级干部，转业到国企比如供销社、粮站等各种国营厂里面，89年企业逐步改制大家都下岗了，然后开始上访说自己的待遇低，认为当初和自己一道从团级干部转业当公务员都是处级干部了，但是自己只能每个月拿一千多块钱的工资，这样的群体是长期上访的；老武警，我国的老武警都是从野战部队转来的第一批武警，参加过核试验的，那时公安和武警是不分的，都叫作“职业武警”，就是搞核试验的这批人，当时政府对于这些人给出了很多承诺，但是现在政策执行明显是不到位的。（0B01003，乡镇党委书记）

三　企业改制群体类矛盾

企业改制类群体是指原国有企业的职工，因企业改制而利益受到损害的群体。20世纪80年代中期我国开始实施国有企业改制，国企进行改制、分立、合并、重组等，引起大规模劳动者下岗失业，90年代下岗失业群体达到高峰。1997年末有1270万名下岗工人，1998年末有877万名，1999年末有937万名，2000年末有911万名，这些数字只包括那些在年末还未找到工作的下岗工人[②]。一些国企管理者通过“下岗分流、减人增效”、“内部退养”等办法来分散危机成本；一些困难企业在无力清偿所欠职工债务和无力支付补偿金的情况下，强行解除与职工的劳动关系，搞所谓“买断工龄”，有的甚至只给每个职工两三千元钱，强行打发了之。[③] 中华全国总工会集体合同部部长张建国指出，国企改制过程中，一些地方、部门和企业无视职工的民主权利，擅自决定企业破产、出售、

---

① 《特大喜讯——援越抗美老兵的诉求有了突破性回应》，耒阳在线（http：//www.0734999.com/thread－61817－1－1.html）。

② 中国国家统计局、中国人力资源和社会保障部，1996—2001年，（http：//www.stats.gov.cn/，http：//www.mohrss.gov.cn/）。

③ 周多刚：《新时期人民内部阶层矛盾问题研究》，南开大学出版社2012年版，第163页。

转让、兼并等直接涉及企业生存、职工命运和国家利益的重大事项，甚至贱卖国有资产；一些地方企业改制的政策制定得不全面、不细致，不履行法定程序，导致一些企业改制重组中劳动关系调处政策落实不到位，损害职工合法权益。[①] 早期的企业改制基本上没有针对利益受损的下岗职工制定补偿性和延续性的就业和养老等政策，致使下岗职工瞬间身份逆转，由享有多项福利待遇的企业主人跌落为无业者和企业的弃儿，成为就业无门路、生活无着落、养老无保障的“三无”人员，由此产生强烈的不满情绪和被剥夺感。下岗工人成为我国利益格局变动中利益受损最为严重的群体之一，由此带来一系列的矛盾。国企改制引发的矛盾和冲突是20世纪90年代我国最主要和最突出的一种社会矛盾，引发了大量下岗工人聚众上访、集体堵路、围堵政府等群体性事件。现今，历史上的下岗工人大多已逐步被消化掉，割断了对国有企业的心理依附和经济联系，大部分人自寻出路，另谋职业，有的甚至重新创业，实现了向上流动。但还有一部分下岗工人，尤其是年纪偏大、劳动技能缺乏的人员难以适应社会，跌入了社会的底层，生活的困苦使其将自己的不幸境遇归结为国家和企业政策调整的结果，从而反复上访要求解决生活问题。另有部分当年的内退职工发现自己现今收入与同期非内退的退休职工相比差距较大，从而产生了极端的不平衡和不满心理，诉诸于行动以求获得补偿。执政者长期宣传的意识理念，即工人阶级是国家的领导阶级、是国家和企业的主人，为下岗工人的维权提供了思想基础和政治伦理，因此也得到了社会的广泛同情和支持。见访谈案例3。

访谈案例3：××化工厂的矛盾就是一批工人，随着改制，这些年龄到了的工人没有文化知识，就要下岗，下岗之后按照国家的标准补偿一些钱，但好多工人就不愿意这样做，就产生了矛盾。工作没有做通，开始有几十人，再后来就有上千人去上访，向中央上访，向省里申诉，甚至成群结对地往成都走，往北京走，成了上访老户。问题得不到解决，他们就把板凳摆在公路上，拦着公路，最严重的是把××化工厂拦了两天两夜，厂里有种化学原料在路上不能耽搁久了，耽

① 杨琳：《专家称劳资矛盾引发群体性事件进入高发期》，《瞭望》2009年12月14日。

搁久了就会产生化学反应，有一定的危害。比如说发生一些燃烧爆炸。市政府就采取强制措施，把公安局的特警队放在这个地方，我们特警队受伤的也特别多，他们把盾牌拿起，钢盔戴起，硬从过道冲过去，然后两边的石头板凳就“轰”的摔下来，锅碗瓢盆就扔下来，那次公安局也伤了几个人，对此我们也抓了十几个人。最后我们在冲的时候他们用力地敲锣，就像鬼子进村一样，还组织了上百个小学生在那里，后来公安局局长来喊停止冲锋，人才退下来，怕伤到学生。这些矛盾太大了。最后公安局和政府派人进去，让他们派代表座谈，这才搞清楚一些问题。××化工厂最严重的时候有三年没发工资，我们听到都很感叹。最后临时解决措施是，市政府在公安局那里借了五十万，市政府自己又凑了二百多万，全部凑起来有三百万左右，连夜在十二点钟之前把这部分工资补发给大家，才同意散开。散开之后，市政府才派工作组进去，逐步地解决。当然，××化工厂也有很多腐败问题，因为我们也参加工作组调查，公安局治安支队参加工作，一些腐败问题我们也不好说。(0O12009，市公安局教导员)

四　支农支边群体类矛盾

支边支农类群体是指按照政府号召离开家乡到外地从事工作的职业群体，具体包括“上山下乡”知识青年、支内职工（如上海支援内地建设派出的职工）、新疆生产建设兵团知青、各类支农人员等历史上形成的群体。为了加快农村特别是西部农村的发展，为了减轻大城市的就业压力，该类群体放弃了城市相对优厚的生活，响应国家和地方号召，分赴偏远、贫困的农村地区插队落户，奉献青春，历尽磨难。1968—1978 年上山下乡的城镇知青共计 1700 万人[①]，规模庞大，持续时间长。20 世纪 50 至 70 年代，上海根据中央统一安排，有组织、有计划地向兄弟省区输送了大批建设者，有力地支援了各地社会主义建设。据统计，上海市在不同历史时期支援外地建设的各类人员约 210 万人（不包括在本市农场和近郊农村插队落户的 41 万名知青），其中从事农业生产约 101 万人，参加工交基建等约 109 万人。但近年来，由上海建国以来支援兄弟省区建设的各类群

① 《全国知识青年上山下乡工作会议纪要》（中发［1978］74 号）。

体，特别是以原上海援疆建设兵团的自动离岗人员以及兵团知青退休返沪职工等为主体的定期持续集访现象，引发了一系列社会矛盾①。这些援外类群体是计划经济时期的产物，具有浓厚的政治色彩，在特殊历史条件下曾为国家的发展和稳定作出了巨大的牺牲。目前大多已退休，但部分人群退休待遇较低，养老医疗负担较重，要求解决养老医疗问题的呼声较为强烈，甚至一些人员认为自己当时受到了政治迫害。国家对援外类群体特别是部分生活困难者应予以适当的经济补助或补偿。

访谈案例4：我们那个地方有上海下放学生，具有特殊性，他们现在反映的问题是：当时国家已经出台政策不再开展上山下乡，结果上海长宁区没有按照国家政策办，还把他们下放，使他们现在的生活困难。我们县有167个上海下放学生一到两会等重要时段就去上访，我们就需要重点防范。（0B02142，乡镇党委书记）

访谈案例5：六、七十年代修建湘渝铁路，由于人员不足，从很多社区抽调了很多年轻的村干部、青年人力去修建铁路，按照当时的政策，对这些人评工分，给予他们补偿。当时的这些人们到现在大多都六十岁左右，这个年岁，生病率比较多了。这类人在全市有几千人，所以他们形成了一个自发的组织。比如说，铜梁的、合川的、永川的等几个县城的几个人带头，组织上几百人的队伍到县里或市里集访，这个影响是非常恶劣的。他们觉得过去修铁路时，政府给予他们的补偿太低，他们为国家建铁路，出了力，做了贡献，现在的社会讲和谐，他们大部分在农村，生活在最底层，他们要求政府给他们买养老保险、医保、享受低保，等等，但因为涉及人数太多，这也需要上级有关部门来协调这个事情，所以这也产生了很大的矛盾，引起了基层的不稳定性。（0O11004，县委办公室主任）

五　其他群体矛盾

因土地纠纷、涉法涉诉、社会保障、计划生育、移民安置等方面问题

---

① 柴俊勇：《对本市历史遗留群体矛盾的思考和化解建议》，上海政协网（http：//shszx.eastday.com/node2/node4810/node4836/node4840/userobject1ai37599.html）。

引发的历史遗留矛盾。这一类矛盾主体相当分散、复杂、多元，涉及面广，解决过程也更为烦琐、艰难。例如，在土地纠纷类中，税费改革以前，因土地产出低，农业税高，农民收益较小，一部分外出务工或经商人群将土地抛荒，自愿放弃对土地的承包权。土地第二轮承包对耕地进行了重新分配，但近年来一系列政策措施的出台，如免除农业税，土地征用和流转，对土地确权等使该类人群意识到土地的价值，开始要求归还原本属于自己的土地，但其要求并无政策或法律依据，由此引发矛盾。在涉法涉诉类群体中，主要是因为对历史上的判决不服，或因新政策、法律的出台使历史案件性质、解决方式等发生了变化，从而造成其不满和不平衡，要求予以重新判决或给予经济补偿。例如20世纪80年代被判处流氓罪现要求平反的，土改时地主土地、住房被没收现其后代要求归还的等。在社会保障方面，主要表现为早期失地农民对养老保险的诉求。早期各地失地农民没有享受养老保险待遇，现在政策调整，新失地农民可参加养老保障，对这老一批失地农民产生刺激，要求同等待遇。在计划生育方面，主要是20世纪80年代计划生育政策实施初期，大量妇女被强制引产、上环或结扎（亦包含男性结扎），致使部分人群出现了身体后遗症和并发症，给其带来了身心伤害，从而引发了这一类人长期上访要求国家予以赔偿。在移民安置过程中也产生了一些历史遗留问题。移民是被动移民，移民群众是被动搬迁，是国家移民政策所致。在后期新安置地生活的过程中若其生存和就业困难、生活水平下降也会迁怒于政府。因这些遗留问题造成的矛盾都比较突出。

第三节　历史遗留矛盾的表现特征

历史遗留矛盾是在特定的历史时期和社会背景下形成的，具有历史性和累积性，经过长期的酝酿和发酵，造成了社会关系和社会结构的失调。这一不同于其他社会矛盾的特性使历史遗留矛盾表现出了一系列独特的形态。

一　矛盾源的政策性强

自改革开放以来我国的社会分化、结构调整加剧，利益格局深刻变革。在此变迁过程中大量政策失去了其作用的时间、空间条件，但却没有得到相应的调整，也未能有效实现新政策的衔接和补充，由此造成部分政策的覆盖群体没有获得应有或期待的利益提升，产生心理落差。历史遗留群体并非利益的直接受损者，而更多的是社会发展中因政策失效、政策更迭、政策缺位等原因而形成的利益失落者或间接利益受损者。政策受惠者总是试图以“服务大局”或“发展的代价”为理由来迫使政策受损者接受现实。但政策受损者越来越不满意于这种强加的分配格局，试图通过抗争来实现合理的利益和理性的收益。[①] 因政府是政策的主导者和政策的受惠者，即产生了政府与利益失落群体之间的张力，甚至冲突。

新中国成立到改革开放初期，中国曾经历了一系列特殊的历史背景，出台了诸多特殊政策。抗美援朝、援越抗美、对印对越自卫反击战、核实验等使大规模人员参与其中，造就了今天的涉军类群体。在农村贫困落后、人才严重短缺的社会条件下，国家为了提高农村的公共服务水平，加快农村社会发展，使用了众多的编外人群，即产生了现今的老字号群体。20 世纪 50—70 年代由于特殊的政治和社会原因，支援边疆、支援内地、支援农村成为当时的政策主导，投入了大量人员，遗留下了今天的支农支边类群体。国企负担沉重、效率低下使改制成为必然从而产生了大量的下岗工人等。知青上山下乡是政策性的，老字号群体的福利待遇是政策性的，涉军人员的安置是政策性的，国有企业改制是政策性的。这一系列政策是由当时的经济发展水平、政治制度、经济制度等因素共同决定的，政策本身没有对错之分，不同时期政策的功能不同，对政策的理解亦不同。在计划经济时期，集体经济提供报酬，工资标准低，农村不存在养老保障，因此在当时也不可能对老字号群体的养老进行预设。知青在政策上尽管插队的工龄已经承认，但要政府完全承担起他们的职业安排、养老保障等是不切实际的。当初的起因是政府号召，是政府的政策造就的，当时与以后享受的福利待遇均是政策规定的。这些政策通常是中央的政策，因此矛盾的政策性导致历史遗留群体将矛盾对象对准各级政府，将其利益受损归咎于政策所致。地方政府即使自身有财力也不能够打破中央的通盘考虑。群众的诉求并不是地方政府可以任意解决的，这涉及全国统一的政策

① 张海波、童星：《社会管理创新与信访制度改革》，《天津社会科学》2012 年第 3 期。

界限。

二　矛盾主体对政府的依赖性

大多历史遗留矛盾群体现实身份与某一历史时期的身份脱节、不连续。历史上某一特定时期他们的自我认同感、荣誉感较强，而现今经济、政治地位等向下偏移，地位身份差异由此产生心理失落和不平衡感，社会归属感和认同感也在减弱。例如老字号群体，在农村当时是有一技之长，比普通农民收入高，社会声望较高，而这些曾经的优势现今荡然无存，在心理上产生失落是不可避免的。再如下岗工人在国企改制之前曾是社会的中坚阶层，享有一系列法定的福利待遇，政治地位较高。改制使这些身份和福利在瞬间失去，而一些人没能跟上时代的节奏，获得自我的提升，职业的再造，成为长久的失业者，沦为社会的底层。部分涉军类群体从国家推崇、社会敬仰的英雄人物沦落为无业、生活困难的弱势群体。这些群体身份的割裂是显著的和非自主性的，主要由政府的政策所致。随着社会的急剧变迁，社会流动的加速，人们社会阶层的转换、身份地位的升降是一个正常的社会现象。由于机会、能力等先赋或自致因素的差异，不同人群亦会有不同的表现。失落者本不应产生过多的失衡心态，但对于历史遗留群体而言，造成他们身份断裂、地位跌落的并非自身因素，而主要是国家政策或公权力违规、违法操作所致。因此，他们会将自己的恶劣处境归咎于政府，进而对政府产生了过度的依赖心理，期待政府能够弥补其损失，恢复其原有身份地位，提高其生活水准。尤其在思想多元化、关系利益化的今天，历史遗留矛盾群体较之身份变迁之初个体意识增强、集体意识削弱，对经济利益更加渴望，其利益失衡心态也更为强烈，抗争的动力亦越大。

三　矛盾关系的缠绕性

历史遗留矛盾起源复杂，涉及工人、农民、军人等各类群体，人员众多、异质性强。历史遗留群体还具有分散化特点，区域分布广，遍布全国各个地区，呈星状、碎片化分布特征。其反抗形式多样，主要以个体或集体上访为主，上访老户、思想偏激者较多。历史遗留矛盾由于时间跨度长，经历了时代更迭，政策时过境迁、分管人员替换、话语转换等变化，造成责任主体不明确。现在的政府管理者对解决这类矛盾的积极性不高，由于政策性强，他们不能违背政策，以此可能会出现推卸责任、久拖不决的现象，使各类历史遗留矛盾发展成为影响社会稳定的社会矛盾。历史遗留矛盾在矛盾主体、成因、范围、时间等方面错综复杂的特性为矛盾的化解带来难题，并具有缠绕性。在这些矛盾中，有些是应该及目前可以解决的，有些是应该解决但短期内难以彻底解决的，还有一些是不合理的诉求且无法予以解决的。不同类别的历史遗留矛盾缠绕在一起，各类历史遗留群体相互参考，使矛盾的解决极为艰难。此外，还存在着情、理、法的交织，有合情、合理、合法，也有合情、合理、不合法，还有不合情、不合理、不合法，即无理取闹型，在矛盾的解决过程难以区分，甄别。这一特征使历史遗留矛盾极具反复性和持久性，成为多地久拖未决的社会之痛。

四　矛盾冲突形式的集群化

背景相同、经历相似的人，同质性很强，在这个集体认同感创造的共享情境里，人们对群体的共同性有了更深刻的认识，容易产生情绪的“共同化”，把客观的社会关系转化为主观上体验到的群体利益的共同性，彼此结为“命运共同体”，或想象的“命运共同体”。[①]“命运共同体”往往成为历史遗留群体实施集体抗争行动的最直接的动员结构。从本质上来说，历史遗留矛盾是一种群体性的矛盾而非个体矛盾，其联动性较强，因此也必然呈现出某种集群化趋向。历史遗留群体以传统的上访为主要诉求方式，从组织程度看，通过串联、聚会等形式集体上访现象不断增多。有的是相同地域、相同单位、反映相同或类似问题的人聚集在一起集体上访。有的利益群体进行“抱团取暖”式结盟抗争，运用各种表演形式，营造苦难情境、烘托情感氛围，获取公众和媒体在道德上的支持。一个集体抗争事件还会在全国范围内形成辐射效应和连锁反应，带动其他地区的相似群体参与类似行动。这些小群体利用各种非正式社会网络，形成不同于主流社会的亚文化，甚至是反文化。随着经济社会的发展，网络媒体与手机等逐渐被人们采用，一些历史遗留群体或相关群体开始通过互联网表达自身利益诉求、传播社会矛盾，在这个虚拟的空间中以隐蔽的形式进行

① 单光鼐：《群体性事件背后的五大社会心态》，《中国党政干部论坛》2015 年第 5 期。

抗争，使矛盾呈现匿名化趋向，而这些很难直接被获知与控制。互联网的搜索和筛选功能能够将具有相似社会处境、同等社会地位、相同社会经历和利益诉求、共同心理体验的人连接在一起，形成自发群体，聚集成社会网络。[①] 现实中各类历史遗留群体或其家庭成员通过 QQ 群、微信朋友圈等方式，如越战老兵群、下岗工人群，自发地形成一个跨越地域界限的利益相同或相近群体，通过现实和虚拟空间进行持续互动，在交流中会产生共鸣、共振，使一系列负面情绪进一步在群体中传染、叠加与强化，并在交互作用下寻求其行动的合法与合理性自我解释，建构行动策略，从而为历史遗留群体的集体行动创造了条件，也促使集体行动的发生频率和规模扩大。尽管近年来历史遗留群体的集体行动日益增多，但总体而言，行动方式较为理性和温和，极少出现极端的暴力性冲突。值得警惕的是，近期在历史遗留群体的集体行动中显现出第三方介入的迹象，如专业维权人士、律师等，特别是境内外敌对势力的介入，对这些利益受损、心理失衡的历史遗留群体进行渗透和煽动，挑起集体性敌视和普遍的社会怨恨，使社会矛盾激化、异化。

五　矛盾处理中政策的碎片化

历史遗留群体竭力赋予自身维权行为某种合理的身份，渴望得到社会的关注、同情和支持，以此给政府施压。同时该群体主要是社会转型的伴生现象，作为国家政策的历史产物，执政党和政府亦有责任予以解决。为此，历史遗留矛盾的处理也是历史遗留群体和政府的利益博弈过程。各级政府针对各类历史遗留群体也出台了诸多解决政策，但政策大多碎片化，不能系统地、全面地、彻底地予以解决。同一地区不同政府部门管辖范围不同，政策的对象也不同。例如教育部门致力于解决老民师问题，卫生部门重点解决老兽医和老卫生员问题等，而不同地区政府解决历史遗留群体的着重点亦不同。这一分散型、碎片化的解决模式反而会带来更多类似群体的心理不平衡。没有顶层的设计与整体的考虑，零碎的部门性政策、地方性政策，在实践层面则会导致“按下葫芦起了瓢”的权宜性效应，难

① 朱志玲、朱力：《从“不公”到“怨恨”：社会怨恨情绪的形成逻辑》，《社会科学战线》2014 年第 5 期。

以从根本上解决问题。历史遗留群体的诉求目标往往较为统一和单一，即解决自身的养老问题，矛盾冲突限于具体的经济层面。虽然不同地区政府采取不同的处理方法，但总体而言主要采取经济手段予以解决。若历史遗留群体的解决有政策或法律依据，则较易处理，基层政府压力会减轻。但若缺乏政策或法律依据，在现有的政策框架下找不到合理的解决方式，而该类群体持续申诉，甚至采取非理性、非制度化的诉求方式，会给地方政府带来巨大的维稳考核压力。“责任田”式的基层政府治理模式[①]促使一些地方政府为应付上级考核，迫于压力而采取无原则的“花钱买稳定”方式予以解决，使矛盾的解决弹性增大。解决与否以及补偿方式、补偿金额往往依据历史遗留群体的抗争的力度、手段的烈度和基层政府的容忍度确定。这一较为随意的处理策略结果则是鼓励越来越多的人群制造影响，要挟政府，满足其诉求，形成“会哭的孩子有奶吃”的社会规则和培养“刁民”的社会土壤，由此不仅增加了人力物力成本，而且引发更多、更激烈的社会矛盾和冲突。

第四节　历史遗留矛盾的发展趋势

历史遗留矛盾的发展趋势受到我国经济社会发展水平、法治社会的发展进度、执政主体重视程度、历史遗留群体维权意识强弱、矛盾冲突的强度等多元变量共同影响，从现阶段的综合环境和访谈资料来看，主要呈现以下几点趋势。

一　短期内仍将呈现高发态势，但未来必将逐步弱化

历史遗留矛盾在短期内还难以退出历史舞台，仍将是主要社会矛盾之一。一是政策不可能回塑。社会的快速变迁对历史遗留矛盾的形成起着强烈的刺激作用。在此过程中产生的历史遗留群体已经成为事实，即身份跌宕、地位下移已经发生，不可能再扭转，也不可能再进行身份更正。旧的

① 目前中国基层政府治理类似于责任田模式，乡镇（街道）负责人对本辖区内所有事务负全责，好比上级政府把责任田承包给基层政府，实行属地管理，并建立一系列考核机制对其进行管控，这迫使基层政府必须千方百计、竭尽所能地经营好他这块责任田，确保不能出问题。

政策无法再复原，即便后期有新政策的补充也不可能使每一位利益受损者得到应有的或预期的补偿。且人的欲望是无止境的、缺乏契约意识，某些群体虽然现时的需求得到了满足，但未来随着环境的变化其欲望还可能会抬高，变换为新的诉求，抓住“利益受损”这一旧账再次要求弥补，从而使现阶段已解决的矛盾在未来某个时期出现反弹，再次引起矛盾冲突。二是一类群体诉求的解决形成了攀比效应，又激发了一大批类似群体的出现，使雪球越滚越大，矛盾不断叠加、深化。某市人社局副局长在访谈中有如下陈述：“目前我市的老字号除了去掉的已经解决的 7 个老字号群体之外，现在又出现了 19 个老字号群体，这样加上前面 7 个就是 26 个老字号群体，已经解决的 7 个老字号群体有将近 1 万人。目前反映出来的 19 个还正在酝酿的老字号群体，将近 3 万人，总共将近 5 万人。他们都在互相看着，你的问题解决了，那我也去反映问题，去上访，这给我们的工作带来了难度。”由此可见，历史遗留矛盾的解决不是一蹴而就的，而是一个渐进、持续的过程。一部分历史遗留群体诉求的解决并不意味的矛盾的彻底化解，反而激发了更大规模群体的心理欲求，若未能获得满足，则会萌生不公平感、不平衡感和不满情绪，使历史遗留矛盾扩大化。社会变迁形成的绝对或相对利益受损群体中仅少部分选择了显在的直接抗争形式，被社会所认识，而大多数是沉默的，是心存不满的，处于潜在的、隐形的状态。一旦这些“大多数”的利益欲求被他人、被新政策所唤起，则会产生更为强烈的心理期待，也会转为外显的权利抗争，成为当今社会矛盾中不容忽视的结构性力量。但从长远时段来看，随着目前较为突出的存量矛盾渐次得到解决，历史遗留矛盾将会不断弱化。一是中央及各地方政府近年来在不断推动历史遗留问题的解决，尤其对影响较大、矛盾较突出的历史遗留群体将依次予以解决。同时随着国家经济实力的增强，社会治理水平的提高，执政能力的提升，新问题在未来转化为历史遗留矛盾的机率也在逐步降低。二是劳动力市场化，体制内保障的成员在减少，这类问题引发的矛盾总体上不会再增多。三是年龄的自然淘汰。现存的几大类历史遗留群体大多年事已高，一旦逝去将不再形成影响，矛盾也将自然弱化。因此，随着时间的推移，20 世纪 60 年代、70 年代形成的农村五老人员的矛盾、涉军矛盾、支外矛盾，在 15—20 年后几大类传统的历史遗留矛盾将会自然减少乃至消失。

二　旧有矛盾自然弱化，新的问题将积淀为历史遗留矛盾

20 世纪中后期产生的几大类传统的历史遗留矛盾将会自然弱化，但我国目前仍处于快速转型期和改革加速期，政策更迭频繁，利益失落群体和利益受损群体仍在生成中，历史遗留矛盾源并不能彻底根除。此外，近年来中央大量优惠政策接踵而至，但某些地方出于经济或政治目的而出现对政策的背离与忽视，压缩民众应有的福利；或者中央和省级政府出台的政策在基层落实困难，地方为追求短期绩效，违背政策变通执行，这些现象在基层普遍存在，地方政府违犯规范与程序的行为若不能扭转都将成为未来历史遗留矛盾的生产源。在具体政策的执行层面，若地方政府或企业等一些执行主体对利益的统筹兼顾不到位，同样也会产生后遗症，引发诸多社会矛盾。20 世纪末国企改制产生的下岗失业群体引发的历史遗留矛盾尽管尚未完全消退，但已呈弱化的趋向。而目前正在进行的新一轮国企改革和改制会引发新的矛盾，若不能对相应的失业者实施有效的安置，则便会使矛盾积累，在未来衍生为新的历史遗留矛盾。此外，21 世纪以来大规模的征地拆迁矛盾、环境污染矛盾、失独家庭矛盾、失地农民保障矛盾等，如果现在解决不好，积存下来，在未来都可能演变为历史遗留矛盾。现在矛盾最尖锐的上访老户，是 20 世纪末的改制与 21 世纪初的征地、拆迁等遗留的矛盾，正在转化为新的历史遗留问题。

三　矛盾的表现形式将呈组织化趋向

首先，历史遗留群体尽管构成复杂多样，但从单个类别来看，又是一个较为集中的同质群体，具备形成组织、从事集体行动的条件。其次，近年来群体性事件在问题解决上的高效率和低成本，对其他群体均产生了示范效应，也使历史遗留群体意识到分散和个体力量的低效，因而诉诸集体行动的动力越来越强。再次，现实世界和网络世界对群体性行为和组织行动的经验传递与分享，也为历史遗留群体提供了行动的方法和技巧。以上诸多方面都将促使历史遗留群体逐步地组织化，并采取集体行动表达诉求。未来不同类型的历史遗留群体还可能基于“政策”这一共同要素联合起来，状告现在的基层政府不作为、过去的政策不合法等，有将经济问题政治化的趋势。就目前而言，历史遗留群体所发起的群体性事件逐渐增

多，跨地区联动和组织能力也在增强，但表现形式相对较为理性、平和，若未来持续的行动均未能实现诉求，则非理性、激烈的对抗行动将难以避免。

四　矛盾性质易逆转，演变为非现实性社会矛盾

由于历史遗留群体规模庞大，成因复杂，且仍在生长过程中，现有的财力在短期内不可能予以彻底解决。此外，部分群体诉求不当、欲望过高，也无法给予合理解决。当某些历史遗留群体诉求长期得不到回应或解决，或者短期内看不到解决的希望，或者来自执政层唤起的期望最终未能实现，则不满情绪会在内心积聚和沉淀，对社会、对政府产生怨恨和抵触情绪，则具体的、现实的利益矛盾会转变为非现实的价值、观念冲突。历史遗留矛盾再和大量现实社会问题交织在一起，更易使矛盾严重化、泛化，成为危及社会稳定的一个重要的风险源。历史遗留群体大多并不在社会的最底层，但自我认同往往归于底层，认为自己是利益损害严重、地位下降的群体，为此思想意识常常较为偏激，行为趋向也易非理性化。一般来说，物质性冲突对于改善社会制度是有好处的，它不会威胁到这个社会存在的“合法性”和“合理性”基础。可是，价值性冲突却与此不同。如果某个阶级或某个阶层对这个社会存在的“合法性”产生了怀疑，或者对这个社会规范人们行为的主要价值准则和制度体系产生了动摇，那么，它就会威胁到这个社会的“生存”。[①] 历史遗留群体已经建立了初步的抗争机制，但政府有效的解决机制尚未形成，若政府不能加快应对步伐，填平两者之间的行动沟壑，则会产生政策合法性危机，使矛盾深化、激化，经济利益型矛盾转化为政治性或价值理想型矛盾。

第五节　历史遗留矛盾的化解对策

面对历史遗留问题，应坚持既尊重历史又正视现实的原则，深入剖析，根据历史遗留群体的属性及诉求内容选择有序分类、差序化解决策

---

① 李培林、张冀、赵延东、梁栋：《社会冲突与阶级意识》，社会科学文献出版社 2005 年版，第 50 页。

略。探索建立历史遗留矛盾的终结机制，预防和化解双向并重，经济、政治和思想手段同步推进，情理法综合运用，公共部门和社会力量交互作用，使历史遗留矛盾逐步弱化，实现历史遗留群体最终在生理和心理上融入现实社会。

一　实现分类有序推进

历史遗留矛盾成因复杂、差别较大，难以应用统一的标准和策略解决。总体上是因为历史发展过程中政策的局限性造成的。在制度和政策的变迁过程中，不同群体的抗风险能力亦不同，受益或受损情况存在差异性，因而他们对现有政策的预期和诉求内容也必然具有较大的差异。因此，针对不同的历史遗留群体，应进行详细分类，建立不同层次的历史遗留矛盾化解办法，依据轻重缓急分阶段分批解决。第一类是诉求合情、合理、合法的群体，其社会贡献大、时间跨度长，如大部分的涉军类群体、援外类群体。民政部2007年在《关于落实优抚对象和部分军队退役人员有关政策的实施意见》中要求各地对参战参试人员进行核查认定并发放生活补助，这为涉军类群体的解决提供了一定的政策和法律依据。大多涉军类群体在历史上贡献较大，对社会产生的影响也较大，中央及地方政府应及早出台政策予以全面解决，避免矛盾延续和扩大化，不能采取拖延策略。对这类群体应在养老、医疗等方面提高标准，并形成养老金逐年动态调整机制，每年增加一定百分比，调整幅度也不宜过高，让其看到希望，感受到国家对其价值的认可。第二类是诉求合情、合理但不合法的群体，应根据中央和地方经济发展状况，出台相应的政策法律法规，将其纳入法治化轨道，予以逐步解决，如老字号群体、下岗工人。第三类是诉求既不合情、合理也不合法的群体，不可能通过正常的渠道解决的，若生活确实困难，则需要进行相应的救助和帮扶，防止其陷入困境后萌发绝望仇恨心理。但对于无理取闹型的非常规、非理性、非困难的诉求者，应依法应对，坚持原则，防止妥协形成的示恶效应。例如土改时没收的地主土地，现在其本人或后代要求归还，对这类历史遗留问题绝不能妥协，不能翻案。对历史上乡镇政府曾使用的临时工、老聘用人员等群体的不当诉求不应给予支持，以及部分军转干部因历史上的自我选择而产生的地位转换和下降，不能完全由政府承担。对于各类历史遗留群体诉求的合情、合法与合理性的界定，需要广泛调研，根据社会各界的评价予以定位，而非依据历史遗留群体单方的抗争强度与烈度。

二　坚持地区联动、同步解决

历史遗留群体是一个全国性和全局性的问题，各个地区普遍存在。若各地区解决步调不一致、补偿政策不统一、补偿金额差别大，则更易使历史遗留群体相互攀比，促使原有的矛盾延伸、扩大，由此决定了其解决路径也需坚持地区联动、同步实施，即在全国至少在全省（自治区、直辖市）范围内同步有序推进。信息社会使各类历史遗留群体实现了跨地区互动，信息互通，因此在解决历史遗留矛盾时应避免地区差异，防止不同地区历史遗留群体相互参考而产生的不平衡感和不满情绪。不同省市、区县应建立历史遗留矛盾化解的协调机制和联动机制，在承认地区经济差异的基础上保障解决历史遗留群体政策的同步性。中央层面需进行顶层设计，针对同一类群体实施统一政策，制定通用的生活补助计算公式，补助标准随各地经济发展、收入水平动态地调整。同时加大对欠发达地区的财政支持力度，实现全国范围内历史群体的平衡与公平解决。另外，中央还需出台法律政策力促各省市实施，解决资金应由中央财政和地方财政共同承担，根据不同地区的经济发展水平制定不同的中央、省、市承担比例，经济发达地区地方分担比重高，而经济欠发达地区分担比重相应减少，贫困地区可完全由中央财政和省财政支付。在解决老字号群体时，可借鉴“覆盖面宽、准入门槛低、整体标准高”的安徽模式，所需资金由市、县（市、区）承担，省财政对皖北的宿州、亳州、阜阳三市 17 个县（市、区）欠发达地区给予适当补助，按省与县（市、区）4∶6 比例拨付。为保证政策的严肃性、连续性、稳定性，安徽按照“整体设计、全员覆盖，因地制宜、先易后难”原则，由主管业务部门牵头起草补助实施方案，经省政府常务会研究审议，确保了政策的一致性和连贯性。[①]

三　社会政策制定中的周全设计与群众参与

为防止新问题在未来积淀为历史遗留矛盾，在政策制定时应进行详尽

① 李光明：《安徽“老字号”群体政策全覆盖》，《法制日报》2014 年 7 月 15 日。

的设计，尽量克服政策的自身局限性。一是政策设计和执行时首先要考虑目标群体的利益，避免盲目追求地方意志、部门利益或特殊群体利益，而无视公共利益。应预知政策的覆盖群体，并调查了解该群体的需求及对政策的态度，从而体现对该群体的权利和利益的保障与尊重。二是应建立动态的政策调整机制，根据发展时期、发展阶段的变化相应地对政策进行调整，延长其运行周期，从而保持政策的稳定性和连续性，防止一天一个政策，一届政府一个政策。三是应认识政策实施的地域差异性，尤其地方性的政策应在充分调研各地实际的基础上有针对性地予以制定，增强其可操作性。在借鉴他地政策同时也应考虑自身的发展特点和现实状况，避免政策的水土不服和虚置。四是政策实施前要进行风险评估。为了减少新政可能会带来的社会风险，应建立政策特别是关涉群众利益的重大政策社会稳定风险评估机制。在政府主导下，建立由相关利益群体、专业机构、社会组织等共同参与的评估机制，或加快培育专业性的第三方评估机构，提高政策风险评估的质量。

同时在政策制定和调整过程中，还应完善民主参与机制，通过广泛的公众参与可以修复政策缺陷，降低政策风险，监督政策执行，减少历史遗留群体的形成。对于难以避免的“政策难民”即利益受损群体也需建立多元化的利益表达渠道，使其诉求通过制度化的方式表达出来，从而可以防止矛盾的激化和异化。为此，应建立一体两面的前期矛盾预防和后期矛盾化解的公众参与机制。要建立群众的政策参与机制，在政策制定和调整前应通过座谈会、联席会、听证会、民意调查等形式准确而全面了解利益相关群体的具体诉求，尽量减少新政策对中下层群体造成的伤害。在今后制度变革和政策调整时，通过搭建一系列便捷平台让利益相关者发出声音，体现其主体性，由此可避免政策的盲目性以及在具体运行中因脱离实际、偏离对象而出现的走样、变异和扭曲。通过广泛的各类群体参与还可防止政策碎片化、不统一和不连续，可确立具有前瞻性的、完备的、可持续的政策变化体系，保证政策的纵向连贯性和新旧政策的有效衔接，及时平衡利益受损者。群众在参与同时亦实现了对政策执行者的监督和约束，有助于防范各种违法违规操作，使执政者和群众由彼此争利转向为合作共赢关系。例如在近期新一轮的国企改制中应通过各种政策参与形式，广泛听取职工的意见和建议，对利益受损的中低层群体，如失业人群，结合其内在需求建立相应的补偿、救助和扶持机制，保证其基本生活水平不至于下降严重，保障失业人群重新获得生存机会，避免未来再生新的历史遗留群体，彻底根除历史遗留矛盾产生的土壤。

四　情、理、法手段综合运用

若历史遗留群体无法通过体制内的渠道表达自身诉求，则会产生两个后果：一是在长期压抑中出现心理失衡、扭曲，引发个体的各种越轨行为；二是选择体制外的集体行动方式，制造影响，对政府施压。因此，对于既成事实的历史遗留群体，不应回避、拖延，而应为其创建多元化的体制内的诉求表达平台，以此获知其具体诉求、心理和行为表现，将其作为社会的减压阀。信访作为一种常规的表达渠道，可以吸纳大量的历史遗留矛盾。未来应拓展信访形式，开展形式多样的信访活动，如传统面访、电话访和网络信访等相结合，领导干部的下访、接访、约访相结合，第三方（陪访员）参与信访工作、专业信访代理员等形式。网络作为现代社会重要的一种利益表达渠道，也成为历史遗留群体发泄不满、寻求心理慰藉和实际帮助的重要手段。对于这股潜在的力量，政府部门应格外重视，进行有效监管和引导，转化为体制内的表达渠道。从现存的历史遗留群体来看，绝大多数群体是受国家特定政策影响而产生的，其诉求是合情合理的，且诉求不高，无论是从政府责任来看，还是从国家财力来看，我们已经具备了解决的条件。因此，现阶段应从国家和省级层面统筹推进，加大法律政策的倾斜和经济扶助力度，为历史遗留群体的解决提供法律和政策依据，扩大解决的范围，使他们获得有尊严的救助，以此实现从情、理、法三个维度彻底解决历史遗留矛盾。对于因信息不对称或对政策理解有偏差而未能解决的历史遗留群体，基层政府应积极获知中央、省、市出台的政策，对已有政策进行详细、正确解读，力促将符合政策条件的历史遗留群体全部解决。而对于不符合政策条件确实无法解决的，要详细解读历史和现实背景，通过各种渠道与之沟通交流，动之以情，晓之以理，消除其不合理的欲求和心理障碍。对于历史遗留涉法问题应坚持法律途径予以根本解决，杜绝领导干部以言代法，以权代法的现象，扭转群众“信访不信法”的心理，通过法律手段建立该类历史遗留矛盾终结机制。此外，还应建立历史遗留矛盾化解的责任机制和激励机制。因历史遗留群体的特殊性可能造成基层政府推卸责任，解决的积极性不高。李培林表示，在地方领导干部考核中，也应当把解决历史积累的社会矛盾纳入政绩考核体系，不能今朝不理前朝事，为官一任，要富民安民一方。[①] 基层政府官员应改变官僚作风，树立民本思维和责任意识，深入城市社区和乡村详细调查了解辖区内历史遗留群体的类别和规模，洞察不同群体的具体诉求，制定多层次的解决策略。

① 王广、唐红丽：《深化社会治理体制创新研究，推动中国社会学走向世界——专访中国社会科学院副院长李培林》，《中国社会科学报》2014 年 8 月 8 日。

第十一章

干群矛盾的类型、特征、趋势及对策

2008年中国社会科学院基于CGSS2006调查研究形成了我国首份《中国社会和谐稳定研究报告》认为，在近十年来获益最多群体的排序中，69.84%的人认为国家干部是近年来收益最多的群体，干部替代私营业主成为获益群体的首位；而在群体冲突方面，28.26%的人认为干群之间最容易出现矛盾和冲突，是最容易出现冲突的社会关系。[①] 民众对于干部的态度成为影响干群关系的重要因素，加之部分干部自身所呈现的贪污腐败及其使用不正当手段致富的客观事实，使当前阶段我国干群关系的局面不容乐观。进一步来看，基于现实工作关系的干群矛盾若得不到有效化解，将会逐渐积聚成为一种负向的社会情绪而逐渐演变为非直接利益冲突的官民矛盾，它不仅成为影响我国社会和谐稳定的巨大挑战，甚至影响到党和国家政权的合法性基础。因而，深入探讨和具体分析我国现阶段干群矛盾的基本现状，并在此基础上推测其发展趋势、寻求化解矛盾的有效对策和机制，具有强烈的实践价值。本研究通过对2012年到2015年间课题组对全国28省366名基层干部访谈的综合分析，探讨现阶段我国干群矛盾的主要类型、基本特征、发展趋势及化解对策。

---

① 李培林、陈光金、张翼、李炜：《中国社会和谐稳定研究报告》，社会科学文献出版社2008年版，第341页。

第一节　干群矛盾的概念

一　干群矛盾的“边界”及其分歧

干群矛盾在我国经历了一个日趋显性化的过程。学者们在洞察到这一事实的同时也展开了众多研究和讨论，并形成了与干群及干群矛盾相关的“概念簇”：干群、官民、干群矛盾、干群关系、干群冲突、干群信任等。正是这些主旨相似但又各有所侧重的概念的发展使用，构筑了当前我国干群矛盾问题研究的平台。本部分将对当前学界关于干群关系的主体进行简要梳理，并在此基础上提出本研究中适用的干群矛盾的概念。

1. 干、群之分

现有研究在使用“干群”和“官民”概念时有以下两种倾向：一是对“干群”“官民”不加区分，在概念使用上采取模糊化方式，这在科学社会主义、政治学等学科中尤为明显；二是明确界定“干部”的范畴比“官员”大，但在分析矛盾问题时倾向于使用“官民”这一表述方式。吴忠民认为“官员”群体主要是指“公务员”和“准公务员”的“国家公职人员”群体，而干部群体的范围要大得多：不仅包括官员及准官员群体，还包括事业组织、社团组织、基层社区组织以及企业组织当中的居于较高位置的管理人员和骨干人员。在谈论相关问题时，“官民矛盾”比“干群矛盾”一词准确。[①] 龚维斌认为干部主要是指掌握一定公共权力和公共资源的管理者，包括党政系统、法院检察院系统掌握一定公共权力的人员以及国有企业的管理人员，还包括农村党支部书记和村委会主任之类的最基层的干部。[②] 颜烨将干部区分为“一般干部”和“领导干部”，而“官员”则主要包括党政机关、事业单位或社会团体中具有实际党政管理职权的领导干部，具体来说包括：中央政府各部委局和直辖市中具有实际党政管理职权的处级及以上行政级别干部；各省（自治区）、地市、县（市）、乡（镇）中拥有实际行政管理职权的乡科级及以上行政级别的干

① 吴忠民：《当代中国社会“官民矛盾”问题特征分析》，《教学与研究》2012 年第 3 期。

② 龚维斌：《我国当前干群关系的现状、特点与原因》，《北京行政学院学报》2005 年第 4 期。

部；以及部分拥有实际行政管理职权的处科级以下干部和不拥有实际行政管理职权的处科级及以上干部。[①] 邵沁妍也将“干部”界定为“掌握一定公共权力和公共资源的领导者或管理者”，“群众”则为在前者领导下以社会各阶层为主体的大众，因而干群关系就表现为党、政府与社会公众（包括各个社会阶层）之间的关系。[②]

现有研究体现了学者们在使用“干群”“官民”概念时的不同旨趣和偏好。纵观来看，在内涵和外延上将两个概念加以区分是主流意见，其共识在于“干群”概念所涵盖的主体范畴比“官民”大得多。与此同时，学者们在对选择较大范畴还是选择较小范畴的概念上意见不一。本研究的主旨在于厘清当前我国干群矛盾的主要特征并预测其未来发展走向，因此需要对“干群”关系的范畴和干群矛盾主体的边界作出明确限定，在此基础上对“干群矛盾”予以清晰界定是一个必要过程。

2. 干群矛盾的边界

本课题所研究的其他类型的社会矛盾的边界相对明确，均是围绕某一具体的利益冲突展开的。一方面，矛盾源是明确的。征地矛盾是在集体土地征收中围绕利益补偿问题而产生的，环境矛盾是民众针对已经造成的或者潜在的环境污染、破坏问题展开的反抗等，产生矛盾的核心议题是明确的。另一方面，矛盾冲突的主体是明确的。在上述矛盾领域中，冲突主体分别是农民与征地拆迁方、环境污染受害方（或潜在受害方）与污染制造者，呈现出鲜明的矛盾主体特征。由于这些社会矛盾同时具备了矛盾源明确和矛盾主体明确的双重特性，因此判断某一起特定事件为何种类型的矛盾显得简单而确定。

然而，干群矛盾却与此有所不同。其他领域社会矛盾强调的是某种“类型”的矛盾，而干群矛盾凸显的则是两种特定身份的“群体”间的矛盾，若非将之置于某一具体事件背景下则难于明确其矛盾源。在此意义上，干群矛盾相对地具备了“主体明确”的特性。进一步来看，首先在

---

① 颜烨：《转型期干群关系的阶层透视》，中国战略与管理研究会网（http：//www. cssm. org. cn/newsite/view. php？ id =32895）。

② 邵沁妍：《社会转型期我国干群关系问题研究》，中共中央党校博士学位论文，2010 年，第 33 页。

矛盾领域，“干群矛盾”的话语表述并未向人们清晰呈现某一起特定冲突事件的起因、目标、领域到底为何，而只能通过冲突双方的阶层身份将之判断为干部与群众的矛盾，这是实践领域的干群矛盾“边界”不清晰；其次，即使通过冲突双方身份实现“干”与“群”的定位，那么接下来的问题是，干部有一般干部和领导干部之分，学术话语中所言之“干群矛盾”是指什么样的干部与群众发生的矛盾？发生于一般干部同群众之间发生的干群矛盾与发生于领导干部同群众之间的干群矛盾，是否存在表现形式以及形成逻辑上的差异？这在学术研究领域尚未形成明确的界定，这是基于研究层面的干群矛盾“边界”不清晰。

3. 本研究对干群矛盾的界定

本研究赞同当前主流意见中有关二者关系主体范畴的区分，但同时也认为“干群”关系的主体问题仍有待于进一步明确化。这不仅是学理上辨识当前干群矛盾的基本状况和形成逻辑之所需，也是探讨干群矛盾有效化解路径的必要前提。本研究对干群矛盾的界定为：在城乡基层社会，掌握公共资源或集体资源、具有公共权力或集体权力的基层管理者，在与被管理者直接互动过程中形成的摩擦或对立状态。

这一界定在充分兼顾“干群”关系主体广泛性的同时，还在基层矛盾、现实矛盾、矛盾双方直接互动层面呈现了“干群矛盾”的核心要义，凸显了与“官民矛盾”的区别。官民关系中的矛盾冲突，尽管同样产生于作为拥有公共权力和公共资源的管理者与民众的冲突，但这种冲突并不限定于社会基层，也不限定于冲突双方具有直接的互动关系，更不强调是基于现实利益的冲突。换言之，官民矛盾中的双方不一定存在直接的互动关系，但此类矛盾一旦产生即意味着它已经超越具体利益的冲突而演变为“无直接利益冲突”。因此“官民矛盾”更倾向于作为一种社会心态的描述方式，是干群矛盾泛化所形成的社会心理层面的冲突，是全社会范围内现实的物质利益冲突长期难以得到有效缓解而逐渐累积的一种抽象概括与表述。因此在总体上，干群矛盾与官民矛盾的本质是相同的，都是产生于国家和社会管理者与普通民众之间的冲突现象，但前者为“实”，是基于现实利益的冲突；后者为“虚”，强调了非现实利益冲突社会心理。

这一界定强调了干群矛盾形成原因的多重性。具体而言，既有干群之间直接的利益争夺造成的矛盾；也有基层管理人员在执行政策或上级任务过程中形成的矛盾，他们本身与群众并没有直接的利益冲突，当许多具体的矛盾产生后，群众的怨气逐步汇聚起来，归罪到具体的执行者身上；还存在少数群众不合理的谋利行为导致的干群冲突，等等。这些现象表明我国当前干群矛盾的致因是多样化的，需要从客观、公正的角度来正确看待现阶段的干群矛盾问题，不能不区分具体情况而将矛盾归责于其中某一方，尤其在当前干部群体污名化严重的背景下，赋予他们合理的执法空间和客观评价是一项重要且迫切的议题。

4. 当前有关干群矛盾的学术和舆论关注

通过梳理期刊、报纸和网络三种信息源中有关干群矛盾的内容可以发现：在数量上，干群矛盾的期刊论文呈现逐年上升的趋势，报纸文章呈现波动性增长，而网络报道则处于相对平稳状态。在变化过程上，期刊源保持了较快的增长速度且在数量上远远高出另外两种信息源；网络源主要在2007—2009年间出现大幅增长并在此后保持相对平稳状态，报纸源则数量有限，高峰期主要出现在2000、2007、2011年三个时段（见图11—1）[①]。从内容来看，各类信息源的关注点也有变化。（1）期刊源和报纸源。首先，关于农村干群矛盾研究的数量明显高于城市，在关键词的使用上“干群矛盾”高于“官民矛盾”。其次，在一般性主题上，矛盾“化解、对策”的关注度远远高于其他主题，在具体主题上，“利益”和“信任”关注较多。（2）网络源。在关键词的使用上“官民矛盾”的使用远远高于“干群矛盾”。在矛盾的具体表现上，“民告官”和“群体性事件”的报道日趋明显。总体上，网络源在关注干群冲突事件本身的同时，对基层探索化解矛盾经验的关注也越来越多。

① 本表数据来源为①期刊资料来源，中国知网（CNKI），搜索条目为主题“干群矛盾”或者“干群纠纷”或者“干群冲突”或者“官民矛盾”或者“官民纠纷”或者“官民冲突”，搜索时间为2015年9月22日，数据库期刊、博士、硕士、特色期刊和辑刊，文献时间节点为1995—01—01到2014—12—31；②报纸资料来源，中国知网（CNKI），搜索条目主题、时间同①，文献时间节点为2000—01—01到2014—12—31；③网络资源，百度高级搜索，搜索条目主题、时间同①，文献时间节点为2003—01—01到2014—12—31。

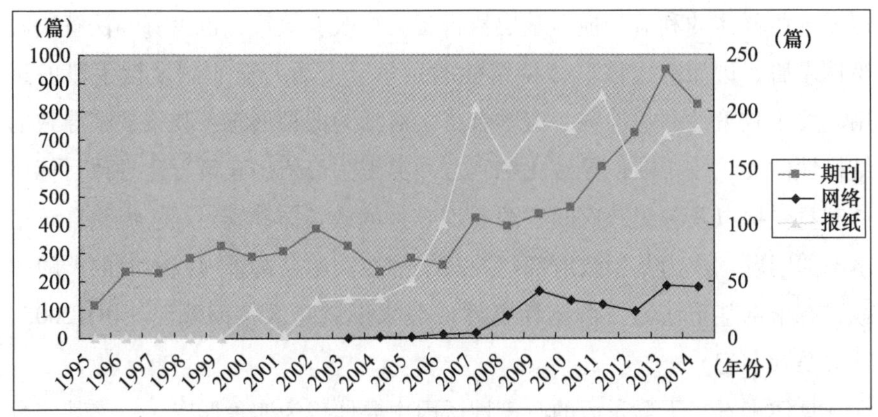

图 11—1　干群矛盾各类文章数量统计

（注：本表主纵轴为期刊、网络，次纵轴为报纸）

第二节　现阶段我国干群矛盾的主要类型

干群关系不和谐乃至干群矛盾显化，这是当前我国社会利益分化背景下的“社会事实”。然而，考察转型期我国干群矛盾的具体诱发因素可以发现，矛盾事实背后的主导性因素是相互不同的。以引发矛盾的首要主体为标准，当前的干群矛盾主要可区分为三种类型：基于政策或制度主体的干群矛盾、基于干部主体的干群矛盾以及基于群众主体的干群矛盾。由于基于干部主体的干群矛盾又表现为不同样态，因此在上述三大类型的基础上，本研究将干群矛盾进一步细分为政策导因型、资源短缺型、公权腐化型、官僚作风型以及非法诉求型五种类型。

一　政策导因型干群矛盾

政策导因型干群矛盾，是指由于政策（包括过去与现在的）、规范等原因引起的，在基层干部政策执行中群众不认可、不满意而导致干群关系对立的状况。这类矛盾凸显了外在因素在干群矛盾生成中的主导作用，具有内在逻辑冲突的政策和政策体系本身就是干群矛盾的“矛盾源”。其基本的形成逻辑是：上级政府制定的政策和决策具有强制性，基层干部在执行政策、实施项目的过程中无权改变现有政策、决策，通常面临上级政府限时完成的压力，以致忽略或损害到某些群众利益。也就是说，特定政策造成某些群体的利益受损但基层执行者无权改变政策，也没有办法解决政策性矛盾，进而造成该群体持续性的抗争、上访乃至非制度性手段的运用。关于政策性利益冲突，有学者将之概括为四种形态：政策缺陷导致的结构性冲突、政策缺位导致化解利益冲突无法可依、政策异化导致目标群体利益受损以及各级政府间资源不均导致的政策难执行[①]。这些源自政策本身的问题，成为基层政府部门及其干部在实施公共管理权力时的严峻挑战，有干部甚至认为"群体性事件一般来说就是政策问题"。(0O12005，某县委副书记)

具体来看，干群矛盾的政策性诱因主要体现为四种形态。一是某些政策符合国家利益但并不必然符合个人利益。例如计划生育政策的实施，某些群众可能不满意并与执行政策的基层干部产生冲突。二是某些政策缺位。这突出表现在以"老"字号群体、涉军类群体、企业改制类群体以及援外类群体等为主体的历史遗留矛盾上[②]。他们提出了自己的需要，但因没有相关的国家政策地方政府也不能擅自满足他们的要求，于是矛盾产生了。这些特定群体在我国社会发展的特定时期为国家作出了巨大贡献和牺牲（如涉军类和援外类群体），但在转型过程中成为"边缘化"的群体。此类群体对于各类社会保障的诉求与政府是否能够提供相对满意的解决结果，是矛盾冲突的焦点问题。基层干部在处理这些问题过程中易引发同各类群体或个体的冲突，干群关系和干群信任在相互博弈的过程中逐渐流失、恶化，最终造成干群矛盾。"现在比较突出的几个'老'字号：一个是军转干部，还有老武警，就是搞核试验的这批人；再有辞退的'民师'，在乡镇还有电影放映员、拖拉机站开拖拉机的、兽医站的等等这一批，现在他们什么（待遇）都没有。他们是群体性的问题，到合肥来上访已经几百回了，但是国家没有什么具体的政策，我们基层政府就没有办法给他们解决。"（0B11003，某乡党委书记）三是相关政策的不平衡。如征地拆迁中，同一地段因项目性质不同（国家的和商业的）、时间不同，

---

① 许尧：《中国公共冲突的起因、升级与治理》，南开大学出版社2013年版，第42—44页。

② 朱力、李琼英：《现阶段我国历史遗留矛盾的特征、趋势和对策研究》，课题组内部稿，2015。

补偿标准相差悬殊，导致群众的不公平心理，与基层干部产生对立和冲突。政策间的相互抵触[①]使基层干部在执行政策过程中面临无“法”可依的困境，而他们又无权改变既有政策，因此造成民众的不理解甚至引发与基层干部的对立和冲突。“这几年发展速度太快，导致政策出台比较被动，没有很强的操作性。有些政策一出来老百姓就知道，但执行需要一个过程，导致基层政府被夹在中间，很难做……有些导向性的东西还未有定论就已经通过专家解读出来了，导致基层政府执行困难。新政策执行一到两年，情况变了，马上又执行另一个政策。”（0A11023，某镇党委副书记、镇长）四是上级政府或相关职能部门对基层政府尤其是“一把手”的考核机制。在一项政策中，上级政府给予群众某种特定的、有利于群众的解读方式但却使用另一种标准对基层干部进行考核，造成政策执行者和政策执行对象的认知差异、意见分歧和矛盾冲突。在这种情况下，基层干部往往成为“夹在中间的人”，由于承担角色的需要，往往会强制性贯彻政策，与群众产生矛盾，在群众眼里基层干部扮演了“恶人”形象。法律政策上含糊不清的规定，在落实的政策约束上却变相地予以明确要求，导致了基层干部和群众的巨大分歧和矛盾。

二　资源短缺型干群矛盾

资源短缺型干群矛盾，是长期以来“全能型政府”“无限政府”的角色定位在当下功能性“缺失”造成民众对政府干部执政行为和能力的不满和抱怨。

“有问题找政府”当前仍是民众最为朴素和基本的思维模式，民众将政府当作化解社会矛盾和危机的依靠性力量，政府被赋予了矛盾调解者和裁决者的角色，形成了民众对政府的“非对称性依赖”关系。这种关系的风险在于，“社会大众形成了在面对各种社会矛盾和危机时主要还是依靠政府力量的单一解决模式，让政府承担了大量的责任，另一方面，面对

① 政策间的相互抵触既有共时性的也有历时性的。历时性政策冲突即在我国社会发展的不同阶段，因政策的阶段性调整所致政策中断、政策内涵变异，对政策的目标对象带来相对损益，并造成该群体对政策执行者即基层干部群体的不满和对抗。类似地，共时性政策冲突就是在现阶段实施的各类政策、法律、法规间存在不匹配、不协调或衔接不畅问题，导致政策目标对象利益受损及其反抗行为。

多元化的社会现实，政府在满足供需矛盾的能力上力不从心”[①]。首先，基层政府财政资源有限，无力解决群众急切期盼的民生问题，造成基层干部与民众的冲突。“我们也很想在民生上大投入，但政府缺钱，政府除了吃饭的钱就剩余不多了，还要搞项目配套，搞基本建设等等。没有钱，基层政府的综合调控能力严重不足，解决民生问题的能力实际上在弱化了。”（0C11021，某乡镇镇长）其次，基层政府的管理权不足、执法权薄弱，在解决基层社会矛盾问题时基层干部面临“责任无限大、权力无限小”的尴尬境地。“在真正处理问题时，基层管理部门权限不够，导致部分矛盾不能全方位解决。”（1O10003，某区人大教工委主任）权责不对等既削弱了基层干部执行政策的力度，也使之在面临现实的基层社会矛盾问题时陷入“束手无策”的境地，加剧基层社会的干群矛盾。

在干群矛盾问题上，政府部门一方面介入了理论上不应由政府兜底解决的矛盾冲突问题，如家庭纠纷、市场纠纷，以致干部被卷入与民众冲突的漩涡；另一方面那些理论上应该由政府解决的矛盾冲突问题却又因基层政府资源短缺而无力解决，这是当前资源短缺型干群矛盾的生成机制。资源短缺使基层政府被置放于社会矛盾调解者的角色时，已经埋下了可能造成新的社会矛盾即“干群矛盾”的种子，若政府力量尤其是行政力量能有效化解各类社会矛盾或社会矛盾个案，则调解者角色能得到较好展现；相反，若政府在化解矛盾过程中产生不作为（行动意愿）、无作为（行动结果），则政府本身就成为社会矛盾冲突源。

三　公权腐化型干群矛盾

如上所述，政策导因型干群矛盾发端于政策的既存缺陷，基层干部在政策执行中面临无“法”可依的窘境，面对群众的利益诉求，基层干部无权超越政策规定行事，因此该类型干群矛盾是基于政策冲突这一外在客观因素造成的次生矛盾形态。相比于此，公权腐化型干群矛盾则强调了干部与民争利、贪污腐败等侵害群众利益的行为对矛盾形成具有的主导性作用。

---

①　蔡斯敏：《公共领域下中国公民与政府的互动逻辑》，《信阳师范学院学报》（哲学社会科学版）2012 年第 1 期。

公权腐化的本质是干部与民争利。从生成路径而言，地方政府与民所争之“利”分别源于自上而下的公共利益空间挤压和自下而上对民众私人利益的攫取。政府部门在某一个具体领域侵害了某类群众的具体利益，如在征地领域，政府通过强制性手段在违背被征地农民补偿意愿的前提下征收土地，其直接的原因可能是保证某个国家重点或重大建设工程的顺利实施，但却以损毁农民的承包地及其直接利益为代价，例如克扣补偿金、降低安置标准，甚至在面对被征地者的抗议时不惜动用警力强制执行。在课题组的调查中，诸多乡镇书记反映财权、事权的不对等，而现实工作中上级要求发展项目但又对基层政府的财力支持有限。作为基层政府不仅无力阻止这些项目而且必须执行，因此以占用征地利益作为“生财之道”成为当下各地基层政府常用手段。在此背景下，直接与当地群体产生矛盾成为不可避免的结果。“现在很多地方财政收入来源单一，无持续性，这几年靠土地财政，地方财政很多数字都是空转的……矛盾就会集中爆发，以前欠老百姓的他们就会找政府算账。”（OC12020，某市国家高新区副主任）

公权腐化的另一种突出表现是贪污腐败。如果说上述“与民争利”话语下所争之“利”是作为获得公共政策实施之所需的谋利，是政府实现其公共政策目标的重要支持资源①，那么干部利用公权谋取个人私利则可视为贪污腐败②。

干部贪污腐败对我国当前的干群矛盾具有直接诱致性。本课题组调查显示，民众对贫富差距扩大的归因认知上，权力腐败（个案百分比41.4%）超出致富机会不均等（个案百分比36.6%）和社会分配政策不

① 以地方政府的土地收益为例，收益是与当地城市化、工业化发展目标一致的，也即暗示着土地的租金收益并非成为政府的“零花钱”或者耗散在各部门的工资福利上。详见赵德余《土地征用过程中农民、地方政府与国家的关系互动》，《社会学研究》2009年第2期。

② 与民争利型干群矛盾和贪腐型干群矛盾在本质上都是政府或干部与民众利益争夺背景下形成的。但是政府或干部的夺利行为事实上区分为两种形式，一种是政府部门作为一级主体，强调其作为“群体”的利益之争。另一种是政府工作人员，强调其作为工作人员“个体”的争利行为，尽管在事实上这种“个体行为”通常涉及多个个体。国际货币基金组织将腐败界定为“滥用公共权力以谋取私人的利益”，这在一定程度上也说明了贪污腐败同与民争利之间的差异。本文将此种争利行为导致的干群矛盾概括为与民争利型矛盾。相应地，将干部以个人私利为目标的争利行为导致的矛盾概括为贪腐型干群矛盾。

公平（个案百分比36.2%），成为首要因素。而人民日报关于“影响干群关系的主要因素”的网络调查也呈现出较为一致的结果，“干部的贪污腐化”和“侵害群众权益行为”分别占据了主要影响要素的第一、三位，得票率分别为84%和72%[①]。这种主观认知结果对干群矛盾的形成和放大具有客观推动作用。当前的干部贪腐呈现出“落势化”趋势[②]，腐败从高层干部、地厅以上的干部，开始滑落到处级以及科级，甚至科级以下的干部层面，而后者正是我国干部群体中与社会大众直接互动的群体，相比于高层干部，基层干部的贪污腐败对民众的利益损害更为具象化，即存在具体的、以致形成更为直接的利益冲突感知。从不同层级的干部贪腐结果来看，高层干部贪腐所形成的大案要案造成干部群体整体形象的跌落，及至政府公信力的下降，对现实干群矛盾的影响是间接的；但基层干部贪腐是“群众身边的腐败”，直接影响干群关系、导致干群矛盾。尤其近年来基层干部的“小官巨贪”现象严重[③]，成为危害基层干群关系、造成基层干群矛盾的突出诱因。“干部中腐败、大吃大喝等不正之风也确实存在，这就损害了党和政府的形象，所以群众对很多的党员干部不太满意，从中也产生了很多的矛盾。”（0P11002，某县委办公室主任）

四　官僚作风型干群矛盾

《辞海》对“官僚主义”的解释是：“指脱离实际、脱离群众、做官当老爷的领导作风。如不深入基层和群众，不了解实际情况，不关心群众疾苦，饱食终日，无所作为，遇事不负责任；独断专行，不按客观规律办事，主观主义地瞎指挥等。有命令主义、形式主义、文牍主义、事务主义等表现形式。官僚主义是剥削阶级思想和旧社会衙门作风的反映。”官僚主义的特征是领导者脱离实际，不了解下情，高高在上，贪图舒适，满足现状，做官当老爷；饱食终日，无所作为；遇事推诿，办事拖拉，不负责

---

① 佚名：《人民网网络调查：损害干群关系的主要因素》，人民网（http：//media. people. com. cn/GB/120837/11528996. html）。

② 林喆：《深度反腐须突破“利益关系”瓶颈》，《法制日报》2011年3月7日。

③ 赵瑞希：《基层干部成贪腐高发人群 城市膨胀凸显反腐难题》，新华网（http：//news. xinhuanet. com/legal/2013－05/13/c_ 124704073. htm）。

任；不按客观规律办事，独断专行；讲求官样文章，繁文缛节，等等[①]。

官僚作风型干群矛盾是指基层干部不作为、无作为、乱作为等行政方式引发民众不满和对抗心理和行为。相对来看，上述制度和政策原因是诱发干群矛盾的宏观因素，与民争利和贪污腐败是造成干群矛盾的现实物质利益因素，而官僚主义则是基层干部在日常工作事务中的态度、方式、方法问题层面的诱发因素。我国基层干部类似于西方政治学家眼中的“街头官僚”，即那些处于基层和最前线的政府工作人员，是政府雇员中直接同公民打交道的公务员，街头官僚在政策执行中的相关决策往往是直接的和针对个人的[②]。当前的干群互动主要是基层干部与民众的互动，因而官僚作风引发的干群矛盾也主要是指这类群体间的互动状态。

官僚主义在当下主要表现为权力观念上的、权力运用中的、在行为动机与效果的权衡之间选择拒绝社会公众评价的三种类型[③]。其中权力运用中的官僚作风是民众体会最深刻、表现形式最多样、引起不满最直接的官僚主义表现形式。权力运作中，基层干部不作为无作为、公共服务中的处置不当、粗暴执法等均为突出表现。从当前的实践来看，一方面，部门职能的交叉引发职责的相互推诿，使得群众急切需要解决的往往遭遇政府部门间的“踢皮球”，以致群众不满和抱怨，“门难进，话难听，脸难看，事难办”成为群众对政府机关的常见评价。官僚心态和作风是基层干群关系中面临的突出问题，是干群矛盾的重要诱因。另一方面，基层干部的粗暴执法现象普遍存在，官僚作风显化为：态度恶劣，在执法过程中持有高高在上的心态，对民众缺乏耐心和人格的尊重；方式单一，将干群之间的管理者和被管理者关系简化为罚款与被罚款；手段粗暴，基层管理人员和被管理者发生肢体冲突乃至极端暴力事件屡见报端，如近年来的拆迁过程中暴力案件频发，以致网络媒体中出现了记录拆迁重大暴力事件的“血房地图”。正如课题组调研中基层干部提到的：“以前是和广大人民群众打成一片，现在有时在一些突发事件中我们和广大人民群众变成扭打成

① 官僚主义，好搜百科（http：//baike. haosou. com/doc/3940149 - 4134905. html）。

② Lipsky M. , *Street-level Bureaucracy*, New York：Russell Sage Foundation，1980，pp. 8.

③ 任剑涛：《今天该如何反“官僚主义”》，新京报网（http：//www. bjnews. com. cn/opinion/2013/08/03/276477. html）。

一片。”（0A11035，某乡镇副书记、镇长）

五　非法诉求型干群矛盾

当前的主流观点认为“干群矛盾的产生，其主要责任在于干部”，或认为“群体性事件的症结在官民矛盾”。[①] 这种观点无论在上层领导者、民众还是媒体和社会舆论层面都是广泛存在的，我们不否认这种观点的合理性。[②] 从上述干群矛盾的分析来看，政府与民争利、干部贪污腐败以及官僚主义作风等都对干群矛盾的产生具有不可推卸的责任。然而对于干群矛盾我们还必须看到的是，少数群众存在不合法行为但基层干部需要依法行事，二者之间客观上形成张力，这类现象在当前我国干群矛盾中已成为大量增长、不可忽视的因素。非法诉求是少数民众在面临合法的利益补偿事件时，提出了远远超出正常补偿标准的不合理要求，若基层政府、基层干部坚持原则，不愿承担超高补偿数额时，该部分民众则以“闹事”作为利益博弈的筹码。在此过程中，基层干部无论是作为直接的冲突对象还是作为标靶转移后的冲突对象，其最终结果都是基层干部和利益诉求主体之间的冲突，本研究将此类矛盾称为非法诉求型干群矛盾。非法诉求强调的是对补偿结果的超常追求和闹事心态，区别于非制度化利益表达的行为本身。非法诉求型干群矛盾的形成可以从两个层面加以解读：一是群众不合理诉求的直接冲突行为，比如违章建筑拆迁中群众与基层干部的直接冲突；二是群众基于不合理诉求的上访行为。信访是凸显我国干群矛盾的互动焦点。信访制度的初衷是设立一条对基层弱势群体的权益维护的救济渠道，但在事实上它也成了少数上访者屡屡获利的工具，甚至将上访作为一种职业或谋生手段，乃至形成“上访产业”。[③] 这些不合理的谋利型的上访在当前不仅没有减少，反而呈现出不断蔓延之势。[④] 除此之外，还存在

---

① 于建嵘：《群体性事件症结在于官民矛盾》，《中国报道》2010 年第 1 期。

② 原国家信访局局长周占顺在 2003 年接受新华社《半月谈》杂志采访时指出：80% 的信访是合理的利益诉求，并且在地方是应当予以解决的。也就是说，信访中民众 80% 的事由是能在基层政府得到较为妥善的解决的，但是基层干部却在实际工作中未能予以妥善处理。就此而言，干部在干群矛盾产生中负有主要责任。

③ 田先红：《治理基层中国—桥镇信访博弈的叙事，1995—2009》，社会科学文献出版社 2012 年版，第 188、226 页。

④ 孙敬林：《农村信访问题及其对策研究》，博士学位论文，华中科技大学，2010 年。

过激型上访、全能型上访以及精神病人上访等形式，无论原因与动机何在，上访均在事实上凸显了干群关系中极不寻常的状态。"从以往看信访是一条能解决问题的渠道，在目前也是有必要的。无论现在来看是否合理，但是对80%以上有理的利益诉求是具有一定积极意义的。但也有个问题就是对于少数的、5%—10%的缠访和非访，我认为是不应追究基层政府责任的，也就是说在考核机制上需要调整。在这个社会里，有贪官就有刁民，对于这类刁民的上访，很多时候我们也束手无策，如果上级硬逼着我们去解决，那可能适得其反，矛盾越解决越多。"（0B01015，某镇社区工委书记）

从课题组调研来看，上级政府尤其是中央对信访的双重标准是当前基层干部抱怨最多的问题。一方面设立信访制度以拓宽群众的利益诉求渠道，但同时又以信访人员的数量、地点作为考核基层政府干部的指标，采用一票否决制。中央强调解决好群众合理的利益诉求[①]的同时，并未充分观照不合理利益诉求的解决原则；或者仅仅是针对干部群体作出原则性规定，而不出台实际的法规政策以约束不合理利益诉求者的行为。与此同时，政府道德化的运动式管理可能会使业已沉淀的社会矛盾再次燃起。2005年公安系统开展"大接访"工作，随后此法被中央政法委推向全国，从公安系统推广到法院、检察院系统，甚至还要求对过去没有受到接待的上访者、上访老户进行回访。在这种政策的引导下一些已经沉淀的矛盾被重新激活。但事实上，政府尤其是基层政府严重缺乏解决这些问题的能力和资源。上级政府的政策使基层干部难以避免尴尬局面。同样，媒体舆论在一定程度上也成为非法利益诉求助推剂。大众媒体是社会权力的一部分，[②] 有问题找媒体正逐渐成为弱势群体进行权益维护和利益表达的一种方式。这种社会权力在民间立场对社会不公平、不公正现象进行舆论监督过程中，同时存在着两种"极化"的倾向。一极是唯官方"马首是瞻"，对矛盾事件作出偏袒干部、官员的报道；另一极是对官方不当行为的过度解读乃至不切实际的"揭露"。传统媒体"陨落式介入"模式下所建构的

① 《国家信访局局长：把群众合理合法利益诉求解决好》，《人民日报》2013年7月1日。

② 陈先元：《传媒权力是大众社会的一种公权力》，东方网（http：//news. eastday. com）。

媒介景观，成为政府信任危机的重要形成机制。[①] 这类带有预设立场的、不客观的媒体报道，对当前干群关系的改善产生阻碍。“我们的舆论，现在媒体记者不是站在客观的立场说话，记者应该站在客观的角度把事实报道清楚，但是现在很多记者媒体都是带着有色眼镜看问题。他们在维护社会稳定方面往往起着反面的作用，对事情推波助澜，唯恐天下不乱。这样把事情放大后，引导的群众心理也走向不健康的方向。”（0A12014，某县纪委书记）

第三节　现阶段我国干群矛盾的主要特征

无论是产生于干群之间的直接利益冲突，还是作为其他社会矛盾领域派生形态的利益冲突，都凸显了当前干群关系的严峻形势。在现阶段社会群体间利益分化趋势明显的背景下，干群冲突的状态也表现出复杂的特征。

一　干群矛盾形成的汇聚性

汇聚性是表明干群矛盾是其他各种具体形态社会矛盾累积、叠加的结果。二者间相互联结，各类型矛盾累积、缠绕，最终会积聚在基层干部身上，汇合成干群矛盾。这是干群矛盾不同于其他社会矛盾的一个显著特征，也是近年来我国干群矛盾越来越突出的重要原因之一。从生成路径来看，干群矛盾是其他社会矛盾发展的潜在结果，与此同时，也对后者的发展变化产生扩大效应。一方面，干群矛盾具有明显的汇聚特性，是吸引各类社会矛盾的“漩涡”。在当前的社会矛盾体系内，干群矛盾与其他类型社会矛盾交织，“形成类似于由导火线编织起来的网状物，干群矛盾处于这张网的中心位置，任何一个矛盾的激化都会威胁到干群关系”。[②] 这是与基层干部政策执行者的角色密切相关的。工作在第一线的基层干部是各

① 李春雷、曹珊：《群体性事件底层群体的政府信任再造与传统媒体引导研究》，《江西师范大学学报》（哲学社会科学版）2014 年第 5 期。

② 彭红波：《当前我国干群矛盾的主要特征及其原因分析》，《社会科学论坛》2013 年第 2 期。

种政策、项目或具体事务的执行者，在此过程中难以避免与群众产生矛盾摩擦。在当前我国社会治理能力仍有待加强的背景下，行政力量依然是各类社会矛盾调解、处置的中坚力量，基层干部在履行自身职责时必然触及基层社会多元化的矛盾问题，无论是处理群众之间存在的矛盾问题（如家庭矛盾、意外事故或者经济纠纷等），还是发端于群众与干部之间的矛盾问题（如干部不作为、官僚作风、腐败问题等），干部和基层政府都将成为矛盾的汇聚集结点。这种结果尤其突出地表现在社会突发性事件处理过程中，当事态扩大、矛盾升级时，群众的冲突指向无一不迅速转移至现场处理问题的干部、警察身上。这双重生成路径增加了干群矛盾的风险系数，任何一种社会矛盾的形成、发展都给干群矛盾埋下爆发的种子、积蓄着不满能量，使之具备了各类社会矛盾汇聚点的基本特征。另一方面，干群矛盾会波及、影响和干扰其他社会矛盾。干群矛盾容易被当地群众和社会舆论扩大化，矛盾本身造成社会情绪的感染和认知共振，产生群体性的一致性情感。群众对干部的不满情绪被植入具体类型社会矛盾中，对后者的调解处置产生不利影响。干群矛盾是与其他社会矛盾相互交织的，干群矛盾既是其他类型社会矛盾的生成原因，也是其他类型社会矛盾发展的一种结果。在这种矛盾相互交织的关系体系中，基层社会干群矛盾的长期积累将不可避免产生蝴蝶效应，不仅催生新的社会矛盾，也会使原有社会矛盾迅速扩大和升级，以致原本微小的社会不和谐现象扩大为危及社会整体的严峻社会问题。

二　干群矛盾后果的严重性

干群矛盾后果的严重性，不仅是对干群关系不和谐乃至发生冲突的描述，更是对干群矛盾客观上造成消解群众信任、削弱党执政合法性后果的一种描述。

这种严重性体现于干群矛盾会危及群众对干部的信任程度，危及党和国家的形象并最终可能会危及执政合法性。具体而言，一方面，干群关系不和谐会降低民众对执政者的认同和拥护的程度。“对政治制度的信任、对政府及政策的信任、对公职人员的信任是影响政治信任的主要因素”。[①] 当前决定我国民众政治信任水平因素首先是对公职人员的信任，其次是对政府、政策的信任。这使现实利益矛盾抽象化，从干群矛盾上升为具有怨恨情绪的官民矛盾，从具体利益冲突转化为无直接利益冲突的非现实矛盾。另一方面，干群矛盾的激化则使民众失去对政府的信任，造成政治合法性危机。“中国共产党的合法性源自于历史，是人心向背决定的，是人民的选择。”[②] 群众的支持和拥护是党和国家执政合法性的根基，然而当前干群关系的疏离乃至激化对合法性问题造成了巨大不利影响。哈贝马斯认为，合法性危机产生于系统整合的持续失调。[③] 社会文化系统不能为社会整合提供足够的合法性以保证社会成员对社会的信任，这是合法性危机的主要表现。政治合法性主要包括两层涵义：一是社会成员对现行政治统治的一种自愿认同、服从和拥护；二是政治统治能否以及在多大程度上以社会大多数人所认可的方式运行。[④] 当前公权力失范、干群利益和贫富分化以及媒体宣传导向和民众价值判断等众多要素的共同催动下，基于干群关系主体具体的现实利益冲突转化为民众对干部阶层的愤怒情绪，危机党和国家执政的合法性基础。因此，就社会矛盾的影响而言，干群矛盾后果比其他类型社会矛盾更为严重，它源于复杂的矛盾的纠纷，但又远远超脱纠纷争端本身成为影响国家政权合法性等政治层面的矛盾。正是在此意义上，治理当前的权力腐败、缩小贫富差距尤其是官民群体之间的利益分化，成为当下党和国家亟待解决的问题。

三　干群矛盾触发的易燃性

所谓易燃性，是指矛盾主体双方的冲突状态易于被激发的特征。首先，易燃性体现于基层社会具体事务处理层面。干群矛盾是基层干部群体在与群众直接互动过程中引发的工作冲突，因此是一种“直面相对”的

---

① 刘韵献：《当代中国的政治信任及其培育》，人民网（http：//theory. people. com. cn/GB/10854920. html）。

② 赵再兴：《王岐山首论中共执政合法性：是人民的选择》，网易新闻网（http：//news. 163. com/15/0911/07/B37CMA7D00014AED_ all. html）。

③ ［德］哈贝马斯：《合法化危机》，刘北成、曹卫东译，上海世纪出版集团2009年版，第75页。

④ 杨亚非：《转型期中国共产党执政合法性建设研究》，《学术论坛》2010年第11期。

冲突状态。在此过程中，不仅是干部的不当行为成为矛盾触点，甚至是干部的依法行政和行为也可能成为干群矛盾的引爆器。矛盾双方存在各自特定的利益诉求和动机，在互动过程中都为各自立场采用各类谈判或博弈策略，基层干部在政策执行过程中不仅涉及某些法律规则的运用，同时还涉及这些法律规则的解释，也就是和民众“说道理”，这容易使得工作型争端变成情绪型争端，进而引发激烈冲突。其次，易燃性还体现于基层群众的社会心理上。具体来看主要有以下三个方面，第一，改革开放以来，群众对干群的态度发生了极大变化，[①] 基层干部在执政过程中遭遇抵制，正常的执政行为也能成为诱发干群矛盾的矛盾源。第二，当前干部群体中现实存在的贪污腐败、官僚作风等各种缺点，大众在心理层面已经将干部群体的“污名化”状态建构成型，形成怨恨情绪。在这类社会心理的催动下，任何一个导火索事件，都有可能使业已紧张的干群关系从潜在矛盾激化为干群冲突事件。第三，干群矛盾的易燃还与群众对干部的高期待与低容忍心理密切相关。有调查表明，当前民众最欣赏的干部作风“求真务实，注重实干，不玩花套”，“严于律己，清廉清正”，“深入基层，联系实际，对群众有感情”，最反感的干部作风是“生活腐化，私欲膨胀”，最担忧的是“中央决心大，下面不落实，改不掉顽疾”问题[②]。这一结果反映了民众对干部群体期待的理想化状态。人民网关于群众对官员期待的调查则显示受访者对当前地方官员的满意度普遍较低，受访者对官员的负面问题保持毫不容忍的态度，而其中对于官员作风的容忍度又明显低于对官员能力和工作态度的容忍度[③]。干部是现有制度、意识形态、价值观、道德的制定者、执行者、捍卫者，群众是以理想型来要求干部的，违背群众的期待，更加容易被群众所不容忍。这种高期待和低容忍心理对干群矛盾的产生、发展乃至升级具有不可忽视的影响，干部的作风、作为无法达到民众期许时，则易使民众出现抱怨和不满。民众对政府及干部的满意度

① 在课题组访谈中，有干部说道：干部要下去做工作，一跟老百姓发生矛盾，原来还有老百姓帮你，现在是一边倒，骂你，砖头石块扔你（访谈案例，0A01018，某街道人大工委主任）。

② 人民论坛问卷调查中心：《人民论坛引用最多的10个调查观点》，《人民论坛》2014年1月（下）。

③ 董惠敏：《群众对地方官员有什么期待》，人民网（http://politics.rmlt.com.cn/2015/0612/391232.shtml）。

影响民众自身的行为意向，对其投诉行为和不良行为有负向影响[①]。当干部无法实现民众的较高期待而民众又对此难以容忍时，更容易表现出具有对抗性质的意向和行为。

四　干群矛盾的城乡差异性

现实利益冲突是当前我国社会矛盾的基本属性，基层干群矛盾问题亦然。然而由于我国城、乡居民与其所属基层组织和干部的关联路径不同，城、乡基层干群矛盾也具有较大差异性。首先是诱发城、乡村干群矛盾的矛盾衍生来源差异。农村干群矛盾主要是从征地拆迁、农村集体资产处置等问题中衍生出来的，尽管近年来也新增了环境问题、农民市民化问题中显现出来的干群矛盾，但我们仍可以认为农村干群矛盾主要是集中于土地问题的矛盾。但相比较而言，城市基层的干群矛盾则较为分散，它是从拆迁矛盾、劳资纠纷、企业改制矛盾、环境矛盾、历史遗留矛盾、物业矛盾，以及近年来增长的公共事业单位改制引发的身份归属矛盾，城市管理中的城管与摊贩的矛盾、物业公司与业主的矛盾，各种历史遗留矛盾等问题中衍生而来的。其次是造成城、乡干群矛盾的核心议题的差异即农村干群矛盾是以现实的物质利益为主导的，而城市干群矛盾是以公共服务问题为主导的。农村比城市具有更强烈的地缘关联，他们不仅仅居住在相邻或相近的地域，还因此组成了组织化的“村集体”，这种集生活、生产于一体的社区性质决定了农民和农村管理者之间存在大量的、直接的经济利益关联和矛盾。农村基层干部控制着集体土地等资源和集体财产，在处理集体资产上易与农民产生冲突；农民之间存在大量的土地纠纷、邻里纠纷等涉及现实利益因素的矛盾，处理不当易转化为干群矛盾。在城市社区，城市居民基本上不与社区干部交往，社区干部是公共服务型的，居民与之没有直接的经济利益关联而只有相关利益，如环境、空间、卫生、治安等。因此居民重点关注的是街道、社区干部提供公共服务数量多少和质量高低的问题，这也是造成城市基层干群矛盾的主导因素。再次，从相对意义上来看农村干群矛盾多为现实利益冲突，而城市是现实利益基础上非现实利

---

① 刘佳：《民众对政府的公平感、满意度与其行为意向的关系研究——基于政府处理民众抱怨的视角》，硕士学位论文，重庆大学，2014年。

益的凸显，这与城乡居民的冲突意识状况密切相关，一般而言城市居民的民主权利意识比农村居民更强，将现实利益冲突转化为非现实利益冲突的思维模式更为膨胀。我国真正意义上的“基层干部”只占政府部门工作人员的少数,[①] 但群众并不明确区分公务员、事业编制还是编外人员而将之统统纳入“干部”范畴，因此基层干部在群众心目中实际成为一个泛化的阶层群体，这在无形中导致了干群矛盾的形势被放大。当下层出不穷的干群现实利益冲突和累加，在城市居民的强烈权利意识下更易于被建构发展为非现实利益冲突。

五　干群矛盾在网络上的放大效应

干群矛盾在网络化社会中产生了新情况，即干群矛盾在发展、蔓延和扩散过程中产生了放大的现象。这里既有技术网络语境下干群矛盾的“助燃”效应，也有社会网络语境下干群矛盾的辐射效应。相比于具体领域社会矛盾的网络传播，干群矛盾发展的网络化特征更具有复杂性。课题组曾在探讨有关重大突发性社会事件时提出“网络助燃”理论,[②] 干群冲突事件的发展同样也体现出此类特性。网络舆论对干群矛盾的形成、发展具有巨大钳制作用。涉及干群矛盾的事件更难以摆脱此类网络特性的“魔咒”，干部作为一个身份敏感群体，在一起普通纠纷或正常执法中，也能在虚拟的网络世界中被描绘成“恃强凌弱”“仗势欺人”。在现实社会中干部群体通常被刻画为强者角色，干群一旦发生冲突时舆论倾向于同情弱者而缺乏客观、理性的立场。当前的网络舆论形成了民间和官方两种舆论场，“民间网络舆论场”在贪污腐败等民众关心的话题上更容易被网民认可。[③] 真实世界和虚拟世界所表达出来的冲突心理相互交织，放大了民众对干部群体的对立心态。网络不仅在特定事件的传播扩散中起到助燃作用，而且也会造成对基层政府及干部的评价偏激化。在互联网日益发展普及的背景下，群众的质疑、批评在网络“匿名效应”下更加情绪化和

---

① 周敏、赵子健：《基层政府人员编制隐性膨胀问题研究》，《中国行政管理》2010 年第 12 期。

② 朱力、卢亚楠：《现代集体行为中的新结构要素——网络助燃理论探讨》，《江苏社会科学》2009 年第 6 期。

③ 南振中：《把密切联系群众作为改进新闻报道的着力点》，《中国记者》2003 年第 3 期。

偏激化，干部群体沦为虚拟世界的弱者，陷入被网络舆论“讨伐”却又无力自证清白的尴尬境地。由此可见，网络在当前我国干群矛盾的形成、发展和升级中具有突出地位，网络对干群矛盾具有助燃效应。如何有效利用网络重构干群关系是一项亟待解决的重要议题。

第四节 我国干群矛盾的发展趋势

在社会结构转型背景下，多重因素的共同作用将干群矛盾推向显性化。其中既有干部群体在行使公权力过程中的不当乃至违法违纪行为因素，也存在社会发展各阶段的制度和政策性冲突因素，还有群众中客观存在的“闹事”心态因素，这些要素相互影响、耦合，直接影响到未来我国干群矛盾的发展趋势。

一 在总体发展趋势上干群矛盾已经达到顶峰并开始出现拐点

现阶段我国诱生干群矛盾的各类因素正得到有效抑制，党和政府的重拳反腐对干部群体贪腐行为起到了极大的惩治和威慑作用，整治“四风”（即形式主义、官僚主义、享乐主义和奢靡之风）以及依法治国战略的落实，极大地缓解了干群矛盾的发展态势。具体而言，首先，十八大以来党和国家在反腐问题上取得了巨大成效，这对干群矛盾的缓解具有决定性意义。据不完全统计，十八大以来在中央纪委监察部网站公布了近 700 名官员被调查或处理的消息，绝大多数为厅局级官员，其中省部级及以上高官多达 55 名①。2013 年全国各级纪检监察机关共接受信访举报 1950374 件/次，其中检举控告类 1220191 件/次，给予党纪处分 150053 人、政纪处分 48900 人②。2014 年各级纪检监察机关共查处违犯中央“八项规定”精神问题 53085 起，处理 71748 人，其中给予党纪政纪处分 23646 人。③ 当前深入推进的反腐败和整治“四风”成效突出，在中央强势反腐败下，基

① 王伟：《反腐步入制度化法制化》，《经济导报》2014 年 10 月 24 日。

② 数据源自中纪委监察部 2014 年新闻发布会，人民网（http：//fanfu. people. com. cn/n/2014/0111/c64371 –24088504. html）。

③ 李放：《中央纪委监察部举行新闻发布会通报 2014 年工作》，中央纪委监察部网站（http：//www. ccdi. gov. cn/xwtt/201501/t20150107_ 49842. html）。

层干部中以权谋取私利的行为已经收敛和大幅度减少，新的干群矛盾也会随之锐减，这有利于缓解群众对干部群体的不满情绪，为干群关系的改善奠定了基础。其次，十八届四中全会以来我国反腐进入了新阶段，由运动式反腐转向制度化、法制化反腐，并建立起常态化反腐机制。这一转变的重大意义在于它不仅在现实物质利益冲突层面上缓解当前尖锐的干群矛盾，还能让群众看到根治腐败的希望，在政府和干部形象塑造上具有积极的推进作用。制度化反腐的持续推进，也将在群众对干部群体的怨恨情绪的调节上发挥正功能，也就是说，制度化反腐对基于非现实的、心理层面的“官民矛盾”的预防和化解意义重大。再次，群众路线教育促使干部与群众面对面的交流和联系，这对增进干群情感、改善干群关系具有积极作用。总而言之，当前党和国家的反腐行动及其常态化机制，极大地约束了干部群体中客观存在的以权谋私、损害群众利益等行为，以负向的惩处手段为解决干群矛盾问题提供了基本而且重要的保障。与此同时，群众路线又以积极建设的形态为密切干群关系提供了动力，在有效抑制新矛盾的同时又对存量矛盾具有缓解的意义。据此可以预测，我国干群矛盾在业已达至高峰的形势下，将会在负向惩处和积极建设的双重作用下开始逐步缓解。

二　不同类型干群矛盾的化解呈现出不均衡态势

尽管干群矛盾在未来将凸显出总体好转的基本态势，但由于各具体类型干群矛盾的诱致因素及自身发展特点的差异，决定了我国具体类型干群矛盾化解进程的不均衡态势。首先，公权腐败型和官僚作风型干群矛盾将在短期内得到较大程度缓解。如上文所述，制度化反腐和整治“四风”的推进必然遏制官僚型、腐败型的干群矛盾。其次，政策导因型和资源短缺型干群矛盾将在较长时期内持续存在。政策性因素导致的干群矛盾，难以像腐败和作风型矛盾一样通过有效的惩治措施来约束干部行为进而化解矛盾。这两类矛盾涉及的是更深层次的体制机制局限的问题，而体制机制的改革完善需要充分考虑政治、经济和社会格局的全局，是一个长期渐进的过程，如碎片化政策体系的整合、中央和地方财政分配体制的调整以及地方政府责权对等的实现等都不是一蹴而就的，这些根本性的约束因素均需较长时间才能得到扭转和改变，这在客观上造成政策导因和资源短缺型干群矛盾的化解难度较大、所需时间更长。再次，非法利益诉求型干群矛盾的化解，将是一个复杂的、长期的甚至是周而复始的艰难过程。从现实情况来看，非法利益诉求型干群矛盾既有产生于历史遗留领域的存量矛盾，也有当前多元利益分化下产生于各具体领域的新矛盾。国家层面没有相应的法律或政策条文作为依据，而基层政府和干部无力满足这种诉求。进一步而言，基层政府和干部也没有义务去满足明显不合法律规定的利益诉求，因此往往会落入长久拖而不决的境地。非法利益诉求者诉求行为的一个特点，是利益诉求目标（一般为赔偿款）的数量会随着诉求时间的延长而不断上升，或是在摸清基层政府的“摆平”策略后不断加码，这在根本上妨碍了干群矛盾的化解。尽管近年来国家不断有新的政策出台打击非法闹事的利益诉求，但其效果仍有待观望。总之，各种类型干群矛盾的化解进程不是同一的，而是呈现出明显的不均衡态势。

三　干群矛盾的属性将从现实利益矛盾转向非现实利益矛盾

当前阶段干群矛盾的聚焦点仍然集中于现实物质利益层面的工作矛盾。尤其是广为群众质疑的干部群体借助于公权力的不合法利益所得，是干群关系恶化、干群矛盾上升的重要动力机制。在总体上，干群矛盾与我国社会矛盾呈现出较为一致的特性，学术界也据此对社会矛盾发展的基本态势作出了基本一致的研判，即当前矛盾仍是非对抗性质的，具有非权力指向和维权的基本特性，而且处于可控的状态。[①] 然而，干群矛盾对其他类型社会矛盾的汇聚以及由此所形成的关系互构，使干群矛盾比其他类型社会矛盾具有更为复杂的特性和发展趋向，甚至呈现出非对抗主流下的对抗性苗头，呈现出由现实利益矛盾向非现实利益矛盾转化的趋势。也就是说，现时日益激化的基于干群间利益冲突的社会矛盾将有可能转变为非利益性的、价值性的冲突。一方面，干群矛盾的此种转变受制于干群矛盾主体关系间干部群体双重角色的叠加和错位，难于形成清晰的角色功能定位，而且在被赋予人民利益代表者身份行使公共权力过程中侵害了群众利益。形成于干群之间的矛盾形态在调解和化解机制上也面临着诸多约束和调解手段匮乏的现实，如干部职位与个人的同一化、行政管理的全能和社

① 吴忠民：《当代中国社会“官民矛盾”问题特征分析》，《教学与研究》2012 年第 3 期。

会管理的缺失、行政力量主导干群矛盾的调解，等等，干群矛盾比其他类型社会矛盾的化解陷入了更加复杂的悖论陷阱。另一方面，干群矛盾主体特殊性所造成的矛盾阻滞机制的缺失，意味着干群矛盾潜在的累积和加剧趋势。当前民众的权利意识、规则意识和斗争意识逐步增强，对干部群体怨恨情绪的弥散，极有可能使原有着眼于利益分化和分配不均的干群矛盾突破为基于政治原则、文化价值、宗教信仰、意识形态等非物质利益和价值性的干群矛盾。

四　在干群矛盾对抗形式上，群众的非制度化利益诉求行为将会持续存在，它是群众被动选择的结果

群众作为干群矛盾冲突中的权力弱势者，不仅面临着制度范围内合法抗议渠道不畅，也缺乏自己可以组织动员起来的资源。也就是说，干群矛盾中的“弱者”遭遇了理性、制度化参与渠道的缺位和自身利益表达能力有限的尴尬处境。在此背景下，非制度化诉求行为成为群众的普遍意识和选择，无论是个体性的极端事件还是群体性事件，是基于合理利益诉求的还是不合理利益诉求的非制度化表达行为，都是现阶段我国干群矛盾冲突的常态。从当前干群矛盾中非制度化行为的生成路径来看，矛盾双方的力量失衡、制度化利益表达渠道缺失是主要诱因，消解这类诱因是扭转非制度化诉求行为的必要条件，换言之，只有在非制度化诉求行为的诱因得到有效缓解、干群矛盾的形成机制逐步得到改善的背景下，才能实现民众参与方式的转变。然而从干群矛盾的产生的背景要素即缓解干群矛盾的社会政治生态环境来看，干部守法局面的形成、群众话语权的上升、社会安全阀机制的建立、利益协调机制形塑也是长期渐进的，完善制度化参与渠道、实现干群博弈力量的均衡也不是一蹴而就的，必然要经历一个较长的过程。因此在事实性的干群矛盾层面，本研究对其发展趋势的一个基本判断是：非制度化利益诉求行为在较长时期内都是一种难以消除的状态。制度化要素的逐步完善和矛盾主体要素尤其是弱者参与能力的提升，对扭转非制度化诉求行为具有决定意义。

第五节　现阶段我国干群矛盾的化解对策

干群矛盾的化解是一项系统工程，从前文分析可以看出我国干群矛盾的诱生因素各异，因而矛盾的化解也需要充分考虑其复杂性，充分关注到制度与政策、干部自身以及群众等各类不利因素的扭转和变革，对复杂的干群矛盾要针对性的化解。与此同时，由于当前我国城、乡地区差别较大，干群矛盾的总体特征也存在较为明显的不同之处。城市基层的街道和社区有着充裕的基层干部资源和物质资源，但在农村地区则出现明显的分化态势。在经济发达的农村地区要防止腐败型、作风型的干群矛盾；而在经济落后的地区，农村青壮年人口流失严重从而造成村干部后继无人的状况，因此对落后地区的基层干部是激励的问题，要防止资源短缺型和无理诉求型的干群矛盾。针对一些普遍性的问题以及本研究对当前我国干群矛盾类型及其特征的归类，我们认为可以从以下几个方面着手来缓解各类具体的干群矛盾。

一　制定切实可行的政策减少政策导因型矛盾

一项好的政策不仅要有价值合理性，也要具备实施的可操作性。当前基层干群矛盾的出现与政策体系的内在冲突密不可分。如前所述，政策缺位、政策不平衡以及对基层干部考核政策的失当，都在不同层面诱发了基层干群矛盾。因此干群矛盾化解应充分考虑到面向基层群众的政策和面向基层干部的政策这两个方面。首先，在面向基层民众的政策制定中，要深入调查并广泛吸纳各阶层的意见，在重视学者专家意见的同时，也要重视基层干部的意见，将政策建立在可操作的基础上，避免上级政策与基层实际情况相脱节导致基层干部执行中产生矛盾。在政策出台前要对政策进行风险评估，考虑到政策在时间上的连贯性，与其他政策的平衡性，尽量预测清楚政策可能带来的负面的潜功能。在政策实施之前，可在局部地区进行社会实验，对政策试行中的问题进行修正。其次，在面向基层干部的政策制定中，要充分考虑干部任用考核等机制的调适。当前在选拔、任用、考核、晋升上，上级领导具有主导权，这造成基层干部“政绩为本”的心态，只对上负责而不对下负责而忽略群众的实际需求。因此需要改革公共政策的制定模式和基层干部考核机制，改变干部政绩考核的内容、标准和办法，增加政绩考核的社会和人文指标，避免干部过度关注经济绩效而与民争利。将群众满意度作为干部考核评价的重要指标，从制度上建构干部对上负责与对下负责相统一的工作机制。

二　资源向基层倾斜减少资源短缺型矛盾

课题组的调研发现，基层干部当前强烈反映的一个现实问题是“权力无限小，责任无限大”。一方面是基层政府权力的萎缩，另一方面是基层政府职责的无限膨胀，这在经济欠发达地区尤为明显。权责不对等极大阻碍了基层干部的政策执行力，直接影响了基层政权的运作和基层政府职能的履行。上级部门交待一项任务，常常要求基层政府与干部限时完成，否则动辄“一票否决”，而完成任务需要的相应财力又无法对接，或者要基层政府分担，这对基层政府与基层干部的压力很大，出现基层政府资源“空心化”，只能将费用转嫁到群众身上，这引发了诸多矛盾。因此，资源短缺型干群矛盾的化解有待于责权对等实现。基层政府的财政保障和扩权减责是化解资源短缺型干群矛盾核心所在。首先，建立起完善的财政转移支付制度，并在健全财政监督机制的前提下加大基层政府税收的灵活性，来实现基层政府财政资源的保障。其次，在确保乡镇政府职权完整性和相应的自主性框架内对条块分割体制进行改革，通过理顺条块关系，实现乡镇政府责权统一、人权与事权一致、基层政府权力的完整统一；同时，还要依靠体制机制性变革减少与基层政府不相匹配的责任，强调基层政府的公共服务职能，通过扩大社会组织和公民参与实现基层治理的优化。总而言之，将权力和财力向基层政府下沉，保持责权与财权的匹配，使基层干部有资源去解决社会矛盾，避免因资源不足而产生的干群矛盾。

三　践行群众路线减少作风型干群矛盾

当前基层干群关系的疏离有的源自沟通不畅，有的则源于信任缺失。干群矛盾的化解必须充分重视这些原因，基层干部虽然人在基层，还需要心在群众。在理念上，为人民服务的宗旨要强化，为群众的真实需要考虑和服务。基层政府和干部应对群众的利益诉求要予以正面的积极回应，通过建立与民众密切相关的重大事项的公示制度、听证制度来扩大民众的参与程度。建立和维护常态化的干群沟通渠道，借助政务微博、领导信箱、干部热线、亲情电话、阳光问政等新平台、新方式，拓展沟通交流的新渠道。积极推进信息公开，保障群众对重大决策的知情权、发言权，保证民主协商双方地位平等。建立重大社会事项的公示、听证和专家咨询制度实现有效沟通，完善干群理性的沟通机制，减少作风型的干群矛盾。基层反映现在"走读干部"日益增多，本地扎根式干部太少，这阻碍了干群关系的发展。为此，强化基层"本土"干部的培养，通过激励政策吸引当地各类精英人物成为基层干部，这对完善干群的理性沟通有积极作用。

四　加强制度监督和群众监督减少腐败型干群矛盾

基层的权力运用有较大的弹性，也是权力监督的模糊带，腐败型干群矛盾的生成与此不无关联。此类矛盾的化解，首先要加强对基层干部的权力监督，厘清权力边界。通过设定权力的界限，建立起规范、严密的制度来保障权力行使的范围和程序化，防止公权私用，如在行政审批上加大改革力度，使政府退出市场机制或公民自决能够解决的社会事务等，尽可能消除基层干部因权力自由裁量不当导致的矛盾冲突。其次要优化权力流程，避免基层政府和干部的行政不作为或行政乱作为现象。一方面通过梳理行政权力的运行流程来制定流程图，增强权力运行的严密性，实现有效的内部监督机制；另一方面压缩基层政府和干部的自由裁量权，通过规范其使用条件、标准和范围等防止行政权力的滥用，尽可能消除基层干部因权力自由裁量不当导致的矛盾冲突。再次要落实阳光执法。通过提高权力运作的透明度，解决干群之间的信息不对称问题，消除群众对权力运作过程的不信任和质疑。只有加大推进政务公开力度，才能揭开权力运作的神秘面纱，这就要求政府部门在政务服务各个环节不断深化公开内容、丰富公开形式。[①] 在以外在制度监督约束手段遏制腐败的同时，还应提升干部的综合素质、执政水平，使干部群体回归服务于民的工作理念上来。

---

① 龚劲：《约束公权力是构建新时期党群关系的关键》，人民网（http://qzlx.people.com.cn/n/2014/0407/c364565-24839361.html）。

五　教育群众合法维权减少不合理诉求型干群矛盾

首先要引导群众转变一切问题政府兜底的观念，通过教育群众树立起法治观念与社会治理理念，形成依靠司法力量解决矛盾纠纷的意识，学会依靠社会组织解决问题的观念。其次要重塑干群的信任机制。在坚持对干部不合法行为进行曝光约束的同时，要多宣传公正清廉、勤政为民的基层干部及其模范事迹，扭转舆论对基层干部“污名化”现象。要避免各方对政策的过度解读和夸大，避免群众对每一项改革所带来的实际利益形成“立竿见影”的心理错觉和不切实际的期望，以致客观上无法满足这些期望而导致矛盾。要建立心理咨询机构、普及社会心理健康教育等措施，疏导群众的怨恨情绪和不满心理。对少数民众不合理、不合法的利益诉求与非理性的表达方式要进行约束。对少数群众的非法诉求必须依法处理，而不是由政府承担无限责任进行“兜底”。改进只认数字而不分青红皂白的通报制，纠正对进京“非访”不分是非、不讲原因、不讲道理的通报，区分不作为、违法作为和尽职等几种不同情况给予客观公正评价，在分清原因的基础上落实责任制，不向基层政府下达信访控制指标。

六　充分发挥互联网在各类干群矛盾化解中的积极作用

网络作为现代社会信息传播的重要载体，对转型期干群关系的构建同时具有潜在的正功能和负功能，我们应发挥和挖掘其积极功能，推动和谐干群关系建立。为此，可以从干部、群众和互联网媒体三个方面实现对网络的充分和有效利用。首先，提升干部群体的互联网思维，学会走网络群众路线。通过网络即时知民情、察民意，利用网络实现与群众的适时沟通，吸纳民众意见，化解民众怨气，尽可能消除民众对干部的误解和污名，畅通与群众的沟通渠道。其次，提升群众的网络素养，理性对待网络信息而不是对有关干部的信息形成习惯性质疑和抨击。再次，发挥互联网媒体积极的舆论导向功能，在曝光违法事件的同时也要积极宣扬干部群体中具有典型意义的正能量事件，让媒体受众（群众）身处一个能客观认知和评价干部群体的网络环境中。总之，在互联网时代，通过提升干群双方的网络认知和运用能力来改善干群干系，是化解干群矛盾的一条重要路径。

第十二章

医患矛盾的特征、趋势及对策

医患矛盾并非中国之独有，而是世界各国政府共同关注的社会问题[①]。近年来，由于医患矛盾事件频发，医患矛盾已经成为当下中国备受关注的社会问题之一。改革开放三十余年以来，医患关系和医患矛盾为学界所持续地关注，伴随着医疗体制改革不断推进，医患矛盾也成为新闻媒体、社会舆论媒体所关注的重要话题之一。

第一节　医患矛盾概述

一　医患矛盾的基本状况

根据调查，1991 年，全国 100 家大型医院共发生医患纠纷 232 件；1998 年，全国 100 家大型医院共发生医患纠纷 1400 件。以北京市为例，2003 年发生医疗纠纷约 5000 件，2004 年约 8000 件，同比增长 60%[②]。2008 年，在太原召开的全国性内部会议上披露，全国医疗纠纷每年发生达百万起，并以 100% 的速度增长[③]。根据国家卫计委统计，2013 年全国医疗卫生机构发生医患纠纷约 7 万件[④]。医患矛盾大量快速爆发，医患关系形势严峻。

通过梳理期刊、报纸和网络三个信息源中有关医患矛盾的内容可以发现：从数量来看，有关医患矛盾的期刊论文、报纸文章和网络报道均呈现

---

① 陈宗伦：《看各国如何应对医患矛盾》，《梅州日报》2010 年 10 月 7 日。

② 刘俊、刘悠翔：《中国医疗暴力史》，《南方周末》2013 年 11 年 7 日。

③ 柴会群：《〈医疗事故处理条例〉当休矣》，《南方周末》2010 年 8 月 19 日。

④ 麦子：《医患相煎 全民之痛》，《检察日报》2014 年 8 月 27 日。

逐年上升的趋势。从变化过程来看，期刊源保持较快的增长速度，并高于另两种信息源。而网络源在2003—2009年增长较慢，但2010年开始迅猛增长，增长速度超过报纸源并不断接近期刊源（见图11—1）。[①]

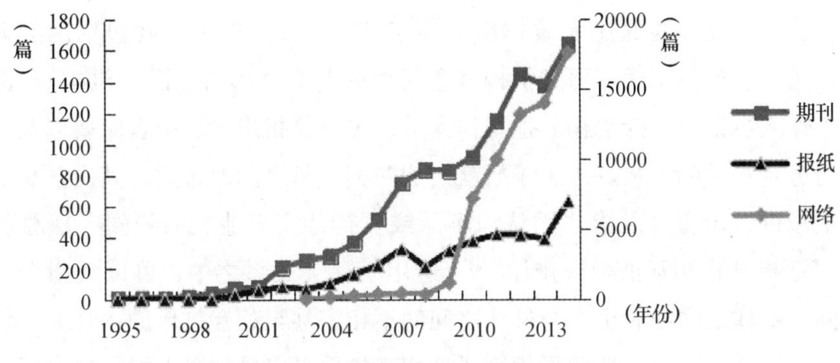

图12—1　医患矛盾各类文章的数量统计

（注：主纵轴：期刊、报纸；次纵轴：网络）

从内容来看，各类信息源的关注点也有变化。（1）期刊源和报纸源。在一般性主题中，"对策、措施"主题增长速度快，且在总量上保持首位，其次为"根源、原因"；在具体主题中，"信任""司法、诉讼""调解""医闹"等主题受到的关注较多，"医闹"是在2006年以后才出现并得到大量持续关注的社会话题。（2）网络源。[②] 第一，医患矛盾自新世纪以来就得到网络媒体的持续关注，并在2012年、2013年因两起杀医事件而达到高峰。第二，医患矛盾解决方案在网络报道中经历了从保险、调解到立法的变化，可见化解医患矛盾的认知随着现实社会的变迁而变化，并不断深入。总之，三种信息源呈现出：医患矛盾得

① 资料来源：①期刊资料来源，中国知网（CNKI），搜索条目为主题"医患矛盾"或者"医患纠纷"或者"医患冲突"，搜索时间为2015年9月18日，数据库期刊、博士、硕士、特色期刊和辑刊；②报纸资料来源，中国知网（CNKI），搜索条目为主题"医患矛盾"或者"医患纠纷"或者"医患冲突"，搜索时间：2015年9月18日；③网络资源，百度高级搜索，搜索条目为主题"医患矛盾"或者"医患纠纷"或者"医患冲突"，搜索时间：2015年9月18日。

② 通过利用百度网络新闻搜索，共得到79178篇链接（截至2015年8月31日）。网络中有关医患矛盾的报道逐年增长，并且数量巨大，无法逐一分析。本文采用抽样的方法，从搜索到的全部报道中抽取5月和11月两个月份进行简单的内容分析，共得到1728篇链接。

到社会大量关注，自身表现出更多的复杂性，因而化解矛盾的方案也随之变动。

二 医患矛盾的概念内涵

我们需要先对医患矛盾作出准确定义。首先，医患主要包括两类人员：医方一般是指医疗服务机构（包括医院与个体诊所等医疗机构）、医护工作人员以及医疗机构其他工作人员，患方是指患者、患者家属以及其他与患者相关的人员。医患矛盾就是这两类人员之间的矛盾。其次，从语义上来讲，矛盾可以指“因认识不同或言行冲突而造成的隔阂、嫌隙”，或“泛指事物相互抵触或排斥”[①]，运用于社会关系之中，可以泛指个体之间、群体之间或者个人与群体之间的不相容甚至相互排斥的一种关系状态、一种社会现象。这种不相容或者相互排斥可以是情感上的，也可以是行为上的，也可以是二者同时存在的。不少学者对医患矛盾作出了不尽相同的定义。[②] 在这些定义中，可以发现五个要素：(1) 矛盾主体是医患双方；(2) 矛盾起因是医患双方存在分歧；(3) 矛盾的形式表现为医患双方的争执、分歧甚至对抗性的外在行为；(4) 矛盾可出现在医疗服务的任一环节；(5) 矛盾的结果会直接或间接地侵犯一方明显的或潜在的利益或双方利益。

然而，已有定义却忽视了未直接表现出来的一面，即医患之间一种紧张性的情感性体验或心理状态。患者对医护人员不满或质疑，但患者不直接针对医护人员表现出来，要么选择沉默与忍受，压抑不满、怀疑、委屈等负面情感体验，要么采取其他的方式宣泄，如网络发帖、报纸投诉等。医护人员有时也需要应付一些患者及其家属的“无理取闹”甚至人格侮辱，但出于职业操守或者其他因素的考虑并未直接表达自己的情绪。基于此，本文将医患矛盾定义为医患双方在医疗服务活动过程中针对医疗服务

---

① 中国社会科学院语言研究所词典编辑室：《现代汉语词典》（第5版），商务印书馆2005年版，第950页。

② 汤应武、李江涛主编：《中国广州社会发展报告2009》，社会科学文献出版社2009年版，第325页。迟宝兰主编：《中国医院管理难点要点指导》（下册），研究出版社2006年版，第452页。张瑞生、刘丽萍：《努力化解医患矛盾 切实搞好自我保护》，《中国误诊学论坛》2000年第2卷第1期。

过程及其结果所产生的各种内在的情感性的不满或对抗与外在的行为纠纷或对抗。在具体的医患关系中，内在情感与外在行为的矛盾常常是交织在一起的。

三　医患矛盾的社会功能

医患矛盾总体上是负功能。第一，医患矛盾直接影响医患关系的和谐。医患矛盾频发加剧医患不信任，导致在医疗服务过程中医患相互防备：医生力图避免被患者抓住“把柄”，尽可能采取全面检查，[①] 增加检查环节等防御性医疗方式应对；患者对医生持怀疑的态度，将适当的全面检查视为不必要的过度检查，甚至采取录音手段记录诊疗过程，不配合医生的诊疗。第二，医患矛盾影响医疗服务的质量和结果。医患矛盾频发加剧医患不信任，而医患不信任又会影响到医疗服务的质量和结果。[②] 首先，医护人员对患者抱有戒心，力求全面谨慎，面对患者不信任或者“无理取闹”，心理压力无疑会增大，这可能会间接影响医护人员的诊疗态度和服务质量；其次，患者不信任医生，沟通不畅，甚至不配合相关医疗手续，耽误治疗，恶化病情，最终导致不良的医疗结果。第三，医患矛盾影响医疗体制改革的推进。目前，我国正在进行新一轮的医改。医改的目的就是为了将有限的医疗资源进行更为合理的分配，降低医疗不平等，缓解紧张的医患关系，建立更为合理的医疗体制。医改的推进涉及各方资源与利益的调整，面临重重阻力，医改本已步履艰难，而不断爆发的医患矛盾有可能降低已有的医改的社会效益，[③] 进而成为医改的阻力。第四，医患矛盾影响社会和谐稳定。医患矛盾虽不是涉及根本性价值体系和社会制度的社会矛盾，但逐年递增的医患矛盾，尤其是规模大、时间长、手段激烈的医患矛盾事件，不仅造成人员伤亡和大量的财产损失，而且冲击社会秩序，影响社会和谐稳定。

但医患矛盾也有另一方面的作用：医患矛盾暴露了现存医疗体制的弊

① 全面的检查有时可以为医生准确诊断提供依据，但增加病人支出。

② 李玉衡、高军：《医患关系紧张谁将受到伤害——患者不信任医生的八大恶果》，《首都医药》2006年第7期。

③ 许镇明：《适应医疗保险制度改革 改进医院管理模式》，《江苏卫生事业管理年代》2000年第2期。

端。医患矛盾大量爆发，反映出医疗管理体制不足、医疗资源分配不公、医疗经费投入不足、医疗服务机构运行与管理不善、医疗费用过高等体制性缺陷，这也为新医改的推进提供了一定的参考方向。医患矛盾倒逼医疗体制改革。医患矛盾大量出现，正是暴露了当前紧张的医患关系，使得医患关系成为国家和社会关注的焦点，从而成为医改的重要环境背景，为医改提供契机和舆论压力，进而为医改的持续推进提供动力。

第二节　医患矛盾的类型、特点与趋势

一　医患矛盾的类型

根据所收集到的文献，国内学者已经对医患矛盾作出了多种分类①。其中，汤应武和李江涛②较为全面地总结了矛盾的划分标准与基本类型（见表 11—1）。借鉴已有的矛盾类型划分，本文将医患矛盾分为六种主要类型。

表 11—1　　　　医患矛盾的基本类型

分类标准	矛盾类型
原因	医疗矛盾、非医疗矛盾
激化程度	非纠纷型矛盾、纠纷型矛盾
医务人员有无过失	有过失的医患矛盾、无过失的医患矛盾

① 吴素香主编：《医学伦理学》，广东高等教育出版社 2005 年版，第 56 页；高桂云、郭琦主编：《医学伦理学概论》，中国社会科学出版社 2009 年版，第 108—109 页；沈旭慧主编：《医学伦理学》，浙江科学技术出版社 2011 年版，第 41—42 页；方鹏骞、孙杨：《中国转型期医疗纠纷非诉讼解决机制研究》，科学出版社 2011 年版，第 14—15 页；霍孝蓉主编：《实用护理人文学》，东南大学出版社 2006 年版，第 137—139 页；王利明主编：《判解研究 2007 年第二辑：总第三十四辑》，人民法院出版社 2007 年版，第 99 页；周更须编著：《医道：架起医生与患者沟通的桥梁》，现代出版社 2010 年版，第 119 页；伍新尧主编：《高级法医学》，郑州大学出版社 2011 年版，第 276 页；张致刚、夏东民、陈亚新、陆树程：《医学伦理学新编》，南京大学出版社 1997 年版，第 238—239 页；李刚：《牙科诊所开业管理》，西安：第四军医大学出版社 2006 年版，第 360 页；吴小英：《论医患纠纷诉讼应当着重调解》，《医学与哲学》2007 年第 17 期；何颂跃：《医疗纠纷与损害赔偿新释解》，人民法院出版社 2002 年版，第 152—153 页。

② 汤应武、李江涛主编：《中国广州社会发展报告 2009》，社会科学文献出版社 2009 年版，第 325—326 页。

续表

分类标准	矛盾类型
规模	个体矛盾、集体矛盾
性质	行为矛盾、观念矛盾、目标矛盾
严重性	口角、拳斗、械斗

(一) 医疗结果引发的矛盾

这是指由于患方认为医疗效果不符合自己的预期而对医疗机构、医护人员产生不满或对抗的矛盾。一般来说，医疗结果主要包括完全治愈、病情得到缓和、未治愈三种情况。恢复健康，完全治愈，这无疑是医患双方所期盼的医疗效果。但是医疗结果不一定总是会符合医患双方的期待，如病人抢救无效死亡、伤病无法治愈等都会导致非期待的医疗结果。为更好地理解医疗结果所引发的矛盾，需要进一步明确产生相应医疗结果的主客观原因，以便更清楚地进行责任归属。大体来讲，我们可以将这类矛盾再细分为医疗事故型、医学困难型与疗效缓慢型三种形式。医疗事故型，是指由于医护人员的工作过失或者严重违犯相关规定对患者造成了不良的医疗结果，这是主要的矛盾形式之一。其中以患者死亡、或者治疗引发严重后遗症为主要的矛盾导火索。医疗事故对患者的伤害往往比较严重，涉及到民法、刑法等相关法律法规，因此医疗事故的处理需要专门的医学鉴定机构进行鉴定。医学困难型是指现有医学暂时无法彻底治愈的伤病，这种情况的发生主要是由于医学发展水平有限（无法认识病理、没有解决办法）或者医疗资源不足（没有特效药品、没有相关医疗设备等）而无法实现伤病治愈的目标，这是患方常常不理解、不能接受的医疗结果。疗效缓慢型是指医方采取合理有效的治疗方案对患者进行诊治，但医疗是一个较为缓慢的过程，不可能一蹴而就，如果病情复杂，疗效则更为缓慢，部分对医学知识一知半解的患方认为是医方治疗不力或有意延误所致，进而产生矛盾。无论是哪一种具体的矛盾形式，其基本矛盾源就是由于医疗结果所直接引发的。

(二) 医疗技术引发的矛盾

这是指由于医护人员技术水平不高或者患方认为医护人员技术水平不高而引起的病人痛苦、医疗效果不佳等问题，患者对医方产生不满甚至冲突。这一矛盾主要存在两种表现形式，首先是医护人员客观上医疗技术水平不高，给患者带来新的痛苦，引发患方的不满、冲突；其次就是患方主观上认为医护人员医疗水平不高，无法胜任对患者的诊疗，因而对相关医护人员表达不满情绪或发生对抗行为。从客观方面上来讲，医护人员的医疗技术水平是有差异的。在日常的医疗服务活动中，“扎错针”的现象并不罕见。“扎错针”的出现，既有医护人员在服务态度上的过失，也有自身技术与经验的不足，还有患者自身的特殊因素影响，如体质因素。但是医疗技术的欠缺有可能就会给患者带来新的痛苦，这种痛苦常常是患者及其家属所不能忍受的，容易引发医患之间的不信任、不满甚至对抗。医护人员中的年轻人员经常会遇到患者对其医疗技术的质疑。精湛的医疗技术是医护人员获得患者信任、解除患者病痛的基本前提。因此，为减少此类矛盾，医方应采取主动，一方面加强培训，提高医疗技术，另一方面则应加强沟通，重视细节工作，提高患方信任水平，为患方提供令其满意的医疗服务。

（三）服务态度引发的矛盾

这是指医务工作者在服务患者过程中由于服务态度不佳而引发的医患之间的矛盾。医务工作者在服务态度上的缺失主要表现为言语态度不佳、与患方缺乏有效沟通、病情解释不足等。上海市卫生计生委副主任赵勇就表示，相当一部分的医患纠纷是服务的行为、服务的态度引发的纠纷。①因此，改善医务工作者的服务态度十分必要。在医疗服务中，患方对病情不了解往往产生紧张、焦虑的情绪，但是如果此时医务工作者对病情的解释不清、耐性不足、缺乏对患者足够的关心与同情心，就会容易激起患者及其家属的不满。良好的服务态度是建立和谐医患关系所不可缺少的重要因素。患方对医疗服务的需求不仅局限于技术方面的从生理上解除伤病折磨，也需要医务工作者能够提供心理与情感的慰藉。建立和谐医患关系，化解医患紧张，良好的服务态度是重要的手段之一。这类矛盾的发生，正是反映出医疗服务机构的管理存在不足，也反映出相关医务工作者的职业道德水平与专业主义精神较低。

---

① 刘轶琳：《医生态度引发矛盾占医患纠纷相当部分》，东方网（http://sh.eastday.com/m/20140220/u1a7942764.html）。

（四）医疗费用引发的矛盾

这是指医患双方因医疗服务过程中所产生的医疗费用存在分歧、争议而引发的矛盾。这一矛盾主要表现为两个方面：首先是医疗费用超出了患方的实际承受力，无力偿还，甚至产生了患方欠费、逃费的现象；其次是医疗费用超出了患方的心理预期，患方对医疗服务过程中产生的费用产生质疑，认为医疗机构存在过度检查、过度医疗、虚开药物等医疗违规行为，进而与医方产生矛盾。第一种表现形式在实际生活中并不少见，高昂的医疗费用是普通患者难以承受的医疗负担，这对低收入群体冲击尤为突出。根据卫生部统计，2012 年，我国医院门诊病人次均医药费用为 192.5 元，住院病人人均医药费用 6980.4 元。[①] 一次住院医药费接近城镇居民年人均收入（24565 元）的三分之一（28.42%），几乎相当于农民一年的人均纯收入（7917 元）。高昂的医疗费用使人们感叹“病不起”，“小病忍、大病拖”成为许多人无奈的选择，而部分患方的欠费、逃费行为则变得“情有可原”。第二种形式则是患方对费用的合理性产生质疑，其原因主要是医药费的确昂贵或者医方存在医疗违规行为。2005 年，哈尔滨 550 万“天价医药费案”曾经引起社会巨大反响。在这起事件中所暴露出来的严重问题之一就是医疗机构过分追逐利益最大化、过度医疗、过度检查、伪造病程记录等医疗违规行为。[②] 这是一起较为极端的案例。之所以出现患者质疑超过预期的医疗费用，确实存在欺诈患者，增加患者不必要的医疗开支的无良医生。患方在主客观上难以承受过高的医疗费用，这构成了广大民众对“看病贵”的实际感知，医患双方之间因医疗费用的问题所引发的矛盾也构成医患矛盾的主要类型之一。

（五）医疗时间引发的矛盾

这类矛盾是指患方因医疗时间长短问题而对医方产生不满情绪或对抗行为。具体来说，这类矛盾主要表现为患方对两种医疗时间——等待诊疗时间与正式诊疗时间所产生的不满。第一种形式的矛盾，是指患方因等待

---

① 《2013 中国卫生统计年鉴》，国家卫计委网站（http：//www.nhfpc.gov.cn/htmlfiles/zwgkzt/ptjnj/year2013/index2013.html）。

② 韩福东：《卫生部发现：哈市医院 550 万医药费涉嫌严重造假》，《南方都市报》2005 年 12 月 3 日。《关于哈医大二院违纪违法案的通报全文》，中国新闻网（http：//www.chinanews.com/news/2006/2006 - 04 - 29/8/724791.shtml）。

诊疗时间过长而产生不满情绪。等待诊疗的时间主要包括排队挂号时间和等待接受医生诊疗两个阶段，在实际的医疗活动中，从排队挂号到接受医生诊疗，患方在不同的医疗服务机构所花费的时间是不一样的。由于目前的优质医疗资源过度集中在甲级医院，导致患者向甲级医院集中，患者的等待诊疗时间无疑就拉长了。在甲级医院，患者大量聚集，挂号往往需要花费相当长的时间，有的患者为能尽早挂号，甚至熬夜等候。挂号后患者还需要排队等待诊疗，在“人满为患”的大医院等待诊疗的时间过长也容易让患者及其家属不满。第二种形式就是正式诊疗时间。这一时间是指患者在经历了排队挂号、等待诊疗的阶段之后，在相应的门诊科室接受医生诊疗所花费的时间。在实际的医疗服务中，这一时间往往很短，尤其是在大型医疗机构中很多患者常常来不及详细询问病情就被告知诊断结束了。由于就医的患者人数远远超出医疗机构和医生的承载力，所以每位医生分配给每位患者的诊疗时间通常只有几分钟。这种情况在医疗资源丰富的大医院、专家号体现得尤为明显。过短的正式诊疗时间，也极容易引发患者的不满。在理想的状态下，患者所期待的医疗时间应该是：等待诊疗时间越短越好，正式诊疗时间越长越好。但是，现实的情况却往往与人们的期待相反，极端情况下患者甚至根本挂不上号，两种医疗时间之间的矛盾造成了患方极大的心理落差，这种负面心理体验容易成为医患矛盾爆发的催化剂。

（六）医疗贿赂引发的矛盾

这是指医疗机构或医护人员接受来自药商、器材商、患方的贿赂，违犯职业道德、法律而引发的矛盾。这一矛盾中主要存在两种关系，即医—商关系与医—患关系。首先，就医—商关系来说，医疗机构为维持自身运营，必须与药商、器材商打交道。医方与药商、器材商的不正当关系就表现在医疗机构或医护人员收受商家的医疗贿赂，采购高价药物而摒弃具有相当效果的低价药物，采购高价器材并从中捞取不正当利益，这些费用最终转嫁到患者身上。在医疗领域中，内科医生吃回扣，外科医生拿红包已经十分严重。其次，在医—患关系上，直接引发医患矛盾的医疗贿赂现象主要包括两种情况：第一，医护人员主动索要或者暗示患方送红包，患者及其家属出于安全保障的需要被动向医护人员行贿。第二，患方主动向医护人员送红包，尤其是在诊疗活动前发生的送礼行为，明显地反映出患方对医护人员的不信任，所以希望用金钱建立一种临时性的信任关系，以期获得好的医疗结果。这两种形式都增加了患方额外医疗负担，损害医患之间的信任关系，并成为引发医患矛盾的潜在因素。

（七）其他矛盾

医患矛盾的矛盾源是纷繁复杂的，因此其表现形式也是多种多样。上文只是简单梳理了几种较为常见、较为严重的矛盾类型。除了所提到医疗结果、医疗技术、服务态度、医疗费用、医疗时间和医疗红包等六种矛盾之外，医患矛盾也会表现在其他的医患互动细节上。首先，医疗处方引发的矛盾。虽然许多大型医院已经采用了电子处方，但是还是有不少的医院仍然采用的是纸质的手写处方，处方字迹潦草，难以识别。字迹潦草的处方实质上是间接地剥夺了患者的知情权，有些医疗机构和工作人员为了防止患者只看病不买药，甚至故意如此。其次，医疗规范的矛盾。虽然我国的医疗事业已经经历了半个多世纪的发展，医疗体制改革大大小小也不少，总体性的医疗制度已经建立，但部分医疗制度的细节仍存在缺陷，这一缺陷往往就会成为医患之间争议的焦点。比如一直争议不断的 X 光需不需要脱衣的问题，就难以从相关的医疗规范中得到肯定的回答。再次，医护人员泄漏患者隐私。泄漏患者隐私不仅是一个道德问题，更是一个严重的法律问题，反映出相关从业人员道德意识、法律意识的低下。医患矛盾每天都在发生，医患矛盾的表现形式多种多样，我们应该抓住主要的、严重的矛盾，集中精力研究解决，为构建和谐的医患关系提供力量。

二　医患矛盾的特点

（一）现阶段医患冲突的特点

1. 数量快速增长

21 世纪以来，我国的医疗事故案件的受理与结案数也呈现快速增长的特点（见表 11—2）。2002—2009 年间，全国医疗事故案件的受理与结案的平均数分别为 11170 起和 10596 起，案件的年平均增长率分别为 7%、9%。医患矛盾的绝对数量和相对数量都在快速增长。[①] 据中国医师协会

① 医疗事故引发的矛盾只是医患矛盾的一个部分，因此实际的医患矛盾数量规模应该更为庞大。

统计，自2002年《医疗事故处理条例》实施以来，中国的医疗纠纷每年以20%以上的速度增加；[①] 2008年，在太原召开的一个关于医疗纠纷的全国性内部会议上披露，全国经各级卫生主管部门鉴定的医疗纠纷案件，每年超过百万起，平均每年每家医疗机构发生医疗纠纷的数量达40起左右，[②] 并且以每年100%的速度增长。[③]

表11—2　　2002—2009年全国医疗事故案件受理与结案数

年份	收案（起）	结案（起）
2002	10249	8741
2003	9079	9046
2004	8854	8738
2005	9601	9029
2006	10248	10129
2007	11009	10477
2008	13875	12858
2009	16448	15757

资料来源：刘鑫：《医疗利益纠纷——现状、案例与对策》，中国人民公安大学出版社2012年版，第4页。

2. 规模急剧扩大

根据统计，2000年1月1日至2013年9月30日，我国因医患纠纷而引发的百人至千人规模的群体性事件共有16起，占比为2.7%。[④] 在医患矛盾众多表现形式中，“医闹”事件尤为突出。根据统计，2002—2010年全国“医闹”事件的数量快速增加（见表11—3），从2002年的5000多

① 柴会群：《无解诉讼？——同仁医院砍医案背后的沉重问号》，《南方周末》2011年10月1日。

② 孔保罗：《中国医疗纠纷亟待解决》，联合早报网（http://www.zaobao.com/forum/views/opinion/story20130506-186552）。

③ 黄金旺：《医患矛盾加深之患》，《中国工人》2012年第9期。

④ 李林、田禾主编：《中国法治发展报告No.12》，社会科学文献出版社2014年版，第270页。

起，上升到2010年的17243起，增长104.86%。[①]《在全国部分省市调查“医闹”的分析报告》显示，在全国115所被调查医院里，2004—2006年年度“医闹”行为的发生率分别为89.58%、93.75%、97.92%；平均每所被调查医院发生“医闹”的次数分别为10.48次、15.06次、15.31次。[②]

表11—3　　　　2002—2010年我国“医闹”事件数量统计

<table>
<tr><th>年份</th><th>数量（起）</th><th colspan="3">年均增长率</th></tr>
<tr><td>2002</td><td>5000多</td><td rowspan="2">约26.5%</td><td rowspan="2">—</td><td rowspan="4">—</td></tr>
<tr><td>2003</td><td>约6325</td></tr>
<tr><td>2004</td><td>8000多</td><td rowspan="6">—</td><td rowspan="3">约13.2%</td></tr>
<tr><td>2005</td><td>约9056</td></tr>
<tr><td>2006</td><td>10248</td><td rowspan="4">17.0%</td></tr>
<tr><td>2007</td><td>约11990</td><td rowspan="4">—</td></tr>
<tr><td>2008</td><td>约14028</td></tr>
<tr><td>2009</td><td>16488</td></tr>
<tr><td>2010</td><td>17243</td><td></td><td>—</td></tr>
</table>

资料来源：1. 黄金旺：《医患矛盾加深之患》，《中国工人》2012年第9期。2. 孔保罗：《中国医疗纠纷亟待解决》，联合早报网（http：//www.zaobao.com/forum/views/opinion/story20130506-186552）。

3. 烈度不断增强

根据来自上海普陀区某三甲医院的调查数据，该医院2000—2006年共发生905起医疗纠纷，年均129.3起，其中医疗暴力557起，占全部医疗纠纷的61.55%（见表11—4）。从更为宏观的数据来看，医患矛盾的烈度特征可以得到更为清楚的展现。根据卫生部通报，仅2012年全国共发

① 表11—3中，2002年和2004年的数据为全国各地冲击医院的恶性事件数量统计，在此处将其作为“医闹”事件数量，做保守估计。2003、2005、2007、2008四年的数量通过计算年均增长率得到。由于我国每年发生的医疗纠纷上百万起，因此此处的计算结果是小于实际数量的，权作保守估计，仅供参考。计算公式为：$m=\left(N\sqrt{\frac{B}{A}}-1\right)\times 100\%$，其中m为年均增长率，A为首年，B为末年，N=年数-1。

② 王淑军：《3年来“医闹”愈演愈烈》，《人民日报》2007年1月10日。

生恶性伤医事件 11 起，造成 35 人伤亡，其中 7 人死亡，受伤 28 人（其中患者及陪护人员 11 名、医护人员 16 名、保安 1 名），涉及北京、黑龙江等 8 省市。① 2012 年 12 月至 2013 年 7 月间，中国医院协会等机构的调查表明，中国医院场所暴力伤医事件逐年递增，每年每所医院发生的暴力伤医平均数从 2008 年的 20.6 次上升到 2012 年的 27.3 次。②

表 11—4　　上海普陀区某三甲医院 2000—2006 年医疗暴力统计表

年份	医疗纠纷（起）	医疗暴力（起）	医疗暴力占医疗纠纷比例（%）	医疗暴力具体形态（起）						
				打、砸医院	烧医院	炸医院	停尸病房、在医院设灵堂	辱骂、殴打医务人员	杀害医务人员	其他
2000	130	75	57.69	6	0	0	4	65	0	0
2001	120	73	60.83	7	0	0	6	60	0	0
2002	115	69	60.00	8	0	0	5	56	0	0
2003	125	79	63.20	7	0	0	6	66	0	0
2004	135	82	61.48	9	0	0	4	69	0	0
2005	140	89	63.57	12	0	0	7	70	0	0
2006	140	90	64.29	14	0	0	6	70	0	0
合计	905	557	61.55	63	0	0	38	456	0	0
年均	129.3	79.6	61.55	9	0	0	5.5	65.14	0	0

资料来源：徐昕、卢荣荣：《暴力与不信任——转型中国的医疗暴力研究 2000—2006》，《法制与社会发展》2008 年第 1 期。

4. 分布日益集中

首先，从矛盾的类型上看，以医疗结果引发的矛盾和医疗过程中的服务态度不佳所引发的矛盾为主要的表现形式，技术性的矛盾和权益性矛盾并不是主要组成部分。其次，从矛盾的发生地点来看，有一定级别的公立医院，尤其是甲级公立医院成了医患矛盾爆发的集中点。根据《中国青

① 《卫计委：去年共发生恶性伤医案件 11 起 35 人伤亡》，中国新闻网（http：//www.chinanews.com/gn/2013/10－22/5410828.shtml）。

② 庄庆鸿、俞积：《杀医案之后，谁还愿意做医生》，《中国青年报》2013 年 10 月 30 日。

年报》所属的中青舆情监测室统计，三级甲等医院发生的伤医事件最多，占比达80%。[①] 甲级医院是医患矛盾的集中爆发区，其涉及的经济赔偿也是最多的（见表11—5）。由于我国的医疗资源分配极不均衡，大量优质的医疗资源集中于城市和等级较高的公立医院，大量的病患涌入具备优质医疗资源的医疗机构，高级别的医院就往往容易成为医患矛盾集中爆发的重灾区。

表11—5　　　　2007年平顶山新华区医患纠纷统计表

（单位：起/年；万元）

医院等级	医疗投诉	医疗纠纷	在医院摆花圈、设灵堂、堵医院大门者	围堵、围攻医院、科室、院领导者	殴打医务人员致医务人员受伤者	经法院审理解决者	经协商处理者	经法院判决医院不赔偿	全年医疗纠纷赔偿额
三级甲等	25~30	15~20	3~5	3~5	3~5	3~5	10~15	几乎没有	80~120
二级甲等	15~20	10~15	2~3	2~3	1~2	1~2	5~10	—	20~50
乡镇卫生院	5~10	3~5	1~2	1~2	1~2	—	3~5	—	5~10

资料来源：平顶山市农工党新华区总支：《新华区医疗环境及医患关系现状调查及分析报告》，39健康网（http：//news.39.net/homicide/2012326/1997186_1.html）。

5. 社会舆论影响大

2012年哈尔滨杀医案发生后，有六成投票网民表示高兴：当时参与人数是6161人，而选择高兴的居然高达4018人，占总人数的65%。[②] 可见，医患关系何其紧张！大众传媒报道医患矛盾，容易形成社会舆论，进

① 庄庆鸿、俞积：《杀医案之后，谁还愿意做医生》，《中国青年报》2013年10月30日。

② 《哈尔滨医生被患者砍死 六成投票网民称“高兴”》，腾讯网（http：//news.qq.com/a/20120326/001573.htm）。

而影响相关事件的解决进程，一定程度上缩短了矛盾平息的周期。然而，媒体报道也容易将社会中仇富、仇官等负面情绪卷入其中，民众的关注焦点很快地就从医患矛盾事件本身转移到当事人的身份上，如果报道出现偏差，导致医患矛盾被过度渲染。在社会舆论的漩涡中，事件的真相往往被淹没，取而代之是愤慨、仇恨、不信任等负面情绪，卷入事件的医疗机构、医务工作者、政府部门或机构承受巨大的舆论压力，甚至被妖魔化、污名化，增加了社会暴戾之气。

6. 赔偿数额变化范围大，且有增加的趋向

根据李大平对东莞市4家基层医院医患矛盾的赔偿数额调查统计（见表11—6），我们可以发现，虽然存在30万元的高额赔偿，但是大部分的医疗纠纷的赔偿金额是在1万元以下，10万元以上的案例数并不多。但是从金额的变化范围来看，赔偿金额在10—20万元范围不断变动，不同矛盾的赔偿金额给医院带来的经济压力是有差异的。另外，从不同金额分布段的年度变化来看，我们可以看到1万元以下的赔偿金额虽然在总数量居于主导，但是却呈现逐年下降的趋势，1万—5万元的赔偿金额也是呈现先升后降的趋势，而5万—10万元则是有升有降，波动较大。10万—20万元和20万元以上的赔偿金额则在2010年出现。总体上来说，赔偿金额变化范围较大，但是却也有不断增加的趋势。

表11—6　　　　东莞市4家医院2007—2011年赔偿金额统计

金额	2007年例数	2008年例数	2009年例数	2010年例数	2011年例数
1万元以下	21	17	17	16	12
1万~5万元	8	9	10	9	6
5万~10万元	5	7	4	3	6
10万~20万元	0	0	0	1	0
20万元以上	0	0	0	1	0
合计	34	33	91	29	24

注：其中赔偿最高金额为30万元，最低金额为367元，平均每例赔偿金额1.7259万元。

三　医患矛盾的趋势

（一）矛盾将持续存在

只要医患关系存在，医患矛盾就不会消除。转型时期的医患矛盾，有其生存和发展的社会土壤。医疗资源的积累和分配矛盾、医疗体制自身的缺陷、医患之间的低社会信任度等因素都将是促使医患矛盾持续存在的根源。就目前的形势来看，医患矛盾事件的绝对数量和相对数量都呈现出快速增长的态势。在现有的医患矛盾源没有明显、有效的改善之前，医患矛盾不仅将持续存在，而且其数量也将持续增长，成为我国新型的社会矛盾。虽然医患矛盾无法完全消除，但是我们应该尽可能采取有效的手段引导矛盾，使矛盾良性化，降低矛盾的不良影响。尽可能通过体制、管理与服务改革等手段，降低矛盾的发生率，将矛盾的发生水平降低到一个合理的范围之内，尤其应该着力避免或减少恶性矛盾的发生。

（二）群体性“医闹”将有所缓和

随着社会转型、社会改革进入深水区，各种矛盾、利益冲突交织在一起，群体性的矛盾冲突与个体性矛盾冲突交织在一起。维权意识与能力的提高，利益结构日益复杂，医患的群体性对抗日益增加。大规模的医患冲突，激烈的医患对抗目前已经成为医患矛盾中一种难以忽视的常态。一旦出现矛盾纠纷，不少患方希望通过群体性的大规模对抗进行施压，获得预期的结果。社会媒体、社会大众舆论、职业“医闹”群体等直接或间接地成了患方的支持力量。但是随着公安部门的机构进驻医院，相关部门加大对“医闹”活动的打击，社会舆论对“医闹”事件的谴责，大规模的群体性“医闹”将会有所减少。同时，为了维护自身的人身安全，争取自身的合法权益，医护人员已经开始自发地组织起来集体表达利益诉求，这使医护人员能够获得更多社会大众的情感与舆论支持，促进相关法律法规的建立与完善，进而有可能减少大规模“医闹”事件的发生。

（三）非医疗过失性矛盾成为主体

任何时空条件下，医学的发展总是有限的，医疗事故的发生也是难以完全避免的，所以因医疗事故而引发的医患矛盾是无法克服的，是将继续存在的。但是医疗事故引发的医患矛盾只是医患矛盾的一小部分，并不是主体。随着人们对医疗服务质量的要求不断提高，医疗机构在管理水平、服务质量、服务态度等方面的不足常常成为引发矛盾的源头。在这些方面的矛盾是医源性的矛盾，也是非医疗过失性矛盾。非医疗过失性矛盾是存在于整个医疗服务活动过程和结果当中，甚至是纯粹的细节性问题，却常常能成为大量医患矛盾爆发的导火索。因此，非医疗过失性矛盾是医患矛盾的主要方面，而且将继续保持现有态势。

（四）医患矛盾有外溢的趋势

医患矛盾已经成为触动广大民众紧张神经的社会矛盾之一。一起医患矛盾往往会引发全社会的关注，尤其是经过媒体报道后往往成为社会舆论的焦点，进而成为人们反思医患关系，表达对医疗体制、医疗机构、医务人员甚至政府部门不满情绪的“契机”。医患双方一旦发生矛盾纠纷，由于现有医疗法规的不足，双方均缺乏有效的法律手段维护自身合法权益。部分患方采取“闹”这一非制度化的手段解决问题，将事态进一步扩大，冲击社会秩序；医方则要么委曲求全，要么“起身反抗”，集体维护自身权益。医方的委曲求全进一步助长了以非法手段获取不正当利益的社会不良风气，而医方“起身反抗”主要是采取集体静坐、示威的方式表达利益诉求，医护人员的抗议已经引起政府、社会的关注。同时，医患的利益冲突已经蔓延到医与政府、患与政府、患与社会、医与药、医与保等之间的利益矛盾，乃至泛化为医疗系统内部的利益冲突。[①] 紧张的医患关系，复杂的利益关系，使得医患矛盾在短时期内无法缓和。

（五）医护群体的抗争方式有多样化，对抗强度有提升的趋势

在以往大多数情况下，迫于各方压力，医护群体面对患者的辱医、伤医行为常常选择以“缄默不言”的方式应对，而防御性医疗成为医护群体的理性选择。随着医患矛盾日趋激烈，冲突烈度增强，大量的伤医、杀医事件集中爆发，医护群体的应对方式开始有了新的变化。医护群体开始选择诸如拉条幅、静坐、游行示威抗议等集体行动的方式表达自己的利益诉求。2009 年福建南平医患冲突事件、2012 年温岭杀医事件、2014 年岳

---

① 邱杰：《当代医患纠纷的伦理域界》，安徽大学出版社 2011 年版，第 33—37 页。

阳杀医事件等都引发了医护群体的集体抗议。然而，静坐、游行示威抗议的行动方式的效果有限，反而让医护群体承担了更大的行政压力和社会舆论压力。在医疗暴力屡有发生的情况下，医护群体在已有的抗争形式之外，"创造"出一种更为"温和"的抗争方式——拒绝诊治。2015 年的重庆儿科医院的暴力伤医事件不仅引发了大量医护人员的集体抗议，进而拒绝诊治施暴家庭的患儿，甚至引发重庆一些医院，甚至成都一些医院跨区域联动抗争，拒绝诊治，这成为医护群体抗争方式转变的典型事件。在医护群体抗争方式转变的过程中，我们也可以发现医方群体内部的撕裂。2015 年的重庆儿童医院的伤医事件就引发了医护人员与医院管理层的公开矛盾，医护人员要求所在医院的相关领导道歉、担责，也对医院的管理提出了具体诉求，医患矛盾衍生出院医矛盾。① 因此，从缄默、静坐、拉条幅、游行示威抗议到联合拒绝诊治，医护群体抗争形式的转变正是医护群体对医患关系恶化、医疗矛盾处理不当，自身正当利益诉求得不到保障所积累的各种不满情绪集中爆发的表现。

第三节　"医闹"

一　概念与类型

（一）概念内涵

"医闹"是医患矛盾激烈的表现。"医闹"是 2006 年由昆明媒体首度曝光后出现的一个新名词,② 随即引发了全社会的广泛关注。昆明"医闹"事件发生后，2006 年 7 月 10 日，卫生部新闻发言人毛群安在当天的例行发布会上将"医闹"定性为违法行为，并指出"现在全国的不少医疗机构中，活跃着一批专门替发生医疗纠纷的患者到医院闹事而从中获取经济好处的人，媒体把他们称为'医闹'"。③

---

① 张征：《重庆伤医事件：从医患矛盾到院医矛盾》，掌上医讯网（www. doctorpda. cn/derm/news/11880）。

② 李克林：《云南省"医闹"事件处置分析》，《卫生软科学》2011 年第 6 期。

③ 陆铁琳、经纬：《卫生公安联手打击"医闹"》，《家庭中医药》2006 年第 9 期。

参考已有定义,[①] 我们将“医闹”定义为：在医患双方发生矛盾纠纷后，医患双方未达成一致纠纷解决意见或者一方拒绝接受已有的解决方案，患方单独或雇用他人参与或者二者共同通过暴力与非暴力的手段扩大事态，向医方施加压力，从而实现一定的情感或经济利益目标的行为。

一般来说,“医闹”的形式主要有7种，包括：1. 聚众占据医疗机构或医疗办公场所，寻衅滋事，严重干扰正常医疗秩序；2. 侮辱、威胁、围攻、殴打医务人员或非法限制医务人员人身自由，严重影响医务人员的正常工作；3. 在医疗机构内外挂横幅、设灵堂、烧纸钱、摆花圈、贴标语、发传单；4. 拒不将尸体移放太平间和殡仪馆，或以尸体相要挟，经过多次劝说无效的；5. 抢夺患者或他人医疗文书，以及与医疗纠纷相关的医疗证物，经多次劝说无效；6. 涉及社会黑恶势力，发生打、砸、抢、烧等严重违法行为；7. 其他严重扰乱正常医疗秩序，情节严重的都属于“医闹”行为。[②] 根据中华医院管理学会2005年6—7月间的调查统计数据，全国有73.33%的医院曾经出现过患者或家属及亲友殴打、威胁、辱骂医务人员事件；59.63%的医院发生过因对治疗结果不满意，患者或家属及亲友扰乱医院正常诊疗秩序、威胁医务人员人身安全的事件；76.67%的医院发生过患者或家属及亲友在诊疗结束后拒绝出院，且拒绝交纳医疗费用；61.48%的医院发生过患者去世之后，患者家属在院内摆设花圈、烧纸、设置灵堂等现象。[③]

（二）基本类型

“医闹”事件的发生，反映出医患关系恶化，是医患矛盾加剧的结

---

① 栾永、孟华：《医闹种类、特征、危害与成因对策研究》,《医学与哲学》2012年第5A期；兰迎春、王敏、王德国：《“医闹”问题研究综述》,《中国医学伦理学》2008年第6期；夏凯艳：《防治“医闹”》,《中国医疗前沿》2006年第4期；杨硕：《根治“医闹”问题的法律对策》,《人民论坛》2010年3月中，总第284期；刘晓燕：《关于“职业医闹”现象的法律思考》,《医学与哲学》（人文社会医学版）2008年第11期；罗燕青、周树国：《武夷山14医院聘民警当副院长防医闹的法律思考》，中国法院网（http：//old.chinacourt.org/html/article/200704/19/243250.shtml）；苏天照：《论“医闹”的防范与治理》,《医学与哲学（人文社会医学版）》2007年第3期；聂洪辉：《“医闹”事件中“弱者的武器”与“问题化”策略》,《河南社会科学》2010年5期。

② 兰迎春、王敏、王德国：《“医闹”问题研究综述》,《中国医学伦理学》2008年第6期。

③ 刘墨非：《卫生部发布医院调查结果 七成医务人员曾受威胁》，国际在线网（http：//gb.cri.cn/8606/2005/09/30/107@721230.htm）。

果。我们应当辩证地看待这一社会现象：在“医闹”形式上不合理的背后，掩盖着合理的一面；在“医闹”非理性的情绪化行为当中，隐藏着“合情性”的一面。[①] 因此，划分“医闹”类型，确定矛盾源，进而寻求有效的解决办法是十分必要的。目前，关于“医闹”的类型划分，已有的研究提供了很好的参考（见表11—7）[②]。

表11—7　　“医闹”的基本类型

标准	基本类型
人员构成	职业医闹、非职业医闹
手段烈度	暴力式、非暴力式、混合式
原因/要求	有理取闹、无理取闹
事件目的	情绪发泄型、敲诈勒索型、多重目的型
事件规模	小打小闹型、聚众闹事型、打砸抢烧型

随着国家加大力度打击暴力伤医、扰乱医疗场所秩序的行为，典型的“医闹行为”在保持稳定的同时，新形式的“医闹”成为媒体关注的焦点，这一类行为被媒体称为“软医闹”。[③] 根据中国医师协会法律事务部主任邓利强的界定，“软医闹”可以分为4种基本形式：（1）每天坐在医院诊室外，对前来就诊的患者讲述诊室内医生的“恶劣行径”；（2）不定期给媒体写信，或将不实信息通过自媒体或论坛在网上进行放大；（3）

① 郭景萍、刘萍兰：《剖析“医闹”现象，构建多元解决机制》，《探求》2009年第5期。

② 栾永、孟华：《医闹种类、特征、危害与成因对策研究》，《医学与哲学》2012年第5A期；杨硕：《根治“医闹”问题的法律对策》，《人民论坛》2010年3月中，总第284期；李克林：《云南省“医闹”事件处置分析》，《卫生软科学》2011年第6期；毛日清：《“医闹”社会现象的分析与治理》，《江西行政学院学报》2011年第4期。

③ 李劭强：《提升“软实力”，应对“软医闹”》，光明网（guancha. gmw. cn/2015 - 05/25/content_ 15775800. htm）；唐伟：《从根上治理“软医闹”》，搜狐网（star. news. sohu. com/20150526/n413743861. shtml）；胡梦：《媒体：病人靠虚假举报等“软医闹”医院多赔钱了事》，网易新闻网（news. 163. com/15/0525/02/AQE6ES2N00014Q4P. html）；胡梦：《防不胜防“软医闹”渐成医患顽疾》，长江商报网（www. changjiangtimes. com/2015/05/502713. html）；沂蒙客：《“软医闹”需要“硬制度”来治理》，济南日报网（http：//jnrb. e23. cn/shtml/jinrb/20150526/1442068. shtml）；胡梦：《“软医闹”渐成医患顽疾 压床散流言等方式抬头》，腾讯网（news. qq. com/a/20150525/003867. htm）。

不断使用编造出来的信息向医院上级单位举报医院院长或医生存在的问题；(4) 压床不出院。[①]“软医闹”的存在既与医疗纠纷处理机制不畅、社会保障体制方面不完善，也与医疗机构的“息事宁人”“大事化小、小事化了”的处理方式有关[②]。

二　特征与功能

(一) 基本特征

总体而言，“医闹”主要有以下几个方面的基本特征[③]。第一，源头复杂。医患矛盾不仅受多种因素的影响，而且“无直接利益冲突”的卷入,[④] 使得事件变得更为复杂，后果更加难以预测。第二，手段多样。暴力与非暴力手段并存于不同的“医闹”事件之中。近年来殴打、伤医、杀医等恶性事件频发则使得“医闹”的暴力色彩越发浓重。第三，具备规模。患方采取“闹”的形式解决纠纷，为了有效地实现目标，患方不得不采取群体策略和规模效应对医方施加压力。这种规模有大有小，从少数几个人到几十、上百人不一而足。第四，目的明确。“医闹”行为的背后隐藏着患方某种情感、经济利益的目标。或是发泄不满情绪，或是获得经济利益，或是二者兼有。第五，容易反弹。尽管政府对“医闹”事件进行多次严厉打击，但暴力式的“医闹”事件却越发严重。2009 年 6 月的 5 起恶性伤医事件共造成近 20 名医务人员伤亡，中央领导的批示在当年形成一轮打击“医闹”的热潮；2010 年两会期间关于严厉打击医闹的提案先后得到多名中央领导批示，全国性整治医闹的行动又一次启动。[⑤]但是，2013 年全国影响较大的伤医暴力案件共有 16 起，从 2008 年至 2012 年，医务人员遭到谩骂、威胁的医院比例从 90% 上升至 96%，医务

① 刘剑飞:《对待“软医闹”该硬气点》，光明网（http：//news. gmw. cn/newspaper/2015 – 05/28/content_ 106916889. htm）。

② 本文主要讨论在社会各界已经形成比较一致意见的“硬医闹”行为，对“软医闹”则不给予过多的分析。

③ 毛日清:《“医闹”社会现象的分析与治理》,《江西行政学院学报》2011 年第 4 期；栾永、孟华:《医闹种类、特征、危害与成因对策研究》,《医学与哲学》2012 年第 5A 期。

④ 钟玉明、郭奔胜:《社会矛盾新警号》,《瞭望新闻周刊》2006 年 10 月 17 日。

⑤ 栾永、孟华:《医闹种类、特征、危害与成因对策研究》,《医学与哲学》2012 年第 5A 期。

人员躯体受到攻击、造成明显损伤的医院比例从 47.7% 上升到 63.7%。[①] 第六，阶段特征。“医闹”可分为情感宣泄、理性索赔、纠纷解决三个阶段。[②] 情感宣泄阶段，由于患方的情绪波动大，且没有得到很好的疏导和控制，因此容易发生暴力性的行为，主要目标就是宣泄不满、悲痛等负面情绪；在经历过情感宣泄阶段之后，患方会考虑动用一切有用资源获得赔偿；当医患双方达成一致的解决意见后，矛盾纠纷就基本得以解决。在实际的“医闹”事件中，情况则更为复杂。

（二）社会功能

“医闹”的社会功能主要是负面的。第一，直接干扰了正常的医疗秩序，损害了其他患者的就医权益。第二，恶化了本已紧张的医患关系。第三，不利于医疗卫生事业的健康发展。“医闹”扰乱了医疗机构的正常运转，增加了医疗机构的运营成本。“医闹”事件频发也严重影响了医护人员的执业环境，增加了医护群体的职业压力，导致医护人员的流失。据中国医师协会调查，95% 的医务工作者不愿意自己的子女从事医疗工作；[③] 上海市医务工会针对 17 万医务人员调查显示，“愿意让自己的子女选择医疗卫生职业”的仅占 13.7%，越来越多的“医二代”不愿学医。[④] 第四，影响社会秩序的稳定与和谐。当“闹事”成为人们解决矛盾纠纷的主要手段时，社会的不稳定因素也就随即增加了，社会秩序的风险也就增加了。

第四节 医患矛盾的发生机制

一 体制因素

（一）医疗资源供应不足

根据世界卫生组织《2000 年世界卫生报告》，我国以占世界卫生总支出 1% 费用，为占世界 22% 的人口提供了基本的医疗服务，健康水平绩效列 192 个国家的第 61 位，处于发展中国家的前列。根据财政部统计，

---

① 杨倩如、刘兰兰：《病咋治，医患一道决策》，人民网（http://su.people.com.cn/n/2014/0625/c347888-21509276.html）。

② 郭景萍、刘萍兰：《剖析“医闹”现象，构建多元解决机制》，《探求》2009 年第 5 期。

③ 赵鲁平、熊伟：《试论优化医疗执业环境》，《中国医院管理》2006 年第 10 期。

④ 李蓓：《走进病房，医二代解开人生困惑》，《劳动报》2014 年 8 月 15 日。

2009—2013 年，全国财政医疗卫生支出累计达 30682 亿元，年均增长 24.4%，医疗卫生支出占财政的比重从 2008 年的 4.4% 提高到 2013 年的 5.9%。[①] 虽然医疗卫生的财政投入增速较快，但是总量仍是不足，难以应对庞大的医疗需求。据初步核算，2013 年全国卫生总费用预计达 31661.5 亿元，政府卫生支出 9521.4 亿元（占 30.1%），社会卫生支出 11413.4 亿元（占 36.0%），[②] 个人卫生支出 10726.8 亿元（占 33.9%）。[③] 相比于社会支出和个人支出，政府的卫生支出仍是不足的，个人和社会的负担较重。政府对医疗资源的投入不足，增加了医院的运营成本压力，医院的社会公益性角色难以得到彰显。医疗资源投入不足，导致了医疗机构、医疗设施与医疗人员的供应不足，卫生体制的市场化模式运转导致医疗费用上涨过快，[④] 这是目前我国医疗卫生事业发展面临的严峻的现实问题。医疗资源供应不足，医疗费用过快增长，成为引发甚至激化医患矛盾的重要原因。[⑤]

（二）医疗资源分配不合理

相对于庞大的医疗需求，医疗服务资源总量是有限的。有限的医疗资源要得到有效运用，就必须合理地分配医疗资源。因此应当保障城乡之间、区域之间、不同级别的医疗机构之间以及不同社会阶层之间等在获取医疗服务资源的平等性与公平性。但是现实情况并非如此，第一，在城乡卫生资源的分配方面，我国的医疗资源 80% 在城市，而农村仅占 20%，城市的医疗资源 80% 又集中在大医院，能级分布的这种“倒三角”没有改变。第二，在区域卫生资源分配方面，东部每千人卫生人力是中西部的 1.5 倍以上。第三，在医疗机构的卫生资源配置方面，医疗服务体系呈现

① 王君平：《第二批城市公立医院改革试点启动》，人民网（http：//hb. people. com. cn/n/2014/0616/c194063 - 21427612. html）。

② 社会卫生支出指政府支出外的社会各界对卫生事业的资金投入。包括社会医疗保障支出、商业健康保险费、社会办医支出、社会捐赠援助、行政事业性收费收入等。

③ 《2013 年我国卫生和计划生育事业发展统计公报》，国家卫计委网站（http：//www. nhfpc. gov. cn/guihuaxxs/s10742/201405/886f82dafa344c3097f1d16581a1bea2. shtml）。

④ 汤应武、李江涛主编：《中国广州社会发展报告 2009》，社会科学文献出版社 2009 年版，第 327 页。

⑤ Zhu Xiao-wen, et al., “Nurse staffing levels make a difference on patient outcomes: a multisite study in Chinese hospitals” *Journal of Nursing Scholarship*, Vol. 44, No. 3, 2012, pp. 266 - 273.

"金字塔"的分布态势。大医院处在金字塔的"塔尖"，而社区医疗服务机构则处在"塔基"。当前，许多城市的大医院规模越来越大，上千张床位的医院越来越多，有的甚至达到了六七千张床位。与此同时，小医院却在萎缩，社区医院更是少人问津。[①] 出于对优质的医疗资源的追求，患者纷纷涌入大医院，即使患有那些可以在社区医院或者小医院得到良好治愈效果的病痛的患者也是如此，这不仅加剧了大医院的医疗服务压力，也使得社区医院和小医院难以为继。根据统计，我国社区医疗服务中心仅占城镇医疗机构总数的 8.9%，卫生技术人员数占 2.7%，政府补助经费占 1%。社区卫生服务覆盖面小，医护人员数量不足，服务设施和设备匮乏，服务质量难以取得群众信任。[②]

（三）医疗改革不利

2009 年 3 月 17 日，我国发布了《中共中央　国务院关于深化医药卫生体制改革的意见》，宣告了新一轮的医疗体制改革的到来。在此之前，我国的医疗卫生事业经历多次或大或小的改革：1979 年卫生部大胆提出"要运用经济手段管理卫生事业"；1980 年，国务院批准卫生部《关于允许个体开业行医问题的请示报告》，打破了国营公立医院的垄断地位；1985 年，国务院提出"必须进行改革，放宽政策，简政放权，多方集资，开阔发展卫生事业的路子，把卫生工作搞好"，全面医改正式启动；1992 年 9 月，国务院下发《关于深化卫生改革的几点意见》；2000 年 2 月，国务院《关于城镇医疗卫生体制改革的指导意见》公布；2005 年 5 月初，卫生部严厉批评了公立医疗机构公益性淡化、过分追求经济利益的倾向，并且着重强调应当坚持政府主导，引入市场机制。[③] 医疗改革势必会涉及医疗资源和利益的重新分配，改革的阻力与困难是极大的，最终导致了一系列医疗改革的失败。2005 年国务院发展研究中心医改课题组称"我国医改基本不成功"，此后不久，卫生部长高强在形势报告会上也称此前的医改问题多多，不能算成功。[④] 医疗体制改革的失利，引发了一系列的体

---

① 古津贤、李大钦主编：《多学科视角下的医患关系研究》，天津人民出版社 2009 年版，第 186 页。

② 同上。

③ 董虹、王珏：《我国医疗卫生体制改革历程及动力机制》，《商业时代》2007 年第 9 期。

④ 同上。

制与服务方面的问题。

（四）法律法规不完善

当前我国的医患矛盾的化解机制、医疗纠纷的解决法制并不健全。2002 年 9 月 1 日开始实行的《医疗事故处理条例》虽然为解决医疗事故而引发的医患矛盾提供了法律保障和政策参考，但是面对大量的非医疗事故性的医患矛盾却是无能为力。2003 年 1 月 6 日发布的《最高人民法院关于参照〈医疗事故处理条例〉审理医疗纠纷民事案件的通知》将非医疗事故引发的医疗纠纷纳入《民法通则》的适用范围，这就导致医疗事故的赔偿反而比非医疗事故的赔偿还少，引起处理医疗纠纷的法律冲突，不利于保护医患双方各自的利益。[①] 总之，目前我国缺乏一套专门性的、完整的医事法律体系，而一些政策也因存在缺陷收效甚微，难以获取信任。2014 年年初，卫生部门提倡医患双方签订不收和不送“红包”的协议，[②] 而这一政策号召从一开始便遭遇到了不少质疑。[③] 此外，相关法律法规的缺陷，尤其使得暴力性的医患矛盾冲突的成本是极低的。2015 年“医闹入刑”可以看作医患矛盾法治化处理的开始。

二　社会因素

（一）社会信任危机

我国正在经历由传统的计划经济体制向现代的市场经济体制转变的社会转型，人际社会信任度不断降低，社会面临信任危机。2011 年中国青年报社会调查中心通过民意中国网和搜狐新闻中心，对 6744 人进行的一项调查显示，82.4% 的人感觉当前人与人之间的互信度低。[④] 在医患关系中，由于医患双方信任水平低下、信任关系脆弱，容易引发医患矛盾，而

---

① 陈丽娜、邓世雄：《“医闹”事件的产生原因及解决对策》，《法律与医学杂志》2007 年第 14 卷第 4 期。

② 《国家卫生计生委办公厅关于开展医患双方签署不收和不送“红包”协议书工作的通知》，中华人民共和国中央政府网站（http：//www.gov.cn/gzdt/2014 - 02/20/content_2616571.htm）。

③ 魏铭言：《原卫生部副部长：让医患签不收红包协议很可笑》，凤凰网（http：//finance.ifeng.com/a/20140305/11813915_0.shtml）。

④ 吴曼至、肖舒楠：《民调：86.3% 受访者坦言自己曾失信于人》，《中国青年报》2011 年 4 月 12 日。

患者对医疗体制、医疗组织、政府、社会中间组织等机构的低度信任更激化医患矛盾，也让医患矛盾的调解困难重重。2006 年南京医科大学历时 4 个月完成的医患关系暨医德现状调研表明，医患之间相互信任的比例只有 25.96%。[①] 因此，社会信任危机成为医患关系紧张、医患矛盾爆发的重要内在根源。[②] 医患双方的不信任已日趋成为转型中国医患关系的明显特征。[③] 医患信任的重建刻不容缓。

（二）社会传媒报道偏差

媒体监督在现代社会发挥着越来越大的作用，但是也应该看到，大众传媒对医患矛盾的报道具有双重后果：一方面，可以快速传播重要信息，形成强大的舆论压力促使相关事件得到重视，甚至可以促使事件得到平息或者解决；另一方面信息经由大众传媒传播往往会产生放大效应，而媒体的立场和态度常常会影响到社会公众对事件的感受和判断，特别是当媒体的报道片面化甚至报道失实，无疑会激化本已紧张的医患关系。

三 医方因素

（一）医学发展水平有限

在一定时期内医学并不能完全治愈所有的人类疾病。目前，国内外一致承认的医疗确诊率也只有 70% 左右，各种急重症抢救成功率为 70%—80%，相当一部分疾病原因不明，诊断困难，甚至有较高的误诊率，治疗无望。[④] 医学行业发展水平的局限并不是医患矛盾发生的深层次体制、社会原因，但却是比较直接的现实原因。据河北大学附属医院的一项内部统计资料显示：在 1995—2005 年的医患纠纷中，由于技术原因出现的误诊

① 石磊、石小宏：《医患矛盾凸显社会深层问题——医患关系“患”在何处（上）》，《四川日报》2006 年 6 月 20 日。

② 童文莹：《建立良性医患关系尚需体制完善——基于“徐宝宝事件”的个案研究》，《中国行政管理》2010 年第 7 期。

③ 徐昕、卢荣荣：《暴力与不信任——转型中国的医疗暴力研究：2000 ~ 2006》，《法制与社会发展》2008 年第 1 期。

④ 李士忠、张素芹：《构建和谐医患关系的信息经济学思考》，《中国卫生经济》2007 年第 7 期。

及误治的比例占62.0%以上，技术性事故占17.5%以上。[①]

（二）医疗机构管理不善

根据统计，财政对公立医院的投入占医院总收入的7%—10%，药品、大型设备检查和高值耗材占医院收入的60%—70%，但医院从这三项收费中获得的利润不足总利润的20%—30%。据测算，医院通过药品出售、昂贵耗材、大型设备各获利1万元，需要病人就这三项支出的则分别为8.56万元、近7万元、12.5万元，利润主要被企业和中间环节赚走，而医院通过医疗技术服务费获利1万元，病人支付1.2万元费用。但对医院医疗技术服务费的严格限制，迫使医院“以药养医”“以耗材养医”“以昂贵检查养医”。[②] 正是由于医疗机构的这种高度的利益取向的行为，使得“看病贵”“看病难”的医疗困境越发严重。此外，医院在行政制度、管理制度等方面的不完善，也是医患矛盾发生的原因之一。

（三）医护人员职业状态不良

第一，客观的因素。首先，医护人员面临着巨大的工作压力[③]、经济压力、心理压力，[④] 这会影响到医疗服务的质量和医患关系的和谐。其次，医生的职业特点，尤其是在大型医院中，医护人员往往要面对数量庞大的患者，因此分配在每个患者身上的时间比较有限，难以与患者进行深入沟通，对患者的病情缺乏深入了解，这也成为医患矛盾的重要导火索。再次，医护人员的医疗服务水平有限，医疗服务质量不高，也容易引发患者的不满。

---

① 李士忠、张素芹：《构建和谐医患关系的信息经济学思考》，《中国卫生经济》2007年第7期。

② 石磊、石小宏：《医患矛盾凸显社会深层问题——医患关系“患”在何处（上）》，《四川日报》2006年6月20日。

③ Chen Xiaojun, Tan Xuerui, Li Liping, “Health Problem and Occupational Stress among Chinese Doctors” *Chinese Medicine*, Vol. 4, No. 1, 2013, pp. 1 – 6.

④ Zhang Yimin & Feng Xueshan, “The relationship between job satisfaction, burnout, and turnover intention among physicians from urban state-owned medical institutions in Hubei, China: a cross-sectional study” *BMC health services research*, Vol. 11, No. 1, 2011, p. 235. Wu Hui, et al, “Factors associated with burnout among Chinese hospital doctors: a cross-sectional study” *BMC public health*, Vol. 13, No. 1, 2013, pp. 1 – 8. Gao Yu-Qin, et al, “Depressive symptoms among Chinese nurses: prevalence and the associated factors” *Journal of Advanced Nursing*, Vol. 68, No. 5, 2012, pp. 1166 – 1175.

第二，主观的因素，主要是职业伦理的缺乏。职业道德低下者，把患者当作升职、致富的工具，过度检查、过度开药；职业素质低下者，忽视病患的医疗需求，忽视病患的肉体与精神的双重痛苦。这些缺乏职业伦理和专业主义精神的医护人员，让广大患者承受着巨大的生理痛苦与经济压力，而医患之间这种不良的关系与沟通，为医患矛盾的爆发埋下了伏笔。

四 患方因素

（一）维权意识的提高

现代社会应当是一个法治社会，法律应当成为人们维护自身合法权益的根本性的正当手段。人们自身维权的法律意识的不断提高，在日常生活中更多地开始使用法律手段保护自己的正当权益。在大量的医患矛盾中，许多的患者及其家属还是采用投诉、起诉等法律手段应对医院、医护人员以达到自己的目标。由于患者维权意识的提高，许多以往看似合理的医疗行为逐渐遭遇到了考验进而得到部分矫正，在某种意义上改善了医患关系。但是，患者的过度维权、无理维权甚至暴力维权造成的社会影响是负面的。维权意识和法律意识，是现代公民权利的重要方面。患者及其家属认为自身合法权益受到损害，为维护自身合法权益而采取相应的维权途径如投诉、起诉等都是值得肯定和提倡的。这是现代公民的体现。然而，过度维权、无理维权不仅难以保护自身合法利益，更多地只会带来法律的惩罚、社会舆论的谴责。因此，形成理性、和平的维权意识，一旦与医方发生纠纷，应采取合理的维权途径，做到有理、有度、有节，减少矛盾的社会负面后果。

（二）医疗期望过高与片面认知

患者的医疗期望包括两个方面：医疗服务的效果和医疗服务的态度。首先，患者追求良好的治疗效果，但是医学发展的水平、医疗机构的医疗资源以及医护人员的职业技能水平都限制患者的需求。当患者的医疗效果期望过高，而相应的医疗机构却无法满足，此时医患矛盾就产生了。其次，患者对医护人员也有角色要求与行为期待，“白衣天使”就是我国社会对医护人员最具代表性的社会角色行为期待。但是当这种要求与期待超出其本身能力之外，甚至是不合常理时，医护人员的拒绝行为就会招致患者的责难，引发医患矛盾。①

（三）职业“医闹”的催化

患者及其家属雇用职业“医闹”，一方面可能是由于在面对医疗机构时自觉处于弱势的不利地位，需要他人的支援，以“壮声势”；另一方面则可能是为了获取更大的经济利益，“医闹”的规模越大，就越能引起社会的关注，给医疗机构和政府相关部门施加压力，从而迫使医院和政府的妥协。虽然部分“医闹”得到法律的解决，但是更多的情况下则是“医闹”利用政府的维稳心理和医院的“息事宁人”的心理实现了自己的利益要求。

第五节　医患矛盾的化解机制

一　增加医疗资源供应，合理分配医疗资源

（一）增加医疗资源的供应量

虽然目前我国已经建立市场经济体制，医疗机构也逐步走上了市场化道路，但同时许多医疗机构还是严重依赖着政府的财政支持。这一现状在等级较低和基层的医疗机构中尤为突出。所以一方面应当加强对医疗资源不足、医疗实力较弱的医疗机构的扶持，另一方面应当加强医疗设施、医疗结构的建设，让医疗资源覆盖和惠及更多的民众。同时，在医护人员的培养上也应当花大力气。虽然目前我国有数百万的医护人员，但是对于庞大的患者群仍然是供不应求的。而护理人员与患者之间的比例大小也会影响到医患关系的和谐，这已经得到了相关研究的证明。②

（二）促进医疗资源的合理分配和有效整合

目前，我国的医疗资源总体上供应不足，而且医疗资源的分配也不甚合理，过度集中在大城市、大医院。因此缓和医患矛盾，应继续加大医疗投入，增加医疗资源总量，同时也要促使医疗资源的合理分配，其中关键

① 李晓雅、张艳萍、胡睿：《面对患者的过分要求，医生该怎么办?》，医师网（http：//www. mdweekly. com. cn/article. asp？id = 18179）。

② Zhu Xiao-wen, et al.,“Nurse staffing levels make a difference on patient outcomes：a multisite study in Chinese hospitals” *Journal of Nursing Scholarship*, Vol. 44, No. 3, 2012, pp. 266 – 273.

的一点就是促使医疗资源有比例地向基层倾斜。具体来说，应加大对农村、乡镇的医疗投入，增加对基层社区医疗机构的医疗投入，减轻医疗资源过于集中于城市、大型医疗机构而引发的医患矛盾。医疗资源的合理分配，减少城乡分配差异、机构层级分配差异，可以一定程度上缓解城市、大型医疗机构的压力，减少医患矛盾的潜在导火索。同时，采取一定的措施促进医疗资源的有效整合，减轻甲级医院的服务压力，有效发挥基层医疗机构的服务能力，合理地利用医疗资源，更好地满足患者的医疗需求。目前，北京、上海等地已经开始尝试并推广医联体，[①] 取得了较好的实践效果。2011 年 1 月 28 日，上海首个“区域医疗联合体”在卢湾区签约启动；[②] 预计到 2016 年年底，全北京市的医联体总数将达到 50 个左右。[③]

（三）开放医生多点执业，实现医疗资源的优化

医疗主管部门，对公立医院要打破单位制的用人制度，建立高水平医生的流动制度，将其在一定时期内配置到基层医院，吸引患者。医护人员流动比基层医院的设施配置要容易一些。实现医生多点执业，是医疗体制改革的重要环节。将医生从僵化的体制中解放出来，充分参与竞争，实现医生的市场定价，可以一定程度上缓解农村、基层缺少高水准医生、专家的状况。根据中国青年报社会调查中心的网络调查显示（3294 人参与），64.6% 的受访者支持医生自由执业，[④] 一定程度上表明实现医生的自由流动已经得到较多的认同。目前，安徽省立医院已实现了医生多点执业政策，副高职称以上医生，在保证 5 天工作日在省立医院上班条件下，周末可以去其他医院。[⑤] 2015 年 3 月 1 日，《浙江省医师多点执业实施办法》

---

① 医联体，全称医疗联合体，包括区域医联体、跨省医联体、专科医联体等具体形式，是一个有效整合医疗资源，更好地满足患者医疗需要的服务机制。所谓区域医联体，就是通过整合同一区域内的三级医院与二级医院、社区医院、村医院而组成的一个医疗联合体，医疗资源共享，实现患者的分流，将轻微的伤病留在基层，减轻甲级医疗机构的服务压力。

② 贺天宝、宋国梵：《上海首个“区域医疗联合体”今在卢湾“试水”》，新华网（http://www.sh.xinhuanet.com/2011－01/28/content_21973637.htm）。

③ 徐晶晶：《北京“医联体”后年全覆盖社区医院可预约专家号》，《北京晨报》2014 年 10 月 5 日。

④ 王聪聪、高则灵：《64.6%受访者支持医生自由执业》，《中国青年报》2013 年 8 月 13 日。

⑤ 许戈良：《医生多点执业可改善医患关系》，《安徽商报》2014 年 3 月 9 日。

的“新政”正式施行，“新政”放宽多点执业的准入门槛、缩减了办理流程，提出“副主任医师（含）以上职称和重点或紧缺专业医技人员”可自由执业。[①] 虽然政策的最终效果暂时难以评估，但是这些都是改革医生执业制度，实现医疗资源的优化的重要尝试。

（四）完善医疗保障制度，降低患方的医疗负担

不断增长的医药费、住院费让普通民众难以承受，而高昂的医疗费用对社会低收入群体压力尤为突出，“因病致贫”的极端现象在当下社会仍不少见。在物价上涨，货币贬值，“以药养医”的医疗乱局没有得到彻底改善之前，要在制度上规定医院必须在同类药品中，保持一定比例的低价药品（如30%），供给低收入群体。让低收入群体有知情权、选择权，降低患方的医疗负担。

二　建立健全法律法规，有效应对医患矛盾

（一）制定专门性的医事法律，依法处理医患矛盾

目前尚未建立一部专门性的全国性的医事法律，这给医患矛盾的处理带来极大的困难。现行的《医疗事故处理条例》仅针对医疗事故所引发的医患矛盾，而对于非医疗事故型的医患矛盾则缺乏明确规定，而后者又是医患矛盾的主要表现形式。医患矛盾的处理在具体法律如《医疗事故处理条例》《民法通则》的适用上也缺乏明确的法律规定。目前，相关法律法规存在不完善之处，如医患矛盾处理中的法律适用“二元化”现象、《条例》与《通则》在一些基本法律原则存在冲突以及《条例》的赔偿标准偏低等，[②] 这都为依法处理医患矛盾带来困难。目前，我国一些地方已经开始了尝试：宁波市制定实施《医疗纠纷预防与处置条例》，成为我国首个通过地方立法将医疗纠纷预防与处置工作纳入法制化轨道的地区；[③] 江西省制定实施的《江西省医疗纠纷预防与处理条例》，成为中国

① 《浙江省医生多点执业“新政”将于3月1日正式施行》，青年人网（http：//www.qnr.cn/med/news/yxdt/201503/1047627.html）。

② 刘晓燕：《关于“职业医闹”现象的法律思考》，《医学与哲学（人文社会医学版）》2008年第11期；陈丽娜、邓世雄：《“医闹”事件的产生原因及解决对策》，《法律与医学杂志》2007年第14卷第4期。

③ 黄天香：《勇于实践 大胆探索 创新管理体制》，《中国改革报》2012年5月14日。

首个以省为单位的地方性医疗纠纷处理法规。[①] 这些举措为制定专门性的医事法律，依法处理医患矛盾，实现医患矛盾处理的制度化、程序化和法律化提供了实践参考。

（二）打击医疗违规违法行为，维护医疗场所秩序

完善医疗机构、医务工作者的职业规范，制定专门性的法律规范，提高法律规范的处罚力度，增加医疗机构、医务工作者的违规、违法成本；严厉打击医疗领域中医疗贿赂、医疗回扣、过度检查、过度医疗、虚开药物等各种违规、违法行为，提高医护人员的医德医风与职业精神，净化医疗环境；完善《治安管理处罚法》，将医疗机构纳入社会公共场所范围，派遣专门民警进驻医疗机构，防范与处理暴力行为，维护正常医疗秩序；依法打击恶意维权、无理取闹等违法行为，严厉打击恶性伤医、杀医等犯罪行为，提高患方违法犯罪行为的经济、社会成本，减少矛盾的强度、烈度和社会负面后果，维护正常的医疗秩序。

三　健全矛盾化解机制，有效处理矛盾纠纷

（一）第三方介入矛盾调处，专业化解医患矛盾

首先，建立医患矛盾的多元化、层次化的处理机制。引入医患矛盾调解的第三方中立机构，如医疗纠纷的专业法庭。增强调解工作的专业性、针对性和工作效率，作为医疗纠纷人民调解委员会的有效补充。截至目前，我国政府与医务界探索、建立了解决医患纠纷的人民调解组织 3396 个，人民调解员 2.5 万多人，55% 的医疗纠纷人民调解委员会有了政府财政支持。2013 年共调解医疗纠纷 6.3 万件，调解成功率达 88%。[②] 针对具体矛盾所涉及的民事赔偿金额，分层次处理矛盾，比如 2 万元以内的医疗纠纷由医院自行协商处理，赔偿金额超过 2 万就由调解机构出面进行调解，对相关的医疗纠纷的医院责任进行鉴定，然后进行协调。虽然，分层次的调解机制未必能够完全化解医患纠纷，但是对于缓解矛盾，将矛盾引

---

① 高皓亮：《中国各地立法规范医疗纠纷处理》，新华网（http://news.xinhuanet.com/legal/2014-04/30/c_1110482832.htm）。

② 白剑峰：《全国建立医调组织三千多个 医疗纠纷调解成功率 88%》，《人民日报》2014 年 5 月 6 日。

入司法途径，促进矛盾的良性化提供了可能性。其次，司法途径方面，提高鉴定机构的独立性、自主性，从而提升鉴定结果的科学性、公信力。建立医疗诉讼的司法援助制度，设立并推广医疗纠纷司法救助专项基金制度，降低患方的维权成本，保障医疗纠纷案件顺利解决。目前，医疗司法救助的专项基金制度在一些地方的实践取得了较好的效果。①

（二）完善制度改革，专业应对医患矛盾

医方改革医疗机构管理和服务制度，提升医疗服务质量。加强医护人员职业伦理和专业主义精神建设。当前，我国医疗体制所面对的危机，其中最为重要的一个方面就是职业伦理和医学专业主义的缺乏。② 医疗机构应完善安全保卫工作，加强安全保卫工作力量，保障正常医疗秩序。医方应安排矛盾处理的专门人员，加强沟通，疏导患方的负面情绪，同时加强同政府部门、社会媒体的沟通，避免将矛盾扩大化；建立专业化的医疗社会工作队伍，将社会工作的专业知识、理念和技巧与具体的医疗工作相结合，协调医患关系，预防医患矛盾的恶化，促进医患矛盾的顺利解决。各级医院的工会不应只是医务工作者的福利组织，要作为医务工作者“代言人”，依法维护医务工作者的正当权益。

（三）强化医疗责任保险的调解功能，提高矛盾化解的效度

医疗责任保险的产生，源于患者和医务人员所面对的医疗风险，实际是国家和政府为衡平医患之间利益、调节医患矛盾，对医疗损害责任和风险再分配的一项责任保险制度③，因医患矛盾而产生，在日益激烈的医患矛盾中获得发展。④ 推行强制性医疗责任保险，强化医疗责任保险的纠纷调解职能，将医疗责任保险与地方医疗纠纷人民调解机制结合，通过医疗责任保险厘定医疗赔付责任，确定赔付金额范围，降低患方超出合理范围的索赔要求，缓解患方的过激行为，引导纠纷解决走向合理化。南通市

---

① 张林音、李明建：《法院适用医疗纠纷专项基金调解成功》，《民主与法制时报》2012 年 7 月 2 日。

② Hui，Edwin C.，“The contemporary healthcare crisis in China and the role of medical professionalism” *Journal of Medicine and Philosophy*，Vol. 35，No. 4，2010，pp. 477 – 492.

③ 吕群蓉：《论我国强制医疗责任保险制度的构建——以无过错补偿责任为分析进路》，《法学评论》2014 年第 4 期。

④ 吕群蓉：《我国医疗责任保险现状分析及制度完善》，《暨南学报》（哲学社会科学版）2014 年第 7 期。

2008 年首创医疗纠纷调处中心，成功探索医患纠纷第三方调处机制，“医责险+人民调解”的特色模式成为南通医患纠纷化解的重要经验。[①] 启东市推行“医责险+”，在江苏率先实现公立医疗机构 100% 投保，引入第三方参与，将医责险与医患纠纷人民调解相结合，运用市场化机制化解医患纠纷。[②]

（四）加强人员培训，提高应对暴力情境的能力

作为暴力行为的直接遭受对象，医疗从业人员要提高应对暴力情境的能力。第一，通过改善服务、提高技能、提高沟通技巧来预防和减少暴力发生，通过观察患方言语、行为表现等及时避免陷入暴力情境。第二，身处暴力情境中，医疗从业人员要提高自我保护的能力，减少患方过激情绪和行为带来的伤害，应当有效地稳定患方的情绪并及时将事件交由治安部门处理。第三，雇用专业医疗从业人员解压[③]，尤其是遭受过医疗暴力的人员，及时进行危机干预，减轻职业心理压力和负面心理后果。

四　正确引导社会舆论，创造矛盾化解的良好氛围

新闻媒体在曝光医患矛盾、打击恶医和“医闹”、促进矛盾的解决等方面发挥着不可或缺的作用，但同时新闻媒体的行业责任感也遭遇质疑和危机。新闻媒体行业责任感滑坡的主要表现为过分的利益追求，无视客观现实，报道虚假新闻、歪曲客观事实等。因此，只有增强行业责任感，提升专业主义精神，客观、理性地报道医患矛盾，才能够为化解医患矛盾提供积极力量。

五　患方正确认识医学，提升合法维权的良好意识

患方应认识现有医学技术水平的局限，正确看待医患关系和医疗服务活动，不应当只把医患关系看作经济关系，把医疗服务活动仅仅看作市场

---

① 佚名：《南通医调 8 年内成功调解 489 起医患纠纷》，人民网（http：//js. people. com. cn/n2/2016/1026/c360306 －29209187. html）。

② 祖兆林：《启东：“医责险＋”破解医患纠纷困局》，中保网（http：//xw. sinoins. com/2015 －06/05/content_ 157769. htm）。

③ Caldwell M F. Incidence of PTSD among staff victims of patient violence. ［J］. Hospital & Community Psychiatry，1992，43（8）：838 －9.

消费行为，应增加对医务工作者的尊重、理解和信任。患者参与医疗服务活动，自然有其一定的医疗期望——治愈疾病、恢复健康。医疗期望应当是合理的，即应当考虑到医疗机构的医疗资源、医护人员的医疗技术和现有的医学水平。遭遇医疗损害或质疑医疗服务的结果和服务时，患方有法定的权利维护自身合法权益，应学会通过合法、合理的方式维权，暴力维权只会两败俱伤，更是伤害到医患关系的和谐。

第十三章

新生社会矛盾

21 世纪以来，随着我国经济社会各个方面的迅猛发展，引起了人们经济生活与社会生活的重大变化，也产生了一些新型的社会矛盾。诸如人们投资方式的变化、居住方式的变化、城市管理方式的变化，这些方面产生的矛盾纠纷较为突出。

第一节　当前非法集资类社会矛盾的特征及治理

近年来，伴随全球经济持续低迷以及国内经济增速日趋放缓，近乎野蛮生长的国内民间借贷突遇房地产与加工制造业的产能过剩危机，资金链瞬间崩裂，原本光彩夺目的金融泡沫顷刻间化为乌有，民间借贷危机大有卷土重来之势。大量投资理财公司及 P2P 网贷平台跑路引发出动辄上亿元的民间借贷崩盘事件，不时浇醒民众窃喜着的发财梦想，使广大投资人梦魇重重。据我国处置非法集资部际联席会议公布的数据显示，当前我国非法集资案件呈爆发式增长，大案要案高发。2014 年我国非法集资发案数量、涉案金额、参与集资人数等均达到历史峰值，全国公安机关共立案 8700 余起，涉案金额超千亿元。其中，跨省案件 133 起，同比上升 133.33%，参与集资人数逾千人的案件 145 起，同比增长 314.28%；涉案金额超亿元的 364 起，同比增长 271.42%。已涉及全国 31 个省份 87% 的市（地、州、盟）和港澳台地区[①]。另据媒体报道，2015 年 1—8 月份，

① 王雷：《2014 年非法集资案值过千亿 呈爆发式增长》，央视网（http://m.news.cntv.cn/2015/04/28/ARTI1430185883150572.shtml）。

全国涉及非法集资的立案就在3000件左右，涉案金额超过了1500亿元[①]。随即又曝出的泛亚贵金属、e租宝、大大集团等重磅案件，涉案金额动辄几百亿，受骗投资人达几十万，不断刷新着我国非法集资犯罪的记录。“土豪死于信托，中产死于炒股，草根死于P2P，总有一款骗术属于你”的调侃成了现实。无怪乎国务院在《关于进一步做好防范和处置非法集资工作的意见》中严肃指出：“当前非法集资形势严峻，案件高发频发，涉案领域增多，作案方式花样翻新，部分地区案件集中暴露，并有扩散蔓延趋势”。“一些案件由于参与群众多、财产损失大，频繁引发群体性事件，甚至导致极端过激事件发生，影响社会稳定。”[②] 实际上，非法集资引发的社会冲突并非新生事物。从媒体公开报道看，2008年9月的湖南湘西、2012年1月的河南安阳都曾因此爆发过大规模的群体性暴力事件[③]。可见，当前非法集资引发的一系列经济问题已转化成一种新型的社会矛盾现象，成为一个影响民众日常生活甚至社会稳定的公共性问题。因此我们需要以更广阔的学科视角对其重新审视，以求更准确的把握问题实质来探寻治理对策。

一 研究现状与问题提出

目前，有关“非法集资”与“社会矛盾（冲突）”方面的研究文献已比较丰富，从学科分布看，前者主要集中于法学、公安学领域，后者则以社会学、政治学等为主。在既有文献中，“非法集资”是指“非法集资行为”或“非法集资活动”。学者彭冰曾依据相关司法解释对非法集资的定义、特征等进行了研究，他认为非法集资行为是指“违反国家金融法律管理规定，向社会公众（包括单位和个人）吸收资金的行为”，它具有“非法性、公开性、利诱性和社会性”四个鲜明特征[④]。长期以来，我国

① 吴红毓然、韩祎：《集资风险显露，高层严令排查》，《财新周刊》2015年第49期。

② 国务院：《关于进一步做好防范和处置非法集资工作的意见》，中华人民共和国中央人民政府（http：//www. gov. cn/zhengce/content/2016 -02/04/content_ 5039381. htm）。

③ 陈安庆：《湖南湘西非法集资案曾多次引发群体事件》，《瞭望东方周刊》2010年2月3日；阳正：《河南安阳非法集资引发群体事件》，第一财经（http：//news. hexun. com/2012 -01 -03/136906461. html）。

④ 彭冰：《非法集资活动规制研究》，《中国法学》2008年第4期。彭冰：《非法集资行为的界定》，《法学家》2011年第6期。

司法实践中对非法集资的定罪量刑主要是适用“非法吸收公众存款罪”和“集资诈骗罪”[①]。在我国公安部门实际工作中，2006年起便把非法集资归为“涉众型经济犯罪”行为的重要一类[②]。学者王松丽认为涉众型经济犯罪是指“涉及众多受害人，特别是涉及众多不特定受害群体的经济犯罪”。“这些经济犯罪除了具有涉案人数较多，涉案金额巨大等基本特征外，与集体上访乃至群体性事件之间具有高度关联性”[③]。随着我国经济活动形式的日益多元化，涉众型经济犯罪花样不断翻新，涉及行业领域越加广泛，越来越受到广泛关注，成为观察非法集资的又一重要窗口。同时，学界对“社会矛盾（冲突）”的研究，已形成社会冲突、集体行动（为）和社会抗争三大代表性视角，研究内容主要集中于社会矛盾冲突的性质、演化机制、特征及治理对策等方面。概而言之，当前我国社会矛盾冲突性质上仍属于人民内部的、非对抗性的矛盾，经济利益性矛盾作为我国主体矛盾都已成广泛共识。非法集资作为经济领域的一种失范现象，其引发的社会矛盾冲突更凸显出利益性的一面，因此该类矛盾冲突在根本性质上并未改变。然而，与当前普遍发生的征地拆迁、劳资纠纷、社会保障等社会矛盾相比较，我们可发现，虽然这些社会矛盾在根本属性上都是经济利益性矛盾，但各自的轴心问题却明显不同。传统的经济利益性社会矛盾冲突主要是因利益分配而起，表现为冲突双方争夺利益份额、数量多少的博弈性行为。而非法集资类社会矛盾冲突是基于已经发生了一方利益（财产）绝对受损的经济犯罪事实，表现为利益受损方谋求利益损失最小化的保护性行为。正是如此差异，导致了非法集资类社会矛盾的发生机制产生变异，从而表现出一些新的特征，对政府治理亦提出非常规需求。

截至2016年2月末，从中国知网可搜索到的，关于非法集资、涉众型经济犯罪的社会矛盾方面的学术论文还很少，研究内容主要也是集中于此类矛盾冲突（多为群体性事件形式）的形成原因、特征及处置策略等

---

① 中华人民共和国最高人民法院：《最高人民法院关于审理非法集资刑事案件具体应用法律若干问题的解释》，中华人民共和国公安部（http：//www. mps. gov. cn/n16/n1282/n3493/n3838/2921956. html）。

② 《公安部通报全国公安机关打击和防范涉众型经济犯罪情况》，中国网（http：//www. china. com. cn/law/txt/2006 - 11/23/content_ 7397204. htm）。

③ 王松丽：《论涉众型经济犯罪的问题与治理》，《学术界》2011年第10期。

方面，研究方法以个案分析为主。其中，杨正国通过对湘西非法集资引发群体性事件的个案分析，发现该类群体性事件具有聚集人员成分复杂、聚集快规模大、聚集地点相对集中、目的动机较单一、聚集方式多样以及危害程度升级快等特点①。卜永安、魏巍分别以 JS 市、H 省 A 市的非法集资个案为样本，着重对政府处置策略进行分析总结，认为此类群体性事件的发生对地方政府管理提出新挑战，政府需加强应对冲突的能力建设，并总结出在现场行动指挥、信息公开、打击犯罪和受害者安抚等方面的好经验②。另外，学者曲红、丁玲、张然等则从涉众型经济犯罪的视角切入，借助不同个案对涉众型经济犯罪引发的社会冲突的总体发展态势进行分析，提出应完善经济犯罪引发群体性事件的防控机制③，创新组织好事中打击与善后处置等具体建议④。孙力等则从法院具体实践中总结出应对涉众型经济犯罪案件矛盾的三个“同时注重”工作机制，并给出了法院在此类矛盾化解中对策及建议⑤。总之，由于受研究方法、专业视角及既有文献等限制，现有研究对非法集资类矛盾特征的概括还比较笼统，难以与其他类型的社会矛盾冲突作出明显区分；另从地方政府化解此类矛盾冲突的实际效果看，治理体系与运行机制还有待于从更高层次上开展创新，以满足新形势下推进系统治理、依法治理的要求。

二 非法集资类社会矛盾的特征

由于非法集资类社会矛盾的直接诱因比较清楚，普遍已存在涉众型经济犯罪的事实，因此该类冲突一旦爆发常首选群体性事件形式，一般都会

---

① 杨正国：《关于处置湘西州非法集资群体性事件的做法与启示》，《湖南公安高等专科学校学报》2009 年第 5 期。

② 卜永安：《地方政府应对群体性事件能力建设探讨——以 JS 市非法集资群体性事件为例》，《湖南财政经济学院学报》2011 年第 2 期；魏巍：《关于目前处置非法集资群体性事件的理性思考》，《中国社会公共安全研究报告》2013 年第 1 期。

③ 曲红、丁玲：《基于经济犯罪引发群体性事件的特点及防控对策探究》，《中国市场》2012 年第 31 期。

④ 张然：《论涉众型经济犯罪引发的群体性事件及其对策》，硕士学位论文，中国社会科学院研究生院，2014 年。

⑤ 北京市高级人民法院课题组、孙力：《涉众型经济犯罪案件矛盾化解机制研究》，《法学杂志》2011 年第 S1 期。

具备人群聚集规模较大、群体层次结构复杂及利益诉求主题明确等形式特征。但近年来，伴随互联网金融的快速发展，非法集资手段花样不断翻新，政府参与其中的角色与职责发生变化，非法集资类矛盾冲突开始呈现出一些新型特征，使之与当前因征地拆迁、劳资纠纷、社会保障等引发的社会矛盾有了较明显区别。

1. 从形成过程看，初期具有很强的隐蔽性，一旦爆发出来即面对难以挽回的利益受损事实，冲突面临快速被激化的较大可能。

从非法集资类矛盾的形成过程看，可以较清晰的划分为两个阶段：非法集资犯罪实施阶段与矛盾冲突爆发阶段。在非法集资行为发生阶段，犯罪行为人往往以合法的身份与面目出现。或利用与金融机构、政府部门密切关联的特殊角色身份，或依法登记注册成立正式的公司，并配合利用正规官方媒体、政府支持项目以及个别政府官员身份等大肆进行宣传包装，以拉虎皮作大旗。在集资手段上，以高息为卖点，要么借助熟人社会关系网络，打亲情牌、信任牌，进行“传销式”的业务推广；要么专盯信息相对闭塞，对金融较陌生的特殊人群进行拉拢诱惑，如老年人群体、妇女群体、农民群体等；要么仿造正规银行、保险公司的理财、保险产品等进行公开销售，或策划一些符合政府支持导向的大项目、大工程等进行招商入股，让人信以为真。如此等等手段无非都是以貌似合法的表象掩盖其隐蔽的非法集资目的。让原本处于信息不对称，风险意识差且抱有投机暴富心理的投资者极易受骗进入。待寅吃卯粮般的挪移手法难以为继时，非法集资者常常一夜间人去楼空，投资者损益顷刻间反转，现实利益损失如冰山样突然浮出水面。到此时，上当受骗的愤怒、损失追偿的恐慌、救助无果的失望以及集体行为中的盲从等因素都可能促使矛盾冲突迅速进入激化状态，甚至形成大规模的群体性事件。

2. 在发生机制上，表现出由传统的“压迫性反应”转向“主动性反应”的自觉权利救济行动。

从近十几年来我国发生的经济型的群体性事件来看，基本上都是遵循以下演化逻辑：利益受损群体与利益获益群体围绕冲突源进行直接的利益博弈，利益受损群体在博弈中屡屡受挫，在利益受损得不到补偿情况下，产生巨大的挫折感（相对剥夺感），当发现通过现有制度化渠道已无可能解决问题时，就采取群体性事件等非制度化渠道自救。[①] 在这些冲突中，利益获益与受损群体均在场，利益受损事实已形成或即将形成，且地方政府直接或间接参与到冲突之中。利益受损方往往因信息不对称或被有意规避而失去前期参与协商的机会。在这种情况下，爆发冲突成为利益受损方不得已的一种“迫逼性”行动[②]或“压迫性反应”[③]。而在绝大多数的非法集资案件中，违法犯罪事实甚或巨大的经济损失早已既成事实，在冲突爆发前，非法集资者往往选择采取“缺席”策略（如跑路、自杀、投案自首等），主动抛弃协商解决的空间与阻止矛盾激化的可能。因此，利益受损群体面对的常常是谈判无人，追债无门。在“不满——恐慌——转嫁不满——聚众施压（攻击）”的行动逻辑引导下，只能自发地采取集体行动方式向负有审批、监管责任和惩治犯罪职责的地方政府部门施压，以求尽最大可能地追偿经济损失，保障自身合法财产权益。据网易财经报道，曾作为四川省规模最大的民营担保公司之一的汇通担保，其实际控制人杨志刚、董事兼常务副总裁刘玉英于2014年7月6日集体失联，潜逃出境。公司一切事务陷入停顿，办公场所被公安局查封，大量投资人登门讨债未果。8月12日上午，数百名投资人聚集到成都市青羊区四川省委门口集体请愿维权，希望拿回被卷走的资金并讨个说法[④]。

3. 在波及范围上，维权行动常突破单一地域，呈现为跨区域、网络化的联动状态。

当前，采取注册成立以投资理财、网络借贷等名号的公司法人，包括成立分公司、子公司等，依托线上交易平台，配合遍及各地的线下营销团队是非法集资者展业的主要模式。国家对该类公司的注册登记程序基本上还是参照一般公司法人的许可程序来办理。特别是随着网络借贷平台（P2P）类公司的快速发展，其展业区域已大大超出注册地的地域范围，

---

① 朱力：《中国社会风险解析：群体性事件的社会冲突性质》，《学海》2009年第1期。

② 肖唐镖：《二十余年来大陆农村的政治稳定状况——以农民行动的变化为视角》，《二十一世纪（香港）》，2003年4月号。

③ 于建嵘：《集体行动的原动力机制研究——基于H县农民维权抗争的考察》，《学海》2006年第2期。

④ 周炎炎、马衍：《四川汇通担保高管跑路　警方将发“红色通缉令”》，网易财经（http：//money. 163. com/special/view541/）。

依托互联网实现了跨市县、省区甚至全国性覆盖。分布于各地的投资者常常仅凭借一个熟悉的经理人、一个高回报的产品或项目等维系在一起，小群体内的日常交流本来就比较频繁，一旦遇风吹草动，很快就会形成网络化的联动局面。这一现象本质上有别于“示范性冲突”[①]，冲突的对抗主体相同，利益诉求及行动策略亦借助现代网络手段遥相呼应。一旦行动遇阻，各地即采取推选代表的方式促使冲突向上转移，向更高层级的政府请愿示威，甚至形成全国性的维权行动联合体。以泛亚事件为例，昆明泛亚有色金属交易所2011年注册成立于云南昆明，后又在厦门、深圳等地设立了关联公司，运行“泛融网”线上金融平台，在全国各地发展了上百家授权服务机构销售“日金宝”等理财产品，2015年8月份泛亚事件爆发。据统计，该公司涉及的资金规模高达430亿元，投资者（自称为“泛友”）超过22万人，遍及全国28个省份，已先后引发各地“泛友”们多次群体性事件。2015年9月21日下午，超过1000位来自全国各地的“泛友”聚集到位于北京金融街的中国证监会大门口，他们身着印有标语的白色T恤，拉起白色横幅，高喊“活捉单九良，还我血汗钱”等口号，后来证监会不得不与有关代表进行沟通[②]。最近，武汉财富基石、北京银谷财富、e租宝、大大集体等事件引发的群体性事件与泛亚几乎如出一辙。

4. 从发展态势看，群体内利益诉求表达强度不一，并多可以依法导入司法渠道，使该类冲突集中爆发势头强但反复性弱。

随着我国金融业的市场化发展，投资者的风险意识日渐提高，政府监管力度不断加强，非法集资者也不得不经常变幻着“吸金法器”。已从传统的高息吸储，发展到涵盖债权、股权、商品营销、生产经营四大类十几种形式[③]。从基于熟人社会的面对面直接交易到依托各类中介平台的间接融资，导致实际交易关系变得极其复杂。但无论交易手段如何变换，交易

① 朱力、纪军令：《当前我国重大社会矛盾冲突的新型特征》，《中共中央党校学报》2015年第5期。

② 孙斌：《“泛亚系”帝国曲终人散》，《期货日报》2016年2月19日。雷士武：《泛亚事件涉28省区20多万人 部分省区已受理报案》，《中国经营报》2015年8月15日。何方竹：《泛亚投资人围堵证监会门口维权 高喊活捉单九良》，《中国经济周刊》2015年9月21日。

③ 孙耀星：《非法集资都有哪些形式和特征》，《太原晚报》2015年4月1日。

的最终达成，都是投资者理性选择的结果，有关风险与收益条款都或明或暗地被写入交易合同中。所以即使交易失败，投资者也是亏钱不亏理。在已爆发的案件中，个体受损额也从几千元到千万元不等，差别非常大。对于当下贫富差距明显的不同收入群体而言，承受力有别，影响轻重不一。但在当前市场经济下，如此市场化的交易行为已不可能随便就能让政府兜底埋单。另外，在实际追偿过程中，每个理性个体也会进行机会成本与收益的权衡。以上这些微观因素会直接影响对个体行动和群体一致性行动的激励。所以，即使参与者都有相似的"减损"诉求，但在个体利益追偿目标与能动性上却很难达成持久的稳定统一。同时，对于该类冲突事件，绝大多数都有犯罪事实在先，可以依法导入司法渠道内处置，受损者的期望则转换为司法机关能快侦、快审、快判、快结案，让心中悬着的石头早日落地，以再做打算。近年来，地方政府在应对社会性突发冲突事件方面亦积累了丰富经验，娴熟地运用一些化解策略。主要领导高度重视，开展严打非法集资犯罪活动，加强案件信息公开与日常沟通，已成为政府处置该类事件的常用手段。这些策略都能有效瓦解群体性事件持续发生的基础条件，有效抑制了此类冲突的反复发生。

5. 从诉求对象看，地方政府仍是最主要的诉求对象，但以县区及以上层级的地方政府为主要目标。

作为肩负属地维稳重担的地方政府，一直以来都是我国社会冲突的主要诉求对象或抗争目标。在当前仍持续多发的征地、拆迁、劳资纠纷、环境污染等群体性事件中，县乡镇等最基层地方政府往往成为冲突首要目标。这既与基层政府在很多冲突事件中亲自扮演了"运动员"的角色密切相关，更不乏抗争者对"压力型体制"下政府维稳责任制的策略性运用，毕竟在此体制下的原则要求就是"谁的孩子谁抱走"。如今，政府维稳体制仍未有实质性改变，但由于参与非法集资机构的设立、业务的审批与监管等职责集中在县区及以上各级政府部门，以及这些公司设立的营业场所、投资项目等也主要集中于城市繁华之地段。所以，一旦非法集资者案发关门，广大投资者首先想到的就是聚集到负有审批、监管责任的政府机关去讨说法。因此，县、市城区成为非集类群体性事件的主要发生地。另外，还有一些所谓实力雄厚、业务遍及全国的大公司，审批部门层级高，自我标榜级别也高，抑或曾有过更高级别的大领导、政府机构为之

“站台”背书，这些也会成为群体性事件向省级或中央一级政府部门转移的口实，但实质上仍不外乎是一种具有“闹大”[①] 动机特点的抗争策略的习惯性运用。

6. 在诉求表达上，常借“政治伦理”话语掩饰谋求利益补偿的真实目的，“理法抗争”是其主导型的策略手段。

对于当前非法集资泛滥的现状，有我国金融体制不完善，中小企业长期融资难，民间资金投资渠道匮乏等结构性原因。但非法集资在近几年中的疯狂扩张，却凸显出了政府在监管制度、体系建设上的严重滞后与总体调控能力的不足。2010 年温州、鄂尔多斯等地民间借贷危机的接踵爆发已敲响过非法集资的警钟，可接下来却没能让其他地方引以为戒，审慎发展，反而从沿海到内地呈现出更快速的扩张之势。被很多地方政府视之为解决中小企业融资难的金融创新，地方招商引资的重要战果。而非法集资者往往打着促进地方经济发展的旗号，诱骗地方官员“站台”，利用政府信誉为自己“贴金”。甚至让少数干部参与投资活动获取非法利益。[②] 如此现象个中原因正如学者所言：“对民间集资行为，政府部门纵容与无奈并存。纵容源于急于发展地方经济，没有明确划定界限，不及时处理；无奈则因界限无法精确划定，又担心戴上阻碍创新的‘帽子’。”[③] 正是政府与官员的失当行为，在前期鼓动了民众的盲目参与，后期则成为民众建立其抗争行动正当性的依据。受损民众常常从官方意识形态中寻找依据，把自身参与集资行为建构为“相信政府，响应政府号召”“满足地方经济发展需要”，把地方政府和官员的行为建构为“对犯罪分子打击不力”“未充分履行监管职责”“没有保障好人民财产安全”等“政治伦理”[④] 话语。希冀以“弱者”身份或“生存伦理”给地方政府施加道德压力，使政府承担起道义责任，以求自身利益损失能得到最大挽救与补偿。因此，在非法集资类社会矛盾冲突中，“理法抗争”[⑤] 成为主导型的诉求表达策略手段，从而在很大程度上约束着该类事件很难演化成大规模的暴力性

① 韩志明：《公民抗争行动与治理体系的碎片化》，《人文杂志》2012 年第 3 期。

② 刘凤羽：《温州“官银”之患》，《重庆商报》2011 年 9 月 30 日。

③ 王丽娜：《非法集资新困局》，《财经》2016 年 1 月 11 日。

④ 万俊人：《政治伦理及其两个基本向度》，《伦理学研究》2005 年第 1 期。

⑤ 覃琮：《农民维权活动的理法抗争及其理论解释》，《社会》2013 年第 6 期。

行为。

三　非法集资类社会矛盾的治理建议

面对当前非法集资的严峻形势，可以预计在今后一段时间内，非法集资类社会矛盾冲突将继续呈现出集中高发与蔓延趋势。2015 年 10 月 19 日，国务院下发了《关于进一步做好防范和处置非法集资工作的意见》，希冀通过开展全国性的严打非法集资活动，及时消除引发群体性事件的导火索，遏制其集中高发及蔓延之势。但从学理上分析，严打非法集资活动与化解社会矛盾冲突并不能假定为必然的因果关系。已暴发出的不少案例都表明，对当前花样多、涉面广的非法集资活动，整体控制易，个案清理难，必定"是一项长期、复杂、艰巨的系统性工程"[①]。在整体推进过程中，凡涉及利益处置问题稍有不慎就可能引发群体性事件，因此，我们必须以新的思维去对待非法集资类社会矛盾冲突的治理，而不能把宝完全押在打击非法集资犯罪上面。目前，各级地方政府应对该类冲突的技术性策略运用已比较娴熟，但基于非法集资类矛盾的特性要求，今后尚需从更高层面上来完善有关治理体系与运行机制。

1. 要加快实现两个转型：治理组织模式与治理思维的转型

一是在治理组织模式上，要由属地管理、分级负责的传统组织模式向跨行业、区域的联动型治理组织转型。"属地管理、分级负责"作为我国办理信访事项的主要原则，已成为当前地方政府落实维稳工作责任制的普遍原则。但对于很多非法集资类社会冲突多点爆发、城乡联动、跨区呼应的网络性特点，若仅以属地管理为要求，各扫门前雪，不但很难有效动员信访、司法、工商税务及各金融行业等资源，更不能保证实现信息共享与步调一致的推进。因此必须由更高层级的政府部门牵头负责，打破地盘意识，组成跨行业、跨部门、跨区域的联合工作组织体系。各级政府金融办（局）负责统筹协调，执法部门负责打击犯罪，行业主管部门负责市场规范清理，各类银行、保险、证券业协会负责宣传警示，地方政府及信访综治部门负责日常沟通安抚。统一方案、集中力量，点面协作，实现对矛盾

① 国务院：《关于进一步做好防范和处置非法集资工作的意见》，中华人民共和国中央人民政府（http：//www. gov. cn/zhengce/content/2016 - 02/04/content_ 5039381. htm）。

冲突的全网络、动态化管控。二是要由传统的“政治型”治理思维向“法理型”治理思维转型。面对频发的社会冲突事件，保持社会稳定一直是地方政府的首要目标。长期以来我们已形成对维稳工作过度政治化的思维倾向，强力压制、花钱摆平、拖延维持等非正式运作手段成为地方政府的习惯性策略。而在非法集资类社会矛盾冲突中，政府参与其中的角色发生了根本转变，不再是亲自参与的运动员而是市场化交换的裁判员，由直接利益竞争者转变为市场经济的管理者与服务者。对于坚持市场化原则进行的投融资行为，风险自担在理、违法必究有法，一般都可以合理合法地导入法治解决渠道。因此，化解此类冲突必须坚持法治优先的原则。政府一方面要集中资源从快、从严依法打击非法集资犯罪活动，遏制非法集资犯罪行为的高发势头；另一方面要加强案情信息沟通，广开群众参与渠道，做好日常安抚工作。通过上下各级政府部门、垂直的金融行业主管部门、地方协会组织以及利益受损者的联动，探索一条依法化解社会冲突的新路子。

2. 要充分运用两种工具：大数据分析工具与资本市场交易工具

对受损利益的追偿是非法集资类社会冲突参与者关注的焦点。在大多数非法集资类案件中，由于参与集资者数量多、分布散，且被集资金的投资形态多元、去向隐蔽、账务不清，甚或被犯罪分子挥霍浪费、故意转移，企图逃避民事责任。这些都会对后续的资产处置、债务清偿、结案等工作带来信息不对称的巨大障碍。从既有经验来看，因信息不对称而带来的以讹传讹往往是激发冲突事件急剧演化的决定性影响因素，而且实现信息共享也是实现联动型治理的最根本要求。因此，我们必须要整合工商税务信息、人民银行征信信息、金融机构交易信息、房地产交易信息以及公检法系统的案件信息等行业部门的信息资源，建立起统一的大数据信息平台，开展大数据分析，为矛盾冲突的预警、演化状态、波及范围等基本情况研判提供充分的信息支撑，以实现快速、准确的应对，及时消解矛盾激化的诱因。同时从已侦破案件的情况看，大量的被集资金主要投向了房地产、中小企业、农业种养殖等实体项目，以及股票、基金、债券、期货等资本市场产品。在当下整体经济形势下行的大环境下，的确存在资金变现的现实困难，否则就可能会面临严重的贬值损失。因此，在后续的资产处置、债务清偿等环节，要善于借助资本市场，对一些难以变现、分割、量化以及具有持续增值能力的存量资产形态，灵活运用发达的现代资本市场交易工具，探索利益损失补偿权益化、证券化的新模式，将利益损失风险进一步分散化、递延化，尽可能满足参与者减损的期望目标，减轻因直接利益受损而造成的“伤害”，消除因补偿失望而产生社会怨恨的原生场域①。从而进一步预防滋生以泄愤为主的群体性事件和社会极端事件。

3. 要尽快完善两项制度体系：监管组织体系与行业法规体系

业内人士普遍认为，当前非法集资的泛滥，监管主体、制度缺失是问题之源。长期以来，我国对民间借贷等非正规金融的监管存在大量真空，监管主体不明，监管体系分散，监管制度滞后于业务创新步伐，地方政府则在管与放中摇摆不定。对于金融业而言，外部监管恰恰是管控行业风险的关键一环，否则极可能引发“多米诺骨牌效应”，造成大范围的金融风险。对于由此引发的社会矛盾冲突的治理而言，严厉的行业监管可以直接起到“消除诱因、瓦解条件、抑制生长”② 的作用。因此，我们有必要借当下非法集资等金融违规事件集中爆发和非正规金融行业风险集中暴露之机，全面反思我国非正规金融监管制度体系建设的重大问题，健全法规制度、完善监管体系，明确行业与属地监管的分工与责任，把游离于监管范围之外的金融行为及时吸纳进来。这才是长效预防、化解此类社会矛盾频发的最根本举措。目前，我国金融创新日新月异，虚拟经济推陈出新，风险与收益的对称相生已成为市场交换的基本准则。当市场化大行其道，而民众的风险意识与自我保护能力尚处于较低水平之时，更需要完善的法规体系来弥补市场与政府的“失灵”，甚至来对抗市场与政府的不当“合谋”，支持社会的“反向保护运动”③。实际上在近几年中，对于被放纵生长的民间融资以及其他金融新业态，相应的法规制度建设是严重滞后的。有不少学者就认为，当前我国的金融法律体系在立法、执法、司法、守法四个层面都存在很大问题。如在立法层面，上位法存在大量空白，覆盖范

---

① 朱志玲、朱力：《从“不公”到“怨恨”：社会怨恨情绪的形成逻辑》，《社会科学战线》2014 年第 2 期。

② 朱力、邵燕：《社会预防：一种化解社会矛盾的理论探索》，《社会科学研究》2016 年第 2 期。

③ ［英］卡尔·波兰尼：《大转型：我们时代的政治与经济起源》，冯刚、刘阳译，浙江人民出版社 2007 年版，第 112 页。

围过窄，很多金融业务未被纳入法律范畴；省一级政府对非正规金融业务的立法意愿与能力仍很欠缺，导致配套的下位法普遍缺失；现有金融法律对金融机构保护过度，而对投资人和消费者保护不够[①]。在上层法规约束与行业发展政策不明朗的情况下，肩负经济发展重任的地方政府对于民间金融的选择性管控是必然的，这无形中为非法集资犯罪大开了方便之门。因此，在当前快速的金融市场转型中，加快完善行业立法及行业发展的顶层规划，加强系统性风险管控已迫在眉睫。

国务院在《关于进一步做好防范和处置非法集资工作的意见》中明确了各项重点工作任务及要求，这也是当前及今后一段时期内开展矛盾纠纷处置工作的主要政策依据。我们认为地方政府在对此类矛盾纠纷的预防与化解中，一是要严格坚持依法治理原则，处理好维权与维稳的关系，多运用法治方式对矛盾纠纷进行分流疏导，属于市场行为的要有序导入制度化渠道。谨防因维稳压力盲目越位揽责，从而导致矛盾的标靶转移现象；二是要落实整合联动，实现群防共治。首先是信息整合，包括横向的行业部门监测信息，纵向的社区网格矛盾排查信息，提高预警能力；其次是组织整合，要组建专门的组织机构，保障工作协调联动。特别是地方司法部门要畅通案件纠纷受理渠道，创新小额诉讼、集团诉讼与代表人诉讼等方式以提高回应效率；三是要根据本地实际，厘清非法集资犯罪的主要形式分类施策。是 P2P 的网络借贷还是地方单个的投资理财公司？是以实业为背景的合作社、民办学校等还是以虚假项目为幌子的空壳公司？等等，非法集资平台或载体的不同，往往会涉及不同的群体数量、金额与分布范围，这些都是影响矛盾化解的关键。

第二节　城市管理矛盾

随着我国城市化进程加快，城市管理综合执法应运而生。作为中国城市化建设的时代产物，城市管理肩负着治理和维护城市秩序的职责，它在促进城市建设和维护城市秩序方面作出了重要的贡献。然而，近年来，城

① 郑金宏、王刚、张承惠：《我国金融法律体系的现状与缺陷》，《中国经济时报》2015 年 7 月 22 日。

市管理执法过程中的矛盾冲突不断，甚至出现了暴力执法与暴力抗法的现象，城市管理矛盾成为一种新型的社会矛盾。

在中国知网上搜索“城管”关键词，截至2015年6月24日8：50，共有6398篇期刊论文。从1960年的1篇到2014年的843篇，学术界对“城管”的研究数量逐年上升，2006年至2014年最为显著，研究文献年均在500篇以上。其中，研究主题从城市管理探索到关注底层摊贩，再到对“城市管理监察队”建设问题的探讨、城管执法队伍建设、职业道德建设、呼吁文明执法、和谐执法，再到不同视角看城管问题，再到如今的数字城管的提出，新媒体时代的城管“去污名化”，形象重塑。研究方面从单一到多元，从较浅显的评论到深入剖析与对策研究，从呼吁城管依法执法到和谐执法再到数字城管，这些变化反映了时代的变迁以及城管矛盾问题的日渐受关注程度①。可见，城管矛盾现作为一种社会矛盾，已经成为许多研究者关注的重要社会问题之一。研究城管矛盾的文章主旨是想通过分析城市治理模式和城管矛盾的成因，寻找解决问题的可行办法，大致呈现三种观点：一是加强法制管理论，强调严格执法；二是以人为本论，强调和谐执法、人性执法；三是平衡协调论，大多学者采用了博弈的理论，认为城管矛盾实质是执法权力与生存权利的矛盾，可以通过设计合理有效的制度安排，约束双方的个人理性，打造双赢的合作博弈，构建和谐城管。

一　城管矛盾的概念内涵与互动歧点

城管，是城市管理的简称。有学者认为，“城管”有广义和狭义之分，“广义的城管指政府对城市经济、文化、社会等领域的事物的管理，而狭义的城管则主要指政府对公共事业、公共设施、公共事物及市容市貌的管理”。② 吴华认为有“大城管”与“小城管”的说法，“大城管指城市的管理，但凡涉及到关于城市的管理内容皆应涵盖在内，而小城管主要指城管执法机构及其人员”。③ 课题组认为城管包含三层含义。一是指城

① 资料来源：中国知网（CNKI），搜索条目：期刊全文“城管”，搜索时间：2015年6月24日8：50。

② 秦甫：《现代城市管理》，华东大学出版社2004年版，第3页。

③ 吴华：《促进“和谐城管”的利益平衡分析——以流动摊贩管理为例》，硕士学位论文，复旦大学，2008年，第8页。

市管理部门，它是城市中负责综合行政执法的机构。早期的城市管理机构如“城管办”等，属事业单位。现在，城管部门逐渐纳入各地方的行政编制，成为“城管局”。二是指城市管理部门对管理对象进行管理的过程，即“城市管理综合行政执法”或“城管执法”过程。三是指“城市管理执法人员”。本文所指的城管是指“城市管理综合行政执法”过程，简称“城管执法”，有时也用来指“城市管理执法人员”，简称“城管人员”。

城管矛盾是指城市管理执法中出现的矛盾、纠纷、冲突过程。具体而言是指城市管理执法人员在综合行政执法过程中与管理对象或其他社会成员之间形成的对立性关系与互动过程。城管矛盾涉及的主体并非仅仅是城管人员（执法者）和管理对象（如流动摊贩等）这两个群体，也包括其他社会成员，如围观者、记者、社会公众等。

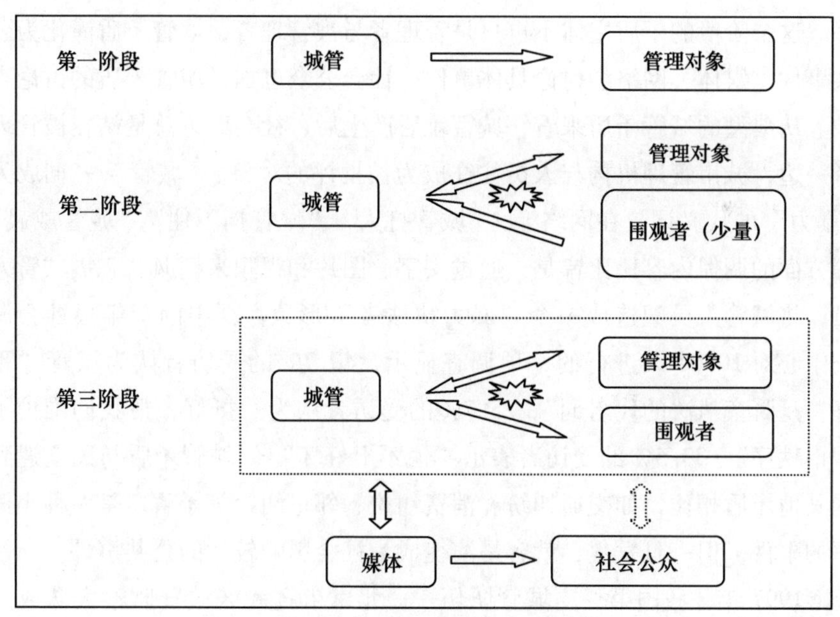

图13—1　城管矛盾关系图

重大的城管矛盾的产生大致有三个阶段：第一阶段通常表现为正常的执法过程，也是矛盾的萌芽阶段，即城管人员对管理对象进行行政管理与执法处置，如果管理对象接受城管人员的管理与处罚，则矛盾不会发展。但在管理对象不接受管理时，矛盾便形成。第二阶段为矛盾的发生阶段，即管理对象因各种原因不服从管理，在言行上产生对抗，与城管执法人员或采取哭闹以博同情，或发生言语冲突，或抢夺被没收物品，或阻止拆除违法建筑等，有的甚至发生肢体冲突。在这个阶段，由于矛盾冲突发生在公共空间，管理者与被管理者的矛盾冲突会吸引围观者。围观者作为无相关利益者，起初都是抱着看热闹心态的普通看客，当看到矛盾冲突不断加剧时，会有人不断地加入，试图干预矛盾，有的人出于善良会当劝阻者，防止矛盾加剧；有的人会拍下现场视频以增加网络谈资；也有的人会讽刺、挖苦一方，当起哄者，唯恐天下不乱。这时，围观者成为被卷入矛盾的第三方。根据大量案例来看，围观者往往站在管理对象一方与城管人员对抗。第三阶段为矛盾的升级阶段，某些城管矛盾发生严重冲突时，如产生伤亡情况，会成为集体行为的导火索，甚至引发大规模的社会骚乱事件。这个阶段的矛盾主体不再只是管理者与被管理者，城管矛盾演化为公共事件，媒体、网络会讨论具体事件，社会公众也加入城管矛盾的讨论当中。从典型的城管矛盾来看，城管矛盾产生后，社会舆论总是站在被管理者一边，城市管理机构与人员往往成为被批评的对象。“城管”一词成为“暴力”的代义词，在网络上，“城管打人”“城管挡不住”“城管威武”等方面的调侃内容比比皆是，通过文字、图片和视频来嘲讽、恶搞城管人员，将城管人员塑造成一个“暴力执法者”形象。据中国青年报社会调查中心对10707人进行的一项调查显示，40.7%的受访者认为城管“不好，是野蛮执法的代名词”，25.7%的受访者认为“挺好，帮我们维护了城市秩序”，33.5%的受访者表示“说不上好坏”①。城管矛盾与民众遇到的其他矛盾相比，如交通纠纷、消费纠纷、邻里纠纷等矛盾，是一种小概率的事件，但一旦发生，就容易演变成为社会影响较大的公共事件。

1997年，我国第一支城管队伍——北京市宣武区城管监察大队成立时只有5项职能，到目前为止城管的具体职责类型大致有13个方面300多项行政处罚权。由于缺乏统一的制度规范，全国各地的管理模式并不一

① 李松：《各地城管暴力执法事件频发 专家称需“制度救赎”》，中国新闻网（http://www.chinanews.com/gn/2013/08-05/5122177.shtml）。

致，省、直辖市大致有一个模式，市、县、区各有自己的模式。全国各地的城管职责也不一样，比如广州的城管职责就有18个领域。城管职责涉及范围从市容环境到工商管理，从城市节水到公安交通，几乎无所不包。各个部门不管的各种杂事都在城管的管辖范围之内，城管人员无疑成为与老百姓接触最多的基层管理人员。城管的职责越多、涉及面越大，矛盾发生的可能性也增加。其中，市政管理、园林绿化管理、环境保护管理、城市河湖管理、公用事业管理、城市节水管理这几项因其存在着明显的管理正当性，显示着城管维护公众利益和公共秩序的职责，且与人的直接对抗较少，相对不易引发矛盾。而市容环境卫生管理、城市规划管理（无证违法建设处罚）、道路交通秩序（违法占路处罚）、工商行政管理（无证经营处罚）、施工现场管理（含拆迁工地管理）、停车管理、黑车、黑导游这几项则是城管矛盾的互动歧点，处理不当则会引发激烈矛盾冲突。根据各类媒体报道的城管矛盾事件和全国各地城管投诉举报案件分类来看，城管矛盾的焦点集中在占道经营和违法建设两个方面。

占道经营，是指经营者占用城市道路、广场等公共场所进行盈利性出售商品或提供服务的行为。从占据的空间看，占道经营有两类，一是固定占道经营，经营者通过占用其经营场所门面以外或附近的公共场所营业。二是流动性的占道经营，经营者直接占用马路、广场等公共场所直接设摊经营。从占据的时间上看，占道经营可分为长期性占道经营和临时性占道经营；从性质上看，可分为违法性占道经营和合法性占道经营，其判断标准一般看其是否经过行政审批。“一般地，通常我们所指的占道经营行为是狭义的违法性占道经营，即经营者没有经过合法审批，随意将商品或经营工具占道买卖的行为。”[①] 从北京市城市管理2014年10月24日—10月30日群众举报情况来看，在总计8690件投诉案件中，“无照经营”高居分类首位，达到3171件，另外还有“店外经营”284件，合计占到总数的39.76%[②]。大庆市数字城管分析2014年5月份到10月份这5个月的

① 刘洋：《流动商贩占道经营的治理现状和对策分析——以上海市普陀区为例》，硕士学位论文，华东师范大学，2010年，第13页。

② 数据来源：北京市城市管理综合行政执法局，http：//www.bjcg.gov.cn/xxgk12/qwxxfb12/hjzxbb12/ 。

数据，总结出市民反感行为排名，“占道经营”高居榜首，达到3067件[①]。从昆明市2014年1月1日至2014年6月30日城市管理受理案件分类来看，“占道经营游商”也是位居第一[②]。占道经营是城管矛盾最集中、最易发生的类型，也是社会影响最大的一类矛盾，它体现了弱势群体就业权与城市管理执法权之间的对立。

> 案例一：2013年7月17日上午10时许，邓正加、黄细细夫妇在临武县城解放南路原建设局路段违规摆摊卖西瓜，巡逻到此的县城管行政执法局执法三大队大队长廖卫昌等人上前劝离，邓正加夫妇不配合工作，双方发生口角，县城管执法人员便对其四个西瓜进行了暂扣，并要求邓正加夫妇到规定可以摆摊设点的地方卖西瓜。上午10时50分许，当廖卫昌等人巡逻至河滨路与文昌路叉路口处，正在此处卖西瓜的邓正加、黄细细当即对廖卫昌等人进行辱骂。廖卫昌等人遂上前与邓正加夫妇理论，双方发生争执进而肢体冲突，过程中邓正加突然倒地身亡[③]。

占道经营的主体大致可分为二类：补贴型，这类人本身也有工作，但工资待遇较低，为了补贴家用而摆摊经营；生存型，包括进城农民工、失业人员、城市贫困人口、半家户（夫妻一方户籍在农村，在城市没有正式工作的）以及残疾人等就业困难群体，这类人没有工作、缺乏收入来源，而自身又缺乏职业技能，不能在短时间内找到合适的工作，他们是占道经营摊贩的主体。以上二类摊贩与城管人员发生矛盾的频率由低到高，这是由他们对占道经营的生存依赖性所决定的。也就是说，生存型的摊贩最容易与城管人员发生矛盾。虽然他们的行为是为了维持生存，但是在一定程度上还是为城市秩序带来了麻烦。摊贩喜欢在人口密集、人流量多的地方摆摊，如果任其自由经营，这一群体会影响城市环境，影响居民生

---

① 石晶：《城管数据列出十大“招人烦”》，《大庆晚报》2014年10月29日。

② 刘相妙：《上半年昆明哪些城市问题投诉最多？占道经营、井盖丢失、违法搭建排前三》，《云南信息报》2014年07月10日。

③ 刘双双、刘柱：《湖南临武城管被曝执法时一商贩死亡 官方全力查清》，中国新闻网（http：//www.chinanews.com/fz/2013/07－17/5054430.shtml）。

活，给社会秩序造成混乱；但如果对其进行管理，处理不当就有可能招致由利益冲突带来的反抗，摆在城市管理者面前的确实是个两难的选择。

违法建设是指在城市规划控制区内，违反相关法律法规的规定，未经城市规划行政主管部门的许可，擅自新建、改建、扩建的建筑物，或不按照批准要求建设的建筑物、构筑物以及逾期未拆除的临时建筑①。具体来说，从空间角度看，有拆迁范围内违法建设，自己房屋周围的违法建设；从时间角度来看，有历史形成的、现实出现的和不同时段政策下存在的违法建设；从用途角度来看，有迫于生计的、改善住房条件的违法建设，也有为谋取非法暴利的违法建设等；从建设方式角度看，有新建、扩建、改建和翻建造成的违法建设等。上述不同情况又相互搅和在一起，错综复杂，成为城管执法中的难点。从北京市城市管理 2015 年 1 月 2 日—1 月 8 日群众举报情况来看，在总计 5399 件投诉案件中，“违法建设”仅次于“占道经营”，达到 716 件，约占总数的 13.3%②。2015 年第一季度，从广州市城管执法局信访室受理来信、来访及其他部门转办的投诉举报案件数量上看，涉及违法建设和乱摆卖、占道经营的约占总量的 85%，是群众投诉的热点问题③。

案例二：2013 年 3 月 16 日上午，湖北省英山县城管执法局城东执法大队队长段金寅率队友前往辖区巡查，途经温泉镇学府路廉租房小区时，发现小米畈村村民熊某正在小区入口施工建房。得知熊某建房未办理审批手续，执法人员当即上前下达了停止建设通知书，熊某的儿子在停建通知书上签了字，承诺马上停工。10 时 30 分，段金寅和队友返程时，发现该房施工依旧，遂再次上前阻止，熊某及家人企图阻挠，并以“有人打架”为由报警。民警到现场后，批评了熊某报假警的行为，并劝其配合城管队员执行公务。就在执法人员准备拆

① 孙健：《城市违法建设治理问题的对策分析——以潍坊市为例》，硕士学位论文，山东师范大学，2008 年，第 7 页。

② 数据来源：北京市城市管理综合行政执法局，http：//www.bjcg.gov.cn/xxgk12/qwxxfb12/hjzxbb12/。

③ 广州市城市管理综合执法局：《第一季度信访投诉：违法建设和乱摆卖、占道经营问题突出》，http：//www.gzcg.gov.cn/index.php/Index/arts/id/3523 。

除违建房时，熊某的儿子突然捡起一块砖头欲砸向执法人员，被周围人员及时拦住。不想，当段金寅站在一边耐心劝说熊某的儿子，熊某突然举起锄头，击中段金寅的头部。段金寅医治无效死亡①。

拆除违法建设作为城管的主要职能，有其特殊性。这种特殊性不仅表现在违建情况复杂、执法难度大，还表现为对其政策的不一致、缺乏相关的操作规范等。面对“遍地开花”的违法建筑，执法人员有权责令停止建设、限期拆除、没收、责令限期改正以及罚款，但在实际执行过程中，由于有效制约违建手段的缺失，拆除违建的环节较多，常常是正在建设中的违法建筑禁而不止，已经建成的违法建筑管而不拆，结果导致一拖再拖、久拖不决的状况。在这种情况下，城管执法容易陷入由违建引发的邻里纠纷。邻里一方新建、扩建、翻建或加盖房屋引起另一方的不满，从而产生邻里纠纷，不满的一方往往举报到城管执法部门。城管执法中因调查取证困难或拆除违建执行难度大，不能达到举报人的要求，举报人就会以信访、复议、诉讼等方式向有关部门反映以解决问题。另外，这里还涉及拆迁与非拆迁的违法建设问题。从法的角度讲，违法建设不适用于拆迁过程，拆迁过程中遇到的违法建设，应该按照拆迁的方法进行处理；而非拆迁的违法建设，应该按照违法建筑进行处理。拆迁过程中的违法建设不叫违法建设，叫未登记房屋，有一定相关的条款，按照建设成本的价格来赔偿，和合法建筑的补偿不一样。拆迁的无登记房与未拆迁的违法建设混在一起，就常常有人浑水摸鱼，从而产生矛盾，比如有人的无证房靠关系得到了补偿，而没有关系的就得不到补偿，这样造成的不公平也常常产生一定冲突。“拆除违法建设及解决后续产生的行政争议，消耗了城管执法部门的大部分时间和精力。”② 此外，因违法建设在拆除过程中是零补偿，一旦被要求拆除，违法建设的一切成本均由当事人承担，有时还被处以罚款，违建的预期收益也全都丧失。无论采取何种处罚，对于违法建设者来说都是一种利益损失，这就是矛盾的根源所在。因此城管人员在执法过程

① 怀若谷：《湖北城管队长制止违建遇袭身亡 被锄头击中头部》，新华网（http：//news.xinhuanet.com/politics/2013－03/22/c_ 124488860.htm）。

② 郭卫东：《城管执法中的违法建设研究》，《城市管理与科技》2010 年第 1 期。

中容易遭到违法建设者的剧烈阻拦，甚至引发暴力事件。

二　城管矛盾的特点与发展趋势

城管矛盾有着不同于其他矛盾的一些特殊性。

城管矛盾主体的底层性。一般情况下，城管的管理对象中底层群体占了大多数，如占道经营者中的失业人员、进城的农民工等贫困者，他们暂时找不到合适的工作，经济收入不稳定，属于城市中的弱势群体。他们大多数文化程度不高，法律意识不强，城市管理直接影响到了他们的生计，因此他们非常容易在行为上产生反抗。而在心理上，由于社会贫富收入差距的不断拉大，使管理对象普遍有一种相对剥夺感与不公平感，认为贪污腐败不管、巧取豪夺不管，做点小生意却要管。他们逆反心理强烈，在个人利益受损的情况下易情绪激动，作出不理智举动。城管矛盾牵涉的主体主要是城市管理综合执法人员和管理对象，前者代表政府，后者往往是弱势群体。在当前官民矛盾加深、腐败晕轮效应的大背景下，社会公众对于政府的各种做法总是有一种逆向思维的方式，城管执法人员被想象成是强制势力，而对于弱势群体总是抱有同情的心理。正因城管的管理对象大多处于社会底层，他们的境遇容易得到公众的同情。当代表政府的城管对管理对象进行执法发生矛盾冲突时，公众在心中就简单地转化为“政府”与“底层民众”之间的利益博弈与矛盾纠纷。因此一旦出现城管矛盾，公众大多数人持有同情弱者的心态，站在弱者一边。

城管矛盾发生的扩散性。城管矛盾涉及的主体有时不仅是城市管理人员与管理对象的直接对立，还极易将周围的围观者卷入，甚至将公众卷入。城管执法多发生在人群密集的公共场合，所以当遇到城管人员在执法过程中与管理对象产生矛盾冲突时，由于管理对象的底层性，公众通常会站在管理对象一方而对城管人员进行谴责，自以为站在道德的制高点上在支持弱者，如果不及时加以控制，易演变为公共事件。也就是说，城管矛盾并非仅仅局限在管理者与被管理者之间，还易扩散到在场的围观者，扩散到社会媒体与公众，由具体的某个小矛盾扩展为整个社会关注的大矛盾。就像魏文华事件[①]所展示的那样，魏文华只是经过执法现场用手机拍摄执法画面，结果招致城管的殴打，最终导致死亡，结果演化为一个全社会关注的公共事件。这就是一个典型的由城管与管理对象之间的矛盾牵扯出来的城管与其他社会成员之间的矛盾。

城管矛盾冲突的情境性。从所有的城管矛盾案例来看，城管矛盾是在管理现场临时发生的，具有明显的偶发性。不管是城管人员一方还是管理对象一方，双方大多事前没有预谋，即没有计划、没有准备、没有预案，即使引发群体性事件，其组织结构性程度也很低。城管执法遭遇抗法，大多是在对管理对象进行行政处罚时发生的，管理对象不理解，一时情绪失控或不愿意接受处罚，就采取非理性的方法抗拒执法，如采取谩骂、顶撞等语言攻击城管人员。由于在公共场合，言语冲突涉及双方的人格、面子，双方就很容易陷入情绪失控的境地，由行政执法转化为个人之间的情绪对立，并产生对抗行为，如互相推搡、拉扯、抢砸物品，甚至殴打等。人在仇恨、暴怒等剧烈情绪状态下，理智分析能力受到抑制，自我控制力减弱，不能正确评价自己行动的意义和后果，常常作出激情性的行为。城管矛盾的涉及者，包括城管人员、管理对象以及围观者，都容易受到来自本群体或其他群体激情的感染，继而发展成群体性事件。

城管矛盾后果的负面性。城管通常是街面执法，一开始就处在大众的高度关注和监督之下，执法人员代表的是行政执法，一举一动都事关政府形象，处置稍有不妥，就会造成很大的负面影响。由于城市管理的任务量大，城管机构通常面向社会招聘城管人员。在实际操作中，在街道这一层面的城管人员，大多数是从失业人员中招收的普通老百姓，他们的职业道德与专业素质并不是很高，在管理执法中会出现粗暴执法的情况。管理对象由于大多是生活在社会底层的弱势群体，综合素质参差不齐，在日常管理执法过程中，经常出现不服管理的对抗现象，甚至暴力抗拒管理的行为。有些管理对象在抵抗城管时利用“弱者的武器”，借助围观者的同情心，进行“表演”，争取围观者的支持，将矛盾扩大化。通常城管矛盾事件的间接影响往往比事件本身造成的影响要大。城管在执法过程中的矛盾

---

① 张先国：《新华视点：魏文华之死 城管之痛》，新华网（http：//www. sx. xinhuanet. com/newscenter/2008 -01/11/content_ 12196265. htm）。

如果解决不好，一经舆论曝光，就成为媒体讨论、公众关注的焦点事件，矛盾归因自然地归为作为强势的城管执法人员一方。

城市管理矛盾与城市发展相生相伴。“城镇化是未来发展方向，各种问题将集中在城市，城市管理的事情会越来越多，越来越重要。城管职能不会弱化消失，反而会强化。”[①] 但随着我国法制化进程的加快，城市管理制度和法律会越来越走向完善，城管行政执法总体上是进步的。

从城市管理的战略上看：从“堵”到“疏”，从管理到服务。城管在执法过程中，一味地采取“堵”的方式会激化城管矛盾，许多激烈的城管矛盾冲突案件都是由于城管强制性的“堵”而招致管理对象的暴力反抗。强力执法的结果只会是暴力反抗。近来，全国许多地区已经认识到城管不仅是行政管理部门，也是基层服务部门，开始强调城管执法的“疏堵”结合，“管”与“理”的结合。如有些地区将城市行政区域明确为严禁区、严控区和控制区等不同等级的管控标准区域，因地制宜推出一批设摊疏导点，开设钟点市场，让摊贩们可以在规定时间、规定的区域内售卖。还有些地区城管在对占道经营加强巡查、清理等严格执法的同时，也会改变工作方法，深入群众中去调查原因，帮助摊贩协调沟通，促进市场改造，帮助他们就业。许多城市管理者已经认识到，既然城管执法权与管理对象的就业权是一对矛盾，只有采取“疏堵”结合的方式才能缓和这对矛盾，既用“疏”来保障被管理对象的就业权，又用“堵”来维护城管的执法权。

从城管矛盾的处理手段上看：从刚性到柔性转化。所谓柔性执法，就是指城管执法不一定都需要通过扣押、处罚等强制性手段来实施，也可以通过劝说、教育、行政指导、行政合同等非强制性手段处理。“柔性执法不仅说明了行政活动方式的多样性，也体现了政府以人为本的精神。”[②] 出于改善城管形象的考虑，各地城管对执法方式进行了探索和创新。仅武汉一地，城管就创造了眼神执法（武汉城管在劝说店主占道经营无效后，组织50名执法队员围站成一圈，双手背在身后，沉默地注视着食客和坐

① 李曙明：《城管：何去何从?》，《检察日报》2013年7月31日。

② 马怀德、王柱国：《城管执法的问题与挑战——北京市城市管理综合行政执法调研报告》，《河南省政法管理干部学院学报》2007年第6期。

在一旁的老板。最终两桌食客先“顶”不住结账离去，老板收拾起桌椅搬进了店内)[①]、献花式执法（城管发现商户有违规经营行为后，给予纠正，临走时还送上一枝玫瑰或康乃馨)[②]、举牌式执法（对占道摊贩不开罚单、不暂扣，而是举起7块由网络体语言写成的宣传牌，在占道摊贩眼前来回走动)[③]、小品执法（身着统一制服的城管队员，有人敲锣，有人打鼓，用“小品执法”的形式劝阻炭烧烤摊贩)[④] 等执法方法。还有苏州城管也创造了“家政式执法”，上海闸北城管创造的“包容式执法”，山东城管探索的“说理式执法”“帮扶式执法”，安徽池州城管推出的“服务式执法”等，由“强制执法”向“温柔执法”转变。虽说有些新型的执法手段招致了社会舆论的质疑，但不可否认的是城管人员在想办法，让执法方式从单一的刚性方式向多样的柔性方式转变，尽量减少非制度化的执法方式，这种探索是有益的。

从城管矛盾的社会舆论上看：从一边倒到客观中立。前段时间，媒体对待城管矛盾时，不问是非，不追究复杂的深层原因，在立意上追随民意，只强调弱势群体的就业权利，媒体中频频出现的暴力执法报道无疑给城管形象带来了负面的影响，城管人员被贴上了“暴力”的标签，加剧了社会对城管机构、人员的不理解甚至是怨恨。而城管在执法时，认为自身是正常的执法行为，不需要对媒体解释，导致媒体对城管的曲解和错误报道。为打破城管在社会公众心里中的刻板印象，城管部门也开始争取话语权，例如城管局局长接受媒体访谈、《城管来了》的出版、城管执法时注意第一手资料的保存，等等，这些都让社会公众更加了解城管执法过程与基层执法人员真实的一面。媒体上也更多见到例如“执法人员在整治过程中，以督促教育为主，在加强宣传告知的同时，对几个长期占道经营

---

① 刘郸：《城管柔性执法：进步还是作秀?》，荆楚网（http：//news. cnhubei. com/jdbt/05/）。

② 邓昌发：《“献花执法”的现实意义值得重视》，搜狐网（http：//roll. sohu. com/20121008/n354403785. shtml）。

③ 彭岚：《武汉硕士城管卖萌执法 沉默举牌劝阻占道摊贩》，大楚网（http：//hb. qq. com/a/20120518/000518. htm）。

④ 王悦生：《武汉城管用演小品形式劝阻炭烧烤摊贩》，杭州网（http：//news. hangzhou. com. cn/shxw/content/2013 -02/04/content_ 4594846. htm）。

的经营业户坚持亮证执法，录像取证，坚决予以强制取缔”① 等中立的报道以及如“抚顺城管人性化执法，‘六一’对商贩不收费不取缔”②“摊贩锦旗送城管 柔性执法赢赞誉”等正面报道。③ 客观的报道，产生理性的看法，改善了城管执法的社会环境。

由上可知，城管矛盾影响的破坏性已经迫使城市管理做出新的改革，全国各地都在积极探索良性的城市管理模式。总之，城市管理理念已经发生了由堵到疏的变化，城市管理综合执法队伍也在逐渐加强建设，城市管理综合执法的手段也越来越趋向于柔性化。对于城市管理及其矛盾的社会舆论也越来越偏于客观中立。可以预见，城管矛盾将伴随着城镇化的发展始终存在，不可能消除，但将有所缓和。在管理对象方面，违法建设的现象已经大幅度地减少，流动摊贩开始逐渐适应定时定点的管理模式。在这样的社会背景下，一线、二线大城市中的城管模式相对比较成熟，处理城管矛盾的机制也比较完善，城管人员的经验也比较丰富，因此，由城管执法引发的城管矛盾会有所缓和。但三线城市及小城市，城市管理才提到议事日程，城管执法也时间不长，经验不足，规范程度也不高，民众还没有养成接受管理的习惯，由城管执法引起的城管矛盾仍将会存在一段时期。

三 对策建议

规范法律制度。“制度是社会的博弈规则，或更严格地说，是人类设计的制约人们相互行为的约束条件。”④ 到目前为止，国家还没有一部专门的法律来规范城管执法，明确执法权限。针对现状，建议要尽快出台《城市管理法》，对城市管理方面的法律法规、各项规章制度进行整合分析，对现有法律法规中重复或交叉的内容进行修改，而且要对概念模糊、界定不明的条款进行细则解释，对违法的行政责任作出详细规定，特别是

① 安娜：《临沂城管开展市容环境整治行动 清理占道 40 人次》，新浪网（http://sd.sina.com.cn/linyi/news/rdtt/2015-04-20/1417-4469.html）。

② 李凭：《抚顺城管人性化执法，“六一”对商贩不收费不取缔》，东北新闻网（http://fushun.nen.com.cn/system/2015/06/01/017690645.shtml）。

③ 陈友富、叶海坚：《摊贩锦旗送城管 柔性执法赢赞誉》，中国台州网（http://www.taizhou.com.cn/news/2015-06/01/content_2229958.htm）。

④ 谢鹏程：《公民的基本权利》，中国社会科学出版社 1999 年版，第 70 页。

要对城管部门与其他部门（如工商管理部门、卫生部门等）职责内容要进行清晰划分，以明确城管执法的职能范围，提高城管执法方式的可操作性。而各地方则可依据宪法和高阶层的法律，针对当地的具体实情作出相应的解释与规定，在城建管理中真正做到依法治理。

加强城管队伍建设。首先要加强树立城管执法人员的法治观念，坚持依法行政。执法中不依法行政，是引起矛盾冲突的重要因素。加强城管执法人员的法律知识培训，树立法治观念，关键是要让城管执法人员自觉培养法律意识及法律思维方式；其次要加强城管执法人员职业道德素养的培养，让城管执法人员从思想上正确认识城管执法与依法行政的关系，在执法中注意讲道理；最后要强调城管执法人员文化知识与业务能力培养。要切实提高城管执法人员学习、运用和执行法律的能力和水平，使其在执法过程中不对法律进行歪曲理解或者是断章取义地理解（即有选择性地理解），也不对法律作机械理解，生搬硬套具体法律条款。要理论联系实际、学以致用，特别是要增强处理复杂事件的应对能力，才能确保法律的正确实施。

发挥媒体作用。一段时期，在媒介视野中城管被塑造成暴力执法、欺负弱势群体的代表。在发生城管矛盾冲突事件时，新闻媒体若不能及时保证新闻报道和舆论导向信息的准确和客观，就会引起公众思想的混乱。新闻媒体对城管矛盾事件要秉持客观中立的报道基调，做到不偏袒任何一方。媒体不应只看到现象而忽视本质，除了对城管矛盾事件客观的报道外，还应理性深入分析事件背后的社会因素，对事件作出客观理性的评价，才不致造成读者的误读和形成某种偏见。“只有在每一次城管矛盾事件的报道中分析深层原因和现实体制问题，向公众展现一个透明清晰具有说服力的事件分析，才能真正还原矛盾本来面目，引导正确的舆论导向，营造和谐的舆论环境，从而向社会发声，呼吁体制变革，督促立法部门尽快健全完善城管立法，从根本上解决当前城管执法的尴尬困境，缓解城管矛盾，促进社会稳定和谐发展。”①

加强法制宣传。城管矛盾产生是管理方与被管理方双方的事情。对被

① 王念：《〈中国青年报〉2004—2013 十年城管执法事件的报道研究——以新闻框架理论为视角》，硕士学位论文，兰州大学，2014 年，第 50—54 页。

管理一方，也存在遵守法律、遵守道德的问题。但许多市民的法律意识与公共意识淡薄，特别是与城管人员发生矛盾的管理对象，他们对自身经营违犯城管法规的认识停留在较低层次，也完全没有意识到其经营行为所带来的负面作用已经扩展到社会公共领域。因此他们鲜少配合城管的执法工作，并且采取各种手段来逃避城管的处罚。加强法制宣传教育，提高市民遵纪守法素质也是缓解城管矛盾的一个重要方面。权利与义务是相对的，包括管理对象在内的社会公众在争取就业权、享受发展权的同时，也要履行对他人、社会和国家的责任与义务。这种义务突出表现在对待他人、社会与国家的道德观与法律观念方面，具体指公共意识、社会责任感、职业道德、遵守法律，等等。推动法制宣传教育工作，引导市民自觉维护法律的权威，形成依法办事的社会氛围，提高市民遵纪守法素质，是化解城管矛盾的重要内容。

第三节　物业管理矛盾

物业管理作为现代房屋管理的一种模式，是随着房地产经济市场化和住房商品化的发展而产生的，是房地产市场的生产、流通、消费环节的延续。1981 年深圳市物业管理公司的成立，标志着我国物业管理的正式起步。尽管起步晚，但是发展速度惊人，现阶段，中国物业管理企业总数达 71000 余家，从业人员 600 多万人，住房物业管理规模达到 120 多亿平方米①。当然，在物业管理中随着居民维权意识的不断提高，各种物业矛盾随之产生，并呈增长趋势。21 世纪以来，物业矛盾快速增长，成为城市社区中增长速度较快的一种新型矛盾，也成为社区治理的难题。

一　物业矛盾的概念与状况

物业管理。2003 年国务院颁布实施的《物业管理条例》对物业管理作了如下定义："本条例所称物业管理，是指业主通过选聘物业管理企业，由业主和物业管理企业按照物业服务合同约定，对房屋及配套设施设

① 《2014 年中国物业管理行业现状调研及发展趋势预测报告》，中国行业报告网（http://www.baogaochina.com/2014－08/WuYeGuanLiShiChangDiaoYanBaoGao610.html）。

备和相关场地进行维修、养护、管理，维护相关区域内的环境卫生和秩序的活动。”① 本文所探讨的物业管理正是2003年国务院颁行的《物业管理条例》中的定义。

物业矛盾，从广义上来看，是指物业管理各主体间在物业管理民事、经济、行政活动中，因对同一项物业、物业管理服务或行政相关事务有相互矛盾的主张或请求而发生争执②。它是业主有关其房地产的各个环节产生的问题引起的矛盾，开发商、政府部门也经常涉及其中。从狭义上来看，是指在物业管理活动中，业主、业主大会、业主委员会、物业使用人、物业管理企业以及政府行政主管部门等在物业的使用、维修、管理活动中发生的争执③。本文从狭义的角度去定义，物业矛盾是指在物业管理活动中，业主与物业公司在物业的使用、维修、管理活动中发生的对立关系与对立行为。本文根据在物业管理中较为普遍的物业矛盾源进行分类。

1. 收费矛盾。收费矛盾主要表现在业主拖欠、拒缴物业管理费等方面。物业收费矛盾主要原因是物业公司收取费用较高、没有明确的收费标准、物业资金去向不透明、收费与服务不对等，同时也有业主收入不高等原因。

在四川省泸州空间爱琴海小区，整个小区有1503户业主，正常交物业费的有75%，物业公司从2013年进入小区以来，目前被拖欠的物业费高达225万元，其中160户业主拖欠20个月以上，最长的有31个月没交物业费。公司每个月的费用，除发员工工资都有近10万元，业主拖欠物业费，已经影响了公司正常运行，从而引起物管人员破坏水管导致停水事件，业主与物业公司矛盾不断升级④。

2. 服务管理不满意。这主要因为物业公司经营理念存在偏差、服务

① 朝法宣：《如何解决物业管理纠纷》，中国法院网（http://www.chinacourt.org/article/detail/2006/04/id/204545.shtml）。

② 蔡毅：《构建物业管理纠纷调处机制的研究》，《中国物业管理》2004年第1期。

③ 赵静：《物业纠纷解决机制研究》，博士学位论文，中国人民大学，2008年。

④ 《泸州空间爱琴海小区 业主与物业管理公司矛盾不断升级》，泸州新闻网（http://news.lzep.cn/2015/0729/151936_3.shtml）。

不规范、缺乏专业技术人员、维修不及时、大多数物业公司擅自改变公共部分以及因物业服务合同模糊而引发了矛盾。

在三门峡市宏江小区，阜盛物业服务有限公司进驻后，小区的卫生情况并没有得到改善，电梯时常出现故障，暖气也一直没有接通，业主们因此不满，拒交物业费，继而物业公司采取物业费和水电费捆绑的方式，对不交物业费的业主实行停水、限电，使得物业矛盾因服务管理不满意升级①。

3. 破坏公共资源。这一矛盾主要表现在业主私搭乱建、破坏绿植、占用公共道路等方面，现阶段这一表现最突出的问题是停车位问题。这一矛盾主要是因为公共资源较少、居民的生活需求较大、居民个人的生活习惯差异以及业委会的不作为等引发的。

晋安区铁六小区的物管未经业主的许可，擅自将小区绿化用地改成停车位，住户因争抢停车位，甚至发生过吵架斗殴事件，原来和谐的邻里关系变得十分紧张②。

4. 开发商遗留问题。表现在房屋建筑、绿化和附属设备质量差、配套设施项目缺乏，建筑权属不清，销售面积增加或减少，其他承诺不兑现，开发商拒不移交甚至占用代收的维修资金、前期物业公司不能满足居民需求，但拒不撤出公司等方面。这一矛盾主要因为开发商擅自更改规划导致业主权益受损、业委会的法律地位不明、权责不清、运作不规范、业委会难以发挥其应有的作用维护居民的利益。

在南京江宁一小区，现在有两个物业，老物业不肯走，新物业强

① 《不满物业服务　业主拒绝交费物业》，中国三门峡网（http：//www. smxdaily. com. cn/html/show/f9c2377f－07a4－4ef3－9265－f954fef54a95. html）。

② 《铁六小区毁绿地抢车位 老邻居翻脸邻里关系紧张》，东南网（http：//mt. sohu. com/20150730/n417813949. shtml）。

行入驻，小区里发生纠纷的有三方，分别是老物业、新物业和新换届的业主委员会，业主委员会要求用新物业替换老物业，老物业因质疑业主委员会，觉得他们不能代表大多数业主的真实意愿，不肯离开，三方就此问题发生多起纠纷，甚至发生肢体摩擦，矛盾不断发生并升级[①]。

当前，物业管理服务得到居民的普遍接受。但是随着物业管理服务的开展，并随着各种相关的法律法规的日益完善和居民维权意识的不断提高，物业矛盾呈增长的趋势，成为城市社区增长最快的矛盾之一，也是最难以处理的难题之一。

物业管理工作涉及物业公司、业委会、居委会、开发商以及居民业主等多个主体，他们分别代表不同群体的利益，矛盾是客观存在的。在物业公司提供物业管理服务的过程中，一般会出现物业公司侵害业主利益与业主损害物业公司利益的矛盾。物业公司侵害业主的矛盾，主要表现在开发商遗留问题、乱涨价、乱收费、不按合同规定行事、在管理维修的过程中对业主的相关利益造成损失和侵害，从而产生业主维权事件，甚至引发居民的集体性行动。业主损害物业公司的矛盾，主要表现在业主违章装修、乱搭乱建、破坏公共资源、拒缴物业管理费、偷用水电煤气等，业主这些行为影响物业公司的正常运转。如业主不交物业费用，导致物业公司提供低质量的物业管理服务，再次引起居民对物业公司的管理活动不满意，更多人拒缴服务管理费等，导致物业管理陷入恶性循环状态，从而引发更大的矛盾。2014 年 12 月 8 日，萧山法院发布了 2010 年至 2013 年物业矛盾纠纷的审判情况：2010 年度收案 237 件结案 198 件；2011 年度收案 321 件结案 305 件；2012 年度收案 562 件结案 445 件；2013 年度收案 1092 件结案 1088 件[②]。南京市 2011—2013 年，市 12345 政府服务呼叫中心受物业管理投诉分别为 6205 件、12425 件、18704 件，市中级人民法院受理物业服务类案件分别为 5030 件、5126 件、6471 件，占民事纠纷案件的

---

① 《新旧物业共存 南京小区内屡起冲突上演“三国演义”》，南报网（http：//www. njdaily. cn/2015/0722/1173782. shtml）

② 《化解物管服务纠纷 路径在何方》，萧山网（http：//www. xsnet. cn/news/szjj/2014_ 12/2225040. shtml）。

6.91%、6.82%、8.61%[①]。由南京、萧山两地可知，物业管理服务纠纷呈逐年增长态势，探寻一个有效的物业矛盾化解途径，已成为一个不可回避的话题。

关于物业矛盾论文发表数量，根据中国知网"物业矛盾"全文搜索，截至2015年11月28日，搜索的文章数量共715篇，数据如图13—2。

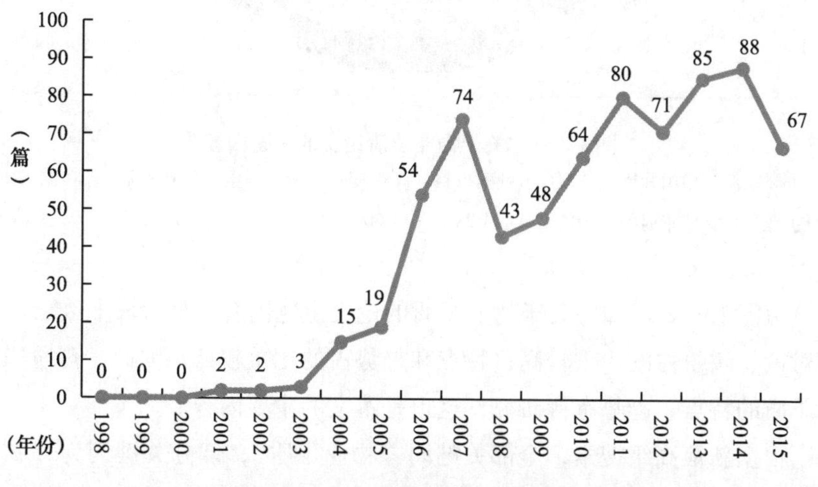

图13—2　关于物业矛盾论文的数量

资料来源：中国期刊网（CNKI），搜索条目：全文"物业矛盾"，搜索时间：2015年11月28日10：00。

由图13—2可知，关于物业矛盾的论文数量从2000年以后开始不断增加，从2005年到2007年急速增长，这也从侧面反映了现实生活中物业管理与服务自住房改革以后成为生活中的重要问题，引起学术界的关注。近5年的平均论文发表量也在78篇，平均增长率为15.4%，呈高速增长的趋势。在搜索的715篇中再次进行主题搜索，主题搜索所占比重从大到小分别为业委会、解决对策、纠纷、原因分析、现状、其他、维权、特点、趋势，比重数据如图13—3。

① 《物业管理行业矛盾不断凸显》，搜狐网（http：//roll.sohu.com/20140903/n404032931.shtml）。

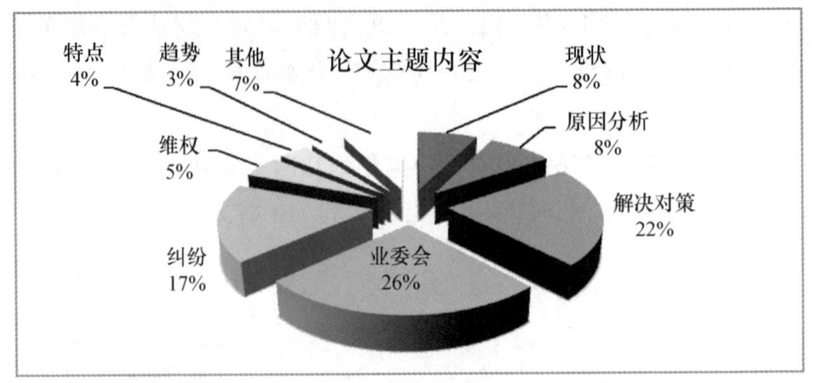

图 13—3　关于物业矛盾论文的主题内容

资料来源：中国知网（CNKI），搜索条目：高级搜索—全文搜索“物业矛盾”，在结果中再进行主题搜索，搜索时间：2015 年 11 月 28 日 10：00。

由图 13—3 可知，关于物业矛盾的论文主题内容，现阶段业委会、解决对策、纠纷占的比重较高，特点和趋势占的比重较低，因此，现阶段物业矛盾的特点、趋势有待研究，这也是本文的主要内容。

根据新浪高级搜索，全部关键词“物业矛盾”，部分关键词为“物业纠纷”，共搜集到 4010 篇关于物业矛盾新闻媒体报道，见图 13—4。

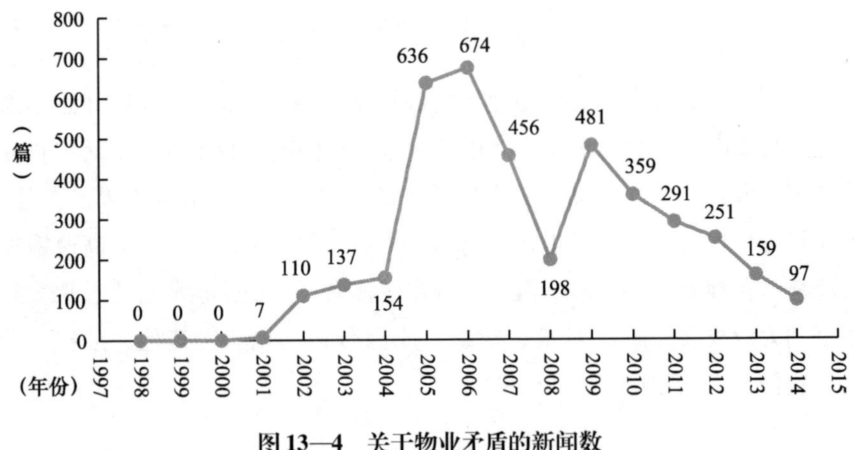

图 13—4　关于物业矛盾的新闻数

资料来源：新浪高级搜索，搜索条目：关键词“物业矛盾”，搜索时间：2014 年 12 月 14 日 19：00。

由图 13—4 可知，在 2000 年以前，没有关于物业矛盾的报道，2000 年以后，新闻报道数的平均增长率为 134%；2001—2006 年，新闻报道的数量从有到多，并且数量激增，平均增长率为 299%，增长速度较快；从 2009 年以来，关于物业矛盾报道数平均增长率为 -26.7%，逐渐减少，但是其数量仍然较大。报道数量的增加、减少固然存在媒体的选择偏好，但也可以在一定程度上反映物业矛盾的现实状况。关于物业矛盾存在大量的报道，说明物业矛盾在现实生活大量存在，严重影响居民的生活，足够引起媒体和公众的重视。

本文根据矛盾利益关系不同，按照不同的利益群体去分析物业矛盾产生的原因，从物业管理立法与体制、开发商与物业公司、业主与业主委员会三个不同的层面去分析原因。

（一）物业管理立法、规则尚不完善

城市化改造与住房制度改革中，福利住房转化为商品住房，规则、政策出现脱节，设计不周全。当前，有关物业管理方面的法律规范性文件主要有：国务院于 2003 年颁布的《物业管理条例》，建设部发布的《业主大会规程》，部分地方性法规和相应的配套文件也有一些规定。《物业管理条例》是物业管理方面最高层次的法律文件，《业主大会规程》作为《物业管理条例》的配套性文件，对物业管理制度运行程序进行规定。以上规范性文件虽然对物业管理组织的设立、运行等作了规定，但是其规范性的内容比较宽泛，责任主体不明确，没有具体发生的矛盾处理的依据以及在法律实施的过程中的强制性，法律常常在处理物业矛盾过程中扮演无声的角色。建设部 2004 年颁布实施的《物业管理企业资质管理办法》规定，物业管理企业资质分为一、二、三三个等级。第八条规定，新设立的物业服务企业应当自领取营业执照之日起 30 日内持相关资料到有关部门申请资质。物业公司先到工商管理部门注册后才去申请物业资质，这种资质程序后置化的规定，使政府部门对物业公司的准入监管不利，物业公司良莠不齐。目前也没有对物业服务标准、物业公司资质等级、物业管理费分级收取进行动态评估、监测的专门部门，不少物业管理活动没有公开、透明，业主难免怀疑物业管理企业实际提供的服务是否与服务标准相符、是否与交纳的物业费相适，物业管理企业的服务质量也难以得到保障①。

（二）开发商、物业公司的问题

现在比较突出的问题主要是以下两个方面。

1. 开发商遗留矛盾突出。不少矛盾是开发商在建设房屋时偷工减料、房屋质量不好引起的，如地基处理不当、房屋漏水、墙面裂缝、不能兑现承诺的相关配套设施等，而业主找不到开发商，将矛盾对准了物业公司，常常以拒缴物业管理费作为抗争的手段。但是这些问题不是物业公司应该承担的责任，这也是物业公司不能解决的问题，从而引起相关的物业矛盾。开发商为促进房屋销售的目的，利用物业服务为开发的项目打广告、做品牌，有的拟定低廉的物业价格吸引购房者，投入资金弥补前期物业运行的亏损。但一旦房子卖出去后则撒手不管，使得原物业费价格不能维持现行物业服务标准的正常运转，当需要调高收费价格时普遍会遭到业主的反对和抵制，因而业主与物业公司的矛盾产生甚至激化。

2. 物业公司管理问题。物业管理行业发展过快，员工需求量大，物业公司出于管理成本的考虑，对其工作人员缺乏系统的岗前培训，大部分公司招聘、上岗、培训同时进行，物业管理服务人员缺乏经验、素质有待提高。物业公司服务不到位，工作不规范，如普遍存在公共设施维修不及时、社区卫生环境差、治安状况差等，业主的利益得不到保障。财务收支透明度较低，业主的知情权得不到保障。与物业公司相比，业主是获取信息的弱势群体，目前物业管理服务收费缺乏透明度，一些物业公司并没有依照有关法规规定将财政收支进行公示，业主不知道其所交纳的物业费都用在何处，因而产生一系列不必要的物业矛盾冲突。此外，物业服务行业待遇低、工作强度大、压力大。物业管理与服务人员在此情况下，其工作能力、精神面貌、工作责任心都难以满足业主的需要。

（三）业主、业主委员会的问题

住房改革之前，物业矛盾的发生，通常与住房的产权单位交涉，由产权单位全权负责和解决矛盾。业主不需要缴纳物业费，不需要关心对公用部位和公用设施设备的管理、维护、使用，不需要关心管理成本。住房制

---

① 张博华：《社区物业纠纷的成因分析及解决路径探讨——以天津市物业纠纷为视角》，《河北工业大学学报》（社会科学版）2012 年第 3 期。

度改革以后，建立新的物业管理体制，部分业主缺乏商品经济意识，缺乏付费服务意识，消费意识、契约意识、法律意识淡薄，不愿意缴纳物业费。居民不能较快地适应市场化的需要，缺乏主人翁的意识，对公用部分和设施设备维护缺乏责任感。虽然居民自己产生了业主委员会，对物业管理进行监督，但在现实生活中业主大会、业主业委会成立的比例还不高，业主委员会的选举过程不规范，业主委员会的组成人员结构不合理、业主委员会的选举缺乏一定的专业指导和监督，使得业主委员会在物业管理与服务过程中发挥较小的作用。同时，业委会成员主要关注自身的利益，对社区内的公共利益关注较小，从而使得物业矛盾的发生与激化没能得到业委会及时帮助处理。随着城市化进程的加快，“农改居”“城中村”小区的物业矛盾逐渐地显现。“农改居”“城中村”小区的房屋年代较远，大多数是20世纪80、90年代建造的，经常需要维修，基础设施比较薄弱，居民生活收入较少。在城市化改造以及住房制度改革以前，小区的管理与服务是由原工作单位提供，现在转为市场化提供管理与服务，由居民自己埋单，选择物业公司提供小区物业管理与服务，这对老旧小区的居民来说，物业费成为居民新的支出，因而经常会出现老旧小区居民拖欠物业管理费、老旧小区物业服务质量低、老旧小区卫生环境差等现象。

二 物业矛盾的特征

当前，物业矛盾的主要特征为以下几点。

物业矛盾纠纷数量增加，冲突的烈度加大。据福州连江县法院统计数据显示，2014年前三季度，连江法院受理物业纠纷案件97件，比去年同期上升139.8%①。近几年来，法院受理的物业矛盾案件所占民事案件的比例逐年地增加，成为各类案件中数量上升最快的，所占民事案件比重最大。根据南京市消费者协会统计数据，2015年物业服务类的投诉位居有关服务类投诉第八位，且投诉的数量同比增加明显②。物业矛盾的烈度是

① 《连江法院民一庭：调解点亮微心愿，化解矛盾促和谐》，福建群众路线网（http：//qzlx. fjsen. com/2014－10/09/content_ 15002748. htm）。

② 《2015年上半年全国消协组织受理投诉情况分析（二）》，中国消费者网（http：//www. 315cc. com. cn/index. php？ s＝/detail/44/135/14534. html）。

指物业矛盾发生以后矛盾双方对抗手段的激烈程度。初期发生的物业矛盾表现在个别业主与物业公司相互博弈，双方主要通过拒缴物业费、停止提供物业服务等手段，促使对方妥协。现阶段，随着业主结构的多元化，业主与物业公司发生矛盾时对抗手段激化，甚至引发集体行动，如业主常常通过集体诉讼、上访、示威、封堵道路等手段来维权。

业主维权的组织性增强。业主委员会是伴随住宅商品化改革出现的一种新型组织，一般指经住宅产权人、使用人通过业主大会选举产生业主代表，监督物业公司运作，反映业主利益、意愿和要求的自治性组织，其权力基础是业主对物业的所有权，它对社区的公共事务拥有参与权和决定权。作为自主性的维权组织，业主大会和业主委员会在物业矛盾处理和解决的过程中发挥着自主、自治作用。现阶段，业主委员会的代表一般是由住宅区内的社区领袖，如律师、教师等专业人才以及热心公共事务的人构成，人员构成多元化，业委会的代表具有一定的组织能力和专业背景，对房地产开发商和物业公司具有监督作用。业主在业主委员会的组织领导下，运用集会和新媒体的方式讨论物业管理与服务问题。由于一个小区的业主较多，业主间的沟通和交流可以通过网络的形式得以开展，业委会和社区领袖能够迅速地收集信息和充分地讨论策略，解决了业主间因为人数较多而沟通交流困难的问题，提高了维权的效率。业主维权活动已由个体自发式维权开始向群体自觉式维权及组织化维权过渡，维权主体正处于组织化过程之中。维权策略也日趋多元化，协商、调解、集会、上访、诉讼、运用媒体报道等手段解决物业矛盾，部分社区领袖为更好地维护自身以及所代表的业主群体的利益，开始自发积极地政治参与，来影响物业管理公共政策和有关法律法规的制定与实施，发挥社会行政的作用。

公共资源引发的矛盾突出。公共资源在本文中是指小区内的公共用地和设施，表现在小区内的绿化用地、体育设施、公共停车位等。由公共设施的使用或收费所引发的业主和物业服务公司的矛盾极为常见，特别是一些城郊结合部，由农民集体拆迁而建立的小区，由于农民的观念、生活方式没有改变，矛盾更是突出。小区的绿化对业主生活的质量具有重要的影响，现在居民的要求较高。在有的高档住宅小区中，绿化率高达45%左右，在“老旧”小区，绿化率较低。拆迁小区部分业主在花园中种植葱、大蒜、青菜等，绿地变菜地，物业公司与业主、业主与业主间产生的矛盾增加。小区内的体育设施逐渐地配套，体育锻炼成为业主生活的重要部分，特别是中老年人，参与社区锻炼。然而，经常看到小区内的体育器材被用作晒床单被褥的工具，小区内的体育器材被破坏失修，这使业主对物业管理公司的管理能力产生怀疑。小区内的公共停车位是小区的公共资源部分，然而各小区的车位严重不足是普遍的现象。部分开发商任意提高车位的售价、物业公司提高车位租金，从而引发诸多矛盾纠纷。在百度新闻中，搜集近一个月（2015 年 11 月）的“物业矛盾”的新闻，发现 22.5%的新闻报道是关于小区的停车位的问题引发的物业矛盾，如公共停车位不足、停车费较高、停车影响正常交通通行、车子被刮花等问题，引发部分业主罢交物业停车费、堵车、拉闸限行等矛盾冲突，严重影响业主的正常生活。北京市大兴区美利新世界小区业主反对绿地改停车位被打断腿[①]，这是典型的因为公共停车位产生的各种物业矛盾冲突之一。

社区的差别性大。相对高档新小区来看，“老旧小区”发生物业矛盾频率高，特别是 20 世纪 70 至 90 年代建的单位房，此类小区的居民大多数是老年人，收入较少，支付一定的物业费成为负担，居民的消费意识、消费能力不强，思想还停留在福利分房的阶段，认为一切公共支出应该由单位负责或政府负责，不愿意缴纳物业费。业主拒缴、少缴物业费，物业公司则提供低质量的物业管理与服务，于是乱搭乱建、绿地变菜地、挤占公共空间、环境卫生恶化、安保措施不力、房屋维修不及时等矛盾便产生。相对“老旧小区”而言，“中高档”新建小区，居民大多数都是“中产阶层”，收入较高，消费意识、消费能力强，尽管高档小区与老旧小区物业收费标准会相差几倍甚至于十几倍，但能及时收齐。居民的知识文化水平相对也较高，对于物业矛盾处理也相对理性，物业公司也能够提供高质量的服务，物业矛盾的发生较少。因此，物业矛盾的发生表现出明显的区域性，不同的小区物业矛盾发生的类型和程度也不同。“老旧小区”的物业矛盾主要表现在物业收费问题、损害公共资源、服务质量较低等方面，而“中高档”小区则表现在业主权利的维护和服务质量保证。

① 《业主反对绿地改停车位被打断腿 物业否认涉案》，中国网新闻中心（http://www.china.com.cn/shehui/2015-11/18/content_37091362.htm）。

三　物业矛盾发展的趋势

物业矛盾纠纷在数量上呈上升的趋势。城市居住区中物业管理模式日益普遍化。小区业主寻求高质量、高品质的物业消费，维权意识提高，业主大会、业主委员会的建立，为业主维权提供组织机构，社区业主中律师、教师等的加入，为业主维权提供专业知识，业主维权趋于组织化、专业化。物业行业市场总体上还未成熟、法规还未完善、提供的服务管理水平参差不齐，业主追求高质量物业服务需求与物业公司的服务意识、服务能力始终是一对矛盾。特别是开发商遗留矛盾、社区资源短缺型的矛盾还会依然存在，有些会激化。相对而言，大城市的物业服务质量相对高一些，三线城市以及县城的物业水平还不高。物业矛盾会由大城市扩展到小城市。矛盾数量将会激增。根据南京市物业管理办公室的数据，近 5 年来，业主维权投诉物业公司的数量逐渐增加，并呈上升的趋势。2012 年、2013 年南京市法院接受物业类服务纠纷诉讼案件中，物业公司起诉业主未交物业管理费占物业服务类案件的 62%、78%，同比增长了 5%、5.4%，这说明物业公司物业维权在数量上呈增长趋势。因此，业主维权和物业公司维权在制度逐渐完善下，物业维权数量呈上升趋势。课题组对某省 849 名干部的调查中，干部认为占第七位的社会矛盾是物业管理(27.33%)。在今后 3 至 5 年中，42.52% 认为会增加，40.87% 认为保持原状，13.43% 认为会下降，缺失 3.18%。三线城市、县城、乡镇的商品房持续增长，大量人口入住，大大增加了业主对高性价比物业服务管理的需求。然而其物业管理刚起步不久，行业不成熟、法规不健全、管理水平较低，与业主的高质量物业管理服务需求形成矛盾，矛盾数量随着物业需求增加，并呈现激增现象。

公共资源引发的矛盾冲突继续加强，停车位问题日益凸显。公共资源的有限性，是一种刚性的矛盾，法律规章制度不能从根本上去解决。随着法制化建设进程的加快，物业方面的规章制度也在逐步健全，物业收费矛盾、服务矛盾以及开发商遗留矛盾通过各种规章制度可以解决。2015 年《南京市住宅物业管理条例（草案）》规定，不交物业费将列入失信记录等，为收费矛盾的缓解提供解决的方案。公共空间中私搭乱建随着城管执法的深入，违法建筑这一类现象将会减少，不过公共资源的缺乏与公民对资源的需求增长将成为未来的主要矛盾。随着我国经济社会持续快速发展，群众购车刚性需求旺盛，汽车保有量继续呈快速增长趋势，2014 年新注册登记的汽车达 2188 万辆，保有量净增 1707 万辆，均为历史最高水平。与 2013 年相比，私家车增加 1752 万辆，增长 19. 89%。全国平均每百户家庭拥有 25 辆私家车，北京平均每百户家庭拥有 63 辆私家车，广州、成都等大城市每百户家庭拥有私家车超过 40 辆[①]。私家车数量的增加同时引发了停车位需求的增加，不过现有小区中停车位的资源是有限的，这就造成了供需之间不可避免的矛盾，这个矛盾会随着私家车数量的增长日益凸显，相应地居民与物业公司间、居民与居民间的矛盾也会增加。

物业矛盾中涉及的公共问题日趋复杂。现阶段，业主争取经济利益和优质服务的同时，开始意识到物业矛盾发生的过程中，有关政府部门的不作为、行政管理不善、行政干预失当，发生了诸多以房地产主管部门为被告的诉讼案件。城建规划部门对小区配套设施建设、道路规划、房屋采光等的规划没有起到审查、监管作用；住房管理部门对房屋的交付没有起到很好监督作用等。随着居民的民主政治参与意识的提高，业主在维权过程中，不仅维护自身的利益诉求，同时关注政府机关的行政行为，注重民主参与的权利，监督政府机关行政作为，业主维权过程中注重对公共管理问题的关注和参与，使得物业矛盾中涉及的公共问题日趋复杂化。业主间由于存在共同的利益以及社区居民归属感，业主在维权过程中逐渐趋向群体化、组织化，业主大会、业主委员会成为业主维权的主要组织机构，业主大会、业主委员会的法律地位的明确性越来越成为业主的主要要求，业主委员会的监督制度也在业主的呼吁中提上日程，确保业主委员会在为业主维权的过程中有制度保证。部分业主间形成的民间性社区组织，如社区志愿者服务队等，参与社区自治，维护社区业主的利益，民间性社区组织需要政府给予相关的法律政策，认同其作为民间性组织的合法性以及民主参与性。

物业矛盾处理解决趋于法制化。现阶段我国关于物业管理的法律规范

① 《2014 年全国汽车迅猛增长 新增汽车 1700 多万》，中华人民共和国公安部（http://www.mps.gov.cn/n16/n1252/n1837/n2557/4330449.html）。

不够完善，物业矛盾的处理存在非制度化现象，如拉横幅、堵路、游行、暴力冲突等，但是随着物业管理行业的发展成熟以及依法治国的推进，物业管理的法律体系会逐渐的建立和完善，政府行政部门依法处理物业矛盾纠纷，法院司法公正，物业公司和业主法治意识普及，物业矛盾的处理解决趋于法制化。

四　物业矛盾化解建议

1. 建立健全物业管理行业的法律法规。现阶段，我国关于物业管理方面的法律法规只有《物业管理条例》《业主大会规程》和一些地方性的配套规范，其内容较宽泛，责任主体不明确，没有具体的矛盾处理的依据并且实施力较弱。因此，我们应该制定出完善的物业管理的法律法规。第一，我国人大应该通过立法的渠道来收集、协调、整合和反映民意，以回应社会大众对物业制度的改革要求。当前，业主在规范房地产市场、加强物业公司的行业监管、提高业主委员会的自治能力诸方面呼声较高，加强相关法律制度的制定与实施。第二，有法可依的同时，应该落实行政部门的责任制，建立行政问责制，特别是加强对房地产项目、房地产商的监督管理，防止遗留下各种矛盾。让矛盾有人解决、依法解决。第三，相关部门出台具体物业矛盾案例解析办法，收集物业矛盾的典型案例，划分物业矛盾类型，给予一定的规范化的解决方案，给予一定的程序性流程，指导物业公司和业主在物业矛盾发生时能够处理得当，真正做到有法可依，使得矛盾处理得规范化和成本最小化。

2. 完善业主委员会制度。第一，明确业主委员会的法律地位。业委会作为业主大会的常设机构，根据业主大会的授权处理业主大会的日常事务，业委会在物业矛盾处理和解决的过程中发挥重要的自主、自治作用。但当前，业委会没有独立法人资格，法律地位不明确。业委会是一个真正的居民自治组织，必须明确其法律地位。明确业主委员会工作由当地居民委员会指导。第二，完善业委会选举、运行制度。建立健全业委会的选举、运行制度，运用差额选举制度，在业主大会中选取业委会委员，给予业主委员会的选举专业的指导和监督，选出关心小区公共利益的成员，使得业委会结构趋向多元、合理，使得业主委员会在物业管理与服务过程中发挥重要的作用。与此同时，规范业委会操作流程，完善业委会运行章程，保证业委会为业主维权发挥较大作用。

3. 培养业主的法律意识、消费意识。加强法治思想宣传，培养业主有关物业方面的法治意识。业主借助于法律手段解决物业矛盾的意识薄弱，倾向于使用非制度化的手段去解决物业矛盾。社区可加强对物业法律法规以及维权知识的宣传，逐渐培养起业主制度化解决物业矛盾的意识。培养业主消费意识。物业管理机构在提供高质量的服务的情况下，加大对物业消费的宣传，养成业主的付费服务意识，按时缴纳物业费，减少相应物业矛盾的发生。将物业收费纳入个人信用档案，对长期拒交费用的业主，物业可依法申请仲裁或起诉。

4. 建立物业矛盾大调解机制。由于物业矛盾是近期城市中增长最快的矛盾，必须引起政府的重视。可以借助既有的矛盾调解载体，加强对物业矛盾的指导和处理具体的物业矛盾。市级矛盾调解中心以政策指导为主，不处理具体矛盾。可聘请法律、房地产方面的专家组成顾问团进行指导，或者建立物业矛盾专业委员会，指导、仲裁、处理全市的物业矛盾。区（县）级矛盾调解委员会，处理区（县）范围内较为重大的物业矛盾纠纷。街道（乡镇）矛盾调解中心，处理具体的物业矛盾。社区的矛盾调解委员会，处理本社区的具体物业矛盾。如果某个社区物业矛盾严重，可以成立专门的物业矛盾调解委员会，成员由社区居委会、社区公益组织、业主委员会、物业公司代表组成，处理社区一般性的物业矛盾。

5. 物业费用多元支持。物业公司的正常运行，需要收取一定的物业费，物业费成为部分业主的主要负担，可以试行物业管理费用政府和部分困难业主共同埋单。“城中村”等老旧小区的物业矛盾比较突出，主要表现在业主拒缴、拖欠物业管理费，物业公司提供低质量的物业服务，形成一个恶性循环。第一，建立政府财政补贴和部分困难业主（低保、失业、残疾等）支付少额费用相结合的制度。政府将物业救助纳入低保救助的范围内，对困难业主承担费用的60%，业主缴纳40%的物业费。第二，老旧小区的集体资产的盈利支付物业费用。“城中村”“农改居”等小区一般都有一定的集体资产，社区居委会通过运行小区的集体资产，比如商铺、厂房出租等，每年都会有一定的盈利，在盈利中抽取一部分资金，作为专项资金用于物业费用，从而保证小区业主享受“集体福利”，保证正常的物业管理与服务。

6. 建立前期物业公司的招投标制度。开发商为促进房屋销售的目的，利用物业服务为开发的项目打广告、做品牌。开发商与物业公司单方拟定低廉的物业价格，业主没有权利去选择适合自己的物业公司，从而产生一系列关于前期物业矛盾，为解决这一矛盾，建立前期物业公司招投标制度。第一，健全完善“建管分离”制度，禁止开发商的物业子公司对该建筑小区提供物业管理与服务。第二，建立前期物业公司招投标制度。前期物业公司在小区房子建成以后就进入小区提供物业管理与服务，由于存在时限性，小区的业主不能自行选择物业公司。因而为了公平、公正，前期物业公司的选择要限制过渡期限，如1至2年，然后必须采用招投标制度，引进有能力的物业公司进入小区，为小区的业主提供优质的物业管理与服务。

7. 引入金融资本众筹方式。公共资源短缺引发的矛盾冲突表现突出，停车位问题日益凸显，在这种情况下，可以将资本众筹方式引入物业管理。由于在已有的小区中，平面空间存在限制，停车位短缺、体育健身设施缺乏是常有的现象。对此，可以通过众筹的方式，由社区牵头，经业主委员会讨论通过，小区的居民参与投资或者是引入外来资本，在小区的公共区域兴建立体式的停车位或者体育健身设施，进行市场化运作，对出入停车或者健身运动的进行收费，收取的费用作为停车位与体育健身馆的日常运行和相关投资者的分红和回报。

8. 物业公司提高服务质量。现阶段，由于物业行业发展不成熟，物业公司缺乏经验，物业管理服务人员素质不高，导致工作的失范，从而引起物业矛盾，这需要物业公司学习管理服务经验，加强对物业管理服务人员的综合能力的培训，从而提高物业服务的质量，减少物业矛盾的产生。第一，物业公司加强对物业先进管理服务经验的学习。加强对先进的物业公司的管理服务经验的学习，如物业行业较好的万科物业，可以作为一般物业公司学习的典型，学习其管理经验以及物业服务的方法，以服务业主为宗旨，减少公共设施维修不及时、社区卫生环境差、保安不负责任、维护资金投入不足、侵害业主的利益等问题的发生，提高物业服务的质量。第二，物业公司加强对员工综合能力的培训。由于物业管理与服务人员的专业化能力不高，难以满足业主的需求，从而产生一系列物业矛盾。物业公司在考虑成本的同时，更加注重员工的综合能力，提供员工管理与服务的课程，并且增加礼仪、抗压、责任的课程，从而提高物业公司人员的综合能力，提高物业服务的质量，满足业主的多元需求，减少物业矛盾的发生。

9. 探索建立官方物业管理微信平台

目前，物业管理信息公开透明度不高，业委会不能有效发挥其传达意见、监督物业公司的作用，仍有物业企业将公共物业出租出售、停车费收取、广告费收取等本该属于小区公共收益的资金纳入囊中，加上很多业主没有时间参与小区物业事务投票等，严重影响业主正当权益。通过住建部门建立官方物业管理微信公众号，业主关注公众号并绑定业主身份后，可实时查询本小区、楼栋及房屋的维修金动态；可方便地参与本小区的各项事务决策；可随时了解本小区业委会的运作情况；并可接收本小区相关的通知公告等信息，促进物业管理信息公开透明，一方面，有利于小区公共事务的信息公开，并且提高业主大会的工作效率，减少因信息不对称而产生的物业矛盾；另一方面，倒逼物业管理企业优化服务，促进物业管理企业优胜劣汰和行业发展的良性循环。

第三编

我国的非现实社会矛盾

第十四章

非现实社会矛盾的特征及趋势

随着现实社会矛盾的积累并沉淀于人们的心理，导致负面社会情绪弥漫，群体间（尤其是官与民、富与贫）情绪对立明显，催生出非现实社会矛盾。非现实社会矛盾是当前社会矛盾的一种新形态，它的出现标志着现阶段我国社会矛盾的进一步深化和复杂化。本章将在现实社会矛盾与非现实社会矛盾类型划分的基础上，阐述非现实社会矛盾的内涵，讨论现实社会矛盾与非现实社会矛盾之间的关系，分析非现实社会矛盾在当下社会现实中的表现形式，概括当前非现实社会矛盾的主要特征，并对非现实社会矛盾的未来发展趋势作出预测。

非现实社会矛盾在心理上主要表现为民间积聚的仇官、仇富和仇不公的情绪。本研究通过期刊论文、网络报道两个信息源分析仇官、仇富和仇不公情绪在近些年的大致变化情况（因报纸受到宣传纪律的约束，文章数量过少，故略去，见图 14—1）。首先，从数量来看，有关仇官、仇富、仇不公的文章和报道均呈逐年上升趋势。这说明无论是学术界还是网络评论者，都在关注“三仇”问题，也间接反映了非现实矛盾的生长吸引更多人的关注。值得注意的是无论是期刊论文还是新闻报道均在 2014 年出现了下滑。我们认为这应当是十八大以来新一届中央政府大力反腐、加大社会矛盾治理的结果。对非现实社会矛盾在现实中的爆发状态，学术界及新闻界常用“无直接利益冲突”“非直接利益冲突”“社会泄愤事件”等概念来表示。事实上全国影响较大的事件，如“瓮安事件”“石首事件”“池州事件”等均发生在 2008 年、2009 年、2010 年，学术界对此类事件的关注到达顶峰亦在情理之中。2011 年以后基本呈平稳发展态势。

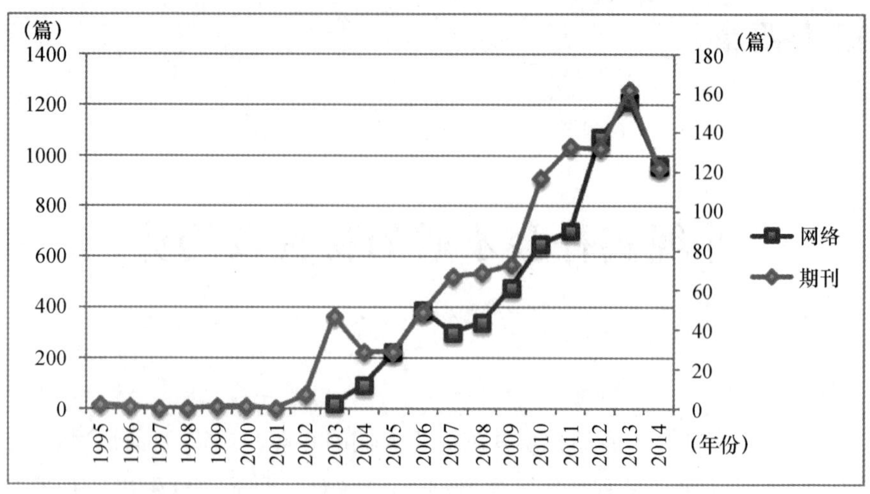

图 14—1　仇官、仇富、仇不公各种来源文章的数量统计

注：1. 期刊资料来源，中国知网（CNKI），搜索条目为主题“仇官”或者“仇富”或者“仇不公”，搜索时间为 2015 年 10 月 4 日，数据库期刊、博士、硕士、特色期刊和辑刊；2. 网络资源，百度高级搜索，搜索条目为主题“仇官”或者“仇富”或者“仇不公”，搜索时间：2015 年 10 月 4 日；3. 报纸资料，因在中国知网（CNKI），以主题“仇官”或者“仇富”或者“仇不公”为搜索条目，结果呈现文章数量过少，故略（搜索时间：2015 年 10 月 4 日）；4. 主纵轴：网络；次纵轴：期刊。

第一节　非现实社会矛盾的内涵和表现形式

一　非现实社会矛盾的内涵

在西方社会学史上，学术界对社会矛盾的阐述更多的是使用“社会冲突”的概念。韦伯（M. Weber）、齐美尔（G. Simmel）、科塞（L. A. Coser）、达伦多夫（R. Dahrendorf）等学者都为冲突理论作出了重大的贡献。马克思（K. Marx）关于阶级及阶级斗争的思想，对生产资料占有的不平等是产生利益冲突的根本因素的观点，被西方理论界认为是“社会冲突论”的理论滥觞之一。在马克思看来，阶级斗争“首先是为了经济利益而进行的，政治权力不过是用来实现经济利益的手段”①。因此，阶

① ［德］马克思、恩格斯：《马克思恩格斯选集》第 4 卷，人民出版社 1995 年版，第 250 页。

级冲突的最终根源在经济利益，但最终会产生超越经济的政治后果，成为历史变迁的直接动力。而韦伯则展现了冲突的多元性，在他的理论中决定人们社会地位的不仅是人们的经济状况（财富），还有权力和声望①。他认为导致阶级冲突的主要因素有两个：一是低层社会群体成员拒绝接受既存关系模式；二是低层社会群体成员在政治上组织起来的程度。与马克思不同，韦伯在冲突的利益根源中加入了情感因素。

与马克思一样，齐美尔认为冲突无所不在。齐美尔区别了两种不同形式的冲突：作为手段的冲突和作为目的的冲突。如果冲突是工具性的，并被视为实现冲突群体清晰明确的目标手段，就有可能用其他的手段来取代冲突，冲突的暴力性水平会下降；如果是因某种本能的敌意冲动而引发的冲突，只有通过斗争本身才能满足，没有其他的替代手段。这种本能的敌意冲动包括人与人之间的本能敌意、信仰的对立、憎恨、嫉妒、竞争等形式②。在齐美尔冲突思想的基础上，科塞强调冲突对社会系统的整合性与适应性功能。他认为系统各部分之间的不均衡导致冲突，而冲突会导致社会系统各部分之间的再整合，并提高系统结构的弹性和系统的应变能力。和韦伯一样，科塞强调现存不平等体系中合法性的丧失是冲突的关键前提，但合法性丧失本身并不足以引起冲突，人们首先需要在情感上被唤起。他从马克思的相对剥夺概念中获得灵感，认为人们对美好未来的期望突然超过实现这些期望的条件时，合法性的撤销就将伴随着激情的释放。由此，科塞将冲突分为两类：现实性冲突和非现实性冲突。他认为齐美尔的"作为手段的冲突和作为目标的冲突的区别中蕴含了区别现实性冲突和非现实性冲突的标准。那些由于在关系中的某种要求得不到满足以及由于对其他参与者所得所做的估价而发生的冲突，或目的在于追求没有得到的目标的冲突可以叫做现实性冲突"③。换句话说，现实性冲突是为了达到或满足某一现实目标，而非现实性冲突则没有明确的现实目标，"而是

① ［美］乔纳森·H. 特纳：《社会学理论的结构》，邱泽奇、张茂元等译，华夏出版社 2001 年版，第 127 页。

② ［德］齐美尔：《社会学：关于社会化形式的研究》，林荣远译，华夏出版社 2004 年版，第 186 页。

③ ［美］刘易斯·科塞：《社会冲突的功能》，孙立平等译，华夏出版社 1989 年版，第 35 页。

起因于至少其中一方释放紧张状态的需要"[①]。紧张状态则源自本能的敌意冲动或情感、观念的对立。现实性冲突有妥协与调和的可能性；非现实性冲突将是暴力的，投入的情感越多，冲突越激烈。

我们不难看出，在西方冲突理论中，从马克思单一的利益冲突分析到韦伯在冲突分析中增加心理和情感因素，再到齐美尔对冲突是作为手段还是目的的区分，最后至科塞的现实性冲突和非现实性冲突的分类，情感因素在冲突理论中日益受到重视，学者们逐渐认识到情感对于社会冲突的巨大功能，意识到因情感引发的冲突和因利益引发的冲突的差异，并以情感为维度衍生出"作为目的的冲突"（或"非现实性冲突"）这一新的冲突类别。我们从马克思主义关于利益冲突的基本理论出发，借鉴齐美尔的"作为手段的冲突和作为目的的冲突"以及科塞的"现实性冲突和非现实性冲突"的概念范畴，结合当前我国社会矛盾的产生根源、基本表现形态等现实状况，将我国现阶段社会矛盾分为"现实社会矛盾"和"非现实社会矛盾"两种基本类型。"现实社会矛盾"对应于齐美尔的"作为手段的冲突"以及科塞的"现实性冲突"，是指某种明确的现实目的对立以及由这种对立而引发的冲突，现实目的可以是经济目的、政治目的或者是其他的一些社会文化目的，也可以是对生命、健康或个人尊严的维护等。"非现实社会矛盾"对应于齐美尔的"作为目的的冲突"以及科塞的"非现实性冲突"，指并非谋求某种明确的、直接的现实目的，而是潜在的价值观、认知的偏差和情感的对立以及由这种对立形成的紧张状态导致的冲突。这两类矛盾在矛盾产生的直接根源、表现形态以及矛盾的爆发方式上表现出鲜明的差异，进而表现出不同的运行发展机制和内在逻辑。

二 现实社会矛盾与非现实社会矛盾的关系

虽然现实社会矛盾和非现实社会矛盾在矛盾根源、爆发方式、表现形态上有明显差异，但这两类矛盾并不是相互独立，互不相关的，而是相互关联，相互影响的，共同呈现出我国现阶段社会矛盾的内在发展逻辑和复杂性。

---

① ［美］刘易斯·科塞：《社会冲突的功能》，孙立平等译，华夏出版社1989年版，第35页。

（一）从现实矛盾到非现实矛盾：当前社会矛盾的演变

1992 年邓小平南方谈话以及党的十四大召开后，我国坚定了改革开放的发展方向，确立了建立社会主义市场经济体制的目标，掀起了新一轮经济建设的热潮。也正是从这时开始，中国社会贫富差距迅速拉大，利益分配不公问题日益凸显，利益矛盾成为社会矛盾的主体。早期的国企下岗工人、抗费农民以及后来保卫环境、房屋产权、土地使用权和各类经济收益权的各地居民，都是围绕着各自的经济利益和空间权益展开抗争行动。作为非现实矛盾一种表现形态的宣泄型群体性事件最早由媒体报道进入公众视野的是 2004 年的重庆“万州事件”，学术界对此类事件的关注则从 2006 年开始[①]。与此同时，网络空间中的泄愤性谩骂开始蔓延，“官二代”“富二代”“穷二代”等身份标签类网络词语开始出现，个体极端反社会行为也在这一时期频繁发生[②]。近些年学术界也有部分学者开始关注社会怨恨情绪。不难看出，非现实矛盾的极端爆发比现实矛盾晚十几年。这正是现实矛盾积累、社会负面情绪逐步积聚的阶段。科塞在分析非现实冲突时指出：“非现实性冲突产生于剥夺和受挫，这种剥夺和受挫则产生于社会化过程中及后来的成年角色义务或其结果，也有的是由原初的不允许表达的现实性冲突转化而来。”[③] 从我国的现实情况来看，“由原初不允许表达的现实性冲突转化而来”更符合实际，非现实矛盾中的紧张情绪正是现实矛盾表达不畅、不断积累的心理结果。贵州省委书记石宗源在分析“瓮安事件”时的一番话颇能说明问题：“一起单纯的民事案件酿成一起严重的打砸抢烧群体性事件，其中必有深层次的因素。一些社会矛盾长期积累……没有得到及时有效的解决，矿群纠纷、移民纠纷、拆迁纠纷突出，干群关系紧张，治安环境不好……概况地讲，在于当地积案过多，积怨过深，积重难返。”[④] 2011 年社会心态蓝皮书显示，民众遇到矛盾和冲

---

① 钟玉明、郭奔胜：《社会矛盾新警号：“无直接利益冲突”苗头出现》，《瞭望新闻周刊》2006 年 10 月 17 日。

② 2010 年 3 月 23 日南平血案开始到 4 月 30 山东潍坊血案，短短 40 天内连发 5 起校园砍杀事件，2014 年 2 月到 2014 年 7 月又连发 5 起公交车纵火案。

③ ［美］刘易斯·科塞：《社会冲突的功能》，孙立平等译，华夏出版社 1989 年版，第 41 页。

④ 刘子富：《新群体事件观——贵州瓮安“6.28”事件的启示》，新华出版社 2009 年版，第 23—26 页。

突时，“多数的策略是‘无可奈何，只好忍了’和‘没有采用任何办法’”。《中国社会心态研究报告2012—2013》也有同样的发现：“64%的农民工认为社会‘非常不公平’和‘比较不公平’，在受到不公平对待时，约59.6%的人会采取‘不干了或忍气吞声’等消极逃避行为。”忍耐是无能感体验的结果，同时也是屈辱、不公平等负面情绪反复体味并积累的过程。利益受损群体、利益相对剥夺群体、生活受挫群体的增多，使不满、怨恨等负面情绪的普遍化，最终导致非现实社会矛盾的形成。当然不满和怨恨情绪的产生并不单纯是忍耐的结果，认知的作用至关重要。当民众将各种形式的利益受损、严重的社会矛盾和社会问题归因于外界，尤其是归因于管理者不作为、乱作为、政策不合理或官员贪腐时，利益受损、相对剥夺、生活受挫产生的不公平感才有可能激化为更激烈的不满情绪。

因此，虽然从直接原因来看，非现实社会矛盾产生于情感对立，但其根源还在于利益冲突。在此意义上，我们同意马克思的观点：“人们为之奋斗的一切，都同他们的利益有关。”[①] 只是利益问题日积月累到一定程度出现阶段性的显著变化，量变形成质变，“程度”发展成了“种类”。总之，我们认为非现实矛盾在2005年左右凸显并非偶然，它是十几年现实矛盾积累的必然结果，标志着社会矛盾从利益冲突深化为情感对立，是矛盾发展的新阶段，说明社会矛盾已发展到更严重的程度，开始渗入社会成员的社会心理中。

（二）现实矛盾与非现实矛盾的互构：当前社会矛盾的复杂性

非现实矛盾产生于现实矛盾的无法表达和不断积累，但当非现实矛盾一经产生，就与现实矛盾并行，并相互交织，相互影响和激化，共同建构了我国现阶段社会矛盾的复杂性。一方面，现实矛盾的不断产生，无法很好协调，不断积累会导致情感对立的进一步强化，促使非现实社会矛盾进一步加深。从社会现实来看，我国还处于社会转型的过程中，改革还在继续，利益格局的调整和社会结构的变动也正在进行中。因此，以利益矛盾为主体的现实矛盾还将高位徘徊。大量的现实社会矛盾短时间内无法消解，强烈的相对剥夺感与生活中的重大挫折感一时也难以得到有效缓解，

① ［德］马克思、恩格斯：《马克思恩格斯全集》第1卷，人民出版社1995年版，第187页。

这些都会持续作用于人们的心理，导致情感对立的长时段僵持和进一步强化，甚至会出现民众对公权力群体和富人群体较严重的社会刻板印象。虽说目前非现实矛盾主要体现为非理性的情感对立，价值观对立并不严重。但是，接受西方教育、信仰西方价值观的一些“意见领袖”或“公共知识分子”利用其强大的话语权，在用西方普世价值观审视中国社会问题时，他们的话语引导和暗示会对普通大众未来的认知、情感走向产生较大影响。因此，从理论上讲，并不能完全排除情感对立向价值观对立发展的趋势，那时非现实矛盾将向更深一层次发展。另一方面，非现实矛盾也会反过来进一步激化现实矛盾。非现实矛盾是心理层面的情感和观念的对立，当这种情感和观念的对立没有明确的事件场景为依托时也只仅仅停留在隐性的心理层面。但是如果把这种对立的情感和观念放置到具体的冲突场景中，那么情感和观念将成为矛盾激化的一个重要因素而发挥作用。齐美尔和科塞都注意到了冲突中情感所具有的唤醒作用，齐美尔认为冲突是情感上觉醒的结果，冲突的派别投入了大量的情感，冲突的暴力性水平就会上升。科塞也认为情感唤起与卷入的程度越高，冲突越具有暴力性。因此，在现实中，由于敌对情感的卷入有可能促使原本可以妥协和调和的现实矛盾难以协调，或者原本冲突强度低的矛盾发展为高强度的冲突对峙。现实矛盾中正因为有了普遍性社会不满情绪的加入，在爆发强度上更容易推动对抗性强化，甚至使矛盾激化，在爆发方式上更容易暴力化。一起具体的现实矛盾中，可能既有具体明确的目标预期，也有紧张情绪释放的需求，这就极大地降低了妥协调和的可能性。总之，实践中现实矛盾与非现实矛盾相互交织，长期持续的现实矛盾衍生出普遍化的情感对立，普遍化的情感对立又介入当下的现实利益冲突，两种类型的矛盾之间循环作用、相互促发、螺旋式发展共同建构了当前快速社会变迁下的复杂的社会矛盾格局，也给社会矛盾的治理带来了相当的难度。

三　非现实社会矛盾的表现形式

非现实社会矛盾是现实社会矛盾在社会成员心理层面的积淀而表现出的一种负面心理状态，由于此种负面心理状态下的一些看法、想法、认知和情绪与主流意识形态和主流文化价值观并不吻合，常存在着错位甚至相互对立的情形，因此负面心理状态的表达往往会面临着主文化的舆论压力，通常只能在私下场合中进行。较轻微的负面情绪表达通常以语言的形式进行，主要体现为日常生活私人空间中的各种交流、讨论（如熟人之间的牢骚怪话、街头巷尾的议论、微信朋友圈中的各种转发等）以及网络公共空间中陌生人之间的表达和互动。但是，如果语言表达不足以宣泄不满，那负面情绪表达将以非制度化的行为表现出来，促成现实中宣泄型集体行为的产生。因此，非现实社会矛盾的表达在现实中呈现为多种表现形式。

一是日常生活中的普遍性社会不满。普遍性的社会不满在最原初和最广泛的意义上表现为在民间舆论场上口口相传的各种针砭时弊、表情达意的政治民谣和政治笑话中。当然，在当下信息技术异常发达的社会中，这些政治民谣和政治笑话同样也借助微博、微信、短信等社交平台在公众中流传。其实，政治民谣和政治笑话是每个朝代、每个社会都普遍存在的一种社会文化现象。作为与高雅的庙堂文学相对的一种民间口头文学形式，民谣和笑话没有固定的作者，也没有确切的创作时间，它“大抵由该社会之民众，迫于共同之需要，凭借现实所能提供之条件（物质的、精神的）而创成。在流行过程中又不断受到广大群众之补充或修订，一世代又一世代，一地域又一地域，流传与扩大”[①]。因此，如果一定要说作者，民谣和笑话的作者应当是该社会之广大民众。即便到了现代社会出现了专门的段子写手，可是依然要依靠广大民众才能得以流传，才能称其为民谣和笑话。政治民谣和政治笑话的生命力在于它的流传性，民谣从流传之初不完善状态发展到后期有相对稳定的表达形态这一过程本身就已与流传相暗合。政治民谣和政治笑话得以广为流传主要在于它以短小精悍的篇幅，高超的反讽、戏虐、调侃艺术，或抒发情志，或针砭时弊，反映的是民众最关注的现实社会生活，承载的是民众对现实的认知和情绪。尤其是在没有正常途径将下层意见上达的“前传媒”时代，民谣几乎承载了社会下层民众的政治情感表达和政治批评的全部功能，有着特殊的政治和社会意义。也因此，我国自古就有“采诗”制度，《汉书·艺文志》中记载：

① 钟敬文：《谣俗蠡测》，上海文艺出版社2001年版，第85、87页。

"故古有采诗之官，王者所以观风俗，知得失，自考正也。"① 无论是"使官采诗"还是帝王"巡狩采诗"，其根本目的都是"采诗观风"，都普遍认可民歌民谣中蕴含的民间舆论的功能。

但是，一个时代的政治民谣和政治笑话的内容及数量与这个时代特定的社会现实有着深刻的内在联系。一般而言，社会变迁越深刻，社会转型越复杂，越是能激发出民间的草根智慧，广为流传的民谣、笑话和顺口溜也就越多。托克维尔在分析法国大革命时发现，"这种持续稳定增长的繁荣，远没有使人民乐其所守，却到处滋生着一种不安定的情绪"②。改革开放三十多年来，中国的经济发展世所罕见，人民物质生活水平极大提升。但是集体利益和价值观的解构和重组，社会结构的转型，新旧制度的交替也带来了众多的社会问题，引起相当部分社会成员的不满。

本文以 2013 年 5 月到 2014 年 8 月课题组从微信、微博以及网络中收集的约 140 则广为流传的政治民谣、政治笑话和顺口溜为对象进行内容分析。从内容上看，当下的政治民谣和政治笑话大体可分为两类，一类是以现实中的身份敏感群体——官员群体为主要对象，揭露、讽刺和嘲笑官场中的种种怪现状。另一类则表现了对当下种种社会矛盾、社会问题以及社会风气的不满。

从内容上看，民谣或颂或怨描绘的都是社会政治生活图景。作为一种与国家意志相对的民间话语或底层叙事，民谣从其一开始诞生就与国家政治有着深刻的内在关联。民谣本质上是民众对社会政治生活的集体评价，表达的是真正属于"社会大多数"的底层民众的呼声和话语，是社会舆论的一种特殊形式。但是，"民谣缘事而发，作为一种群体心理，往往没有经过理性思考"③，是民众对相关社会现象的表层的、初步的考察，是一种直接的、经验式的表达，因此各种夸张、失真甚至谬误不可避免。但是民谣的生命力不在于其内容的真伪，而在于其以民众为传播载体的广为流传性，尤其是当下自媒体平台的出现使得民谣的传播突破传统的口口相

① 《汉书·艺文志》，国学网（http://www.guoxue.com/shibu/24shi/hansu/hsu_041.htm）。

② ［法］托克维尔：《旧制度与大革命》，冯棠译，商务印书馆 1997 年版，第 175 页。

③ 向德彩：《民众意识抑或舆论话语——民谣的民众性论析》，《浙江学刊》2008 年第 1 期。

传，流传得更广更远。民谣之所以广为流传，“最主要的是因为这些民谣所涉及的社会现象和体现的情感具有一定的普遍性”①。这种普遍性体现的是人们对于某种社会现象或社会问题的认知和情感的一致性，以及由一致性而产生的思想共鸣。从这里出发，当前社会中广为流传的各种民谣或讽刺，或嘲弄，或戏谑，或调侃，隐藏在其背后的都是广大普通民众对官员腐败、官僚习气等官场不正之风以及教育、就业、住房、环境和食品污染等民生问题的一致性认知和对这些社会问题长期得不到解决的普遍性不满。政治民谣、笑话的流传起了公众对现实矛盾、问题不满的替代性宣泄功能。

二是网络热点舆情中的情绪宣泄。如果说在没有报纸、电视，尤其是没有互联网的“前传媒”时代，各类广为流传的政治民谣和政治笑话是民众态度和情绪的集中体现，那么，与存在于人们头脑中的思想观念、稍纵即逝的街头巷议以及口口相传的民谣不同，在如今互联网时代，人们的观点、态度和情绪在网络热点事件的众声喧哗中得到集中体现，并能够通过互联网技术被轻易地固定下来。近些年来，由于社会矛盾凸显、社会问题重重，网络舆情指数也持续走高，社会运行压力高位徘徊。据《中国社会舆情年度报告（2014）》显示，近五年来，网络舆情热点以负面事件为主。从舆情事件的关涉主体来看，“2013 年舆情事件关涉主体主要集中在公检法、县级以下政府、职能部委等群体”。2011、2012 年舆情关涉主体同样集中在如公检法、职能部委、市级政府等政府部门。从舆情事件集中的领域来看，“2013 年，官员违法乱纪行为、社会民生、政府不当行为和不当言论成为整个社会关注的主要核心领域和社会心理痛点”。追溯 2010、2011、2012 这三年，社会关注的核心领域除了娱乐性的明星事件外，依然集中在社会民生、官员违法乱纪行为、政府不当行为、社会公平及贫富分化事件等方面②。可见，近些年来，有关地方政府部门及政府官员的违法乱纪、言行不当等负面事件成为中国网民的主要关注点和舆情高发点。只要有关于官员、警察、城管等群体或政府部门的负面行为或负面言论，立刻会被网络新闻、社区论坛、微博等新媒体曝光，引爆网络，引

① 陈新汉：《关于民谣的哲学思考》，《唯实》2003 年第 8—9 期。

② 喻国明：《中国社会舆情年度报告（2014）》，人民日报出版社 2014 年版，第 32—37 页。

来众多网民的关注、批评甚至是谩骂，形成网络热点事件。这种关注点在当下的凸显呈现出了现实中以网民为主要代表的民间力量和以公检法、官员群体、政府部门为代表的公权力之间的矛盾对立。民众对官员贪腐违纪行为，对司法公正的缺失以及政府行为不当等方面的不满和愤懑都灌注在了对政府部门和官员群体负面事件的揭露、批评和谩骂上。无论是负面事件还是中立事件，无论政府部门和政府官员是否是涉事主体，只要与官员或政府有关联，网民们均表现出明显的逢官必反的对立情绪，这种对立情绪的实质正是中国公众长期积累的对官员贪污腐败的不满和怨恨。

三是宣泄型集体行为。集体行为是网络群体性事件从网络的虚拟空间走向现实，也是非现实社会矛盾最激烈的爆发形式。在西方集体行动理论中，按组织化程度不同，社会行为从集体行为、集体行动、社会运动到革命，组成了一个发展谱系。集群行为（集体行为）处于最无组织性这一端。换句话说，集体行为是自发的、无组织的和不可预测的。它受环境刺激而起，没有组织者和领导者，没有行动目的和行动计划，行动过程不可控，行动后果无法预料。戴维·波普诺的定义就很能说明集体行为的无组织特征："集合行为（集体行为）是指在相对自发、不可预料、无组织的以及不稳定的情况下，对某一共同影响或刺激产生反应而发生的行为。"① 宣泄型集体行为即是指现阶段频繁发生的以宣泄不满情绪为主要特征的集体行为。2004 年重庆"万州事件"、2005 年安徽"池州事件"、2006 年浙江"瑞安事件"、2007 年四川"大竹事件"、2008 年贵州"瓮安事件"、2009 年湖北"石首事件"以及 2014 年的浙江"苍南事件"均属此类。这类事件在起因、过程、后果等方面具有高度的结构相似性。其基本表现是冲突由一些随机偶发的普通事件（治安事件、交通纠纷、意外死亡事件等）为导火索，因相关部门处置不当，激发了围观群众的不满和怨恨情绪，产生了情感共鸣而引发。这类事件的发生往往没有预兆，事发突然，参与主体大多是与偶发事件无直接利益关联的围观者，他们之间没有共同的利益诉求，没有明确的行动目标，以宣泄不满和怨恨情绪为主，并伴有不同程度的打、

① ［美］戴维·波普诺：《社会学》，李强等译，中国人民大学出版社 2007 年版，第 647 页。

砸、抢、烧等暴力行为，表现出鲜明的非理性和暴力性特征。宣泄型集体行为从本质上来说是通过暴力行为对不满和怨恨情绪的一次集体宣泄，是非现实社会矛盾最激烈的一种表现形式。

非现实社会矛盾的三种不同表现形式有着各自不同的特征，第一种表现日常生活中普遍性不满的政治民谣和政治笑话的传播主体主要是个人，且个人通常将借助于微信、短信等平台，倾向于在朋友、同事、同学等熟人圈中进行转发和分享，以语言的形式传达着不满情绪。理论上说，这种传达方式是可以在现实生活中，通过口口相传来实现，但是在信息时代，政治民谣、政治笑话的传播更多地利用了信息技术，在互联网空间中传播。第二种网络热点舆情中的情绪对立则往往发生在新闻跟帖、BBS、博客、微博等网络公共空间中，针对某一热点事件，互不相识的陌生人在同一个网络空间中纷纷表达着自己的意见和看法，有相似观点的交流、支持和赞同，也有不同观点之间的辩论、对立和冲突。在观点的相互沟通、融合和对立中，既有不满和怨恨情绪的表达，又有不满和怨恨情绪的相互影响。相比于第一、第二种表达形式，第三种表达形式宣泄型集体行为在表达空间、表达主体和表达形式上均有所不同。宣泄型集体行为发生空间由虚拟的网络空间转为现实的日常生活空间，其表达主体由个体发展为群体，表达形式由语言转为行为。也就是说宣泄型集体行为是在现实生活场景中，由陌生围观者组成的人群通过事件为载体，来表达情绪中不满和愤怒。非现实社会矛盾的三种表现形式在强度和范围上有所区别，它们构成了非现实社会矛盾的金字塔结构（如图 14—2）。处于金字塔底端的是日常生活中的普遍性社会不满，这是强度最轻，范围最广的一种表现形式。处于中间层次的是网络热点舆情事件中的情绪对立。由于有热点事件作为标杆，网民的情绪表达更趋强烈，但是因热点事件发生频次以及网络表达的限制，此种表现形式的范围相比第一种表现形式要小一些。强度最强，范围最小的是宣泄型集体行为。因此，从日常生活中的普遍性社会不满到宣泄型集体行为，非现实社会矛盾的三种表现形态情绪表达的强度逐步增强，涉及的范围则逐步缩小。但是不管情绪表达的强度如何，范围如何，由于涉及不满和怨恨情绪表达和宣泄，非现实社会矛盾的三种表现形式的共同特征是表达的情绪化。

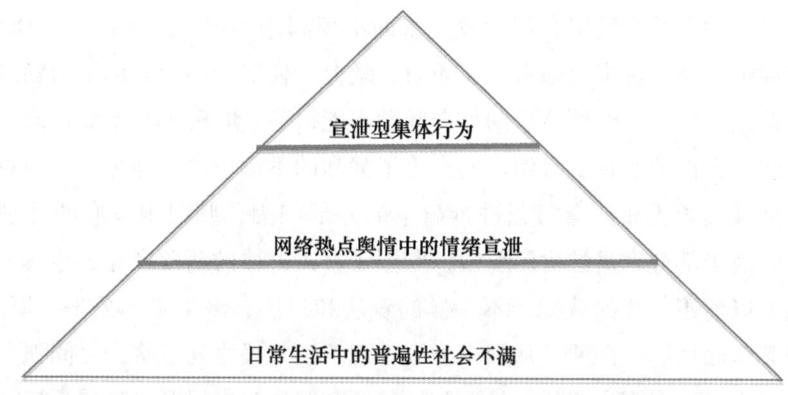

图 14—2　非现实社会矛盾表现形式的金字塔结构

第二节　非现实社会矛盾的特征

一　非现实社会矛盾的直接根源是情感（观念）对立

与现实矛盾不同，非现实社会矛盾的直接根源是矛盾双方的情感或观念对立。首先，现阶段非现实矛盾大部分源于情感对立。对立情感的产生是众多现实矛盾和社会问题持续作用于人们心理的产物。在现实中，有利益直接受损群体所遭受的现实伤害未能及时得到解决，产生严重的不满和怨恨情绪。比如失业工人、失地农民、被拆迁居民、被欠薪的农民工以及生命和健康遭受环境威胁的居民在个体或群体维权过程中遭遇相关部门的推诿、遭遇冷漠，矛盾与问题一时无法解决，导致他们带来心理上的普遍不满，形成较严重的情感对立。也有因在就业、求学、升职甚至于婚姻等方面遭遇人生挫折，产生严重的不满和焦虑情绪。当他们把这种种挫折归因于外部环境（比如缺乏社会关系）时，就会形成情绪对立。再有权钱结合产生的严重的贫富差距会带来普遍性的相对剥夺感和不公平感。据国家统计局资料，从 2000 年开始，我国的基尼系数已越过 0.4 的国际警戒线，长期徘徊于国际警戒线以上。有研究者断言，我国基尼系数实际已超过 0.5[①]。财富在权力的运作下迅速向少数人聚集，社会民众尤其是中下、

① 丛亚平、李长久：《收入分配四大失衡带来经济社会风险》，《经济参考报》2010 年 5 月 21 日第 8 版。

中等乃至中上社会阶层会产生较严重的不满和怨恨情绪。当拆迁、征地、劳资冲突、环境污染等诸多现实矛盾，教育、住房、医疗等民生问题以及贫富差距、贪污腐败等严重的社会问题不能得到及时解决，不断积累并作用积淀于人们的心理，致使人们产生了强烈的不满情绪。加之，人们对当前诸多社会矛盾和社会问题进行简单的外部归因，归因于政府的管理责任，归因于部分官员的贪污腐败，归因于富人群体的巧取豪夺，导致人们产生与以前不一样的认知，不一样的看法和想法，滋生出不公平、愤怒、怨恨等负面情感。因此，从根本上说，现阶段官民之间、贫富之间强烈的情感对立是诸多现实矛盾、社会问题得不到解决，在民众心理层面持续积累的产物。其次，现阶段非现实矛盾也部分地源于观念对立。国门开放后，一批学生、学者留学国外，接受全方位的西方教育，同时西方国家也以经济交往为载体对我国进行文化渗透，推行其“普世的行为准则”。在这一来二去中，部分知识分子接受了西方的价值理念，并以此为标准观察中国的社会现象和社会问题，倾向性地进行制度归因，以此来批评国家的政治制度和民主制度，形成了一定程度的观念对立。再加之网络上的任意宣泄，不实信息，也放大了矛盾的制度因素。总之，在社会转型背景下由于利益结构调整导致的社会中部分社会成员利益受损，贫富差距过大导致包括底层群体、中层群体在内的社会大部分群体利益相对受损，以及财富积累导致的社会阶层分化给普通人带来的挫折感是形成普遍性社会不满，造成社会情绪张力骤升的社会结构性原因。

二 非现实社会矛盾的主体是情感相似群体

如果以与引发矛盾的具体事件的利益相关度以及与事件当事人情感相似度为标准，可以将社会矛盾的行动主体分为利益相关情感相似者和利益无关情感相似者两类。利益相关情感相似者是指与引发矛盾的具体事件有直接利益关联，有着一损俱损的利益连带关系，因而有着相似甚至相同情感的群体，出于维护自身利益的目的而成为行动者，主要是事件的当事人及其家人、亲戚。现实社会矛盾的行动主体绝大部分是利益相关者群体。比如“孟连事件”中采取行动的孟连镇胶农、厦门“PX 事件”中参与游行示威的厦门市民、“乌坎事件”中进行抗争的乌坎村民、“通钢事件”中利益受损的通钢工人等。利益无关情感相似者是指与引发矛盾的具体事件没有直接利益关联，不存在一损俱损的利益连带关系，但却有过类似的利益受损经历，因而有着相似情感的一群人。包括自身在一些矛盾冲突中经历过利益绝对受损的民众、在日常生活中遭遇重大挫折，自感境遇不顺，利益受损的人以及基于对腐败、社会不公平的清晰认知而产生强烈相对剥夺感的人群。他们基于自身经历，基于相似的情感和社会认知而成为行动者。非现实社会矛盾的行动主体绝大部分就是这些情感相似群体，他们不是矛盾触发事件的当事人，也非当事人的家人、亲戚，与矛盾触发事件没有直接利益关联，而是基于一致性情感而参加行动。在现实中，无论是网络上因热点事件引发的批评还是现实中发生的宣泄型集体行为，非现实社会矛盾的行动主体大多是因偶然的触发性事件聚集在一起。触发性事件在网络中表现为一条新闻或一起网络事件，在现实中大多表现为一起随机的治安事件，如一起交通事故、一起民事纠纷或一起人员的非正常死亡事件。人们最初是因为对触发性事件的共同关注而驻足围观，与触发性事件之间并无直接利益关联。作为普通的围观者，他们大多是来自不同职业的普通人，之前彼此之间没有与触发性事件有关的任何互动，甚至没有相互之间的人际联系，是勒庞笔下的“群众”或帕克笔下的“聚众”，一群零散的、缺乏有机组织联系的人群聚集体。那么，是什么原因促使他们最终采取较一致的行动，形成网络中泄愤性谩骂或现实中暴力性冲突？基于经历或经验上的对不公正存在的深信不疑具有强大的动员潜力。虽然，作为围观者，非现实矛盾的行动主体来自不同职业，但他们有着相似的利益受损经历，并有相同的社会情感基础，社会不满和怨恨是他们共同的心理特征和情绪体验，他们还可能有一个相似的属性或共同的所属群体“社会底层群体”。作为曾经深刻地感受到生活中不公平的人对现实中出现的类似的不公平事件比普通人更具敏感性。触发性事件的场景会立刻让其想起自己曾经的过往，自己在日常生活努力压制、努力忘却的不满和怨恨情绪瞬间涌上心头。在网络宣泄性谩骂中或在现实暴力冲突案例中均发现有围观者以自身的遭遇“现身说法”，将发生的事件与自己类比，既宣泄自己的不满①，也催化现场气氛。相似的利益受损经历和共同的社会不满和

① 朱力：《走出社会矛盾冲突的漩涡——中国重大社会性突发事件及其管理》，社会科学文献出版社 2012 年版，第 148 页。

怨恨情感是导致最后一致性行动的基础，触发性事件唤醒了人们隐忍着的社会不满和怨恨，被唤醒的社会不满和怨恨情绪又会投射到触发性事件上，并形成对触发性事件的主观评价和情感倾向。在现实场景与情感记忆的相互激发和共鸣中，社会不满和怨恨情绪找到了聚焦点，围观者卷入行动中，变成了最主要的行动者，决定着事件最终的走向。因此，在非现实社会矛盾中，由于其行动主体是一群无直接利益关联的情感相似者，几乎找不到可协商可谈判的对象。

三　非现实社会矛盾的目的与目标的模糊性

虽说导致非现实矛盾产生的对立情绪是由利益矛盾的积累而引发，但非现实矛盾的爆发并不是如现实社会矛盾这样是为了达到某一现实目的或满足某一现实需求。简单地说，非现实矛盾没有明确的现实目的，非现实矛盾的各种爆发形式都是为了释放过度紧张的情绪状态。社会心理学的实验研究表明："那些被引导对负面经历进行回想的参与者，会将由初始事件引起的消极情绪延续更长时间。"[①] 而"受过伤害的人比没有受过伤的人更容易陷入对生活压力的纷繁思绪中"[②]，在对初始事件的每一个细枝末节、起因及内在意义的反复思考中，屈辱、不满、怨恨等消极情绪会时时萦绕在脑海中，对生理和心理健康带来严重威胁。因此，从生存本能的角度说，人有将消极情绪表达出来的本能倾向，把情绪表达出来能减少因不能表达而带来的悲伤。也是在此意义上，齐美尔肯定了冲突具有的"通过允许行为的自由表达而防止了被堵塞的敌意倾向的积累"的功能。科塞也发现"冲突以外的其他行为模式也可以至少部分地承担与冲突相似的功能"[③]。因此，与现实社会矛盾有明确的现实利益诉求不同，以情感对立为主要特征的非现实社会矛盾只有情感宣泄的需求。现实中，无论是日常生活中人们对政治民谣和笑话乐此不疲的转发，还是就具体事件在网络上你一言我一语的抱怨和谩骂，或者是以冲突形式

---

① ［美］托马斯·吉洛维奇等：《吉洛维奇社会心理学》，周晓红等译，中国人民大学出版社2009年版，第322页。

② 同上。

③ ［美］刘易斯·科塞：《社会冲突的功能》，孙立平等译，华夏出版社1989年版，第25页。

出现的宣泄型集体行为，均是程度不同的情感宣泄。这种宣泄中并没有明确的现实目的需求，比如寻求更多的拆迁补偿款、阻止某个污染项目的建设、寻求更公平的企业改革方案，等等，有的只是基于生理和心理本能的单纯的情感宣泄。因此，非现实社会矛盾的目的是模糊的、不明确的。

同时，非现实矛盾中情感对立的对象也是模糊的、不确定的，它不是表现为具体的个体，而是指向具有某种身份的群体。在现实中，这种对象主要表现为公权力群体和富人群体。虽然对立情感很可能源于某一具体事件或某一具体个体。但是，这种对立情感在心理层面的过度积聚不仅会导致情感强化，还会导致情感泛化，情感对象极有可能由个体泛化为群体。当前频繁出现的有关公权力群体和富人群体的种种负面新闻和负面事件就为这种情感的泛化提供了契机。另外，非现实矛盾以情感宣泄为主要目的，因而存在对象替代的可能性。此时，这些被攻击者是谁？认不认识？有没有矛盾？这些都不重要，重要的是释放了紧张情绪。“在心理学的层次上，这种对对象的选择是随机的，但是，在文化和结构的层次却不是随机的，因为作为释放紧张的靶子是否适宜取决于某些结构和文化因素。”① 现实中，对立的目标基本指向了基层政府（公权力群体）。这既与意识形态的宣传话语与现实状况的深度错位有关，也与全能型政府体制有关，在简单归因机制下，人们倾向于将利益伤害、各种人生挫折以及广泛的被剥夺感归咎于政府。尤其是在社会转型期，部分基层政府不仅不能很好地提供公共产品，不能公正调解各方利益矛盾，而是作为利益相关方与资本结合，与民争利，激起较大民愤。因此在情感对立中，出现对象替代的可能性时，基层政府和公权力群体（官员、警察、城管）就成为潜在的第一选择。

四　非现实矛盾没有具体的矛盾冲突场域

现实矛盾总是发生在固定的时空场域中。在空间上，现实矛盾有着比较固定的现实冲突场域，或是某个工厂、或是某个村庄、或是某个城市，

① ［美］刘易斯·科塞：《社会冲突的功能》，孙立平等译，华夏出版社 1989 年版，第 35 页。

人们叫得出地名，在地图上能够找到确定的位置。在时间上，现实矛盾也总是发生在时间轴的某个固定的时间点上。而非现实矛盾通常情况下没有固定的矛盾冲突的时空场域。

作为一种情绪压力，一旦有导火索事件，非现实矛盾就会立刻爆发出来。从表现形态来看，非现实矛盾可以表现为日常生活中街头巷尾的议论、批评、广为流传的承载着不满和怨恨情绪的各种民谣和笑话，也可以是围绕某一中心事件在网络聚集的评论、牢骚和谩骂，还可以是发生在具体地域空间中的宣泄型集体行为。因此，非现实矛盾可以与现实矛盾一样，发生在某个固定的现实场域中，也可以发生在流动的现实场域中，还可以在虚拟场域中出现，更多的是没有爆发出来，潜藏于人们心理场域中的情感张力。人们通过已经表现出来的，存在于现实场域和虚拟场域中的种种牢骚、怪话、批评、谩骂和冲突感受着潜藏在心理场域中的情感洪流。非现实社会矛盾在本质上是心理的或情感的冲突和对立，其表现形式多样，存在场域多元，并不像现实社会矛盾那样总发生在具体、明确的空间场域中。同时，在时间上，非现实矛盾的情感对立也不仅仅局限于某个时间点，而是在时间轴上具有一定的流动性。即在过去某个时间点上因利益受损经历而产生的不满和怨恨情绪，在现在以及将来的某个时间点上有可能被唤醒。不满和怨恨情绪在时间轴上呈现出从过去流到现在，并流向将来的流动性，它会持续较长的一段时间，甚至是一个人人生的一大段，只要这种情绪没有被消解。

非现实矛盾没有具体的矛盾冲突场域不仅体现在无固定的时空场域，还体现为非现实矛盾还可能将不同类型的利益受损群体共融在一起。在现实中，现实矛盾是可以做类型划分的，如拆迁矛盾、劳资矛盾、环境矛盾、司法矛盾，等等。遭遇不同类型现实矛盾的人有可能会相互关注，但是也有可能互不接触、互不关注。遭遇拆迁矛盾的人有可能并不去主动了解和关注环境矛盾。这就使得不同类型的现实矛盾之间有着相对比较清晰的边界。而非现实矛盾则不具备这种类型划分的可能，也没有不同类型间相对比较清晰的边界。不管在现实中遭遇了什么类型的现实矛盾，相同的利益受损经历使得人们产生相同的不满和怨恨情绪。正是这种相同的不满和怨恨情绪以及针对相同怨恨对象形成的情感对立将不同类型现实矛盾中的利益受损者共融在了一起。因此，在非现实矛盾中没有类型，只有情感对立的双方。现实矛盾中的诸多类型通过共同的情感共融在了非现实矛盾中。

第三节　非现实社会矛盾的发展趋势

一　制度调整将使民众的不公平感得到缓解

不公平感是造成非现实社会矛盾的不满情感中最基础的情感。我国民众的不公平感主要来自现实利益受损、生活中频繁遭遇的挫折以及社会比较中的相对剥夺感。目前，广泛的相对剥夺感还持续存在，社会不公平感在一段时期内还将维持现状。但是有些影响民众社会不公平感的因素开始发生变化。政府的强力反腐，尤其是向制度反腐的推进将会在一定程度上缓解民众高强度的不公平感。同时，从20世纪90年代开始积累到近些年集中爆发的社会矛盾和社会问题、近十年都高居于国际警戒线以上的基尼系数，以及由巨大的贫富差距导致的社会负面情绪对社会秩序的冲击，使得政府尤其是中央政府深刻意识到社会转型与发展过程中存在的各种制度性障碍。因此，近些年来政府深入研究各领域中存在的问题，不断调整、完善相关的社会政策。比如，“户籍制度改革”将打破在我国实行多年的“农”与“非农”的二元格局，在解放农民，促进社会流动的同时，将为下一步在教育、就业、医疗、养老、住房等方面的城乡一体化扫除身份障碍，促进社会公平。“不动产登记”制度的最大意义在于明晰产权，这有利于保障各类不动产权利人的合法权益，在一定程度上将会扼制在征地、拆迁矛盾出现的随意性的利益伤害。全民社会保障体系的建立，尤其是统筹城乡社会保障一体化措施的实施也将在一定程度上对弱势群体的社会公平感产生影响。2015年11月召开的的“中央扶贫开发工作会议”确立了“到2020年稳定实现农村贫困人口不愁吃、不愁穿，农村贫困人口义务教育、基本医疗、住房安全有保障；同时实现贫困地区农民人均可支配收入增长幅度高于全国平均水平、基本公共服务主要领域指标接近全国平均水平”的扶贫目标。精准扶贫、层层签订责任状以及“五个一批”工程的实施将会使得扶贫工作真正惠及贫困人口，缩小贫富差距，实现共同富裕。

当然，目前这些社会政策刚刚出台实施，短期内还无法显示出明显的社会效果，但一段时间之后，社会效益即会慢慢呈现，必将作用于民众心理。同时，随着这一批真正惠及底层群体的社会政策陆续出台，将会更显著地减弱民众的社会不公平感。其实，制度的调整、完善和出台本身就会给人们对于未来的社会越来越趋向于公平带来无限期望，也让民众实在地感受到政府在增进社会公平方面作出的努力。因此，虽然民众的社会不公平感在一段时期内还将维持较高的水平，但随着调节社会公平的社会政策与措施的陆续出台，一段时期后民众的社会不公平感应有缓解的趋势。

二　官民对立情绪将有所缓解，贫富对立维持现状

目前我国社会中的群体对立以官民对立最为突出，宣泄型集体行为以政府和官员为主要针对对象，网络中的怨气也集中表现为对政府的批评和逢官必骂方面，民众对官员队伍已经形成社会刻板印象。但是，随着中央政府强力反腐取得的显著成效，民众对官员群体刻板印象将有所改观，官民对立情绪将有所缓解。十八大以来新一代中央领导集体清醒地认识到干部队伍中存在的严重腐败现象及其已经产生和可能带来的严重后果，坚定反腐决心。在反腐败领域出现了许多新理念、新举措、新办法。打破反腐层级限制，打破“退休即平安”“考虑政治影响”的惯例。在山西塌方式腐败的查处中，不避讳地方全局腐败的现实，反腐力度空前。截至2015年3月20日，十八大以来被查处的省部级以上官员已有69人[①]。2014年，国家统计局入户调查显示，88.4%的群众对党风廉政建设和反腐败工作成效表示很满意或比较满意[②]。反腐败成果之丰，前所未有，这在一定程度上宣泄了民众对腐败官员的怒气。在强力反腐的同时，中央政府加大了广大干部党员的工作作风和廉政作风建设。在“八项规定”和“六条禁令”的基础上，密集出台了一系列临时应急性举措和党内规定，有效约束了公职人员的违规违法行为。可以预见未来几年民众对公务员队伍的刻板印象将会有所改善，官民对立情绪的心理强度将会缓和。随着我国反腐将走向制度化、规范化，真正形成“不敢腐、不能腐、不想腐”长效

---

① 《盘点：十八大以来落马的69名省部级以上官员》，人民网（http://politics.people.com.cn/n/2015/0320/c1001-26724949.html）。

② 师长青：《真反腐才能兴党兴国》，《中国纪检监察》2015年第2期。

机制，民众对于未来反腐形成常态、打造廉洁政府也将持更稳定的预期。

另外，从 2013 年 8 月开始的互联网整治使得网络舆论出现了比较大的变化。网络中恶意攻击政府的言论明显减少，积极正面的声音不断增多。政府加大对互联网的管理力度大力挤压了针对政府的网络舆论泡沫，有利于塑造理性和平的网络舆论生态。民间社会的舆论和监督压力是政府政治健康运行的基础。政府也逐渐认识到草根网民的呼声、诉求和表达，哪怕是有些偏激的诉求和表达，对于政府的社会治理以及社会的稳定都是有益的。政治体制逐渐认可和接纳社会力量通过各种方式参与社会治理。另外，民众也逐步意识到政府和体制是解决社会问题的主导力量，民众的社会参与应致力于促进制度的完善和社会的进步，自觉在制度的空白处拾遗补缺，而不是一味地拆台。

相对于当下较严重的官民对立来说，贫富对立的强度并不高。民众并没有对富人群体形成社会刻板印象，而是理性客观地对不同类型有所区分。因此，作为一种并不极端的社会评价，现实中已经没有很大的矫正空间了。民众仇恨的是两类富人，一是通过违法手段致富的群体，二是为富不仁者。前者涉及利益，由于手段的不合法，财富不被认可。而后者涉及人的存在的深层体验，即霍内特所说的“社会蔑视”，比较极端的表现是富人任意欺压穷人，草菅人命；较普遍的表现是无节制的炫富、看不起人，以及在此基础上产生的群体疏离。这种贫富之间的情感对立并非转型期的中国所独有，而是在一切利益分化的社会中普遍存在。只不过在以平等制度为基础的现代社会，这种深层次的情感对立表现得格外明显。因而这种情感对立显得格外深沉而持久，不会轻易地随着时间的变化而变化。在利益分化和贫富差距比较严重的当下，这样一种群体区隔和群体疏离必然会持续。

三　社会不满情绪会有所减弱

一是民众对社会矛盾的耐受性增强①。民众对于发生在自己身边的或是在新闻媒体中看到的社会矛盾已经习以为常，“对同类事件的关注度和

① 师长青：《真反腐败才能兴党兴国——学习贯彻习近平总书记在十八届中央纪委五次全会上重要讲话述评》，《中国纪检监察》2015 年第 2 期。

反响度出现了一定程度下降的趋势"[①]，不再表现出最初的不可思议、情绪失控或行为失常，人们能够坚强地承受，并积极地去面对。在中国超大的社会转型过程中，社会矛盾的高发也成为一种"常态"，人们对频发的社会矛盾的耐受性在增强。二是民众日趋理性与成熟。经过三十多年的社会发展，随着公民权利意识的提升，民众也日渐趋于成熟与理性。首先民众的求证意识在增强。民众更多地表现为追问证据，关注事实，在事实和证据的基础上进行客观判断，民众的素质与理性程度有了较大提升。其次，经过十几年的洗礼和操练，民众也逐渐由关注事件的细枝末节转向关注事件背后宏大的社会背景，开始探寻一些社会事件和社会矛盾产生的社会根源，表现出较明显的社会参与和政治参与意识。逐渐认识到单纯的泄愤、谩骂只会徒增社会戾气，对于事态的好转、社会的进步毫无意义。而是应该利用网络或其他社会平台理性地表达有建设性的意见或建议，通过围观、评论、转发、参与来推动社会的民主开放。三是政府的矛盾化解能力和社会治理能力在不断增强。尤其是十八届三中全会提出了"完善和发展中国特色社会主义制度，推进国家治理体系和治理能力现代化"的改革目标。通过加快社会治理，调整和完善社会制度来推进社会矛盾的根本解决，将会极大地减弱社会怨恨情绪。比如改革了信访制度，启动领导干部大接访活动，创造"公开听证会""信访民主评议""邀请群众参与"等活动。尤其是利用网络平台为民众搭建了利益表达通道。国家信访局从2013年7月1日起，全面开放网上投诉。"2014年网上信访量占全部受理量的39.1%，网上信访逐渐成为信访工作的主渠道……群众有效投诉均在5日内转交有关地方和部门，有些群众反映的问题从网上提交投诉到最终解决不到一个月。"[②] 网上信访更公开、透明、高效，大大降低了群众的信访成本，信访及时受理率、按期办理率、群众满意率都比较高。还有各地有益的矛盾大调解机制的探索。比如辽宁省的用政策成批化解矛盾、上海政法部门的大调解、山西专业性行业性人民调解、浙江省诸暨市的"枫桥经验"以及江苏省南通市的矛盾大调解格局等。这些有益

① 喻国明：《中国社会舆情年度报告（2014）》，人民日报出版社2014年版，第15页。

② 朱基钗、罗沙：《2014年网上信访量分别超过群众来信、来访量》，新华网（http://news.xinhuanet.com/politics/2015-01/30/c_1114200150.htm）。

的化解矛盾的经验在提升政府矛盾化解能力的同时，也缓解了社会怨气。

四　高强度、高烈度的宣泄型集体行为会逐步减少

高强度、高烈度的宣泄型集体行为在未来一段时间内会逐步减少。目前中央政府的重拳反腐极有效地宣泄了民众对官员腐败的愤怒情绪，在一定程度上降低了官民对立的强度，民众针对政府以及公务员、警察等公权力群体的一触即发的宣泄型集体行为会随之减少。警方对宣泄型集体行为的处置经验日趋成熟。首先是各地政府对各类社会矛盾的预警预防能力逐步提升。各地都建立了规范化的风险评估制度，对有可能影响民众利益，出现反对声音的一些政策、决定以及项目进行立项前、上马前、运行前的规范化风险评估已做好充分预防。即便事态有所萌芽或者已经处于发展初期，大部分地方政府也已经改变了以往信息发布的拖、捂、封、堵、压等做法，通过官方微博、官方网站、新闻发布会、主动约见记者等各种方式及时公开相关信息，挤压谣言、流言生存的空间，疏导民众的不满情绪，降低民众的不满情绪激化并瞬间爆发的概率。同时，警方执法的规范性进一步提升。执法程序严格依法进行，通过邀请第三方介入观察等方式，让执法过程尽可能公开、透明，打消民众对警方有可能执法不公的疑虑。这些在处置突发性事件上的经验日趋成熟，措施日益得当，在一定程度上也减少了因预防不到位，处置不当而引发的宣泄型集体行为。特别是法治教育的普及、多年社会参与的实践提升了民众的文化素质、法治观念、民主意识和理性化程度。一方面，人们逐渐意识到无论出发点多么合理，暴力行为本身是违法的。尤其是在集体行为中多少会涉及无辜人员的伤亡或财产的损失。这对于具有一定文化素质和法治观念的人来说是不能容忍的。因此在这类群体性事件中，社会舆论从一开始对行动者一边倒的支持和声援，逐渐出现了认为行动者虽事出有因，但并不合法的批评之声。社会舆论的这种变化会影响行动者自身的认知，并进而促使暴力性程度较高的集体行为逐步减少。另一方面，民众也逐渐认识到在集体行为中，虽然逞一时之快，通过泄愤式的暴力行为发泄了情绪，报复了对方，但问题有时似乎并没有得到解决或没有得到明显解决，反而使自身面临着巨大的法律风险。那么如何既能促使问题解决，又能规避自身的法律风险呢？制度内的或打擦边球式的有礼、有利、有节、有策略的理性行动就成为首选。因

此，未来高强度高烈度的宣泄型集体行为会逐渐减少，并且会逐步转向理性化的集体行动。

五　网络中的不满、牢骚在未来一段时间会成为常态

社会转型期社会矛盾还将维持高发状态，贫富差距在一段时期内还没有有效措施进行缓解，人们的不公平感和怨气也不会在短期内消弭。那么个体或群体的情绪压力需要“出口”，网络则成为当前最重要的“出气孔”和“安全阀”。原因主要体现在两个方面。一是在政治层面。在政治民主的建设过程中，随着权利意识、民主意识的不断提升，民众逐渐意识到维护自己的合法权益、表达自己的合理合法诉求、监督政府和公职人员的行政行为是法律赋予每个公民的权利。民众表达和协商的公民意识在民主化过程中不断得到操练。因此，民众也越来越敢于讲话、敢于批评、敢于表达自己的意见和不满。同时，随着高等教育的普及，民众受教育水平不断提高，社会认知能力也随之提升。对于社会现实中一些不易察觉的、被隐藏遮蔽着的不合理、不合法、不公平现象能够看得更为透彻，分析得更为全面，联系得也更加深入。因此，因内心的不满而产生的牢骚也将会持续存在。加之，网民以年轻人和学生为主。《第35次中国互联网络发展状况统计报告》显示：截至2014年12月，我国网民以10—39岁年龄段为主要群体，比例合计达到78.1%。其中20—29岁年龄段的网民占比最高，达31.5%。网民中学生群体的占比最高，为23.8%[①]。年轻学生的思想意识正处于形成期，理想主义最盛，表达意愿强烈以及爱冲动的特性也使得他们更容易在网络上发表自己的意见、看法和批评。二是在互联网技术层面。网络的便利性使得只要稍有文化的人借助电脑、手机便可以随时上网，通过微博、微信、公共讨论版等平台发表意见。网络的匿名性使得人们在虚拟网络上可以利用虚假的身份发布信息，平时不敢说的话语敢说了，甚至认为在网络上可以随意发言，法不责众。网络的匿名性使信息发布人有了安全感。网络的广泛性，尤其是移动互联网的普及，使得人们上网更加方便了。截至2014年底，我国网民规模达6.49亿，互联网普及

---

① 《第35次中国互联网络发展状况统计报告》，中国互联网络信息中心（http：//www.cnnic.net.cn/hlwfzyj/hlwxzbg/hlwtjbg/201502/t20150203_51634.htm）。

率为47.9%。手机网民5.57亿，网民中使用手机上网人群占比85.8%[①]。可以说，除去老人、儿童，我国青少年、成年人大部分都上网了。网络已全面地介入人们的工作与生活。人们通过网络获取信息、表达意见、评论时事、反映民生，也宣泄不满。《人民论坛》的调查结果显示，对于“您认为目前哪个渠道最有效地发挥了‘减压阀’作用”这一问题，67.8%的受访者选择了“网络”，13.0%的受访者选择“传统媒体（如报纸、广播、电视等）”，6.0%的受访者选择“公民组织（如消费者权益组织、环境保护组织、工会等）”，只有4.3%的受访者选择了“信访”，另外还有8.9%的受访者选择“其他”[②]。近七成的公众肯定了网络在表情达意、宣泄不满方面的社会减压阀作用。因此，在未来比较长的一段时期内民众还是会选择网络作为公共表达和情绪宣泄的主要渠道，网络中的不满、牢骚将会持续。

总体来说，在未来一段时间由于造成非现实社会矛盾的结构性根源还在，非现实社会矛盾依然会持续。但是中央政府在推进改革进程的同时，努力调整和完善各项制度，加大反腐力度，大力提升社会治理能力，同时民众的民主意识和理性精神也在不断提升，因此在未来民众的不公平感、社会怨恨情绪在较高水平上徘徊的同时，将会呈现出下降的趋势。虽然群体（官与民、贫与富）对立将会持续，普通民众与官员群体和富人群体之间的区隔和疏离无法在短期内消除，但对官员群体的极端社会刻板印象会有所改观。那种一触即发的高烈度的宣泄型的集体行为将会减少，人们将倾向于采用比较温和的方式来宣泄不满。非现实社会矛盾将主要表现为网络中的批评、指责，甚至谩骂。非现实社会矛盾在未来将以相对比较温和与理性的形态持久地存在。

① CNNIC：《第35次中国互联网络发展状况统计报告》，中国互联网信息中心（http://www.cnnic.net.cn/hlwfzyj/hlwxzbg/hlwtjbg/201502/t20150203_51634.htm）。

② 人民论坛“千人问卷”调查组、杜凤娇：《网络PK信访：什么是最有效的“减压阀”?》，《人民论坛》2009年第15期。

第十五章

社会不满情绪的现状、特征及对策

社会不满情绪是指部分社会成员在社会转型的背景下对所处社会境遇不适应而产生的一种不满意的情绪状态。有不满情绪的社会成员通常将其不满归因为社会（如社会管理者、社会管理机构、社会制度等）及他人（如特权群体、富裕群体），在社会发展过程中这是一种负向的、消极的社会心理状态。现实生活中绝大多数社会成员分享到了改革开放的成果，对于社会发展抱有客观、理性、健康、积极的心态。但也确有部分社会成员，在社会生活中或多或少地受到了某些挫折，甚至利益受损，产生了不满的社会心态。这种不满的心态调适不当，会积淤成、转化为社会负面情绪。

非现实社会矛盾的情绪对立包含着种类不同、强度不同的多种负面情绪，社会负面情绪是对社会不满情绪的性质判断，它有着焦虑、不满、愤怒、怨恨几个情绪强度等级。这些负面情绪在社会各层面蔓延，其中尤以社会怨恨情绪最为突出，它是非现实社会矛盾群体情感对立中强度最高的负面情绪，是非现实矛盾的集中表现形态，正在逐渐形成为一种相对稳定的社会心理状态。人们可以从街头巷尾的口头议论、各种热点事件（尤其是负面事件）的泄愤式批评以及宣泄型集体行为的频发中清晰地感知到民间不断积累并涌动着的不满情绪。不满是一种行动指向鲜明的情感，已成为当下各种个体报复行动、群体冲突的主要情感动力，对社会秩序构成潜在威胁。通过对社会负面情绪的了解和分析，我们可以把握非现实社会矛盾的属性并有针对性地化解非现实社会矛盾。为此，本章将在文献梳理的基础上，阐述社会负面情绪的内涵和表现形态，通过数据分析社会负面情绪的现状，讨论社会负面情绪的主要特征，从而对社会负面情绪的疏导对策进行思考。

第一节　社会不满情绪的理论

一　怨恨的学理思考

怨恨作为一种情绪，在东西方的古代文献典籍中均有描述。然而，对怨恨进行深入的理论探讨则是到近现代才开始，并伴随着西方社会的现代化过程以及人的现代性体验而发展起来的。“ressentiment”本来是个法语单词，最先将这个单词引入德语，并对其进行深入理论探讨的是尼采（Friedrich Wilhelm Nietzsche）。从表面上来看，尼采对怨恨的思考建立在他以权力意志为基础构建的等级制的偏爱上。但事实上，他要探讨的是人们道德偏见的起源。尼采对怨恨与价值行为的关系做了精细的心理学解释：“奴隶在道德上进行反抗伊始，怨恨本身变得富有创造性并且娩出价值：这种怨恨发自一些人，他们不能通过采取行动作出直接的反应，而只能以一种想象中的报复得到补偿。所有高贵的道德都产生于一种凯旋式的自我肯定，而奴隶道德则起始于对‘外界’、对‘他人’、对‘非我’的否定：这种否定就是奴隶道德的创造性行动。这种从反方向寻求确定价值的行动就是一种怨恨：奴隶道德的形成总是先需要一个对立的外部环境，从物理学的角度讲，它需要外界刺激才能出场，这种行动从本质上说是对外界的反应。”[①] 在尼采看来，怨恨首先是一种无力感；其次是一种“恶”，昭示的是否定价值；再次，怨恨之“恶”会激发低等级对高等级的报复行动，颠覆价值等级。

真正使“怨恨”概念登堂入室引入社会科学研究的人是马克斯·舍勒（Max Scheler）。舍勒肯定了尼采的研究旨趣，但不认可其对基督教伦理的理解。舍勒认为，随着基督教伦理观的衰微，现代人情感之爱欲向怨恨转化，“市民伦理的核心才是植根于怨恨之中的”。[②] 舍勒对怨恨的界定

① ［德］尼采：《论道德的谱系》，周红译，生活·读书·新知三联书店1992年版，第21页。

② ［德］马克斯·舍勒：《价值的颠覆》，曹卫东译，生活·读书·新知三联书店1997年版，第70页。

比尼采清晰："怨恨是一种有明确的前因后果的心灵自我毒害。这种自我毒害有一种持久的心态，它是因强抑某种情感波动和情绪激动，使其不得发泄而产生的情态：这种'强抑'的隐忍力通过系统训练而养成……这种自我毒害的后果是产生出某些持久的情态，形成确定样式的价值错觉和与此错觉相应的价值判断。"① 舍勒从现象学哲学的角度分析了怨恨的结构：（1）怨恨包含有多种"初始形式"，报复感、嫉妒、醋意、争风等，只有当这些形式得不到满足才会形成怨恨；（2）怨恨"初始形式"的形成来源于生存性伤害和生存性比较；（3）生存性无能感的存在是各种初始形态发展为怨恨的另一心理条件。同时，舍勒还指出了怨恨积聚的两个社会学要素：一是在实际的政治权力、经济资产发生社会位移时，这些政治权力与经济资产的拥有者的身份与既定的社会评价的实际差距；二是天赋的社会平等的文化制度的出现。换句话说，在现代社会，怨恨情绪的形成和积聚是急剧的社会变化以及随之而来的社会结构快速变迁的结果。

虽然尼采和舍勒对待基督教理念的态度截然相反，但对怨恨的理解是一致的，他们都将怨恨理解为弱者的或无能者的情感，这也被称为对怨恨的一种尼采式理解（Nietzschean approach）。② 然而，在另一些学者的研究中，怨恨被看作对现实社会存在的不公平和不公正状况的情绪上的反对。与尼采式理解相对应，对怨恨的此种理解被称作非尼采式理解（non-Nietzschean approach）。罗尔斯在《正义论》中将怨恨理解为一种道德情感。与自然态度不同，道德情感的一个必然特征是"一个人对他自己的经验的解释诉诸于一个道德概念以及与之相联系的道德原则"③。怨恨作为一种道德情感，它的产生正是以人们承认的正当和正义原则的解释为前提。当社会安排是非正义的，或者出现了对待自己以及别人的不公正行为时，怨恨、不满或者义愤等类似的情感就产生了。在此意义上，罗尔斯认为："社会安排的正义或非正义，以及人们关于这些问题的信念，深刻地影响

① ［德］马克斯·舍勒：《价值的颠覆》，曹卫东译，生活·读书·新知三联书店 1997 年版，第 7 页。

② 王丽萍：《情绪与政治：理解政治生活中的情绪》，《清华大学学报》2014 年第 2 期。

③ ［美］约翰·罗尔斯：《正义论》，何怀宏、何包钢、廖申白译，中国社会科学出版社 2001 年版，第 381 页。

着社会情感。”[①] 在社会学研究领域，杰克·巴伯雷特（Jack Barbalet）将怨恨与广泛的社会与政治现象如阶层间和阶层内的对立、社会不平等以及公民身份等联系在一起。在他看来，在以纵向和横向阶层流动为特征的社会中，怨恨情绪既是由各个社会的特定社会结构所决定，也决定着不同阶级（阶层或群体）之间斗争的强度[②]。

无论是关于怨恨的尼采式理解还是非尼采式理解，怨恨都是基于社会现代化转型中的不公正体验而产生的一种令人痛苦的负性情绪，尼采式理解阐明了怨恨产生的心理机制，非尼采式理解则侧重于怨恨产生的社会结构性根源，为怨恨情绪的疏导提供了一个可能的思考方向。课题组认为：第一，从抽象角度说，怨恨是中性词语，只是形容人们具有明确指向的一种情绪状态，这种情绪状态有鲜明的价值倾向。第二，从具体上说，每种怨恨都有客观指向性。如果怨恨来自客观事实的不公平，这种怨恨就有合理性的来源。如果没有合理性的事实根源，这种情绪从一开始就是不合理的。第三，怨恨者通常处于劣势地位，劣势地位包括政治上缺少权力、经济上缺少物资、社会上缺少网络等各种生活的支持性资源，无法直接与矛盾对象进行抗争，继而转为心理上的不满能量的积淤。第四，社会结构性怨恨的主体是群体，而不是个体。即相当多的人具有同样的不满的社会心态。大众不满的对象目标具有一致性。第五，这种集体性的怨恨的来源，不是来自个体的零散的挫折性源泉，而是来自社会整体性变迁中的社会的结构性因素。

二 社会不满情绪的内涵和形态

（一）社会不满情绪的内涵与产生机理

社会结构是指构成社会的最基本的要素之间一种稳定的关系模式与结构状态。社会结构涉及两个问题，即社会结构由哪些要素组成和社会要素是如何组成社会结构的？“在现代社会，分布于国家、市场、社会这三大

① ［美］约翰·罗尔斯：《正义论》，何怀宏、何包钢、廖申白译，中国社会科学出版社2001年版，第389页。

② Jack Barbalet，Emotion，*Social Theory and Social Structure*：*A Macrosociological Approach*. Cambridge：Cambridge University Press，1998，pp. 68 –71.

主体中的诸要素日益凝聚为资源和机会两大类。”[①] 社会转型其实就是资源和机会在国家、市场、社会中配置或组成方式的转变，资源和机会的配置和组成方式受到诸多社会机制的影响，“一般来看，社会机制表现为制度、政策与规范的安排，有什么样的社会机制，就有什么样的社会结构”[②]。当资源和机会在社会机制的作用下在国家、市场和社会中的配置不均衡，有明显偏向时，社会结构就会出现失衡，社会矛盾就会出现，社会冲突就会产生，社会问题就会凸显，社会不满情绪就会积聚。社会不满情绪正是社会转型期，由于制度、政策、规范等社会体制的错动、失调、矛盾而造成社会诸要素配置严重失衡引发的社会成员强烈不满的一种心理状态。

尽管在舍勒的理论中，怨恨有着多种不同的初始形态，但具体到目前中国社会，社会不满情绪的初始形态集中表现为普遍性的不公平感。社会不公平感来自利益结构的分化与失衡。当资源和机会被不均衡配置时，一部分人在竞争中获取了较多的资源和机会，实现了最初的财富积累，成为生活于社会金字塔顶端的人；另一部分人则失去了资源和机会，逐步沉积为社会底层。原来总体性社会逐渐分化为不同的群体和阶层。在利益伤害和社会比较中，社会底层、中下层群体以及部分相对剥夺感较强的社会中层群体就产生了较普遍的社会不公平感。当然，社会不公平感并不会直接转化为社会不满情绪，无能感是社会不公平感和社会不满情绪的中介。怨恨产生的条件只在于：“这些情绪既在内心猛烈翻腾，又感到无法发泄出来，只好‘咬牙强行隐忍’。”[③] 隐忍源于一种至少是暂时的“无能”感或“软弱”感。这里的无能感可以来源于内在生理、心理的软弱，也可以是因为外在社会因素的限制。但从当下中国现实出发，当人们承受了利益损失，却在制度性框架内寻找不到畅通的救济渠道，或者仅仅只是形式上的救济渠道，无法产生满意结果时，人们就会深深体验到由于外在因素的限制而形成的无计可施、无法可想的无能感。无能感体验越深刻，怨恨

---

① 陆学艺：《当代中国社会结构》，社会科学文献出版社2010年版，第10页。

② 同上书，第11页。

③ ［德］马克斯·舍勒：《价值的颠覆》，曹卫东译，生活·读书·新知三联书店1997年版，第10页。

的强度和持久性越强。概言之，当下中国社会中的不满情绪是根植于社会转型的现实土壤，经由不公平感和无能感转化而来，由此我们可以简单勾勒出当前社会不满情绪的形成路径（见图 15—1）。

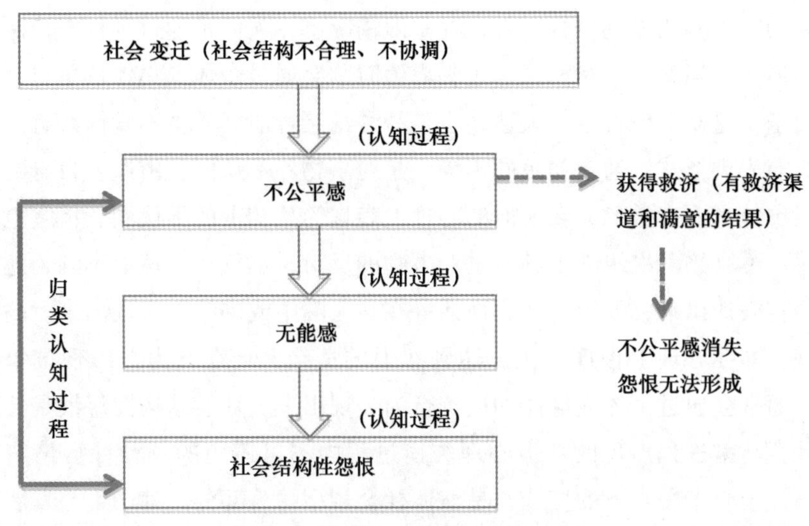

图 15—1　社会不满情绪的形成图

怨恨作为一种高强度的社会不满情绪状态，既是体验，又是反应，它是行为主体的一种复合心理状态。由情绪体验、情绪表现和情绪生理三种因素组成，是心理体验、生理变化以及表情姿态表达的高度整合，缺少任一因素，都不能完整地理解怨恨。同时，怨恨作为一种情绪与环境、认知、行动之间存在密切的关系。从根本上说，情绪是对外部刺激的一种反应，认知则是外部刺激和情绪之间的中介，是情绪产生的根本条件。“当刺激以超越其物理属性的意义作用于人时，导致一种更高级的认知加工。”[①] 认知加工中整合出来的意义是引发情绪的最可能的诱因。社会结构性怨恨正是人们对外部环境刺激进行认知加工和意义建构，归因于外部的制度、政策、体制等结构性因素，并认识到个体无力改变时产生的一种情绪状态。情绪总是对意义的反应，同时情绪也会对后续意义产生影响。

① 孟昭兰主编：《情绪心理学》，北京大学出版社 2005 年版，第 94 页。

人们在后续认知过程中会通过归类机制把过去体验过的情感转而注入新的刺激性事件中，对新刺激进行意义建构。结构性怨恨也是通过这样的机制规定人们后续的信息选择和认知框架，从而影响人们后续认知的客观性和理性程度。情绪正是在与理性的复杂作用中产生并动态发展。因此，怨恨情绪的产生有明显的理性基础，在一般情况下，人们也通过理性来控制情绪，但是，当怨恨情绪积聚越过临界值时则会通过个体或集体抗争行动表现出来，这既是一种情绪表达，也是一种情绪宣泄。社会不满情绪有多种等级与表现形式，通常初级的不满，是对事物的不认同，由违背自身的利益或价值观而产生的，在人们的心理上表现为认知上的不认同、情绪上的反感、不高兴。次级的不满，是对事物的反对，不仅在心理上不满，还通过语言表达出来，如以牢骚、怪话等在熟人圈中或网络上表现出来。高级不满，即在心理上极度不满，达到怨恨的情绪，会在行为上出现抗争行动，通常会通过个体或群体的反抗行为表现出来。社会结构性怨恨是伴随着社会转型过程出现的社会心理失衡过程中不可避免的一种社会情绪状态，社会心态在当下的变迁，是整体社会转型的一部分。其产生、发展和变化被外在的制度、体制、政策等因素的变化所规定，亨廷顿说："现代性孕育着稳定，而现代化过程则滋生着动乱，"① 社会负面情绪在实质上是我国社会快速现代化过程中各种结构性问题导致的各类严重的社会矛盾在公众心理层面的反映。

社会不满情绪作为诸多社会实体性问题在社会成员心理层面的反映，其一旦形成将反作用于客观社会现实。首先，社会不满情绪在现阶段彰显了当前社会矛盾和社会问题的严重性，标志着现实中的诸多利益性社会矛盾在逐步积累激化的过程已经产生出了其衍生物——以认知对立、情绪对抗为基础的非现实社会矛盾，这一新的矛盾形态是现实的社会矛盾在公众心理上的积淀，是社会矛盾在深层社会结构中的进一步恶化。其次，社会不满情绪一旦成为一种常态化的社会心理症候会激化现有的利益性社会矛盾。社会不满情绪作为一种社会心理，在没有明确事件场景为依托时也仅仅表现在隐性的社会心理层面。但是如果把这种具有破坏性冲动的负性情

---

① ［美］塞缪尔·亨廷顿：《变化社会中的政治秩序》，王冠华等译，生活·读书·新知三联书店1989年版，第38页。

感放置到具体的冲突场景中，将成为激化矛盾冲突的一种情感能量。齐美尔和科塞都高度关注了冲突中情感所具有的唤醒作用，冲突中情感唤起与卷入的程度越高，暴力性水平就越强。现实中，由于不满情感的卷入有可能促使原本可以妥协和调和的现实矛盾暴力化，或者原本冲突强度低的矛盾发展为高强度的冲突对峙，这就极大缩小了现实矛盾原本具有的可妥协、可调和的空间。更有甚者，这种情感能量遇到某种社会机遇，或受到某些外部力量的刺激，在整个社会空间中引起其他不满情绪的共鸣、放大，可能会引发、释放出巨大的社会能量，产生社会危机，对现有社会秩序、社会结构构成严重威胁，甚至会引发意料之外的社会风险。因此社会不满情绪的形成其实是一种社会警示，各种症候表明社会矛盾和社会问题的严重程度已经逼近社会共同体所能承受的最大心理阈值，极限时刻或已来临。这是一个充满风险的时期，但也是难得的机遇期。民心思变，当政者可顺势而为，以过人的胆识和智慧推进改革，加快社会治理，痛改社会弊端，重建社会的公平正义，推动社会发展和国家进步。

（二）社会不满情绪的表现形态

当前，我国社会不满情绪从源头上来看主要来自三方面：一是利益直接受损，在劳资纠纷、征地拆迁、企业改制、环境污染、司法不公等社会矛盾中，一些群体的利益遭受严重损失，而且这种损失不能被制度及时调整，在数量上不断积累，范围上不断扩大，带来了心理上的普遍怨恨；二是遭受生活挫折，民众因缺乏社会关系或遭遇权力的“合法性伤害”，在求学、就业、职业发展、求医、婚姻、住房以及日常生活等任一方面遭遇困顿和挫折，都可能引起普遍化的怨恨情绪；三是相对剥夺感，这是基于比较产生的不公平感。大部分的社会公众没有遭遇到利益直接受损，也没有重大的生活挫折，在各自平凡的生活中承担着勉强可以忍受的住房和子女教育的压力。但是比较起那些依靠非正当手段突然之间非富即贵的人，会产生强烈的失衡心态与失落感。社会不满情绪在内容上集中表现为“仇官、仇富、仇不公”。公正失衡是当前中国社会最严重的社会问题，也是社会不满情绪形成的最重要的社会基础。社会不满情绪从根本上说是由民众对社会各领域的公正失衡以及各类公正失衡无法得到制度性纠正的不满和愤怒积聚而成，民众怨的是各种各样的不公平。“仇官”和“仇富”是“仇不公”的具体化，是“仇不公”的具体表现。在民众朴素的认知里，官员和富人（严格意义上应该是腐败官员与越轨富人）群体在制造了大量不公平、不公正的同时，也从社会的不公平和不公正的机会中获益最多，而官员群体又是主导。因此，社会的怨恨情绪最集中地指向了官员群体，同时也指向了用不公正手段致富的富人群体。社会怨恨在表达方式上表现为以下三类。首先表现在网络和民间舆论场上动辄开骂的不满情绪。不管事情原委和对错，只要涉及官员和政府、富人就骂声一片，网民和公众的态度一边倒。其次表现为泄愤性集体行为在近些年的凸显。最极端的表达是个别的个体极端反社会行为。近些年频发的校园砍杀案、公交车纵火案等均属此类。个体极端反社会行为的发生与个体扭曲的心理结构有很大关系，但是极端反社会行为在一个时段中频发，就需要思考其外在的社会根源。在社会快速转型中，制度、规则的不稳定性以及个体生活中各种挫折体验加剧了人们的不安全感、焦虑和怨恨情绪，负面情绪积聚到最后带来的是个体心理结构的扭曲，个体极端反社会行为正是心理扭曲后的一次无理性的情绪宣泄。

第二节　社会不满情绪的现状

一　数据、变量测量与研究方法

（一）数据

本研究以问卷调查的方式采用分层随机抽样方法在江苏南京、苏州、扬州，安徽合肥，湖南长沙，四川宜宾四省六市共发放问卷1400份（其中江苏南京300份，苏州200份，扬州100份，安徽合肥300份，湖南长沙300份，四川宜宾200），回收有效问卷1214份，回收率为86.71%。调查时间为2013年8月至10月。样本构成情况见表15—1。

表15—1　　调查对象的人口统计学特征　　（单位：人）

		人数	有效百分比
性别	男	573	47.2%
	女	641	52.8%
	合计	1214	100%

续表

		人数	有效百分比
年龄	35 岁以下	515	42.5%
	36 岁—55 岁	471	38.8%
	56 岁以上	227	18.7%
	缺失值	1	
	合计	1214	100%
户口状况	农业户口	432	35.6%
	非农业户口	780	64.4%
	缺失值	2	
	合计	1214	100%
教育程度	小学及以下	92	7.6%
	初中	268	22.1%
	高中或中专、技校	325	26.8%
	大专或大学本科	464	38.2%
	硕士及以上	65	5.4%
	合计	1214	100%
月收入	低收入（2000 元以下）	492	40.6%
	中等偏低收入（2000—3000 元）	260	21.5%
	中等收入（3000—5000 元）	254	21.0%
	中等偏上收入（5000—7000 元）	99	8.2%
	高收入（7000 元以上）	106	8.8%
	缺失值	3	
	合计	1214	100%

（二）变量测量

1. 社会公平感的测量

本研究从总体社会公平感和各方面的社会公平程度认知来测量社会公平感。我们用一个问题来测量公众的总体社会公平感，即“我们生活在一个公平公正的社会中”的说法的赞同程度，答案根据李克特量表设计为5等级，“不赞同”“不太赞同”“一般”“较赞同”“赞同”，由低到高分别赋值1到5分。分值越高社会公平感越强。在公众对各方面社会公平程度认知方面，问及民众对于“教育机会”“就业机会”“社会政策”以及“司法制度”这四方面的公平程度的看法，答案根据李克特量表设计为5个等级，“不赞同”“不太赞同”“一般”“较赞同”“赞同”，由低到高分别赋值1到5分。分值越高社会公平感越强。

2. 无能感的测量

无能感是面对困境和挫折时人们无力改变的感觉，无能感的出现是不公平感持续发酵最终成为怨恨的中介条件。在本研究中，我们通过两个问题测量被访者的无能感程度。第一个问题是“近些年来，您认为您有能力成功地处理遇到的不公正对待或各种挫折吗?”这个问题涉及的是被访者在现实面对当下各类矛盾中的利益受损以及生活中的挫折性遭遇时有没有能力通过自己的行动获得补偿或者作出改变。第二个问题是“近些年来，您认为您有能力让未来的工作和生活按照自己的意愿更好地发展吗?”这个问题涉及未来的能力发展和预期。答案根据李克特量表设计为5个等级，“没有能力”“不太有能力”“一般”“较有能力”“有能力”，由低到高分别赋值1到5分，分值越高能力感越强，对于处理各类挫折和损失、改变不满意现状的信心越充足。

3. 社会怨恨情绪的测量

社会怨恨在内容上表现为对官员和富人群体的不满和怨恨。因此，本研究对社会结构性怨恨的测量主要是调查民众对官员群体和富人群体的评价来把握民众对这两大群体不满情绪的程度。因此，本研究首先从调查公众对贫富差距的归因、公众所认为的当前最不公平的三种社会现象和当前最突出的社会矛盾入手，来把握权力腐败在公众主观上的严重程度。其次，调查公众对权力腐败的心理容忍度、心理承受力以及公众对官员群体廉洁程度的总体评价。心理容忍度的调查通过对“您认为官员收取或贪污多少钱的财物算腐败”这一问题的回答完成的。选项分为“1000元”“1万元”“5万元”“10万元”“50万元以上”共五个等级，从低到高分别赋值1分到5分，分值越低说明公众对官员腐败的心理容忍度越低。心理承受力调查通过“您认为官员贪污多少钱的财物就应该被判处死刑”这一问题的回答来把握。选项分为“5000元”“1万元”“5万元”“10万元”“50万元”“100万元”和“500万元以上”共七个等级，从低到高分别赋值1到7分。分值越低说明公众对官员腐败的心理承受力越低。对官员群体廉洁程度的评价是通过对“大部分官员是廉洁的”这一说法的赞同程度来测量。选项根据李克特量表设计为五个等级“赞同”“较赞同”“一般”“不太赞同”和“不赞同”，依次赋值1分到5分，得分越高，对官员廉洁程度的评价越低，不满和怨恨情绪越强。

根据亚当斯的公平理论，当人们感觉到自己所获得报酬与投入之比与他人所获得的报酬与投入之比相当时，会感觉到公平。如果他人投入了更多的时间、精力或者有更强的能力，那么他获得更多的财富是公平的，只是投入必须符合程序公平的原则。正如罗尔斯所指出的：“在纯粹程序正义中，不存在对正当结果的独立标准，而是存在一种正确的或公平的程序，这种程序若被人们恰当地遵守，其结果也会是正确的或公平的，无论它们可能会是一些什么样的结果。”[①] 程序公平是结果公平的有力保障，没有程序公平，结果公平是不可想象的。因此，对富人群体的评价，我们最基本的假设是，人们对富人仇视的主要原因不是对富人财富数量的认知，而是来自对富人获得财富的过程（即方式）的判断。本研究首先通过对“大部分富人是勤劳致富的”这一说法的赞同程度来测量公众对富人群体致富方式的总体评价，答案根据李克特量表设计为5个等级，“赞同”“较赞同”“一般”“不太赞同”“不赞同”，由低到高分别赋值1到5分。分值越高对富人群体致富方式的总体评价越低，对富人群体的怨恨程度就越高。其次，通过了解公众对于富人致富的归因，七个选项中既有个人因素的“个人能力和才干”“工作勤奋”“学历高”“不正当手段（坑蒙拐骗、弄虚作假）”，也有外在客观因素“很好地利用政策”“抓住机遇”“官商勾结”等。最后通过一个情境设置“当看到富人停在路边的宝马车被划的新闻时您的第一感觉是什么”调查公众对富人群体的行为倾向。

4. 社会阶层测量

本研究从客观和主观两方面考察调查对象的社会阶层。在客观层面，首先按月收入将被访者分为五类：低收入（2000元以下）、中等偏下收入（2000—3000元）、中等收入（3000—5000元）、中等偏上收入（5000—7000元）、高收入（7000元以上）。其次，按照教育程度将被访者分为

① ［美］约翰·罗尔斯：《正义论》，何怀宏、何包钢、廖申白译，中国社会科学出版社2001年版，第67页。

"小学及以下""初中""高中、中专或技校""大专或大学本科"以及"硕士研究生及以上"五个等级。再次，将被访者按职业分为五个职业阶层（见表15—2）。

表15—2　　职业分类说明

主观界定	理论等级构成的说明	说明
第一阶层	党政机关和事业单位、人民群众团体的负责人；国有企业老总、经理、中上层干部；三资企业或外资企业的中上层管理者；私企的中上层管理者	
第二阶层	专业技术人员（包括研究人员、教学人员、工程师、医生、律师、文化工作者等）；私营企业主	
第三阶层	党政机关和事业单位一般工作人员；个体工商户	
第四阶层	商业服务人员；产业工人	
第五阶层	农民；农民工；失业和半失业者；学生	"学生"的样本量较少，为11人

在主观层面，通过被访者对"有人说，我们这个社会大致可以划分为上层、中上层、中层、中下层和下层，在您看来您属于哪个阶层"这一问题的回答来测量人们对自己所属社会阶层的认知，选项分为5个等级："下层""中下层""中层""中上层""上层"。由于"上层"的样本量过少（样本量为11），因此，将"上层"与"中上层"合并为"中上层及以上"。

本研究使用SPSS19.0统计分析软件对数据进行分析。主要运用的统计方法包括：描述性统计、多选项分析、t检验和单因素方差分析。

二　社会不满情绪的现状及群体差异的调查结果

（一）社会公平感的调查结果

在当下中国社会快速转型时期，公众对社会不公平的感知主要来自三方面。一是源于各类现实矛盾中的利益受损。比如，征地拆迁矛盾中得不到应有的补偿、劳资矛盾中工人的各种权益得不到保障、环境矛盾中生命和健康遭受严重伤害、企业改制中遭遇失业，等等。在各类社会矛盾中个体遭遇到的利益损失越多，体验到的不公平感越强。二是源于现实生活中的挫折性遭遇。比如，职业发展不如意、婚姻遭遇挫折、因贫穷日常生活难以应对、孩子教育成为难题，等等。现实中的挫折性遭遇越多，持续时间越长久郁积越深，攀比中形成失落心态越重，不公平感会越强。在调查中，我们列举了 18 个选项［遭遇重病无力医治、因意外遭受人身伤害或财产损失、教育难题（受到不公平对待或因学费而辍学）、失业、职业发展不如意、婚姻挫折、因贫穷难以应付日常生活、无房居住、人际关系矛盾、劳资纠纷、土地征用（农村）、房屋拆迁、企业改制、环境污染、基层选举不公、债务纠纷、司法不公和工龄工资纠纷］来了解被访者在各类社会矛盾中的利益受损和日常生活中的挫折性遭遇，63.2%的被访者经历了其中的至少一种。三是来自主观比较。社会比较理论认为：个体存在着一种对自己的观点和能力加以评价的驱力，但这种评价是通过与他人的比较实现的。“当所渴望的价值不能获得，而我们又在这个方面非要跟人相比时，嫉妒就导致怨恨。”[①] 因此，当前民众的不公平感和怨恨情绪在很大程度上并不取决于财富的绝对数量，而是来自社会比较。对社会总体贫富差距的认知方面，有 50.5%的被访者认为当前全国贫富差距太大，43.9%的被访者认为当前全国贫富差距较大，这两者占总受访人数的94.4%。相反，认为当前贫富差距很小、较小和恰当的被访者分别为0.4%、1.2%和4%。对于未来贫富差距的发展趋势，公众同样不抱乐观态度。71.3%的被访者认为还会扩大，15.0%的被访者认为会维持现状，只有 13.7%的被访者认为会逐步缩小。与此相对应，在个体生活感知方面，68.3%的被访者认为自己的生活水平比五年前“上升了很多”或“上升了一些”，21.2%的被访者认为自己的生活水平与五年前“一样”，只有10.5%的被访者认为自己的生活水平比五年前“下降了一点”或“下降了很多”。但是物质财富的普遍增长并没有给

① Scheler Max, *Ressentiment*, Milwaukee Wisconsin: Marquette University Press, 1994, pp. 35.

人们带来较高的满意度。50.2%的被访者认为自己目前的收入不合理（包括“有些不合理”或“非常不合理”），32.3%的被访者认为自己目前的收入“一般”，只有17.5%的被访者认为自己目前的收入合理（包括“非常合理”或“较合理”）。54.6%的被访者认为自己处于社会的“下层”或“中下层”，38.9%的被访者认为自己处于社会“中层”，只有6.5%的被访者认为自己处于社会“上层”或“中上层”。客观上物质财富的增加，并没有使人们在主观上感到满意，底层认同明显，相对剥夺感严重。

现实矛盾中的利益受损、现实生活中的挫折性遭遇以及主观比较中产生的相对剥夺感深刻影响到了公众的社会公平感。在总体社会公平度认知方面，我们的调查结果显示，对“我们生活在一个公平公正的社会中”这一判断，累计有46.1%的被访者不赞同（包括“不赞同”和“不太赞同”），31.9%的被访者持不确定态度，22%的被访者赞同（包括“较赞同”和“赞同”）。本题的均值为2.63，低于中等水平3。在总体水平上，公众的社会公平感较低，存在较普遍的公正失衡心理。那么公众究竟对社会哪些方面的不公平感更为明显呢？我们在问卷中还询问了公众对于“教育机会”“就业机会”“社会政策”和“司法制度”这几个方面的公平程度的看法（结果见表15—3）。

表15—3　　民众对各方面社会公平程度的总体看法（均值）

序号	方面	平均数	标准差	个案数
1	教育机会	3.94	1.327	1214
2	就业机会	3.46	1.449	1213
3	社会政策	3.20	1.237	1211
4	司法制度	2.70	1.428	1209

从表15—3可以发现，人们普遍认为“教育机会”“就业机会”有较高的公平度（这两项的平均得分都在3分以上，说明人们倾向于比较赞同“青少年有平等的受教育机会”和“人们有平等的就业机会”的说

法）。人们对社会政策的公平程度的认知平均得分也在 3 分以上，说明人们基本认可当前社会政策的公平程度，这与调查组在访谈中常听到的一句话“中央政策是好的，到下面就不行了”相一致。而被访者对“司法制度”公平程度的评价较低，这说明当前公众对司法领域中的司法腐败和司法不公现象较为不满。

为了进一步探讨不同社会阶层在社会公平感上的差异，本研究将测量公众总体社会公平感的一个变量（您是否赞同“我们生活在一个公平公正的社会中”）和四个社会不同方面公平感的变量的均值作为公平感指数（指数值越高，社会公平感越强），用单因素方差分析来探讨不同收入阶层、不同教育水平、不同职业阶层和不同主观社会阶层群体在社会公平感指数均值上的差异（结果见表 15—4）。

表 15—4　　　　不同社会阶层社会公平感差异

不同收入水平 （N = 1211）	低收入	中下收入	中等收入	中上收入	高收入	F = 3. 404 P = 0. 009
平均数	3. 211	3. 246	3. 088	3. 345	2. 926	
标准差	0. 9554	0. 9760	1. 0516	0. 9612	1. 0270	
不同教育水平 （N = 1214）	小学及以下	初中	高中或中专、技校	大专及大学本科	硕士研究生及以上	F = 1. 383 P = 0. 238
平均数	3. 237	3. 294	3. 136	3. 142	3. 108	
标准差	1. 0249	0. 9308	0. 9738	1. 0004	1. 1796	
不同职业阶层 （N = 1211）	第一阶层	第二阶层	第三阶层	第四阶层	第五阶层	F = 1. 856 P = 0. 116
平均数	3. 178	3. 205	3. 298	3. 080	3. 184	
标准差	1. 0394	1. 0078	0. 9681	1. 0361	0. 8945	
不同主观阶层 （N = 1209）	下层	中下层	中层	中上层及以上		F = 16. 744 P = 0. 000
平均数	2. 826	3. 158	3. 293	3. 608		
标准差	1. 0638	0. 9443	0. 9633	0. 9106		

注：N 为样本个案数

从结果可知，不同教育水平和不同职业阶层群体在社会公平感上不存在差异（P＝0.238、P＝0.116＞0.05）。不同收入水平群体的社会公平感存在显著差异（P＝0.009 ＜ 0.05）。比较发现，中上收入群体的社会公平感相对较高，高收入群体的社会公平感指数最低，其次较低的是中等收入群体。低收入群体和中下收入群体的社会公平感指数居中。不同主观社会阶层群体在社会公平感上也存在显著差异（P＝0.000）。比较发现，随着主观社会阶层的上升，社会公平感逐渐增强。认为自己处于社会上层或中上层的被访者的社会公平感明显高于认为自己处于社会下层和中下层的被访者。

（二）无能感的调查结果

人们在社会矛盾中利益受损、日常生活中经历各种挫折，或者在相互比较中感觉自身处于弱势地位后总是倾向于采取一定的行动来补偿损失、改变挫折性遭遇带来的后果或通过努力提升自己的社会地位以恢复内心的平衡。因此，有没有行动能力来改变现状就成为内心能否获得平衡、不公平感是积聚还是消失的关键。在我们的调查中，44.3%的被访者认为自己没有能力处理当前矛盾中的利益损失和当下生活中的挫折性遭遇（包括“没有能力”和“不太有能力”），39.1%的被访者对自己有没有能力改变持怀疑或不确定的态度，只有16.5%的被访者认为自己有能力处理矛盾中的利益损失和生活中的挫折性遭遇（包括“较有能力”和“有能力”）。这一变量的均值是2.53，低于中等水平3。对于是否有能力让未来的工作和生活发展更好，31.7%的被访者认为没有能力（包括“没有能力”或“不太有能力”），41.1%的被访者持不确定态度，只有27.3%的被访者认为有能力（包括“有能力”或“较有能力”）。这一变量的均值是2.89，低于中等水平3。由此可见，无力感或无能感是普遍的。

为了进一步探讨不同社会阶层在无能感上的差异，本研究将测量公众无能感的两个变量的得分均值作为无能感指数（指数值越高，无能感越弱），用单因素方差分析探讨不同收入阶层、不同教育水平、不同职业阶层和不同主观社会阶层群体在无能感上的差异（结果见表15—5）。

表 15—5　　不同社会阶层无能感的差异

不同收入水平（N=1211）	低收入	中下收入	中等收入	中上收入	高收入	F=21.653 P=0.000
平均数	2.430	2.688	2.870	3.162	3.165	
标准差	1.0427	1.0034	0.9875	0.9498	0.9043	
不同教育水平（N=1214）	小学及以下	初中	高中或中专、技校	大专及大学本科	硕士研究生及以上	F=20.763 P=0.000
平均数	2.255	2.466	2.565	2.974	3.100	
标准差	0.9622	1.1095	1.0056	0.9723	0.8348	
不同职业阶层（N=1211）	第一阶层	第二阶层	第三阶层	第四阶层	第五阶层	F=9.896 P=0.000
平均数	3.022	2.904	2.801	2.530	2.522	
标准差	1.1323	0.9774	0.9764	1.0560	1.0214	
不同主观阶层（N=1209）	下层	中下层	中层	中上层及以上		F=31.975 P=0.000
平均数	2.285	2.577	2.914	3.329		
标准差	1.0595	1.0124	0.9410	1.1263		

*注：N 为样本数

从结果可知，不同收入水平、不同教育水平、不同职业阶层和不同主观阶层的群体在无能感上的差异都是显著的（P=0.000<0.05）。从收入水平来看，低收入水平者无能感最强，随着收入水平的逐渐上升，无能感的强度渐次减弱，高收入水平者无能感最弱。从教育水平来看，小学及以下群体无能感最强，随着教育水平的提升，无能感渐次减弱，硕士研究生及以上学历者无能感最弱。从职业阶层来说，第五阶层（农民、农民工和失业、半失业群体）的无能感最强。随着职业阶层的提升，无能感渐次减弱，第一阶层（党政机关和事业单位、人民群众团体的负责人；国有企业老总、经理、中上层干部；三资企业或外资企业的中上层管理者；私企的中上层管理者）无能感最弱。从主观社会阶层来看，自认为处于社会下层的群体无能感最强，随着主观社会阶层的提升，无能感逐渐减弱，自认为处于社会上层及以上的群体无能感最弱。总体而言，无能感集中于低收入、低教育程度、低职业阶层以及低主观阶层群体。

（三）对官员群体和富人群体评价的调查结果

1. 对官员群体评价的调查结果

我们首先调查了公众对贫富差距扩大的归因认知（表15—6），在12个影响贫富差距扩大的重要因素中，排在前三位的分别是权力腐败（个案百分比41.4%）、致富机会不均等（个案百分比36.6%）和社会分配政策不公平（个案百分比36.2%）。

表15—6　　对贫富差距扩大产生重大影响的因素

	个案数	百分比	个案百分比
致富能力的差异	392	11.7%	35.1%
工作努力程度的差异	247	7.4%	22.1%
致富机会不均等	409	12.2%	36.6%
税收制度不合理	88	2.6%	7.9%
社会分配政策不公平	404	12.1%	36.2%
政府管理不力	276	8.2%	24.7%
社会保障体系不健全	280	8.4%	25.1%
地区差异	257	7.7%	23.0%
行业垄断	202	6.0%	18.1%
市场经济竞争的客观后果	126	3.8%	11.3%
富人以不正当方式牟利	205	6.1%	18.4%
权力腐败	462	13.8%	41.4%
总计	3348	100.0%	300.0%

我们还调查了公众认为的三种最不公平的社会现象（表15—7）。在给定的9个选项中，排在前三位的分别是“权力泛用的不公平（权力腐败）”（73.4%）、收入不公平（55.2%）、行业差距不公平（29.6%）。在回答“当前比较突出的社会矛盾有哪些”的问题时，在所列的22类社会矛盾中，“贪污腐败”排在第一位，选择的个案百分比为57.0%，其次是拆迁矛盾（51.8%）和社会保障不足（42.6%）。调查结果从不同角度显示，公众对政府官员以权谋私、贪污腐败和各种权力寻租行为的极度不满，权力腐败已经成为公众心目中最严重的社会问题，公众的愤怒情绪首先指向了权力腐败。

表 15—7　最不公平的社会现象（选择三项）

	个案数	百分比	个案百分比
权力泛用的不公平（权力腐败）	870	24.5%	73.4%
收入不公平	655	18.4%	55.2%
教育不公平	256	7.2%	21.6%
就业不公平	281	7.9%	23.7%
医疗不公平	272	7.6%	22.9%
养老保障不公平	336	9.4%	28.3%
行业差距不公平	351	9.9%	29.6%
地区差距不公平	252	7.1%	21.2%
城乡差距不公平	285	8.0%	24.0%
总计	3558	100.0%	300.0%

对权力腐败的心理容忍度调查中，回答“您认为官员收取或贪污多少钱的财物算腐败”的问题时，33.3% 的被访者认为收取 1000 元就是贪污腐败，28.6% 的被访者认为收取 1 万元为贪污腐败，认为收取 5 万元、10 万元、50 万元为贪污腐败的被访者分别是 15.9%、12.9% 和 9.3%。现实中，媒体所披露的官员贪污腐败的数额都非常巨大，动辄成千上万甚至上亿。但是从调查中发现公众对贪污腐败的容忍度极低，公众的心理容忍度与现实之间的巨大差距反映了公众对贪污腐败现象的痛恨。这也解释了为什么只要媒体或者网络上出现与官员有关的事件，马上会成为点燃社会公众愤怒的导火索。在对权力腐败的心理承受力调查中，有 12.1% 的被访者认为贪污 1 万元就应被判处死刑，其中 7.6% 的被访者认为贪污 5000 元就应被判处死刑。认为贪污 5 万元、10 万元、50 万元、100 万元就应被判处死刑的被访者分别为 5.9%、13.6%、25.5%、22.6%，另有 20.4% 的被访者认为贪污 500 万元以上应判处死刑。概言之，累计有 79.6% 的公众认为贪污金额达到 100 万元就应判处死刑。这并非理智的态度，而是情绪的表现。公众总体上对腐败现象不能容忍，已经表现出了比较极端的情绪，形成了群体性愤懑。

对官员群体廉洁程度的总体评价，48.7% 的被访者不赞同或不太赞同

"大部分官员是廉洁的"这一说法，既不赞同也不反对的被访者为27.0%，有24.4%的被访者赞同或较赞同"大部分官员是廉洁的"这一说法。可以看出公众对官员队伍的廉洁程度的评价较低。针对公众对官员群体廉洁程度的总体评价，我们还采用单因素方差分析，对不同收入水平、不同教育水平、不同职业阶层和不同主观社会阶层的被访者对官员群体廉洁程度的评价的差异进行了探讨（见表15—8）。

表15—8　对官员群体评价的差异

不同收入水平（N=1209）	低收入	中下收入	中等收入	中上收入	高收入	F=1.964 P=0.098
平均数	3.430	3.330	3.470	3.080	3.390	
标准差	1.265	1.257	1.315	1.232	1.342	
不同教育水平（N=1212）	小学及以下	初中	高中或中专、技校	大专及大学本科	硕士研究生及以上	F=1.872 P=0.113
平均数	3.240	3.400	3.530	3.320	3.230	
标准差	1.471	1.287	1.253	1.233	1.389	
不同职业阶层（N=1209）	第一阶层	第二阶层	第三阶层	第四阶层	第五阶层	F=1.273 P=0.279
平均数	3.250	3.440	3.260	3.450	3.390	
标准差	1.388	1.282	1.220	1.285	1.286	
不同主观阶层（N=1207）	下层	中下层	中层	中上层及以上		F=6.012 P=0.000
平均数	3.660	3.410	3.290	3.060		
标准差	1.297	1.266	1.250	1.371		

注：N为样本数

从结果可知，不同收入水平（P=0.098>0.05）、不同教育水平（P=0.113>0.05）和不同职业阶层群体（P=0.279>0.05）对官员廉洁程度的评价无显著差异，但是评价均值均高于中等水平3，即无论是不同收入水平群体、不同教育水平群体还是不同职业阶层群体均不赞同"大多数官员是廉洁”的说法，说明不同收入水平群体、不同教育水平群体和不同职业阶层群体对“官员廉洁”的认同度较低，具有共识性，表现出普遍的不满和怨恨情绪。不同主观社会阶层群体在对官员廉洁程度的评价则表现出显著差异（$P = 0.000 < 0.05$）。自认为处于社会底层的群体对官员群体廉洁程度的评价最低，对官员群体的不满和怨恨情绪最强，随着主观阶层的提升，均值逐步下降，对官员群体廉洁程度的评价逐步趋于好转，但是即便是自认为处于社会中上层及以上的群体对官员群体廉洁程度的评价也没有低于中等水平3。总体而言，不同社会阶层的公众对官员群体存在普遍不满和怨恨，表现出较为明显的社会刻板印象。

2. 对富人群体评价的调查结果

如前文所述，当前公众对富人群体产生怨恨心态的重要原因是对富人群体致富方式的认知，如果公众认为大多数富人是通过非正当手段致富，那么公众就可能对富人群体产生较严重的怨恨情绪。因此本研究调查了公众对富人群体致富方式的总体评价，对于“大部分富人是勤劳致富”的观点，37.2%的被访者持“赞同”或“较赞同”态度，32.8%的被访者持“不太赞同”或“不赞同”的态度，另有30%的被访者持既不赞同也不反对的不确定态度。比较而言，赞同与不赞同的人数基本持平。我们对富人致富方式的归因做了更进一步的调查，“请在给定的7个选项中选出影响富人致富的最重要的3项因素”的调查结果显示（表15—9），公众似乎更倾向于强调个体因素在致富中的作用。排在第一位的是“个人的能力和才干”（个案百分比75.8%），其次是“善于抓住机遇”（个案百分比62.7%），第三是“很好地利用政策”（个案百分比45.6%）。“能力和才干”这一个体因素在公众心目中成为富人致富的最重要的影响因素。最容易引起公众仇富心态的“官商勾结”和“不正当手段（坑蒙拐骗、弄虚作假）”这两项因素分别以36.3%的个案百分比和24.6%的个案百分比排在第四位和第六位。总体来看，尽管公众认为“官商勾结”以及“不正当手段”等非正当因素在富人致富过程中起到了中等程度的作用，但是公众还是更多地肯定了“能力”“才干”等个体自身因素的作用。

表 15—9　　富人致富的原因

	个案数	百分比	个案百分比
个人能力和才干	904	25.3%	75.8%
工作勤奋	412	11.5%	34.6%
学历高	244	6.8%	20.5%
不正当手段（坑蒙拐骗、弄虚作假等）	293	8.2%	24.6%
很好地利用政策	543	15.2%	45.6%
抓住机遇	747	20.9%	62.7%
官商勾结	433	12.1%	36.3%
总计	3576	100.0%	300.0%

人们对富人群体的认知会进一步表现在态度和行为倾向中。针对公众对富人群体的行为倾向，问卷中假设了一种场景："当看到富人停在路边的宝马车被划的新闻时，您的第一感受是什么？"调查结果表明，43.4%的被访者认为"要分清是非，讲道理"，28.9%的被访者认为"要对破坏他人财物的行为进行惩罚"，18.9%的被访者"无所谓，不关心这类事情"，5.1%的被访者认为"没有多大关系，富人的日子太好过了"，3.8%的被访者认为"划得好，谁让这些富人有钱就看不起人"。可以看出，持第一种观点的被访者比较公正，持第二种观点的被访者采取了一种客观而分辨的态度，持第四种观点的人在心态上多少都有一点"仇富"或"嫉富"的成分，持第五种观点的人有比较严重的"仇富"心态。通过分析，我们发现虽然社会中存在一定程度的仇富心理，但这种心态还没有达到普遍化的严重程度。只有少部分人（持第四、第五种观点的人）对富人群体表现出极端情绪性不满或偏激性行为倾向，大部分人对富人群体更偏向于客观而分辨的理性态度。

同时，本研究还采用单因素方差分析，来探讨不同收入水平、不同教育水平、不同职业阶层和不同主观社会阶层的被访者对富人群体致富方式的评价差异（结果见表 15—10）。

表 15—10　　对富人群体评价的差异

不同收入水平（N = 1209）	低收入	中下收入	中等收入	中上收入	高收入	F = 1. 333
平均数	2. 880	2. 890	3. 050	2. 850	3. 080	P = 0. 256
标准差	1. 322	1. 139	1. 237	1. 146	1. 152	
不同教育水平（N = 1212）	小学及以下	初中	高中或中专、技校	大专及大学本科	硕士研究生及以上	F = 3. 542
平均数	2. 550	2. 940	3. 080	2. 900	2. 820	P = 0. 007
标准差	1. 432	1. 363	1. 214	1. 142	1. 074	
不同职业阶层（N = 1209）	第一阶层	第二阶层	第三阶层	第四阶层	第五阶层	F = 2. 898
平均数	2. 970	2. 890	2. 830	3. 100	2. 790	P = 0. 021
标准差	1. 184	1. 222	1. 179	1. 297	1. 226	
不同主观阶层（N = 1207）	下层	中下层	中层	中上层及以上		F = 4. 838
平均数	3. 110	2. 990	2. 830	2. 590		P = 0. 002
标准差	1. 366	1. 224	1. 188	1. 171		

注：N 为样本数

从结果可知，除了不同收入水平群体对富人群体致富方式的评价无显著差异外（P = 0. 256 > 0. 05），不同教育水平（P = 0. 007 < 0. 05）、不同职业阶层（P = 0. 021 < 0. 05）和不同主观阶层（P = 0. 002 < 0. 05）群体对富人群体致富方式的评价差异均具有统计学意义。仔细分析发现：教育水平为“高中或中专、技校”的群体对富人致富方式的评价均值最高，超过中等水平 3，即“高中或中专、技校”这一教育水平的群体倾向于不赞同“大部分富人是勤劳致富的”这一看法，对富人群体的不满和怨恨情绪较明显。其他教育水平群体的评价均值低于中等水平 3，即倾向于较赞同“大部分富人是勤劳致富的”这一看法，尤其是教育程度为“小学及以下”群体的评价均值最低，表明他们对富人群

体致富方式的认同度最高，这与我们在社会底层群体访谈中获得的信息是一致的。在不同职业阶层中，第四阶层（商业服务人员；产业工人）对富人致富方式的评价均值最高，超过中等水平3，说明这一职业阶层对富人致富方式的认同度较低，对富人群体存在着较明显的不满和怨恨情绪。其他职业阶层群体的评价均值低于中等水平3，倾向于较赞同“大部分富人是勤劳致富的”这一看法，尤其是第五阶层（农民；农民工；失业和半失业者）的评价均值最低，表明他们对富人群体致富方式的认同度最高。在不同主观社会阶层中，则明显地表现出随着主观社会阶层的逐步降低，评价均值逐步升高的趋势，说明主观社会阶层越低，对富人致富方式的认同度也越低，对富人群体的不满和怨恨情绪越强烈。

3. 对官员群体和富人群体评价的差异

从上面描述中，我们发现公众对官员群体的评价与对富人群体的评价在程度上表现出了一定的差异性。但这种差异是因抽样误差导致还是可以推论总体？我们采用了配对样本均数比较法对此进行检验。公众对“大部分官员是廉洁的”这一说法的赞同程度的均值为3.38，对“大部分富人是勤劳致富的”这一说法的赞同程度的均值为2.93，我们通过t检验来分辨两者之间有无显著差异。检验结果可知（表15—11），公众对“大部分官员是廉洁的”这一说法的赞同程度的均值与公众对“大部分富人是勤劳致富的”这一说法的赞同程度的均值之差值的均数为0.455，相应的$P=0.000<0.001$，可以认为公众对“大部分官员是廉洁的”这一说法的赞同程度与公众对“大部分富人是勤劳致富的”这一说法的赞同程度的差异有统计学意义，且公众对“大部分官员是廉洁的”这一说法的赞同程度的均值与公众对“大部分富人是勤劳致富的”这一说法的赞同程度的均值的差值均数为正，因此可以推断公众对“大部分官员是廉洁的”这一说法的不赞同程度高于公众对“大部分富人是勤劳致富的”这一说法的不赞同程度，公众对官员群体的不满程度高于公众对富人群体的不满程度。

表 15—11　　成对样本检验

		成对差分					t	df	Sig.（双侧）
		均值	标准	均值的标准差	差分的95%置信区间				
					上线	下限			
对 1	大部分官员是廉洁的—大部分富人是勤劳致富的	0.455	1.380	0.040	0.377	0.532	11.452	1209	0.000

三　结论

（一）公众的总体社会公平感较低，高收入群体的公平感最低

对调查数据的分析结果表明，当前社会中存在着较为严重的不公平感。虽然人们在“教育机会”和“就业机会”两方面表现出较强的公平感，在“社会政策”方面的公平感均值也高于中等水平 3，但是在“司法制度”方面，人们的公平感均值低于中等水平，人们在总体社会公平感上的均值最低，为 2.63。人们倾向于认为在总体水平上我们所生活的社会是不公平的。在调查中，我们没有调查公众对社会收入分配的公平感认知，但是我们调查了公民对个体收入状况的满意度，超过一半（50.2%）的被访者认为自己的收入是不合理的，同时有 94.4% 的被访者认为目前我国的贫富差距太大或较大。这说明，目前人们的相对剥夺感严重，不公平感集中在财富分配和权力运作方面。财富分配不公是结果，权力运作不公是过程，财富分配不公最强有力的推手是权力腐败，正因为权力深度介入财富分配领域，人们对未来我国贫富差距的发展趋势也持悲观态度。基于这种朴素的认知，在我们进行贫富差距归因调查时，“权力腐败”（41.4%）被认为是最主要的原因。换句话说，在民众心目中，我国社会现阶段的不公平主要是财富分配的不公平，并不主要根源于中央政府的政策，而是主要源于政府官员的权力腐败，这种归因认知为公众的不满和怨恨情绪找到了对象。

根据调查结果，不同收入群体的公平感有显著差异。一般情况下，人

们会认为低收入群体或者中低收入群体的社会公平感会比较低，这是在改革开放中获益最少，甚至是利益遭受损失的群体，他们会有强烈的被剥夺感。但是本研究的重要发现在于：与人们的一般认知相反，在不同收入群体中，高收入群体的公平感最低，其次是中等收入群体。造成这种情况的原因，首先在于高收入群体可能有更高的社会参照群体，对自身的财富积累抱有更高的期望，导致其产生较强的相对剥夺感。其次是高收入群体有较强的社会洞察力和认知力。一般情况下，高收入群体的教育程度和职业阶层也相对偏高，他们对社会各方面的认知相对比较深入。比如，在一般人看来相对比较公平的“教育”“就业”和“社会政策”领域中，他们就有可能认识到隐藏在背后的不公平。其次，相比低收入群体和中下收入群体而言，高收入群体以及中等收入群体的社会网络更为宽泛和复杂，他们能够接触到更高收入的群体和权贵阶层，了解到权钱交易的内幕，洞察原始财富积累的奥秘，从而产生比较强烈的相对剥夺感。

（二）当前社会中存在较普遍的无能感

对调查数据的分析结果表明，当前社会中存在较普遍的无能感。有近一半的被访者认为没有能力处理当下各种矛盾中遭受的利益受损和生活挫折，也有近一半的被访者认为没有能力让自己未来的工作和生活更好地发展。并且不同收入水平、不同教育程度、不同职业阶层以及不同主观阶层的无能感都有较显著的差异。无能感主要集中于低收入群体、低教育程度群体、低职业阶层群体和低主观阶层群体。

无能感其实是人们没有能力解决遭遇到的各种社会矛盾和生活挫折，对未来工作和生活更好的发展丧失应有的信心，是不公平感向怨恨转化的中介。一般而言，不公平感对后续行动的影响会呈现出截然不同的两种方向。一是积极的努力和行动，这往往出现在有比较畅通的制度化利益调节机制和制度化社会流动机制，通过自己的努力能够实现预期目标（获得利益补偿、改变挫折性遭遇或者提升自己的社会地位等）的情况下。在这种情况下，即便遭遇了利益受损和生活挫折，但对于改变现状人们是充满希望的。另一种是消极的隐忍，这主要出现在制度化利益调节机制堵塞、社会阶层固化，无论人们怎么努力也无法改变现状的情况下。我们的调查结果是：越是处于社会底层（无论是客观社会阶层还是主观社会阶层）的群体，无能感越强烈，对解决各种矛盾和挫折，使未来更好发展越没有信心。这固然与社会底层群体自身的能力有一定关联，但更多的是利益调节机制不畅、社会阶层固化的结果。在利益调节机制堵塞的情况下，遭遇利益受损的人们就会感受到投诉无门的艰辛、各种推诿搪塞的无奈，甚至是权力百般干扰后的死心。在社会流动空间越来越小、社会阶层固化越来越严重的情况下，人们也会遭遇到无论怎么努力都无法改变现状的无力。无能感就是从这种种的艰辛、无奈、死心和无力中产生，是一种无可奈何、无能为力的感觉，也是无望的起点。因此，无能感更多是政治体系的实际运行效能或制度化利益调节机制的有效程度投射于社会公众的意识中而形成的一种主观自我评价。当人们对这种无望做外部归因时，原初的不公平感必然转化为更强烈的怨恨。因此，无论从无能感本身来讲，还是从无能感作为不公平感向怨恨转化的中介来讲，都会对社会稳定带来极大隐患，必须引起我们的深思和警惕。

（三）主观社会阶层决定人们的心理评价和情绪反应

马克思在《哲学的贫困》一书中，把阶级分为“自在阶级”（Class-in-itself）和“自为阶级”（Class-for-itself）。一个以群体形式存在的“自在阶级”要通过一个历史的、实践的认知过程，产生阶级意识后才能发展为“自为阶级”。客观阶级属性与一致的社会态度和社会行为之间存在着一个觉悟化认知过程。因此，穷人并不一定会闹革命，只有自认为是穷人的人才会闹革命。客观社会阶级（阶层）是指基于职业、收入、教育等客观指标对社会阶级（阶层）进行归类所形成的阶层类别；主观社会阶级（阶层）是对自我社会地位归属或阶层归属的一种自我认知和认同。相同的主观阶层意识容易形成较一致的社会态度、社会评价和情绪反应，这一点在我们的研究中得到证实。在对社会公平感、无能感以及对官员群体和富人群体的评价中，主观社会阶层是最显著的影响因素。调查表明，相比收入、教育、职业这些客观社会分层标准来说，主观社会阶层更显著地影响着人们的社会公平感、无能感以及对官员和富人群体的评价。主观社会阶层越低的人，不公平感越强，无能感越强，对官员群体和富人群体的评价越低，其不满和怨恨情绪越严重。这一发现意味着在当前社会中，社会的不安定因素或者对社会稳定带来威胁的并不是按照收入、教育、职业等客观因素所划定的社会底层，而是在与参照群体的比较中自认为是社会底层或中下层的人群。对于这一研究发现的可能解释是：在社会物质财富比较丰富的今天，即便是客观社会阶层中的底层群体温饱也已不再是问题，人们对绝对贫困的感知已经较为模糊。主观社会阶层成为决定人们态度、情绪和行为的重要变量，而决定人们主观社会阶层（阶层意识）的是社会比较中感知到的落差，落差的大小又与人们选择的参照群体有关，人们选择什么样的参照群体又被个人的生活和社交范围所限定。在我们进行的一项社会底层群体访谈中[①]，在由失业半失业人群、体力劳动者、乞丐和拾荒者等社会边缘群体和社会低保人群组成的百余个访谈对象中，大部分人表示在日常生活中接触不到官员和富人群体，部分被访者有生活条件比较好的亲戚，但是平时也不往来。在阶层认同上，他们选择的参照对象是“吃不饱饭的人群”，因此，他们所认同的主观社会阶层集中在“中下层”，有部分选择“下层”，还有少量被访者认同“中层”。而那些能够较容易接触到更高社会阶层成员，了解更高社会阶层成员生活状况的人群往往会在对比中形成较低的阶层认同，产生较强烈的不公平感和较偏激的评价和情绪，这也是在我们的调查中发现高收入群体公平感最低，教育程度为“高中、中专或技校”的人群对富人群体的评价最低，“商业服务人员和产业工人”职业阶层对富人群体的评价最低的可能原因。因此，在现实生活中，人们更可能是从个体在社会关系网络中的相对位置来认知自己所属的社会阶层，并且从自己所认同的、主观上的社会阶层出发来思考整个社会阶层（阶级）之间的关系，产生特定的社会态度、社会评价和社会情绪。

（四）人们对官员群体形成了较明显的社会刻板印象

在调查贫富差距扩大的原因时，“权力腐败”以41.4%的个案百分比列第一位，在调查当前最不公平的三种社会现象时，“权力腐败”以73.4%的个案百分比同样列第一位。可见，权力腐败不仅被视为导致中国社会巨大贫富差距的最主要原因，而且还被视为目前中国社会最严重的社会问题和最不公平的社会现象。同时，多项社会调查表明：党政干部是改

① 朱力等:《中国城市底层群体的生存状态与救助机制》，中国社会科学出版社2014年版，第86页。

革开放以来受益最多的群体[1]。“自我服务的归因偏见”认为，“人们往往倾向于将失败和不好的事件归因于外部环境，却将成功和好的事件归因于他们自己”[2]。当人们将“社会不公平”归因为外部因素——权力腐败、社会政策时，人们将形成较严重的社会不满和怨恨情绪。作为权力运行和政策制定的主体以及在这种不公正的社会政策和权力运行过程中获益最多的官员群体理所当然成了人们的不满和怨恨最集中的指向对象。换句话说，谁该为不公平的社会现象负责，谁从不公平的社会现象中获益最多，谁就将成为公众的怨恨目标。从我们的调查结果来看，公众对官员群体的评价呈现出明显的社会刻板印象。不管收入多少、教育程度高低、从事的职业是什么，也不管主观社会阶层高低，公众对官员群体的评价均低于中等程度，不赞同“大部分官员是廉洁的”已经成了不同群体、不同阶层的一种基本共识。

公众对权力腐败的怨恨已经不仅指向腐败官员，而是扩展到了对一切官员乃至整个公务员群体表现出不满和仇视，产生了晕轮效应。晕轮效应又称为“光环效应”，指人们对人的认知和判断往往只从局部出发、扩散而得出整体印象，就像月晕的光环一样，向周围弥漫、扩散，从而掩盖了其他的品质和特点。晕轮效应的最大弊端在于以偏概全、以点概面。公众对整个公务员群体的集体不信任不仅表明怨恨对象范围的扩大，还代表着怨恨强度的加深。这是一种公众社会认知上的“污名化”，是社会刻板印象，对广大公务员尤其是基层是不公平的。产生这一现象的原因，首先与官员群体中的严重腐败密切相关，一些腐败的大案要案以及犯罪金额的曝光，在民众中造成了极其恶劣的影响，严重影响了官员群体以及公务员群体在公众中的形象。其次，也与当前各级政府尤其是基层政府的政治效能有关，比如社会转型期凸显的各类社会矛盾和社会问题未得到及时有效的解决，在日常政府工作中的各种不作为、乱作为现象，以及在利益争夺中基层政府与民争利，等等，这些导致政治效能低下的各种行为和现象都从

① 李培林、张冀、赵延东、梁栋：《社会冲突与阶级意识》，社会科学文献出版社 2005 年版，第 268 页。

② ［美］托马斯·吉洛维奇：《吉洛维奇社会心理学》，周晓虹等译，中国人民大学出版社 2009 年版，第 230 页。

不同方面影响着公众对官员群体乃至公务员群体的认知、评价和情感。

（五）人们对富人群体的评价相对比较理性

在富人致富的归因调查中，民众首先肯定了“个人能力和才干”的作用，该选项以75.8%的个案百分比列第一位。同时，有37.2%的被访者赞同“大部分富人是勤劳致富的”的观点，超过了倾向于“不赞同”（30%）的人数。在对富人的行为倾向中，近一半的被访者认为“要分清是非，讲道理”。在配对样本检验中，民众对富人群体的评价和对官员群体的评价显示出了显著的差异性。可见，相对于对官员群体的社会刻板印象，公众对富人群体持理性而分辨的态度，不满和怨恨的对象基本指向不正当致富的人群，并非是全体富人，公众对富人群体还没有形成社会刻板印象，大部分人对富人群体抱有客观、理性的心态。从这个角度说，与已有的研究结果一样①，“仇富”或许是一个伪命题。人们对富人群体的情绪还远远没有到“仇”的程度，或者说人们仇的不是富，而是不正当致富或越轨型致富。这种致富方式侵占、伤害了社会中层、下层群体的利益，为公众所不能容忍。但对正当、合法的致富，公众持有较高的认同度和认可度。

其实，人们对于富人群体的情感是复杂的。在社会转型的大潮中，能够从无到有地创造和积累财富的人大多都是有本领的人，人们普遍认可凭着自己的本领和能力赚钱的人。那些凭着自己的真才实学在改革大潮中摸爬滚打闯出一片天的合法致富者，大部分人认为其付出与其所得成正比，所以更多的是羡慕。即便是在新旧政策更迭的过程中，抓住机遇，利用政策漏洞积累财富的人，人们也倾向于钦佩其敏锐的政策洞察力和紧抓机遇不放的勇气，更多的是羡慕，或许还有嫉妒。对于通过“钱权勾结”的方式非法积累财富的人，人们在两相比较下，仇恨的更多的可能是与“钱”相勾结的“权”，而不是与“权”相勾结的“钱”。对于这样的财富，人们的情感大概最为复杂，既有羡慕、也有嫉妒，还有恨。人们真正仇恨的是通过弄虚作假、坑蒙拐骗的方式，以损害消费者健康或生命为代价致富的无良商家以及那些为富不仁、视人命如草芥的富人。正是因为人

① 沈杰：《仇富心理何以可能——对北京市和杭州市问卷调查资料的分析》，《北京青年政治学院学报》2010年第1期。

们对于富人群体的情感较为复杂，因此很难像对官员群体形成一种基本共识那样，形成对富人群体的社会刻板印象。

第三节　社会不满情绪的特征

一　社会不满情绪源于社会结构性因素的错动

我国正在进行的改革和社会转型是政府主导的自上而下的过程。我们必须在较短的时期内探索一条属于自己的现代化道路。然而，我们是“摸着石头式”的渐进式的探索前进，无法进行社会整体改革的顶层设计，体制、制度、政策、机构方面的改革往往不能到位，而是处在不断试错、不断修正、不断完善的过程中。因此，诸多社会结构性因素之间的不协调、不均衡和错位是社会发展过程中不可避免的现象。目前我国现代化过程中明显表现出来的结构性不协调主要表现为：经济社会发展不平衡、制度变迁不协调、利益结构调整失衡、城乡二元对立。这一系列的不协调导致了多种严重社会矛盾和社会问题。社会结构调整滞后于经济结构的变化，经济结构与社会结构的不平衡导致社会公共事业发展不充分，社会保障不足，尤其是失地农民、失业城市居民、农民工、城乡残障人士以及其他一些城乡贫困人口的社会保障问题突出。这一方面损害了社会弱势群体的利益，加剧了社会弱势人群的无助感、受挫感以及对未来生活的不确定感，扩大了社会差距，造成了群体间的对立和紧张；另一方面也容易积聚弱势群体与其他群体对政府的不满，将诸多矛盾的矛头指向政府。同时，从本质上来说，制度变迁的过程就是资源和机会在不同群体间重新配置的过程，是利益关系重新调整的过程，也是社会矛盾产生的过程。在我国社会转型过程中，因制度供给滞后、制度安排不协调造成了诸多社会矛盾和社会问题，比如，新旧制度长期并存、制度堕距、制度变迁原则不协调、制度缺失等现象造成贫富差距的拉大、行业垄断的形成、教育、医疗等民生领域的不公正现象。可以说影响范围广、较为突出的重大社会矛盾、社会问题的背后都有社会结构性因素的影响。因此，在社会快速转轨过程中形成的诸多社会结构性不均衡产生了众多社会矛盾和社会问题，而社会怨恨情绪只是这些社会矛盾和社会问题在民众心理层面的反映。

二　社会不满情绪的情绪主体具有群体差异性

社会不满情绪的产生根源是社会结构性不平衡带来的诸多重大社会矛盾和社会问题。与个体矛盾仅仅涉及个体不同，由制度、结构不平衡等造成的社会矛盾涉及的人群往往是一个阶层或一类社会群体，人数众多，影响范围广，且大多属于基本民生问题。社会成员相同的利益受损经历会形成相似的社会认知和相同的情感体验，因此，社会不满情绪不是个体情绪，而是鲜明地表现为一种职业群体、利益群体的情绪，一个群体甚至多个群体因共同的情绪体验形成情绪共同体。社会不满情绪作为一种社会普遍性情绪，并不是均衡分布在社会各阶层之间，而是表现出明显的阶层差异性，尤其是与民众的主观社会阶层（调查中样本自己对阶层的归属认同）有显著关联。我们的社会心态调查结果显示，在社会公平感均值、对官员廉洁程度的评价均值以及对富人致富方式的评价均值上，不同的主观社会阶层均表现出显著的差异性。主观社会阶层越低的人群，其社会公平感越低，对官员廉洁程度的评价越低，对富人致富方式的评价越低，反映出他们较强的社会不公平感和对官员、富人的不满情绪。不同收入水平群体（客观社会阶层）在社会公平感均值上也表现出显著差异，虽然中间有小幅度波动，但总体趋势是随着收入水平的下降，社会公平感呈阶梯式下降。不同收入水平群体对官员的评价均值差异未达到显著性水平，不能推论总体，但从样本趋势来看，低收入群体、中低收入群体和中等收入群体对官员的评价均值明显低于中上收入群体和高收入群体，其中中等收入群体对官员的评价均值最低。因此，社会结构性怨恨作为一种群体情绪较明显地存在于社会底层、中下层乃至中层群体中，这些群体是利益绝对受损和相对受损的群体。

三　公正失衡是当前社会不满情绪的初始形态

怨恨作为一种冥顽不化的负性情绪，并非一蹴而就，而是由一些初级形态转化而来，理论上说，怨恨的初级形式可以表现为报复感、嫉妒、幸灾乐祸、恶意等。但具体到当前的中国语境，基于利益的绝对受损和相对受损而产生的公正失衡心理（不公正感）是怨恨情绪最基本的初始形态。利益受损群体在征地拆迁、劳资冲突、环境污染等方面遭受的利益绝对受损，生活受挫群体在教育、就业、职业发展、婚姻生活等方面遭遇的“挫折”体验，这些客观现实还不足以导致负面情绪泛化。情绪认知理论认为，情绪与认知不可分离，认知影响情绪①。因此，不同的认知水平会产生不同的情绪体验。当诸多客观现实作为一种持久的外部刺激投射于人们的意识和心理中，并通过体验、归因、认知等复杂的心理过程形成清晰的认知图式后，情绪体验才成为可能。海德认为人们通常试图将个体行为或者归结为内部原因（个人的原因），或者归结为外部原因（社会情境的原因）。不同的归因结果会对不同情绪的产生和后续的行为选择产生重大影响。“‘自我服务的归因偏见’往往使人们倾向于将失败和不好的事件归因于外部环境，却将成功和好的事件归因于自己。”② 在这种认知模式下，人们会倾向性地将现实中的利益受损、人生挫折、对自身社会地位和生存状态的不满以及其他一些不公平现象进行意义建构而归结为外部的社会情境，如强势群体的非法剥夺、官商勾结、官员腐败，甚至是体制制度设置的内在缺陷和不合理等。“公正失衡”作为一种主观社会心态，正是人们对这些客观社会现实进行外部归因和认知的结果。因此从更深层次来看，当人们将遭受的利益损失、人生挫折、糟糕的生存状态进行外部归因时，主观上就形成了“公正失衡”的心理感受，并导致社会情绪的激化和社会心态的失衡。

当前公众的公正失衡心理是普遍的。在我们的社会心态调查中，有96.6%的被访者认为当前我国贫富差距太大或较大，55.1%的被访者认为自己目前的收入“有些不合理”或“非常不合理”。相应的，累计有63.3%的被访者赞同或较赞同“每个人心理都存在不公平感”的说法，人们对当前的收入分配具有较强的不公平感，特别是官员滥用权力导致的不公平为当前的中国公众不能接受，成为当前中国最严重的社会问题。在问卷中，我们调查了“公众认为的三种最不公平的社会现象”，在给定的9个选项中，“权力滥用的不公平（权力腐败）”以72.5%的百分比居收入不公平（56%）之前，排在第一位。这说明目前最大的问题不是简单

① 孟绍兰：《情绪心理学》，北京大学出版社2005年版，第93页。

② ［美］托马斯·吉洛维奇：《吉洛维奇社会心理学》，周晓虹等译，中国人民大学出版社2009年版，第230页。

的贫富差距，而是由以权谋私、行政垄断、政策歧视或制度不健全等不公平因素导致的机会不平等、规则不公平下的贫富差距，这是造成社会裂痕的重要根源，也是威胁社会稳定的最危险因素。“官二代”“富二代”“穷二代”“农二代”这些耳熟能详的名词正是对“不同机会、不同规则造就不同结果”的最生动的表述。近年来凸显的一些重大社会问题，比如“三农”问题、腐败问题、医疗、教育、社会保障等问题以及诸多社会热点事件都可以纳入“公正失衡”的框架进行解读。当这些重大社会问题不能得到及时解决而持续存在，当公众因这些重大社会问题持续遭受利益受损时，不公平感的反复咀嚼和体味最终发酵生成怨恨。

四　社会不满情绪聚焦腐败官员

怨恨是因不公平感无法消除，在个体内心极力隐忍、反复体验而成。怨恨与报复感、嫉妒感等类似情感有一个共同特征：针对他者。但与报复和嫉妒“大多还存在针对这些敌意否定方式的特定对象……是与确定对象联系在一起的”[①] 不同，怨恨针对对象并非是具体的特定对象个体，而是不确定的、只具有某种共同特征的一类对象范围。可以认为，报复感等初始形态上升为怨恨的表现之一就是针对对象从具体的特定对象泛化为群体，这既标志着情感强度的增加，也标志着情感范围的扩展，舍勒称之为“怨毒”。不公平现象作为一种社会实在，由于其不具备物质实体的具体可感形态，无法成为怨恨针对的具体目标。因此，人们将在现实中寻找可替代的怨恨目标，谁该为不公平的社会现象负责，谁从不公平的社会现象中获益最多，谁就将成为首选目标。于是，现实中的怨恨情绪集中指向了官员群体和富人群体。从本质上来说，“仇官”“仇富”的实质是“仇不公”，“仇官”和“仇富”是“仇不公”的具体表现。但是，我们的调查结果显示，“仇富”与“仇官”存在程度上的差异。对富人群体，民众基本持较理性的评价态度，认可正当致富群体，只对越轨型致富群体表示愤怒。对官员群体，民众表现出较明显的非理性评价态度和群体性刻板印象。这不仅可以从互联网上扑面而来的逢官必骂、逢官必仇的极端社会情

---

① ［德］马克斯·舍勒：《价值的颠覆》，曹卫东译，生活·读书·新知三联书店 1997 年版，第 9 页。

绪以及各种针对基层政府的群体性事件中感受到，也体现在我们的调查数据中，72.5%的被访者认为“权力滥用的不公平”是当前最不公平的社会现象之一，“权力腐败”（59.9%）是当前最突出的社会矛盾。公众对政府官员贪污腐败行为极度不满，由此形成了对官员群体的刻板印象。49.9%的被访者不赞同或不太赞同“大部分官员是廉洁的”这一说法；累计有79.7%的公众认为贪污金额达到100万元就应判处死刑。这并非理智的态度，而是情绪的表现。公众的仇官心态已经从“道德义愤型”仇视发展到了“个人情绪型”仇视，即公众由对权力腐败官员的仇视扩展到了对公务员群体的集体不满和轻蔑，表现出比较极端的情绪，形成群体性愤懑。这是一种公众社会认知上的“污名化”，是社会的刻板印象，对广大公务员是不公平、不公正的。

官员群体成为替代性怨恨目标的过程是一个隐秘而不自知的归因认知过程，是社会体验、已有社会认知和现有情感综合作用的过程。首先民众认为权力腐败产生的不公平是最大的不公平，它一方面导致了大量灰色收入的存在，在一定程度上加剧了收入的不公平；另一方面在经济领域的诸多方面以及就业、求学、求医等民生领域制造了大量的机会不均等和程序不公平。因此，权力腐败的大量存在，促使民众将怨恨情绪直接指向官员。其次，由于制度缺失或不完善等结构性原因导致的公共产品供给的不平等和公共产品供给不足，民众基于对政府职能的认知，也将其简单归为政府的责任。再次，现实中部分官员僵化落后的工作观念、粗暴蛮横的工作方法以及腐化堕落的生活作风，也激起民众对政府官员的怨恨情绪。因此，对社会不公平的归因认知使得公众将怨恨情绪指向了官员群体。

五　怨恨情绪的宣泄具有暴力化倾向

怨恨情绪的产生以无能感为中介。只有在不满情绪无法宣泄，“随后既不会出现一种道德上的克制（比如报复中出现的真正的原谅），也不会出现诸如谩骂、挥舞拳头之类形之于外的举动的情况下，才会转化为怨恨”①。怨恨产生的条件只在于：“这些情绪既在内心猛烈翻腾，又感到无

① ［德］马克斯·舍勒：《价值的颠覆》，曹卫东译，生活·读书·新知三联书店1997年版，第10页。

法发泄出来，只好‘咬牙强行隐忍’。”① 隐忍因于一种至少是暂时的“无能”感或“软弱”感。这种无能可以是个体心理、生理上的，也可以是社会意义上的。从当前的中国现实经验出发，无能感更多是社会成员远离权力中心，感到人微言轻，缺少话语权与有效的利益表达渠道，无法改变社会现状的一种消极、波动的心理反映。在社会公众真正反映问题时不能起到应有的作用，使公众产生了无计可施、无法可想的无能感、无力感。原本通过制度化渠道表达自身利益诉求，纾解负面社会情绪应是最正当、最理性的选择。但是在制度化表达渠道的有效性缺失的情境下，怨恨情绪积累到不堪忍受的状态时必然会以非制度化的渠道通过非理性的方式表达出来，此时情感能量的释放更接近于本能的宣泄和满足。

怨恨从心理上体现为对针对对象的一种否定和贬低。作为一种情绪能量诉诸行动时表现为一种来自内心深处且不留余地的破坏性。要摆脱怨恨情绪的压迫，使自已得以拯救，最彻底的方式就是消灭对方。因此，纯粹的怨恨情绪的释放在心理上并不考虑与针对对象主动或被动地共生，而是旨在打倒并消灭对方。在现实中，这种破坏性在较轻的层面上表现为语言暴力，在较严重的层面上表现为行为暴力。语言暴力是情感释放的初级阶段，也是一种征兆，预示着紧跟其后的更强烈的行为暴力。充斥于民间舆论场和网络中的泄愤式谩骂、攻击和偏见式批评就是这种语言暴力最鲜明的表现。不问事情原委和对错，缺乏理性的思考和实事求是的精神，这种泄愤式谩骂和偏见式批评对解决现实问题毫无建设性意义。行为暴力是紧张情绪的一种完全释放。心理学的实践已经表明，“公开的攻击会比不公开的攻击获得更多的满足”②。因此，社会泄愤事件中均存在不同程度的打、砸、烧等暴力行为。比如无直接利益冲突群体性事件，比如近些年的个体极端反社会行为，这类事件往往会因为攻击行为的不顾一切造成较严重的经济损失和人员伤亡，极具破坏性，造成较为恶劣的社会影响。其实，破坏就是这种情感释放所追求的目标。

---

① ［德］马克斯·舍勒：《价值的颠覆》，曹卫东译，生活·读书·新知三联书店 1997 年版，第 10 页。

② ［美］刘易斯·科塞：《社会冲突的功能》，孙立平等译，华夏出版社 1989 年版，第 31 页。

第四节　社会不满情绪的疏导对策

社会不满情绪是社会转型期，社会制度、政策的错动失调造成的社会失衡在社会成员心理层面的反应。因此，从长远角度说，消解社会不满情绪还需要营造公平的社会环境。逐步完善国民收入分配制度，统筹推进社会保障制度一体化，建立严密的反腐制度，构建公平公正的教育就业制度等。以公平公正的制度为基础，推进社会治理，推动社会发展是治理社会结构性怨恨的根本。但从目前社会结构性怨恨的现状来看，短期内缓解社会结构性怨恨主要有以下几方面的对策。

一　建设畅通的社会安全阀通道，疏导社会情绪压力

社会安全阀是社会“减压”的重要通道，通过有序释放社会结构性张力，维护社会系统安全。当前因社会转型、新旧制度摩擦，社会矛盾凸显，尤其是在一些制度性社会矛盾短期内无法得到有效解决的情况下，加大建设畅通的社会安全阀通道，就成为纾解情绪压力的一个重要途径。在我国目前主要的安全阀制度中，人大和政协会议在听取各阶层代表对政治、经济、社会各方面意见，协调社会各阶层利益上发挥了较大作用。除此之外，还需要改革信访制度，消解法律规定和实际操作中的矛盾，充分保障法律赋予的上访权，杜绝各种“截访”“劫访”行为堵塞信访通道，也避免民众在这个过程中遭受二次伤害。激活并落实政府部门建立起来的民意表达渠道。很多基层政府部门利用网络平台或者在日常工作中设立了政府热线、政府邮箱、群众接待日等民意沟通渠道。要让花费不少成本建构起来的渠道真正起作用，需要指定专人负责，及时接听电话、接收邮件、安排接待日的各项准备工作；要认真对待群众反映的问题，及时回复办理结果。坚决避免电话打不通、邮件不回复的现象。激活《集会游行示威法》，允许民众通过法定的集会游行示威权表达意愿。集会游行示威的性质不应该由其形式来决定，而应该取决于其内容。不应该赋予民众基于正当利益表达的集会游行示威过多的政治色彩，应该将其看作民众利益表达的一种方式。审批机关和主管机关依法审批，依法管理，保证集会游行示威以和平方式进行，不出现危及社会秩序的违法犯罪行为。如果出现

违法犯罪行为，公安机关依法处置即可。

二 加强干部正面形象宣传，改变民众对公务员队伍的刻板印象

官员贪污腐败是造成社会民众对公务员群体形成社会刻板印象的主要原因。不断曝光的腐败大案要案不断冲击着人民的现有认知。但刻板印象在某种程度上也源于交流与了解的不够。相对于四千多万的公务员队伍和事业单位人员，腐败官员毕竟是少数。大部分公务员清正廉洁，认真负责地在各自的岗位上默默奉献，想民众之所想，急民众之所急，其中不乏为大家舍小家，为工作献生命的典型。宣传部门以及大众媒体要通过多种形式更多介绍普通干部在日常工作和生活中感人至深的点点滴滴，让普通老百姓对公务员的日常生活和日常工作有较全面的了解。要宣传新时期廉洁、奉公、民主、理性、法治的干部形象，塑造能够深入人心的新时期干部典型，扭转民众对公务员队伍的偏见和社会刻板印象。另一方面，要继续坚定反腐决心，加大反腐力度，对于证据确凿的腐败案件要本着实事求是、对民众负责的态度，尽快公布信息真相，扼制流言、谣言的生存空间，防止别有用心之人肆意夸大，恶意炒作，混淆视听。在此同时，还需建立起有效的反腐制度。逐步完善并形成干部选拔任用的回避制度、领导干部公务消费制度、国企管理者薪酬规范制度、公职人员个人财产登记制度，同时健全社会监督制度，比如规范公民网络举报制度、完善对举报人的保护和奖励制度，等等。通过完善的制度建设有效预防、阻止并及时发现腐败行为，从本源上遏制腐败，重塑官员形象。

三 加强网络引导，建立健康的网络舆论环境

随着信息技术的快速发展，网络成为人们获取信息、发布信息的重要渠道，也由于其匿名性、开放性、及时性等特点，成为社会舆论发酵的重要阵地。加强网络引导，有利于建立健康的网络舆论环境，疏导社会情绪。首先，政府应以更宽容的态度有所区分地应对网络舆论。网络中的话语表达不仅是公民权利的需要，也是中国社会政治运行的安全需要，是一种不可缺少的社会安全阀。对待一般性的批评意见、牢骚怪话，管理部门要有包容态度，而不是进行简单的封锁帐号或删除帖子。对于虚假信息、

一般的谣言、流言，要及时发现，及时过滤，同时针对有一定社会影响的虚假信息内容要迅速公布事实真相、调查结果和处置措施，掌握舆论主动权。对于网络上出现的直接对我国核心价值的攻击，对法律秩序的破坏的议论，删除是必要的，但要有一个标准，不是任何普通的管理人员都可以删除的，要进行评估。对于敌对势力的攻击、反动分子的恶毒中伤、谣言，要进行抑制。对涉及否定核心价值的言论，要有坚决的立场。对他们的人员构成、策略手段、活动特点、技术方式，要有专门的研究并制定预案，一旦他们实施攻击行动，就要揭露、反击。其次，从立法层面考虑公安网监、国家安全、电信部门、宣传部门、运营商各自的职能与边界，进行网络舆论引导、监管。政府要发挥自身的主导功能，规范引导公民的网络舆论。应建立政府网络新闻发言人制度，开通政府微博，政府工作人员要学会充分利用各新闻媒体、微博、论坛、贴吧、微信等形式与民众进行互动，加强交流和沟通，在互动中实现对民众的引导和宣传教育。要建立高质量的网络管理队伍与网络评论队伍。网络评论不需要讲大话、套话，不需要口号，要讲道理、有说服力。网络应该鼓励更多的各类精英加入网络舆论的评论。加快网络实名制的步伐，在消解网络匿名性的基础上，培育民众在法律和道德的约束下对自己言论负责的意识。在网络舆论燃烧后，网站要设法平衡和降温，引导网友理性讨论，防止矛盾激化，避免造成更多的社会对立。同时需充分发挥社会协同的作用，发挥网站、名人、网络民间组织的作用。引导并鼓励各门户网站、个人微博、微信群主等共同分担网络社会管理责任，促进网络社区自治。

四　重视公众心理健康，建立社会心理疏导机制

针对当前较普遍的社会负面情绪，应注重建立相应的心理干预和疏导机制，加强心理疏导。由于心理疏导是专业性较强的工作，因此首先应该加强社会心理疏导人才的培养。依托高校、科研院所、社会专业机构等专业平台，大力发展心理救助与疏导专业的本科、研究生教育，培养高层次、复合型社会心理救助人才。对于已经从事社会心理疏导的工作人员，要定期进行专业培训，定期开展社会心理疏导的工作实践，以提高其专业能力。同时，吸收更多有志于从事心理救助工作的人才和志愿者加入，并

充实到社区、学校、单位等一线工作队伍中去。其次，政府应努力推动并培育心理救助类社会组织的发展，鼓励社会力量参与社会心理救助工作。出台鼓励政策，简化这类组织的注册程序，降低这类组织的注册门槛，提供更多的资金支持，鼓励更多社会力量参与，并协调提供专业指导推动这类民间组织的发展，积极引导这类社会组织深入基层，对心理危机的人员，尤其是突发事件中的当事者，提供专业帮助，缓解内心紧张情绪，恢复心理平衡。再次，还需要借助工会、共青团、妇联、社区、企事业单位等组织平台，在全社会建立健全一套完善的心理支持系统。在工会、共青团、妇联、社区以及单位的常规工作中增加心理咨询和心理疏导等内容，建立社区或单位的心理卫生服务体系。一方面，进行心理健康教育和自我保健常识普及，做好心理危机的预防工作；另一方面，通过对社区居民和单位工作人员心理健康状况普查和评估，及时发现心理危机人员，及早进行心理干预。政府要加强支持力度，将社区心理卫生工作纳入政府职能，加大政策和资金支持。

五　培育核心价值观，形成社会共识

社会心态包括社会认知、社会情绪、社会价值观和社会行为倾向①。其中社会价值观影响着社会认知和社会情绪，进而影响社会行为，社会价值观是社会心态的核心部分。随着改革开放的日渐深入，传统与现代、东方与西方价值观不断交融，民众的价值观日趋多元。但是传统与现代、东方与西方的价值观并非完全对立、完全迥异，其中必有一些共有的核心价值观存在，这是传统与现代、东方与西方之间交流融通的基础。比如公平公正的观念，为各时代各民族所共有。社会应该鼓励和提倡那些对社会有利的基本价值观念，引导他们逐步固化为全体成员的核心价值。党的十八大提出了24字社会主义核心价值观，正是社会主义核心价值体系的高度凝练和集中表达。这对于整合社会意识，推进国家治理意义重大。在明确社会主义核心价值观的基础上，立足中国文化传统，着眼于社会主义实践，发挥民间组织的建构功能，多管齐下，丰富核心价值体系建设的平

① 杨宜音：《个体与宏观社会的心理关系：社会心态概念的界定》，《社会学研究》2006年第4期。

台。国家、社会以及社会每个个体、组织都应在国民教育的过程中，在经济发展和社会治理中，在社会主体的日常互动和行为中积极培育、努力践行社会主义核心价值观。以社会价值体系的建立为基础达成社会共识，形成健康积极的社会心态。

第四编

社会矛盾化解

第十六章

社会矛盾的非制度化解决方式

矛盾解决的方式，从其规范性、程序性的角度来分析，主要包括制度化解决方式和非制度化解决方式两种类型。矛盾的制度化解决方式是在国家法律、行政法规、规章的框架体系内，采取符合制度规定的程序所进行的有序的矛盾化解方式。我国当前社会矛盾纠纷类型多样，成因复杂，调处难度不断增大，这也考验着制度化渠道化解矛盾的机制，考验着管理者化解矛盾的能力。我国现行的制度化解决方式包括以下几类：人民调解制度、行政解决制度、司法诉讼制度、新型的大调解制度、信访制度、集会、游行示威制度、协商谈判制度等。总体来说，人民调解、行政调解、司法调解组成的大调解制度在解决非诉讼性矛盾方面起到了直接作用，化解了大量民间矛盾纠纷。信访制度起到了“中介”的作用，将民众遇到的矛盾转达给矛盾解决的有关政府部门、基层政府，促成矛盾的解决，但这项制度也引起了一系列问题，造成了一些新的矛盾。此外，一些地方基层政府部门还积极探索，创设了一些新的制度化矛盾解决方式。矛盾的非制度化解决方式是指采取不符合国家宪法、法律规范、政策、行政条例等所规定的方式和程序，无序地表达利益诉求，解决矛盾纠纷，争取己方利益最大化的活动。采取非制度化的矛盾解决方式，破坏了法治，激化了社会矛盾冲突，对于社会的良性发展有较大的负面作用。

第一节　当前处理矛盾的非制度化措施

在处理社会矛盾冲突的过程中，非制度化矛盾解决方式是指采取不符合国家宪法、法律规范、政策、行政条例等所规定的方式和程序，无序地表达利益诉求，解决矛盾纠纷，争取己方利益最大化的活动。非制度化的解决方式突破了法律法规、政策规定，对社会稳定和谐有一定的负面作用，从长远来看，不利于矛盾的真正解决，反而会引起诸多的负作用。

一　民众常采取的非制度化解决方式

1. 个体反抗

在社会矛盾冲突中，民众个体的非制度化行为常常表现为以下四种。（1）向社会呼吁。这是指利用社会舆论的压力，迫使矛盾对方来解决问题的手段。这是较为常见的个体反抗方式，指利益受损的民众通过拉横幅、在公共场合演讲，特别是上网等方式，表达利益诉求，吸引社会关注。这种抗议方式不涉及暴力，但也会扰乱公共秩序。（2）自我摧残。这是指以自己的身体、生命安全为要挟手段，通过极端的伤害自我的方式表达自身的利益诉求，唤起社会舆论的同情，向矛盾对方施加道德压力、舆论压力，促使政府出面干涉，最终解决矛盾。民众往往会以一种非暴力不合作的姿态鸣冤叫屈，吸引媒体的关注。矛盾的弱势一方常常采用这种方式。一些底层社会的民众，往往由于感到“走投无路”，缺少解决矛盾的资源，感到矛盾长期解决不了，会使用这种“弱者的武器”。在劳资矛盾之中，劳方有时会“以死相逼”，通过跳楼等极端方式给资方施加压力。（3）反社会行为。极少数在现实生活中屡屡受挫的民众因某些矛盾长期得不到解决，便会悲观失望，心理问题得不到有效疏导，便有可能采取极端化的寻找“替罪羊”报复的行为发泄内心的怨恨。（4）非制度化上访。非制度化上访指信访人违反相关法规与政策的规定，不到指定的场所和不遵守逐级信访程序向有权处理信访事项的机关或组织提出诉求，而是采取蓄意的、过激的方式进行上访，包括闹访、缠访、越级访等形式。闹访是上访者滥用信访权利借“上访”之名无休止地提出无理要求，甚至以闹事等极端手段要挟地方政府、信访部门，破坏正常社会秩序的行为。缠访主要是指信访人反映的问题虽经多次处理，但其仍然不服，采取有违常理的偏激行为，以反复纠缠的手段表达申诉的非正常上访行为。越级上访是信访人跨越本级向上一级机关提出来访事项，比较典型的便是“进京上访”。目前国家已经明文规定信访部门不再接待越级走访。这些“上访老户”（“老”是指反复持续的意思）是基层干部最为头疼的一种矛盾形式，陷入了无法解决的死结中。据基层干部反映，群众中正常的、合理的诉求，在基层基本已经得到解决。通常无法解决的，是超出正当的、不合理的、不符合政策的诉求①。

2. 集体反抗

集体行动在中国本土化语境下称作“群体性事件”，课题组将集体行动分为较温和的集体抗议与较强硬的集体对抗两类。较温和的集体抗议是指通过集会、游行、示威等非暴力的方式表达利益诉求，而较强硬的集体对抗比上述集体对抗在方式与程度上更加激烈，如封堵交通道路、围堵冲击政府等，通常都有暴力的成分。

（1）较温和的集体抗议

集体上访是指具有相同境遇与利益诉求的人们，为了解决问题，维护自身利益，而共同到信访部门上访的行为。集体上访的基础是个体所遭遇的问题具有相似性，通常 10 人以上就可以被视为集体上访。集体上访是十分具有中国本土特色的，是中国式的游行和示威。它反映了上访群众希望上级政府部门能够重视问题，解决问题，维护上访者们的合法权益。静坐是指具有共同诉求的一群人，集中坐在政府机关、企业办公楼前或公共场合，显示集体的力量，试图给政府或企业施压，从而实现群体的利益诉求的一种集体行动。静坐是一种较为和平的非制度性矛盾解决方式，行动者只是以集体的力量表达自己的诉求，希望引起政府、企业的重视，引起社会的关注，从而解决其利益诉求。集会是指具有共同价值理念，或者具有共同利益的人在特定的空间与时段聚集在一起，显示集体的力量，表达某种共同意愿的集体行动。通常集会都是选在比较大型的广场、公园，能够聚集一定规模的人。活动有组织者与号召人，现场会有演讲、呐喊等行为，但一般都采用和平的示威抗议方式，不会出现大规模的暴力行为。集会者希望通过集体的力量，促使政府、企业与社会对他们的价值理念、利益诉求给予重视。示威游行是指具有相同利益诉求，相同境遇或相同价值

① 课题组在镇江的调研过程中了解到一个案例，镇江七里乡街道的一户人家，家里房屋有证面积是 187 平米，后来一共私自搭建了 950 平方米的违章建筑，包括猪圈、蔬菜大棚，在拆迁的过程当中要求全部按照正式的房屋来补偿，开价 1250 万。政府没有答应这一明显不合理的诉求，居民便常年上访，进京访，成为“上访老户”，基层政府多次做工作都无法和他达成一致意见。

取向的人聚集在一起，为了表达自我的诉求与意愿而共同整队行走的一种集体活动。其目的是扩大社会影响，对政府、企业或社会群体施加一定的压力。我国依法保障公民的集会、游行、示威的权利，但在实际操作运行过程当中，示威游行基本上是未经审批擅自游行。示威游行活动往往会突破法律的界限，游行过程中易出现警民冲突，使矛盾激化。由于示威游行活动在当下社会具有某种敏感性，因此常常被其他新的形式所代替，如“集体散步”“锻炼”“购物”“旅游”等。这类活动其实也是变相的示威游行，不过通常是为传达某种理念，具有理性、和平的特点，不一定引发暴力。罢工是指工人为了表达抗议，而集体拒绝工作的集体行为。目前在我国最常见的是经济罢工，雇员出于经济目的，采取罢工行动，以求引起雇主、政府和公众的迅速注意，满足经济利益，如改善用工条件，提高福利待遇等。我国现行的《宪法》已明确取消了罢工的权利，因此罢工行动在我国是属于非法的抗议手段。近年来，出租司机停运罢工的事件在各地多有发生，基本都是由经济利益冲突引发的。

（2）较强硬的集体对抗

除了上述较为温和、理性的非制度化抗议方式之外，还有一些抗议方式具有一定的社会破坏性，影响社会正常秩序，是较为强硬的集体反抗方式。常见的做法有：一是堵塞交通，它是指抗议人群聚集在交通要道，阻拦车辆，以此表达自己的强烈不满，造成一定的社会影响，迫使政府、企业尽快解决问题，满足抗议者群体的利益诉求。堵塞交通这一反抗方式，因其耗费成本小，造成的社会影响大，因而成为利益受损群体经常采取的手段。其本质上是一种以强制力要挟政府、企业的手段，虽然能够取得一定的效果，促使问题得到解决且不具有较大的破坏性，但其对社会秩序所造成的负面影响也是不容忽视的。二是封堵政府大门，它是指利益受损群体在政府门前聚集，形成“人墙”，不允许车辆与人员进出，向政府施加压力，要求政府解决问题，满足利益诉求。这种反抗方式多是由于政府处置问题的方式不能让群众满意，民众直接以强制力妨碍政府正常办公，要求妥善解决矛盾。三是冲击政府，它是指抗议人群为了宣泄对政府的不满，直接冲进国家机关，破坏办公设施，要求政府官员当即作出决定以解决问题。这种反抗行为社会影响大，破坏性强，相关违法人士要受到法律的严厉制裁。

二 某些基层政府解决矛盾的非制度化行为

尽管基层政府占据着权力、话语权等优势，面对错综复杂的社会矛盾，在处理中也常常会遇到“老办法不管用，软办法不顶用，硬办法不能用、新办法不会用”的治理困境，无奈之际，也会采取非制度化的手段来“摆平”矛盾。“摆平”的意思是按照国家的法律、政策等是行不通的，但为了解决具体矛盾而采取某些非制度化的、变通的特殊的手段与方法。这是一种短暂的、权宜性的做法，不是从根本上解决问题。这种临时性的解决方法，留下了更多的隐患。

行政权力不能凌驾于司法权力之上，这是现代社会的共识。我国宪法也明确规定政府不得干预司法。但各地政府干预司法的事件还是频频发生。例如，由于早期征地拆迁等问题的政策不到位、程序不清楚，某些基层政府在急于求成中有不少违规之处，现在民众要将矛盾通过司法渠道解决，政府很可能会输了官司，于是，某些基层政府便规定法院不得受理征地拆迁、环境污染、历史遗留问题等类型的诉讼。有些地方政府为了阻止发生“民告官”的官司，要求管辖范围内的律师不得受理“民告官”的案件。用这种方法“捂住”矛盾与问题，而不是积极解决，其结果只能是引起民众的反感。

在矛盾化解中常常遇到某些棘手的矛盾，基层政府在维护稳定的压力下，常常采用以利益赎买方式来平息上访或群体性事件。政府这种通过经济补偿、经济收买暂时平息矛盾的手段是一种短视的行为。虽然其可以在一定程度上弥补利益受损群体的损失，但也同时具有很多负面影响。这种方式没有从根源上消除矛盾，只是暂时延后了矛盾，积累到一定时间可能会造成问题总的爆发。此外，这种解决矛盾的方式助长了“闹事就有利益，闹的越大越久所得利益越多”的不良之风，从而会产生“职业上访户”，甚至会诱使非制度化的集体行动变得更加频繁，程度更加剧烈。

由于进京上访是上级对地方政府、干部政绩考核的重要负指标，给予基层干部极大的政治压力。而一些上访老户抓住了基层干部这一政治软肋，不停以去北京上访作为要挟手段。为了降低上访的数量，某些地方政府会采取堵访、截访等手段阻止群众上访，这非但没有堵住、截住社会矛盾与问题，反而导致了上访者怨气更重，产生更为严重的对立情绪，进而会产生更多反弹行为。近年来，强制性办“学习班”等方式已经取消，较为柔性的是将上访人士劝留在宾馆、招待所中，或是安排上访户集体外出旅游，防止他们去上级机关上访或参与集体行动。当发生群体性事件时，采取强制的手段对付群众。这种做法无疑是事倍功半，甚至会产生很多负面影响。调用警力，往往更容易引发抗议民众的不满情绪，导致冲突进一步加剧、升级。因此，群众和政府都应学会以理性、平和的态度处理和应对矛盾。

非制度化的手段并不都是非法手段，也包括合法但不合情理，合法但不符合相关规定等的行为。非制度化的矛盾解决方式一般都是违规的、非程序性的。它是一种自发的、无序的行为，最终会导致规则混乱与秩序失范。如在群体性事件中，经常会出现打、砸、抢等行为，这些都属于暴力犯罪。政府本应扮演好管理者的角色，但部分官员在错误的政绩观和利益的诱惑下，为达到经济目标，有意规避相关政策、法律，采用特殊手段处理社会矛盾。企业在化解矛盾的过程中同样会不通过良性的渠道与职工沟通协调，解决问题，而将自己置于职工、民众的对立面，为了资本与利益，不惜牺牲职工、民众的利益。部分上访户、钉子户，不按照法律与规章制度的程序规范行使合法权益，动辄“非访”进京访，甚至利用媒体进行炒作，夸大矛盾以取得更大利益，这些非程序化的手段都会对社会秩序有所危害，腐蚀社会的规则。

采取非制度化的手段解决矛盾，除个别自我摧残、反社会行为等非理性的极端行为外，无论是民众、政府还是企业，都会经过一定的考量，计算成本、风险、收益，最终选择某种成本低廉、风险较低、影响大见效快的手段。这个过程，体现了非制度化手段的策略性。在对基层领导干部进行访谈的过程中，他们也承认了过去常常会采取这些具有一定策略性的手段。除了出于自身利益与仕途的考虑之外，很大程度上这种策略性的方式也是“无奈之举”。在压力型的体制之下，进京上访人数进行通报，直接关系到基层干部切身利益。在不违法的情况之下，政府官员只得采取一些迂回的、“不得已而为之”的措施，但这并没有从源头上解决问题。虽然非制度化手段是从矛盾解决主体自身的利益角度出发的，具有一定的策略性，但对于矛盾的最终化解，实现社会的和谐有序，可能并不能产生真正的积极的影响。

采取非制度化的矛盾解决方式，其结果可能非但不能妥善地解决矛盾，反而会使矛盾进一步激化，或是产生新的矛盾，尤其是可能带来政府与民众的对抗。民众通过个体的非制度化反抗手段或集体行动向政府、企业表达利益诉求，如若处置不当，很可能事与愿违，实现不了合理诉求从而进一步激化矛盾。只有矛盾双方都采取理性的态度，平等交流、相互沟通、相互妥协让步，通过制度化的渠道来化解矛盾，才不会使得矛盾加剧或产生新的矛盾，最终实现社会秩序的和谐稳定。

非制度化的矛盾解决方式，其破坏性可以是隐性的，也可以是显性的。隐性的破坏主要表现在对社会规则、制度的锈蚀。某些基层政府如果采取“花钱买平安”的手段，不从源头处解决矛盾，一味地增加经济投入，通过利益收买等方式，平息矛盾，要钱给钱，特事特办。这就树立了“闹事就有钱”的错误导向，对于构建制度化、法制化、有序的社会有破坏性。非制度化手段自身具有一定的示范性，一但利益诉求者发现采取非制度化手段可以通过低成本获取高回报，便会选择越过法律的界限，参与其中。这一方面是由于采取“闹事”等方式在某些情况下的确可以获得丰厚利益，另一方面是因为很多人抱着“法不责众”的心态，通过集体行动施加压力。当今社会中解决矛盾的自发机制已经形成，通过闹事解决矛盾已经成为群众的一种思维方式，对社会治理形成了巨大阻力。以激进主义方式解决矛盾已经形成为一种思潮与解决矛盾的亚文化，这给整个社会带来了一股暴戾的气候。无政府主义再度在我国蔓延：冲击政府、殴打警察、反抗城管、随意堵塞马路、封堵政府大门等严重冲击社会秩序的行为，在某些地方开始泛滥，法律的尊严被践踏。在调查中，基层干部普遍表示对于群众中的极端个人主义、极端的激进主义思想与行为，不能够放任不管，退避三舍。这种“闹事亚文化”一旦形成，会起到极坏的示范作用，法律的尊严与权威会受到挑战，“信访不信法”、以闹事作为条件威胁、要挟、施压的人会不断增多。最后社会将面临失序的危险。因此要警惕这种极端的“民粹主义”，防止滋生“闹事亚文化”。

当然，“闹事”“闹访”要取得成功也并非易事。“闹”的成败在根本上取决于双方力量的博弈，而对于“闹”的发起群体、个体而言，成败取决于自己能动用的资源的多寡。从以往的各种“闹事”“闹访”来看，主要的资源动员形式有关系动员、道义与情感动员、利益与组织化动员。关系动员：常见于农村地区对血缘、亲缘、地缘关系的动用。这种最为紧密，也最为牢靠的传统亲密关系模式，往往是将事情“闹大”的最重要的资源形式。道义与情感动员：以自己的不公待遇、悲剧博得民众的道义同情，同时煽动围观群众的不满情绪，扩大冲突面。利益与组织动员：表现为向参与支持“闹事”的群众付一定的报酬，一些组织性较强的“闹事”行动甚至还会请专业的代闹，这在各类医闹事件非常常见。对于“闹”的应对者，政府机关、单位可动用的常规性资源则包括政治资源、法制资源、机构资源、媒体资源及社会资源等。在这些常规性资源失效的情况下，尤其是在农村地区很多资源无法动员，出于维稳压力，政府只能进行兜底处理，平息矛盾冲突①。

三 非制度化手段产生的原因分析

一般情况下，如果制度化的矛盾解决方式比较完善，利益诉求的表达机制顺畅，那么非制度化的矛盾解决方式自然便会减少。相反，如果制度化解决方式本身存在缺陷，渠道不畅，则非制度化的解决方式便呈现上升趋势。虽然我国目前构建了一套制度化的体系，可以使得民众解决矛盾纠纷，表达利益诉求有法可依，有处可去，但不得不承认，我国目前仍存在着制度化矛盾解决渠道不畅、利益表达机制不健全、成本高昂、程序烦琐、效率低下等缺陷，有待进一步改进和完善。

运动式解决社会矛盾是指在一定时期内采取高压手段、集中行政资源，暂时压制社会矛盾，形成表面的稳定。这种短期目标通常是保证重大活动、重要会议正常进行，特定敏感时期“不出事”，而不是确实解决实际问题，化解社会矛盾。矛盾只是暂时被压制下去，最终还是会激化。从症结上来看，运动式解决社会矛盾的问题在于地方政府领导平时对社会矛盾不够重视，日常管理缺位，不能从认识上纠偏，没能坚持从源头预防、回顾反思、自我纠错等方面入手，而是把工作重心和主要精力放在事后运动式的处理上，片面追求短期效果和眼前利益。这种治理模式会给一些群众造成“政府害怕我上访”的错误观念，容易助长民众“大闹大解决、

① 杨华：《“政府兜底”：我国农村社会冲突管理中的现象与逻辑》，《公共管理学报》2014年第2期。

小闹小解决、不闹不解决”的心理预期，越是特定时期，一些上访老户、钉子户越是积极采取行动以期引起重视。要走出“运动式”社会矛盾整治模式屡治屡现的怪圈，还需要长期、不懈的持续治理，从根本上化解社会矛盾。

在考核的压力之下，某些干部也常常会倾向于选择“行政不作为”，以规避风险。默顿发现，科层制内的职员的做法之一就是行政不作为。“所谓行政不作为，应当完全按照行为的意思表示和行为形式来划分行政作为与行政不作为，只要行政主体及其工作人员消极的未有意思表示或未实施行政行为，即可视为行政不作为。”① 处理社会矛盾过程中，行政不作为的主要表现形式是推脱责任、久拖不决。对于某些干部来说，诸多矛盾与政府关系不大，或者是前任遗留下来的，处理起来往往难度高，吃力不讨好，显示不出政绩。除非是上级明确指令或矛盾激化到非解决不可的程度，主动帮助民众处理社会矛盾是吃力不讨好的任务，稍有闪失，会影响个人仕途，从个体的理性来看，能不处理就不处理是对他们有利的选择。所以，某些干部的处置偏差中一个很突出的表现是推诿、逃避化解社会矛盾的责任。具体来说，就是上下级之间、同级部门之间、不同任期的官员之间互相推卸责任，尽可能将社会矛盾产生的根源归之于制度、客观原因或他人的工作失误，而不是个人的失责。对于他们来说，推诿、拖延是最简单易行的办法，一方面干部任期有限，能够拖延的矛盾最好是拖延到自己任期结束，将问题留给继任者去处理；另一方面，由于部门之间职责不明晰，在无法拖延的情况下，将社会矛盾推诿到其他部门，逃避自己的责任。某些社会矛盾激化，往往源于政府有些部门，有些基层政府平时怠于行使监管义务或者不作为，没有从源头预防、日常管理上下功夫，而将工作重点放在事后处置上，只追求短期效果和眼前利益，使本来处于萌芽状态可以化解的矛盾，不断地发展，最后激化。这种拖延表象掩盖下实际上是一种“压力后置”现象：压力事件被推迟到继任官员承担，矛盾不断发展，直至矛盾集中爆发。这种矛盾的“压力后置”现象对于政府来说，矛盾并没有最终解决，始终是一个潜在危险，不确定爆发的时间。很多历史遗留矛盾本来如果能及时解决，化解成本很低，但是某些地方政

① 王世涛：《论行政不作为侵权》，《法学家》2003 年第 6 期。

府一直拖延，每一任都试图推给下一任，问题迟迟得不到解决，最后导致矛盾积重难返甚至激化。

一些民众的制度化参与意识薄弱，“信访不信法”。两千多年的封建统治给民族打下了深深的文化烙印。重礼俗不重法制、崇拜权力，又对权力充满敬畏等思想成为了一种文化积淀。受传统思想的影响，不少人都认为按照法律办事不如找领导办事有效果。当遇到矛盾纠纷时，不会按照法制化、制度化的渠道去解决，而是用他们所熟悉的非制度化的方式去解决问题。正如徐炜所做的调查：“在多数情况下，农民若是有了政治要求或个人利益受到损害，他们往往不会去求助于政治机构，通过正常的制度渠道解决问题，而是更倾向于‘找关系’，‘靠人情’和‘请客送礼’两项相加高达53.85%，占一半以上。”①

不少民众对化解矛盾的渠道还不甚了解，缺乏制度化参与的能力。我国还没形成宣传多元化化解社会矛盾的合力，很多群众对解决社会矛盾的渠道了解甚少。据本课题组的问卷调查显示②，如果发生矛盾，群众认为解决矛盾最有效的三种方式是：调解（31.89%）、自行协商解决（24.06%）和信访（13.20%）。依次是诉讼（9.41%）、“寻求工会、妇联等人民团体的帮助”（7.65%）、“行政复议、行政裁决”（7.04%）、媒体投诉或上网（5.76%）、“采取过激手段直接正面冲突”（0.99%）。从这个数据可见，群众最依赖的途径还是制度化渠道。事实上，这些手段在解决特定问题上是很重要的，例如诉讼应该是解决一些矛盾的主渠道，实际上群众并不把它作为主要渠道。再如仲裁快捷方便、保守秘密、专家断案、一裁终局等优势和特色还不为广大群众知晓，需要进一步宣传，社会公众仲裁意识还需要进一步提高。

大多数情况下，民众选择非制度化的矛盾解决方式，还是出于成本——收益的考量，是一种理性的选择。民众通过制度化方式解决矛盾，需要耗费一定的时间、财力，但其能够产生的作用可能不如集体上访、静坐示威等方式更能引起社会关注，促使问题解决。例如进行司法诉讼，需要交纳诉讼费、律师代理费用等，打官司也需要一定的时间过程。出于经

① 徐炜：《试论当前中国农民的政治参与》，《江西社会科学》2001年第7期。

② 见第三章J省群众问卷调查。

济成本和时间成本考虑，民众便会选择成本更低、更为直接、迅捷的非制度化方式。

虽然非制度化矛盾解决方式存在诸多弊端，但其对于矛盾中的利益诉求者来说，也有一些正功能。首先，非制度化矛盾解决方式的门槛较低，几乎不耗费成本，成为底层民众在遭遇矛盾纠纷时首选的方式。其次，采取非制度化矛盾解决方式往往能够迅速获得社会关注，例如集体上访、游行示威等方式，能够迅速吸引媒体跟进，引起社会大众的广泛关注。利益受损群体最希望的便是能够赢得社会大众的关注与同情，这样更有利于实现自身的利益。当民众采取非制度化矛盾解决方式时，政府出于平息事端、维稳等因素考虑，往往会尽可能及时地满足民众的利益诉求。这也在一定程度上助长了民众采取非制度性反抗方式的风气。

第二节　我国信访制度的利弊

我国的信访制度建立初衷，是在法律制度还不完善的背景下，为群众开辟一条便捷有效的简易救助渠道。信访制度在收集矛盾信息、疏通群众诉求、化解社会矛盾方面发挥了重要作用。但随着时间的推移，出现了许多制度设计者未曾预料到的潜功能，并且产生了某些负面的效应。

一　信访制度的负面效应

一是风洞效应。即指所有现实矛盾与历史矛盾、未处理过的矛盾与已经处理过的矛盾，都通过信访制度吸引出来。信访制度实施以来，它成了一个社会矛盾的风洞机，不仅将小矛盾吸引过来，将并不尖锐的矛盾吸引过来，还将历史上已经过去的矛盾吸引出来，将潜伏的矛盾吸引出来，将司法已经处理过的矛盾吸引出来，将所有沉淀在社会中显现的矛盾与潜伏的矛盾都通过信访制度吸拔出来，将社会的矛盾汇聚起来。原本一个辅助性的化解矛盾的救济制度，却喧宾夺主，成为一个并不完全解决矛盾的主渠道。风洞效应还在于，信访制度给群众一种误解，通过信访，领导知道了干预了，矛盾与问题就解决了。信访已经成为以权力解决矛盾的渠道。这样，群众认为权力越大，其对基层施加的压力就越大，矛盾解决的越快。权力最大的是党中央，国家信访局的所在地北京，于是北京便成了信访风洞的中心。出现了全国的信访民众蜂拥到北京的现象。北京成为矛盾压力最大的地方。当中央无法承受这种现象的时候，需要地方政府分解矛盾的压力，作出了“谁家的孩子谁抱走”的策略，产生了对地方执政官员一票否决制度与通报制度。

二是软肋效应。一票否决制度与通报制度，原意是通过压力激励基层政府认真处置矛盾的一种考核机制，但是，这一制度在实施过程中出现了一个没有预料到的后果，即制造了一个大门敞开的政府“软肋”。一票否决制度与通报制度直接关系到基层政府负责官员的职务稳定与晋升，与个人的直接利益关联了起来，因此，这种压力机制，转变为一种“软肋”。上访群众正是抓住了这个“软肋”，将上访作为博弈的最为有力的武器，在关键时候持续地上访，迫使基层党政领导屈服。作为基层政府，当一个普通的矛盾成为一种政治压力、政治惩处指标的时候，他们不得不考虑自己的政治前程。通常的做法是顾不了上访者的行为是否合理合法，作出宁愿放弃原则而不放弃职务的抉择。使上访者获得了巨大的收益。

三是妥协效应。一票否决制度与通报制度只讲数据，不分是非与缘由。而到北京上访者，通常是问题在基层难以处理的个案，这些个案中，部分有其合理性，但大多数是对个体的利益诉求过高或是不合理的诉求，或者是不符合现行政策的诉求。在这种情况下，要么满足上访者的非合理诉求，要么采用非正常手段，不让上访者进京。前者，在法、理、情上都要站不住脚，政府丧失了原则，但能够暂时息事宁人。后者，要花费大量的人力、物力，牵扯大量的精力。基层政府在压力下，常常会采取第一种做法，向上访者不断地妥协，放弃是非标准、放弃社会公正原则，满足上访者的要求。

四是诱发效应。政府妥协的结果，向非合理诉求的上访者支付“稳定费用”以后，这种无原则的赎买做法，由于不是建立在是非标准之上，结果是冲击了社会的公平正义的核心观念，无正当性与合理性。因此，妥协的结果会成为一种负向的榜样与示范，闹事、上访才能够满足不合理的要求。政府妥协的结果是一种负向的刺激，引导更多的人采取激进主义的手段与集体行动的方式来解决矛盾与问题。自发解决矛盾的非正常机制形成了，由少数人使用到更多的人使用。闹事成为普通老百姓解决矛盾的首选方式，在日益普遍化的情况下，闹事亚文化也形成了。

目前，我国进行了信访制度的改革，国家对各省市不再搞全国范围的信访排名、通报，有关部门确立了“把矛盾化解在当地”的新思路[①]。通过改变这种压力型体制，能够更清晰地明确矛盾处理的着力点，重视矛盾源头，而不是仅仅靠非制度化的手段暂时抑制矛盾。

二　基层干部关于信访的看法

信访制度是当前我国化解社会矛盾的一个重要的渠道，也是地方政府维护稳定工作的重要方面。在某些地方有的基层干部甚至将其作为核心工作之一。课题组在访谈中，在讲到基层社会矛盾的时候，大部分干部都提到了信访，有的甚至认为“我发现乡镇工作的主旋律就是信访，其他工作都围绕着信访进行。”（0C01004，某镇书记）“信访和拆迁是在基层工作中最令人头痛的两个问题。”（0P11002，某县委办公室主任）

（一）基层干部对信访制度的认知和评价

1. 基层干部对信访制度的总体评价

信访制度也有积极的一面，信访的制度目标是合理的。（1）拓宽群众利益表达渠道。“信访制度当然有其拓宽群众利益诉求渠道的初衷。”（0B01018，某镇委书记）（2）化解社会矛盾。“信访是有助于基层社会矛盾处理的。”（0B00023，某镇招商办主任）（3）群众监督政府行为的制度化方式。“信访是群众反映问题的方式，有利于监督基层工作人员是否依法行事。”（0B01014，某镇委书记）

信访制度所带来的负面效果主要在于制度设计本身存在的不足以及具体操作过程的失当。但相当部分基层干部都对信访制度作出了较为负面的评价。基层干部对信访制度持负面评价，主要是以信访制度的实际运行效果作为标准。（1）信访制度解决问题的能力有限。“信访制度存在的问题，比如信访制度过于宽广、信访量居高不下、缺乏统一的协调机制、随意性很大，导致它并不能有效解决社会矛盾。”（1D10002，某社区书记）

① 《内地正推进信访改革：已取消排名通报制度》，新华网（http://news.xinhuanet.com/politics/2013－11/11/c_118080306.htm）。

(2) 信访制度的不完善成为增加矛盾、激化矛盾的诱因。"原来的信访制度就激化了矛盾。还有对干部的一票否决，也激化了矛盾，老百姓认为我只要上访，你干部就没有道理，因此从另一个方面鼓励了群众的一些无理的上访。"（1C01003，某镇副书记）(3) 信访制度带来人力资源浪费。"就是有七人上访的，这七个人是多年上访的，提出很多非常不合理的要求。在两会期间，为了这七个，每个村用六个人去陪他们，一共二十四个人，四班倒，上厕所都要有人跟着，一个月下来我就像生了一场大病，精神高度紧张。为了保证两会顺利进行，不这样也不行。"（0C01018，某街道书记）(4) 信访制度带来巨大的社会成本。"现在的信访快成了政府自己给自己套上的枷锁了，大量无休止的上访老户，缠访户浪费了政府很大的精力财力。"（0C11021，某区信访局长）而"信访工作的导向造成了以后会有越来越多的群体性事件，以及越来越多的非合理的诉求。"（0C01004，某镇书记）(5) 信访制度给基层政府及其工作人员带来巨大的压力。信访带来巨大的考核压力。"信访考核对基层的压力太大，要化解老百姓的上访就必须满足他们的条件，条件有合理的也有不合理的。现在需要信访终结制度，到某一层级就结束。信访的问题最头疼。"（0C01001，某镇书记）信访工作的考核制度，排名、通报、一票否决、属地管理等[①]，使得基层承受巨大压力。"上面的考核机制也有问题，每年给你排名，在北京已经形成产业链了……基层拿他没办法了，那不一级压一级啊，压到最后最崩溃的就是基层。"（0O12005，某县副书记）信访工作给基层干部带来很大的身心压力，信访制度不仅难以根本性地解决问题，而且触发了更多的问题，带来巨大的社会治理成本，也让基层干部承受压力与委屈。"乡镇一年信访的成本，不只是经济成本，基层干部也受委屈。"（0C01004，某镇书记）

2. 基层干部对信访制度存废的态度

在信访制度存废问题上，基层干部的态度是存在差异的。主张保留信访制度的基层干部的观点为如下两点。(1) 信访制度是矛盾化解的一个渠道。"信访不要取消，你应该让他有一个渠道去宣泄。"（0A11016，某

① 现在虽然取消了信访的排名，但是通报制度仍然存在，成为上级部门考核基层政府的指标；一票否决的考核机制还在不少地方或明或暗地存在着。

镇副书记、镇长）（2）信访制度的不足在于操作层面，因此改革操作层面显得必要。“信访制度当然还是要，但是它的具体操作还是有问题，并且问题比较严重”（0O11003，某区人大教工委主任），所以“保留信访制度，一定要有所约束（成本）。”（0A11021，某镇副书记、镇长）持保留态度的基层干部也提出了具体的信访改革建议，主要包括四个方面。（1）依法行政，严厉打击非法上访行为。“对那些无理的缠访户、上访老户必须给予严厉打击，发挥出我国法制的规范、震慑作用，减少基层政府的精力浪费。”（0C01025，某乡长）处理违法的基层干部，发挥法律的公平性。“干部违法需要处理，上访人员违法也需要处理。”（0C01005，某镇书记）（2）完善并贯彻落实信访终结机制。“要考虑信访体制改革，落实好三级信访终结制。”（0C12020，某市国家高新区副主任）（3）改革与信访考核相关的制度。“在上级对信访的考核上要科学合理，区分不作为、违法作为和尽职等不同情况给予公正的工作评价，给我们基层政府松绑。而不是不论青红皂白一巴掌打下来，这样自己给自己制造了很多压力和麻烦。”（0C01025，某乡长）（4）改革与信访相关的其他制度、部门。“如何处理好信访部门与法律执法机构间职能履行的关系问题是关键……应该出台一些制度规定，依据信访人诉求是否合理，进行分类分流处置。该终结的要及时在信访部门终结，该转交到司法部门能通过法律渠道解决的要及时转交，该到上级部门申诉复议的进行有限次数的申诉复议。”（0C01025，某乡长）

主张撤除信访制度的基层干部则有两种认知。（1）信访制度引发矛盾。“很多矛盾都是信访引发的。”（0A12025，某副市长）（2）信访制度给基层政府带来负担。“信访制度需要撤除，它不能解决任何问题，却增加成本，带来负担。”（0C01002，某镇长）正是因为“信访制度存在着利弊的问题，而且弊端比较大，”（0B01017，某乡党委书记），所以“应该废除，”（0B01017，某乡党委书记）“应该把信访砍掉，直接走法律程序。”（1A01019，某镇信访办主任）

（二）基层干部对信访原因、老信访户的看法

1. 信访的原因

信访是公民权利，公民有行使其权利的自由。“上访本身是公民的权利，他去花时间、花精力去上访是他们的权利。”（0O01002，某副镇

长）因此，出现信访是正常的，“到政府的某些单位信访是正常的，公民的权利嘛，去没问题的，包括到我们上级街道、区委去投诉，这个也都是正常的，”（1F10001，某居民区党总支书记）重点在于如何有效地控制信访的量并有效地引导其合法合规。“这么大个国家……没有上访是不正常的，有上访是正常的。我认为你消灭不了上访的，只要控制在一个合理的度，不要造成一个恶性的事件，我看就行了。上访不可怕，大家也不要把上访当成什么洪水猛兽。”（0O11007，某市公安局教导员）信访现象的出现，有其复杂的社会原因。“我感觉这信访的问题不是单纯的哪一个方面的问题，是整个社会机制。人民利益诉求、社会的不公，甚至说无序的处理问题的方式，还有贫富悬殊造成人民心理和对利益的诉求发生了扭曲，然后在这种情况下，我们政府在处理这些信访的时候，不从法律渠道去解决，导致了现在老百姓的诉求无序，欲望越来越高。”（0C11008，某街道书记）具体来说：群众的利益受到损害。“要说矛盾发生过程中群众的心态，群众去上访闹事主要还是利益受到了触动。”（1H01001，某乡副书记）其中也不排除有以信访谋求不当利益的群体存在，“现在所谓的上访户他们不是真的吃不起饭，穿不起衣，真正有困难的只占10%。他们想利益最大化。”（0O01002，某副镇长）司法不公引发信访矛盾，“目前司法不公正，是产生信访问题最大的部门。”（0C11017，某街道书记）政治体制改革不到位，导致信访的恶性循环，“产生这些信访问题的根源，一个是中国的体制问题，政治体制和经济体制不对等，乡镇干部、书记承担了无穷的责任，没有权力，以前下去还帮助分析问题，现在下去就是给钱的。”（0C01018，某街道书记）制度化矛盾纠纷解决机制不畅，“通过打官司解决要花钱，而通过信访的话，他只是投入精力，不需要花金钱。”（0O11003，某区人大教工委主任）部分媒体的煽动，激化矛盾，鼓动上访，“特别还有一些媒体小报再跟进炒作，进一步渲染、激化、扩大了矛盾，又鼓动了更多人遇事就上访，产生了更多的上访老户、缠访户。”（0C01025，某乡长）经济要求过高，这种情况不少，最让人头疼的是这一块，而不是其他问题。”（0O12005，某县副书记）

2. 信访户的特点

（1）信访诉求的多样化。“上访户有几种诉求，一个就是完全跳出政策，所有的地方政府的政策，他认为不合法……第二种诉求是跟其他人攀比，就是有些不合理诉求被解决掉了，这些信息又全部透明了，被其他人知道了，他们用这种方式反算自己的情况……第三个诉求就是在我多年的上访过程中的代价，我吃的苦，受的累，这个中间，你听每个人讲起来，你都同情他。”（0A11053，某街道书记）（2）信访户划分为不同子群体。“这些上访有一部分是合理的，有一部分是对政策不理解，还有相当一部分上访的人员有心理障碍，他们觉得如果不上访的话，活着都没有很大意义。”（0O11003，某区人大教工委主任）（3）“无理信访”有上升趋势。“现在很多的上访的人并不都有合理诉求，有的就是随大流，乱参与，反正没亏吃。这种无理上访现象有扩大化趋势。”（0C01023，某镇党工委书记）（4）政府的应对方式是信访的诱因之一。“老百姓都有这样的感觉，因为他不合理的诉求，他因为去闹得到了政府的回应，得到了比它期望还高的（回报），他就会去鼓动别人，或者去影响别人。”（1K12004，某村主任）（5）信访诉求的方式并不全都合法。“现在的信访，维权者都不管法，不依法。”（0O01002，某副镇长）“信访不信法”是主要心态。“老百姓养成了‘信访不信法’的习惯，这个体制惯养了很多的‘专业缠访户’，给政府造成了很大麻烦，社会影响也很坏，有的老信访已经形成了有组织、有网络、有活动资金的专业信访户。”（0C01023，某镇党工委书记）（6）部分信访户有“心理障碍”。“有一部分人有（心理）障碍，有上访的‘瘾’。”（0O11003，某区人大教工委主任）信访户之所以出现心理障碍是在信访过程中形成的，其中的形成机制值得反思。（7）非法利益的卷入。“上访的事情就有啊，这有非法利益在里面。这个社会有黑社会啊。”（0O12005，某县副书记）（8）政治因素的卷入。“我觉得信访也要考虑政治因素，有些群体性事件跟那些有关的。”（0O12005，某县副书记）

（三）信访老户

1. 对信访老户现象的归因

最令基层政府和基层干部头疼的无疑就是信访老户或者叫作上访老户。信访老户现象出现的原因主要包括以下五个方面：（1）“形成‘老大难’问题的往往就是这些偏激的，心理有问题的，甚至有些精神分裂症的那种。”（0O12005，某县副书记）（2）地方政府处理群众诉求不当，激化矛盾。“对越级信访的问题，上级信访部门在处理的时候方式是简单的，定性比较随意，不是去考虑处理问题，反而是想法回避问题，扩大矛盾。”（0C11024，某街道副书记）（3）追求利益最大化的心态。“他们这样做的目的是想利益最大化。”（0O01002，某副镇长）（4）不当得利的侥幸心理导致恶性循环。“有些上访户，在当时上访的时候有他们的理由，但随着时间长了，随着一届一届政府不断处理，他们的合理诉求应该已经得到满足，就是因为上访惯了，尝到了上访的甜头，还是一直要求上访，通过上访给政府施压再获得好处。”（1C02006，某县长）（5）基层治理弱化的结果。“所谓上访钉子户的形成是基层治理弱化的结果，也是信访体制形塑的结果，（假设基层治理好），大部分的基层矛盾、纠纷就不至于涌入信访轨道。我们假设现行的信访体制无法提供纠纷解决的功能，也无法满足钉子户的利益诉求，以利益追逐为目标的闹访、缠访的信访专业户也不会形成。往往出现的情况是，越是上访老户，越是能掐准基层政府在信访制度中的痛处，获得更大的利益。现在一批闹访、缠访的上访户开始形成。”（1A10022，某街道城管科科员）

2. 对信访老户特点的归纳

（1）信访老户的情况复杂。“上访老户……我觉得有几种情况，第一种是他们的情况让人同情，但不合法，在当时和现在，他们的诉求都是不合法的。这是多数上访老户的情况，就是合情但不合法。第二种情况是由于当时历史的局限，因为政策在不断变化，有的在以前是不合法的，但现在又合法了，所以这样他们就会反复来上访。第三种情况是确实有重大冤情，所以才多次不断地上访。”（1L12006，某副厅级干部）（2）信访的诉求过高。“有个别上访老户的个人诉求太高，认为一定要大闹才能大解决，小闹小解决，他们抱着这种思想倾向来解决问题，就没办法解决。”（1L12006，某副厅级干部）（3）诉求并非完全合理。“现在的信访量比较大，信访这个问题可能每个地方都差不多，有合理的，也有不合理的，有的的确是损害了老百姓的利益，但也有的是因为上访者个人的性格、精神等有问题，看事情偏执，长期下来成了难缠户。”（0C11024，某街道副书记）（4）信访户有一定的仇恨心理。“我认为‘上访老户’……多少也含有一些对社会、政府、对矛盾另一方当事人的过度‘仇视’心理。”（1D11005，某区水电局团委书记）（5）信访老户不信任干部，尤其是处理矛盾纠纷的干部。“应该说大部分的……‘上访户’都对干部不信任，主要是对处理矛盾的干部不予信任，这是主要问题。”（1C01003，某副书记）（6）诉求有时候具备法律根据。“有的‘上访老户’，他的诉求是有法律依据的。”（1F10001，某居民区党总支书记）

3. 应对信访老户的策略

（1）主动出击，公平处理。“要调查研究，摸清实情……要客观公正对待，如反映问题确实合理的，加大督促和解决力度，如失实的，采取必要的手段进行纠正。”（1D11005，某区水电局团委书记）（2）情感策略。晓之以情，多沟通，稳定信访老户的情绪。“多方面了解，设身处地为他们想，尽量说好话，用温暖的话语感化他们，不能激怒他们。”（1D10003，某社区主任兼书记）（3）道理策略。讲道理，为信访老户分析梳理诉求，辨别合理诉求与不合理诉求。“我耐心细致地一条条帮他梳理，把他情绪稳定下来。然后梳理他的需求和他的这个情况的逻辑关系，然后再对他的每一条情况做一个回应。”（1F10001，某居民区党总支书记）或者努力做通信访老户的思想工作。“对待这些户，我们村两委都是集中在一起想对策，然后保护到每个人，耐心细致地做他们的思想工作，直到他们想通了为止。”（1C00001，某村主任）（4）辨别是非策略。依法处理信访老户的利益诉求，依法打击不合理诉求，引导信访老户走法律途径。“总之你信访无论如何应该去体现一个基本原则，理论研究还是实践也好，应该鼓励的是依法上访与处置。这访民也不是说来访的就一定是对的，现在好像是上访就一定是政府错了，都是被访方错了，不一定。访民自己也有过错啊。”（0O12005，某县副书记）（5）经济补偿策略。有些地区政府设立了专项基金、解决那些确有原因、生活确有困难，但又找不到负责单位的上访老户的困难。“在应对上访老户、缠访户时，有些时候政府就是花钱买平安，老话说就是破财消灾。”（0C01025，某乡长）

三 信访老户形成的机理

据基层政府部门干部反映，在社会矛盾处理过程中，最难以处理和解决的便是“上访老户”问题。近些年来，“闹访”甚至已经成为一种突出的社会矛盾表现形式。“闹访”的核心诉求是争取利益以及弥补情感伤害。"'闹访'者的主要目的是获得利益表象背后的公正，即法律公正或社会公正。透过一些'闹访'者看似极端的利益诉求，发现其背后总有一种追求公正的愿望，或者说，是为了'出一口气'。"① 不管是争取利益还弥补情感伤害，"大闹大解决、小闹小解决、不闹不解决"，已经成了社会大众的信条和基层政府化解社会矛盾的不成文的规定。在很多解决闹事的实践中，政府部门迫于上级和社会舆论的压力，往往"人民内部矛盾人民内部解决"，采取给予一定的经济补偿和优惠政策等措施息事宁人。而这样做反而会使得老百姓拿到好处后，欲望会不断提高。各种"闹事""闹访"现象不仅没有得到遏制，反而更加猖獗。

课题组 2015 年在无锡、南通、徐州、连云港四市进行了关于社会矛盾课题的相关调研，调查中干部群体认为，形成"上访老户"现象的三个主要原因分别是：（1）自身的合法权益曾被侵害，问题未及时得到解决；（2）他们从上访中已尝到了甜头，养成了靠缠访、闹访去讹诈政府的习惯；（3）有些上访老户的确有精神偏执的问题。而次要的原因是：（1）政府对一些历史遗留的问题未有好的解决办法；（2）与我们的信访体制有很大关系；（3）法制法规不健全，打击、教育、稳控措施针对性不强。

由此可以看出，干部群体对"上访老户"现象形成原因的看法主要可分为两个方面：一方面，干部群体承认"上访老户"是利益受损且利益并未得到补偿的群体，上访有其一定的合理性。在基层访谈中，基层干部普遍反映，群众中确实有困难的情况，在基层只要符合政策的，能够解决的已经基本解决了。这表明干部群体看待"上访老户"较为客观；另一方面，干部群体同时又认为"上访老户"现象的出现主要原因可以归结为该群体本身的投机心理与精神偏执。现在不能够解决的矛盾基本上是不符合现有政策的，或者根本上是无理取闹的，大多数是基层政府无法满足其狮子大开口的要求。因此，他们的基本判断是，去北京上访者，大多数，甚至是 80% 以上，非合理的要求居多。对于这些纠缠的上访户，正

① 李君鹏：《"闹访"困局待解——"闹访"特点与官民博弈》，《人民论坛》2010 年第 10 期。

常的道理已经说不通，用法律要求也置之不理。这部分人在精神上进入了非理性的、情绪化的状态。但在以往的一票否决制与现时的通报制的政治压力下，基层干部无奈在经济上对上访户做了最大限度的让步。基层干部已经做了大量的化解工作，在政策限制、财力不足、法律不符的情况下，也尽可能满足上访户的不合理要求，对其困难竭力解决。在通报制的政治压力下，基层干部对待上访老户已经到了不计经济代价，不计人力代价，严防死守的地步。已经严重地影响了基层的工作秩序。更严重的是，为了让其不再上访，有的甚至到了不讲是非、不讲政策，尽量满足其不合理的要求的地步。对此，基层干部感到其工作无价值、无意义。在群众的激进主义、个人主义行为面前的节节败退，并没有真正地解决矛盾与问题，而是助长了激进主义与极端个人主义，退让的结果，让极少数不讲理的群众尝到了用极端方法解决矛盾的甜头，更加相信不闹事不解决问题的偏激观念并诱发更多的人采取激进主义的手段来解决矛盾。其实，上访老户现象的出现，是多种合力共同造成的，对于此类现象，需要区别看待。对那些经评估确认确实是合法利益受到侵害，问题得不到及时解决的上访者，上级部门要进行介入，保障其合法权益不受侵害，对其进行物质补偿和精神抚慰，同时还要追究相关责任人的责任。而对于那些以缠访、闹访、越级访为手段讹诈政府，获取超额利益的上访老户，也应依法追究其责任，并做好教育工作。基层干部也反映希望信访制度能得到有效改革，从源头上解决“上访老户”现象。

第三节　反社会行为是社会矛盾激化的新形式

一　个体反社会行为的内涵

当前关于社会矛盾、社会冲突的研究主要集中于对群体性事件、集体行动等问题的研究，已经形成丰富的理论成果，而个体反社会行为作为社会矛盾的一种最极端的爆发形式，却缺少系统深入的研究。2010 年 3 月 23 日福建南平郑民生屠童案震惊全国，这一事件标志着反社会行为在我国开始产生，成为一种新型的矛盾激化的形式。此后，社会感染效应产生，在不到两个月的时间里在广东、江苏、山东和陕西又突发四起屠童惨案，其中三起发生的时间分别是 4 月 28 日、4 月 29 日和 4 月 30 日接连三日，而其作案手段和袭击对象和郑民生竟如出一辙，让人不禁联想到社会心理学家塔德的“模仿律”，随后公交车纵火案（如厦门公交车纵火案）、特大爆炸案（如石家庄“3. 16”特大爆炸案）等事件带有明显的反社会、报复社会的性质。个体报复社会事件的频发这一现象本身也反映出我国社会转型期各种矛盾的激化、社会问题的严峻性。然而，当前对这类事件的探讨多集中于犯罪学和法学等研究领域，而社会学领域的相关研究很少，对其发生的深层次原因和形成演变逻辑还未有系统的研究分析。由此，深入剖析个体反社会极端事件不仅可以让我们理解此类事件形成逻辑，还可以帮助我们从另一个角度更深刻地认识当前社会矛盾和社会问题，为完善此类事件预警机制，厘清社会预防思路，提高基层社会治理水平提供有益的借鉴。

相对群体性事件而言的是个体极端事件。个体极端事件是指行为主体为个人，行事手段十分极端，超出了公众所能容忍的社会规范的底线和伦理底线，社会影响极其恶劣的事件。个体极端行为包含了内向型（指的是行为指向个体自身）的个体自我摧残，外向型（行为对象指向他人与社会）的个体极端暴力犯罪、个体恐怖行为、反社会行为等类型。个体自残行为：它是指行为主体通过损害自己的身体来达到某些要求的行为。个体极端犯罪行为：这是指为满足私利的个体针对他人或社会实施的伤害行为。其最主要的特征就在于其“个人性”和“极端性”：“个人性”强调了其与有组织实施的极端暴力犯罪不同；“极端性”体现在犯罪手段的暴力性和后果的社会影响的恶劣性。个体恐怖行为，这是指个体为了捍卫自己信奉的某种精神性要素（如宗教信仰、政治理念、民族文化等），而实施的一种滥杀无辜的行为。恐怖主义均有较强的信仰、政治、宗教等目的，也具有“个人性”和“极端性”“恶劣性”。个体反社会行为，这是指行为主体为宣泄自己的挫折，目标指向任意社会成员的泛化的暴力行为。

个体极端犯罪行为、个体恐怖行为、个体反社会行为在犯罪的行径上、手段的残暴上、后果的恶劣上都非常相似，区别主要在于犯罪的动机上。个体极端犯罪的行为动机是完全利己的，为了一已私利。个体恐怖行为的动机不是为了个体自身的利益，而是为了某种信仰或政治目标，为了自己归属的群体，从这一角度讲是利他（团体）的。而个体反社会行为，行动者主要不是为了获取利益，是为了宣泄自己的挫折，寻找“替罪羊”的行径。“个体反社会行为”这个名称强调行为主体是个体，行为者的行动目标针对整个社会或全体社会成员。此种犯罪中行为人的主观动机就是报复社会，不仅报复本身是反理性的行为动机，因而没有合理性和合法性的基础，而且将个体的挫折归罪到与之不相关的其他个体，而体现出一种荒谬的逻辑。

二　我国反社会行为的基本情况

课题组以“报复社会”为关键词，在百度、搜狐、新浪和网易四个网站的新闻板块中进行检索并仔细甄别了所有条目，同时也借助以往的相关学术文献，一共搜集了125个案例，课题组选取案例的标准是新闻文本中有当事人或者官方对行为性质作“报复社会”的陈述或认定，时间跨度是2000年至2014年。报复社会是“个体反社会行为”在公众中一种比较通俗的说法，并且通常是行为人的自陈或公安部门和法院对行为人作案动机、行为逻辑或性质分析后的结论，通过媒体得以公布。通过对这些案例相关的新闻的统计分析，课题组试图概括个体反社会行为的一般特征和规律。由于这些新闻中，有的事件报道丰富多样，有的则只有寥寥数语，详略不一，因此具有统计意义的信息是有限的。

20世纪初期统计学的发展让社会学家认识到，在人和政治的世界中，偶然性和随机性并不能够消除可预见性而使社会科学变成一种矛盾修饰法，它们似乎具有它们自己的规律①。因此像个体反社会行为的发生率是一个社会事实而非出于个体的自由意志。这里实际上存在一个预设，即所有实际发生的案件都在新闻中得到反映或者与新闻报道的案件成正比，并且网络新闻与传统新闻是一致的，考虑到新闻把关以及较早时期互联网的发展程度等可能的影响因素，这个预设成立与否是值得商榷的。在125个案例中，从2000年以来，个体反社会行为频数走势见图16—1。

① Philip Ball、刘道军：《统计学：社会的物理学》，《世界科学》2002年第8期。

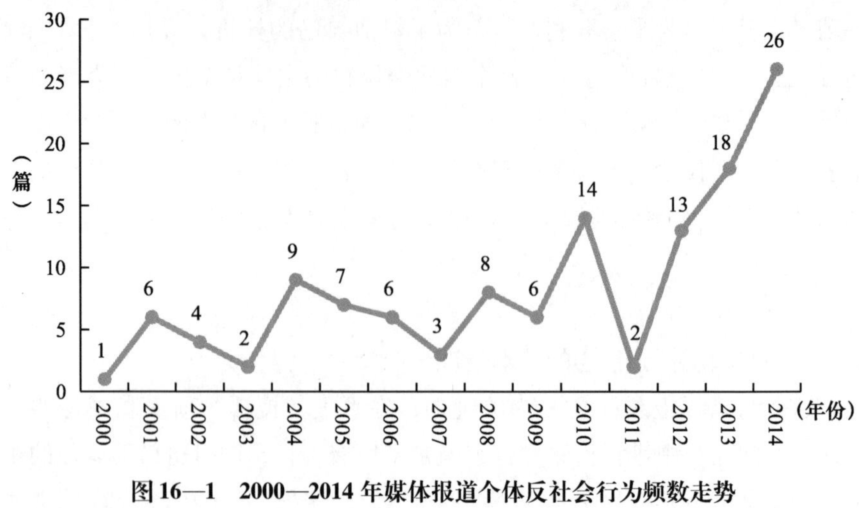

图 16—1 2000—2014 年媒体报道个体反社会行为频数走势

由上图可知，个体反社会行为的整体走势是随着时间的推移发生越来越频繁。不过其趋势亦非稳步增长，而是起伏有致。正如前文已提及，到了 2010 年，呈现出一种陡增的现象，而到 2011 年却又急剧下降，到 2012 年又基本回到 2010 年的水平。对此课题组认为可能有两种原因：其一是每当整个社会呈现出较高的个体反社会犯罪率，都会引起社会和政府的重视和警惕，就会深入反思以及采取相应的防范措施，并且这些措施是有效的；其二则可能是新闻把关作用的效果，首先减少了类似事件的报道，其次这种报道的减少也相应地降低了其社会影响，因而避免了潜在的模仿。以上两点在 2011 年体现得尤为明显。2012 年以来，个体反社会行为的增涨幅度是惊人的，2014 年竟然有 26 起之多。整个社会的怨恨情绪的蔓延和互联网的愈益普及增加了新闻控制的难度以及扩大了事件的社会影响，再加上两者的交互促进，可能是此种态势的成因。

1. 行为人自然特征。犯罪学发现男性犯罪的比率一般总是远高于女性[①]。而在个体反社会行为中这种悬殊更为突出，在 125 个案例中，男性行为人占绝大多数，只有 1 例是女性。从年龄来看，行为人大多是青壮年，平均年龄是 37. 9 岁，最小 19 岁，最大 80 岁。年龄段来看，18 至 39 岁占 59. 7%，40 至 59 岁占 36. 1%，60 岁及以上占 4. 2%。

① 丛梅：《当前犯罪主体的性别特征分析》，《理论与现代化》2008 年第 4 期。

2. 职业特征。在信息量有限的前提下，与性别和年龄这样的生理性特征一样较为显见的是，职业作为一种社会指标通过其支付性要素（时间、体力和脑力等）和获得性要素（薪酬、声誉和其他资源与保障）的不同分配能够大体体现出人的社会地位以及与之相关的资源占有情况。因此，课题组试图通过职业这一指标来分析行为主体的社会性特征。在125个案例中（缺失值为13）能够获取行为人职业信息的共112个案例，课题组根据这些案例一共统计了132种职业类型及状态。课题组将这些职业类型及状态分为五类：①技能型中、下层职业，包括教师、医生、律师、导游、技术员和旅游公司管理人员；②经营型中、下层职业，如经营小卖部、面食店、烟酒店、水果店和蛋糕店等；③简单劳动类下层职业，包括各种体力型雇工和零工，较为具体的还包括保安、小本经营（如擦皮鞋和摆摊）、驾驶员和收废品等；④农民；⑤无业。课题组将前两类职业归为中、下层，其生活水平中层者按顺序递减，下层则按顺序递增。整个职业类型序列的生活水平亦是呈现下层递增的趋势。具体职业及状态分布比例见表16—1。

表16—1　　　　个体反社会行为人职业及状态分布比例

职业类型	频数	比例
技能型中、下层职业	10	7.6%
经营型中、下层职业	13	9.8%
简单劳动类下层职业	54	40.9%
农民	21	15.9%
无业	34	25.8%

从上表可知，在个体反社会行为人的职业分布中，下层职业占了绝对多数。从就业结构可以看出，他们所从事的职业多是简单的体力劳动型工作，多来源于制造业、社会服务业等行业。

3. 行为后果。个体反社会行为是所有反社会行为中最反理性、最荒谬因而也最极端、残忍的犯罪。同样都是“报复社会”，行为人的怨恨程度不一，采取的行为的强度和烈度也有差别，但总体而言个体反社会行为与一般犯罪相比远为残忍和严重，虽然有的个体反社会行为没有造成意图的后果，但其潜在的危险是令人不寒而栗的。据课题组统计，在125个案例中，财产的损失和其社会影响所带来的目击者或亲身经历者以及整个社会的精神损失难以估计。就人员伤亡而言，一共至少造成了603人死亡，1576人受到直接的生理或心理伤害，平均每起案件造成4.8人死亡，12.6人受到直接的生理或心理伤害。

4. 作案的工具或方式。由于行为人作案工具或方式的复合性，在125个案例中课题组共统计了130种工具或方式。总体而言，个体反社会行为的作案工具或方式与一般犯罪既有某些共性，也有其独特性。其独特性在于试图寻找一种事态或后果最大化的方式。（1）一般刀械。包括各种刀具、锤和斧等，其特点是运用简便灵活和易得，在总体中频数最大，占33%的比例。（2）炸弹。炸弹的获取或制作和运用包括一个较长的预谋过程，虽然其易得性不如其他几种工具或方式，但仍然是种较为易得的工具，而且其骇人的威力也许是使其成为运用频率第二大工具的原因，占23%的比例。炸弹既能通过非法的渠道购得，亦能在一定的技术条件下私自制造。其最常见的运用场所是公共交通工具（公交车、中巴车等）、闹市和广场等人群密集地。既能造成严重伤亡，亦能达到一种公开展示的恐怖效果。（3）纵火。纵火在总体中占18%的比例，排第三位。与炸弹的使用类似，纵火者既有犯罪后逃逸型，也有使用烈性易燃物（如汽油）与人同归于尽型。不过与炸弹不同之处在于，炸弹的威力在瞬间达到，而纵火具有不确定性，既可以处置得当得以控制，也可能控制不力造成远为严重的后果。（4）驾车撞人。利用机器来蹂躏脆弱的人体，也成了一种常见的方式，约占9%的比例。其中大部分是职业驾驶员和其他社会底层群体，只有少数人是自己拥有私家车的社会中上层。（5）其他方式。颠覆列车，约占2%左右。虽然所占比例小，也都未造成严重后果，但说其危险性最为恐怖并不过分，动机一旦得逞，后果不堪设想。炸弹恐吓，约占2%左右。这一类相对温和，但其造成的社会恐慌和对社会秩序的影响所带来的损失也是巨大的。还有溺死、摔死、枪击和传染性病，占3%的比重。以上方式几乎没有获利的特征，其特点是行为持续时间短，因此其具体作案工具或方式是明显可见的，但也有少数报复社会行为中混杂着获利的，课题组称获利型反社会。这一类是指以获取利益为外表，但实质是报复社会，这是经过行为人的主观陈述并通过法律审判程序得以确定。例如跨省杀害38人的卞况在审讯中交代作案动机："主要是报复社会……再有就是弄点钱。"[①] 又如连环抢劫杀人案制造者段金全陈述："我生活在最底层，没人看得起我，我要报复这个社会。"[②] 这类形式约占5%的比例。

5. 作案场所和对象。据课题组统计，个体反社会行为主要发生在城镇，较少发生在农村。至于具体场所，案件通常发生在街头、闹市、学校、公共交通工具（公交车、客车和地铁等）、居民区、会议场所、机关法人所在地和其他人群密集之地。少数也可能发生于民宅、景区和名胜古迹等处。作案对象通常是毫无防备或在难以有效防备场所（如拥挤封闭的公交车）中的人群，以及在生理上处于弱势的群体，如儿童和女性。

三　反社会行为的触发因素

课题组试图对个体反社会行为的原因予以探究。个体反社会行为是行为人在遭受个人不幸后产生攻击或破坏行为，攻击或破坏的后果或意图主要是使对其不幸并无直接责任者蒙受损失（包括死亡、人身和精神伤害和财产损失等）。这里预设了行为人遭受了个人不幸，实际上与行为人的"报复社会"的动机陈述的逻辑是一致的。不幸或者说挫折，精神分析学家弗洛伊德曾首次予以关注，他认为挫折是主体在遵循快乐原则寻求生命本能的释放时从外界遭遇阻碍，如果心理能量的积累不另求满足的渠道，就容易导致精神疾病，如果心理能量向外宣泄就可能产生攻击行为。弗洛伊德的理论被耶鲁学派继承，发展成为"挫折攻击理论"，认为"凡是攻击都是挫折的结果"[③]。虽然这个理论失之偏颇，与日常经验明显相悖，但仍具有极强的解释力。以此为前提，我们从新闻报道的文本中试图寻找可能的挫折源，通常总是能够找到些许线索，这与行为人通常陈述的"报复社会"动机基本是一致的。在一共223种挫折源或其他可能触因的

---

① 辛闻：《抢劫强奸灭门，冷血狂魔卞况残杀38人嫌不够》，中国警察网（http://museum.cpd.com.cn/n1068548/c24131527/content_2.html）。

② 雷晴：《疯狂报复社会，流浪汉制造中国最大系列强奸杀人案》，天维网（http://news.skykiwi.com/world/dl/sh/2008-09-03/48374.shtml）。

③ 蒋俊梅：《挫折攻击理论及其对青少年犯罪预防的启示》，《商丘师范学院学报》2007年第5期。

范围里，课题组对其予以分类和概括，大体上将其划分为5大类。不过分类总是便于分析的权宜之计，实际上将这些类别截然区分而不使之盘根错节是不可能的，强行的分类常常显得捉襟见肘，因此课题组不讳言其局限。

1. 经济类。经济类约占22%的比例，与财产相关，分为经济矛盾和经济压力（挫折）两类。其中经济矛盾是指与他人有财产方面的冲突，如工资拖欠和财物被诈骗等，约占5%的比例；经济压力（挫折）是指行为人曾遭遇过较重大财产损失或者经济状况明显不如意以致难以维持体面的生活水平，其表现形式主要有生意失败、欠债和贫困等，约占17%的比例。事实上，如前所述，个体反社会行为人绝大多数从事底层职业，由此也决定了他们在经济上处于底层的现实。所以经济方面的压力可能实际上要比统计的高得多，而进入统计类型的则是表现得更为突出和严重的。

2. 生理类。指疾病（残疾）。疾病（残疾）首先影响到人的身体安适，进而影响人的情感和精神状态，另外不但使人的经济条件难以得到改善，而且使人的经济状况趋于恶化，进而导致其他一系列的问题。例如吴焕明身患多种疾病，几度自杀，并心理扭曲而残杀儿童；袁张选因阳痿而影响婚恋，为使他人“绝后”亦对儿童大开杀戒；而欧长生因疾病丧失劳动力而纵火公交。[①] 由疾病（残疾）引发的后果是多重的，某种意义上它最有根本性。这类占9%的比重。

3. 家庭类。这类挫折主要是关于个体内在的感性需求的安置，还与个体之间的亲密关系相关，并由这种亲密关系建立起情感的相互依赖和个体的自我认同。物质性的需求更多的是工具性的，但本类别的需求则更接近人最本质的需要。正是家庭被期望来解决个体初期的存在焦虑，赋予人“本体性安全”，由此也奠定了人的基本情感状态的基础。不过，本类需求虽然更接近人的本质需求，它与经济或其他因素也不可能是毫不相干的，比如如果家庭本身是一个系统，那么经济就是维持这一系统的能源，而家庭矛盾也常常围绕经济原因展开。本类挫折约占31%的比重。课题组将本类挫折分为如下两类：第一类婚姻（家庭）矛盾占14%的比重。婚姻（家庭）矛盾是指家庭成员之间的各种争执，还包括其极端后果即

① 本文此处的人名均来自笔者收集的案例。

离异。与下一类即情感挫折（危机）不同，本类别是事实的描述，虽然与后者常常相伴随，但课题组严格按照文本内容予以如实记录，而避免臆测。第二类情感挫折（危机）占17%的比重。情感挫折（危机）与婚姻（家庭）矛盾通常密切相关，婚姻（家庭）矛盾产生情感挫折（危机）的几率较大，但课题组遵循实事求是的原则只将新闻文本记录中能够确证的情感挫折（危机）的描述予以统计，它们表现为行为人主观的“婚姻不顺”或“婚姻失败”的陈述。由此可知在实际中婚姻（家庭）矛盾所致的情感挫折（危机）要更高一些，由此也决定实际情感挫折（危机）所占比重要更大。另外，恋爱挫折（失恋和追求遭拒）、亲人逝世、受家人忽视或轻视和其他与自我情感认同（即确认是被爱的和重要的）相关的挫折也被包括在本类别中。

4. 社会类。主要指个体的越轨经历与在社会中的矛盾纠纷。本类别约占29%的比例。这一类是指个体在与家庭之外的广阔社会领域的交往和谋求需要的满足的过程中所产生的矛盾、遭逢的挫折和受到的管制与规训。如前所述，在盘根错节的类别中难免重复，例如经济矛盾与本类别殊难割裂，但课题组尽可能将经济类矛盾排除在外，对新闻文本记录中的人际冲突或自然人与法人的冲突作一般性的理解，实际上经济矛盾在社会性的纠纷矛盾中很可能占有一定比重。（1）违法犯罪行为经历。占10%的比例。指行为人因其他事由曾违犯法律，被处以罚金、罚款、拘留、拘役和徒刑等处罚方式，尤以犯罪并被处以徒刑为多。（2）人际纠纷（矛盾）。即发生于个体之间的矛盾或冲突，如邻里长期不和、打架闹事和争执事件等。约占8%的比重。（3）与机关法人矛盾。这一类矛盾是指行为人与各级国家机关的冲突，约占7%的比重。在本研究中所涉及的国家机关有各级公安机关、法院、检察院和政府及其各工作部门等。（4）与非机关法人矛盾。这是相对于与机关法人的矛盾而言的。非机关法人是指除去各级国家机关之外的各种社会组织或团体，包括公司、企业、学校和医院等。约占4%的比例。

5. 习性类。是指某些恶习，如吸毒和赌博，以及迷信等个人习性，造成与社会适应困难，也会导致行为人作出某些非理性的举动，约占4%的比重。工作生活失意或其他未知诱因，约占5%的比重。

四　反社会行为是社会与个人的双重灾难

个体反社会行为的极端、恐怖、残忍和反理性构成了其基本特征。行为人残害无辜成为目的，甚至不惜以自己的生命为代价来完成一场自杀式的屠戮迷狂。课题组根据行为人作案的方式和地点进行统计，发现其行为欲图寻求一种公开展示并几无逃逸可能的比例约占57%，而有逃逸行为的不过占43%的比例。另外，至少有19%的行为人有自杀意向，其中一部分最终身亡（自杀、被击毙等）。他们报复的对象并不是与他们有直接矛盾的组织或个人，而是无辜的社会大众，甚至是和他们一样生活在社会中下层的民众。施暴者来自社会底层，受害者也多是社会普通群众或弱势群体，因此，在某种程度上可以说，个体反社会极端事件是社会大众的灾难，个体反社会极端事件的爆发实际上是一个个体性悲剧演变为社会大众灾难的过程。这使得人们对此类极端事件产生同情和怜悯之心时，更增加了恐惧、愤怒。在众多反社会案例中，下述两个社会因素是十分突出的。

一是利益诉求渠道阻塞。体制性的迟钝在个体争取利益的过程中的一个重要表现就是制度化的利益诉求路径的阻塞。尤其是在制度本身不完善、不健全的情况下，弱势群体的制度化维权道路上更是困难重重。例如南平血案的郑民生向南平市卫生局提交的办门诊申请没有被批准，已经无业的郑民生甚至连低保都没有申请上①。申请办门诊、申请低保本是受制度保障公民的合法权益，而在实际执行层面，并不是所有的个体的合法利益都能得到保障。制度的设计层面的普适性与执行层面的特殊性的矛盾现象在我们的实际生活中屡见不鲜。制度化利益诉求路径的阻塞还表现为利益受损后制度化维权方式的失效。制度设计的不合理、不完善，执行偏差等因素会造成大量的利益受损群体。汕头“12. 4”纵火案作案者刘双云，在与工厂老板产生工资纠纷后，两次去劳动保障所想请政府人员帮助拿回工钱，但都没有成功。村委会的工作人员去协调，工厂老板则给村委会的

---

①　单崇山：《郑民生：一个人的南平血案》，南都周刊（http：//past. nbweekly. com/Print/Article/10119_ 0. shtml）。

人塞了中华烟①。刘双云通过制度性维权途径维权失败为他的报复性行为埋下了祸根。厦门公交车纵火案作案者陈水总因为户籍部门工作人员将自己的出生年龄写错的过失，造成他无法如期申请退休，多次找相关部门协商解决均不了了之。陈水总为此还曾多次发微博抱怨、曝光此事，甚至到福建省公安厅的网站进行信访维权，然而问题并没有解决。通过制度途径无法维护自己的合法权益，使得陈水总陷入极度的失望和不满情绪之中②。当制度性的利益诉求途径阻塞后，制度外的方式则成为维护利益的必然选择，但制度外的利益诉求方式并不能让他们走出困境。个体反社会极端事件的行为主体主要来自社会底层。社会底层民众长期陷入生活中的各种困境，当他们不断遭遇各种挫折和打击后，终有部分人对生活已经绝望而不再能继续忍受，可他们并没有简单地结束自己的生命，而是将自身的悲剧归罪于他人和社会。怨恨与报复是个体反社会极端事件的最核心的特征，他们怨恨社会，在自己“走投无路”后，报复社会成为了弱者最后的武器。

二是缺乏社会支持。每个人难免在工作与生活中遇到矛盾、挫折、困难。这时，有外部的力量进行帮助、支持的时候，他就容易摆脱困境，心理上获得温暖。而大部分反社会的行为者，在他们遇到矛盾或困难的时候，一个共同的特点就是得不到来自家人、亲朋好友、邻里、所在单位、社区的帮助与支持。没有正式组织或非正式组织的支持，在遇到矛盾的时候，只能一个人独自承受。由于他们社会地位低下，社会关系网络简单，能动用的关系资源十分有限。欧长生，在广州打工期间，与家人之间的纽带大多时间处于断裂状态，在广州的关系网络也仅限于与老乡、工友之间，可是事实上这样的社会支持也是十分脆弱的，尤其在欧长生生病之后，他几乎处于与社会隔绝的状态，只能自己默默地承受着病痛和创伤③。如汕头内衣加工厂纵火案行为人刘双云，在汕头务工时日常关系网

① 苏晓明：《案发前刘双云两赴劳动部门求助》，京华电子报（http://epaper.jinghua.cn/html/2012-12/07/content_1934422.htm）。

② 王臣：《陈水总的毁灭之路》，中国周刊（http://politics.inewsweek.cn/20130615/detail-45299-1.html）

③ 杨迪：《欧长生：从山村青年到爆炸案嫌犯》，网易新闻（http://news.163.com/14/0818/14/A3UI3LET00014AEE.html）。

络仅限于极个别的老乡。在这种情况下，要动用关系资源几乎是行不通的。社区和社会组织承担了对个体而言最为直接切身的公共性诉求，在其中个体的真实体验昭示一种人与人、人与群体之间的亲密联系，并且这种体验让个体预期一种普遍主义的社会规则和价值。通过对郑民生、张云良、陈水总、余跃海等个案的深入探查，社区和社会组织不能为他们营造一个社会安全网，容易使绝望者陷入深渊。又由于他们的工作常常是不稳定的，与所在单位的关系是简单的、粗糙的利益关系，当他们遇到挫折或困难的时候，也无法获得所在单位的支持。一旦他们与职业组织解除劳动关系，职业组织也不会关心他们。“如果个人都被剥夺了社会身份和社会功能，那就不会有社会，有的只是一堆杂乱无章的社会原子，在社会空间中毫无目标地飘游浮荡。”① 既然他们得不到社会力量的支持与帮助，而又得不到足够的社会支持，当他们看不到生活希望时，怨恨、报复社会的情绪很可能使他们走向极端。

在众多个案中，下述两个个体性因素值得注意。

一是挫折心理淤积。个体走向极端不是一次矛盾冲突、一次挫折的结果，往往是多次受挫，怨恨情绪累加的结果。长期的个人悲剧使得个体彻底丧失理性归因、辨别能力，无法归因自身悲剧的确切社会来源。同时，个体长期的悲剧得不到社会的支持，被社会抛弃而怨恨社会，索性寻找“替罪羊”来一场酣畅淋漓的发泄。当个体的人生希望破灭，之前受到的不公待遇、挫折遭遇、怨恨和愤怒的情绪很可能使他们走向最后的疯狂。“任何一个受过平等启蒙的人，遭遇这种情形的时候，内心难免受到伤害而又无可发作。结果，自然就是一种无意识的怨恨不断萌生。”② 欧长生本是一个有梦想、积极向上的青年，他工作十分努力，然而突如其来的病痛使他丧失工作能力。无法工作、没有收入来源，还要支付房款、药费等日常开支使得欧长生不堪重负，欧长生从此再也不是以前那个积极向上的青年。看不到生活希望的他，日渐消沉、堕落，将所有积蓄拿去

① 田毅鹏、吕方：《单位社会的终结及其社会风险》，《吉林大学社会科学学报》2009 年第 6 期。

② 成伯清：《怨恨与承认——一种社会学的探索》，《江苏行政学院学报》2009 年第 5 期。

赌博，很快便走到了穷途末路[①]。根据罗森茨韦克“挫折—攻击”的观点，个体在遭受挫折后会出现以下三种反应：外罚性反应、内罚性反应和无罚性反应，其中外罚性反应即将挫折引起的愤怒情绪向外界发泄，而内罚性反应则将怨恨性情绪引向自己[②]。个体希望破灭，陷入绝望时，部分人会采取自杀的方式结束自己的生命，属于内罚性反应。而反社会极端事件则是外罚性反应，将怨恨情绪指向社会，将自身的悲剧不再归咎于自身或者某个具体的人，而埋怨于社会，埋怨于与自身毫无联系的无辜大众。

二是偏执的人格障碍。反社会行为者在人格特征和心理、精神状态方面的确存在或多或少的反常，这解释了其他处于相似甚至更差生活状态的人为何没有反社会的事实，但在精神病的促成因素中生物、心理以及社会的原因是互相交织的。这其中一个关键性的因素就是个体的人格障碍因素。在不少极端反社会事件作案者当中，相比偏执型人格障碍，反社会型人格障碍则更具有伤害性。反社会人格障碍（antisocial personality disorder，APD）、反社会人格（antisocial personality，AP），又称“悖德型人格”“社会病态人格”，这种人格障碍最明显的特征就是对他人权利的藐视和侵害，时常作出违反社会规范的行为[③]。美国精神病学会将反社会人格障碍的特征归纳为年龄 18 岁以上、无法遵守社会规则、易激怒攻击、不计后果地忽视他人安全、对危害别人缺乏责任等[④]。在实际诊断中，相比较美国精神病学会归纳的特征，人们应用较多则是“Hare 心理病态检查表”。该检查表主要从情感分离和生活风格两个维度进行测量。情感分离维度包括自私、缺乏懊悔、自我膨胀、剥削别人等，该维度以人际和情感为核心；生活风格维度核心是行为表现，包括冲动、不负责任、侵犯、违反社会常规的行为[⑤]。除了“Hare 心理病态检查表”，类似判定标准还

---

① 杨迪：《欧长生：从山村青年到爆炸案嫌犯》，网易新闻（http：//news. 163. com/14/0818/14/A3UI3LET00014AEE. html）。

② 吴宗宪：《西方犯罪学》，法律出版社 2006 年版，第 288 页。

③ 林崇德、杨治良、黄希庭主编：《心理学大辞典（上）》，上海教育出版社 2003 年版，第 294 页。

④ ［美］杜兰德：《异常心理学基础》，张宁等译，陕西师范大学出版社 2005 年版，第 453 页。

⑤ 唐剑：《反社会型人格障碍病因研究之现状》，《社会心理科学》2001 年第 4 期。

有很多，尽管各自的标准和视角有所出入，但易怒、攻击、自私、无视他人安全、对危害别人和社会缺乏责任感以及懊恼等都是反社会型人格障碍的共同特征。林建新（2014.4.28 福州恶性撞人事件）从小就表现出扭曲的人格障碍，读初中时将报名学费赌博输光，不顾劝阻辍学在家，从“调皮少年”变成“顽劣青年”，性情急躁、殴打情人，在村里坏事干尽[①]。相比林建新，靳如超（2001.3.16 石家庄特大爆炸案）的偏执型人格障碍有过之而无不及。靳如超在 8 岁时患了中耳炎致聋，自己又不懂哑语，由于与别人的语言交流障碍使得他的猜疑心理越来越严重，别人一些不经意的言语、举动都会刺激到他，引起他的不满。与妻子关系不和、怀疑妻子有外遇、想让儿子做亲子鉴定，甚至怀疑自己因强奸罪入狱、母亲车祸为妻子一手造成的。他不仅猜疑自己的妻子不忠，还包括他的父亲、后母、邻居，乃至这些人成为想报复的对象。靳如超已经不相信任何人，在他的意识里，社会上已经没有好人，任何人都不值得信任。这种扭曲的偏执型人格障碍，使得靳如超一步步陷入深渊[②]。偏执型人格障碍不仅仅影响了靳如超、林建新的人生轨迹，事实上黄茂银（2005.8.8 福州公交车爆炸案）、郑民生（2010.3.23 南平实验小学凶杀案）、陈水总（2013.6.7 厦门公交车纵火案）等个体反社会行为人均有不同程度的偏执型人格障碍。人格上的障碍都是造成极端行为的一个重要因素。

综上所述，个体反社会行为从源起到最终爆发经历了一个较为复杂的过程，它是社会性因素、个体性因素之间共同作用的结果。无论单从社会结构性因素抑或只从个体寻找原因都是无法全面解释这类行为的。个体反社会行为的产生总体上经历了从个体悲剧到大众灾难的这一过程，而个体悲剧的产生根源于社会结构性、文化性的问题。个体反社会行为的受害者大多是社会普通大众，他们无辜成为了矛盾冲突、怨恨情绪的替罪羊。要化解个体反社会行为的隐患，必须从社会的基层工作做起，加强社区预防的功能，使社区中的居委会干部、社会工作者、心理

---

① 《福州恶性撞人事件进展：7 人死亡，嫌犯曾因纠纷自砍手指》，观察者网（http://www.guancha.cn/society/2014_04_29_225264.shtml）。

② 宋晶：《石家庄爆炸案元凶靳如超的扭曲人生》，《法律与生活》2001 年第 5 期。

工作者更多地关心那些处于底层、边缘的小人物，对他们的矛盾、困难、挫折要及时处理与化解，防止个人因矛盾无法化解、困难无法解决而走向极端。

第十七章

我国社会矛盾的预防与治理

当前，我国已进入改革攻坚时期，日益增多的社会矛盾给社会治理带来了前所未有的挑战。社会预防能够从矛盾产生的源头和发展过程中进行治理，消除社会矛盾的各种诱发因素，杜绝和减少社会矛盾产生条件，最大限度地增加和谐因素，避免因社会矛盾激化而对社会稳定造成的负面影响。当前迫切需要重新认识社会预防的内涵，将社会预防的理念和策略运用于社会治理之中。本章从社会预防的内涵入手，理论联系实际，深入分析社会预防的重大意义；在此基础上形成由"预测趋势、消除诱因、瓦解条件、抑制生长、提高燃点和宣泄能量"六个子理论组成的社会预防论，具体阐释社会预防的要素和过程。在此基础上，重树社会预防理念、整合社会预防力量、调整社会预防策略，完善社会预防机制，提升社会预防能力，从源头上预防和减少社会矛盾，降低社会治理成本，维护社会和谐稳定。

第一节　社会预防的内涵、理论、要素与过程

一　社会预防是化解社会矛盾的基础

当前学术界重点关注社会矛盾化解，相关研究日益增多。课题组在中国知网（CNKI）期刊中，以篇名"社会矛盾"为关键词进行精确检索，时间跨度为1990年1月—2015年8月，共检索到论文1588篇。在其他条件一致前提下，以篇名"社会矛盾化解"为关键词进行精确检索，共检索到论文196篇；以篇名"社会矛盾预防"为关键词进行精确检索，只检索到5篇；由此可见，学界对社会矛盾预防研究的数量很少，而且集中

在群体性事件的预防。有研究者分析了中国社会矛盾预防的理论基础与功能价值，从认知、环境、制度和关系四个层面提出中国社会矛盾预防模式的策略[①]。有学者从实证出发，提出构建针对某一类型社会矛盾如劳资纠纷的预防机制[②]、某一区域如农村的社会矛盾预防机制[③]。还有一些学者关注构建社会矛盾预防机制的意义和对策[④]。其他学者则从安全阀、风险管理、社会治理等理论角度研究社会预防。这些研究是从某一角度阐释社会预防在应对社会矛盾中的作用，虽蕴含着一些社会预防思想，但较为分散零碎，很少从整体上系统地研究社会预防，对社会预防内涵和理论的研究还不够深入，对社会预防的功能与作用认识还不到位。

（一）中央顶层设计中社会预防理念的深化

经过改革开放30多年的飞速发展，我国已经进入发展关键期、改革关键期和矛盾凸显期的“三期叠加时期”。社会矛盾不可避免地、持续地、大量地表现出来，成为影响社会良性运行的突出问题。中央很早就深刻认识到从源头上预防社会矛盾的重要性。2001年中共中央、国务院在《关于进一步加强社会治安综合治理的意见》中明确提出了：“坚持‘打防结合，预防为主’的工作方针。建立健全矛盾纠纷排查调处工作机制，深入开展矛盾纠纷排查调处工作。及时发现和掌握本地区、本部门和本单位的矛盾纠纷，采取有效措施，进行妥善处置，把矛盾和问题解决在萌芽状态……”[⑤] 这表明中央已经开始意识到源头预防在治安综合治理工作的基础性作用。2003年，十六届三中全会作出了“建立健全社会预警体系和应急管理体系，提高政府应对突发事件和风险能力”的重要决定。

① 王世梅：《中国社会矛盾预防模式研究》，硕士学位论文，吉林大学，2014年。

② 李倩：《社会冲突预防机制的构建研究——以东北老工业基地振兴为例》，《技术经济与管理研究》2011年第8期。

③ 米正华：《风险社会理论视角下的农村社会矛盾防控》，《江苏社会科学》2013年第9期。朱晓静：《农村社会矛盾预防主体制度实证研究——以G省H村为例》，《四川理工学院学报》（社会科学版）2013年第6期。

④ 章舜钦：《论构建我国社会矛盾预防机制》，《中州学刊》2012年第4期；肖飞：《矛盾纠纷源头预防机制的构建》，《攀登》2013年第1期；郭志远：《我国基层社会矛盾预防与化解机制创新研究》，《安徽大学学报》（哲学社会科学版）2014年第2期。

⑤ 《中共中央、国务院关于进一步加强社会治安综合治理的意见》，《中华人民共和国国务院公报》2001年35期。

2006年，十六届六中全会通过的《中共中央关于构建社会主义和谐社会若干重大问题的决定》中明确提出："按照预防与应急并重、常态与非常态结合的原则，建立统一高效的应急信息平台，建设精干实用的专业应急救援队伍，健全应急预案体系，完善应急管理法律法规，加强应急管理宣传教育，提高公众参与和自救能力，实现社会预警、社会动员、快速反应、应急处置的整体联动。"[①] 说明中央开始提出应急和预防并重的治理理念。然而，在实践中发现，从中央到地方建立了庞大的"应急管理体系"，化解矛盾的人力、物力、财力、精力以及各种资源主要投入在矛盾爆发后的事后处置上。如建立了许多处置矛盾的机构，却没有建立预防矛盾的机制。一直反复提及的"源头预防"距离中央强调的"建立健全"的要求相差甚远。至今，全国还没有一个出自政府部门的正式的社会预防职能机构[②]。虽然各地设立了维稳办、信访局、应急办等机构，所起到的预防功能非常有限。但这一时期，中央的文件中已经有了一些社会预防的意识、要求，但尚未形成全面、系统、深入的阐述。

为解决影响社会和谐的突出问题，党的十六大以来，中央从时代发展和战略的高度，更加注重社会建设和社会管理创新，提出了"构建和谐社会"和"加强社会建设"的战略部署。党的十七大报告中指出："必须在经济发展的基础上，更加注重社会建设，着力保障和改善民生……"[③] 2010年10月，十七届五中全会通过的《中共中央关于制定国民经济和社会发展第十二个五年规划的建议》中明确提出："必须把各种不稳定因素化解在基层和萌芽状态。"[④] 2011年2月，胡锦涛在中央举办的省部级主要领导干部社会管理及其创新专题研讨班的开班讲话中，明确提出："统

---

① 《中共中央关于构建社会主义和谐社会若干重大问题的决定》，新华网（http：//news. xinhuanet. com/politics/2006 - 10/18/content_ 5218639. htm）。

② 阎耀军：《我国社会预警体系建设的纠结及其破解》，《国家行政学院学报》2012年第4期。

③ 《胡锦涛在党的十七大上的报告》，新华网（http：//news. xinhuanet. com/newscenter/2007 - 10/24/content_ 6938568_ 7. htm）。

④ 《中共中央关于制定"十二五"规划的建议》，新华网（http：//news. xinhuanet. com/politics/2010 - 10/18/content_ 3640318. htm）。

筹协调各方面利益关系，加强社会矛盾源头治理，妥善处理人民内部矛盾。”[①] 创新社会管理是缓解当前社会矛盾，防止矛盾向对抗性演化的突破口。2011 年，胡锦涛同志在纪念中国共产党建党 90 周年讲话中明确指出：“加强社会矛盾源头治理，妥善处理人民内部矛盾，最大限度激发社会活力，最大限度增加和谐因素，最大限度减少不和谐因素。”[②] 中央开始对源头预防有了比较清楚的认识，对这一问题的表述也日益清晰。2013 年，中共十八届三中全会通过的《中共中央关于全面深化改革若干重大问题的决定》中明确提出：“要创新社会治理体系、创新有效化解和预防社会矛盾体制，健全重大决策社会稳定风险评估机制，建立畅通有序的诉求表达、心理干预、矛盾调处、权益保障机制，使群众问题能反映、矛盾能化解、权益有保障。”[③] 这是中央首次明确地对社会矛盾的预防进行明确的阐述并提出了相应的目标要求。社会治理的提出表明，中央将社会矛盾的预防工作提升到新的高度。

（二）地方对于社会预防的总结反思

中央提出的治理目标需要学术界和各级地方政府更加理性地认识、正视社会矛盾，研究其产生、发展的一般规律，找出预防和化解社会矛盾的解决之策。在课题组[④]多次座谈会与访谈中，基层干部总结经验时特别强调预防的重要性；在对当地发生的一些社会负面影响较大的群体性事件进行反思、追溯根源时，往往归纳出一个共性因素：“事前预防不到位，矛盾出现后又没有进行及时有效的干预和控制，进而导致矛盾的激化，产生巨大的社会代价。”但各地在实践中依然普遍存在对社会预防的漠视。一

---

① 《胡锦涛在省部级领导干部专题研讨班开班式上讲话》，中央政府门户网站（http：//www. gov. cn/ldhd/2011 -02/19/content_ 1806293. htm）。

② 徐京跃、李亚杰、周英锋：《胡锦涛：扎扎实实提高社会管理科学化水平》，新华网（http：//news. xinhuanet. com/politics/2011 -02/19/c_ 121100198. htm）。

③ 《中共中央关于全面深化改革若干问题的重大决定》，中国共产党新闻网（http：//cpc. people. com. cn/n/2013/1115/c64094 -23559163. html）。

④ 本章节所依据的经验资料源于课题组于 2015 年 3—4 月对江苏省无锡、南通、徐州和连云港四市的调查资料。座谈会分别在南通、启东、海门、铜山区、无锡、宜兴、连云港、徐州等地召开，对象为从事处置社会矛盾各条线的分管领导和专业干部 70 多人。基层干部访谈对象以乡镇、街道党委书记为主，采取一对一的半结构访谈法，20 位受访对象从各自的角度总结了当前社会矛盾治理中的经验教训，提出了建议。本章节社会预防理论受到访谈者的启发。

是社会预防观念缺乏。社会预防是基础性工作，短时期内难以看到政绩，现行的考核监督体系未将社会预防纳入，致使基层政府参与社会预防积极性不高。一些地方依然存在急功近利，为政绩不择手段，许多项目、决策不顾长远、不顾环境、不顾群众利益，成为引发社会矛盾的根源。二是社会预防体制不健全，主要表现在两个方面：其一，缺少经费预算。各地从财政中专门拨出一定的资金设立“维稳”专项经费、信访补助专项资金等用于事后处置。特别是群体性事件出现后，政府不计成本代价，不惜任何手段，将其“扑灭”，而对于社会矛盾的事前预防存在则舍不得花钱，存在财政投入不足、后续投入不足、支持主体和方式单一等问题。其二，缺少预防力量。社会预防缺乏常态化的组织载体，仅有一些承担社会矛盾预防功能的职能部门，而且他们之间往往各自为政，缺乏有效的综合协调，甚至彼此之间存在职能的替代与程序设计上的重复、信息封闭等问题，难以整合力量。三是社会预防机制不合理。在现行的机制下，主要负责社会矛盾治理的部门以政法委、综合治理办公室，公检法机关等单位为主，这些单位都是惩处性的事后处置部门，这些部门管理者的视野、知识结构及其机构的职能、权限等限制了社会矛盾的基础性预防工作。正是这种理念的缺失、体制性障碍、机制性束缚制约了社会预防的建设，使得社会矛盾没有得到有效预防，持续引发大量的社会矛盾。

（三）化解矛盾亟须重视社会预防

社会矛盾的化解是指一种社会矛盾的淡化、消除和解除，主要是在社会矛盾主体之间（双方或多方）发生利益冲突（包含现实的和非现实的冲突）以后，通过第三方的调解或者仲裁等多种方式，协调矛盾主体之间的利益关系，使双方（三方或多方）之间形成共识，从而使矛盾最终得以化解而不至于发展到严重冲突的程度。从某种角度讲社会矛盾化解是一种“亡羊补牢”的策略，社会矛盾一旦发生，无论是通过何种方法和途径解决，都要耗费大量人力、物力、财力等社会资源。因此，更新治理思维、转变治理方式，把社会预防作为化解社会矛盾的基础已经成为构建和谐社会的一个重要而紧迫的时代课题。社会预防是一种“未雨绸缪”的策略，注重矛盾源头预防和事前预防，改善矛盾产生的因素与社会条件，有助于从社会矛盾产生的源头抓起，真正“防患于未然”，从根本上化解社会矛盾，实现标本兼治。今后，应以社会预防为突破点构建新的治理思路，充分挖掘和调动各方力量，以改善民生为重点、注重制度安排的公平正义、让改革发展的成果惠及全体人民，消除社会矛盾产生的根源，防止社会矛盾“从无到有”；深入基层、深入实际，加强社会矛盾的排查、预警，打破社会矛盾产生的社会基础与条件，最大程度地避免社会矛盾汇聚升级，防止社会矛盾“从小变大”，以最小的代价顺利度过社会转型期，以达成和谐社会目标。

二　社会预防的基本内涵

矛盾一词中“盾”字本身蕴含着“防”的含义。“预”和“防”都具有双重词性，有丰富的内涵。“预”作形容词时有预先、事先之意；作动词时有参与、干预之意[①]。“防”作名词时为堤坝之意；作动词时为多义词，有筑堤、防止、防备，防守、防御、防卫，堵塞等含义[②]。“预防”作为一个词语最早出现在南朝（宋）时期，刘义庆所著的《世说新语·言语》：“身不能以道匡卫，思患预防，愧叹之深，言何能喻”[③]，意指事先采取预防措施。按《辞海》解释，预防是指事先做好准备、事前有所防备，在时间上进行的超前性活动，提前判断事态状况和发展趋势，以便及时、尽早作出有效反应[④]。为更深刻理解预防的涵义，还要理解与其相近概念预警的异同。预警（*forewarning*）一词是从军事术语演化而来，指通过各种手段提前获取信息，并经过分析、判断等预知敌方的动态，给予动态分类定级并由总部决策，以便提前采取行动来应对敌方可能的行为。随着经济社会的发展，军事预警逐步推广到社会各个领域，并得到广泛的深入和应用[⑤]。社会矛盾预警是预警理论在社会领域中的一种运用，是指通过对社会系统运行中的不稳定因素或负面因素进行监控和评估，就社会危机爆发的临界值及时预报[⑥]。社会矛盾预警的主要功能在于提前发现并

---

① 中国社会科学院语言研究所词典编辑室：《现代汉语词典（第 5 版）》，商务印书馆 2008 年版，第 1668 页。

② 同上书，第 385 页。

③ 刘义庆：《世说新语》，沈海波评注，中华书局 2007 年版，第 26 页。

④ 辞海编委会：《辞海》，上海辞书出版社 2009 年版，第 4832 页。

⑤ 佘丛国、席酉民：《我国企业预警理论研究综述》，《预测》2003 年第 2 期。

⑥ 王林、邓春梅、方江涛：《中国社会矛盾预警研究》，重庆大学出版社 2012 年版，第 5 页。

作出响应和及时应对；而社会预防是提前作出对可能出现情况的应对，着重于防止出现，社会矛盾预警是社会矛盾预防的有机组成部分。

英国著名危机管理专家迈克尔·里杰斯特曾指出：“预防是解决危机最好的方法”。劳伦斯·巴顿在《组织危机管理》一书中反复强调：“组织危机管理预防第一，预防可以将危机扼杀在摇篮之中，减少已发生危机的损失。”① 社会预防作为一个独立的概念广泛应用于法学范畴，其内涵是“旨在使社会健康有序地发展和运行，减少或消除社会弊端与漏洞，避免和解决社会问题，以及通过特定的机构、群体或组织进行的社会整合、社会管理与社会控制的活动”。② 在经济学、政治学范畴中较多地使用危机预防、风险预防、风险防控等与社会预防相近的概念。

社会矛盾内涵十分丰富，其本质是对立的主体之间相互依赖与相互排斥的关系，本文所研究的社会矛盾是指在全国范围内普遍存在的、冲突程度十分强烈的、已经引起了严重后果的刚性社会矛盾。社会预防以“未雨绸缪”“防患于未然”为主要目标，由各方社会力量共同参与，事先对社会矛盾产生的环境、因素、条件等预先判断，及早发现引发社会矛盾的诱因，将社会矛盾消灭在萌芽状态；改善经济、社会环境，瓦解社会矛盾生长的条件，防止其生长和激化，将社会矛盾的负面影响降低到最低限度。简言之，社会预防就是运用一定的治理策略，从理念、制度、机构、队伍、机制等方面做好准备，对社会矛盾进行事先预测和分析，以达到防止和控制矛盾的生成、生长，将社会矛盾消灭在萌芽状态或将矛盾的负面影响降到最低限度的积极社会行动。

三 化解社会矛盾的新理论：社会预防论

已有的社会安全阀、社会治理、社会预警等相关理论中蕴含着某些社会预防思想。美国著名的社会学家刘易斯·科塞提出的安全阀理论认为，任何社会系统都在运转过程中产生敌对情绪，形成有可能破坏系统的压力，当这种敌对情绪超过系统耐力时，就会导致系统的崩溃，故而要建立

---

① ［美］劳伦斯·巴顿：《组织危机管理》（第2版），符彩霞译，清华大学出版社2002年版，第20页。

② 张远煌：《犯罪学》，人民大学出版社2011年版，第271页。

一种“安全阀制度”[①]。安全阀理论表明：当社会矛盾出现后，要有适当的安全阀机制让人们可以表达甚至发泄情绪。社会预防为社会预先设置了一个制度化的缓冲带，以实现不同社会主体之间正常沟通和发泄不满情绪，预防社会矛盾张力的不断加大。社会治理是国家治理能力在社会领域的重要体现，也是执政党转变治理理念的重要体现，是新形势下应对社会管理中难题的客观需要。面对社会矛盾多发的态势，有效预防和化解社会矛盾有赖于创新社会治理体制，提升社会治理能力。社会治理理论表明，治理的主体是多元的，要借助社会力量与群众参与预防社会矛盾。社会预警理论是社会预防的操作性理论，社会预警有助于动态地掌握社会矛盾的发展态势，提前采取有效举措，引导社会矛盾朝着良性方向发展，将社会矛盾的危害降到最低。社会预防实践在理论指导下才能更好地发挥作用，本文在已有理论基础上提出社会预防论，具体由六个子理论构成。

（一）预测趋势论

总结现阶段社会矛盾的发生机制，预测矛盾未来发展趋势是预防社会矛盾的前提条件与起点。孔德认为社会现象和物质现象一样，也受自然规律的制约，有合理预测的可能。因此，提供人类预测事物发生的知识，以适应人类社会发展的需要，乃是社会学的一项重要任务[②]。美国未来学家韦恩·I. 鲍彻等人指出：“现在愈来愈多的人认识到，对各种可能发展途径和各种潜在事件的可能性作出尽可能细致的预测不仅是有益的，而且是十分必要的。事实证明，没有较为准确的比较负责的预测，某些很理想的机会就会失去，而某些现在规定的决策将会产生令人遗憾的或灾难性的后果。而在未来，这些后果迅速地物化，人们将自食其果。”[③] 社会矛盾作为一种客观的社会存在，有其生成、演化规则与逻辑可循。只要人们认识了社会矛盾产生、发展、变化的一般规律，就能对社会矛盾的发展变化进行预测。社会矛盾发展趋势的预测必须建立在“唯物”和“辩证”的基础上，也就是说预测必须从客观的现实出发，按照社会矛盾的发展规律

① ［美］刘易斯·科塞：《社会冲突的功能》，孙立平译，华夏出版社 1989 年版，第 24 页。

② 邓伟志：《社会学词典》，上海辞书出版社 2009 年版，第 24 页。

③ ［美］韦恩·I. 鲍彻等：《预测和未来学研究》，《预测和未来学研究》翻译小组，上海科学技术文献出版社 1985 年版，第 1 页。

去进行趋势分析。趋势预测是为了做到清晰的认识未来，这要建立在准确把握决定社会矛盾生成及演化的结构性因素上，通过研究社会矛盾与社会结构性因素之间更具体的因果关系，发现决定社会矛盾发展的生成机制。只有在认清现阶段矛盾的成因、本质特征并预测其基本趋势的基础上，才能收集掌握各种有效信息，分析未来各种可能的发展走向，提前预判，通过建立定性与定量相结合的信息收集体系和事前预警机制，为社会预防提供基础资料与防范措施。

（二）消除诱因论

诱因是指引发社会矛盾产生的某种具体的因素，它是事物的内部因素与外部条件相结合的产物。矛盾的诱因是具体的、可控的，是某种矛盾积聚、形成的开始，也是社会矛盾互动的起点。消除诱因就是在理论与经验的双重指导下，通过社会预测，发现哪些可能导致重大社会矛盾产生的萌芽并及时的化解它。内因是事物发展的根据，外因是事物发展的条件。虽然短时间内难以改变或根除矛盾产生的根源和条件，但通过消除引发社会矛盾的诱因可以将具体矛盾消灭在萌芽状态，抑制某种具体矛盾的产生，控制社会矛盾源的形成。调查发现，当前我国征地、拆迁、劳资、环境污染等重大矛盾频发、多发都是有其诱因的。征地拆迁矛盾多源于错误决策、项目不合理、程序不当和政府、开发商对民众补偿标准过低等；环境矛盾较多源于失当项目或项目的不公开、不透明，有损群众利益等。一些政策、项目本身可能并没有问题，但在经济条件不具备、政府财力不够、群众心理不接受、条件时机不成熟等情况下，上项目就变成一个引发社会矛盾的诱因。当前易引发社会矛盾诱因主要包括：一是来自政府政绩冲动下的矛盾诱因：错误决策、错误项目、错误政策（只考虑了一部分人而忽略了其他人的利益）、错误程序、错误工作方式、粗暴工作作风等；二是来自企业等强势群体只顾自身利益，不顾群众利益的诱因：压低职工工资福利、不顾工人身体健康、不顾当地群众生存环境等。这些诱因，不及时制止，都会引发政府、企业与当地群众，企业内部经营者与职工的矛盾冲突。我国刚性社会矛盾的产生，大部分是基层政府、经济强势精英势力过度地攫取群众的利益而引起的。消除诱因要通过改善民生、协调利益、源头减压等有效举措加以消除。

（三）瓦解条件论

矛盾条件是指矛盾外部有利于其生长的一种具体环境。瓦解条件论即消除有利社会矛盾生长的各种条件，或改变条件引导社会矛盾正向转化。“矛盾的对立的双方互相斗争的结果，无不在一定条件下互相转化。”[①] 矛盾的转化有两个方向，一个是向矛盾缓解、化解的方向转化；另一个是向矛盾冲突恶化的方向转化。矛盾条件也有两种可能，一种是条件不变情况下，矛盾会持续地发展；另一种是条件变化的情况下，矛盾会产生变化。这里有矛盾条件与矛盾变化方向的不同组合。社会预防是人为的、主动改变、瓦解导致矛盾发展的条件，使矛盾改变恶化的趋势向缓解的趋势发展。当前，在社会快速转型过程中，由于各社会系统间分化与整合的不同步，产生了大量的系统摩擦与结构紧张现象，很多社会系统和社会结构间的刚性对立成为当前社会矛盾生成和生长的社会条件。社会矛盾产生的外部条件有两个层次，一个是宏观社会结构性的整体环境，在经济体制与社会结构转型背景下，某些（类）社会矛盾之所以会大规模的产生，有其制度性原因。如征地拆迁矛盾的产生，与土地征收制度相关的一系列的制度与政策的缺失、过时、错位、空白等有关，形成了大量的制度空隙，被基层政府钻了空子。二是与具体矛盾产生有关的具体外部条件，如当地官员的政绩冲动甚至腐败、当地企业家的违规操作、当地管理部门的失职放弃监管等。当前瓦解社会矛盾产生的条件的主要路径是社会建设，政府通过以民为本的理念、民生为重的做法、为民解忧的措施、对利益受损者的补偿等，改善群众生存的社会生态。通过制定新的制度、政策或对原有的制度、政策进行改进，以改变或瓦解导致社会矛盾产生的社会条件。

（四）抑制生长论

消除诱因论针对的是可以避免的矛盾，不让其产生；抑制生长论针对不可避免的矛盾。某些矛盾产生后不让其向对立的强度和烈度较高的阶段发展。抑制生长要做的工作，是专门针对矛盾产生后，在矛盾生长的各个阶段、各个环节上及时采取措施、尽早干预，阻止矛盾继续发展激化。有些社会矛盾已经产生了，但因基层政府或相关部门主动整合处理矛盾的资

---

① 毛泽东：《正确处理人民内部矛盾》，载《毛泽东著作选读（下册）》，人民出版社 1986 年版，第 793 页。

源、力量，化解社会矛盾的工作方式得当，及时抑制了矛盾的生长。抑制矛盾的生长可以在体制内部与外部两个方面进行。内部可以通过各种制度安排和机制建设，调节不同利益主体之间的观念，疏通不同利益主体之间的沟通阻梗，规范利益诉求的表达程序，建立理性、民主、公正的沟通协商平台，让不同的利益主体达成共识，消解不同利益主体间矛盾，及时抑制社会矛盾的生长，减少利益冲突产生的负面效应。外部则尽早撤离或改善助长社会矛盾生长条件，如在征地拆迁矛盾中及时改正不符合政策或程序的政府行为；在环境矛盾中，暂停项目，或按照群众认可的环境标准对项目进行调整等。抑制矛盾生长的目标不是消除矛盾，而是阻止矛盾的激化。

（五）宣泄能量论

宣泄能量是指为矛盾冲突中受到伤害的一方建立一种释放不满情绪的渠道，以弱化矛盾冲突的强度与烈度。社会转型期，大量的现实矛盾形成群体间的直接的冲突，导致社会成员积蓄的负面情绪、不满能量日益增多，在社会心理上产生社会结构性怨恨，形成了非现实的矛盾与间接的冲突。“社会结构性怨恨正是社会转型期，由于制度、政策、规范等社会体制的错动、失调、矛盾而造成社会诸要素配置的严重失衡，引发的社会成员强烈不满的一种心理状态，社会不公平感、无能感、相对剥夺感等都是社会结构性怨恨形成的根源。”[①] 社会矛盾产生后，往往因结构性怨恨等情感力量对矛盾生长推波助澜，使其演变为对抗程度激烈，负面影响大的社会冲突。就具体矛盾而言，当矛盾产生后特别需要完善矛盾能量宣泄机制，引导相关主体，特别是利益受损群体及时释放所积蓄的负面消极情绪，弱化冲突的强度与烈度，防止矛盾冲突激化。社会需要积极探究疏导社会怨气的有效方式，建立一个制度化的情绪释放通道，让有话说的人、有气的人、有委屈的人，有地方和有机会表达自己的情绪。这就需要健全个人心理医疗服务体系，大力开展个人心理调节疏导工作，建立心理危机干预机制，通过经常性的“宣泄”和“微震”来释放负能量和不满情绪，减缓甚至避免发生由于矛盾冲突集中在某一断裂点上而出现的“共振”

① 朱力、朱志玲：《转型期的社会结构性怨恨：概念、形态和特征》，《中国图书评论》2015 年第 4 期。

事件，从而减弱促进社会矛盾激化的动能。

（六）提高燃点论

提高社会燃点是指提高社会成员对社会矛盾的心理承受力或降低社会成员对社会矛盾的心理敏感度。燃点是指某一物质开始燃烧的最低温度，社会燃点指由社会矛盾引发的社会危机点燃温度，即危机触发阈值。从具体矛盾爆发来讲，当某一具体的矛盾引发成群体性事件，就意味着这一矛盾爆发了。如果这一矛盾事件的导火索点燃了社会舆论，使社会成员产生广泛不满的心态，这表明点燃了社会愤怒或社会结构性怨恨。社会舆论的燃烧，意味着社会内部不满管理者的非理性的情绪在积蓄、增长，社会张力在增强。当这种不满能量积蓄到相当程度的时候，有可能产生社会危机，对政权的合法性产生致命的冲击。在缺少科学的指标的情况下，是否触发群体性事件可以粗略地当作一个社会矛盾升级、爆发、恶化的标志，也可以作为引发社会危机的燃点的标志。当前利益分化严重，人们实际满足低于心理预期，相对剥夺感普遍滋长，对社会矛盾的承受力处于低燃点状态。只要涉及身份敏感群体（有权、有钱人）的事件，都能够成为导火索，点燃社会成员中存在的不满社会情绪，引起社会情绪的共振，甚至引起社会风险。社会矛盾的燃点涉及两个主体，一是矛盾双方的当事人，不要一产生矛盾就放弃理性、放弃法制，以非理性、非制度化的方式解决矛盾，二是全体社会成员，不要一遇矛盾，就简单归因，将不满对准执政者、对准制度。面对社会矛盾，需要提高公众对矛盾的心理承受阈值，即提高社会燃点。从事思想政治教育工作的队伍，要提高其科学理论素养，用实事求是的眼光、科学的理论来解释当前的社会矛盾。社会成员要以理性、宽容、平和的态度对待社会转型及其引发的各种社会矛盾，减少社会刻板印象和社会污名化，降低社会的结构性怨恨，降低当前盛行的无政府主义、激进主义，降低社会暴戾气候。各个阶层要正确对待贫富分化、看待腐败，正确认识相对剥夺感。管理者要在全社会深入开展法治宣传教育，推动形成办事依法、遇事找法、解决问题用法、化解矛盾靠法的良好法治环境。教育引导群众通过法律渠道表达诉求，运用法律武器维护权益。培植群众以理性、科学的思维方式对待由社会转型引发的各种社会矛盾，纠正“大闹大解决”的思维方式及其亚文化，降低社会燃点，有效避免将社会矛盾推向激烈的社会冲突。

趋势预测、消除诱因、瓦解条件、抑制生长、宣泄能量、提高燃点六个子理论从不同维度解释了预防社会矛盾的着力点，是预防和化解社会矛盾的理论依据与预防要点。六个子理论是一个有机整体，共同组成社会预防论。趋势预测是社会预防的前提和起点，通过预先掌握信息，分析矛盾发展趋势，提前预判，防止矛盾的发生；消除诱因是从社会矛盾产生的内部因素与外部条件的结合点上，将矛盾化解在萌芽状态；瓦解条件是从矛盾产生的外部环境上，通过改变条件将矛盾导向缓解；抑制生长是在社会矛盾发展的各个环节上采取措施，阻止矛盾升级恶化；宣泄能量是从矛盾能量的疏导机制方面，减弱矛盾发展的动能；提高燃点是从社会成员的心理上提高对社会矛盾的承受能力，防止社会不满对社会矛盾的助长。新理论的构建有助于进一步理解和认识社会预防在应对社会矛盾中的基础性作用；进一步深入理解社会预防的运行规律、运行模式、运行逻辑等，为实践社会预防提供可靠的理论基石和指导依据。

四　社会预防的要素与过程

（一）社会预防的要素

社会预防是一个整体性概念，包含丰富的内容，主要包含两个维度。其一，预防社会矛盾的产生即预防矛盾的“从无到有”。预防矛盾的产生要对事物作趋势分析，分析研判社会矛盾的产生的诱因与条件，采取多元化手段和方式，消除矛盾形成的诱因，瓦解矛盾形成的条件，在社会矛盾产生之前根除产生社会矛盾的土壤，在矛盾形成之前树立一道坚实的藩篱，把矛盾消灭在萌芽之中。其二，预防社会矛盾的生长即预防社会矛盾的“从小变大”。矛盾一旦产生，在外部要瓦解促进社会矛盾生长的条件；在内部要调节不同矛盾主体之间的观念，让不同利益主体达成共识，及时抑制或平息社会矛盾的生长。还要从矛盾的参与主体入手，及时疏导社会矛盾中累积的负能量，提高社会心理承受力，提高社会公众容忍社会矛盾的阈值，阻止社会矛盾的“从小变大”。

社会预防由五个要素构成行动系统。一是社会预防目标。社会预防的总体目标是预防引发社会矛盾的诱因和条件，抑制社会矛盾产生和生长。预防社会矛盾就是提供一个能够抑制社会矛盾产生的社会环境，创建一个健康、和谐的社会。社会预防的具体目标，在特定的历史阶段、特定的地区，当某类社会矛盾比较突出的时候，对这类矛盾就要进行预防，阻止这类矛盾的大规模的产生。二是社会预防主体，即进行社会预防工作的承担者、行动者。社会预防的主要构成力量应由政府“独挑大梁”转向政府、企业、社会组织的协同参与。在社会矛盾领域的预防实践中，党委和政府依然是主导者，在社会预防中承担着领导、协调、动员和组织等作用；同时要充分调动各种积极因素，吸纳社区、社会组织，企事业单位和社会公众等各方力量。社会组织应充分发挥其社会协同的作用，承担一些社会矛盾的预防工作。各种社会力量的广泛参与是有效预防社会矛盾的关键所在。三是社会预防的客体，预防的客体就是预防的对象即有可能产生矛盾或已经产生矛盾的对立双方。如企业与职工、开发商与被征地农民。预防社会矛盾就是防止利益博弈群体之间的矛盾产生与激化。四是社会预防的方式，社会矛盾产生的原因具有复杂性，与之相适应，社会预防的方式必然包含群众动员、行政动员、制度化预防、法律预防、政策预防、技术预防、措施预防等多样化的预防方式。无论选择何种方式，社会预防必须在法治和制度化的方式下，综合运用各种方式提高社会预防能力和水平。五是社会预防的资源，发挥社会预防作用需要整合人、财、物、机构等各类资源。在信息时代，应充分利用信息网络交流平台等新兴网络技术预防社会矛盾。

（二）社会预防的过程

从动态角度看，社会预防是一种动态的行动过程。结合社会矛盾生长过程，本文将社会矛盾演进过程分为萌芽、发展、激化三个发展阶段（见图 17—1）。以此为据把社会预防贯穿于社会矛盾发展的过程之中，提升社会预防的针对性和有效性。

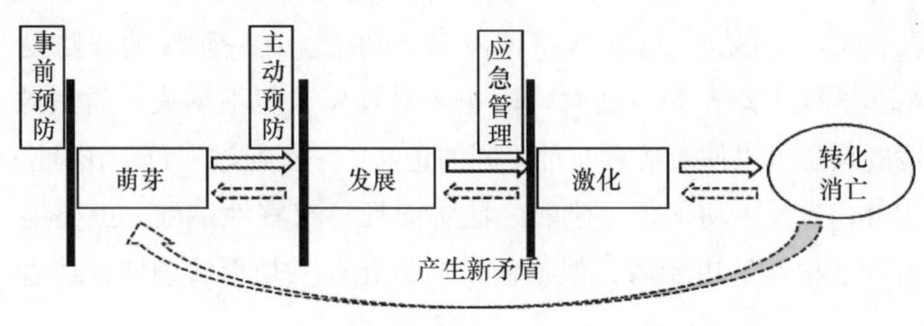

图 17—1　社会预防过程

1. 矛盾萌芽阶段——事前预防，预防社会矛盾的“从无到有”。萌芽阶段指社会矛盾因素的产生，各因素相互之间产生对立、排斥、摩擦等初始状况。这一阶段是社会矛盾产生的初始阶段，社会矛盾还以潜在的形式存在，没有公开萌发。如征地、拆迁等重大活动进入公示公告阶段，但群众感到利益受损，产生不满，处于不稳定因素的发酵阶段，但还没有产生直接的抗议行动。如果重视这一阶段，并花力量进行干预，可以达到事倍功半的预防效果。在这一阶段通过改变社会矛盾产生的内外部环境，消除诱发社会矛盾的诱因、瓦解社会矛盾产生的条件，致力于消除引发社会矛盾的根源性问题。此阶段社会预防的策略包含：改善经济社会的基础环境；完善利益补偿机制，协调不同群体的利益关系；完善社会稳定风险评估，减少因决策时不科学、态度不谨慎所引发的社会矛盾；调节社会心态，疏导心理，心理减压，通过减少社会成员中存在的社会结构性怨恨的心理能量，降低社会不满能量[①]。“事前预防”的目标是最大可能地减少社会矛盾的产生，但不可能阻止所有社会矛盾的发生，仍然会有一些社会矛盾冲破“防线”进入下一发展阶段。

2. 矛盾发展阶段——主动预防，预防社会矛盾的“从小到大”。社会矛盾经过萌芽阶段，演进到矛盾双方或多方处于局部的、小型的冲突和不协调当中即社会矛盾的发展阶段。发展阶段指社会矛盾对立因素的升级与强化的状态，矛盾以公开化的形式出现。在社会矛盾发展阶段，社会矛盾双方力量会不断积聚，矛盾的双方或多方都不愿意随便妥协，处于一种拉锯状态。社会矛盾稍微处理不当或有一些助燃因素都会促使社会矛盾进入激化阶段。当然，矛盾在发展阶段也可能会因为预防得当而返回到前一阶段，甚至消失或化解。这一阶段进行预防，尽管要花费相当成本，但可以预防社会矛盾的激化，预防效果依然事半功倍。这一阶段的预防是“防微杜渐”式的主动预防，临时性阻止矛盾暴发，但不解决矛盾根源。这一阶段的预防可以使矛盾有三种不同的走向：一是通过艰苦工作社会矛盾得以化解；二是主动预防，采取一些临时性、权宜性措施，虽不能“釜底抽薪”从根本解决矛盾，但不使矛盾激化；三是无法预防，或者应对

---

① 朱力：《走出社会矛盾冲突的漩涡——中国重大社会性突发事件及其管理》，社会科学文献出版社 2012 年版，第 342 页。

策略不当、措施不对，资源、力量不够，或者无法满足矛盾主体需要，社会矛盾最终激化。这一阶段的社会预防的策略和举措包括：完善社会矛盾排查体系，及时发现社会矛盾发展迹象、准确地掌握影响矛盾发展隐患，积极采取应对方案；建立灵敏高效的社会矛盾预警系统，将预警的“触角”延伸到社会矛盾的各个环节和各个区域，真正做到早预警、早防控，掌握维护社会稳定的主动权。有些社会矛盾能够穿越第二道防线继续演进，若不及时加以控制任其发展，社会矛盾很有可能演化成对抗性的社会冲突。

3. 激化阶段——应急管理。激化阶段是指社会矛盾冲突在性质上开始转化，在形式上冲突剧烈化，矛盾双方冲突的强度与烈度增强，矛盾冲突的负面效果已经产生的一种状态。如果不进行处理，将严重地影响到当地的社会秩序与社会稳定。社会矛盾激化阶段往往对社会稳定、经济发展造成伤害，导致重大损失。社会矛盾激化阶段既有可能迅速消失，也可能持续一段时间，或者有其他新的矛盾加入，转化为新的社会矛盾。这一阶段应及时启动应急管理机制，尽早、尽快、尽可能地控制社会矛盾的激化态势与恶化后果。这一阶段的应对策略和举措应从社会预防转向应急管理，核心要务是及时疏导社会矛盾，使社会矛盾钝化，处于可控制、可调和的范围之内，不影响社会的稳定与和谐。当前我国已经形成了“一案三制”（即应急预案、应急体制、机制与法制）为基础的多层次、多部门、多种类的应急管理体系①。然而，应急管理的功能比较有限，往往只能控制事态，并不能真正解决根本问题。本文所强调的应急管理不仅需要在第一时间进行及时应对、有效控制，将损失控制在最低限度，在较短的时间内恢复社会秩序，更需要更新价值理念，创新制度与技术；实行预案动态管理，提升政府应急组织和参与能力，并与事前的社会预防和事后的危机评估和修复相结合，从根本上解决问题、化解矛盾。

经过两个阶段的社会预防和最后一阶段的应急管理，社会矛盾会出现两种结果：第一种是矛盾转化，即暂时把矛盾压制下去，矛盾暂时得到平息或回到前一阶段重新积蓄力量，成为新的社会矛盾进入下一个演进循

① 童星、陶鹏：《论我国应急管理机制的创新——基于源头治理、动态管理、应急处置相结合的理念》，《江海学刊》2013 年第 2 期。

环，或转化为其他性质的矛盾。第二种是矛盾消亡，意味政府采取有效的社会预防和社会治理，解决了矛盾主体的诉求，使矛盾得以消亡。矛盾消亡是化解社会矛盾的目标，也是社会治理与社会预防的最佳效果。社会治理与社会预防有着不同的内涵和适用范围，社会治理是当今社会建设领域的核心议题，强调多元治理主体（政府、社会、企业、社区、群众等）通过良性社会互动，合作参与、协同治理；社会预防是一个动态过程，贯穿于社会治理的全部过程。然而，社会治理与社会预防并不是截然不同、相互割裂的两个独立部分，而是紧密结合、相辅相成的，有时就是化解矛盾的同一种工作。社会预防是阶段性的，也是社会治理的一种前期工作。在矛盾发生前的工作叫预防，在矛盾发生后的工作叫治理，但对阻止矛盾升级来说，它也是预防，是一种矛盾事发之前与事发之中所进行的治理活动。预防工作的具体措施，与社会治理的措施是一致的。预防中有治理，治理中有预防，二者密不可分。

第二节　社会预防与社会治理的本土经验

社会矛盾的预防和化解是当前社会治理的重点与难点。基层政府在应对社会矛盾过程中注重总结反思，开始认识到源头预防和事前预防的重要性，在完善工作举措、探索多元治理方面积累了很多成功经验，有效提升了社会预防与治理的能力和水平。

一　日益重视矛盾的源头预防

（一）探索各种预防方式推动源头预防

为进一步从源头上减少社会矛盾，维护社会稳定，河北省唐山市开平区主动作为，超前谋划，通过建立“四种预防”工作机制，将排查化解矛盾的关口前置，从源头上预防和减少矛盾纠纷的发生。一是信息预防。该区充分发挥各级调委会和信息员网格化排查的作用，深入村居、企业、家庭，摸排各类矛盾纠纷信息，及时掌握基层动态。突出抓好集中排查调解纠纷统计和信息上报工作，认真填写《人民调解案件情况统计表》，辖区内各镇、村排查出的各类纠纷，都要登记在案，建立台账，对重大矛盾纠纷情况及时逐级上报。二是普法预防。该区以“三下乡”活动为平台，组织做好与安全相关各项法律法规的宣传活动；把青少年和流动人口作为普法的重点对象，注重加强寒假期间中、小学生的法制道德教育。积极组织送法进机关、送法进校园等法律“六进”活动，对社会各层面公民进行普法教育宣传。坚持把普法和调解有机结合，将矛盾纠纷调解到田间地头、村民院落，并且结合调解案例开展普法。三是热线预防。充分发挥“3362148”法律服务热线快捷、便利的优势，解答法律咨询，及时预防和化解矛盾。四是回访预防。开平区对于调解的重大、疑难、复杂矛盾纠纷，实行专人包案，定期回访，积极做好善后工作，通过回访及时发现和解决部分纠纷当事人在履行协议时出现的新情况、新问题，有效提高了协议的履行率，进而遏制已结案矛盾纠纷的重新发生，巩固排查调处成果①。

（二）开展邻里活动推动源头预防

家庭邻里间的和谐是社会和谐的基础和前提，广泛动员群众的参与更是维护社会和谐稳定的基本保障。近年来，辽宁省大连市普新区把促进家庭邻里关系和谐稳定作为基层社会矛盾排查调处工作的“第一道防线”，在全市范围内广泛开展了“家和邻里亲”活动，努力把矛盾纠纷化解在苗头、炕头和田间地头。一是规范活动机制。普新区出台了“家和邻里亲”活动工作方案，乡镇（街道）和村（社区）都建立起主要领导担当第一责任人，分管领导具体抓组织、协调与落实的工作机制，并制定了相应的活动办法和流程，每周开展一次串门活动，消除矛盾隐患；每月开展一次家庭座谈活动，促进邻里之间交流；每月组织一次文体活动，每年进行一次“矛盾化解好家庭标兵”等评选活动。通过丰富的活动，增加邻里之间的交流与互动，消除矛盾隐患。二是做实活动平台。在乡镇（街道）层面，依托综治信访维稳中心、妇女联合会等工作平台，把“家和邻里亲”活动与平安建设综合起来，突出了以平安家庭创建促进邻里纠纷的化解。三是发挥中心户的纽带作用。把中心户作为开展“家和邻里亲”活动的纽带，作为做实做细工作和深入推进“家和邻里亲”使者。

① 《开平区建立“四预防”机制化解社会矛盾》，中国新闻网（http：//www. heb. chinanews. com/tangshan/22/2013/0220/56195. shtml）。

中心户承担起民事纠纷调解员、法制教育宣传员等职责，积极化解社会矛盾①。

（三）通过社会组织进行源头预防

全国各地在村（社区）大力发展“行业调解协会”“公道会”“好人调解室”“疑难纠纷评理团”“乡贤”（即在村里有一定群众基础和威信名望，为人公道正派的贤能人士）等民间力量参与社会矛盾的源头预防。有“理”大家评，有“话”大家听，广泛发动群众自己就地解决自己的问题，成效非常明显。北京市于2010年11月注册了全国首家行业调解中心——北京安邦物流调解中心。调解中心自成立以来，充分发挥行业矛盾隐患“探测器”作用，及时发现难题问题、苗头问题，及时向市委市政府有关部门反映；充分发挥社会公平“调节器”作用，及时公平公正地处理各种矛盾纠纷，使相关难题的解决方法关口前移，避免了矛盾的扩大升级；及时发挥社会矛盾“减压器”作用，通过建立畅通的信息反映渠道，协调各方及时参与相关矛盾协调工作，最大限度地把问题解决在基层②。这些成功经验表明，各地已经开始认识到源头预防的重要性，并根据自身实际情况，开拓创新，探索出不同类型的源头预防的方式，特别是在发挥民间力量参与预防和化解社会矛盾方面的经验取得了显著成效。

二 逐步完善社会预防的举措

（一）畅通利益表达渠道

我国许多地方采用多种形式，通过开通民生热线、市长热线、网上信访、视频接访、民情邮箱、网上论坛、“党代表热线”“人大代表热线”“政协委员热线”等方式大力拓宽社情民意表达渠道，了解群众诉求。江西省九江市设立的“民声通道”是及时受理、掌握社情民意、保障群众利益有效表达的一个成功探索。九江市利用政府网站、电话、电子信箱、短信平台等途径，全天候、无障碍地接受群众意见，根据轻重缓急送达上

① 中央社会管理综合治理委员会办公室：《矛盾纠纷排查调处经验选集》，中国长安出版社2013年版，第49页。

② 同上书，第391—395页。

级党委机关，直至主要领导，并将群众所反映问题的办理结果及时反馈。“民声通道”自开通以来，在受理群众反映，督促有关部门妥善解决群众合理的诉求，为各级党委、政府及时获取社情民意，化解社会矛盾、促进社会和谐，推进领导机关科学民主决策等方面都展示出非常成功的效果。九江市“民声通道”已经延伸到基层，全市12个县（市、区）都开通了“民声通道”，成为政府解民忧、凝民心、聚民智的一条新途径。其成功之处：一是运用信息技术的发展成果，建立了全新的、无障碍的社情民意上传渠道，较好地解决了民意上达过程中的信息失真的问题；二是在上级党委、特别是上级领导的干预下，基层机关、干部对上级交办的工作不敢马虎应对，工作质量意识增强，办事效率有所提高；三是无障碍的民意上传渠道，起到了外部监督作用[①]。这种方式对解决群众的日常生活中的矛盾、困难起到了积极作用。

（二）实施社会稳定风险评估机制

社会稳定风险评估一般是指“三重一大”（重大问题决策、重大项目投资，重大工程以及大额资金使用）以及重大社会活动和有可能引发社会稳定风险的事项，在实施之前，均需针对社会风险进行全面评估。社会稳定风险评估肇始于四川省遂宁市，2007年5月起，中央将遂宁市这一社会管理创新举措向全国推广。2011年，中央要求各地全面建立社会稳定风险评估机制，对影响社会的不稳定因素和隐患进行全面评估和预测，在此基础上采取切实可行的应对措施，从源头上规避、预防、降低、消除危害社会的各种风险。江苏、浙江、山东、辽宁等地相继建立起社会风险评估机制，形成了一些颇具特色的社会风险评估模式。如山东的“烟台模式”、浙江的“平阳模式”、辽宁的“沈阳模式”、江苏的“淮安模式”等，为在全国推行重大事项社会稳定风险评估制度，提供了宝贵经验。

2006年，江苏省淮安市在江苏省率先建立“重大事项社会稳定风险评估”机制，并不断完善工作机制，建立起具有可操作性、实效性和长效性的重大事项社会稳定风险评估制度，从根本上维护广大人民群众利益，从源头上预防和减少社会不稳定因素。一是创立“五步工作法”规范评估流程。在重大事项社会稳定风险评估实践中，淮安市注重规范评估

---

① 李桂庚、姜丹平：《九江“民声通道”解民忧》，《江西日报》2006年3月19日。

流程，不断探索总结，逐步形成了确定评估事项、收集社情民意、汇总分析论证、落实维稳措施、全程跟踪评估等内容的“五步工作法”。二是打造专业和专家两支队伍，给“稳评”工作提供不竭的人力资源。2007 年淮安市聘请组织了全市首批“稳评”工作专家组，22 名成员中有政府机关部门的专家，也有高等院校的学者教授。各县区也相应建立了“稳评”专家组。基本上形成了覆盖全市的“稳评工作专家网络”。三是建立多维度的联结机制，为“稳评”工作提供后台支撑。其一，把“稳定”工作与责任主体相联结，提高“稳评”操作性和有效性。在“稳评”工作实施过程中，按照职责分工不同明确各相关部门的工作责任，并建立联系会议制度。对涉及本地部门的重大事项，坚持把“稳评”工作作为前置程序，坚决做到不评估不实施，严格执行一把手负责制。把“稳评”工作和目标考核、干部考核相联结，坚决执行干部任用稳定工作“一票否决制”①。2007 年以来，全市未发生一起重大群体事件。这一做法荣获 2010 年江苏省政法工作“创新一等奖”②。

（三）健全社会矛盾排查体系

社会矛盾排查有助于全面了解社会矛盾的总体情况，掌握社会矛盾的发展态势。2007 年，中共中央从维护社会和谐稳定大局出发，在全国范围内集中开展矛盾纠纷排查化解工作。中共十七届四中全会也明确指出，要“完善矛盾纠纷排查化解机制，引导群众依法表达合理诉求，切实维护群众权益”③。我国各地按照中央要求，深入扎实地开展工作，基本都建立了“网格化、层级化”的矛盾排查体系，初步形成了“横向到边、纵向到底，全覆盖、无疏漏”的大排查网络。

江苏省总体上形成了比较完善的社会矛盾纠纷排查工作体系④，在组织网络、工作领域、源头预防、职业化建设、工作机制、经费保障等方面

① 张玉磊、徐贵权：《重大事项社会稳定风险评估制度研究——“淮安模式”的经验与启示》，《中国人民公安大学学报（社会科学版）》2010 年第 3 期。

② 《社会稳定风险评估的“淮安模式”》，《领导决策信息》2011 年第 32 期。

③ 《中共中央关于加强和改进新形势下党的建设若干重大问题的决定》，新华网（http：//news. xinhuanet. com/politics/2009 －09/27/content_ 12118429. htm）。

④ 丁国锋、何祝荣、张涛：《江苏形成社会矛盾纠纷排查化解工作体系》，法制网（http：//www. legaldaily. com. cn/zt/content/2013 －05/24/content_ 4488325. htm？ node =41442）。

积累了许多可推广的经验。一是健全社会矛盾排查网络。在全省范围内形成了以县（市、区）人民调解委员会为龙头，乡镇（街道）人民调解委员会为主导，村（居）、企事业单位人民调解委员会为基础，专业性、行业性人民调解委员会为支撑、人民调解工作室为窗口的多层次、宽领域、全覆盖的社会矛盾纠纷排查化解组织网络。二是拓展社会矛盾排查领域。矛盾排查的领域从婚姻、家庭、邻里等传统性民间纠纷拓展到土地承包及流转、征地拆迁和补偿、环境污染、劳动争议、医患纠纷、道路交通事故损害赔偿等发展类、民生类矛盾纠纷。三是完善社会矛盾排查机制。建立了矛盾纠纷排查预警机制，大力推行网格化排查新模式，建立健全重大矛盾纠纷快报、日报、直报制度和矛盾纠纷“零报告”制度，健全完善矛盾纠纷定期分析研判机制，坚持省、市、县（市、区）、镇四级按季度、月度、旬度定期全面分析排查本区域社会矛盾总体情况。这些经验表明，各级地方政府针对当地社会矛盾的区域性和阶段性的发展特点，坚持以民生改善为先促进社会稳定，不断从源头上减少社会矛盾的产生。一定程度上反映了各级地方政府开始反思以往社会矛盾的治理模式，开始逐步从“事后处置”向“事前防范”转变，通过建立健全社会预防机制，把社会矛盾消灭在萌芽状态。

三　探索预防治理之策

（一）加强源头治理

浙江省诸暨市枫桥镇干部群众创造的“枫桥经验”是采用协调化方式预防化解矛盾的成功典范。枫桥镇坚持就地化解矛盾的工作理念，逐步构建起一个“以人民调解为基础，融合司法调解、行政调解、仲裁调解和联合调解为一体，吸纳政府力量、专业力量、社会力量共同参与的社会化大调解格局”①。1963 年，在全国开展社会主义教育运动中，枫桥干部群众创造了在党的领导下，依靠和发动群众，坚持矛盾不上交，就地解决，实现“捕人少、治安好”的经验。同年 11 月，毛泽东主席亲笔批示“要各地仿效，经过试点，推广去做”，“枫桥经验”自此诞生。“枫桥经验”在新的社会形势下不断调整、创新。1992 年邓小平南方谈话后，枫

① 冯静：《枫桥经验：创新社会管理》，《党建》2011 年第 3 期。

桥又建立了一套由党政牵头、部门协同、镇村联动的预防排解社会矛盾的体系，形成了“新枫桥经验”①。“枫桥经验”的精髓是依靠当地干部和群众，就地化解矛盾，不上交，把矛盾化解在萌芽状态。一是构建调解网络。枫桥镇实行村（企）综治工作站、管理处综治工作分中心、镇综治工作中心三级调处，切实把矛盾纠纷化解在基层。枫桥镇建立起了镇、村居企、区域性、行业性四种形式的调委会，共有镇调委会1个，社区调委会5个，村企单位调委会112个，形成村居企、管理处、镇三级全覆盖的调解网络。据统计，全镇85%以上的一般矛盾纠纷在村一级化解，15%以上的疑难矛盾纠纷在镇一级化解，调处成功率均达到97%以上。二是构建大调解平台与机制。枫桥镇2011年投资4500万元启动建设集公安、司法、法庭、检察、工商、医疗、个人调解室、产业调解室等专门力量和社会力量于一体的综合性调解中心，聘请部分人大代表、司法专业人员、律师为兼职顾问，不断完善“诉调对接”“检调对接”“公调对接”等工作机制，基本形成人民调解、行政调解、司法调解、仲裁调解相结合的大调解体系，切实化解本地区的疑难复杂矛盾纠纷。三是建立以调解人为品牌的专业调解中心。枫桥镇以具有丰富调解经验、得到群众百姓认可的调解人为品牌成立专业调解中心②。

（二）实行网格化管理

江苏省海门市积极推进网格化管理，有效提升了社会矛盾的预防化解能力。海门市以人员定格、职能定位为突破，实现社会矛盾排查管理的网格化覆盖。即以村民小组或居委、居民小区为基本单位，组成1个网格单元，以3—5个网格组成1个网格组，以村或社区为片，组成片格，建立全覆盖的矛盾纠纷空间排查体系。每网格单元设立矛盾纠纷排查信息员，每网格组设矛盾纠纷排查组组长1名，每片格设立片长1名，所在地司法所人员每人挂钩1—3个片区，负责联络和指导责任片区矛盾纠纷网格化排查管理工作，实行网格、组格、片格层级负责制，加强矛盾纠纷排查和隐患预警工作，及时掌握跟踪各种纠纷隐患，动态掌握其发展情况。每个

---

① 周白：《“枫桥经验”受中南海瞩目》，《南方周末》2013年10月31日。

② 尹华广：《“枫桥经验”：以“大调解“推进农村社会管理创新的实践与启示》，《常州大学学报》（社会科学版）2013年第3期。

网格人员就是社情民意的实时摄像头，及时收集掌握信息，简易处理问题并将处理结果通报相关条线负责人，遇到重大矛盾问题则及时汇报，并做好矛盾信息的登记录入工作。网格员依托大调解信息管理平台的信息采集、数据统计、短信互动、网上办事、情况查询、工作交流等功能，促进信息管理平台与政府“12345”平台对接，有效解决群众反映的问题；将网格排查与网上直报有机结合起来，第一时间预警基层矛盾纠纷和民情信息，真正做到了矛盾的快速高效汇集和有效预防化解①。网格化管理模式优势在于：第一，网格化管理能够深入社会的底层，能够及时发现随时发生在个体身上的问题，并将诸多微观矛盾化解在萌芽之中；第二，充分利用了社区的熟人管理方法；第三，畅通了社区中的民意表达渠道；第四，整合社区闲散人员；第五，实行精细化管理，把问题解决在基层、把矛盾化解在萌芽状态，从而促进和谐稳定；第六，管理成本较低。通过随机暗访、满意度测评等方式，对组织结构、联系走访、民情记载、民情研判、配合重点项目、群众满意和工作创新等方法情况进行考核，及时掌握了解每个网格内发生的大情小事，并及时反馈处理②。

（三）完善信息化支撑

江苏省南通市在全国范围内率先实现了社会矛盾纠纷大调解信息化管理，通过信息管理系统、大调解门户网站和视频远程系统“三位一体”，实现了矛盾纠纷排查化解工作的全过程动态管控。2010 年 3 月，由南通市综治办牵头组织联合地方网络公司共同研发了南通“大调解”信息化管理平台，形成了覆盖 9 个县市区、103 个乡镇（街道）、2008 个村（居）以及 19 个民生领域的专业调处机制，有效促进了大调解“一综多专”。2010 年 5 月，“南通大调解”门户网站正式开通，成为南通大调解对外展示宣传、方便群众参与的一个重要窗口。网站设立了“矛盾纠纷网上受理调解专区”，专门接受网民的咨询、投诉、建议和举报，畅通网民诉求表达渠道，通过“大调解微博”发布网站信息，网民纷纷关注、

① 中央社会管理综合治理委员会办公室：《矛盾纠纷排查调处经验选集》，中国长安出版社 2013 年版，第 75 页。

② 朱力：《走出社会矛盾冲突的漩涡——中国重大社会性突发事件及其管理》，社会科学文献出版社 2012 年版，第 367 页。

热议、跟帖，成为新浪的热门微博。南通市利用市电子政务网，整合全市视频调解资源，建立市、县、乡三级大调解视频联动联调机制。通过大调解视频指挥，规范实施由“日报告、周点评、月研判、季考核”支撑组成的矛盾纠纷排查化解“零报告”常态管理机制。借助大调解视频系统开展领导远程接访，畅通群众诉求渠道，充分发挥其社会管理特别是社会稳控作用。同时，通过充分整合大调解视频指挥信息资源，实现重大矛盾纠纷调处远程指导、远程协作调解、调解动态实时掌控、组织应急指挥调度等功能，提高了重大疑难纠纷的调处成功率①。

（四）机构上建立矛盾调处中心

江苏省南通市率先在全国构建了市大调解指导委、县调处中心、乡调处中心、村（社区）调处站、十户调解小组和基层调解信息员的大调解工作六级网络，重点强化县、镇和村（社区）三级实体功能。全市 9 个县（市、区）调处中心全部按正科级事业单位设置，由党委常委、政法委书记担任主任，配备专职副主任 2—3 名，常务副主任按正科职配备，明确为政府组成人员、政法委委员、综治委委员。各县（市、区）核定专项编制 8—10 名，人员调配纳入政法队伍体系统一管理。经费纳入统计财政年度预算，人头经费按其他部门 2 倍标准核拨。在职能上，党委政府赋予矛盾调处中心交办转办、督查考核、指导协调、情况通报、一票否决、建议等“六大权力”，着力强化矛盾排查、重大矛盾调处、组织听证对话、社会舆情研判、稳定风险评估、对下管理考核、专业调处指导、队伍教育培训等综合功能，与职能部门建立联动联调和工作对接机制，推动人民调解、行政调解、司法调解有机衔接。在出现跨区域、跨行业矛盾纠纷时，充分发挥党的领导作用，协调各方，最大限度地整合各方力量，形成化解矛盾的合力。乡镇（街道）大调解中心与乡镇社会治理服务中心整体联动，有效整合辖区内公安、司法、信访、民政、国土等部门的调解资源，完善联动机制，切实履行好矛盾纠纷联动调解、分流指派、调处调度、调处督办等职能。村居（社区）调处站配齐配好不少于 2 名专职调解员，均有专门的调解工作室和办公室，负责日常矛盾排查和信息上报，专职调解员按每人每年 5000—8000 元补贴纳入县镇两级财政统筹。全市

① 资料来源于课题组的实证调查。

9个县（市）区调处中心共核定139名专项编制。103个乡镇（街道）调处中心作为大调解体系的主体支撑，是社会治理服务中心的核心办事机构和重要窗口，配备不少于2名专职调解员。其他地区如山东省威海市、莱芜市、安徽省阜阳市、甘肃省兰州市、湖北孝昌市等地都建立起实体化运作的社会矛盾调处中心，有效地整合调解资源，及时、有效化解社会矛盾，提升群众对政府工作满意度。

（五）机制上形成“三调对接”

“三调联动”是以人民调解为基础和依托，将司法调解、行政调解、人民调解对接联动的矛盾纠纷调处机制，能够有效整合调解资源、拓展调解领域，成为转型时期预防化解社会矛盾的最佳方式。江苏省南京市着力开展“三调对接”工作，建立以人民调解为基础，人民调解、行政调解、司法调解三种调解手段相互衔接配合的矛盾纠纷调解机制，探索具有南京特色的多元化纠纷解决新模式，为社会矛盾纠纷得到及时妥善处置筑起了一道疏而不漏、牢不可破的“法网”。2008年，南京市在下关区进行“诉调对接”试点，区人民调解委员会在区法院设立人民调解室，积极开展诉前人民调解工作。在雨花台区进行“检调对接”试点，进一步深化在全省率先开展的轻微刑事案件委托人民调解工作。在栖霞区进行“公调对接”试点，通过人民调解委员会在公安派出所设立人民调解室等多种做法，促进调解资源整合，及时化解民间纠纷和治安纠纷。在总结基层实践经验的基础上，南京市相关部门联合制定了《关于加强人民调解工作室建设，进一步深化诉调对接工作的意见》《南京市人民调解与公安机关110接警处对接工作暂行规定》等一系列文件，对全市开展“三调对接”工作提出了指导性意见和规范性要求。目前，全市13个区县调委会都在基层法院设立了人民调解工作室，全市13个区县全部建立了“检调对接”工作机制。全市111个街镇调委会，分别采取“派驻制”“聘用制”“移送制”等形式，与184个基层派出所实行了“公调对接”。“公调对接”工作的开展，使公安民警从大量的纠纷调解中解脱出来，把更多的精力投入到了加强治安防范和处理重大案件上①。

---

① 《江苏：做实做大做新大调解工作》，大罗网（http：//www.dzwww.com/2009/ztbh/news/200909/t20090914_ 5067488.htm）。

这些经验都符合当前“多元化矛盾纠纷解决”的发展要求，表明各地在应对矛盾时不完全依赖单一形式，而是在应对矛盾过程中提供多元的方式和途径，通过各种程序体系和运作系统实现功能互补，形成应对矛盾的综合性力量。

第三节　完善社会预防与社会治理的路径

我国能否积极有效地从源头上预防社会矛盾的产生，是转变社会治理方式、提升治理水平的重中之重。[①] 社会治理是社会发展的必然趋势，社会预防是提升社会治理水平的关键，本质上是一种事前治理。换句话说，社会治理贯穿于社会预防的全过程之中。经过多年的积极探索，我国在加强社会预防、完善社会治理方面已经具备了一定的理论基础和实践经验。在我国深化改革的关键时期，必须转变原有的“注重事后化解，忽视事前预防”[②] 的矛盾治理思路，树立社会预防理念，整合社会预防力量，调整社会预防策略，完善社会预防机制，提升社会预防能力，从源头上预防和减少社会矛盾，使社会处于动态平衡、动态优化、井然有序、健康运行的状态。

一　树立社会预防与社会治理理念

社会预防的着力点不仅在于创新具体做法等，更重要的是摒弃压力型维稳背后蕴含的理念，实现社会预防理念的更新，用全新的、科学的、理性的理念思维来引导社会预防的实践。第一，树立主动预防的理念。在我国应对社会矛盾的实践中，各级政府和广大的干部普遍存在着一种“愿意轰轰烈烈地化解社会矛盾，而不愿意默默无闻地预防社会矛盾”的倾

---

① 作者提出源头减压的观点：通过利益矛盾源头减压、政府决策减压、政策减压、利益补偿减压，减少矛盾源头压力。通过政治减压、经济减压、社会减压、心理减压措施，瓦解形成社会矛盾的外部条件。见朱力著：《走出社会矛盾冲突的漩涡：中国重大社会性突发事件及其管理》，社会科学文献出版社2012年版，第334—343页。

② 一些地方政府和领导重视矛盾的事后化解，一旦发生大的社会冲突，为避免产生负面影响，政府和官员高度重视，不计代价采取一切措施严防事态扩大。而对事发前预防矛盾工作则不重视、不愿意投入。

向。当前必须要打破“压力维稳体制”下严防死守、一有苗头才进行补救的“不出事”型预防模式[①]，将社会治理的精力由矛盾产生的事后处置转移到矛盾可能产生的事前预防上来，防止矛盾产生、恶化，这样可以以更小社会成本（人、财、物等）来防止矛盾产生，提高社会治理的效率。各级地方政府应积极转变预防理念，主动出击，在当前政策法规的框架体系内，从矛盾产生的源头的因素、条件等着手，通过加强矛盾隐患排查，完善矛盾预警监测等方式，不断加强社会矛盾预防的前瞻性、主动性、有效性。第二，树立全面预防理念。全面是指政府各个部门在观念上要有合作、协同的思想观念，政府要整合各种社会资源，形成合力。如一些过去在矛盾预防之外的行政部门要启动起来，如关系到民生的诸多部门（人力资源与劳动保障、民政、教育、卫生等相关部门），激活其行动的积极性，投入矛盾的预防之中。应把现有的社会预防在制度、政策、机构、队伍、资源和后续发展保障等方面进行有效整合，形成预防社会矛盾的合力机制。第三，树立全程预防理念。原有的行政管理体系割裂了社会矛盾的预防过程，未从社会矛盾发展的全过程加以预防和有效控制。社会矛盾都有其产生、生长的发展过程，社会预防应贯穿于矛盾萌芽时期的事前预防，矛盾发展时期的事中预防，以及后续预防的全过程；并把各个阶段的预防举措有机结合起来，形成全程预防的理念与制度设计，更好地发挥社会预防作用，最大限度地使社会矛盾不积累、不蔓延、不激化。第四，树立依法预防理念。社会矛盾的预防必须坚守法治的底线，严格遵循法律制度的规定，在法律和制度的框架内进行。

二　整合社会预防与社会治理机构

机构的结构与功能是相关的。主要针对当前机构的事后处置转变为事前预防职能的转换，在保留事后处置不弱化的情况下，加强事前处置的功

① “不出事”逻辑最早是由贺雪峰、刘岳提出。钟伟军在《稳定的逻辑　一个县级政府的社会管理样本》（浙江大学出版社2014年版）进一步阐释了不出事逻辑的三方面含义：一是“不出事”体现了明显的政府对社会管理的底线任务定位；二是“不出事”是一种结果性导向，只注重“不出事”的眼前结果；三是“不出事”是指不出引起中央关注的大事。在此基础上，本文认为现有的社会预防模式是一种“不出事”的预防，即以一种应急的思维严防严控，不是真正从源头上消除和减少社会矛盾的产生。

能。社会预防与社会治理需要整合全社会（社会组织、社区、企业、民众）力量。第一，进行制度创新，建立新的社会预防与治理机构。在地方党委或政府设立一个常设机构，对社会矛盾的预防和化解实行一元化的领导体系，进行综合领导。新的领导机构必须具有权威性，即具有职能权，能令行禁止；还必须具备综合协调能力，能够协调各个方面、各个政府部门的力量。这一领导机构的主导作用是制定社会矛盾预防政策和标准体系，制定与实施社会矛盾预防的总体规划和专项规划，从制度顶层做好设计与引导；构成这个机构的成员要少而精，各司其责，最大限度地发挥作用；其职能体现在预防和减少社会矛盾的产生，主要应开展信息收集、监测，及时进行趋势预测，制定干预策略，有效开展矛盾预测预防和预警预报。方案一，在综合治理办公室的基础上吸纳与社会建设、民生相关的部门，特别是与某些重大矛盾源密切相关的民政、国土、住房、卫生、社会保障等与民生建设、社会建设密切相关的政府部门，筹建社会建设委员会。社会建设委员会是市委派出机构，承担统筹协调和推进全市以改善民生为重点的社会建设工作责任。这是一个创新部门，将直接代表市委对关系民生的各项重大工作来统筹协调。方案二，在社会建设委员会基础上，吸纳司法部门成员。继续发挥原有的信访、综治、司法等部门在预防化解社会矛盾中的积极作用，健全完善各级社会矛盾调处中心建设，做到实体化、规范化运作。确保群众诉求顺畅地表达，各类矛盾得到及时预防。各地可根据实际情况把社会矛盾调处中心（平台）列入正式行政部门序列，落实机构和人员编制，公安、司法、信访等部门派驻人员，实体化运作，有效整合各方资源和力量，具体承担社会矛盾的预防、受理等工作，紧密协调矛盾调解中心与社会建设机构，拓展其社会预防职能。

三 完善社会预防与治理机制

习近平总书记在中共中央政治局第十四次集体会议学习时强调："要增强发展的全面性、协调性、可持续性，加强保障和改善民生工作，从源头上预防和减少社会矛盾的产生。"[①] 民生问题与人民群众的幸福安康息

① 习近平：《切实维护国家安全和社会安定 为实现奋斗目标营造良好社会环境》，中央政府门户网站（http：//www. gov. cn/xinwen/2014 －04/26/content_ 2667147. htm）。

息相关，既是重大的政治问题，也是预防社会矛盾的关键。目前已有的社会预防举措较为零散，且大多是在矛盾萌芽之后，针对社会矛盾的排查预警，缺少真正意义上的事前预防和源头预防。当前社会矛盾的产生的原因是多元的，探寻矛盾的本源，发现绝大多数现实性的社会矛盾源自民生问题，源于利益的失衡；预防社会矛盾的产生要"釜底抽薪"，从矛盾产生的源头出发，有效改善民生，消灭社会矛盾产生的根源

（一）完善社会稳定风险评估机制

社会风险稳定评估是在政府制定政策和重大项目决策时，评估潜在的可能诱发社会矛盾的各种因素，提出消除社会矛盾发生的各种措施，完善决策方案，具有预防和化解社会矛盾的双重功能。当前，各级地方政府加强社会稳定风险评估工作，社会稳定风险评估在助推项目实施、沟通了解民意、维护群众利益、促进和谐稳定方面开始发挥"防火墙"和"推进器"作用。然而，实践中还存在一些不足和薄弱环节，一是将社会稳定风险评估视为一道工作程序，没有把它摆上应有的位置，致使稳评工作流于表面形式，难以发挥源头预防矛盾隐患的作用。二是标准体系不完备，在风险等级判定方面，缺少对风险等级的准确定性、定量分析，对高、中、低风险的判定缺乏一套操作性强的标准。三是人员人数不足、能力素质难以适应的问题日益凸显。评估专家引入退出机制运转还不够流畅，第三方评估机构建设工作尚处于探索起步阶段。四是现在项目评估较多，决策评估与政策评估较少，这既是当前社会稳定风险评估的重大缺陷，也是引致社会稳定风险的重要根源。针对目前存在的问题，应从以下几个方面改进。一是加强理念引导。围绕强化源头防范理念，引导广大领导干部充分认识社会稳定风险评估的重要意义，真正发挥其"防火墙"和"灭火器"作用。在涉及群众切身利益的政策、举措出台前，须事先听取相关群众的意见，最大限度反映不同群体的合理要求，从源头上保障群众的合法权益。二是理顺稳评嵌入与简化行政审批的关系。稳评工作和简化行政程序都是中央重点推进的工作。在抓好简化行政审批事项的同时，能够统筹考虑，进一步理顺稳评嵌入决策程序与简化行政审批的关系，做到二者有机结合、共同推进。三是解决第三方参与稳评的经费保障问题。针对参与稳评工作的第三方机构越来越多，经费保障和收取标准、支付方式在国家和省级层面都没有统一政策的情况，应加强工作指导，推动尽快形成科

学合理的经费保障机制，更好地推动社会力量参与稳评工作。四是建立决策过错监管问责刚性机制。进一步健全重大决策终身责任追究制度及责任倒查机制，研究制定操作性强的评估责任和决策责任追究办法，加强监管问责，形成部门协作配合机制，确保稳评工作落到实处。

（二）完善社会矛盾排查预警机制

当前，我国各级地方政府基本上已经构建了一套布点合理、层级适度的排查预警工作机制，能够及时准确地排查出影响社会和谐稳定的各种隐患，积极采取应对方案，把一些邻里纠纷、交通事故、婚姻家庭等矛盾消灭在萌芽状态。但现有的社会矛盾排查预警机制对于一些重大社会矛盾则显得束手无策。其原因有三点。首先，排查预警的综合协调能力薄弱。在现行的部门分工管理、分类应对模式下，社会矛盾的排查预警分散在政府的职能部门和各个基层单位，缺乏常态化的组织载体，呈现为事前各自为政、封闭的特点，难以实现综合性的排查预警及协同。其次，排查和预警的衔接环节和中间环节衔接不顺。社会矛盾排查是社会预警的前提和基础，但在实际工作之中，辛辛苦苦进行的矛盾排查工作往往只进行了简单的矛盾统计和分类，而且排查得到的信息，往往互不联通，信息资源不能共享，形成了一个个信息“孤岛”，很少根据这些基础信息进行研判和预测。最后，社会矛盾排查预警技术发展不平衡，基础信息数据库、监测网络、监测网点的布局不甚合理。社会矛盾大多发生在基层，但基层极为欠缺与之相匹配的技术手段和相应的人员配备，特别是欠缺矛盾预警技术。今后，各级政府将社会矛盾排查预警机制建设纳入政府工作重点，进一步完善社会矛盾排查预警体制。一是完善综合协调的社会矛盾排查预警制度。社会矛盾涉及的行业多、领域广，仅靠一两个职能部门难以有效完成排查预警任务。鉴于此，社会矛盾排查预警的综合协调职能就有必要切实加强。各相关部门应按照“属地管理、分级负责，谁主管、谁负责”的原则，建立起超前联动的排查预警制度，提升社会矛盾排查预警工作的前瞻性和计划性。二是加强基层，特别是村（社区）这一层面的排查预警工作的力量。加大对基层社会预警体系建设的支持力度，并积极鼓励社会组织和个人参与社会矛盾预警体系的建设与运营。个人或组织购置的设备设施、建设的监测网络以及数据库等，在经过相关政府部门认证的基础上，应当允许其纳入政府社会预警体系，参与全社会范围内的资源共享。

三是落实社会矛盾排查预警责任制。让各级领导干部工作有目标、有方向、有动力，自觉深入基层、走进群众、了解诉求。要坚持规范管理，对排查出的矛盾纠纷定期碰头、定期汇总、定期建档，使之不悬空、不遗漏、不激化，为社会矛盾的预警提供信息来源和判断依据。

(三) 完善社会矛盾疏导化解机制

社会矛盾疏导机制是指采取疏而不堵、导而又引的思路，综合协调、良性运作所形成的一整套制度、方法和措施及其化解社会矛盾的具体活动[①]。社会矛盾化解机制则是一种淡化矛盾、消解矛盾的机制。当矛盾双方在利益发生冲突时，在无法协商解决的情况下，通过第三方调解或仲裁，使社会矛盾最终得到化解而不至于发展到严重冲突的程度[②]。我国目前已经形成了包括信访、调解、诉讼、仲裁等多种方式的矛盾疏导化解制度，并建立了人民调解、行政调解、司法调解相互衔接的大调解工作机制，但仍然难以将大量的利益冲突吸纳到制度化的框架内加以解决，特别是一些刚性社会矛盾，稍微处理不当极易引发群体性事件。针对我国当前重大社会矛盾的主要特点和发展趋势，完善多元化的社会矛盾疏导机制。第一，针对社会矛盾的不同类型，根据社会矛盾的不同特点，采取最佳的解决方式。即一般性社会矛盾应突出平民化、简易化的特点，通过培育民众的理性协调、平等对话沟通等方式解决。对于重大社会矛盾，特别是与政府密切相关的一些社会矛盾则需要通过法治方式加以解决。第二，建构“大调解”的调解格局。一些地方的经验表明，大调解在矛盾预防和化解方面取得了显著成效，而且也符合社会治理的发展要求。在完善人民调解、行政调解、司法调解的基础上，进一步加强社区调解、社会组织调解、行业调解等调解体系的建设。政府应该释放部分权力让社会进行自我管理，除了有些重、特大事件必须由政府参与化解之外，其余均应该充分调动人民的积极性，利用社会中间组织等来缓解社会矛盾。第三，运用法治思维和法治方法疏导化解社会矛盾。各级政府要坚持依法开展对社会矛盾的疏导化解工作，对调解不成的矛盾，引导当事人运用仲裁、行政裁

① 周武军：《基层社会矛盾冲突的十大疏导机制》，《党政干部学刊》2010 年 12 期。

② 朱力：《走出社会矛盾冲突的漩涡——中国重大社会性突发事件及其管理》，社会科学文献出版 2012 年版，第 360 页。

决、行政复议、诉讼等方式加以解决。对已进入法律程序的社会矛盾，严格依据事实、法律公正处理，保障合法诉求依法得到合理合法的结果。对已审理办结、信访终结后仍缠访、闹访、聚众滋事的，严格依法处置。

四　提升社会预防与治理能力

（一）提升各级政府的社会治理能力

近年来，中国社会出现了这样的现象：一方面，政府维护社会稳定的投入不断加大，另一方面，社会矛盾和利益冲突不仅没有减少，反而呈现数量增长和烈度加强的趋势，这两方面的事实充分表明，当前社会治理方式面临着重大挑战，必须对传统社会管理方式进行及时调整。第一，逐步建立多中心的社会预防格局，建立包括政府、市场、社会组织等在内的多元预防主体共同预防社会矛盾的产生。政府应适度放权，将政府无力承担的或者承担起来成本过高的社会矛盾调解和处置工作交给社会和市场处理，运用基层的民主自治、民主协商或市场机制等进行有效的预防和化解。第二，加强法治建设和法治保障。当前我国很大一部分矛盾的预防和治理是依靠非制度化的方式解决的，非制度化的解决方式突破了法律法规，政策规定，对社会稳定和谐有一定的负面作用，从长远来看，不利于矛盾的真正解决，甚至会造成矛盾升级。因此，一方面政府要坚决依法行政、减少因自身运作而产生的社会矛盾；另一方面必须运用法治思维和法治方式化解社会矛盾。根据课题组于 2015 年 4 月份在 J 省的四个地级市所进行的问卷调查[①]，调查结果显示，干部们普遍认为，当前要建立适应当前社会矛盾处理的各类有效、详细的法律规范，为社会矛盾的化解提供法律依据，规范政府、干部的行政行为。另一方面也要健全现有的法律法规，依法行政，依法化解矛盾，严厉打击违法行为，提升政府化解社会矛盾的能力，减少社会矛盾的爆发量，减轻社会矛盾的不良后果。第三，创新和丰富社会预防方式。“工欲善其事，必先利其器”，地方政府提升社会预防能力，必须借助一定的社会预防工具和手段。在多元的社会治理格局已经成为改革的趋势下，政府在逐步减少运用行政色彩浓厚的社会动员式治理方式，强化道德约束，从行政手段为主的单一手段运用向多种手段

---

① 见第三章。

综合运用转变，通过运用市场化的利益调解工具、社会参与式的志愿服务等社会化手段预防和减少社会矛盾。

（二）充分发挥社会组织的预防作用

社会组织可以为政府分忧解困，帮助群众解决生活中的难题，是政府与居民之间、居民与居民之间矛盾冲突的缓冲带。政府应积极培育社会组织，让其承担预防和化解社会矛盾的任务。一是加大对社区草根组织的扶持力度，既要给予基层社会组织适当的生存和发展空间，又要加强对基层社会组织的管理，做好监督和引导工作，发挥其在化解居民日常生活中的人际交往矛盾的主导作用。二是大力发展专业性社会组织，化解专门的矛盾。对于某些专业性较强的复杂矛盾如医患、保险等矛盾，应建立专业性社会组织，吸收具有专业知识的专门人才从事矛盾调解工作。专业社会组织有助于促进政府与社会的良性互动，能够及时了解社会舆情，帮助政府及时完善公共服务。三是发展行业性社会组织（行业工会组织、行业协会、商会等)，化解行业性的矛盾。行业协会、地方性商会等社会组织有助于从“条”和“块”两个维度调解诸如企业中的劳资纠纷、企业间的经济纠纷等矛盾。政府应改变直接面对此类纠纷的现状，让这些矛盾回归市场、回归法律、回归企业、回归社会来解决。四是社区中的特定群体的社会组织，如农民工的自组织、退休人员组织等，化解特定群体的矛盾。社区社会组织如里长制、道德公会等在预防社会矛盾、疏导群众情绪等方面起着十分重要的作用。各级地方政府应积极引导社区民众自发建立类似的社会组织，增加民众社会自治、自我管理的能力。

（三）提升基层干部预防矛盾的能力

社会预防作用最大限度地发挥在于转变干部的治理理念和提升干部应对风险的能力。风险社会的来临不仅要求领导干部具备应对处理突发事件的能力，还要求领导干部在日常工作中提升社会预防能力。社会预防是一项新工作，应督促领导干部进行持续的学习，并接受相应的培训，使其成为社会预防专家。今后，不仅需要在全国行政机关公务员中开展突发事件应对培训，还需要结合各级领导干部的具体情况，有针对性地加强社会预防培训，提高其事前预判、评估社会矛盾的能力，提高各级领导干部社会预防的理论基础和专业技能。培训的内容重点是社会预防能力的提升，如注重总结并汲取国内外社会矛盾预防成功经验，不断提升社会治理水平。

特别要对县、乡镇（街道）、村（社区）的基层领导干部进行社会矛盾预防的理论培训，让他们掌握社会矛盾演进的一般规律，全面了解从社会矛盾演进的哪一个阶段入手可以事半功倍地预防社会矛盾的发展；何种有效举措可以引导社会矛盾的转化消亡，或朝正向发展。在党校的干部教育中，应经常组织开展社会矛盾预防的训练和模拟演练活动，使领导干部熟悉社会矛盾预防的职权范围、基本程序和处理方法，从而提高领导干部社会矛盾预防的实战能力和应对技能。

第十八章

我国社会矛盾的化解措施

在我国经济社会发展转型时期，国内各种社会矛盾交织出现，如何有效化解社会矛盾已经成为转型期社会治理中的核心议题。近年来，我国各级政府积极探索，在社会矛盾化解方面采取有力措施，有效地化解了大量社会矛盾，创造了行之有效的地方经验，促进了社会和谐稳定。但是，不可否认的是，国内在社会矛盾化解措施方面还存在一些问题，不能有效地化解社会矛盾，需要我们去总结、研究，提出行之有效的化解措施。在现阶段，要以司法纠纷解决机制（诉讼）为主导，推动和完善诉讼、仲裁、行政复议与调解、救济等非诉讼纠纷解决机制的有机衔接，形成社会矛盾的多元协同化解机制。

第一节　社会矛盾多元协同化解机制的理论依据及内涵

一　社会矛盾多元协同化解机制的理论依据

治理理论兴起于20世纪80年代，罗茨认为，“治理”意味着一种新的统治过程，或是以新的方法来统治社会[①]。从社会管理到社会治理只有一字之差，但是两者的意义迥然不同。“作为社会控制体系的治理，指的是政府与民间、公共部门与私人部门之间的合作与互动。”[②] 与社会管理相比，社会治理更加强调系统性、整体性、协同性。社会治理的思想渊源

① ［英］罗茨：《新的治理》，《马克思主义与现实》1999年第5期。

② ［英］罗茨：《新治理：没有政府的管理》，《政治学研究》1996年第2期。

又与“协同学”密切相关。社会系统中多个主体的协同参与是社会治理的重要特征。20 世纪 70 年代，哈肯把“协同”理念加以明确并建立了一门新的学科——“协同学”。哈肯把“协同”定义为：系统的各部分之间相互协作，使整个系统形成微观个体层次所不存在的新质的结构和特征[①]。在系统中，子系统之间的相互协作会产生 1 +1 >2 的效果，社会治理强调的就是这种社会各个子系统之间的协作。

从现实来看，当前我国社会处在一个多元化的社会，具体表现为：社会成员的价值观多元化、社会成员利益格局多元化、社会利益主体的多元化、矛盾纠纷主体的多元化。传统的社会管理更多的是单一主体、单一方式、自上而下的矛盾解决模式，忽视了社会力量的活力。单一的社会矛盾解决机制已经远远适应不了现实的需要，需要贯彻协同治理、综合治理、依法治理的思路，充分调动社会各界的力量，采取不同的手段，解决纷繁复杂的矛盾。中共十八大报告指出：“加强社会建设，是社会和谐稳定的重要保证。必须从维护最广大人民根本利益的高度，加快健全基本公共服务体系，加强和创新社会管理，推动社会主义和谐社会建设。”[②] 中共十八届三中全会进一步提出，创新社会治理体制，改进社会治理方式，必须“坚持系统治理，加强党委领导，发挥政府主导作用，鼓励和支持社会各方面参与，实现政府治理和社会自我调节、居民自治良性互动”[③]。我国多年以来的社会建设、社会管理创新、社会治理的过程，是一个从“摸着石头过河”到主动进行顶层设计，由不自觉到自觉的过程。社会治理理论的提出，标志着执政党主动适应社会变化，进行理论革新的过程。

与传统思路相比，社会矛盾多元协同化解机制更加强调的是政府与社会各界力量“双向互动”的特征。社会矛盾多元协同化解机制更加强调协商、合作，采取协商民主的方式，通过广泛听取矛盾多方的诉求，统筹协调处理社会矛盾，寻找“最大公约数”，达成解决矛盾的共识。

---

① ［美］赫尔曼·哈肯：《协同学：大自然构成的奥秘》，凌复华译，上海世纪出版集团出版 2005 年版，第 21—25 页。

② 胡锦涛：《坚定不移沿着中国特色社会主义道路前进　为全面建成小康社会而奋斗——在中国共产党第十八次全国代表大会上的报告》，人民出版社 2012 年版，第 34 页。

③ 《中共中央关于全面深化改革若干重大问题的决定》，人民出版社 2013 年版，第 49 页。

二　社会矛盾多元协同化解机制的内涵

（一）社会矛盾多元协同化解机制的内涵

所谓社会矛盾多元协同化解机制，是指在矛盾化解中将制度、政策、机构、队伍、资源、力量等要素有机组合，形成稳定的、协同的一种合作关系与有节律的活动模式。就是要发挥诉讼、仲裁、行政调解、人民调解、司法调解、行业调解、信访、协商和解、社会救助等多种解决机制的综合功能；就是要统筹各种力量，形成相互配合、多向互动的组织框架；就是要综合运用政治、经济、行政、法律、教育等多种手段，推动各种解决方式之间的统一协调、功能互补、程序衔接、良性互动；就是要构筑起“党政领导、综治牵头、司法推动、部门参与、社会协同、法治保障”的矛盾纠纷多元化解决工作体系。使矛盾纠纷以最适合的方式得到及时有效解决。在化解矛盾中多元化的含义是以下几点。

化解主体多元化。社会矛盾多元协同化解机制中，化解主体有多个，一是司法机关。主要是公安机关和法院。对涉法涉诉的矛盾纠纷，在进入司法程序之前由公安机关或法院进行调解，减少矛盾纠纷化解成本。如果调解不成功，进入诉讼程序，矛盾化解主体就是法院。二是国家行政机关或准行政机关。行政调解、行政仲裁、行政复议的主体是国家行政机关，也有一些准行政机关承担化解矛盾的职责，例如劳动仲裁委员会等。三是社会力量。社会力量的内涵很广，主要指各种社会组织，如行业协会、商会、行业工会等，也指社会力量，如律师、新闻媒体、人民调解员，等等。不同的主体其处理结果的效力区别很大，司法机关和行政机关的处理结果具有国家强制力，而社会力量的处理结果不具备国家强制力。

化解机制多元化。社会矛盾处理中，要对各种矛盾化解机制进行整合，协同运用这几种机制，使它们共同发挥作用。一是要认真落实矛盾纠纷排查机制，政府工作人员定期排查社会矛盾，尤其是在一些特定敏感时期和矛盾多发地区、行业，更是要重视矛盾的排查工作，及时发现社会矛盾，将矛盾化解在萌芽状态；二是完善多元化矛盾纠纷调处机制，进一步完善人民调解、司法调解、行政调解三位一体的大调解机制，根据社会矛盾的不同特点，综合运用多元化的社会矛盾调解机制；三是妥善处置群体性突发事件，建立健全突发事件应急处置机制，消除群体性事件产生的根源，控制群体性事件的发展态势，采取有效措施平息群体性事件。

化解方式多元化。制度化的矛盾纠纷的解决方式，可以分为协商、调解、裁决三大类。协商是没有第三方参与的情况下，由矛盾纠纷相关当事人在法律允许的框架内自行谈判，商议解决矛盾的办法，达成彼此满意的解决方案以解决双方的矛盾冲突。调解主要是有第三方介入并主持矛盾纠纷的化解，根据调解机构的不同可以分为行政调解、法院调解、行业调解、民间调解。裁决则主要是一个行政法的概念，是指行政主体根据法律的授权，运用司法或准司法的手段，对平等主体之间特定的民事纠纷居间作出判断和决定。

化解依据多元化。现行的法律规范调整的社会矛盾是有限的，还有一定的局限性，不可能涉及所有的社会矛盾，也不能非常及时地适应社会形势变化；此外，社会不断发展进步，所能依据的规范更加多元化。社会矛盾当事人有权利选择所依据的规范来解决矛盾。因此，解决社会矛盾依据的规范并不仅是法律，还包括道德规范、民族习惯、宗教教义，以及自治规范、市民公约、村规民约、行规、团体章程，等等，这些规范具有引导、约束组织、团体内部的成员自觉遵守国家法律、社会公德的重要作用，也是法律的补充和自我管理、自我教育的好办法。

（二）协同治理的内涵

1. 政府部门之间协同配合

有些社会矛盾的化解涉及多个不同政府部门，不但要明确部门之间的职责，还要完善协调机制，整合多个部门的力量，齐心协力共同承担化解社会矛盾的责任；需要加强不同部门的良好沟通，保障信息畅通，应对社会矛盾中的情况变化；还要加强部门之间的有机衔接，防止处理过程的断裂，协同解决社会矛盾。例如，2009 年 10 月，河北省为解决访累突出、访序混乱、访效不佳、访责不清等问题，创立了全国首家“涉法涉诉联合接访服务中心”，把法院、检察、公安、司法行政部门分散的接访力量聚合到一起，对涉法涉诉信访案件采取“一站式接访、会诊式处理、全程式督办”，形成了“横向联合、分级受理、上下联动”的三级接访服务平台①。

2. 政府与社会力量协同合作

长期以来，我国地方政府还是“全能政府”，政府管得过宽、过细，将本该由公民、社会组织或市场机制自行解决的矛盾大包大揽，如有的地方政府设立热线电话，提出“12345，有事找政府”，将所有的矛盾、问题大包大揽，政府过多地介入琐碎的民间纠纷，不但解决不好，反而浪费了行政资源。俞可平认为，“一个国家的社会治理状况，取决于政府对社会生活的管理能力，更取决于公民的自我管理水平。我们要实现良好的社会治理，真正在社会领域实现善治，需要强有力的社会管理，更需要社会治理”②。“党委领导、政府负责、社会协同、公众参与、法制保障”的治理格局，应该是个有机结合的整体，党委领导是宏观领导，政府承担相应的治理主体责任，具体矛盾处理中，更应该突出的是社会协同和公众参与。社会矛盾处理过程中，要充分重视社会自治，提高公民和社会组织参与矛盾处理的能力，充分发挥公民和社会组织自主解决矛盾的作用，完善公民和社会组织参与化解社会矛盾的法规制度。政府主要是加强监管，做好社会组织的规范化管理和培育发展工作，引导这些社会组织有序参与社会矛盾的化解。山西长子县注重多元调解，形成共治合力，力求把矛盾化解在当地，形成了司法、行政、行业、民间“四位一体”的无缝隙矛盾联调格局。“四位一体”大调解格局的形成，促使长子县各类诉讼案件和治安案件在连续10年增长的情况下实现双下降，分别由2010年的1544起和786起下降为2013年的1247起和601起③。

3. 多种手段协同运用

任何手段都不是万能的，有其局限性，社会矛盾的化解不能倚重某一种手段，应该是多元化的化解手段，综合运用法律、经济、行政、教育、人情等各种手段，有效解决社会矛盾。运用法律手段，就是要加强相应的

① 《河北依托联合接访服务平台推进涉法涉诉信访改革》，法制网（http：//www. legaldaily. com. cn/index_ article/content/2014 -09/14/content_ 5761145. htm？node =5955）。

② 俞可平：《论国家治理现代化》，社会科学文献出版社2014年版，第120页。

③ 《基层社会治理的“长子经验”》，屯留县人民政府网站（http：//www. tunliu. gov. cn/info/1345/14233. htm）。

立法，并保证司法的公正性；控制社会矛盾的苗头，及时处理社会矛盾。政府应该积极转变职能，按照法律办事，文明、公正执法，做好服务。运用经济手段，就是在涉及经济利益型社会矛盾时，要善于运用经济杠杆，在符合国家法律政策的前提下，给予利益受损群体合理的补偿，有效地化解社会矛盾。运用教育手段，就是要加强对干部群众的教育，促使他们的素质得到提高：一是要加强基层干部的教育，提高其能力和法制观念，培养法治思维，使他们懂法用法，减少官僚主义的作风；二是群众要学习政策法规，增强群众的法制意识和观念，引导群众遇到事情时，要按照合法程序来处理，而不是盲目采取集体行动。此外，在我国传统社会中，人情手段在矛盾处置中还是占很大的比重，正如费孝通先生所说，“我国正处在从乡村社会的转变过程，原有对诉讼的观念还是很坚固的存留在民间，也因之使现代司法不能彻底地推行”①。即使是当代中国社会，虽然法律手段越来越重要，也不能忽视传统社会中人情、面子的因素，尤其是一些矛盾还没有达到诉讼的程度，或者司法程序过于漫长，不能为矛盾相关人所接受。如果借助矛盾相关人的社会网络资源介入，即矛盾所在地的民间权威或矛盾相关人的亲友参与矛盾的化解，利用民间权威和情理手段进行调解，更加容易为矛盾双方所接受，而且会比诉讼有效、迅速。正确处理法律手段和调解手段的关系，熟人纠纷和民事纠纷应该加大调解的力度，贯彻调解优先的原则；如果是上升到了法律关系的矛盾，则使用司法审判解决，改革不合理的调解指标的考核，当调则调、该判则判。

第二节 社会矛盾纠纷多元化解决机制的实践

一 社会矛盾纠纷多元化解决的体制

社会矛盾纠纷多元化解决机制的实现需要行政机关、司法机关、社会力量多方协同、广泛参与，建立完善的组织框架，理顺关系、优化流程，以实现社会矛盾的有效化解。根据本课题组的调研，提炼部分地方已有的先进经验，课题组总结出社会矛盾纠纷多元化解决体制图（见图18—1）。

① 费孝通：《乡土中国》，凤凰出版社2007年版，第58页。

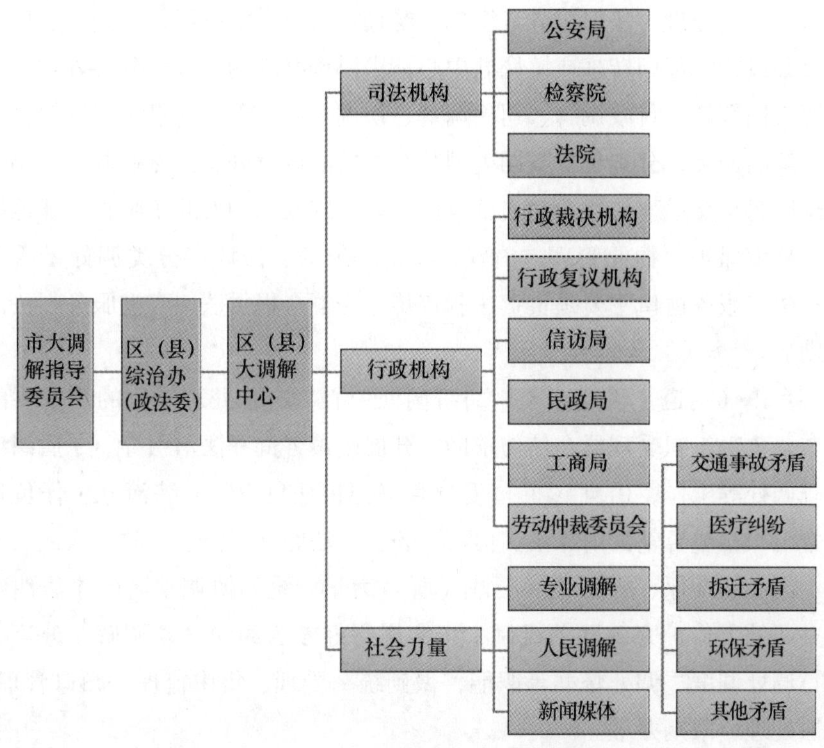

图18—1　体制内矛盾调解机构体系（市级、区县）

（一）体制内矛盾调解机构体系

根据地方经验，从市级到社区建立五级大调解工作网络，依次是市大调解指导委委员会、县（区）调处中心、乡镇（街道）调处中心、村（社区）调处站。市大调解指导委员会主要是对一些重大矛盾发挥协调作用，不具体处理问题；重点强化县（区）、乡镇（街道）和村（社区）三级实体功能。有了实体化的调处中心，能为群众提供“一揽子解决”群众诉求的服务平台，让群众在家门口反映诉求，就地解决矛盾。建立统一的社会矛盾调处中心作为社会矛盾解决平台，县（区）调处中心承担好接待受理、分流指派、协作调度、检查督办以及重大矛盾纠纷调处五项职责。调处中心主任由政法委书记或综治办主任担任，相关部门分别派人进驻调处中心，这些部门包括两类，一类是处理矛盾的直接部门，如法制办、信访局、法院、公安局；另一类是预防矛盾、矛盾多发领域的管理部门如人社局、城乡建设、人社局、城管、医疗卫生等。调处中心设立受理窗口、分类处理、法律服务等窗口。受理窗口负责接待群众来访，受理上级交办或相关部门转来或镇调处中心请求协调办理的事项。分类处理窗口按照人民调解、行政调解、司法调解、访调对接、劳动人事争议调解、专业调解的分类，分别负责不同类型社会矛盾的调解处置。专业调解主要是处理医患、交通事故、劳动人事争议、职工维权、妇女儿童维权、征地拆迁、环境保护、物业管理、消费、物价等矛盾，按职能分类调处矛盾纠纷；法律服务窗口主要是负责法制宣传，为群众提供法律咨询服务、法律援助等。

乡镇（街道）也建立矛盾纠纷调处中心，这是处理矛盾的最重要的环节，负责组织受理群众信访求助、开展政策咨询和法治引导、矛盾纠纷排查调处等工作，由党（工）委分管书记担任负责人，综治办主任负责日常工作，整合辖区内综治、信访、公安、法庭、司法、民政、人武、建设、国土、环保、妇联等基层站（所）力量，统筹协调辖区的矛盾纠纷排查调处工作，完善联动机制，切实履行好矛盾纠纷联动调解、分流指派、调处调度、调处督办等职能，做到统一受理、集中梳理、归口管理、依法处理、限期办理。

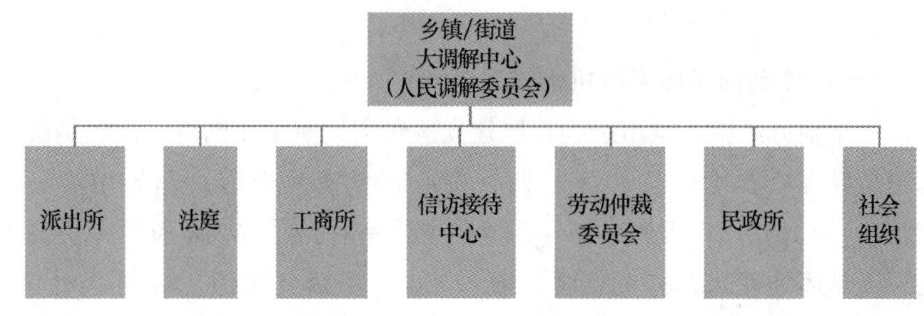

图 18—2　乡镇（街道）社会矛盾多元协同化解体制

多元化矛盾化解体制除了行政、司法体系，还包括村一级的调处机构。村（社区）一级建立村（社区）矛盾纠纷调处工作站（室），由村（社区）党支部书记牵头负责，由综治主任、保安联防员、村民组长（楼栋长）、“五老”人员（老党员、老干部、老教师、老军人和老劳模）、居民骨干等组成人民调解委员会，协助村（社区）共同排查矛盾纠纷、收集掌握工作信息，整合调解力量，协调处理矛盾纠纷。村居（社区）调处站配齐配好专职调解员，设立专门的调解工作室和办公室，负责日常矛盾纠纷排查和信息上报，专职调解员的补贴纳入县镇两级财政统筹。

此外，在派出所、交警队、法庭、检察室、信访办等基层单位设立调处（对接）工作室，接受群众求助、落实调解工作。

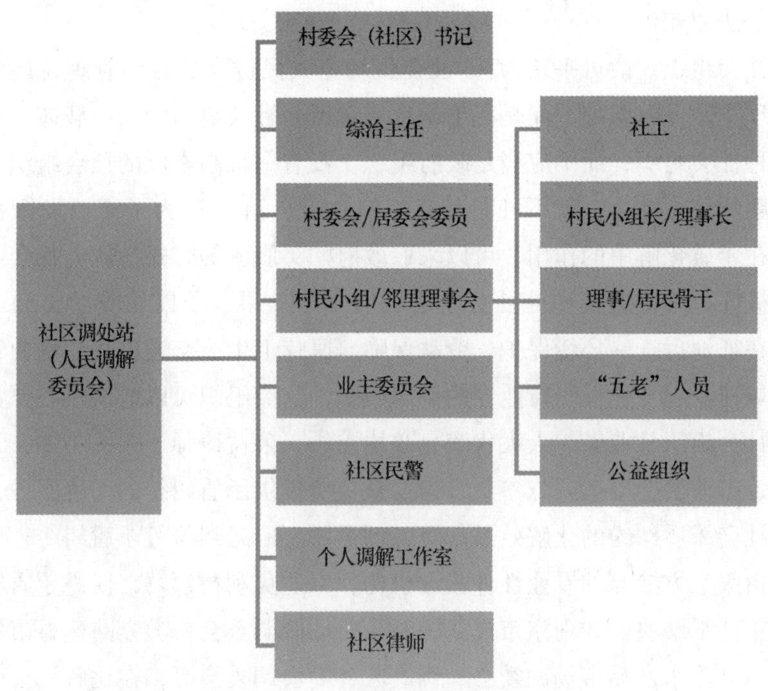

图18—3　村（社区）社会矛盾多元协同化解体制

（二）体制外矛盾调解的社会力量

新闻媒体。在多元化矛盾化解机制的组织框架中，新闻媒体主要发挥以下作用。一是充当社会矛盾的“监视器”，新闻媒体通过公开报道经济、社会发展中的情况，及时发现社会矛盾的苗头，以便及时采取措施，防止矛盾的深化和扩大。二是缓释社会情绪的“解压阀”。新闻媒体能够提供疏导社会对立情绪、缓释和排解群众怨怒的通道。通过新闻报道，让群众了解政府所做的工作；引导网民客观理性地发声，消解广大群众对政府的怨气。三是畅通社情民意的渠道。通过政务微博、政务微信公共号、网络访谈等载体，与网民加强互动，收集社情民意，及时梳理、研判、回应群众诉求，统筹网上网下，将网上问题网下解决，解决好群众的切实问题。四是直接化解矛盾的平台。部分地区利用新闻媒体作为载体，开通社会矛盾化解栏目，配备专业记者和编导人员，多渠道筛选节目来源，选择典型性的社会矛盾案例，经当事人同意均可列为栏目案源，现场跟拍调解员为当事人排忧解难、化解社会矛盾的过程，提升了人民调解的影响力和普及了法律知识。

社会组织。俞可平认为："社会自治是人民群众的自治管理，这种自我管理不是无组织的，而是有组织地实现的。社会自治的组织载体，主要是各种社会组织，而不应当是政府组织。没有一批高素质的社会组织和一个健康的公民社会，就不可能有真正的社会自治。"① 为了充分发挥社会组织在矛盾化解中的作用，可以采取政府购买服务等方式，调动社会组织的积极性，并根据其调处社会矛盾的质量与效果，予以相应的奖励或补贴。在征地拆迁、环境保护、劳动保障、医疗卫生、交通事故、物业管理等领域建立起专业性、行业性的调解组织，这类组织可以邀请热心公益事业的社会组织从业者、人大代表、政协委员、公益律师、人民团体、学术组织、行业协会等第三方参与，为群众免费提供矛盾纠纷的调解服务，以提高社会矛盾纠纷的化解效果。对劳动争议、医患纠纷等矛盾纠纷，也要建立由第三方参与的专业性仲裁性机构，以避免利益纠葛，促进矛盾纠纷的公正公平解决。如南京市成立了新街口商圈调委会、大光路建材市场调委会、高淳水产品市场调委会、栖霞区韩商会调委会等，在化解社会矛盾方面发挥了积极作用。

律师。在推进"依法治国"的背景下，律师作为法律专业人士，可以发挥他们的专业优势，充当政府和当事人、当事人之间的桥梁和纽带作用，将矛盾纠纷纳入有序的化解轨道。例如有些地方开展律师进社区活动，实行"社区律师"制度，地方政府通过公开招标，与律师事务所签订法律服务合同，财政拨款统一购买法律服务，给社区全部配备"社区

① 俞可平：《论国家治理现代化》，社会科学文献出版社2014年版，第122页。

律师”。这些“社区律师”熟悉法律和当地的风俗民情，其第三方立场也更容易被矛盾对立双方所接受。发生矛盾纠纷时，“社区律师”给当事人担任法律顾问，直接参与矛盾纠纷的调处，也可以引导矛盾对立双方通过法律渠道解决矛盾纠纷，防止事态扩大化和无序发展。人民调解组织处理重大矛盾纠纷和疑难问题时，请律师提供专业的法律指导，解答处理法律难题，举办法律培训，帮助起草修改规章和法律文书，依法调解疑难纠纷。不可否认的是，也有少数律师在介入社会矛盾中故意鼓动矛盾纠纷当事人采取偏激手段，教唆当事人使用违法游行示威、请愿等手段，将矛盾的事态扩大，激化了社会矛盾。因此，需要加强对律师的引导和监管，运用执业制度规范律师的行为，对于违法违规故意激化社会矛盾的律师要严肃依法处理。

民间权威。在基层社会有各种不同类型的“民间权威”，例如老党员、老干部、老教师、老医生、企业家、致富能手、退伍转业军人等，这些“民间权威”在普通民众中具有较高的社会地位或威望，说的话有人听。他们往往也是社会矛盾当事人所处的“初级群体”社会网络中的一员，容易接近，借助他们的力量来调解社会矛盾，往往可以收到较好的效果。有些地方广泛动员农村“五老”（老党员、老干部、老模范、老教师、老退伍复员军人），推选有威望、有能力、公道正派的“五老”组成“和事老协会”“公道会”“里长会”等调解组织，可以充分发挥这些民间权威政治强、经验多、威望高、智慧足、人情浓等优势，有效地化解社会矛盾。支持、鼓励公信力较强的优秀人民调解员建立以个人名字命名的人民调解室，形成品牌效应。

普通群众。社会自治的主体是广大普通群众，化解社会矛盾同样离不开广大群众的作用。要加强群众的公民教育，调动他们参与社会矛盾化解的积极性，拓宽群众参与社会矛盾化解的渠道，提高他们的化解社会矛盾的能力。可以充分发动居民骨干以及“老娘舅”“老舅妈”等参与到社会矛盾化解中去。例如，有些地方建立起信息员队伍，这些信息员大多是普通群众，分布在社会的每个角落，可以第一时间发现可能引发矛盾的各类问题、第一时间化解矛盾、第一时间将信息整理上报。信息员队伍的建立，使地方党委政府和相关职能部门的信息更加灵通，可以通过一些苗头，及时发现社会矛盾存在的隐患，将社会矛盾在萌芽时期就有效地化解，避免矛盾扩大化。

二　多元化矛盾化解的措施

在处理社会矛盾过程中，需要通过法律、政策、经济、行政等手段和教育、协商、疏导等方法去疏导释放群众情绪，努力防止因矛盾纠纷而结“世仇”的不良后果。党的十八届四中全会《中共中央关于全面推进依法治国若干重大问题的决定》提出了“完善调解、仲裁、行政裁决、行政复议、诉讼等有机衔接、相互协调的多元化纠纷解决机制”的明确要求。

（一）制度化的措施

1. 调解

基层实践表明，调解是化解矛盾最便捷、代价最小的一种方法，具有灵活、便捷、高效、低成本等优势。积极推动社会矛盾纠纷“大调解”①的化解思路，构建起人民调解、行政调解、司法调解有机衔接，社会力量共同参与的全覆盖“大调解”工作体系，更多采用调解方法，把矛盾化解在基层，把纠纷解决在萌芽状态。坚持调解优先，把好化解矛盾的第一关。调解优先就是要把调解工作贯穿于解决社会矛盾纠纷的全过程，实现对所有领域矛盾纠纷的全覆盖。坚持依法调解的原则，大调解不是毫无原则的“和稀泥”，更不是“花钱买平安”，而是以公平正义为导向，在尊重当事人意愿基础上的依法调解，依据的是法律、政策和制度。同时，在依法的前提下，要根据中国国情，注重依情、依理、依德，以柔性手段化解矛盾纠纷。民间调解包括了人民调解委员会调解、律师所调解，行业协会调解、家族调解，亲友调解、邻里调解、同学调解、同事调解等。

人民调解。人民调解是指在人民调解委员会的主持下，在双方当事人自愿的基础上，以国家法律、法规、规章、政策以及社会公德为依据，通过说服、疏导等方法，促使当事人在平等协商基础上自愿达成调解协议，解决民间纠纷的活动。人民调解是一种民间调解，其调解的范围限于一般的民事纠纷，包括发生在公民与公民之间、公民与法人、其他社会组织之

---

① 所谓大调解，是指以党委政府统一领导、政法综治牵头协调、调处中心具体运作、司法部门业务指导、职能部门共同参与、社会各界整体联动的解决纠纷制度。

间涉及民事权利义务争议的各种纠纷。人民调解能够在矛盾纠纷的初始萌芽状态加以解决，可以防止矛盾纠纷进一步激化。这是当前处理民众之间一般性的纠纷与矛盾的最为广泛的制度化手段。要充分发挥人民群众在化解社会矛盾中的主体作用，转变思路，由自上而下的行政力量推动调解转变成自下而上的人民调解。通过在社区、单位内部设立人民调解组织，努力实现矛盾纠纷就地化解①。在实际操作过程中，人民调解制度也面临一些问题：如调解员队伍素质有待进一步提升；经费保障有待进一步制度化；同时，人民调解工作也缺乏足够的强制力，最终可能还是需要选择通过诉讼程序解决矛盾。

司法机关调解。在街道（乡镇）层面，完善检调对接机制，对轻微刑事案件、民事申诉案件积极开展调解，由检察官主持调解、解释法律、讲解道理，使双方当事人达成一致的谅解和赔偿，消除矛盾。完善“公调对接”，基层公安派出所与乡镇（街道）人民调解委员会对接，在公安派出所设立人民调解工作室，安排专职人民调解员，将公安110接警处中的一般性民事纠纷剥离，由人民调解员介入进行调解，将矛盾纠纷解决在萌芽阶段。此外，通过在村（社区）建立法官工作室，指导人民调解委员会依法进行调解工作。

行政调解。行政调解是指由国家行政机关出面，以国家法律与政策法规为依据，对属于本机关职权管辖范围内的平等主体之间的民事纠纷，通过耐心的说服教育，促使纠纷双方当事人互让互谅、平等协商、达成协议，以解决有关纠纷矛盾的活动。行政调解同人民调解一样，都属于诉讼外调解，不具有强制力。但其效率较高，成本低廉，程序简便，能够有效

① 据本课题组调查，江苏连云港聘请离退休的政法干警、老干部、老党员、老模范、老教师、老军人、法律工作者、家族长辈、街社领导参加人民调解委员会，吸收一些德高望重的人员和有文化、素质高、有调解经验的年轻人进入调解组织、机构。江苏南通崇川区学习台湾里长的做法，探索邻里建设模式。社区分为若干个邻里，成立邻里和谐理事会，形成建设标准化、活动常态化。理事会的组成人员是每栋楼楼长，6—7栋楼产生一名理事长，每半年召开一次居民代表会，每个季度召开一次邻里评议会，每个社区有邻里干事。把化解矛盾的主要力量下沉到邻里，公共管理、志愿者、社工、业主委员会、党员志愿者、公益组织、志愿组织进邻里。在很多社区事务中，积极发挥邻里理事会的作用，由理事会讨论，聘请义务监督员，避免老百姓不信任，邻里自治推动拆迁等疑难问题的解决，取得了显著成效。有些地方还在企业发展人民调解组织。

地解决当事人之间的冲突。当前行政调解工作也存在一些问题，主要表现在以下方面：行政调解职能范围不确定、效力不明、程序缺乏制度保障、在人力与经费上保障不足。行政调解机关要落实限时办结制、定期通报制、目标考核制等各项行政调解制度，严格规范行政调解程序制度。行政机关开展行政调解，应以事实为依据，以法律为准绳，遵守严密而规范的程序，既注重实体正义，也遵守程序正义。行政调解要注重效率，提高时效性；情义理并重，注重化解技巧；加强行政调解与司法调解、人民调解、专业调解等调解方式的对接和沟通，发挥协同效应。

专业调解。随着经济社会发展，劳动争议、征地拆迁、环境保护、医患纠纷、校园伤害等具有行业性、专业性特点的矛盾日益增多，给社会矛盾化解带来很大挑战。不同的社会矛盾性质各异，针对一些专业性很强的社会矛盾，需要用不同的调解标准对症下药，需要专业人士的介入，需要在社会矛盾突出的行业（领域）建立专业调解机构，充分发挥行业性专业调解组织在专业性社会矛盾化解中的作用。有些地方按涉企、涉农、涉地、涉房、涉法、涉教等类别，由行业组织来牵头，成立了不同的专业矛盾纠纷调处中心，专项对口调处重大疑难矛盾纠纷。还有些地方在矛盾纠纷多发、高发领域和行业，采取派驻制办法，设立专门调解室，集中受理调处各类矛盾纠纷。根据不同类别的社会矛盾纠纷特点，加强专业人员的配备，做到专业和兼职的队伍相结合。①

媒体调解。部分地区利用新闻媒体作为载体，开通社会矛盾化解栏目，配备专业记者和编导人员，多渠道筛选节目来源，经当事人同意后列

---

① 本课题组在调查中了解到，江苏省南通市综治委专门制定《关于深入推进专业调解机制建设的指导意见》。2008 年 2 月，南通市成立了全省首家政府主导管理下的独立第三方医患纠纷专门性调处机构，将市区二级以上医院发生的医患纠纷纳入调解范围。中心按照大调解机制“三免服务”（免费咨询、免费受理、免费调解）要求，按照“政府推动、市场运作、多方参与、专业调解”的模式，代表政府依法履行调处医患纠纷的职能。整合司法、卫生、公安、法院以及医院和保险等部门的专业资源，抽调 10 多名专职人员成立专门工作团队。聘请来自医疗卫生系统的 77 名专业人员组成医患纠纷专家咨询委员会，建立专家咨询工作与卫生行政管理、法院诉讼、法律援助、法律服务等衔接制度。市一级成立市领导牵头的医患纠纷调处工作领导小组，中心日常工作经费全部列入财政统筹，确保其中立性的本质特征。中心成立 7 年以来，累计受理群众来访和接待咨询 9000 余人次，直接受理医患纠纷 572 件，涉案理赔金额近 5600 万元，协助、指导医院调解 400 余件，所调案件全部实现“零反复”，恶性“医闹”事件实现“零发生”。

为栏目案源，选择典型性的社会矛盾和金牌调解员调处矛盾，现场跟拍调解员如何为当事人排忧解难，既展示了社会矛盾的调解过程，也提升了人民调解的影响力，普及了法律知识①。

社会组织调解。社会自治依赖于群众的自治，这种自治不是杂乱无序的，要通过社会组织为载体来实现。社会组织作为联系社会与政府的纽带，可以承担部分社会管理职能，社会组织可以发挥缓解社会矛盾的“缓冲器”的作用，协助政府分担部分社会管理的职能。目前，我国的社会组织有了较快的发展，但是远远没有发挥应有的作用。在一些社会矛盾化解过程中，应充分发挥中介组织如：行业协会、商会、集贸市场联合会、企业联合会等各类社会组织的优势，吸引、凝聚这些社会组织力量，引导这些社会组织参与到矛盾的化解中去，有针对性地解决同行业间、专业内经常发生的矛盾纠纷。在村（社区）大力发展“公道会”“好人调解室”等民间调解组织，有“理”大家评，有“话”大家听，广泛发动群众解决矛盾纠纷②。

各地政法部门应加强各种调解组织的协调指挥，要避免各种调解手段各自为战的情况，要建立多元化调解手段的统筹协调机构，整合人民调解、行政调解、司法调解资源，构建“三大调解”相互衔接、整体联动的社会矛盾调解工作体系。

2. 仲裁

行政仲裁是指纠纷双方当事人按事先或事后达成的协议，自愿将有关争议提交仲裁机构，仲裁机构以第三者的身份对争议的事实和权利义务作

① 例如，江苏徐州开办《彭城和事佬》电视调解栏目，建立公共法律服务平台“12348”与新闻热线对接机制，对当事人申请的电视调解，指派调解员现场调解，电视台现场跟拍。截至2015年4月，共录播节目469期。《彭城和事佬》电视节目成为徐州电视台金牌栏目，创下观众忠诚度和收视率“双第一”纪录。电视咨询与调解每月一次进社区开展法律咨询、援助与调解。该节目组还开通网上矛盾纠纷受理调处功能，组建网络调解专家队伍，在情况紧急时对网上调解求助通过视频、语音和文字发送的方式进行调解。开通“12348”官方微博、官方微信，及时受理调解求助，直接指派就近驻所调解员第一时间赶赴现场进行调处，取得了良好效果。

② 例如，南京经济开发区成立了韩国商会人民调解委员会，利用韩国商会的人力资源和栖霞区内的调解资源相结合的形式，化解了大量的韩资企业内的矛盾纠纷，如劳资纠纷、经济合同纠纷、民事纠纷等，处理时间短，效率高，不收费，达成的调解协议又能得到履行，这些人民调解的优势让韩资企业非常认同。

出判断和裁决，以解决争议，维护正当权益，当事人有义务履行裁决的一种制度。根据《中华人民共和国仲裁法》规定：平等主体的公民、法人和其他组织之间发生的合同纠纷和其他财产权益纠纷，可以仲裁。仲裁的双方应当是平等的民事主体，仲裁事项应当是当事人有权自主决定的，仲裁内容应该是合同纠纷和其他财产权益纠纷。目前，该制度主要用于企业与职工之间的劳动争议以及农村承包合同纠纷[①]。仲裁也是解决矛盾纠纷的一种重要方式，它能为当事人提供比诉讼程序更加快捷高效的法律服务，能最大限度地体现当事人意愿。仲裁委员会独立于行政机关，与行政机关没有隶属关系。仲裁委员会之间也没有隶属关系。各地应建立统一的仲裁平台，使当事人可以通过拨打电话、登陆网站等方式方便快捷地申请调解。当事人可以自主选择调解专家进行调解，调解专家依法进行调解，在“一裁一审”体制下，对于涉案金额小的纠纷先行调解，调解不成再进入仲裁程序，直接实行一裁终局，当事人不服裁决进入法院审理后一审终结。有些地方借鉴国外经验，建立专门的劳动法院，专门审理劳动争议案件，提高了审理的专业性和权威性[②]。

3. 行政复议

1999 年 4 月 29 日，《中华人民共和国行政复议法》制定出台，国务院先后颁布实施了《中华人民共和国行政复议法实施条例》等行政法规和文件，标志着行政复议制度建立。十八届三中全会通过的《中共中央关于全面深化改革若干重大问题的决定》，明确提出：“改革行政复议体制、健全行政复议案件审理机制，纠正违法或不当行政行为。”我国《行政复议法》将行政复议定义为公民、法人或者其他组织认为具体行政行为侵犯其合法权益，向行政机关提出行政复议申请，行政机关受理行政复议申请、作出行政复议决定的一种行为。行政复议是行政相对人不服具体行政行为时，依法要求重新审查并纠正具体行政行为。行政复议被看作一种平衡私权利与公权力，保障公民、法人或其他组织合法权益不受侵犯的

---

① 黄玉：《社会矛盾化解研究》，黑龙江人民出版社 2011 年版，第 116 页。

② 以某省为例，2011—2014 年劳动仲裁机构立案受理的 10 人以上集体劳动人事争议案件分别为 407 件、505 件、570 件、773 件。无论是个体还是集体劳动争议均得到有效的调处，几年来，仲裁结案率均在 97% 以上，其中调解以及和解撤诉率达 80% 左右，极大地缓减了人民法院的工作压力，充分发挥了仲裁柔性化解争议的制度优势。

有效措施。主要是用于解决行政相对人与行政机关之间的矛盾纠纷，有利于监督政府依法行政、维护群众利益、有效预防和化解社会矛盾。在征地拆迁矛盾当中，常常会通过行政复议的方式解决矛盾。

各级行政复议机构应积极履行行政复议职责，依法办理行政复议案件，化解行政争议，监督规范行政行为，不断改进审理方式，加大听证审理力度；注重采取调解、和解、约谈、整改等行政手段推动争议实质性化解，推行行政复议先行调解、和解制度，把调解、和解工作贯穿于行政复议案件办理的全过程；深入推进行政复议委员会试点工作。加强行政复议与信访、其他行政机关调解矛盾机制、行政案件审理等机制的协调配合，良性互动。

4. 诉讼

司法诉讼制度。如果发生矛盾的双方无法通过和解、调解等非诉讼制度解决矛盾纠纷，那么便需要诉诸于司法诉讼制度。诉讼是指国家司法机关，在诉讼参与人的参加下，依据法定权限与程序，解决具体案件的活动。在多元化纠纷解决机制中，诉讼居于核心位置，是调节社会各方利益的基本手段，是实现公平正义的最后一道“防火墙”。

我国将司法诉讼分为三种形式，分别是民事诉讼、行政诉讼与刑事诉讼。民事诉讼主要是解决民事权益矛盾与经济利益纠纷，行政诉讼主要解决行政主体与公民、法人、其他组织或其他行政主体方面的行政争议。刑事诉讼则是国家司法机关依照法律揭露犯罪、证实犯罪和惩罚犯罪的活动。在司法诉讼过程中，也存在着诉讼当事人和解与人民法院主持调解的可能性。民事诉讼的和解与调解是最为普遍的，能够平息双方当事人之间的矛盾，解决纠纷。行政诉讼中存在着当事人和解，但我国现行的《行政诉讼法》规定了“人民法院审理行政案件不适用调解。”此外，按照我国现行的法律规定，刑事诉讼内还缺乏和解、调解的程序。我国目前的司法体系还不够健全，有法不依的现象也大量存在。如有些地方还规定法院不得受理征地拆迁、劳资纠纷等类型的诉讼。加上司法诉讼周期较长，成本较高，民众往往会选择更加直接的非制度化的手段。

推动矛盾纠纷化解法治化，政府和群众要学会用法治思维和方式做好矛盾纠纷化解工作。加强国家工作人员的法治教育，促使各级职能部门做到按法办事，公务人员知法、懂法、用法，自觉依法行政。广泛开展法制宣传活动，通过以案说法、典型曝光等多种形式，引导群众提高法治意识，通过理性、平和、非暴力的手段解决矛盾，使群众养成办事依法、遇事找法、解决问题靠法的良好习惯，形成守法光荣、违法可耻的良好氛围。司法机关要引导民众正确地进行诉讼，强化全过程指导，加强诉前普遍指导、诉时跟踪指导、诉中个别指导、诉后案例指导，提高社会矛盾的化解效率。对于应当进入诉讼渠道的应该优先进入诉讼渠道。要切实保障司法机关独立行使审判权，提高法官队伍的专业化水平和职业道德，树立法治权威，提高司法机关的公信力。提高诉讼办案效率，解决积压案件问题，完善简易程序，扩大简易程序的适用范围，推行网上立案、巡回立案、预约立案、口诉立案等多种立案方法，在边远山区、旅游景区、集贸市场可实行巡回审理，灵活处理审判时间，以便利群众。征地拆迁、商品房买卖合同、医患关系、未成年人伤亡赔偿、农民工讨薪、劳动争议等领域的矛盾纠纷，人民法院可以组建专业的合议庭，发挥专业优势进行审理，有效化解矛盾。采取有效措施破解“执行难”问题，维护司法威信，让群众感受到法律的公平正义。

5. 信访制度

信访，是对群众来信来访的简称。根据我国《信访条例》的定义，信访，是指公民、法人或者其他组织采用书信、电子邮件、传真、电话、走访等形式，向各级人民政府、县级以上人民政府工作部门反映情况，提出建议、意见或者投诉请求，依法由有关行政机关处理的活动。信访，是具有中国特色的体现民主、反映民意、救济权利的一种特殊制度，是一种民意表达与汇总机制，对于解决社会矛盾纠纷，维护社会稳定和谐具有重要意义。在实际运行的过程中，信访制度还是面临着许多挑战与问题。出于效率、成本、效果等多方面因素考虑，许多上访者不愿意按部就班通过制度化的渠道进行上访，而是选择集体上访、越级上访，缠访、闹访、激访等非制度化的渠道，造成了“信访不信法”的局面。甚至有些上访者常年上访，将其作为给基层干部施加压力的一种手段。地方政府在压力型的体制之下，出于官员自身利益等因素考虑，截访、堵访、办学习班，限制上访者人身自由，这类现象也给我国的信访工作造成了很大的难题。这些非制度化的手段在一定程度上破坏了社会秩序，引发了新的社会矛盾与社会问题。面对这些问题，我国信访制度也在不断改革。2013 年，国家有关部门决定，信访工作将不再简单地以信访数量多少为通报标准，不再搞全国范围的排名、通报。2014 年中共中央办公厅、国务院办公厅印发了《关于依法处理涉法涉诉信访问题的意见》，全面阐述了建立涉法涉诉信访依法终结制度、依法处理涉法涉诉信访问题的主要内容、配套措施和工作要求。我国的信访工作正处于不断发展与完善的过程中。

6. 集会、游行示威制度

2004 年新修正的《中华人民共和国宪法》第三十五条明确规定“中华人民共和国公民有言论、出版、集会、结社、游行、示威的自由”。这就以国家根本大法的形式保证了公民的游行示威权。1989 年我国就出台了《中华人民共和国集会游行示威法》，使得民众的集会、游行示威活动有法可依。1992 年国务院批准《中华人民共和国集会游行示威法实施条例》并于同年施行，使得公民的集会、游行示威活动有了更为明确的指导。但集会、游行示威在我国社会还是较为敏感的，审批过程严格，限制条件较多，真正获得批准的少之又少。政府采取对游行示威不批准的结果，并没有起到抑制游行示威的作用，反而是政府自身放弃了法律的权利，无法依据法律对自发的群体性事件进行有效的控制。这一制度名存实亡，法律也变为“稻草人法”。而民众往往倾向于采取直接的非制度化的集会、游行示威与抗议行动。这类非制度化的集体行动往往会导致混乱、警民对抗。群众情绪激动时可能会出现暴力行为，影响社会和谐。

7. 协商谈判

在处理劳资矛盾、医患矛盾时，经常需要通过协商谈判的方式解决。协商是指为了取得一致意见而共同商量；谈判是矛盾双方就共同关心的问题互相磋商，交换意见，寻求解决的途径和达成协议的过程。处理劳资矛盾的制度化手段是集体谈判。集体谈判是指劳方集体性地透过工会与资方谈判雇用条件，而资方必须参与，谈判结果具有法律约束力。其目的是希望劳资双方能够在一个较平等的情况下订立雇用条件，以保障劳方应有的权益。集体谈判权是国家及地区赋予劳工的一种权利。医疗纠纷协商指纠纷双方当事人，在没有第三方介入的情况下，当事人之间就医疗纠纷进行谈判、商量取得一致意见，消除争议，建立新的权利义务关系。通常是医患双方就医疗纠纷进行交涉、谈判、达成协议。

8. 经济杠杆

经济杠杆的本义是国家或经济组织利用价值规律和物质利益原则影响、调节和控制社会生产、交换、分配、消费等方面的经济活动。实际上，社会矛盾化解方面，也可以利用经济杠杆来协调矛盾相关人之间的经济利益关系，从而达到化解社会矛盾的效果。很多社会矛盾从根本上来说就是经济利益分配不当所导致的，对于矛盾相关人来说，利益补偿是其最关注的根本问题，解决了利益补偿问题，此类社会矛盾就可以很好解决。应该说，我国各级政府采取了很多种方式，为社会矛盾相关人提供利益补偿，例如拆迁补偿款、失业保险、安置补贴、征地补偿，等等，有助于矛盾的解决。但是，不少经济补偿项目远远低于矛盾相关人的期望值和现实需要，而且不同时期的补偿标准差距过大也导致了新的矛盾产生。因此，要充分利用好经济杠杆来解决经济型社会矛盾。第一，提高社会矛盾相关人的补偿标准。各级政府财力越来越雄厚，群众的生活标准也日益提高。在法律法规和财力允许的前提下，政府应根据经济发展水平，相应提高社会矛盾相关人的补偿标准，以利于矛盾的化解。第二，发挥保险在社会矛盾化解中的作用。提高运用保险来化解社会矛盾的意识，降低化解成本。在条件成熟的领域推广强制性责任保险，针对矛盾多发领域，要加快推广医疗事故责任险、环境污染责任保险、机动车交强险、安全生产责任险、校园方责任险、食品安全责任险等保险种类，充分发挥保险在矛盾纠纷化解、风险预防等方面的重要作用，为妥善化解矛盾纠纷提供新的途径。支持保险公司等机构及时全程介入矛盾纠纷化解工作，通过构建完善的强制保险体系，把保险作为一种经济杠杆来解决社会矛盾，与社会矛盾调解互相补充。发生相关矛盾时，由保险公司理赔，可以减少社会矛盾相关人的经济支出，有利于化解经济型社会矛盾。

9. 救济

法律援助。法律援助是指由政府设立的法律援助机构，组织律师为经济困难或特殊案件的人无偿提供法律服务的一项法律保障制度。法律援助是给社会矛盾当事人提供的一种特殊帮助，在保障公民合法权益、维护人权方面具有重要意义。在我国目前来说，为了进一步发挥法律援助在化解矛盾纠纷中的重要作用，需要从多方面着手：通过降低法律援助门槛，适当扩大法律援助范围，将法律援助对象覆盖到低收入人员。建立健全法律援助工作站等便民网络，扩大法律援助便民服务点的覆盖范围，将服务延伸至基层一线。为了满足老弱病残孕等特殊人群的需求，可以采取上门服务等便利措施。

生活救济。完善社会救济制度，在通过其他解决机制无法化解社会矛盾，甚至影响当事人的基本生活时，应通过刑事被害人救助、涉法涉诉信访救助、民政救助等形式，对弱势群体实施救助，保障其基本的生存权利。

（二）非制度化手段

1. 乡规民约

乡规民约是农村村民公认的、约定俗成的规矩和行为准则。在乡村中存在一些家庭纠纷、邻里纠纷、违规占用宅基地等行为，这些事情“行政不好管，法律管不好”。如果运用人情、习俗、礼仪、规矩等“乡规民约”作为和解的措施，通过批评和自我批评、协商和解，减少利益冲突，对于社会矛盾的化解具有特殊的作用。村一级建立村规民约，在乡这一级有乡规民约，经过村民代表的讨论形成规矩、章法，对于村民有一定的约束力，营造一个很好的村风①。

2. 初级群体的理、情、义方法

法律手段是化解社会矛盾的最重要手段，但不是唯一手段，因为社会矛盾复杂多样，法律并不能涵盖社会的方方面面。法律手段程序严格，时间较长，成本相对较高，一些简单的矛盾不必走法律程序。此外，我国传统社会中，“无讼”的传统依然存在，普通民众还不习惯于用法律手段解决社会矛盾。郭星华认为，“我国法律现代化过程中所面临的主要困境就是在判断事情对错时，现代性法律依据的是‘法理’，而中国人依据的是

① 例如陕西西安，在乡村一级建立乡规民约评议会，以道德约束的手段，在化解基层矛盾中取得良好效果。乡规民约评议会由德高望重的村民和老干部、老党员推荐，村两委会审核，村民代表大会选举产生，义务开展工作，村民之间的矛盾争执由评议会出面协调解决。截至2014年10月，西安市共有3010个乡村建立乡规民约评议会，占全市乡村的95%，累计化解矛盾纠纷2200多起。参见：《西安市建立乡规民约评议会化解基层矛盾》，西部网（http：//news. cnwest. com/content/2014－10/19/content_ 11733978. htm）。

‘情理’”①。因此，除了法律有明确规定的、复杂的、重大的矛盾之外，较小的矛盾纠纷，可以将情理道德、公序良俗、传统习惯等因素引入具体矛盾的解决过程中，运用情义手段，在融通法律与社会联系的同时，进一步有效增加司法的亲和力。

中国人向来比较注重面子，政府官员在解决社会矛盾时如果能充分尊重矛盾相关人，给足面子，矛盾相关人得到心理满足之后，再进行政策法规的解释，效果会比较明显。所谓人情手段就是动员矛盾相关人的亲属、邻里、朋友、老乡等初级群体网络，借助这些社会网络的力量来劝导矛盾相关人，使矛盾相关人与政府合作，降低期望值，达到化解社会矛盾的目的。

非正式组织中的核心人物一般是掌握稀缺资源的人，诸如行政领导、“日常权威”等，这种人的影响力往往比正式组织中的领导者更大。社会矛盾化解中要依靠非正式组织中的核心人物，把他们纳入社会矛盾化解的重要一环：一方面，在化解矛盾时，可利用其在非正式组织中的影响力，做社会网络中社会矛盾相关人员的工作，往往能达到很好的效果；另一方面，综治部门还要与非正式组织中的核心人物建立良好关系，避免其成为消极集体行动的组织者。

三 多元化协同化解社会矛盾的程序

社会矛盾调处应该建立相应的程序，形成规范化的流程。课题组根据调查资料，提出重大社会矛盾调处程序如下（如图 18—4 所示）。一是受理阶段，调处中心按照相关规定，接待人民群众来信、来电、来访，并按规定给予受理登记。二是调解前准备阶段，主要是对受理的矛盾案例进行深入调查研究，收集相关证据，讨论分析情况，并根据法律法规规定，结合案例实际，拟定调解方案。三是调解阶段，包括直接调解、开庭调解、共同调解、联合调解四种方式。简单的矛盾纠纷通过调解达成调解协议，事后进行回访。矛盾当事人涉及不同地区和不同单位的，需要启动共同调解，所谓共同调解是指由不少于两个人民调解组织，对跨地区、跨单位的民间纠纷共同进行的调解。化解复杂、疑难的社会矛盾启动联合调解，

① 郭星华等：《社会转型中的纠纷解决》，中国人民大学出版社 2013 年版。

“联合调解是政府有关部门及司法机关与调解组织共同参与调解、处理民间纠纷的形式，将调解组织的疏导、调解工作同基层人民政府的行政处理、法院的审判活动融为一体的综合治理工程，比共同调解的权威性更高，效力更强”①。如果联合调解和共同调解还不能化解矛盾，应及时告知当事人向法院诉讼，通过司法渠道解决。

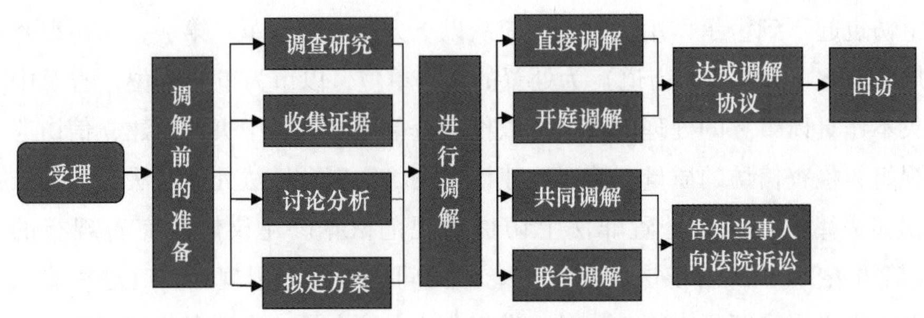

图 18—4　重大社会矛盾调处流程

一些重大矛盾纠纷解决起来比较困难，需要集中力量集约化调处、快速就地解决。优化流程、做实制度保障是多元融合式调处机制建设的关键环节。根据本课题组的调查资料，江苏连云港市采取三个方法对此类矛盾进行流程优化，一是疑难问题迅速移交。对征地拆迁、企业改制、民工讨薪等疑难纠纷和易引发群体性事件的矛盾纠纷，在派驻调处室无法单独完成调解任务的情况下及时移送县区矛盾纠纷调处中心，由县区矛盾调处中心统一调度指挥涉及职能部门集中时间、集中力量及时予以化解；二是复杂矛盾共同会商，对易发生重大疑难纠纷的领域成立综治委牵头，司法、公安、建设、国土、卫生等相关单位参与的疑难纠纷化解工作领导小组；三是专业纠纷及时分流。对劳资、环保、医患、消费、旅游、婚恋等专业类纠纷由矛盾调解中心及时送至专业部门调处室调解，由专业人员解决专业纠纷。

① 刘江江主编：《人民调解法治新论》，中国政法大学出版社 2009 年版。

四　多元化矛盾化解机制的保障

（一）改革现有制度

1. 改革信访制度

现存的信访制度存在问题，如中央对于非正常上访对基层进行通报和考核，但是又不提出依法办案的依据，让基层的官员很难处理，而且对于上访也起不到警示作用。因此，应从以下方面进行改革。第一，信访以基层县（区）、乡镇（街道）为处置的基本单位，以市为审核单位，省及中央不作具体事务的处理单位，可以作督查单位。省、中央可以建立信访巡视组，检查信访的质量。第二，建议中央尽快出台依法处理非法上访的依据和法律法规，为处置非法上访提供规范依据。建议修改完善现行的《信访条例》，并对依法处置上访老户的问题出台专门规定，对进京非法上访作出司法解释。第三，对于进京非法上访人员，应该由北京当地公安机关依法打击，不能仅仅是通知非访人员户籍所在地领回去自行解决。第四，明确解决非法上访问题的责任划分，中央现在实行把“非访”人员按着身份证户籍地进行交办和通报，上访事发地和户籍地往往不一致，责任认定不合理，要分清事发地和户籍地的责任，按照事发地进行交办和通报，这样才公平合理。第五，建立信访终结制度，形成一次性解决信访问题的机制，避免大量的重复上访。

2. 建立矛盾化解考核制度

应改进不分青红皂白的通报制，纠正对待进京“非访”时不分是非、不讲原因、不讲道理的通报，区分不作为、违法作为和尽职等几种不同情况并给予客观公正评价，在分清原因的基础上落实责任制，不向基层政府下达信访控制指标。要实事求是地看到，有些矛盾是解决不了的，有些是可以解决的，依法打击违法上访。要建立完善的“多元化矛盾纠纷解决机制”考核制度，把社会矛盾化解作为社会建设的一项重要内容，纳入干部考核体系。各级行政机关和司法机关要建立矛盾纠纷解决工作责任制，明确领导干部化解社会矛盾的责任，将职责落实到人，以防止因其不作为而致使一些矛盾纠纷被推到调处中心去处理，防止产生巨大负面影响的矛盾纠纷案件的发生。增强工作合力，避免部门之间推卸责任。各部门和各单位对于职能范围和辖区内的社会矛盾化解具有明确的责任，明确责任人和办结时限，对于能够解决的应限时解决，在职责范围内不能解决的应及时向上级报告或协调其他部门解决，做到件件有着落、件件有结果。建立责任追查制度，对于引发矛盾和化解社会矛盾不得力的部门，运用通报、约谈领导、挂牌督办、取消评先资格、重点管理等手段，督促其限期整改。对勇于迎着矛盾上的干部、善于化解矛盾的干部要表扬奖励，定期评选敢于化解矛盾、善于化解矛盾的优秀干部，进行广泛宣传，树立典型，并作为干部晋升的一个重要依据，在提拔干部时加以重用，真正做到让老实人不吃亏，付出有相应的回报。

（二）完善矛盾化解机制

1. 信息收集、排查、预警机制

建立健全社会矛盾信息收集机制，完善信息收集网络。做到“早发现、早报告、早控制、早处理”。城市社区要充分依靠社区干部、社工、居民骨干的力量，在农村充分发挥公安民警、驻村干部、村干部、居民小组长等的作用，及时发现和掌握社会矛盾的苗头和隐患，准确掌握社会矛盾的信息，以便能及时发现影响矛盾激化的潜在因素并及时采取有效措施化解矛盾[①]。

建立健全矛盾纠纷定期排查和“零报告”制度。将领导干部定期接访常态化，接受群众的诉求，并及时解决问题。各级领导干部要定期、不定期地下访，深入基层调查研究，与民众面对面交流，了解他们的诉求、想法，及时解决民众迫切需要解决的问题，防止矛盾发生；围绕重大活动、重要节庆日和特殊敏感时期，针对矛盾多发群体、地区和行业，结合重大项目实施过程，定期集中力量组织干部下访，开展重点排查矛盾。

各级党委政府可以依托矛盾纠纷调处中心，建立矛盾纠纷研判和预警制度，增强化解社会矛盾的超前性、主动性。依托社会矛盾调解平台，建立社会矛盾预警组织机构，加强预警网络建设，建立县、乡镇、村（居）三级预警网络，完善矛盾纠纷信息研判工作平台，协调综治、公安、检

① 调研发现，江苏连云港针对矛盾信息收集存在不畅通的问题，安装“等案上门”的“快捷通”，研发“综治通”移动终端。全市矛盾纠纷排查系统内采集实有数据达2万条，与社会稳定风险评估、社会治安动态研判信息共享，有效防止重大矛盾的发生。

察、法院、信访、司法等相关部门共同定期召开研判例会，根据收集的社会矛盾信息，对当地矛盾纠纷形势进行分析研判，并及时将研判成果提供给矛盾纠纷调处中心，并反馈到基层，以便提前采取预防措施，做好调处化解工作。

2. 风险评估机制

制定社会稳定风险评估办法，建立风险评估机制。对于可能引发社会矛盾的重大项目，在实施之前开展风险评估，通过入户调查、材料公示、听证等环节，进行信息公开，广泛征集意见，解决群众的合理诉求，对于群众的不合理诉求做好疏导工作。在涉及群众切身利益的重大决策出台之前，需要进行决策评估，请第三方评估机构参与，从居民中进行抽样调查，分析研判群众对重大决策的看法，充分尊重群众意见，争取群众理解。如果是群众普遍反对的决策，按照决策程序依法终止或修正。以企业改制、征地拆迁、涉农利益、教育医疗、环境保护、安全生产、食品药品安全等容易引发社会矛盾的领域为重点，实现社会风险评估的全覆盖，并将风险评估的结果作为政府决策的重要参考和依据，确保提前介入、稳控风险、钝化矛盾。

3. 跟踪回访制度

建立跟踪回访制度，对于一些重大、疑难矛盾，在化解之后，还要及时跟踪回访。各级社会矛盾调处中心要对调处结案的矛盾纠纷进行回访跟进，掌握调处协议履行情况，听取矛盾当事人对调解结果的意见和建议，及时发现存在的问题，进一步做好当事人的教育疏导，以免社会矛盾重新激化。

（三）充实社会矛盾化解队伍

县级调处中心建立专家人才库。根据不同类型的矛盾，负责招聘、培训、管理、调配专职调解员。在县、镇（街道）、村（社区）按照一定比例配备调解员，村（社区）配备调解员、信息员，培养一支调解队伍。根据不同专业矛盾，整合社会资源，广泛吸收人大代表、政协委员、律师、司法公证人员以及各行业专家学者，建立调解专家库。培养一批具备专业知识，具有较强调解能力的调解专家，负责处理专业性较强的矛盾，为重大、疑难、复杂和专业性、技术性较强的矛盾纠纷提供专业性处理意见，或直接参与调处重大疑难矛盾纠纷①。

加强调解人员职业化建设。抓好调解人员的招聘、管理、培训工作，提高调解员的专业化水平，可以对调解员进行分级认证管理，根据其调解水平的不同，认定为不同等级。规范调解人员的行为，调解人员做到依法调解，应该避免将“摆平”当作水平，专职调解不当造成当事人损失的应当依法追责②。

此外，还要引入三种人才，一是司法人才。近年来，我国法学教育的快速发展、司法考试的实施，已经储备了大量的司法人才，应该通过“三官一律”（法官、检察官、警官、律师）进村（社区）等措施，鼓励和支持司法人才下沉到基层一线，参与社会矛盾化解。充实乡镇一级司法所的力量，配齐配强司法所所长，加强对司法所工作人员的业务培训，不断提升司法所工作人员指导人民调解工作和化解矛盾纠纷的能力。二是社会工作人才。通过政府购买服务等方式，鼓励和支持乡镇和有条件的社区吸纳和使用社会工作人才，做好社会工作专业人才薪酬保障工作，完善社会工作人才的社会保险制度，完善社会工作人才的激励机制。充分发挥社会工作人才的优势，在基层一线化解社会矛盾中发挥积极作用，预防和解决社会问题。三是心理咨询人才。当前，经济社会快速发展，利益分化差距明显，社会矛盾凸显，少数民众存在心态失衡和心理偏激等现状，对于矛盾相关人的人文关怀和心理疏导也很重要。因此，化解矛盾的队伍中，也需要引进一定的心理咨询人才③。

（四）提供矛盾化解经费保障

处置社会矛盾需要投入大量的资金，为了保障社会矛盾化解工作的

① 如江苏南通市成立了医患纠纷人民调解工作法学专家咨询委员会和医学专家咨询委员会，为各区医调委调解疑难复杂医患纠纷时提供专业咨询意见和调解建议，大大增强了人民调解化解医患纠纷能力。

② 例如江苏南通为了推进调解员队伍职业化建设。2013 年，该市专门制定了《南通市调解专业人员职业水平考试和评价实施办法（试行）》，《办法》确立了专业调解员的准入机制，详细规定了调解员职级评定、晋升、管理、待遇等方面的内容，有力地推进了调解人员专业化。

③ 湖南长沙把心理干预的运用在非正常上访、突发事件处置、邻里纠纷、家庭婚姻等矛盾纠纷的处理化解中，已经发挥了显著作用。“自从采取心理干预措施以来，长沙市矛盾纠纷总量、信访总量分别同比下降 18%、11. 3%，息诉罢访率上升 13. 6%。”参见陈泽伟：《长沙：引入心理干预化解矛盾纠纷》，瞭望观察网（http：//www. lwgcw. com）。

顺利开展，需要落实社会矛盾专项经费，由综治部门牵头筹集专项经费，列入专项财政预算，用于基层调解工作室建设、调解员工作补贴和个案补贴等。从基层经验来看，可以以政府购买服务的方式，将调解经费、个案奖补、部门专业调解等列入财政预算，以此保障专职调解员的教育、培训、管理、考核与矛盾纠纷的相关费用支持，实现矛盾的有效化解①。

（五）加强基层干部的激励机制

完善加强基层干部的激励机制的制度规范，在基层干部的工作支持、政治待遇、经济待遇、教育培训、培养选拔、人文关怀、健康检查和休假等方面进行明确规定。切实做到简政放权，解决好“权力无限小，责任无限大”的问题，要减轻对基层政府不必要的“一票否决”压力，加大对基层政府化解矛盾的支持力度，将权力和财力向基层政府下沉，保持权力与责任的均衡性，使干部有能力、有动力解决社会矛盾。上级政府要营造宽松的工作环境，理解和支持基层干部，理直气壮地依法处理非法上访群众。采取群众喜闻乐见的方式宣传公正清廉、勤政为民的基层干部，扭转舆论对基层干部“污名化”的现象。加强对基层干部的考核，考评结果与任用干部、评先评优结合起来；考核称职以上的给予绩效奖励，连续多年考核优秀的，优先提拔或享受上一级非领导职务待遇；对工作成绩显著、表现突出的基层干部及时给予表彰和宣传。完善政治激励机制，注重从基层培养选拔干部，加大从村、社区干部和优秀大学生村官中考录公务员力度。定期安排一定的职数从村干部中单列考录公务员，同等条件下优先录用优秀村（居）干部。适当提高基层干部的经济待遇，健全完善干部职务补贴增长机制，不断改善工作生活条件，对于基层干部生活中的困难应给予帮助，使他们安心工作。全面落实基层干部养老保险和医疗保险政策，健全离任村干部生活保障制度，确保村干部“退有所扶”。加强对离退职基层干部的生活关心，满足他们在体育健身方面的需求，对生活特别困难的离退职干部进行帮扶资助。

---

① 例如，2014年，江苏连云港市级层面由政法综治部门牵头筹集360万元专项经费，县（区）、乡镇（街道）层面落实经费近500万元；2015年，该项经费已纳入市县两级财政预算。

（六）完善社会力量的引入机制

有效化解社会矛盾，不能仅靠行政机关和司法机关的力量，还需要依靠社会力量的积极参与。要大力发展“独立第三方”的专业调解组织建设，鼓励行业协会及其他社会组织设立调解委员会，发展专业性、行业性调解，充分发挥他们的专业优势，推进专业类调解的社会化发展，例如医疗纠纷、劳资纠纷、消费纠纷等[①]。充分调动社会力量的积极性，完善社会力量的引入机制。一是为各类化解社会矛盾的社会力量成长和功能的发挥创造宽松的制度环境，明确社会力量参与化解社会矛盾的界限、程序、经费保障、优惠政策等，让社会力量参与社会矛盾化解有法可依。二是政府要真正简政放权，将社会力量能够解决的矛盾放手给社会，同时将政府掌握的公共权力和公共资源更多地向社会组织转移释放。三是设立社会力量化解矛盾的专项经费，加大人、财、物投入的力度，完善政府向社会力量购买服务的机制，由政府花钱养人、养机构向购买优质服务转向，鼓励社会力量主动化解矛盾，根据化解矛盾的效果提供补贴等形式的经费保障。四是政府要做好监督和指导。简政放权并不是简单的一放了之，要对社会力量化解社会矛盾提供法律法规指导，加强监督，防止违法违规。加强行业性、专业性调解组织制度化建设，提升行业性、专业性人民调解队伍建设。

（七）完善社区矛盾化解机制

一是完善社区自治组织。自下而上由社区居民自行选举产生社区自治组织，选举德高望重的社区居民进入社区自治组织，这些居民骨干同时也是社区人民调解委员会的成员，负责社会矛盾的排查和处理。二是引进司法、社会组织等力量。与公安部门、法院、检察院等司法部门合作，建立社区民警工作室、社区法官工作室以及律师工作室，指导社区化解社会矛盾。此外，还要引进心理咨询、志愿服务等力量，形成多元共治化解社会矛盾的合力。三是完善信息排查机制。对所有居民建立亲

---

① 2008 年 2 月，南通市成立了全省首家政府主导管理下的独立第三方医患纠纷专门性调处机构，将市区二级以上医院发生的医患纠纷纳入调解范围，探索构建“多方联动的资源整合机制、客观公正的事故鉴定机制、规范有序的调处预防机制和科学合理的保险理赔补偿机制”的四大工作机制，打开了化解医患纠纷的“第四扇门”。

情档案，掌握他们的信息。社区干部和自治组织负责人要主动下沉到群众中去，实时掌握居民中存在的苗头性、倾向性问题，防止矛盾激化。四是形成快速调解机制。对社区内的矛盾纠纷，主动出面解决，迅速靠前调解，不推诿回避，防止社区矛盾扩大化，做到“家庭纠纷不出户，小纠纷不出社区”。

第三节　难点、焦点矛盾的化解措施

一　解决上访老户问题

在化解矛盾纠纷中，基层干部面临的最大困扰是：少部分坚持无理诉求、缠访闹访、违法上访人员严重影响信访秩序，这些人员虽然数量不多（据基层干部测算，这类人约占当地人口的万分之一），但造成的影响却非常恶劣，不仅自己非法上访，甚至唆使、组织其他上访老户“抱团上访”，牵扯了基层干部的大部分精力，浪费了大量资源。部分上访人不单纯为了反映和解决问题，而是企图扩大事端，给政府施加压力，造成恶意上访屡劝不止；部分信访人“唯大唯上”，热衷于找上级部门，造成越级上访较难控制。对于此类上访老户的处理，建议从以下三个方面着手。

1. 分类分流处置

区别对待上访老户的有理诉求和无理诉求，切实做到“诉求合理的解决问题到位，诉求无理的思想教育到位，生活困难的帮扶救助到位，行为违法的依法处理到位”。[①] 如果信访人诉求合理或有合理成分的，要积极协调政府相关职能部门，督促他们解决实际问题，切实维护群众合法权益；对于诉求无理、缠访闹访的，应该根据《信访条例》和相关规定终结备案后，信访机关上下一致，尤其是国家信访局以不受理、不统计、不交办的原则对待，真正实现无理信访事项的退出；对于应该到上级行政部门申诉复议的，分流到行政复议渠道进行有限次度的申诉复议。对于涉法涉诉案件应回归到司法渠道解决，将涉法涉诉的信访案件转交法院审理，

① 舒晓琴：《把群众合理合法的利益诉求解决好》，人民网（politics. people. com. cn/n/2014/0305/c1001 - 24533008. html）2014 年 3 月 5 日。

通过法律程序、法律手段解决，严格执行法院判决，避免终审判决后进入无限申诉的怪圈，彰显法律的公正性和权威性。对恶意滋事并有违法行为的，依法严肃处理，让当事人为“非访”行为付出代价，树立起执法必严、违法必究的鲜明导向①。

2. 建立甄别机构

建立甄别机制是为了建立矛盾的终结机制。世界上大多数国家解决矛盾的机制是法律。而我国法律的终结机制没有形成，这与我国的无法可依、有法不依、执法不严的文化环境有关。民众对法律没有敬畏之感。当法院的判决生效后，当事的任何一方，可以以司法不公为理由，通过信访的渠道来否决法律的裁决。于是，一个从司法渠道来讲已经解决了的矛盾，又从信访渠道重新开启了解决的途径，从头再来。这不仅是浪费了大量的司法资源，而且是没有一个终结矛盾的社会机制。终结矛盾的社会机制无法形成，一个矛盾可以始终在司法、行政、信访中循环，矛盾当事人可以无穷无尽地、持续地闹下去，这使得基层干部无法承受。

中国式的矛盾的终结机制，仅仅依靠法律从目前讲是行不通的，这是一个最终目的。目前，终结机制有其特殊性，要考虑到中国的国情，执行甄别机制的组织是一种各方面代表参与的临时机构。这种机构是在法律、信访、行政机制失效的情况下的特殊机构，兼顾到情、理、法。情与理，就是乡里乡情，法是法规。让社区中的邻里街坊都知道，发挥社区舆论的作用，究竟是怨屈还是无理要求，通过公开信息，让周围的邻里知道，让他们依照相关的法律、政策、程序来辨别矛盾冲突的是非曲直。因此，这种甄别机制必须要有社区的居民代表参加。这种甄别组织主要有三种人参与，一是矛盾申诉一方的当事人、亲属、亲戚，二是人民调解员，三是要有社会力量如社区组织、律师、社区中有威望的群众领袖参加。这时候，不是矛盾冲突的一方对着政府基层组织了，而是有了第三方的力量。矛盾

① 例如，四川达川区创新实施“315”群众工作法，即：实行“实名举报、查实奖励、诬告查处”三项制度，坚持“一切信访问题都要在法律政策框架下研究解决”一项原则，实现“解决到位、帮扶到位、处置到位、稳控到位、问责到位”五个到位；采取联合接访、挂牌督办、信访听证等办法，着力破解涉法涉诉信访问题瓶颈，依法推动涉法涉诉信访问题解决。参见：朱成林、杨正波：《达川创新实施“315”群众工作法》，四川在线—达州频道（http://www.scol.com.cn）。

处理的过程，不是只在信息封闭的情况下进行了，而是在信息公开的情况下进行。仲裁者不只是政府基层组织工作了，而是社会的各方面的力量。政府的基层组织从矛盾的一方解脱了出来。一旦矛盾通过这种建立在社区中的甄别机构甄别后，就具有民间舆论的力量。以人民调解的方式，在法院中备注，也具有法律的效力。矛盾一经甄别后，就是最后的定性。即使矛盾当事人反复不定，再去上访，法律、信访、行政部门不予支持。对这类甄别过的矛盾，也不记录在进京通报、干部考核中。这将使基层干部从通报制中解脱出来，更加理直气壮地执行党的方针政策。解决无理取闹的问题。

3. 依法抑制、打击闹访、缠访

对在京非法上访人员的过激行为请北京公安部门依法给予支持，完善固化证据，建立移送机制，为地方依法处置工作提供有效依据；对于进京非法上访人员，应该区别对待，取消排名、登记通报制度，一律不予受理，形成上下联动的工作机制，让非法进京上访人员不能有“以进京非访通报地方，给地方政府施压”的机会，以彻底整治“非访、接回、再非访”的信访工作怪圈。建议加大对“上访村”住宿人员的整治力度，并将已经依法终结而继续多次缠访闹访的信访人列入诚信系统管理，强化硬约束，严格落实诚信奖惩政策，依法限制其特定行为。依法打击非法闹访、缠访行为，维护正常的社会秩序。对信访案件已经依法终结而上访人员继续以极端方式表达诉求的行为，如造谣、煽动、闹事、影响交通秩序、破坏公共秩序，敲诈勒索甚至打砸抢等，要依法加大打击力度。对触犯《治安管理处罚法》的依法处罚，触犯《刑法》的依法追究刑事责任。拒不执行法院判决的，应该依法以扰乱社会秩序罪等追究法律责任。如果对这种行为视而不见，甚至纵容，会导致矛盾更加深化。

二　防范和处置“钉子户”问题

1. 严格依法拆迁

“钉子户”的产生很多是源于政府在拆迁中的违规操作，违法违规的野蛮拆迁导致了“钉子户”的产生。因此，拆迁过程中一定要做到依法依规，坚持程序正义，有理有据，规避法律风险，让“钉子户”无法钻空子。例如在前期准备中，依靠社区干部吃准摸透“钉子户”的产权情况等。通过统一标准，“一把尺子量到底”，坚持政策的连贯性，对漫天要价的行为坚决拒绝。

2. 推行阳光拆迁

在拆迁各个阶段均应建立信息公开的操作平台，实行拆迁过程的全公开，利用各种信息传播手段向利益相关人公布相关信息，如拆迁政策、拆迁目的、拆迁规划、拆迁程序、补偿标准、安置方式等。拆迁过程中，还要公示政策、合同等文件，接受社会各界的监督，充分彰显阳光拆迁的透明度，让被拆迁户尤其是“钉子户”看到公开、公平、公正。推选居民代表参加居民监督小组，全程参与拆迁的调查摸底、方案制定、拆迁执行过程，通过座谈会、听证会、议事会等不同形式广泛征求群众意见，充分吸收群众的合理诉求和意见，找到公共利益与私人利益之间的平衡点。请第三方评估机构参与，对拆迁的房产进行合理估价。

3. 动用社会网络资源

通过社区干部、社工等的调查摸底，了解清楚“钉子户”的社会资本，如家庭关系、职业关系、邻里关系等，在政策宣传解释、矛盾调解和利益博弈、弱势群体的就业生活帮扶等方面，请“钉子户”比较信任的亲戚、朋友、领导等参与，借助这些社会网络的作用，耐心细致地给“钉子户”做思想工作，耐心地解释相关的政策，在政策法规允许范围内寻求政民双方的“最大公约数”，促使社会矛盾的化解。对于拒不配合的“钉子户”，需要动员社区的力量，例如举行评议会，通过公开“钉子户”的诉求，组织社区居民对“钉子户”的诉求进行评议，邀请拆迁干部、已签约居民做“钉子户”的工作，形成舆论压力，挤压不合理诉求的存在空间。从拆迁准备阶段起，就要充分做好宣传工作，请媒体对拆迁的必要性、程序、主体等情况全方位宣传，营造良好氛围，做到家喻户晓，减少阻力。媒体还要对拆迁过程进行监督，形成舆论压力，促使“钉子户”降低期望值，回归合理区间。

4. 启动司法救济程序

如果个别“钉子户”拒不配合依法拆迁，甚至采取暴力抗拆行动或威胁行为，应引导其诉诸司法渠道，依法通过诉讼手段解决问题。基于公共利益的拆迁项目在通过司法程序后，应由法院强制执行判决，给予强制拆除，不能对“钉子户”无原则地一味妥协，从而形成恶性循环，助长“钉子户”违法抗拆的习惯。此外，还可以借鉴国外的做法，建立专业的拆迁法庭，由公用征收法庭与公用征收法官专门处理，提高解决拆迁矛盾的效率，引导各方利益主体通过司法途径解决问题。

三　群体性冲突事件处置

群体性事件是矛盾长期积累并无法在制度化渠道内得以疏导而激化并爆发的形式。因此，经济利益型的群体性事件不是突发事件，是完全可以预防和阻止的。这需要我们在预防性工作中下功夫。对政府的重大政策、重大项目、重大事项开展充分的宣传教育工作，公开透明进行。当采取了措施还无法阻止群体性事件时，应从以下六个方面着手。

1. 快速反应

在重大群体性事件发生之后，政府主要负责人应第一时间到达现场，通过组织现场目击者等群众座谈会等形式，全方位、多角度地深入了解群体性事件的情况，召集相关政府部门负责人研究对策。政府主要负责人的到场，表明政府对事件的重视和信心。应该做好应对群体性事件的预案，明确部门之间的责任划分，沟通协调机制。在群体性事件发生之后，应立即启动应急预案，各相关部门通力配合、快速联动，调动人力、物力、财力资源，在最短时间内对现场事态进行有效控制，维护好现场秩序，稳定群众情绪。发生人员伤亡的，应第一时间运送、收治、转移伤亡人员，尽可能抢救更多病人。

2. 及时公开信息

在群体性冲突事件发生后，传统的做法是严格封闭信息，以保护自身的形象和政绩免受诟病。部分境外媒体为了追求轰动，往往进行不实报道，反而导致我国政府的被动。因此，在发生群体性冲突事件之后，应该在深入调查，掌握确切信息后，采取新闻发布会、在线网络访谈等方式，实事求是地公布事实真相，不回避矛盾，不掩饰政府的过失，避免矛盾进一步扩大。对于群众关注的焦点、难点问题，应及时回应关切，并提出解决方案，而不是一味打压，回避质疑。

3. 积极协商对话

群体性社会冲突发生后，政府要积极与利益诉求的主要带头人进行协商对话。要避免强力压制，坚持以理服人；真诚地听取群众的呼声，使参与者的利益诉求得到充分表达，累积的不满情绪得到合理释放，通过对话，明确区分群众的合理诉求和不合理诉求，群众的合法行为与非法行为，并积极给予回应，将解决措施落到实处。积极与群体性事件的意见领袖进行协商对话，尊重他们的独立性，阐释党和国家的方针政策，尽最可能寻求“最大公约数”，达成解决方案；还要积极利用初级群体的力量影响意见领袖，引导他们避免采取极端行为。

4. 区别对待涉事人员

群体性冲突事件参与人数众多，要严格区分两类人，一类是煽动群众，采取打砸抢等违法手段，或者造谣生事，触犯法律法规的不法分子；另一类是具有合法利益诉求，在法律框架内表达诉求，不以闹事为目的的大多数群众。对于以闹事为目的，采取不法手段的人员，应该按照《治安管理处罚法》等法律法规，追究其法律责任。对于表达自身合法诉求的大多数群众，应该及时安抚，加强沟通对话，团结大多数群众。

5. 解决实际问题

群体性事件是社会矛盾长期酝酿之后的集中爆发，包含了大量的潜在信息，背后有深刻的社会矛盾根源，在处置群体性事件时，不能只停留在表面，如果仅仅将群体性事件作为一个特定的孤立个案，不挖掘背后的根源，整个社会会因为缺乏原则性而付出难以估计的巨大代价。基层政府要以关注和保障民生为重点，与群众保持良好的日常沟通。在发生重大群体性冲突事件后，采取有效措施，敢于面对真正的问题，解决群众的利益诉求问题，从根本上解决群体性冲突事件背后的社会矛盾。

6. 启动问责程序

群体性冲突事件大多反映了各种利益矛盾的冲突，因为群众的正当利益诉求得不到满足，基层干部自身行为不端，官僚主义作风严重，对待群众的态度冷漠，态度生硬，实际工作中存在渎职、失责的情况，才会引发严重的群体性事件。因此，群体性事件发生后，在查清事情真相之后，应该立即厘清职责，对于在群体性事件中存在严重失职渎职、滥用职权、贪污腐败等行为的干部，进行严厉处置，该按纪律处分的给予纪律处分，造成违法行为的依法追究法律责任，让应该负责任的官员承担一定的政治成本。

附 录 一

个案访谈与座谈

表1 **社会矛盾个案访谈基层干部信息统计** 单位：人

省份	合计	被访人构成情况				
		地区		干部级别		
		城镇	农村	科级以下	科级	处级及以上
江苏	51	38	13	18	26	7
湖北	21	20	1	1	13	7
安徽	159	40	119	94	61	4
山东	15	13	2	2	9	4
四川	12	10	2	5	4	3
重庆	2	2	0	0	2	0
浙江	6	4	2	3	3	0
北京	2	2	0	1	0	1
上海	3	3	0	2	0	1
天津	1	1	0	0	1	0
河南	2	2	0	0	1	1
河北	1	1	0	0	1	0
福建	3	1	2	2	1	0
江西	4	3	1	2	1	1
广东	6	4	2	2	2	2
湖南	4	4	0	1	3	0

续表

省份	合计	被访人构成情况				
		地区		干部级别		
		城镇	农村	科级以下	科级	处级及以上
贵州	2	2	0	2	0	0
新疆	5	5	0	1	2	2
云南	2	1	1	1	1	0
黑龙江	2	1	1	0	1	1
内蒙古	1	1	0	0	1	0
山西	3	3	0	1	2	0
辽宁	2	2	0	0	1	1
吉林	1	1	0	0	1	0
海南	1	1	0	0	1	0
青海	2	2	0	0	2	0
甘肃	1	1	0	0	1	0
西藏	1	1	0	0	0	1
合计	315	169	146	138	141	36

访谈记录编码规则：0A00001

第一位表示调查员：0 = 课题组成员　1 = 学生调查员

第二位表示省份：A = 江苏　B = 安徽　C = 山东　D = 浙江　E = 北京　F = 上海　G = 天津　H = 河南　I = 河北　J = 福建　K = 江西　L = 广东　M = 湖南　N = 湖北　O = 四川　P = 重庆　Q = 贵州　Z = 其他（如黑龙江　吉林　辽宁　新疆　甘肃　青海　陕西　山西　广西　云南　西藏　台湾等）

第三位表示该地区：0 = 农村（村组/城郊社区）1 = 城市（乡镇/县区/省市辖区、街道、城市社区）

第四位表示职位级别：0 = 科级以下　1 = 科级干部　2 = 处级及以上

第五至七位表示个案序号：按 001、002、003……自然数顺序编排。每个省单独一个序列。

表 2　社会矛盾干部座谈会信息统计

地点	座谈时间	座谈次数	人员身份	人数
苏州市委党校	2013 年 3 月 25 日—2013 年 4 月 25 日	2	乡镇/街道党委书记	19
山东济宁市委党校	2013 年 5 月 22 日	2	乡镇/街道党委书记	20
江苏省响水县	2013 年 8 月 20 日	1	乡镇党委书记	3
安徽省广德县	2014 年 1 月 21 日	1	县、镇干部	6
江苏省镇江市	2015 年 1 月 9 日	1	市城管局干部	7
安徽省委党校	2015 年 6 月 4 日	2	镇党委书记 14	15
江苏省南通市	2015 年 4 月 8—4 月 10 日	2	县、区、街道、乡干部	9
江苏省徐州市	2015 年 4 月 1—4 月 2 日	2	市、县、区综治干部	8
江苏省连云港市	2015 年 3 月 17 日	2	市、县、街道干部	23
江苏省徐州市	2015 年 3 月 18—3 月 19 日	2	市、区、镇干部	18
江苏省无锡市	2015 年 3 月 16—19 日	2	市、县综治干部	16
江苏省南通市	2015 年 3 月 16—19 日	2	市、县综治干部	16
江苏省南京市	2015 年 4 月 10—12 日	4	市、县综治干部	40
安徽省安庆市	2015 年 9 月 10—11 日	2	街道、社区干部	8
江苏省南京市	2015 年 3 月 10 日	1	各市综治干部	17
江苏省委党校	2015 年 10 月 20 日	2	乡镇党委书记	12
四川省宜宾市	2015 年 12 月 3 日	2	乡镇干部	50
合计	—	32		287

表 3　访谈资料中的党政官员统计　单位：人

	县/区及以上党政一、二把手①		乡镇/街道党政一、二把手		村/社区党政一、二把手		合计
	书记	行政长官	书记	行政长官	书记	行政长官	
个案访谈	5	8	98	29	47	51	238
座谈会议	0	2	80	12	0	1	95
合计	5	10	178	41	47	52	333

注：①书记：县/区/镇/乡党委（副）书记、村/社区支部（副）书记

②行政长官：县/区/镇/乡长（副）、村长/社区（主任）（副）

③副书记兼任行政长官者归入行政长官类

① “座谈会议”中包含一名地级市副市长，归入行政长官类。

附 录 二

调查问卷

（一）社会矛盾调查问卷

社会矛盾问卷调查

亲爱的朋友：

您好！我们进行的是国家社会科学基金重大课题项目“我国刚性社会矛盾趋势分析与化解对策研究”的问卷调查，希望通过本次调查，全面、真实地了解您对当前我国社会矛盾的看法，为国家相关部门制定政策提供依据。本问卷只作为科学研究之用，我们会对您的调查资料严格保密。

问卷中的问题无所谓对或错，您只需按照实际情况和真实想法回答即可。如无特殊说明，每题仅选择出您认为最佳的一项。

非常感谢您的帮助和支持！

南京大学

我国刚性社会矛盾趋势分析与化解对策研究课题组

二０一五年一月

被访人基础信息（由调查人员填写，非常重要切勿漏项）

姓　名		性　别		电　　话	
年　龄		民　族		从业年限	
政治面貌		住房状况	1. 有，面积约________ m^2　2. 无		
婚姻状况	1. 未婚　2. 同居　3. 在婚　4. 离婚（分居）　5. 丧偶				
从业单位					
职业状况	____________（请参考手册选填）				

续表

<table>
<tr><td>年均总收入（元）</td><td colspan="2">1. 个人____________
2. 家庭____________</td><td>户籍</td><td>1. 农业
2. 非农</td></tr>
<tr><td>常居住地</td><td colspan="4"></td></tr>
<tr><td>受教育程度</td><td colspan="4">1. 未受过正式教育　2. 小学　3. 初中　4. 高中　5. 职高（含中专、技校等）　6. 大专　7. 本科　8. 研究生及以上</td></tr>
<tr><td>宗教信仰</td><td colspan="4">1. 无　2. 佛教　3. 道教　4. 基督教　5. 天主教　6. 回教/伊斯兰教　7. 民间信仰　8. 其他（请注明）____________</td></tr>
<tr><td>是否有过参军经历</td><td>1. 有
2. 无</td><td>近 3 年内个人（家庭）较大的支出项目</td><td colspan="2">1. 教育 2. 住房 3. 医疗 4. 经商投资 5. 移民 6. 其他（请注明）________
总费用大约____________元</td></tr>
</table>

调查人姓名：______________电话：________________邮箱：________________

调查时间：__________年______月______日

调查地点：______________________________

A　社会矛盾认知

A1. 您认为当前我国哪些领域的社会矛盾比较突出？（最多选六项）______________

1. 征地　2. 拆迁　3. 环境污染　4. 劳资纠纷　5. 社会保障

6. 就业失业　7. 官员贪腐　8. 医患关系　9. 司法公平　10. 贫富差距

11. 社会治安　12. 国有（集体）资产处置　13. 国企改制

14. 城市综合治理　15. 社会公共服务　16. 历史遗留问题

17. 单位（集体）财务公开　18. 干部民主选举　19. 干群关系

20. 民族、宗教关系

A2. 就您所知，群众在遇到社会矛盾和冲突时常常采取哪些行为方式？(最多选六项）______________；您认为目前比较有效的方式有（最多选三项并排序）______________

1. 忍了算了　2. 与当事人直接协商解决　3. 找律师打官司

4. 申请行政裁决或复议　5. 直接找主要领导反映（包括上级领导）

6. 信访（包括个人上访和集体上访）　7. 请村（居）委会、社区干部调解

8. 找本地有威望的亲戚、熟人、朋友等人调解　9. 找同乡会帮忙

10. 司法调解或行政调解 11. 向新闻媒体投诉 12. 把事情曝光到网上

13. 寻求工会、妇联等人民团体的帮助 14. 寻求其他社会组织帮助

15. 聚众采取堵政府、堵路等手段把事情闹大向政府施压

16. 私下报复，不与对方发生正面冲突

17. 与对方直接正面冲突，包括使用暴力

18. 摧残自己身体甚至以死胁迫 19. 找黑社会势力帮忙摆平

A3. 在 A1 项中的各类社会矛盾发生领域，您曾经亲自经历过的矛盾事件有__________（可多选），共______次。其中您最近参与的一次是______，发生时间是________年________月。这次冲突事件前后共（已）历时大约________天。（参照组 A3—A15 不用填写）

A4. 就您最近参与的这次社会矛盾冲突事件，您认为主要责任方是____________

1. 个人 2. 家（庭）族 3. 公司企业 4. 小区物业

5. 村（居）委会 6. 基层乡、镇、街道政府部门

7. 县市区政府部门 8. 市级及以上政府部门 9. 其他社会组织

A5. 就最近这次冲突，之前您是否也找过相关负责人，或向其上级部门领导反映过？______

1. 没有找过 2. 找过，但没任何效果 3. 找过，效果不理想

A6. 就您最近参与的这次社会矛盾冲突事件，您认为其主要原因是__________（可多选）

1. 个人（家庭、群体）不当行为

2. 企业生产（项目）造成了外部严重损害

3. 因制度政策规定不明确而产生分歧 4. 主管部门决策明显不当

5. 存在暗箱操作问题 6. 有关承诺没有如期兑现 7. 历史遗留问题

A7. 就您最近参与的这次社会矛盾冲突事件，从利益关系上看您是__________

1. 利益受损者 2. 利益获益者 3. 既不受损也不获益

A8. 在您最近参与的这次社会矛盾冲突事件中，您是以下哪个角色__________

1. 积极的参与者 2. 不仅积极参与，还主动提供财物支持

3. 不仅积极参与，还是关键的组织发动者

4. 碍于人情关系等被动员参与者 5. 被邀请作为调解人、和事佬

6. 无利益关系的旁观者 7. 心存侥幸的掺和者

A9. 在您最近参与的这次社会矛盾冲突事件中，最多时大约有________人参与其中；就你所知，这些参与人之间主要关系特征是：________

1. 本家庭（族）血缘亲戚关系 2. 邻里关系 3. 同事关系

4. 老乡关系 5. 朋友关系

6. 来自不同地方但有着共同或相似经历的人（如战友）

7. 不好确定

A10. 就您最近参与的这次社会矛盾冲突事件，从最终（目前）化解措施来看，主要是______

1. 矛盾双方均作出让步，达成和解 2. 矛盾一方作出让步，达成和解

3. 矛盾双方均未作出让步，由第三方介入后解决 4. 矛盾仍在继续

A11. 就您最近参与的这次社会矛盾冲突事件，总体来看，最终的结果与您最初期望值相比如何？______

1. 比预想的还要好 2. 达到目标 3. 实现部分目标

4. 与期望目标值差距较大 5. 完全没有达到目标

6. 最终结果尚未知，暂无法比较

A12. 就您所知，在已发生的社会矛盾冲突事件中，是否有矛盾双方之外的力量参与？（比如本地有威望的人、媒体、地方黑社会、律师或其他维权组织等）________

1. 有（加选 A12a） 2. 无 3. 不清楚

A12a. 若有，请对他们参与的强度和作用进行评价：（在所选空格内划“√”）

	参与强度			发挥作用			
	高	中	低	正作用	负作用	无作用	不好评价
工会、妇联等人民团体							
本地有威望的调解人							
正规社会媒体							

续表

	参与强度			发挥作用			
	高	中	低	正作用	负作用	无作用	不好评价
地方黑社会势力							
律师等法律工作者							
民间维权组织							
互联网络							

A13. 在您经历过最近发生的社会矛盾冲突事件以后，您觉得现在的工作、生活状况与矛盾发生前相比？__________

1. 变好了　2. 老样子　3. 变糟了

A14. 在今后三年内，您所经历的这些社会矛盾在本地发展的势头如何？__________

1. 会加速恶化　2. 会缓慢恶化　3. 会保持平稳状态　4. 会缓慢弱化　5. 会快速弱化

A15. 就您所知，在具体矛盾谈判中，以下哪些因素会增加你的优势__________（可多选）

1. 自己一方人多势力大，谈不拢就继续闹大
2. 自己的要求合法合理，谈不拢则会打官司
3. 自己这边有后台，不行再找关系融通或施压
4. 豁出自己的命，会坚持誓死抗争到底
5. 若不满意就继续上访，打持久战
6. 自身具备较丰富的专业知识技能

B　社会环境认同

B1. 请您对以下说法作出评价？（请在所选空格内划“√”）

	赞同	较赞同	不好说	不太赞同	不赞同
总体而言，当前的收入分配是公平的	5	4	3	2	1
当前国家大部分政策是公平合理的	5	4	3	2	1

续表

	赞同	较赞同	不好说	不太赞同	不赞同
目前我国公民平等享有教育、医疗、就业资源和服务	5	4	3	2	1
拉关系走后门、钱权交易只是个别现象	5	4	3	2	1
缩小贫富之间差距、增进社会公平是政府的主要责任	5	4	3	2	1
大多数富人是靠自己能力致富的	5	4	3	2	1
大多数基层干部还是想为老百姓办好事、办实事的	5	4	3	2	1
总体而言，政府官员能依法办事	5	4	3	2	1
我们生活在一个公平公正的社会中	5	4	3	2	1
当前中国仍然是一个人情社会	5	4	3	2	1
大多数官员还是能廉洁从政的	5	4	3	2	1
只要自己肯努力，不靠“拼爹”也能赢得好的工作和生活	5	4	3	2	1
我们要相信法律，严格依法办事	5	4	3	2	1
若我遭受了不公正对待，我认为我有机会、有能力讨还公道	5	4	3	2	1
如果我不幸遭受厄运，社会一定会向我伸出援助之手的	5	4	3	2	1

B2. 您认为现在我国以下各类“安全阀渠道”发挥的作用如何？（请在所选空格内划“√”）

	非常好	比较好	一般	不太好	非常不好
定期召开人民代表大会与政治协商会议，准确、及时反映基层人民群众关心的问题	5	4	3	2	1

续表

	非常好	比较好	一般	不太好	非常不好
公民可以借助宪法允许的集会、游行、示威等活动形式表达不满，维护自身合法权利	5	4	3	2	1
信访渠道畅通让群众申诉困难与诉求	5	4	3	2	1
政府领导干部定期开展大接访或下访	5	4	3	2	1
人民团体、社会组织等为群众代言表达诉求	5	4	3	2	1
涉及民生问题时，政府举办正式的听证会	5	4	3	2	1
关注各类社会媒体、网络上群众的呼声	5	4	3	2	1
社会舆情调查机构经常开展民意调查，并反馈给政府决策层	5	4	3	2	1
政府信息依法、全面、及时向社会公开	5	4	3	2	1

B3. 您对以下有关事项的了解程度如何？（请在所选空格内划“√”）

	完全了解	比较了解	无所谓了解不了解	比较不了解	完全不了解
宪法、刑法、民法等基本的法律法规	5	4	3	2	1
有关信访的规定	5	4	3	2	1
如何请律师打官司	5	4	3	2	1
如何申请法律援助	5	4	3	2	1
如何申请行政复议	5	4	3	2	1
行政、司法调解知识	5	4	3	2	1
基层民主选举规定	5	4	3	2	1

B4. 在今后日常生活中，当您的同事、邻里、亲戚或朋友遇到矛盾纠纷时，你是否会主动提供一些帮助呢？__________

1. 会　　2. 不会

B5. 您认为当前我国以下各类关系如何？（请在所选空格内划“√”）

	非常好	比较好	一般	比较差	非常差
干群关系	5	4	3	2	1
贫富关系	5	4	3	2	1
劳资关系	5	4	3	2	1
官官关系	5	4	3	2	1
官商关系	5	4	3	2	1
警民关系	5	4	3	2	1
邻里关系	5	4	3	2	1

B6. 您认为当前地方政府化解社会矛盾和纠纷的总体能力如何？__________

1. 非常强　2. 比较强　3. 一般　4. 比较弱　5. 非常弱

B7. 您认为当前地方政府在化解社会矛盾时，有哪些好的做法？__________（可多选）

1. 各级政府领导都十分重视信访反映的问题。

2. 政府有“政风热线”“县（市）长热线”等，比较方便群众反映问题。

3. 大力推行“政务公开”“村务公开”，进一步提高了政府决策透明度。

4. 政府干部经常开展大接访和下访，能直接听到老百姓的心声。

5. 严厉打击借助黑社会势力进行强征强拆、欺行霸市的违法行为。

6. 政府倡导的“大调解”方式很好，能较快的化解矛盾。

B8. 您认为当前地方政府在化解社会矛盾时，还存在哪些问题？__________（可多选）

1. 政府求稳怕出事，遇到棘手的事经常推给基层来处理。

2. 部分干部对群众反映的问题有偏见，能压则压、能拖则拖。

3. 政府也常使用一些或明或暗的违法手段去对付“钉子户”“难缠户”等。

4. 怕聚众闹事，遇群众一来闹就想到用钱来摆平，不解决根本问题。

5. 不大用法治和制度手段来处理问题，比较看重借助人情关系来解决。

6. 很多制度、政策和办法规定不明确，给基层留下很大的变通空间。

B9. 对以下说法，您在多大程度上同意或不同意？（请在所选空格内划“√”）

	完全同意	比较同意	无所谓同意不同意	比较不同意	完全不同意
当前社会矛盾尖锐，是社会转型阶段不可避免的	5	4	3	2	1
现阶段我国社会矛盾总体来说是可以承受的	5	4	3	2	1
当前社会矛盾激化，政府应该负主要责任	5	4	3	2	1
我国建设和谐社会的目标是可以实现的	5	4	3	2	1
以权谋私、贪污腐败只是少数干部的个人行为	5	4	3	2	1
当前化解社会矛盾的方式手段是有效的	5	4	3	2	1
老百姓向政府反映的问题能得到及时回应	5	4	3	2	1
经民主选举产生的村（居）委会、社区干部能够代表老百姓说话，敢于维护老百姓利益	5	4	3	2	1

续表

	完全同意	比较同意	无所谓同意不同意	比较不同意	完全不同意
信访还是能帮助群众解决不少问题的	5	4	3	2	1
遇到矛盾应该首先考虑要依法解决	5	4	3	2	1
随着社会治理的落实，社会矛盾会越来越少	5	4	3	2	1
遇到社会矛盾就用群体性事件来解决是不对的	5	4	3	2	1

C 个人发展评价

C1. 在我们的社会里，有些群体居于顶层，有些群体则处于底层，下面有一张表，请你根据自己的判断进行选择。其中“10”分代表最顶层，“1”分代表最底层，在所选空格内划“√”即可。

层 级	现在您属于	10 年前您属于	希望 10 年后您将属于
10			
9			
8			
7			
6			
5			
4			
3			
2			
1			

C2. 综合考虑您自身的教育背景、工作能力、工作地区等因素，与同龄人或身边的亲戚、朋友、同学相比，您认为目前自己的总体生活水平是________；

1. 好很多 2. 稍微好些 3. 一样 4. 稍差一些 5. 差很多

C3. 您目前已参加或接受过以下哪些政府提供的社会保障项目？其保障效果如何？（请在所选空格内划“√”）

政府提供的社会保障项目	已参加或曾接受过的项目	保障效果评价		
		好	一般	差
养老保险（新农保）				
医疗保险（新农合）				
失业保险				
生育保险				
工伤保险				
社会救助类				
拥军优属				

C4. 在过去的三年中，您有没有因为家人的入学、医疗、就业、住房、婚姻等问题而苦恼过？__________，那么最终有没有得到较满意的解决呢？__________

1. 有　　2. 没有

C5. 2014 年中央相继对政府行政审批制度、户籍制度和土地流转等制度进行了重大改革，您对这些新的改革内容有所了解吗？__________

1. 还不知道　2. 听说过，但不甚了解有关内容

3. 简单了解一些信息　4. 比较了解，曾专门看过有关资料

5. 感觉这些事与自己没大关系，一直不太关心

C6. 在过去的一年中，您主要从以下哪些渠道来获知国内外的重要新闻信息？__________（最多选三项并排序）

1. 报纸杂志　2. 互联网络　3. 电视　4. 广播　5. 手机定制信息

6. 群众街头巷尾的议论　7. 其他（请注明）__________

C7. 如果您对本单位、本社区（村）的一些政策、决策和干部作风有看法时，是否会积极向负责部门或领导提出来？__________

1. 会，无论是否会损害自身利益

2. 会，在可能会损害自己利益时

3. 不会，即使可能会损害到自身利益

4. 任何情况下都不会，因为不仅仅关乎自己利益

C8. 目前党中央大力开展反腐活动和群众路线教育活动，您认为是否会对减少社会矛盾产生积极作用？__________

1. 肯定会有，现在已开始显现　2. 将来一定会，但现在还感觉不到　3. 难以确定　4. 难度很大　5. 不抱希望

C9. 刚刚结束的党的十八届四中全会，确立了“依法治国”的重大方略，您觉得这将对您今后的工作与生活产生何种影响？__________

1. 非常明显　2. 比较明显　3. 一般　4. 不会太明显　5. 非常不明显

C10. 请你对今后3—5年内以下几类社会矛盾的发展趋势作出判断。（在所选空格内划“√”）

社会矛盾种类	会增强	保持稳定	会减弱
征地矛盾			
拆迁矛盾			
环境污染矛盾			
劳资矛盾			
社会保障矛盾			
就业失业矛盾			
干群矛盾			
医患矛盾			
贫富分化矛盾			
城市治理矛盾			
历史遗留问题矛盾			
民间借贷矛盾			
民族宗教矛盾			
国企改制矛盾			
物业纠纷矛盾			
司法不公矛盾			
腐败矛盾			
群体性事件			
个体反社会事件			
总体社会矛盾			

社会矛盾纠纷情况调查问卷（基层干部）

亲爱的朋友：

您好！我们希望通过本次调查，全面、真实地了解您对当前我国社会矛盾的看法，为国家相关部门制定政策提供依据。本问卷只作为研究之用，我们会对您的调查资料严格保密。问卷中的问题无所谓对或错，您只需按照实际情况和真实想法回答即可。如无特殊说明，每题仅选择出您认为最佳的一项，并请在相应选项上划“√”。非常感谢您的帮助和支持！

南京大学

我国刚性社会矛盾趋势分析与化解对策研究课题组

二0一五年四月

年龄：A. 30 岁以下　B. 30 至 40 岁　C. 40 至 50 岁　D . 50 至 60 岁　E. 60 岁以上

性别：A. 男　B. 女　　婚姻状况：A. 已婚　B. 未婚

职级：A. 处级　B. 科级　C. 股级　D . 一般干部

工作岗位：A. 县（市、区）　B. 乡镇（街道）　C. 村居（社区）

受教育程度：A. 初中及以下　B. 高中职高　C. 大专本科　D. 研究生及以上

1. 您认为当前我国以下哪些方面的社会矛盾比较突出？（多选）

A. 征地拆迁　B. 环境污染　C. 劳资纠纷　D. 交通事故

E. 医患关系　F. 社会保障　G. 物业管理　H. 司法不公

I. 农村土地纠纷　J. 历史遗留问题　K. 邻里纠纷　L. 家庭纠纷

M. 其他（请注明）________

2. 您认为当前我国社会矛盾最突出的特征有哪些？（多选）

A. 突发性强　B. 参与主体的群体化　C. 对抗性强

D. 组织的隐蔽性高　E. 危害性大　F. 网络传播、炒作强

3. 群众遇到矛盾冲突时喜欢采取哪些行动方式？（多选）

A. 自行协商解决　B. 调解　C. 信访

D. 行政复议、行政裁决　E. 诉讼　F. 媒体投诉或上网

G. 寻求工会、妇联等人民团体的帮助

H. 采取过激手段直接正面冲突

I. 其他（请注明）____________

4. 您认为当前地方政府化解社会矛盾和纠纷的总体能力如何？

A. 非常强 B. 比较强 C. 一般 D. 比较弱

E. 非常弱 F. 不好说

5. 对于一些“上访老户”现象，您认为形成的主要原因有哪些？（多选）

A. 自身的合法权益曾被侵害，问题未及时得到解决

B. 有些老上访人员的确有精神偏执的问题

C. 从上访中已尝到了甜头，养成了靠缠访闹访去讹诈政府的习惯

D. 法规制度不健全，打击、教育、稳控措施针对性不强

E. 与我们的信访体制有很大关系

F. 政府对一些历史遗留的问题没有好的解决办法

6. 若要想彻底解决“上访老户”问题，您认为以下哪些措施较好？（多选）

A. 集中开展一次整治活动 B. 中央要尽快出台有针对性的政策

C. 该严厉打击的必须严打 D. 让其自生自灭

E. 落实属地责任逐一化解

7. 当前地方政府处置社会矛盾时，您认为以下哪些手段比较切实有效？（多选）

A. 多讲政策法规 B. 尽最大可能满足要求 C. 花钱摆平

D. 手段上软硬兼施，敢拔钉子 E. 注重利益平衡，不开、少开口子

F. 向下层层施压，坚持属地化解

G. 动用公安力量，该打击的严惩不贷

8. 当地参与化解社会矛盾的社会组织作用如何？

A. 很大 B. 较大 C. 一般 D. 较小 E. 没有

9. 化解矛盾工作中，您最希望获得哪些方面的支持和帮助？（多选）

A. 资金物资支持 B. 政策支持 C. 精神褒奖鼓励

D. 个人职务晋升 E. 人力支持 F. 业务培训

10. 您对以下有关事项的了解程度如何？

	完全了解	比较了解	无所谓了解不了解	比较不了解	完全不了解
宪法民法等法律法规					
有关信访的制度规定					
如何请律师打官司					
如何申请法律援助					
如何申请行政复议					
行政、司法调解知识					
基层民主选举规定					

11. 请您对今后3—5年内以下各类社会矛盾的发展趋势作出判断

矛盾种类	会增强	保持稳定	会减弱	矛盾种类	会增强	保持稳定	会减弱
征地拆迁				劳资			
环境污染				医患			
物业纠纷				社会保障			
民间借贷				国企改制			
历史遗留问题				群体性事件			
司法不公				总体社会矛盾			

12. 你认为在化解当前我国社会矛盾工作中还有哪些有效的措施办法？

____

____

社会矛盾纠纷情况调查问卷（群众）

亲爱的朋友：

您好！我们希望通过本次调查，全面、真实地了解您对当前我国社会矛盾的看法，为国家相关部门制定政策提供依据。本问卷只作为研究之用，我们会对您的调查资料严格保密。问卷中的问题无所谓对或错，您只需按照实际情况和真实想法回答即可。如无特殊说明，每题仅选择出您认为最佳的一项，并请在相应选项上划“√”。非常感谢您的帮助和支持！

南京大学

我国刚性社会矛盾趋势分析与化解对策研究课题组

二０一五年四月

年龄：A. 30 岁以下　B. 30 至 40 岁　C. 40 至 50 岁　D. 50 至 60 岁　E. 60 岁以上

性别：A. 男　B. 女　　　　户籍：A. 城市　B. 农村

婚姻状况：A. 已婚　　B. 未婚

职业：A. 公务员　B. 企事业单位　C. 个体工商户　D. 私营业主或员工　E. 离退休　F. 学生　G. 无业　H. 其他（请注明）____________

受教育程度：A. 未受过正式教育　B. 小学初中　C. 高中职高（含中专、技校等）　D. 大专本科　E. 研究生及以上

家庭年收入：A. 1 万—5 万元　B. 6 万—10 万元　C. 11 万—15 万元　D. 16 万—20 万元　E. 21 万元以上

1. 您认为当前我国以下哪些方面的社会矛盾比较突出？（多选）

A. 征地拆迁　　B. 环境污染　　C. 劳资纠纷　D. 交通事故

E. 医患关系　　F. 社会保障　　G. 物业管理　H. 司法不公

I. 农村土地纠纷　J. 历史遗留问题　K. 邻里纠纷

L. 家庭纠纷　M 其他（请注明）____________

2. 你是否经历过上述矛盾　A. 是　　B. 否

3. 如发生矛盾，您认为选择什么方式解决矛盾最有效？（多选）

A. 自行协商解决　B. 调解　C. 信访　D. 行政复议、行政裁决

E. 诉讼　　　　F. 媒体投诉或上网

G. 寻求工会、妇联等人民团体的帮助

H. 采取过激手段直接正面冲突

I. 其他（请注明）____________

4. 请问您或身边人遇到矛盾纠纷是否有部门（相关人员）介入处理？

A. 能得到处理　B. 无部门（相关人员）处理　C. 不需要处理

5. 请问经过处理后，矛盾纠纷是否得到解决？

A. 得到部门（相关人员）协助解决　B. 没有解决

C. 介入无效果自行解决

6. 在您或身边人遇到矛盾纠纷事件，您认为引起它的主要原因是？（多选）

A. 个人（家庭、群体）不当行为　B. 企业不诚信

C. 国家政策制度　D. 政府行政行为

E. 其他（请注明）____________

7. 在纠纷事件解决过程中，是否有以下第三方参与解决矛盾纠纷？（多选）

A. 法院、政府行政复议及各类调解机构　B. 工会、妇联等人民团体

C. 社会媒体、网络　D. 地方黑恶势力

E. 民间调解自组织　F. 无第三方介入

G. 其他（请注明）____________

8. 在此次社会矛盾冲突事件中，从最终（目前）效果来看，实现了？

A. 矛盾双方均作出让步，达成和解

B. 矛盾一方作出让步，达成和解

C. 矛盾双方均未作出让步，由第三方介入后解决

D. 矛盾仍在继续

9. 您认为当前地方政府化解社会矛盾和纠纷的总体能力如何？

A. 非常强　B. 比较强　C. 一般　D. 比较弱

E. 非常弱　F. 不好说

10. 如果您对本单位、本社区（村）的一些矛盾、问题有看法时，是否会积极向负责部门或领导提出改进建议？

A. 会，无论是否会损害自身利益

B. 会，仅在可能会损害到自己利益时

C. 都不会

11. 请您对以下说法作出评价？（请在所选空格内划“√”）

	赞同	较赞同	不好说	不太赞同	不赞同
总体而言当前收入分配是公平的					
当前大部分政策是公平合理的					
我国公民平等享有教育、医疗、就业等资源					

续表

	赞同	较赞同	不好说	不太赞同	不赞同
大多数富人是靠自己能力致富的					
大多数基层干部能为老百姓办好事、办实事					
总体而言，政府官员能依法办事					
我们生活在一个公平公正社会中					
当前中国总体上是一个法制社会					
若遭受了不公对待，群众有能力讨还公道					

（二）社会心态调查问卷

问卷编号：

您好！我们正在进行一项社会研究，目的是了解民众的就业、工作和生活情况，以及对当前一些社会矛盾的看法。经过严格的科学抽样，我们选中了您作为调查对象。您的合作对我们了解有关信息有十分重要的意义。问卷中问题的回答，没有对错之分，您只要根据平时的想法和做法回答就行。调查大约需要十分钟左右。对于您的回答，我们将按照《统计法》的规定，严格保密，并且只用于统计分析，请您不要有任何顾虑。希望您协助我们完成这次调查，谢谢您的合作。

南京大学社会学院

2014年1月

【以下是正式问卷部分】

1. 您的性别是（　　　）。

①男　　②女

2. 您的出生年月是________年______月。

3. 您的婚姻状况是（　　　）。

①已婚　②未婚　③离异　④丧偶

4. 您的户口状况是（　　　）。

①农业户口　　②非农业户口

5. 近一年来您居住在（　　　）。

①城市　②农村

6. 您的受教育程度是（　　　）。

①小学及以下　②初中　③高中或中专、技校

④大专或大学本科　⑤硕士研究生及以上

7. 您的政治面貌是（　　　）。

①共产党员　②民主党派　③共青团员　④群众

8. 您的宗教信仰是（　　　）。

①佛教　②道教　③回教/伊斯兰教　④民间信仰

⑤天主教　⑥基督教　⑦无宗教信仰　⑧不清楚

9. 您现在居住的房屋是（　　　）。

①自建住房　②自购住房　③公房

④借住在父母、子女或亲戚家中　⑤租房居住

10. 您的就业状态是（　　　）。【如果为“无业”或“家庭主妇”请跳填第 11.2 题】

①工作　②退休　③无业　④家庭主妇

11.1 您的职业是（　　　）。【如退休为退休前职业】

11.2 您父亲的职业是（　　　）。【如退休为退休前职业】

您母亲的职业是（　　　）。【如退休为退休前职业】

①党政机关和事业单位、人民群众团体的负责人

②国有企业老总、经理、中上层的干部、三资企业的中上层管理干部、私营企业的经理人员

③专业技术人员（研究人员、教学人员、工程师、医生、律师、文化工作者）

④党政机关和事业单位办事人员（办公室主任、秘书会计出纳、电脑工作者、统计人员等）

⑤私营企业主　⑥个体工商户　⑦商业服务人员　⑧产业工人

⑨农民　⑩学生　⑪农民工

12. 您的平均月收入是（　　　）。

①1000 元以下　②1001—2000 元　③2001—3000 元

④3001—4000 元　⑤4001—5000 元　⑥5001—6000 元

⑦6001—7000 元　⑧7001—8000 元　⑨8001—9000 元
⑩9001—10000 元　⑪10001—11000 元　⑫11001—12000 元
⑬12001—13000 元　⑭13001—14000 元　⑮14001—15000 元
⑯15000 元以上

13. 您是否经常通过互联网浏览博客、BBS 论坛（如天涯论坛等）中的社会议论？(　　)

①从不　②一月或几个月一次　③一周到十天一次
④三四天一次　⑤每天

14. 您是否浏览国外的新闻网站或收听、收看国外的新闻类广播电视或阅读国外的新闻类杂志报刊？(　　)

①从不　②一月或几个月一次　③一个星期到十天一次
④三四天一次　⑤每天

15. 总体而言，与五年前相比，您觉得您的生活水平有什么变化？(　　)

①上升了很多　②上升了一点　③差不多
④下降了一点　⑤下降了很多

16. 我们这个社会大致可划分为上层、中上层、中层、中下层和下层。在您看来您属于（　　）。

①上层　②中上层　③中层　④中下层　⑤下层

17. 总体而言，您觉得您的生活水平与亲戚、同学、同事和邻居相比如何？【在相应的栏目中划“√”】

	好很多	好一点	一样	差一点	差很多
亲戚					
同学					
同事					
邻居					

18. 在过去的五年中，您或者您的家庭是否曾有过如下糟糕的经历？【在相应的栏目中划“√”】

	您本人	您的家庭
①遭遇重病		
②因意外遭受人身伤害或财产损失		
③教育难题（受到不公平对待或因学费而辍学）		
④失业		
⑤职业发展不如意		
⑥婚姻挫折		
⑦因贫穷难以应付日常生活开支		
⑧房价太高而买不起房子或无房居住		
⑨人际关系矛盾		
⑩劳资纠纷		
⑪土地征用（农村）		
⑫房屋拆迁		
⑬企业改制		
⑭环境污染		
⑮基层选举		
⑯债务纠纷		
⑰司法不公		
⑱工资工龄纠纷		
⑲以上都没有		

19. 遇到不公平待遇时，您将会采取哪些行动？（　　　　　）【多选】

①找政府或相关组织协调　②打官司

③找亲戚、朋友或熟人帮忙

④向新闻媒体投诉　　　　⑤上网发帖，争取舆论支持

⑥求助民间组织　　　　　⑦忍耐，不采取行动

⑧个人上访　　　　　　　⑨集体上访（包括游行示威、罢工罢课）

⑩私下威胁、报复　　　　⑪摧残自己身体以要挟对方

⑫找弱小群体或替罪羊，报复社会

20. 通过上述行动，您所遭受的不公平待遇是否（将会）解决？（　　）

①全部解决　　　②基本解决　　　③一般

④大部分没有解决　⑤一点也没有解决

21. 根据您所掌握的信息，您认为目前全国的贫富差距（　　）。

①太大　②较大　③恰当　④较小　⑤很小

22. 下列哪些因素对贫富差距扩大会产生重大影响？请选出您认为最重要的三项。（　　）

①致富能力的差异　　②工作努力程度的差异

③致富机会不均等　　④税收制度不合理

⑤社会分配政策不公平　　⑥政府管理不力

⑦社会保障体系不健全　　⑧地区差异

⑨行业垄断　　⑩市场经济竞争的客观后果

⑪富人以不正当方式牟利　　⑫权力腐败

23. 您认为全国的贫富差距在未来的趋势是（　　）

①还会扩大　②维持现状　③逐步缩小

24. 考虑到您的能力和工作状况，您认为您目前的收入是否合理？（　　）

①非常合理　②较合理　③正常　④有些不合理　⑤非常不合理

25. 您认为现在社会中存在哪些不公平现象，请您从下列选项中选出三项并排序，最不公平的是____，其次是______，第三是______。

①权力泛用的不公平（贪腐）　　②收入不公平

③教育不公平　　④就业不公平

⑤医疗不公平　　⑥养老保障不公平

⑦行业差距不公平　　⑧地区差距不公平

⑨城乡差距不公平

26. 近些年来，您认为您有能力成功地处理遇到的不公正对待或各种挫折吗？（　　）

①有能力　②较有能力　③一般　④不太有能力　⑤没有能力

27. 近些年来，您认为您有能力让未来的工作和生活按照自己的意愿更好地发展吗？（　　）

①有能力　②较有能力　③一般　④不太有能力　⑤没有能力

28. 富人致富的原因有哪些？请选出您认为最主要的三项并排序，第一____，第二____，第三____。

①个人能力和才干　②工作勤奋　③学历高

④不正当手段（坑蒙拐骗、弄虚作假等）

⑤很好地利用政策　⑥抓住机遇　⑦官商勾结

29. 穷人贫穷的原因有哪些？请选出您认为最主要的三项并排序，第一____，第二____，第三____。

①缺乏能力和才干　②个人不努力　③缺少社会关系

④机会不均等　　　⑤经济社会体制不公平

30. 当看到富人停在路边的宝马车被划的新闻，您的第一感觉是（　　）

①要对破坏他人财物的行为进行惩罚

②要分清是非，讲道理。

③无所谓，不关心这类事情。

④没有多大关系，富人的日子太好过了。

⑤划得好，谁让这些富人有钱就看不起人。

31. 近年来发生多起“宝马车撞人案”，您认为当事人被依法惩处的可能性是（　　）

①很大　②比较大　③一般　④较小　⑤很小

32. 今年6月7日在厦门发生了举国震惊的“公交车纵火案”，对此您的看法是（　　）

①恶徒纵火行凶伤害无辜必须严惩。

②恶徒纵火伤害无辜固然要严惩，但公权力在处理问题时也应该考虑一下底层人士的感受。

③无所谓，不关心这类事件。

④官僚体制的冷漠要为今天的悲剧负主要责任。

⑤一个人如果不是被逼到绝望、愤怒的极点，怎么会干出这样的事情？

33. 您认为官员收取或贪污多少钱的财物算腐败。（　　）

①1000元　②1万元　③5万元　④10万元　⑤50万元以上

34. 您认为官员收取或贪污多少钱的财物就应该被判处死刑。（　　）

①5000元　②1万元　③5万元　④10万元　⑤50万元　⑥100万元

⑦500 万元以上

35. 您认为当前我国的社会矛盾比较突出的有哪些？（ ）【多选】

①房屋拆迁 ②物业矛盾 ③企业改制 ④就业失业
⑤社会保障不足 ⑥教育不平等 ⑦环境污染 ⑧城管治理矛盾
⑨劳资纠纷 ⑩医患矛盾 ⑪民族矛盾 ⑫宗教矛盾
⑬社会治安 ⑭贫富分化 ⑮司法不公 ⑯贪污腐败
⑰基层选举不公 ⑱土地征用 ⑲移民搬迁 ⑳退休人员矛盾
㉑工资、补偿等政策不一 ㉒集体资产处置不公

36. 您认为未来五年我国哪些社会矛盾会减弱？（ ）【多选】

①房屋拆迁 ②物业矛盾 ③企业改制 ④就业失业
⑤社会保障不足 ⑥教育不平等 ⑦环境污染 ⑧城管治理矛盾
⑨劳资纠纷 ⑩医患矛盾 ⑪民族矛盾 ⑫宗教矛盾
⑬社会治安 ⑭贫富分化 ⑮司法不公 ⑯贪污腐败
⑰基层选举不公 ⑱土地征用 ⑲移民搬迁 ⑳退休人员矛盾
㉑工资、补偿等政策不一 ㉒集体资产处置不公
㉓以上矛盾都不会减弱

37. 请认真阅读下面每一句话，根据您对社会现实的感受，您是否赞同？【在相应的栏目中划“√”】

	赞同	较赞同	一般	不太赞同	不赞同
①青少年有平等的受教育机会。					
②人们有平等的就业机会。					
③当前社会的大部分政策是公平合理的。					
④大部分官员是廉洁的。					
⑤官员和群众在法律面前是平等的。					
⑥我们生活在一个公平公正的社会中。					

续表

	赞同	较赞同	一般	不太赞同	不赞同
⑦仇腐、仇富、仇不公现象很严重。					
⑦大部分富人是勤劳致富的。					
⑨当前的社会矛盾很严重。					
⑩每个人心理都存在不公平感。					
⑪未来10年社会矛盾将会减少。					
⑫反腐败取得了重大成绩。					

38. 对以下机构或组织，您的信任程度如何？【在相应的栏目中划“√”】

	很信任	比较信任	一般	不太信任	不信任
①中央政府					
②省市级政府					
③县乡级政府					
④社区组织【居（村）委会】					
⑤民间社会组织					
⑥信访机构					
⑦公安/法院					
⑧新闻媒体					
⑨人民团体					
⑩正规宗教组织					

【以下部分由调查员填写】

调查地点：__________省（直辖市/自治区）____________（地级）市

____________区（县）____________街道（镇）____________社区（村）__________小区（村民组）____________室

调查地类型：__________（城市/农村）　调查对象联系方式__________

调查时间：_______________　调查员：__________________调查员联系方式___________________

附 录 三

访谈提纲

（一）个案访谈提纲

1. 麻烦您介绍一下自己的基本信息？（性别、民族、年龄、户口、职位、学历、政治面貌、宗教信仰、管辖地区）

2. 您从事基层管理有多少年了？能简要介绍一下您的工作经历吗？

3. 请简要介绍一下您所在地区的经济社会发展状况（总体收入水平、人均收入、GDP、消费水平、就业、教育等）。您认为当前我国哪些领域的矛盾比较突出？现阶段的全国性矛盾跟过去几年相比有哪些相同与不同之处？您所在地区主要存在哪些矛盾？是由于什么原因造成的（如从国家政策与制度、大型工程项目、干部工作方式与作风、群众利益等角度讲），现阶段该地区的矛盾跟过去几年相比有哪些相同与不同之处？

4. 您在工作过程中具体遇到过哪些矛盾纠纷？（能详细的介绍1—2个您印象中最深刻的矛盾纠纷的例子吗？包括起因、具体过程以及处理结果等。您是否遇到过群体性事件？如果有的话，麻烦您详细谈一下该事件参与人员是怎么组织起来的、表达什么诉求、采取什么样的行动以及各利益群体博弈的过程、事件中有没有敌对势力或职业维权在操纵、你们的处理方法是什么？）

5. 当前群众对待矛盾是什么态度？（群众喜欢用什么方式解决矛盾的？用何种方式表达自己的诉求？群众的哪些方式让您觉得不合情理，反而助长了矛盾纠纷呢？），您如何看待矛盾纠纷中的“上访老户”“钉子户”？跟“上访老户”以及“钉子户”打交道有什么工作方法？群众不合理的诉求所占百分比是多少？

6. 在具体矛盾的处理中，群众对于村（社区）及干部、乡镇（街道）干部、县级干部、市级、省级以及中央干部的信任度如何？是否相信基层干部所告知的相关国家政策？在矛盾发生过程中，群众主要有哪些心态？“仇官”“仇富”“仇不公”三个方面是否是主要心态？

7. 您认为与过去几年相比，群众在维护自身权利的意识、方式等方面有哪些变化？（群众的法制意识强不强？群众喜欢用什么方式维护权利？）

8. 在矛盾纠纷中，基层政府通常采取哪一种应对方法？本地有没有什么处理矛盾的经验或者教训？您感到化解矛盾的最好办法是什么？对于全国社会矛盾的化解您有哪些好的建议或想法？

9. 当地有没有处理矛盾的一些社会组织？（如法律援助、农民的协会、商会、行业协会等），您认为如媒体、律师的介入，对社会矛盾的化解有怎样的影响？

10. 您认为国家的哪些政策、制度（比如社会保障等）的完善有助于哪些矛盾的处理？哪些政策、制度（比如信访、国企改革等）在某些程度上激化了哪些矛盾？现在的社会矛盾的化解机制还要做哪些改进？要求基层依法处理矛盾是否能够做到？

11. 您在具体处理矛盾纠纷的时候遇到哪些苦恼与困境呢？（如缺少资金、政策限制、不符合法律、矛盾过于复杂、群众要求过高甚至无理取闹等），工作压力会影响工作热情吗？您对中央如此大力度的反腐败力度有什么看法？有些基层干部提出了要亲民，还要亲基层干部，您同意这个观点吗？您觉得干部有没有被“污名化”？如何改善基层干部的形象？现在是否还存在到北京、省里上访的一票否决制？您认为什么样的干部考核制度比较好？

12. 您认为我国未来还会产生哪些新的社会矛盾？您认为您所在的地区还会产生哪些新的社会矛盾？您认为今后3—5年中我国主要社会矛盾的发展趋势是什么？（可从发生领域、发生频率、激烈程度等方面讲）

（二）座谈提纲

1. 本地主要的社会矛盾有哪些？有什么特点？

2. 这些社会矛盾发展有哪些趋势?（在今后3—5年内会增强还是减弱）
3. 在化解矛盾中遇到的困难是什么？有什么有效的对策（经验教训）
4. 对化解矛盾有什么建议（制度、政策、机制、操作等层面）

参考文献

英文文献

Chen Xiaojun, Tan Xuerui, Li Liping, (2013), "Health Problem and Occupational Stress among Chinese Doctors" *Chinese Medicine*, Vol. 4, No. 1, pp. 1 – 6.

Gao Yu-Qin, et al, (2012), "Depressive symptoms among Chinese nurses: prevalence and the associated factors" *Journal of Advanced Nursing*, Vol. 68, No. 5, pp. 1166 – 1175.

Hui, Edwin C., (2010), "The contemporary healthcare crisis in China and the role of medical professionalism" *Journal of Medicine and Philosophy*, Vol. 35, No. 4, pp. 477 – 492.

Jack Barbalet, Emotion, (1998), *Social Theory and Social Structure: A Macrosociological Approach*, Cambridge: Cambridge University Press, pp. 68 – 71.

Joanne Monger, (2005) "International comparisons of labour disputes in 2003" *Labour Market Trends*, Vol. 113, Issue 4, pp. 159 – 168.

Lipsky M, (1980), *Street-level Bureaucracy*, New York: Russell Sage Foundation, p. 8.

Scheler Max, (1994), *Ressentiment*, Milwaukee Wisconsin: Marquette University Press, p. 35.

Wu Hui, et al, (2013), "Factors associated with burnout among Chinese hospital doctors: a cross-sectional study" *BMC public health*, Vol. 13, No. 1, pp. 1 – 8.

Zhang R., Jing, J., Tao, J., Hsu, S. C., Wang, G. Cao, J., ... & Shen Z. (2013), "Chemical characterization and source apportionment of PM 2.5 in Beijing: seasonal perspective" *Atmospheric Chemistry and Physics*, Vol. 13, No. 14, pp. 7053 - 7074.

Zhang Yimin & Feng Xueshan, (2011), "The relationship between job satisfaction, burnout, and turnover intention among physicians from urban state-owned medical institutions in Hubei, China: a cross-sectional study" *BMC health services research*, Vol. 11, No. 1, p. 235.

Zhu Xiao-wen, et al, (2012), "Nurse staffing levels make a difference on patient outcomes: a multisite study in Chinese hospitals" *Journal of Nursing Scholarship*, Vol. 44, No. 3, pp. 266 - 273.

中文著作

[德] 哈贝马斯:《合法化危机》,刘北成、曹卫东译,上海世纪出版集团2009年版。

[德] 哈贝马斯:《交往与社会进化》,张博树译,重庆出版社1989年版。

[德] 马克思:《资本论》(第一卷),人民出版社1972年版。

[德] 马克思、恩格斯:《马克思恩格斯选集》第4卷,人民出版社1995年版。

[德] 马克思、恩格斯:《马克思恩格斯选集》第1卷,人民出版社1972年版。

[德] 马克思、恩格斯:《马克思恩格斯全集》第1卷,人民出版社1995年版。

[德] 马克斯·舍勒:《价值的颠覆》,曹卫东译,生活·读书·新知三联书店1997年版。

[德] 马克斯·韦伯:《新教伦理与资本主义精神》,彭强译,陕西师范大学出版社2005年版。

[德] 尼采:《论道德的谱系》,周红译,生活·读书·新知三联书店1992年版。

[德] 西美尔:《社会学:关于社会化形式的研究》,林荣远译,华夏出版社2004年版。

[法] 托克维尔:《旧制度与大革命》，冯棠译，商务印书馆 1997 年版。

[加] 约翰·汉尼根:《环境社会学（第二版）》，洪大用等译，中国人民大学出版社 2009 年版。

[美] 奥尔多·利奥波德:《沙乡年鉴》，候文蕙译，吉林人民出版社 1997 年版。

[美] 戴维·波普诺:《社会学》，李强等译，中国人民大学出版社 2007 年版。

[美] 道格拉斯·C. 诺斯:《经济史中的结构与变迁》，陈郁、罗华平等译，上海人民出版社 2002 年版。

[美] 杜兰德:《异常心理学基础》，张宁等译，陕西师范大学出版社 2005 年版。

[美] 赫尔曼·哈肯:《协同学：大自然构成的奥秘》，凌复华译，上海世纪出版集团 2005 年版。

[美] 劳伦斯·巴顿:《组织危机管理》（第 2 版），符彩霞译，清华大学出版社 2002 年版。

[美] 刘易斯·科塞:《社会冲突的功能》，孙立平译，华夏出版社 1989 年版。

[美] 鲁思·华莱士、艾莉森·沃尔夫:《当代社会学理论——对古典理论的扩展》，刘少杰等译，中国人民大学出版社 2008 年版。

[美] 迈克尔·布若威:《制造同意——垄断资本主义劳动过程的变迁》，李荣荣译，商务印书馆 2008 年版。

[美] 乔纳森·H. 特纳:《社会学理论的结构》，吴曲辉等译，浙江人民出版社 1987 年版。

[美] 乔纳森·H. 特纳:《社会学理论的结构》，邱泽奇等译，华夏出版社 2001 年版。

[美] 塞缪尔·亨廷顿:《变化社会中的政治秩序》，生活·读书·新知三联书店 1989 年版。

[美] 托马斯·吉洛维奇等:《吉洛维奇社会心理学》，周晓红等译，中国人民大学出版社 2009 年版。

[美] 韦恩·I. 鲍彻等:《预测和未来学研究》，《预测和未来学研究》翻译小组译，上海科学技术文献出版社 1985 年版，第 1 页。

[美] 约翰·罗尔斯:《正义论》, 何怀宏、何包钢、廖申白译, 中国社会科学出版社 2001 年版。

[美] 詹姆斯·C. 斯科特:《弱者的武器》, 郑广怀等译, 译林出版社 2007 年出版。

[英] 卡尔·波兰尼:《大转型:我们时代的政治与经济起源》, 冯刚、刘阳译, 浙江人民出版社 2007 年版。

[英] 威廉·韦德:《行政法》, 徐炳译, 中国大百科全书出版社 1997 年版。

迟宝兰:《中国医院管理难点要点指导》(下册), 研究出版社 2006 年版。

辞海编委会:《辞海》, 上海辞书出版社 2009 年版。

邓伟志:《社会学词典》, 上海辞书出版社 2009 年版。

邓小平:《邓小平文选》, 人民出版社 1994 年版。

费孝通:《乡土中国生育制度》, 北京大学出版社 1998 年版。

费孝通:《乡土中国》, 凤凰出版社 2007 年版。

樊成纬:《拆迁冲突化解机制》, 中国民主法制出版社 2012 年版。

方鹏骞、孙杨:《中国转型期医疗纠纷非诉讼解决机制研究》, 科学出版社 2011 年版。

高桂云、郭琦:《医学伦理学概论》, 中国社会科学出版社 2009 年版。

古津贤、李大钦:《多学科视角下的医患关系研究》, 天津人民出版社 2009 年版。

郭星华:《社会转型中的纠纷解决》, 中国人民大学出版社 2013 年版。

国家统计局:《新中国 50 年统计资料汇编》, 中国统计出版社 2010 年版。

国家统计局:《中国统计年鉴》, 中国统计出版社 2006、2009、2012 年版。

何颂跃:《医疗纠纷与损害赔偿新释解》, 人民法院出版社 2002 年版。

侯均生:《西方社会学理论教程》, 南开大学出版社 2001 年版。

胡锦涛:《坚定不移沿着中国特色社会主义道路前进 为全面建成小康社会而奋斗——在中国共产党第十八次全国代表大会上的报告》, 人民出版社 2012 年版。

黄玉:《社会矛盾化解研究》, 黑龙江人民出版社 2011 年版。

霍孝蓉:《实用护理人文学》, 东南大学出版社 2006 年版。

靳江好、王郅强:《和谐社会建设与社会矛盾调节机制研究》, 人民出版社 2008 年版。

李刚:《牙科诊所开业管理》,第四军医大学出版社 2006 年版。

李林、田禾:《中国法治发展报告 No. 12》,社会科学文献出版社 2014 年版。

李培林、陈光金、张翼:《2015 年中国社会形势分析与预测》,社会科学文献出版社 2014 年版。

李培林、陈光金、张翼:《中国社会和谐稳定研究报告》,社会科学文献出版社 2008 年版。

李培林、张冀、赵延东、梁栋:《社会冲突与阶级意识》,社会科学文献出版社 2005 年版。

梁宏:《2012 年中国劳动力状况调查报告》,载李培林、陈光金、张翼主编《2014 年中国社会形势分析与预测》,社会科学文献出版社 2014 年版。

梁铁中:《利益整合:城市改造拆迁中城区政府的转型》,中国地质大学出版社 2013 年版。

林崇德、杨治良、黄希庭:《心理学大辞典(上)》,上海教育出版社 2003 年版。

刘江江:《人民调解法治新论》,中国政法大学出版社 2009 年版。

刘林平:《权益、关系与制度》,中国社会科学出版社 2012 年版。

刘义庆:《世说新语》,沈海波评注,中华书局出版社 2007 年版。

刘子富:《新群体事件观——贵州瓮安“6. 28”事件的启示》,新华出版社 2009 年版。

陆学艺:《当代中国社会结构》,社会科学文献出版社 2010 年版。

陆学艺:《社会学》,知识出版社 1996 年版。

陆学艺、李培林:《2013 年中国社会形势分析与预测》,社会科学文献出版社 2013 年版。

毛泽东:《关于正确处理人民内部矛盾的问题》,人民出版社 1976 年版。

毛泽东:《毛泽东选集》第 4 卷,人民出版社 1960 年版。

毛泽东:《毛泽东选集》第 5 卷,人民出版社 1977 年版。

毛泽东:《毛泽东著作选读(下册)》,人民出版社 1986 年版。

孟绍兰:《情绪心理学》,北京大学出版社 2005 年版。

邱杰:《当代医患纠纷的伦理域界》，安徽大学出版社 2011 年版。

曲格平:《我们需要一场革命》，吉林人民出版社 1997 年版。

沈旭慧:《医学伦理学》，浙江科学技术出版社 2011 年版。

宋林飞:《西方社会学理论》，南京大学出版社 2010 年版。

孙立平:《博弈——断裂社会的利益冲突与和谐》，社会科学文献出版社 2006 年版。

田先红:《治理基层中国——桥镇信访博弈的叙事（1995—2009）》，社会科学文献出版社 2012 年版。

汤应武，李江涛:《中国广州社会发展报告（2009）》，社会科学文献出版社 2009 年版。

王晖、陈燕谷:《文化与公共性》，生活·读书·新知三联出版社 1998 年版。

王利明:《判解研究 2007 年第二辑：总第三十四辑》，人民法院出版社 2007 年版。

王林、邓春梅、方江涛:《中国社会矛盾预警研究》，重庆大学出版社 2012 年版。

王山:《第三只眼睛看中国》，山西人民出版社 1994 年版。

汪澍白:《毛泽东思想的双重渊源》，厦门大学出版社 1993 年版。

王耀辉、刘国富:《中国国际移民报告（2012）》，社会科学文献出版社 2012 年版。

吴素香:《医学伦理学》，广东高等教育出版社 2005 年版。

伍新尧:《高级法医学》，郑州大学出版社 2011 年版。

吴毅:《小镇喧嚣》，生活·读书·新知三联书店 2007 年版。

吴宗宪:《西方犯罪学》，法律出版社 2006 年版。

肖群鹰:《群体性事件与官民矛盾：死结还是活结》，载杜志淳主编《中国社会公共安全研究报告》，中央编译出版社 2014 年第 1 期第 4 辑。

谢立中:《西方社会学名著提要》，江西人民出版社 1998 年版。

谢鹏程:《公民的基本权利》，中国社会科学出版社 1999 年版。

徐显明:《人权研究（第二卷）》，山东人民出版社 2002 年版。

许尧:《中国公共冲突的起因、升级和治理》，南开大学出版社 2013 年版。

阎耀军:《社会预测学基本原理》，社会科学文献出版社 2005 年版。

阎耀军、雷鸣:《社会预测导论》，吉林人民出版社 2002 年版。
应星:《大河移民上访的故事》，生活·读书·新知三联书店 2001 年版。
喻国明:《中国社会舆情年度报告（2014）》，人民日报出版社 2014 年版。
于弘文:《中国劳动统计年鉴（2013）》，中国统计出版社 2014 年版。
俞可平:《论国家治理现代化》，社会科学文献出版社 2014 年版。
张明军、陈朋:《2013 年度中国社会典型群体性事件分析报告》，载杜志淳主编《中国社会公共安全研究报告》，中央编译出版社 2014 年第 2 期第 5 辑。
张玉林:《中国农村环境恶化与冲突加剧的动力机制》，载吴敬琏、江平主编《洪范评论》中国政法大学出版社 2007 年第 9 辑。
张远煌:《犯罪学》，人民大学出版社 2011 年版。
张致刚、夏东民、陈亚新、陆树程:《医学伦理学新编》，南京大学出版社 1997 年版。
张宗和:《中国民营企业的群体性劳资冲突》，中国社会科学出版社 2009 年版。
《中共中央关于全面深化改革若干重大问题的决定》，人民出版社 2013 年版。
中共中央文献研究室:《建国以来重要文献选编》（第 9 册），中央文献出版社 1994 年版。
中国社会科学院语言研究所词典编辑室:《现代汉语词典》（第 5 版），商务印书馆 2005 年版。
钟敬文:《谣俗蠡测》，上海文艺出版社 2001 年版。
中科院法学研究所法制指数创新工程项目组:《群体性事件的特点、诱因及应对》，载李林、田禾主编《中国法治发展报告（2014）》，社会科学文献出版社 2014 年出版。
中央社会管理综合治理委员会办公室:《矛盾纠纷排查调处经验选集》，中国长安出版社 2013 年版。
周多刚:《新时期人民内部阶层矛盾问题研究》，南开大学出版社 2012 年版。
周更须:《医道：架起医生与患者沟通的桥梁》，现代出版社 2010 年版。
朱力:《变迁之痛：转型期的社会失范研究》，社会科学文献出版社 2012

年版。

朱力等：《中国城市底层群体的生存状态与救助机制》，中国社会科学出版社 2014 年版。

朱力：《走出社会矛盾冲突的漩涡——中国重大社会性突发事件及其管理》，社会科学文献出版社 2012 年版。

朱力、韩勇、乔晓征：《我国重大突发事件解析》，南京大学出版社 2009 年版。

中文论文

北京市高级人民法院课题组：《涉众型经济犯罪案件矛盾化解机制研究》，《法学杂志》2011 年第 S1 期。

蔡斯敏：《公共领域下中国公民与政府的互动逻辑》，《信阳师范学院学报》（哲学社会科学版）2012 年第 1 期。

蔡禾：《从“底线型”利益到“增长型”利益——农民工利益诉求的转变与劳资关系秩序》，《开放时代》2010 年第 9 期。

蔡毅：《构建物业管理纠纷调处机制的研究》，《中国物业管理》2004 年第 1 期 .

陈光金：《不仅有相对剥夺，还有生存焦虑》，《黑龙江社会科学》2013 年第 5 期。

陈海松：《城管与摊贩矛盾的内在机理及化解路径》，《上海城市管理》2011 年第 4 期。

陈丽娜、邓世雄：《“医闹”事件的产生原因及解决对策》，《法律与医学杂志》2007 年第 14 卷第 4 期。

陈群祥：《基层社会矛盾演化趋势及化解机制创新思考》，《信访与社会矛盾问题研究》2013 年第 4 期。

陈新汉：《关于民谣的哲学思考》，《唯实》2003 年第 8—9 期。

陈尧：《网络民粹主义的躁动：从虚拟集聚到社会运动》，《学术月刊》2011 年第 6 期。

成伯清：《怨恨与承认——一种社会学的探索》，《江苏行政学院学报》2009 年第 5 期。

程连升：《新时期我国劳资关系演变的趋势和对策分析》，《教学与研究》

2006 年第 4 期。
丛梅：《当前犯罪主体的性别特征分析》，《理论与现代化》2008 年第 4 期。
崔宁：《“拆迁自焚”凸显中国社会问题》，《凤凰周刊》2010 年第 29 期。
邓伟志：《论社会矛盾》，《上海大学学报（社会科学版）》2009 年第 4 期。
董虹、王钰：《我国医疗卫生体制改革历程与动力机制》，《商业时代》2007 年第 9 期。
冯海波：《后危机时代中国社会矛盾特征分析》，《理论研究》2010 年第 5 期。
冯静：《枫桥经验：创新社会管理》，《党建》2011 年第 3 期。
高炜、支国瑞、薛志钢、王书肖：《1980—2007 年我国燃煤大气汞铅砷排放趋势分析》，《环境科学研究》2013 年第 8 期。
高文珺：《网络集体行动认同情绪模型的理论构想》，《社会学》2014 年第 5 期。
龚维斌：《我国当前干群关系的现状、特点与原因》，《北京行政学院学报》2005 年第 4 期。
郭景萍、刘萍兰：《剖析“医闹”现象，构建多元解决机制》，《探求》2009 年第 5 期。
郭卫东：《城管执法中的违法建设研究》，《城市管理与科技》，2010 年第 1 期。
郭星华、刘正强：《当代中国互构中的社会失范与社会矛盾》，《探索与争鸣》2007 年第 6 期。
郭志远：《我国基层社会矛盾预防与化解机制创新研究》，《安徽大学学报》（哲学社会科学版）2014 年第 2 期。
韩纪江：《征地过程中利益的矛盾演变分析》，《经济体制改革》2008 年第 4 期。
韩志明：《公民抗争行动与治理体系的碎片化》，《人文杂志》2012 年第 3 期。
和东红、李学军：《冲突与构建——和谐社会视野下多元利益群体矛盾协调机制的模式探析》，《青海社会科学》2010 年第 5 期。

何兵:《城管追逐与摊贩抵抗：摊贩管理中的利益冲突与法律调整》,《中国法学》2008 年第 5 期。

贺东航、孔繁斌:《公共政策执行的中国经验》,《中国社会科学》2011 年第 5 期。

何平:《现阶段我国社会矛盾演变趋势及法治化解决机制研究》,《安徽行政学院学报》2012 年第 3 期。

何平、吴楠:《良法善治下我国社会矛盾解决机制研究》,《理论建设》2012 年第 6 期。

胡鞍钢、王磊:《社会转型风险的衡量方法与经验研究（1993 ~ 2004 年)》,《管理世界》2006 年第 6 期。

胡联合、胡鞍钢、王磊:《影响社会稳定的社会矛盾变化态势的实证分析》,《社会科学战线》2006 年第 4 期。

胡联合、胡鞍钢、魏星:《国家治理：社会矛盾的实证研究》,《新疆师范大学学报》2014 年第 3 期。

胡仙芝:《积极培育社会组织 构建社会矛盾调节体系——以社会中介组织为视角》,《国家行政学院学报》2006 年第 6 期。

胡义成:《对我国当前社会矛盾演化的预测评述》,《理论探讨》1997 年第 3 期。

黄金旺:《医患矛盾加深之患》,《中国工人》2012 年第 9 期。

黄仁露:《关于我国城市房屋拆迁政策的思考》,《福建论坛·人文社会科学版》2011 年第 1 期。

黄岩、文锦:《邻避设施与邻避运动》,《城市问题》2010 年第 12 期。

蒋俊梅:《挫折攻击理论及其对青少年犯罪预防的启示》,《商丘师范学院学报》2007 年第 5 期。

江苏省无锡市中级人民法院课题组:《宏观经济形势下无锡地区民间借贷纠纷的调研报告》,《人民司法》2012 年第 11 期。

景跃进:《演化中的利益协调机制：挑战与前景》,《江苏行政学院学报》2011 年第 4 期。

孔祥智、顾洪明、韩纪江:《我国失地农民状况及受偿意愿调查报告》,《经济理论与经济管理》2006 年第 7 期。

兰迎春、王敏、王德国:《“医闹”问题研究综述》,《中国医学伦理学》

2008 年第 6 期。

李斌、许原原:《城市拆迁的阶段性特征分析》,《学习月刊》2010 年第 1 期。

李春雷、曹珊:《群体性事件底层群体的政府信任再造与传统媒体引导研究》,《江西师范大学学报》(哲学社会科学版)2014 年第 5 期。

李汉林、魏钦恭、张彦:《社会变迁过程中的结构紧张》,《中国社会科学》2010 年第 2 期。

李君鹏:《“闹访”困局待解——“闹访”特点与官民博弈》,《人民论坛》2010 年第 10 期。

李克林:《云南省“医闹”事件处置分析》,《卫生软科学》2011 年第 6 期。

李丽华、刘舒:《群体性事件预警指标体系研究》,《中国人民公安大学学报》(社会科学版)2011 年第 6 期。

李连济:《煤炭城市采空塌陷及经济转型》,《晋阳学刊》2006 年第 5 期。

李培林:《正确处理新时期社会矛盾的关键点》,《经济研究参考》2004 年第 31 期。

李培林:《社会冲突与阶级意识》,《社会》2005 年第 1 期。

李倩:《社会冲突预防机制的构建研究——以东北老工业基地振兴为例》,《技术经济与管理研究》2011 年第 8 期。

李强:《“丁字型”社会结构与“结构紧张”》,《社会学研究》2005 年第 2 期。

李强:《社会分层与社会发展》,《中国特色社会主义研究》2003 年第 1 期。

李士忠、张素芹:《构建和谐医患关系的信息经济学思考》,《中国卫生经济》2007 年第 7 期。

李耀东:《当前我国社会矛盾的走势分析》,《理论前沿》2008 年第 14 期。

李玉衡、高军:《医患关系紧张谁将受到伤害——患者不信任医生的八大恶果》,《首都医药》2006 年第 7 期。

刘景章:《论劳资冲突的根源与消解》,《甘肃社会科学》2004 年 3 月。

刘少杰:《社会矛盾冲突的制度分析》,《人民论坛·政论双周刊》2009

年第 8 期。
刘少杰:《社会矛盾的制度协调》,《天津社会科学》2007 年第 3 期。
刘晓燕:《关于“职业医闹”现象的法律思考》,《医学与哲学》(人文社会医学版)2008 年第 11 期。
陆学艺:《当前中国社会生活的主要矛盾与和谐社会建设》,《探索》2010 年第 5 期。
陆铁琳、经纬:《卫生公安联手打击“医闹”》,《家庭中医药》2006 年第 9 期。
栾永、孟华:《医闹种类特征危害与成因对策研究》,《医学与哲学》2012 年第 5A 期。
罗茨:《新的治理》,《马克思主义与现实》1999 年第 5 期。
罗茨:《新治理:没有政府的管理》,《政治学研究》1996 年第 2 期。
吕蕾:《中国信访改革研究》,《经营管理者》2012 年第 18 期。
毛日清:《“医闹”社会现象的分析与治理》,《江西行政学院学报》2011 年第 4 期。
梅东海:《社会转型期的中国土地冲突分析:现状、类型和趋势》,《东南学术》2008 年第 6 期。
米正华:《风险社会理论视角下的农村社会矛盾防控》,《江苏社会科学》2013 年第 9 期。
南振中:《把密切联系群众作为改进新闻报道的着力点》,《中国记者》2003 年第 3 期。
聂洪辉:《“医闹”事件中“弱者的武器”与“问题化”策略》,《河南社会科学》2010 年 5 期。
彭冰:《非法集资活动规制研究》,《中国法学》2008 年第 4 期。
彭冰:《非法集资行为的界定》,《法学家》2011 年第 6 期。
彭洪波:《当前我国干群矛盾的主要特征及其原因分析》,《社会科学论坛》2013 年第 2 期。
Philip Ball、刘道军:《统计学:社会的物理学》,《世界科学》2002 年第 8 期。
卜永安:《地方政府应对群体性事件能力建设探讨——以 JS 市非法集资群体性事件为例》,《湖南财政经济学院学报》2011 年第 2 期。

覃琮：《农民维权活动的理法抗争及其理论解释》，《社会》2013 年第 6 期。

清华大学社会管理创新研究课题组：《乌坎事件始末》，《中国非营利评论》2012 年第 2 期。

清华大学社会学系社会发展研究课题组：《以利益表达制度化实现长治久安》，《学习月刊》2010 年第 23 期。

曲红、丁玲：《基于经济犯罪引发群体性事件的特点及防控对策研究》，《中国市场》2012 年第 31 期。

人民论坛“千人问卷”调查组、杜风娇：《网络 PK 信访：什么是最有效的“减压阀”?》，《人民论坛》2009 年第 15 期。

人民论坛问卷调查中心：《人民论坛引用最多的 10 个调查观点》，《人民论坛》2014 年 1 月（下）。

单光鼐：《群体性事件背后的五大社会心态》，《中国党政干部论坛》2015 年第 5 期。

上海《社会稳定指标体系》课题组：《上海社会稳定指标体系纲要》，《社会》2002 年第 12 期。

佘丛国、席酉民：《我国企业预警理论研究综述》，《预测》2003 年第 2 期。

沈杰：《仇富心理何以可能——对北京市和杭州市问卷调查资料的分析》，《北京青年政治学院学报》2010 年第 1 期。

师长青：《真反腐败才能兴党兴国——学习贯彻习近平总书记在十八届中央纪委五次全会上重要讲话述评》，《中国纪检监察》2015 年第 2 期。

宋林飞：《社会风险指标体系与社会波动机制》，《社会学研究》1995 年第 6 期。

宋晶：《石家庄爆炸案元凶靳如超的扭曲人生》，《法律与生活》2001 年第 5 期。

苏天照：《论“医闹”的防范与治理》，《医学与哲学》（人文社会医学版）2007 年第 3 期。

孙元明：《对当前群体性事件发展趋势的判断和面临的若干突出问题分析》，《信访与社会矛盾问题研究》2013 年第 4 期。

佚名：《社会稳定风险评估的“淮安模式”》，《领导决策信息》2011 年第 32 期。

谭术魁、齐睿：《快速城市扩张中的征地冲突》，《中国土地科学》2011年第3期。

唐剑：《反社会型人格障碍病因研究之现状》，《社会心理科学》2001年第4期。

唐亚林：《社会矛盾遭遇体制性迟钝的制度性原因》，《探索与争鸣》2009年第3期。

田毅鹏：《转型期中国社会原子化动向及其对社会工作的挑战》，《社会科学》2009年第7期。

田毅鹏、吕方：《单位社会的终结及其社会风险》，《吉林大学社会科学学报》2009年第6期。

童文莹：《建立良性医患关系尚需体制完善——基于“徐宝宝事件”的个案研究》，《中国行政管理》2010年第7期。

童星、陶鹏：《我国应急管理机制的创新——基于源头治理、动态管理、应急处置相结合的理念》，《学海》2013年第2期。

万俊人：《政治伦理及其两个基本向度》，《理论学研究》2005年第1期。

王丽萍：《情绪与政治：理解政治生活中的情绪》，《清华大学学报》2014年第2期。

王林：《优化社会三个部门结构及运行机制促进社会矛盾的化解》，《社会科学家》2008年第2期。

王世涛：《论行政不作为侵权》，《法学家》2003年第6期。

王松丽：《论涉众型经济犯罪的问题与治理》，《学术界》2011年第10期。

王伟林、黄贤金、陈志刚：《发达地区被征地农户意愿及其影响因素》，《中国土地科学》2009年第4期。

汪晖、陶然：《对〈土地管理法〉修改草案的建议》，《领导者》2009年第29期。

汪劲、王明远：《中国的法治环境——任重而道远》，《清华法制论衡》2005年第6辑。

魏巍：《关于目前处置非法集资群体性事件的理性思考》，《中国社会公共安全研究报告》2013年第1期。

佚名：《我国矿山环境恶化》，《中国人口·资源与环境》2002年第3期。

吴小英：《论医患纠纷诉讼应当着重调解》，《医学与哲学》2007年第

17 期。

吴忠民:《当代中国社会“官民矛盾”问题特征分析》,《教学与研究》2012 年第 3 期。

吴忠民:《社会矛盾倒逼改革发展的机制分析》,《中国社会科学》2015 年第 3 期。

吴忠民:《现阶段社会矛盾呈现的几个趋向》,《浙江日报》2011 年第 14 期。

韦华腾:《依法处理新时期社会问题及社会矛盾》,《岭南学刊》2006 年第 6 期。

吴忠民:《应当高度关注中国社会矛盾问题的生长点》,《学习时报》2011 年第 10 期。

吴忠民:《中国中近期社会动荡可能性的研判》,《东岳论丛》2013 年第 1 期。

吴竹:《群体性事件预警指标体系研究》,《政法学刊》2007 年第 3 期。

夏凯艳:《防治“医闹”》,《中国医疗前沿》2006 年第 4 期。

向德彩:《民众意识抑或舆论话语——民谣的民众性论析》,《浙江学刊》2008 年第 1 期。

肖飞:《矛盾纠纷源头预防机制的构建》,《攀登》2013 年第 1 期。

肖唐镖:《二十余年来大陆农村的政治稳定状况——以农民行动的变化为视角》,《二十一世纪(香港)》,2003 年 4 月号。

徐敏毅:《社会心理学基本理论综述》,《浙江师大学报》1994 年第 1 期。

徐炜:《试论当前中国农民的政治参与》,《江西社会科学》2001 年第 7 期。

徐昕、卢荣荣:《暴力与不信任——转型中国的医疗暴力研究:2000 ~ 2006》,《法制与社会发展》2008 年第 1 期。

徐振寰:《加强国家层面集体协商立法》,《中国经济社会论坛》2014 年第 5 期。

许镇明:《适应医疗保险制度改革 改进医院管理模式》,《江苏卫生事业管理年代》2000 年第 2 期。

薛立强、李晨:《当代中国社会矛盾的变化与公共治理革新》,《云南行政学院学报》2007 年第 1 期。

阎耀军:《从古代龟蓍占卜到现代科学预测》,《湖北社会科学》2006 年第 3 期。
阎耀军:《我国社会预警体系建设的纠结及其破解》,《国家行政学院学报》2012 年第 4 期。
阎耀军:《现代实证性社会预警的探索》,《社会》2005 年第 4 期。
杨华:《"政府兜底":我国农村社会冲突管理中的现象与逻辑》,《公共管理学报》2014 年第 2 期。
杨硕:《根治"医闹"问题的法律对策》,《人民论坛》2010 年 3 月中,总第 284 期。
杨文伟、吴忠民:《劳资矛盾研究的进展及问题》,《东岳论丛》2012 年第 4 期。
杨亚非:《转型期中国共产党执政合法性建设研究》,《学术论坛》2010 年第 11 期。
杨宜音:《个体与宏观社会的心理关系:社会心态概念的界定》,《社会学研究》2006 年第 4 期。
杨正国:《关于处置湘西州非法集资群体性事件的做法与启示》,《湖南公安高等专科学校学报》2009 年第 5 期。
尹华广:《"枫桥经验"以"大调解"推进农村社会管理创新的实践与启示》,《常州大学学报》(社会科学版)2013 年第 3 期。
应星:《草根动员与农民群体利益的表达机制——四个个案的比较研究》,《社会学研究》2007 年第 2 期。
余国林:《当前社会矛盾的主要特点和处理办法》,《江西社会科学》2004 年第 3 期。
于建嵘:《集体行动的原动力机制研究——基于 H 县农民维权抗争的考察》,《学海》2006 年第 2 期。
于建嵘:《群体性事件症结在于官民矛盾》,《中国报道》2010 年第 1 期。
曾鹏、戴利朝、罗观翠:《在集体抗议的背后——论中国转型期冲突性集体行动的社会情境》,《当代中国研究》2006 年第 2 期。
张博华:《社区物业纠纷的成因分析及解决路径探讨——以天津市物业纠纷为视角》,《河北工业大学学报》(社会科学版)2012 年第 3 期。
张海波、童星:《社会管理创新与信访制度改革》,《天津社会科学》2012

年第 3 期。

张纪、来丽梅:《对当前我国社会主要矛盾的新认识》,《理论探讨》2004 年第 6 期。

张瑞生、刘丽萍:《努力化解医患矛盾 切实搞好自我保护》,《中国误诊学论坛》2000 年第 2 卷第 1 期。

章舜钦:《论构建我国社会矛盾预防机制》,《中州学刊》2012 年第 4 期。

张玉磊、徐贵权:《重大事项社会稳定风险评估制度研究——“淮安模式”的经验与启示》,《中国人民公安大学学报》(社会科学版)2010 年第 3 期。

张玉林:《累积性灾难的社会应对》,《江苏行政学院学报》,2010 年第 2 期。

张玉林:《政经一体化开发机制与中国农村的环境冲突》,《探索与争鸣》2006 年第 5 期。

张远航、邵可声、唐孝炎、李金龙:《中国城市光化学烟雾污染研究》,《北京大学学报》(自然科学版)1998 年第 Z1 期。

张宗和:《中国劳资冲突的未来走向》,《经济管理文摘》2006 年第 19 期。

张宗林:《社会矛盾指数:一个民生问题的分析工具》,《江苏科技大学学报》(社会科学版)2012 年第 2 期。

赵鲁平、熊伟:《试论优化医疗执业环境》,《中国医院管理》2006 年第 10 期。

郑杭生:《当前我国社会矛盾的新特点及其正确处理》,《中国特色社会主义研究》2006 年第 4 期。

郑杭生、杨敏:《社会实践结构性巨变下的社会矛盾》,《探索与争鸣》2006 年第 10 期。

《中共中央、国务院关于进一步加强社会治安综合治理的意见》,《中华人民共和国国务院公报》2001 年 35 期。

《中共中央关于构建社会主义和谐社会若干重大问题的决定》,《求是》,2006 年第 20 期。

周黎安:《官员晋升锦标赛与竞争冲动》,《人民论坛》2010 年第 5 期。

周连根:《基于集体行动理论视角的群体性事件因应机制探略》,《河南师范大学学报》2013 年第 5 期。

周敏、赵子健:《基层政府人员编制隐性膨胀问题研究》,《中国行政管理》2010 年第 12 期。

邹广文:《当代中国的主流文化、精英文化与大众文化》,《杭州师范学院学报》2002 年第 6 期。

周武军:《基层社会矛盾冲突的十大疏导机制》,《党政干部学刊》2010 年 12 期。

朱德米:《政策缝隙、风险源与社会稳定风险评估》,《经济社会体制比较》2012 年第 2 期。

朱力:《中国社会风险解析:群体性事件的社会冲突性质》,《学海》2009 年第 1 期。

朱力、纪军令:《当前我国重大社会矛盾冲突的新型特征》,《中共中央党校学报》2015 年第 5 期。

朱力、李德营:《当前我国环境矛盾的类型、特征、趋势及对策》,《南京社会科学》2014 年第 10 期。

朱力、龙永红:《中国环境正义问题的凸显与调控》,《南京大学学报》(哲学·人文科学·社会科学)2012 年第 1 期。

朱力、卢亚楠:《现代集体行为中的新结构要素——网络助燃理论探讨》,《江苏社会科学》2009 年第 6 期。

朱力、邵燕:《社会预防:一种化解社会矛盾的理论探索》,《社会科学研究》2016 年第 2 期。

朱力、朱志玲:《转型期的社会结构性怨恨:概念、形态和特征》,《中国图书评论》2015 年第 4 期。

朱晓静:《农村社会矛盾预防主体制度实证研究——以 G 省 H 村为例》,《四川理工学院学报》(社会科学版)2013 年第 6 期。

朱志玲、朱力:《从"不公"到"怨恨":社会怨恨情绪的形成逻辑》,《社会科学战线》2014 年第 5 期。

学位论文

陈一舟:《我国城市拆迁矛盾与对策研究》,山东大学硕士学位论文,2012。

刘佳:《民众对政府的公平感、满意度与其行为意向的关系研究 ——基于政府处理民众抱怨的视角》,重庆大学硕士学位论文,2014。

刘洋:《流动商贩占道经营的治理现状和对策分析——以上海市普陀区为例》,华东师范大学硕士学位论文,2010。

齐睿:《我国征地冲突治理问题研究》,华中科技大学博士学位论文,2011。

邵沁妍:《社会转型期我国干群关系问题研究》,中共中央党校博士学位论文,2010。

时文:《居住空间相对剥夺背景下居民不合作行为的逻辑》,北京工业大学硕士学位论文,2012。

孙敬林:《农村信访问题及其对策研究》,华中科技大学博士学位论文,2010。

王德群:《国企改制中若干问题的研究》,华中师范大学硕士学位论文,2004。

王念:《〈中国青年报〉2004—2013 十年城管执法事件的报道研究——以新闻框架理论为视角》,兰州大学硕士学位论文,2014。

王世梅:《中国社会矛盾预防模式研究》,吉林大学硕士学位论文,2014。

张然:《论涉众型经济犯罪引发的群体性事件及其对策》,中国社会科学院研究生院硕士学位论文,2014。

赵静:《物业纠纷解决机制研究》,中国人民大学博士学位论文,2008。

新闻报纸

白剑峰:《全国建立医调组织三千多个 医疗纠纷调解成功率 88%》,《人民日报》2014 年 5 月 6 日。

白锐:《全国首家“摊贩公司”出炉幕后》,《温州晚报》2009 年 1 月 23 日。

佚名:《河北定州村民遭百人袭击六人死亡,疑因征地引起》,《新京报》2005 年 6 月 13 日。

柴会群:《〈医疗事故处理条例〉当休矣》,《南方周末》2010 年 8 月 19 日。

柴会群:《无解诉讼?——同仁医院砍医案背后的沉重问号》,《南方周末》2011 年 10 月 1 日。

陈安庆:《湖南湘西非法集资案曾多次引发群体事件》,《瞭望东方周刊》2010 年 2 月 3 日。

陈斯：《北京 2014 年已拆违千余万平方米，面积接近 40 个“鸟巢”》，《法制晚报》2014 年 8 月 26 日。

陈旭：《深圳日企海量公司被指强制加班 逾千名员工罢工》，《法人》2012 年 1 月 4 日。

陈宗伦：《看各国如何应对医患矛盾》，《梅州日报》2010 年 10 月 7 日。

丛亚平、李长久：《收入分配四大失衡带来经济社会风险》，《经济参考报》2010 年 5 月 21 日。

邓红阳：《河南查办涉农惠民职务犯罪案 七成属大案窝案串案增多 查办涉农职务案适用法律有分歧》，《法制日报》2013 年 7 月 13 日。

佚名：《“枫桥经验”受中南海瞩目》，《南方周末》2013 年 10 月 31 日。

傅达林：《以信息公开助推“阳光拆迁”》，《法制日报》2012 年 5 月 21 日。

付伟：《被征地刺痛的村庄》，《南方农村报》2010 年 1 月 23 日。

郭美宏：《拆迁“外包”易引发冲突　征收土地交易税可减少矛盾》，《检察日报》2014 年 4 月 7 日。

韩福东：《卫生部发现：哈市医院 550 万医药费涉嫌严重造假》，《南方都市报》2005 年 12 月 3 日。

韩雨亭：《环境移民》，《中国经济观察报》2014 年 2 月 10 日。

何方竹：《泛亚投资人围堵证监会门口维权　高喊活捉单九良》，《中国经济周刊》2015 年 9 月 21 日。

何向东：《拆迁协议是最大的“霸王条款”》，《民主与法制时报》2004 年 5 月 18 日。

黄少宏：《东莞放火案半数以上由劳资纠纷报复引起》，《南方日报》2013 年 3 月 19 日。

黄天香：《勇于实践 大胆探索 创新管理体制》，《中国改革报》2012 年 5 月 14 日。

雷士武：《泛亚事件涉 28 省区 20 多万人 部分省区已受理报案》，《中国经营报》2015 年 8 月 15 日。

李光明：《安徽“老字号”群体政策全覆盖》，《法制日报》2014 年 7 月 15 日。

李光明：《安徽在全国率先实现解决“老字号”群体政策全覆盖》，《法制日报》2014 年 7 月 6 日。
李岚、郭致远:《郑州清代古宅凌晨遭强拆，看护者被蒙头捆绑》，《大河报》2013 年 5 月 8 日。
李蓓:《走进病房，医二代解开人生困惑》，《劳动报》2014 年 8 月 15 日。
李曙明:《城管：何去何从?》，《检察日报》2013 年 7 月 31 日。
李亚楠:《非法集资嫌犯 曾是官员座上宾》，《新华每日电讯》2014 年 12 月 19 日。
李勇:《法治化处理拆迁矛盾》，《学习时报》2013 年 5 月 27 日。
林喆:《深度反腐须突破“利益关系”瓶颈》，《法制日报》2011 年 3 月 7 日。
刘凤羽:《温州“官银”之患》，《重庆商报》2011 年 9 月 30 日。
刘昊等:《比亚迪污染疑云调查》，《南方日报》2011 年 9 月 30 日。
刘俊、刘悠翔:《中国医疗暴力史》，《南方周末》2013 年 11 年 7 日。
刘相妙:《上半年昆明哪些城市问题投诉最多? 占道经营、井盖丢失、违法搭建排前三》，《云南信息报》2014 年 7 月 10 日。
刘效仁:《失地农民权利贫困是土地违法高发的深层动因》，《光明日报》2008 年 1 月 7 日。
刘一丁:《失守的中国地下水》，《新京报》2013 年 2 月 24 日。
卢金增、张爱华等:《侵吞征地补偿款 村官“各显神通”》，《检察日报》2012 年 8 月 8 日。
麦子:《医患相煎 全民之痛》，《检察日报》2014 年 8 月 27 日。
商西 :《上半年全国信访总量下降 18% 进京上访降 2 成多》，《南方都市报》2015 年 7 月 25 日。
石磊、石小宏:《医患矛盾凸显社会深层问题——医患关系“患”在何处(上)》，《四川日报》2006 年 6 月 20 日。
石明磊:《河北三河 3 千万征地补偿金分配引百人冲突》，《新京报》2013 年 12 月 25 日。
孙斌:《“泛亚系”帝国曲终人散》，《期货日报》2016 年 2 月 19 日。
孙耀星:《非法集资都有哪些形式和特征》，《太原晚报》2015 年 4 月 1 日。
谭人玮、纪许光:《广西苍梧征地纠纷 多名警察受伤》，《南方都市报》

2010年10月14日。

王聪聪、高则灵：《64.6%受访者支持医生自由执业》，《中国青年报》2013年8月13日。

王广、唐红丽：《深化社会治理体制创新研究 推动中国社会学走向世界——专访中国社会科学院副院长李培林》，《中国社会科学报》2014年8月8日。

汪红、梅双：《北京海淀法院：2013年劳动争议案件增长13.06%》，《法制晚报》2013年12月24日。

王丽娜：《非法集资新困局》，《财经》2016年1月11日。

王茹：《"垃圾围城"困局如何破解?》，《中国经济时报》2013年1月31日。

王淑军：《3年来"医闹"愈演愈烈》，《人民日报》2007年1月10日。

王伟：《反腐步入制度化法制化》，《经济导报》2014年10月24日。

吴红毓然、韩祎：《集资风险显露，高层严令排查》，《财新周刊》2015年第49期。

吴曼至、肖舒楠：《民调：86.3%受访者坦言自己曾失信于人》，《中国青年报》2011年4月12日。

严厚福：《用法治向地下水污染宣战》，《人民日报》2013年2月21日。

佚名：《湘西非法集资拉113名官员下水》，《中国经济周刊》2008年第43期。

新华社：《石化管道储运两名负责人停职》，《新京报》2013年11月28日。

许戈良：《医生多点执业可改善医患关系》，《安徽商报》2014年3月9日。

徐晶晶：《北京"医联体"后年全覆盖》，《北京晨报》2014年10月5日。

杨继斌：《难定归属的煤矿，无人阻止的血案》，《南方周末》2009年10月22日。

杨琳：《劳资关系调整新节点》，《瞭望》2010年6月21日。

杨琳：《专家称劳资矛盾引发群体性事件进入高发期》，《瞭望》2009年12月14日。

叶开：《十七年来全国卖地收入超 27 万亿 去向不透明》，《第一财经日报》2016 年 2 月 16 日。

叶文添：《晶科危机：产能超速下的污染“追尾”》，《中国经营报》2011 年 9 月 26 日。

叶小钟、赵越：《番禺：“垃圾焚烧”五大沟通渠道遇冷》，《工人日报》2009 年 11 月 27 日。

佚名：《国家信访局局长：把群众合理合法利益诉求解决好》，《人民日报》2013 年 7 月 1 日。

佚名：《河北部分村民“外逃”躲征地》，《中国青年报》2014 年 1 月 13 日。

佚名：《九江“民声通道”解民忧》，《江西日报》2006 年 3 月 19 日。

佚名：《让更多环境纠纷在法庭解决》，《新京报》2012 年 10 月 28 日。

佚名：《这些外资企业撤资中国，为什么我国可能面临失业?》，《融资日报》2015 年 2 月 1 日。

于建嵘：《中国农民权利意识的 30 年变迁》，《南方农村报》，2008 年 9 月 26 日。

于松：《广东潮州事件背后：劳动保障疲软　打工者靠同乡会出头》，《东方早报》2011 年 6 月 14 日。

张林音、李明建：《法院适用医疗纠纷专项基金调解成功》，《民主与法制时报》2012 年 7 月 2 日。

张曙光、杨磊：《乳山核电：遭遇不同的“民意冲突”》，《中国经营报》2008 年 1 月 14 日。

赵洪杰：《劳资争议市场化：涨工资 先把老板“请”上谈判桌》，《南方日报》2011 年 12 月 19 日。

郑金宏、王刚、张承惠：《我国金融法律体系的现状与缺陷》，《中国经济时报》2015 年 7 月 22 日。

钟玉明、郭奔胜：《社会矛盾新警号：“无直接利益冲突”苗头出现》，《瞭望新闻周刊》2006 年 10 月 17 日。

庄庆鸿、俞积：《杀医案之后，谁还愿意做医生》，《中国青年报》2013 年 10 月 30 日。

网络资料

安娜:《临沂城管开展市容环境整治行动 清理占道 40 人次》，新浪网（http://sd. sina. com. cn/linyi/news/rdtt/2015 - 04 - 20/1417 - 4469. html）。

《三高数据分析》，北京市城市管理综合行政执法局（http://www. bjcg. gov. cn/xxgk12/qwxxfb12/hjzxbb12/）。

《不满物业服务 业主拒绝交物业费》，中国三门峡网（http://www. smxdaily. com. cn/html/show/f9c2377f - 07a4 - 4ef3 - 9265 - f954fef54a95. html）。

《长沙：引入心理干预化解矛盾纠纷》，瞭望观察网（http://www. lwgcw. com）。

常红：《全总：2010 年地方劳动争议案件数量呈上升趋势》，人民网（http://acftu. people. com. cn/GB/197470/12620015. html）。

柴俊勇：《对本市历史遗留群体矛盾的思考和化解建议》，上海政协网（http://shszx. eastday. com/node2/node4810/node4836/node4840/userobject1ai37599. html）。

朝法宣：《如何解决物业管理纠纷》，中国法院网（http://www. chinacourt. org/article/detail/2006/04/id/204545. shtml）。

陈先元：《传媒权力是大众社会的一种公权力》，东方网（http://news. eastday. com）。

陈友富、叶海坚：《摊贩锦旗送城管 柔性执法赢赞誉》，中国台州网（http://www. taizhou. com. cn/news/2015 - 06/01/content_ 2229958. htm）。

CNNIC：《第 35 次中国互联网络发展状况统计报告》，中国互联网络信息中心（http://www. cnnic. net. cn/hlwfzyj/hlwxzbg/hlwtjbg/201502/t20150203 _ 51634. htm）。

邓昌发：《“献花执法”的现实意义值得重视》，搜狐网（http://roll. sohu. com/20121008/n354403785. shtml）。

丁国锋、何祝荣、张涛：《江苏形成社会矛盾纠纷排查化解工作体系》，法制网（http://www. legaldaily. com. cn/zt/content/2013 - 05/24/content_ 4488325. htm? node =41442）。

董惠敏：《群众对地方官员有什么期待》，人民网（http：//politics. rmlt. com. cn/2015/0612/391232. shtml）。

《2013 年我国卫生和计划生育事业发展统计公报》，国家卫计委网站（http：//www. nhfpc. gov. cn/guihuaxxs/s10742/201405/886f82dafa344c3097f1d16581a1bea2. shtml）。

《2013 中国卫生统计年鉴》，国家卫计委网站（http：//www. nhfpc. gov. cn/htmlfiles/zwgkzt/ptjnj/year2013/index2013. html）。

《2014 年度人力资源和社会保障事业发展统计公报（全文）》，人民网（http：//politics. people. com. cn/n/2015/0528/c1001 -27071609. html）。

《2014 年全国汽车迅猛增长 新增汽车 1700 多万》，中华人民共和国公安部道路交通管理交管要闻（http：//www. mps. gov. cn/n16/n1252/n1837/n2557/4330449. html）。

《2014 年中国物业管理行业现状调研及发展趋势预测报告》，中国行业报告网（http：//www. baogaochina. com/2014 - 08/WuYeGuanLiShiChangDiaoYanBaoGao610. html）。

《2015 年上半年全国消协组织受理投诉情况分析（二）》，中国消费者网（http：//www. 315cc. com. cn/index. php？ s =/detail/44/135/14534. html）。

《2010 年环境统计年报》，环保部（http：//zls. mep. gov. cn/hjtj/nb/2010tjnb/）。

范正伟：《中央掀起禁强拆风暴 问责至副省级》，凤凰网（http：//news. ifeng. com/mainland/detail_ 2011_ 09/26/9468403_ 0. shtml）。

冯会玲：《山西万荣违规征地被罚 807 万，4587 亩返还农民耕种》，凤凰网（http：//finance. ifeng. com/a/20131023/10916447_ 0. shtml）。

冯会玲：《山西万荣查处违法征地 5789 亩 土地未归还农民反盖高楼》，央广网（http：//china. cnr. cn/yaowen/201403/t20140328 _ 515174906. shtml）。

复旦发展研究院传播与国家治理中心：《中国网络社会心态底层报告（2014）》，复旦大学（http：//news. fudan. edu. cn/2014/1021/37090. html）

高皓亮：《中国各地立法规范医疗纠纷处理》，新华网（http：//news.

xinhuanet. com/legal/2014 - 04/30/c_ 1110482832. htm)。

龚劲:《约束公权力是构建新时期党群关系的关键》,人民网(http://qzlx. people. com. cn/n/2014/0407/c364565 - 24839361. html)。

《关于哈医大二院违纪违法案的通报全文》,中国新闻网(http://www. chinanews. com/news/2006/2006 - 04 - 29/8/724791. shtml)。

广州市城市管理综合执法局:《第一季度信访投诉:违法建设和乱摆卖、占道经营问题突出》,广州市城市管理委员会(http://www. gzcg. gov. cn/index. php/Index/arts/id/3523)。

《国家卫生计生委办公厅关于开展医患双方签署不收和不送“红包”协议书工作的通知》,中华人民共和国中央政府网站(http://www. gov. cn/gzdt/2014 - 02/20/content_ 2616571. htm)。

国家信访局:《土地征用、拆迁和社会保障是信访突出问题》,新华网(http://news. xinhuanet. com/legal/2013 - 11/28/c_ 118331668. htm)。

《国土资源部办公厅关于严格管理防止违法违规征地的紧急通知》,国土资源部网站(http://www. mlr. gov. cn/zwgk/zytz/201305/t20130527 _ 1219669. html)。

国务院:《关于进一步做好防范和处置非法集资工作的意见》,中华人民共和国中央人民政府(http://www. gov. cn/zhengce/content/2016 - 02/04/content_ 5039381. htm)。

《国资委:警惕敌对势力借维权煽动企业职工罢工》,中国经济网(http://www. ce. cn/xwzx/gnsz/gdxw/201205/19/t20120519 _ 23337129 _ 1. shtml)。

韩洁、申铖:《财政部公布土地出让金去向:超8成用于征地拆迁补偿》,光明网(http://economy. gmw. cn/2015 - 03/25/content _ 15196818. htm)。

《汉书·艺文志》,国学网(http://www. guoxue. com/shibu/24shi/hansu/hsu_ 041. htm)。

《河北依托联合接访服务平台推进涉法涉诉信访改革》,法制网(http://www. legaldaily. com. cn/index _ article/content/2014 - 09/14/content _ 5761145. htm? node =5955)。

贺天宝、宋国梵:《上海首个“区域医疗联合体”今在卢湾“试水”》,

新华网（http://www.sh.xinhuanet.com/2011-01/28/content_21973637.htm）。

胡建：《经济增长转入“新常态”结构调整有“缓冲带”》，每经网（http://www.nbd.com.cn/articles/2014-06-27/844546.html）。

《胡锦涛在党的十七大上的报告》，新华网（http://news.xinhuanet.com/newscenter/2007-10/24/content_6938568_7.htm）。

《胡锦涛在省部级领导干部专题研讨班开班式上讲话》，中央政府门户网站（http://www.gov.cn/ldhd/2011-02/19/content_1806293.htm）。

胡锦涛：《在省部级主要领导干部提高构建社会主义和谐社会能力专题研讨班上的讲话》，新华网（http://news.xinhuanet.com/newscenter/2005-06/26/content_3138887.htm）。

《胡锦涛指出，要坚持走中国特色社会主义政治发展道路和推进政治体制改革》，新华网（http://news.xinhuanet.com/politics/2012-11/08/c_113637843.htm）。

胡梦：《防不胜防“软医闹”渐成医患顽疾》，长江商报网（www.changjiangtimes.com/2015/05/502713.html）。

胡梦：《媒体：病人靠虚假举报等“软医闹”医院多赔钱了事》，网易新闻网（news.163.com/15/0525/02/AQE6ES2N00014Q4P.html）。

胡梦：《“软医闹”渐成医患顽疾 压床散流言等方式抬头》，腾讯网（news.qq.com/a/20150525/003867.htm）。

胡永平：《公安部通报全国公安机关打击和防范涉众型经济犯罪情况》，中国网（http://www.china.com.cn/law/txt/2006-11/23/content_7397204.htm）。

怀若谷：《湖北城管队长制止违建遇袭身亡 被锄头击中头部》，新华网（http://news.xinhuanet.com/politics/2013-03/22/c_124488860.htm）。

怀若谷：《湖北一城管队长制止违建时被锄头击中头部身亡》，大楚网（http://hb.qq.com/a/20130322/001115.htm）。

《环境统计公报》（2006、2008、2010、2011年），环保部（http://zls.mep.gov.cn/hjtj/）

《基层社会治理的“长子经验”》，屯留县人民政府官网（http://www.

tunliu. gov. cn/info/1345/14233. htm)。

《江苏：做实做大做新大调解工作》，大罗网（http：//www. dzwww. com/2009/ztbh/news/200909/t20090914_ 5067488. htm）。

《开平区建立“四预防”机制化解社会矛盾》，中国新闻网（http：//www. heb. chinanews. com/tangshan/22/2013/0220/56195. shtml）。

孔保罗：《中国医疗纠纷亟待解决》，联合早报网（http：//www. zaobao. com/forum/views/opinion/story20130506 - 186552）。

雷晴：《疯狂报复社会，流浪汉制造中国最大系列强奸杀人案》，天维网（http：//news. skykiwi. com/world/dl/sh/2008 - 09 - 03/48374. shtml）。

李放：《中央纪委监察部举行新闻发布会通报 2014 年工作》，中央纪委监察部网站（http：//www. ccdi. gov. cn/xwtt/201501/t20150107_ 49842. html）。

李婧：《沈阳小贩夏俊峰扎死城管 终审判死刑》，人民网（http：//legal. people. com. cn/GB/14588313. html）。

李凭：《抚顺城管人性化执法六一对商贩不收费不取缔》，东北新闻网（http：//fushun. nen. com. cn/system/2015/06/01/017690645. shtml）。

李劭强：《提升“软实力”，应对“软医闹”》，光明网（guancha. gmw. cn/2015 - 05/25/content_ 15775800. htm）。

李松：《各地城管暴力执法事件频发 专家称需“制度救赎”》，中国新闻网（http：//www. chinanews. com/gn/2013/08 - 05/5122177. shtml）。

李晓雅、张艳萍、胡睿：《面对患者的过分要求，医生该怎么办?》，医师网（http：//www. mdweekly. com. cn/article. asp? id = 18179）。

李向华：《涉农职务犯罪 两委干部成主力》，大河网（http：//newpaper. dahe. cn/jrab/html/2013 - 11/29/content_ 993547. htm? div = 1）。

《连江法院民一庭：调解点亮微心愿，化解矛盾促和谐》，福建群众路线网（http：//qzlx. fjsen. com/2014 - 10/09/content_ 15002748. htm）。

刘郸：《城管柔性执法：进步还是作秀?》，荆楚网（http：//news. cnhubei. com/jdbt/05/）。

刘剑飞：《对待“软医闹”该硬气点》，光明网（http：//news. gmw. cn/newspaper/2015 - 05/28/content_ 106916889. htm）。

刘墨非 ：《卫生部发布医院调查结果 七成医务人员曾受威胁》，国际在线网（http：//gb. cri. cn/8606/2005/09/30/107@721230. htm）。

刘双双、刘柱：《湖南临武城管被曝执法时一商贩死亡 官方全力查清》，中国新闻网（http：//www. chinanews. com/fz/2013/07 － 17/5054430. shtml）。

刘轶琳：《医生态度引发矛盾占医患纠纷相当部分》，东方网（http：//sh. eastday. com/m/20140220/u1a7942764. html）。

刘韵献：《当代中国的政治信任及其培育》，人民网（http：//theory. people. com. cn/GB/10854920. html）。

《泸州空间爱情海小区 业主与物业管理公司矛盾不断升级》，泸州新闻网（http：//news. lzep. cn/2015/0729/151936_ 3. shtml）。

罗燕青、周树国：《武夷山 14 医院聘民警当副院长防医闹的思考》，中国法院网（http：//old. chinacourt. org/html/article/200704/19/243250. shtml）。

《内地正推进信访改革：已取消排名通报制度》，新华网（http：//news. xinhuanet. com/politics/2013 －11/11/c_ 118080306. htm）。

《盘点：十八大以来落马的 69 名省部级以上官员》，人民网（http：//politics. people. com. cn/n/2015/0320/c1001 －26724949. html）。

彭岚：《武汉硕士城管卖萌执法 沉默举牌劝阻占道摊贩》，大楚网（http：//hb. qq. com/a/20120518/000518. htm）。

彭奕宁、朱兴鑫：《阻止垃圾填埋 9 名村民被拘 福建屏南后龙村再掀环保风波》，中国日报福建记者站（http：//www. chinadaily. com. cn/dfpd/2010 －11/18/content_ 11567601. htm）

郄建荣：《今年前 8 个月查处土地违法案件近 4 万件》，法制网（http：//www. legaldaily. com. cn/index/content/2015 － 09/15/content _ 6270106. htm）。

任剑涛：《今天该如何反“官僚主义”》，新京报网（http：//www. bjnews. com. cn/opinion/2013/08/03/276477. html）。

《三千老兵聚中越国境纪念自卫反击战三十五周年》，《凤凰卫视》2014 年 2 月 19 日。

单崇山：《郑民生：一个人的南平血案》（http：//past. nbweekly. com/Print/Article/10119_ 0. shtml）。

石晶：《城管数据列出十大“招人烦”》，大庆网（http：//www. dqdaily. com/news/2014 －10/29/content_ 2413126. htm）。

舒晓琴：《把群众合理合法的利益诉求解决好》，人民网（politics. people. com. cn/n/2014/0305/c1001 －24533008. html）。

苏晓明：《案发前刘双云两赴劳动部门求助》，（http：//epaper. jinghua. cn/html/2012 －12/07/content_ 1934422. htm）。

孙潇：《昆明 6 城管遭工地 80 人围殴 警方已立案调查》，新华网（http：//news. xinhuanet. com/politics/2014 －12/02/c_ 127268179. htm）。

唐伟：《从根上治理“软医闹”》，搜狐网（star. news. sohu. com/20150526/n413743861. shtml）。

《特大喜讯——援越抗美老兵的诉求有了突破性回应》，耒阳在线（http：//www. 0734999. com/thread －61817 －1 －1. html）。

《铁六小区毁绿地抢车位 老邻居翻脸邻里关系紧张》，东南网（http：//mt. sohu. com/20150730/n417813949. shtml）。

王臣：《陈水总的毁灭之路》，中国新闻周刊（http：//politics. inewsweek. cn/20130615/detail －45299 －1. html）。

王君平：《第二批城市公立医院改革试点启动》，人民网（http：//hb. people. com. cn/n/2014/0616/c194063 －21427612. html）。

王雷：《2014 年非法集资案值过千亿 呈爆发式》，央视网（http：//m. news. cntv. cn/2015/04/28/ARTI1430185883150572. shtml）。

王圣志：《安徽砀山县领导带警察强征农民土地 引发激烈冲突》，新浪网（http：//news. sina. com. cn/c/2008 －11 －04/092216584682. shtm）。

王悦生：《武汉城管用演小品形式劝阻炭烧烤摊贩》，杭州网（http：//news. hangzhou. com. cn/shxw/content/2013 － 02/04/content _ 4594846. htm）。

王子谦：《海口一个月内拆除违法建筑近 90 万平方》，中新网（http：//www. chinanews. com/df/2013/10 －23/5412807. shtml）。

魏铭言：《原卫生部副部长：让医患签不收红包协议很可笑》，凤凰网（http：//finance. ifeng. com/a/20140305/11813915_ 0. shtml）。

乌梦达等：《1 个城管执法要 42 个部门配合》，新华网（http：//news. xinhuanet. com/politics/2014 －10/23/c_ 1112954435. htm）。

《西安市建立乡规民约评议会化解基层矛盾》，西部网（http：//news. cnwest. com/content/2014 -10/19/content_ 11733978. htm）。

习近平：《切实维护国家安全和社会安定 为实现奋斗目标营造良好社会环境》，中央政府门户网站（http：//www. gov. cn/xinwen/2014 -04/26/content_ 2667147. htm）。

《新旧物业共存 南京小区内屡起冲突上演“三国演义”》，南报网（http：//www. njdaily. cn/2015/0722/1173782. shtml）。

辛闻：《抢劫强奸灭门，冷血狂魔卞况残杀38人嫌不够》，中国警察网（http：//museum. cpd. com. cn/n1068548/c24131527/content_ 2. html）。

徐京跃、李亚杰、周英锋：《胡锦涛：扎扎实实提高社会管理科学化水平》，新华网（http：//news. xinhuanet. com/politics/2011 -02/19/c_ 121100198. htm）。

鄢建彪：《苏州通安征地引发群体性事件》，光明网（http：//www. gmw. cn/content/2010 -07/20/content_ 1186466. htm）。

颜烨：《转型期干群关系的阶层透视》，中国战略与管理研究会网（http：//www. cssm. org. cn/newsite/view. php? id =32895）。

杨迪：《欧长生：从山村青年到爆炸案嫌犯》，网易新闻（http：//news. 163. com/14/0818/14/A3UI3LET00014AEE. html）。

仰恩大学管理学院公共管理系：《关于泉州市城管暴力执法的调查报告》，百度文库（http：//wenku. baidu. com/view/1da06c4be518964bcf847c4d. html）。

杨江：《野蛮拆迁酿惨祸 南京“自焚”事件调查》，腾讯网（http：//view. news. qq. com/a/20030904/000001. htm）。

杨倩如、刘兰兰：《病咋治，医患一道决策》，人民网（http：//su. people. com. cn/n/2014/0625/c347888 -21509276. html）。

阳正：《河南安阳非法集资引发群体事件》，第一财经（http：//news. hexun. com/2012 -01 -03/136906461. htm）。

杨宗友：《昆明宜良千亩良田造湖百姓失地 涉嫌“以租代征”》，新华网（http：//news. xinhuanet. com/politics/2011 -05/03/c_ 121373455. htm）。

叶逗逗：《社科院调查报告：60%被征地农民对补偿不满意》，财新网（http：//china. caixin. com/2011 -02 -25/100229042. html）。

《业主反对绿地改停车位被打断腿 物业否认涉案》，中国网（http：//www. china. com. cn/shehui/2015 - 11/18/content_ 37091362. htm）。

沂蒙客：《“软医闹”需要“硬制度”来治理》，济南日报网（http：//jnrb. e23. cn/shtml/jinrb/20150526/1442068. shtml）。

佚名：《福州恶性撞人事件进展：7 人死亡，嫌犯曾因纠纷自砍手指》，观察者网（http：//www. guancha. cn/society/2014_ 04_ 29_ 225264. shtml）。

佚名：《安徽芜湖罗汉寺强拆》，凤凰网（http：//fo. ifeng. com/special/2013lanpishu/meitijiandu/detail_ 2014_ 01/06/32763370_ 0. shtml）。

佚名：《哈尔滨医生被患者砍死 六成投票网民称“高兴”》，腾讯网（http：//news. qq. com/a/20120326/001573. htm）。

佚名：《海南莺歌海镇群体性事件舆情观察》，《政法网络舆情》（内部期刊），2012 年第 17、18 期，（http：//www. jcrb. com/IPO/local/hain/201205/t20120504_ 854398. html）。

佚名：《化解物管服务纠纷 路在何方》，萧山网（http：//www. xsnet. cn/news/szjj/2014_ 12/2225040. shtml）。

佚名：《南通医调 8 年内成功调解 489 起医患纠纷》，人民网（http：//js. people. com. cn/n2/2016/1026/c360306 - 29209187. html）。

佚名：《人民网网络调查：损害干群关系的主要因素》，人民网（http：//media. people. com. cn/GB/120837/11528996. html）。

佚名：《卫计委：去年共发生恶性伤医案件 11 起 35 人伤亡》，中国新闻网（http：//www. chinanews. com/gn/2013/10 - 22/5410828. shtml）。

佚名：《物业管理行业矛盾不断凸显》，龙虎网—南京日报（http：//roll. sohu. com/20140903/n404032931. shtml）。

佚名：《浙江省医生多点执业“新政”将于 3 月 1 日正式施行》，青年人网（http：//www. qnr. cn/med/news/yxdt/201503/1047627. html）。

张先国：《新华视点：魏文华之死 城管之痛》，新华网（http：//www. sx. xinhuanet. com/newscenter/2008 - 01/11/content_ 12196265. htm）

张征：《重庆伤医事件：从医患矛盾到院医矛盾》，掌上医讯网（www. doctorpda. cn/derm/news/11880）。

赵瑞希：《基层干部成贪腐高发人群 城市膨胀凸显反腐难题》，新华网

（http：//news. xinhuanet. com/legal/2013 -05/13/c_ 124704073. htm）。

赵小平：《东莞鞋厂爆发三万人大规模罢工》，凯迪社区（http：//club. kdnet. net/dispbbs. asp？ boardid =1&id =9997190）。

赵再兴：《王岐山首论中共执政合法性：是人民的选择》，网易新闻网（http：//news. 163. com/15/0911/07/B37CMA7D00014AED_ all. html）。

《中共中央关于加强和改进新形势下党的建设若干重大问题的决定》，新华网（http：//news. xinhuanet. com/politics/2009 - 09/27/content _ 12118429. htm）。

《中共中央关于构建社会主义和谐社会若干重大问题的决定》，新华网（http：//news. xinhuanet. com/politics/2006 - 10/18/content _ 5218639. htm）。

《中共中央关于全面深化改革若干问题的重大决定》，中国共产党新闻网（http：//cpc. people. com. cn/n/2013/1115/c64094 -23559163. html）。

《中共中央关于制定“十二五”规划的建议》，新华网（http：//news. xinhuanet. com/politics/2010 -10/18/content_ 3640318. htm）。

《中国地质环境公报——2007》，国土资源部（http：//www. cnki. com. cn/Article/CJFDTotal-GSUZ200809000. htm）。

《中国统计年鉴》2001、2014，中华人民共和国统计局（http：//www. stats. gov. cn/tjsj/ndsj/）。

《中国政治的活力与困境　于建嵘对话裴宜理》，百度文库，（http：//wenku. baidu. com/link？ url = TH2xahsdGHrjvSe7 _ ZvB2Q0noUt2Ttw0i75753HGc5B6 - NL6qOKw6QCl6BffFJcocACm _ SMWOn5XDRqWOxngE7agq8et1l3Latvc - vIckMe）。

中华人民共和国最高人民法院：《最高人民法院关于审理非法集资刑事案件具体应用法律若干问题的解释》，中华人民共和国公安部（http：//www. mps. gov. cn/n16/n1282/n3493/n3838/2921956. html）。

周婷玉：《“劳动报酬”纠纷居劳动争议数量之首》，新华网（http：//www. xinhuanet. com）。

周炎炎、马衍：《四川汇通担保高管跑路　警方将发“红色通缉令”》，网易财经（http：//money. 163. com/special/view541/）。

朱成林、杨正波：《达川创新实施“315”群众工作法》，四川在线（http：//www. scol. com. cn）。

朱基钗、罗沙：《2014 年网上信访量分别超过群众来信、来访量》，新华网（http：//news. xinhuanet. com/politics/2015 -01/30/c_ 1114200150. htm）。

祖兆林：《启东："医责险+"破解医患纠纷困局》，中保网（http：//xw. sinoins. com/2015 -06/05/content_ 157769. htm）。

其他资料

陈丽芳、李一平：《聚焦我省群体性事件：重要动向及应对策略》，《决策参阅》第 44 期。

黄信年：《浅议如何提高流动人群突发事件防控和处置水平》，载《2013 年中国社会学年会论文集》。

《全国知识青年上山下乡工作会议纪要》，中发〔1978〕年 74 号文件。

朱力、李琼英：《现阶段我国历史遗留矛盾的特征、趋势和对策研究》，课题组内部稿，2015。

后　记

当国家重点课题的研究成果《现阶段我国社会矛盾演变趋势、特征及对策》最终修改完毕，正好是2015年的最后一天。自2012年9月课题立项后，我率领以博士生为主的学术团队，2013年正式进入资料收集阶段，到2015年底完成50余万字的专著书稿，并发表了34篇论文，历时三年。尽管如此，对许多问题的研究言犹未尽，如在处理矛盾中政府的职责与职能边界问题、群众中不断增长的激进主义行为如何化解？社会矛盾的难点（历史遗留矛盾）、焦点（群体性事件）、死结（上访老户）的处置机制如何建构？在社会治理中如何对不同类型的矛盾实行精细化治理？对调研获得的大量基础信息的挖掘工作也没有完成，这些问题只能在课题组后继工作中，即承担的国家重大课题《我国社会矛盾的趋势分析与化解对策》中完成了。

中国社会转型以来，在取得巨大成就的同时也产生了大量的矛盾、问题，这些矛盾、问题的产生，一方面对社会的发展造成了干扰，但另一方面也为社会科学的研究提供了大量课题与理论探索的广阔空间。这对于社会科学的学者而言，是一个十分难得的机遇。课题组从事科研活动以来，先后承担了国家、教育部、省政府的科研项目12项，在从事科研中有些体会。

一是注重课题的选择，必须是社会发展中的真问题。真问题是指对中国的经济社会发展而言，这些问题的解决有助于社会的进步，既有现实意义又有理论价值。而这种真问题，对研究者来说就是要有真资料、真信息。这就需要做基础性的，扎扎实实的社会调查。许多矛盾、问题，如果不进行深入的调查，是难以把握其产生的复杂原因的。例如，干群矛盾表面上看是由干部的贪腐、作风不良产生的，调查深入进去就可以看到，有些矛盾是制度政策造成的，有的是不可控的历史因素造成的，有的是资源短缺形成的，有的则是某些群众的不合理要求造成的。因此，解决干群矛盾不只是解决干部廉政、作风问题那么简单，而是一个系统的结构。没有第一手信息，就不能够抓住矛盾、问题的本质属性。当一个学者不了解中国的农村、农民，不了解工厂、工人，不了解中国政府、干部，也不了解社会结构变迁的实际过程，就不可能了解中国社会的矛盾产生的逻辑。课题组以为，现在社会科学研究中的突出问题，是研究者对问题的本质属性掌握不准确的问题，因此，描述性研究是必不可少的基础，只有在对问题准确把握的基础上，才有可能深入解释与科学预测，才会有有效的对策。因此，课题组对每一类型的矛盾，都作了较为详尽的分类，以便掌握矛盾的外部条件与内部因素及其在两者互动中形成的发生机制。大数据分析是需要的，但在既有的数据中翻来复去地解读意义并不大。我们现在需要的工作是对中国社会的真实情况的准确把握，才能发现社会生活的真实的律动。

二是要有客观的、理性的研究态度。我们研究的目标是揭示问题的真相，即它们的发展的逻辑。这需要保持学术研究中的价值中立原则，把矛盾、问题也作为一种社会事实来对待。一个社会中有社会矛盾的存在是正常的，而没有社会矛盾的存在则是不正常的。既然社会矛盾是客观存在，我们就没有理由去回避它，只能用客观的冷静的态度去对待它、正视它。因此，对待社会矛盾不在于我们是否承认，而在于我们如何理解和如何解释。我特别欣赏列宁说的一段话："我们应该有勇气揭开我们的脓疮，以便毫无虚假地、老老实实地进行诊断和彻底治疗好它"①，"用善良的词句来掩饰不愉快的现实，……是最有害最危险的事情。不管现实如何令人痛心，必须正视现实。不符合这一条件的政策是自取灭亡的政策。"② 社会矛盾反映了社会发展中的复杂性、曲折性，是一个社会中消极性的现象。这需要学者讲真话，而不是掩饰矛盾，这才是理论自信的表现。尽管人们不希望这些矛盾冲突产生，但我们不能凭自己情感的好恶回避它们，而是

① 《列宁全集》第7卷，人民出版社1972年版，第175页。

② 《列宁全集》第24卷，人民出版社1972年版，第309页。

要研究、揭示它们产生的规律，以最终解决它们。社会学者从某种意义上讲就是社会矛盾的揭露者，也是社会和谐的建设者。现在网络上过多地流传着愤怒、不满的情绪，也是课题中所分析的社会结构性怨恨情绪。这种结构性怨恨产生是有其客观必然性的，但任其泛滥只会成灾。现在学术界对待中国的社会矛盾、社会问题的研究中，有些人揭露、批判、宣泄多，简单归因多，如归为制度、政策，但建设性的建议少，操作性的建议更少。对当前社会转型时期中产生的社会矛盾、社会问题，也不能采取大批判的态度，而是客观、科学、理性的态度。我们需要的是实事求是、具有建设性的批评。学者与公共“大 V”的区别在于，前者要找出事物、现象之间的逻辑关系，后者只需要语言的骇人听闻，吸引眼球，以消极主义的态度对待矛盾，常常故作惊人之语，危言耸听地夸大矛盾的后果与危害。尽管看起来都是在批评，前者在于改进，后者在于宣泄。前者是批判的，也是建设性的，后者只有批判性，而没有建设性。

三是要在大量的经验事实中提炼理论。“在分析任何一个社会问题时，马克思主义理论的绝对要求，就是要把问题提到一定的历史范围之内”①。从一定的社会制度和国家特点这个前提出发进行研究活动，是一个基本的原则，否则，撇开社会制度和具体国情，就会对社会矛盾产生歪曲性的认识，难以得出切合实际的解决办法。我国社会科学的理论，大都来自西方学者的理论概念，理论的母体是西方社会与文化，用它来解释西方社会的现实是有解释力的，但来解释中国社会的矛盾、问题，会产生一种似是而非的效应。如果在研究中只愿意玩概念游戏，从时尚的、似是而非、不知所云的概念中跳来跳去，这种研究会不得要领，与中国国情存在较大的距离。为此，课题组坚持从经验中提炼出自己的理论，从研究的逻辑中总结、概括、提炼出本土化的理论。

中国社会转型中的矛盾，是社会发展中的矛盾，这与一个没落社会中的矛盾是完全不同性质的矛盾。尽管这些矛盾的冲突也十分激烈，利益博弈也十分严重，但这是在社会总体进步中出现的。自改革开放以来，中国社会不只是经济的发展，在社会治理的总体水平上，也已经从摸着石头过河到现在的顶层设计，已经有了整体的发展思路与找到了有效的治理路

① 《列宁选集》第 2 卷，人民出版社 1972 年版，第 518 页。

径。我们的乐观主义不是基于自欺欺人，而是基于客观的理性分析。每当人们解决了社会中的一个矛盾、问题，人类社会就在认识矛盾的规律性上有了提升，社会治理能力上有了进步，社会也有了发展。

本课题是集体研究的成果，我作为主持人拟定了研究大纲，组织了社会调查，与课题组成员对研究的具体矛盾反复进行了讨论，对书稿进行了统稿。具体承担书稿写作的是：朱力（序言、第一章、第五章第三、四节、第十六章第二节、后记），袁迎春（第二、三、十二章）、纪军令（第四章、第十三章第一节）、周晶晶（第五章第一、二节）、李琼英（第七、八、十章）、汪小红（第六、七、十一章）、李德营（第一章第五节、第九章）、陈芳（第十三章第二节）、刘辉（十三章第三节）、朱志玲（第十四、十五章）、高宇（第十六章第一节），刘伯超（第十六章第三节）、邵燕（第十七章）、杜伟泉（第十八章）。这些合作者均是我的博士生与硕士研究生。通过与他们不断地讨论，教学相长，加深了对社会矛盾的认识，形成了一个高效的科研团队。在此向他们致谢！还要感谢的是支持我们课题组访谈的基层干部们，他们源于生活的真知灼见，使我们了解到他们的艰苦工作与智慧！最后感谢中国社会科学出版社总编辑助理重大项目出版中心主任王茵博士对作者一贯的支持，这是她组编的我的第三本著作！

朱　力

二０一六年三月十六日于南京龙江